U0928844

治国通鉴

杨道金 著

九州出版社
JIUZHOUPRESS

图书在版编目（CIP）数据

治国通鉴 / 杨道金著. -- 北京 : 九州出版社，
2013.9
ISBN 978-7-5108-2331-2

Ⅰ. ①治… Ⅱ. ①杨… Ⅲ. ①国家—行政管理—研究
Ⅳ. ① D035

中国版本图书馆 CIP 数据核字（2013）第 224593 号

治国通鉴

作　　者	杨道金　著
出版发行	九州出版社
出 版 人	黄宪华
地　　址	北京市西城区阜外大街甲 35 号（100037）
发行电话	（010）68992190/2/3/5/6
网　　址	www.jiuzhoupress.com
电子邮箱	jiuzhou@jiuzhoupress.com
印　　刷	北京军迪印刷有限责任公司
开　　本	787 毫米 ×1092 毫米　　16 开
印　　张	28
字　　数	668 千字
版　　次	2013 年 12 月第 1 版
印　　次	2013 年 12 月第 1 次印刷
书　　号	ISBN 978-7-5108-2331-2
定　　价	86.00 元

治国安民 兴邦强国

（《治国通鉴》）序

张全景

《治国通鉴》一书，内容丰富，涉及面广，囊括古今中外，说古通今，以外喻中，让人耳目一新，中国的文明是世界文明的一部分；中国的发展是世界发展的必然；中国的进步是世界进步的表现。该书视野新颖独特，特别是作者以丰厚详实的典故、深刻的哲理诠释了治国的道理，治国必先安民，安民必先让民富裕。人民富裕，安居乐业，国家就容易治理；人民贫穷就难以治理。这是历史的经验。治理得好的国家一般是富强的，乱国必然是贫穷的。因此，一定要先使人民富裕起来。这是治国理政的根本。

书中还着重阐述了治国理政，不仅要重视发展经济，而且还要提高人的思想道德素质，提升人的精神品位和品格，全面构建人的诚信体系。这似乎又是人类社会共同依存发展的重要元素。

历史经验值得学习和借鉴。书中特别强调了古人治国的九经：修身，尊贤，亲亲，敬臣，体臣，子庶民，来百工，柔远人，怀诸侯。这九个方面，在不同时期有着不同的内涵。有的现在已经不适用了，但有的仍可参考借鉴。

君主须有良好的品行，这是治理国家的基础。“崇德效山，藏器学海”，人无德而不立，倘若连自身都修养不好，又何以治理国家呢？尊贤则不惑，多听从别人的意见，对治理自己的国家是必不可少的，切莫让逆臣之徒有机可乘，需明白“忠言逆耳利于行”，矫揉造作之徒不足以成大器，只能加快国家的衰退，与蛀虫无异。

人的行动受思想观念支配，没有正确的是非观念就不会有正确的行为。思想理论对于国家政治活动来说同样如此。在百家争鸣的春秋战国之世，各派私心自用，是其所是，非其所非，没有一个统一的是非标准，虽然百家争鸣，有利于学术和思想的发展，但也造成了严重的思想混乱，给国家治理造成了困难。现在我们党要提高执政水平和能力，把国家治理好，必须坚持以马克思列宁主义、毛泽东思想、邓小平理论、“三个代表”重要思想和科学发展观为指导。

人的能力有大小，官的职位有高低，选拔任用人才，应根据能力大小任以不同的官职，使能位相称。“论德而定次，量能而授官。皆使人载其事而各得其所宜。”以使“德必称位，位必称禄，禄必称用”。荀子具体论述了不同官职对能力的要求，实际上就是量才用人的标准。“纵观千古存亡局，尽在朝中任佞贤。”这已被漫长的历史证明是完全正确可行的。

该书以很大篇幅诠释了国家之大，人民之众，千头万绪，为官为政者以一身之任，不可能每事躬亲，为政应知其当为所不当为，所能所不能。这就告诉我们，要实行民主集中制，充分发挥“一班人”的作用，主要领导者不能搞“一言堂”，不能包办代替。要实行群众路线，相信和依靠群众，群策群力。只要大家齐心协力，就一定能把各项事情办好。

在中国社会发展的漫长历程中，诸多贤君能臣均在探索总结治国之道，积累了许多精粹的论述。这些论述虽因其时代和阶级的关系，有其局限，不可能完全适用于今天，然其精华确是国家的一份宝贵的财富。如果我们能够批判地汲取历代治国理政的思想精华，必将有助于提高党政干部的素质，推动十八大精神的贯彻落实，实现我们建设社会主义现代化强国之梦。

（作序者为中共中央组织部原部长）

目录

第一章　重构社会新体系　推行国家正能量

正能量不仅是社会进步的产物，也是国家可持续发展的重要元素。当然，在重构社会新体系时，必须克服人的负面情绪，化消极为积极；化干戈为玉帛；化腐朽为神奇；化腐败为廉洁；化邪恶为善良；化丑陋为美丽；化悲观为乐观；化被动为主动，让国民变得更加自信、更有尊严、更有胆识，充满活力，也更有安全感和幸福感。

第二章　国家品质人为先　国民素质国之魂

国家的品质首先取决于人民对自己国家的信任和忠诚。国家品质其实是人的行为和作风所显示的思想、品性、认识实质；行为的质量。国家的吸引力是国家实力的象征，而国民素质正是国家的魂魄。

第三章　应捍卫国家品格　要维护国家尊严

品德高尚、具有正义感，又具有尊严的人，方才称之为有人格的人。人格是来自多方面因素组成的集合体；人格是正心修身的结果，人格又是国格的象征。换言之，人民的素质和形象就是国家的整体素质和形象；国家公民共同的人格就是这个国家的国格。只有时刻维护自己人格的人才能捍卫国家的尊严。

第四章　世之有漏法为善　世之无漏贪为恶

人民的尊严是检验国家文明的一把尺度；法律是捍卫人民尊严的锐利武器。诚然，人世间的善恶并非是静态的，而是动态变化着的。公正全面评定人不能以一善为百善，也不能以一恶为百恶；不能以一荣俱百荣，更不能以一损俱百损。

第五章 享受同等的地位 获得相同的权利

人类为什么不惜生命的代价要建立国家？因为不同的族群要享受相同的权利和地位的平等，再也不要生活在无序的恐慌和流离之中，远离野蛮残暴的日子。各民族只有通过建立国家，才能以国家为共同命运体来享受属于自己的那份平等和自由。

第六章 基本国策有异同 系统对策名目繁

人类的文明和进步是从创立国家开始的，国家因国策而兴。欧洲国家在民族国家竞争的历史时期，国与国之间的矛盾错综复杂和微妙。当时帝国列强在全世界争夺殖民地打得热火朝天，许多国家已经积怨很深，几乎都企望削弱对方的力量来增强自己的国力。

第七章　人民是国家主体　国家政体是权力

国无人不国，人无政不坚。人民是国家的主体，也是国家构成的正能量。没有人民就没有国家。政府是人民设立的，人民设立政府，代表全体人民管理国家事务。因此，为政者必须忠实执行政府职责，竭尽全力，恪守、维护和捍卫国家宪法，遵守国家法律。

第八章　国强民富社会安　国弱民穷天下乱

治国理政是强国富民之道。任何一个国家的执政者，其第一要务就是治理国家，治国首先要安民、富民，让人民群众充分表达合理的诉求，充分尊重他们的思想意志及理想追求，把他们的聪明才智和思想情感提升为治理国家的正能量。

第九章　等级神化贬贤能　举人才智国家兴

治国之道有三条，理、力、利。以理为先，讲民主，循理而行，众望所归，故能施以说服；可正人心、淳风俗，成彬彬有礼之社会。民主之设，缘人性有善端，社会立于合作。然人性亦有损人、利己之欲，故威之以力，导之以利，共襄民主。民主之不行，有霸道，有诡道，一则以力为先，一则以利为先。两者治国，有速效，但不能长久。

第十章　国家为天下大器　治国为天下重任

适应世界军事变革的趋势，实施科技强军战略，必须加强军备质量建设。强兵就是强国，强国必先强军。一个国家没有强大的军队，国家主权就不坚固，国权不坚固，人民就不能心安理得建设国家。人心不稳，安居乐业就没有保障。因此，安国先安军，安军才能安民兴业，安民兴业国家才能一天天强大。

第十一章　时代更替有周期　帝国兴衰有定数

在人类世界必须遵循两大规律：一个是自然规律；另一个是社会客观规律。四季周而复始轮回，植物的叶落叶生、花开花落、生生息息等，这是自然规律。人世界生老病死，社会和国家的兴衰更迭、成败强弱、创立与瓦解等，这是社会发展进程的客观规律。总之，这两大规律往往不以人的思想意志为转移。

第十二章　权力是政治概念　权利是法律理念

人们常说的治国，说白了就是治理国家政务，也可以说是建立安定、太平、富强、幸福的国家。诚然，治国既是国家领导者的神圣权力、责任和使命，也是人民群众的智慧和权利。治国需要领导者的驾驭才能和掌控智慧，更需要领导者良好的素质及为人之道、为世之道、为官之道、为政之道、为国之道。

第十三章　要化深水为浅水　须化顶层为平面

人民虽然是社会发展进步的主力军，但是决策者改革意志的强弱决定着国家未来命运的走向。诚然，任何向前推进的改革不能只停留在口头上和理念层面上，为政者必须依靠全体人民，最大限度地实现国家效率与人民利益公平及平衡。

第十四章　全面优化执行力 积极推进运营力

对权力主体而言，权利公平和义务均衡的缺失，意味着权力主体享有的权利大而多，履行的义务小而少，结果必然导致其权力滥用与权力腐败。对权力客体而言，权利和义务均衡的缺失，意味着权力客体享有的权利小且少，履行的义务大且多，结果必然导致其政治冷淡或政治反抗。实现社会权利与义务均衡，关键在于把权力运行置于有效的制约和监督之下，加强对权力运行的制约和监督，保证把人民赋予的权力用来为国民谋利益，而这归根结底在于改善政府的权力运行，增强执行力。

第十五章 要坚定治国意志 须广纳治国智慧

要有坚定可行的治国意志，就必定会树立起长期的治国目标，有了目标，就需要执政者追求国家和人民利益的最大化，真正把国家权力关进制度的笼子里，建立政治认同机制，权力运行和制度安排都必须体现出国家的正义性，如此，这个国家才会真正兴旺发达。

第十六章 得智者可得天下 失智者则失天下

公元前 5 世纪前，智者泛指聪明并具有某种知识技能的人。后来，随着人类社会的发展，自然科学家、诗人、音乐家乃至政治家，也被称为智者。由于智者能言善辩及晚期智者的末流堕于诡辩，柏拉图和亚里士多德把智者看成是歪曲真理、玩弄似是而非的智慧的人。因而智者在历史上又成为诡辩论者的同义语。

第十七章 国家创新趋理性 科学智能论英雄

恒者行远，思者常新。《伽利略传》有两句著名的道白，一句是：一个没有英雄的国家是多么的不幸啊！另一句是伽利略的回答：不！一个需要英雄的国家才是不幸的呀！民强则国强，民弱则国弱。一个国家尊重知识人民才会用心学习，社会风气就会良性净化；一个国家尊重人才，这个国才能兴旺发达。国家的强盛关键在于人民素质的持续提升，创新能力的不断增强。总之，有什么样的人民就会有什么样的社会和国家。

第十八章 经世济民家政术 经国济物治国政

经济就是国家财富。经济是人类和社会选择使用自然界所提供的稀缺资源；经济是利用稀缺的资源以生产有价值的商品并将它们分配给不同的个人；经济是人类生活事务；经济是把稀缺资源配置到各种不同的和相互竞争的需求上，并使它们得到最大满足；经济是个人、企业、政府以及其他组织在社会内进行选择，以及这些选择决定社会性稀缺性资源的使用。

第十九章　治国谋略匡天下　国政宝予之为取

独当一面指挥全局的统帅是国家的主心骨。凡主掌国家的政事者，必须正人正国先正己。《左传·襄公二十九年》：“ 罕氏常掌国政。”《汉书·匡衡传》：“衡位三公，辅国政。”《旧唐书·牛徽传》：“及茂贞平贼，自恃寖骄，多挠国政。”《三国演义》：“今日饮宴之处，不可谈国政。”《左传·闵公二年》：“夫帅师，专行谋，誓军旅，君与国政之所图也。”

第二十章　武治方能平天下　文理定可治国家

历代王朝都号称为“普天之下，莫非王土”。这是因为他们的心怀没有受地理和空间的限制，也是地域民族对世界的特有概念。中国的天下概念，在古代指被中国皇朝的皇帝主宰，虽然在一定普遍的秩序原则所支配的空间，但它是封建之魂，仅可参考，不能复制。

第二十一章 把大国建成强国 捍卫国民的权利

无论大国还是小国都有自己的国家整体发展战略，经济发展战略是让国富民强，文化发展战略是为了壮大“软实力”，科教发展战略是为了提升国家竞争力，国防发展战略是为了捍卫国家主权、领土完整和国民尊严。总而言之，战略和策略是国家的生命线。

第二十二章 制度是国家根基 国家根本在自强

一个国家要强大，首先人民要自强。没有强大的民族精神就不可能建成强大的国家。诚然，建设强国除了人的因素还得靠可行的制度。制度是国家自强的保证；如果人民足够坚强，那么国家也会强大；不害怕痛苦的人是坚强的，不害怕死亡的人更坚强；伟大人物最明显的标志，就是始终保持坚强的意志；自信与自立是坚强的柱石。坚强者能在命运之风暴中博弈；顽强者能引导人们走向幸福；强烈的信仰会赢取坚强的人心，然后又使他们变得更加坚强。

第一章 重构社会新体系 推行国家正能量

正能量不仅是社会进步的产物，也是国家可持续发展的重要元素。当然，在重构社会新体系时，必须克服人的负面情绪，化消极为积极；化干戈为玉帛；化腐朽为神奇；化腐败为廉洁；化邪恶为善良；化丑陋为美丽；化悲观为乐观；化被动为主动，让国民变得更加自信、更有尊严、更有胆识，充满活力，也更有安全感和幸福感。

大力推行国家和社会正能量

人类依存发展壮大的三大支柱是：民族、社会、国家。谈到民族离不开社会，讲到社会必然联系到国家。国家是民族和社会的“中枢神经”。

国家的运行及发展是一个庞大的系统工程。按照系统组织原理，从人和社会的行为机制考察，可知终极目标指向和劳动实践是人和社会存在发展不可或缺的两维。而且，由系统功能最优化原理可以得知，人类社会的终极目标应是每一个社会成员都互为目的和手段，达于自觉依存。这是崇高的人伦规范和德性之昭，需要以现实的社会实践过程努力去追求。人类要生存和发展必须符合自然辩证法。但能否实现这个长久的目标，就要看人类的创造能力发挥了。持续而永久的平安是不可能的，所谓的由“生长、兴盛、衰亡”，这也并不是自然规律。因为人类有征服自然的意识和智慧，未来的人类在征服与适应自然的博奕中，为了更好生存而选择出最佳的途径，然而有些自然力量又是人类无法克服的障碍。因此，人类应遵循“波浪式运行”的自然法则，但是，这个运行周期相当漫长。

一个国家照搬别国的制度是错误的，但照搬本国的历史更是大错特错。人类世界由许多大大小小的国家组成，谈到国家就离不开治国之道，其实治国之道就是为人为事之道、为官为政之道、为国为民之道、惩恶扬善之道、兴利除弊之道等，虽有共性，但也有个性和差异性。谈治国理政，首先必谈做人的基本原则，道德伦理、良知诚信、信任戒欺、忠诚忠实等都是为人的准则，也是人的正能量。当然，治国需要人民的正能量，同时更需要全社会的正能量，一个社会、一个国家若缺少了人民的正能量，那么这个国家和社会不仅难以健康有序发展，而且没有生命力。人民、社会、国家三位一体，是密不可分的命运共同体，也是互为依存发展的共同体。国家生命力的强弱长短完全取决于人民的正能量。

社会正能量来自人民，人民的正能量又服务于国家的建设和发展。人民的正能量对于时代的进步十分重要，特别是随着科学技术的进步，人类在掌握战胜自然和征服自然的武器上，取得了巨大的进步，显得攻无不克，无坚不摧。但是，在占有思想政治教育、道德法制建设的武器上，人们却显得力不从心。因而，思想政治教育和道德法制建设就形成了“政府及各组织十分重视”，其他人反而觉得“与己无关、高高挂起”，“唯利是图”、“损人利己”成为一种不良的社会风尚，因此，整个国家和社会发展不尽如人意，社会矛盾、利益冲突彼起此伏，尔虞我诈愈演愈烈，社会波动，人心不古，贪婪反弹，从而引发各种形形色色的套利活动—“拆仓”。一旦善退恶进，唯利者将吸取来自人们和社会的能量，人们称为金钱的能量并赋予它邪恶的目的，给社会带来无休止的“折腾”。

在许多国家，一幕幕政治花招真让人们看得眼花缭乱：总统竞选活动中，诈招层出不穷；把攻击对方作为夺取总统宝座的锐利武器，玩弄各种花招对新闻消息进行幕后操纵，恶语相向，以及公开和秘密的谈话等。这难道就是这些国家的正能量吗？难道这个社会的正能量所换来的就是对人民周而复始无休止的欺骗吗？这些现象和问题到底出在什么方面呢？实际上归根到底是因为人缺乏应有的正能量，以致“负盛正衰”，国家机制及社会体系发生了严重“短路”，乃至瘫痪，因此，严重妨碍社会和国家可持续良性发展。

何谓正能量？单从物理学来说，以真空能量为零，能量大于真空的物质为正，能量低于真空的物质为负。真空并不是一无所有，真空也有着虚粒子的湮灭产生。从社会和国家角度来讲，一切给予人们积极向上，给予人们美好希望和崇高追求，使人行动和思想感情具有强大凝聚力的为正能量。人民的正能量是社会进步和国家发展的积极能量。

而且，正能量是诸多卓越的心理学家共同研究的成果和结晶。通过种种实验和数据，理查德·怀斯曼向人们阐释了伟大的“表现”原理，破除了人们过去秉持的“性格决定命运”、“情绪决定行为”等传统的认知。运用“表现”原理激发出无穷无尽的正能量，可以使人们产生一个全新而充满正能量的自我，让人们变得比以往更加自信、更有胆识、更有智慧、更有活力，也更有安全感。一切给予人积极向上和美好希望、促使人坚持不懈地追求、让现实生活和未来憧憬变得圆满幸福的动力和强大的情感都是正能量。

动力是正能量的本质特征。其实从正能量的引申意义及其广义来讲，水是万物生命的正能量；汽油是汽车行进的正能量；电是驱赶黑暗送来光明的正能量；一切运动着的江河、海洋、动物物质等物质都蕴藏着极大的正能量。宇宙是万事万物的正能量场。人类因正能量而存在发展。

正能量，还告诉人们每个人身上原本都是带有能量的，而只有健康、积极、乐观和向上的人才带有充足的正能量，与这样的人交往能将正能量传递给你，让你觉得“活着是一种幸福，更是一件很有价值、心情舒畅、生活趣味横生、工作事业蒸蒸日上的事”。而人的意念力来自人类自身，来自于人体的能量场，减少不该有的欲望和贪恋，保持心态的平和与平衡，时常修身积德、多做善事能增加和拓展人的能量场。人的意念和意志越是专一，这个能量场就越大，对社会和国家的贡献就越大，其意义感就越强，并且可持续发展。

能量论严谨又趣味十足地阐释了“表现”原理与正能量之间的“亲密”关系，揭示了什么样的行为模式可以影响人的信念、信仰、情绪、情感、思想及意志力。通过一系列的训练方法及活动，提升人们内在的诚实、信任、豁达、愉悦、博弈、进取等正能量；规避自私、猜疑、沮丧、消沉等负能量。因此，能量论是能够彻底改变人们学习、工作、事业、生活、行为模式的心理学需求。

诚然，在培育国家和社会正能量时，首先要克服人的负面情绪。心理学上把焦虑、紧张、愤怒、沮丧、悲伤、痛苦等情绪统称为负性情绪，有时又称为负面情绪，人们之所以这样称呼这些情绪，是因为此类情绪体验是消极的，身体也会有不适感，甚至影响工作和生活的顺利进行，进而有可能引起身心的伤害及对社会的危害。

有些人会积攒一些负面情绪。如果在办公室里释放，如在同事面前唉声叹气、眉头紧锁、做苦瓜脸，说风凉话、牢骚满腹，负面情绪极有可能传染给同事，让办公室的气氛变得十分压抑。这种负面情绪若得不到有效释放，也会让人憋出“内伤”；这些负面情绪若得不到有效控制，有时就会转化成邪恶的行为。

负面情绪一旦产生，人的言行就会弊大于利，要消除及化解负面情绪，可以找心理医生进行调理并矫正，还可以通过参加体育锻炼或者户外活动，使自身处于一种大汗淋漓的状态，这也是一种放松自我的过程。也可通过想象、憧憬一些美好的事物，让自己能够身心愉快，而不是一味地抱怨、发牢骚和怨天尤人。当然，有些人对付负面情绪的方法就是睡觉，当人从酣睡中醒来，突然对万物又产生了新的感觉。因此，睡眠不仅可以消除人的疲劳，还可以缓解人的精神压力，化解人内心的怨气。

要改变自己的生活，就要先改变自己的思维方式。而实际操作时，这种方法往往难以行得通。怀斯曼则提出了一个革命性的理念：只有改变我们的身体和行为，才能进而改变思维，行为才是决定人们情绪和内心能量的关键。通过一系列的探索，总结及实验，破除了“性格决定命运”“情绪决定行为”等惯常认知，并给出了各种改善的方法，让人们在社会生活中变得更加自信、充满活力，也更有安全感。

政府要用公平、正义和正气营造国民情绪氛围，提升每个公民的快乐感受。为政者、国家的管理者应当定期组织全民活动，或培养各种兴趣群体，组织行业精英拓展等，以增加人民、社会和国家的正能量。

优化国家文化，理顺社团组织情绪。如果国家文化中充满民众愿意为之奋斗的愿景，一种被全民乃至政府认同的价值观和国家精神，这个国家就能够激励国民超越个人情感，以高度一致的情绪去达成国家的目标愿景。

为政者应开放沟通渠道，引导国民情绪。政党、政府必须要营造良好的交流沟通渠道，让人民的情绪得到及时的交流与宣泄，如果交流沟通渠道受阻，人民的情绪得不到及时引导，这种情绪会逐步蔓延，甚至会影响到整个国家的正常工作。

提倡和组织情绪知识培训，增强人民理解。情绪心理学家指出：情绪知识对人们的行为结果可起到调节作用。情绪知识是国民适应国家的关键因素，国家可以通过针对性的“情绪知识”培训，增强国民对社会管理、国家管理实践的理解能力，激发全民的工作动力以适应社会的需要。

人的正能量最终必须通过家庭、社会、国家等平台展示出来。如果说国家是一种象征的共同体，那么对于“国家”新的想象也会重新建构民众与国家的关系。这种新的“国民国家”关系的建构以及个体国民身份在政治话语中的确立会发生变化。传统上，对于国家的民事主体地位有两种观点：一是认为国家是法人，同时具有公法人格和私法人格；另一种认为国家不同于一般的法人，具有特殊性，是作为与自然人、法人并列的第三类民事主体。但是，从人民主体的意义来讲，国家是全体人民的共同体，而国家元首（或政府首脑）是国家的法人代表，代表人民行使国家和政府职权。

国家的一切权力来自于人民，人民是社会正能量的生力军，而社会和国家的正能量又来源于人的精气神，然而精气神又是道教内丹学术语。人的正能量不仅是思想和精神的象征，而且还蕴藏着丰富的物质内涵。从渊源上看，道教内丹学的精气神概念乃发端于先秦哲学与医学。《周易系辞上》说："精气为物，游魂为变，是故知鬼神之情状。"意思是说，精致的气凝聚而成物形，气魂游散而造成变化，考察物形的变化，就能够知晓鬼神的真实状态 。在上古哲学中，不仅有精气的概念，而且有精神的概念，《 庄子·列御寇 》在描述人的生活状态时即使用了精神的术语。在《庄子》中，精神指的是人的心志。战国以来的医家既使用精气概念，也使用精神概念。如《黄帝素问 ·生气通天论》 即说 ：阴平阳秘，精神乃治 ；阴阳离决，精气乃绝。这里所谓阴指的是蕴藏精气的脏腑，而阳指的是保卫脏腑的外围组织。在《素问》看来，脏腑必须平和，而外围组织则应坚固而不泄漏。如果脏腑与外围组织不能配合，则精气就耗散不能生存了 。

良好的身体是正能量的本钱。传统哲学与医学的精神与精气概念被道教所吸收，并且重组而成精气神。道教内丹学称精气神为人的三宝。精指的是构成人体生命组织的精华，这种精华可以从先天与后天两个层面来理解。先天之精，是与生俱来的，所以又叫做元精，它是本原性的精华，后天之精指的是人在交媾时所射出的精液。与精相对应，气也有先天与后天的区分。先天之气是人体原发性的气，故而有元气之称，它体现了先天原火的推动，也写作炁。从字形上看，炁字底下四点，表示火在下燃烧，这种火是生命的原动力。至于后天之气指的是呼吸之气，也就是宇宙空间外在之气，对于人的生存来说，呼吸之气也是必不可少的，但这必须通过神火的温养才能成为内丹修炼的能源。在内丹学中，神也有先天与后天之别。后天之神指的是识神，它的作用是认知与分别，这种识神对于学习知识是有用的，老子《道德经》就是如何通过识神的作用来增加知识；但就内丹修炼来讲，必须靠先天之神的观照。这种先天之神又叫做元神，它是人本来的自我慧光，元神之观照，是一个减损识神的全过程，老子《道德经》称为道日损，就是排除识神的干扰，从而进入无为的直觉状态。这样元神观照，而后天之气转换为先天之气，于是元精培补，生命焕发出恒久的青春。诚然，只有精气神充分的人正能量才充足。

人的正能量又来源于勤奋。人民勤奋国家正能量就充裕，充裕的正能量是国家强盛的标志。勤奋是成功的基础，是传统的美德，但分两种：一是脑勤，二是体勤，两者有时不能双全，通常脑勤的人体懒；体勤的人脑懒。文学家说，勤奋是打开文学殿堂之门的一把钥匙；科学家说勤奋能使人聪明；而政治家说勤奋是实现理想的基石。世界上最宝贵的除了良好的心理素质，还有一个最宝贵的东西，就是勤奋，不光是肉体上的勤奋，还有精神上的勤奋，勤奋靠的是毅力，毅力就是人良性循环的正能量。

要以精气神验证人生正能量

国家的发展不仅要有人的正能量，而且更需要人的精气神。一个人若没有精气神就如同没有正能量；人的精气神是正能量的原动力。一个人的正能量是否充分得看精气神的强弱，精气神强正能量强，否则为弱。提升人的正能量首先应从提高人的精气神质量开始。人的精气神质量提高了，人的正能量就可达到最大化。精气神本是古代哲学中的概念，是指形成宇宙万物的原始物质，含有元素的意思。中医认为精气神是人体生命活动的根本。古代讲究养生的人，都把“精气神”称为人身的三宝。天有三宝日月星，为天的正能量；地有三宝水火风，为地的正能量；人有三宝精气神，为人的正能量。所以保养精气神是健身、抗衰老的主要原则，尤其是当精气神逐渐衰退变化，人已步入老年的时候就更应该珍惜此“三宝”，古人对这一点非常重视。荀子认为：“养备而动时，则天不能病；养略而动罕，则天不能使之全。”这里说的是两个意思：一个是说要注意精气神的物质补充：二是强调不可滥耗“三宝”。这样，人的正能量就不会流失。

一个人要保持充足的正能量首先要保养好自身的精，因为精是构成人体、维持人体生命活动的物质基础。一般所说的精是指人体的真阴（又称元阴），不但具有生殖功能，促进人体的生长发育，而且能够抵抗外界各种不良因素影响而免于发生疾病。因此，阴精充盛不仅生长发育正常，而且抗病能力也强。精的来源，有先、后天之分，先天之精是秉受于父母的，它在整个生命活动中作为“生命之根”而起作用，但先天之精需要不断地有物质补充才能保证人的精不亏，才能发挥其功能，这种物质即是后天之精。后天之精是来自饮食中的营养物质，亦称水谷精微。有了营养物质的不断补充，才能维持人体生命活动。古人云：“肾为先天之本，脾胃为后天之本。”所以说．人脾胃功能的强健，是保养精气的关键，即《黄帝内经》所强调的“得谷者昌，失谷者亡”；古人云“高年之人，真气耗竭，五脏衰弱，全赖饮食以自气血”。故注意全面均衡营养的饮食，才是保证后天养先天的重要手段。《千金方》就说过“饮食当令节俭，若贪味伤多，老人脾胃皮薄，多则不消”。怎样才算“饮食有方”呢？归纳前人经验，不外乎定时、定量、不偏、不嗜而已。

其实人的正能量与自身的气密切相关，因为气是生命活动的原动力。气有两个含义，既是运行于体内微小难见的物质，又是人体各脏腑器官活动的能力。因此，中医所说的气，既是物质，又是功能。人体的呼吸吐纳，水谷代谢，营养敷布，血液运行，津流濡润，抵御外邪等一切生命活动，无不依赖于气化功能来维持。众所周知：“人由气生，气由神往，养气全神可得其道。”由此还归纳出古人养气的一些经验：“一者，少语言，养气血；二者，戒色欲，养精气；三者，薄滋味，养血气；四者，咽津液，养脏气；五者，莫嗔怒，养肝气：六者，美饮食，养胃气；七者，少思虑，养心气。”此七者强调了“慎养”。但由于气是流行于全身、不断运动的，所以，人体也要适当地运动，促进脏腑气机的升降出入，才会有利于维持机体的正常生理功能。所以古人提倡“人体欲得劳动，但不可使之极（过度）”。中国流传下来的多种健身运动及气功，就是以动养气的宝贵遗产。

得神者昌，失神者亡。治国更需要有人之神。神是精神、意志、知觉、运动等一切生命活动的最高统帅。通过这些活动能够体现人的健康情况，如目光炯炯有神就是神的具体体现。古人很重视人的神，因为神充则身强，神衰则身弱，神存则能生，神去则会亡。中医治病时，用观察病人的“神”，来判断病人的预后，有神气的，预后良好；没有神气的，预后不良。这也是望诊中的重要内容之一。

精气神三者之间是相互滋生、相互助长的，它们之间的关系很密切。从中医学讲，人的生命起源是“精”，维持生命的动力是“气”，而生命的体现就是“神”的活动。所以说，精充气就足，气足神就旺；精亏气就虚，气虚神也就少。反过来说，神旺说明气足，气足说明精充。评定一个人的健康情况，或是疾病的顺逆，都是从这三方面考虑的。因此，古人称精、气、神为人身“三宝”是有一定道理的。古人有“精脱者死，气脱者死，失神者死”的说法，以此也不难看出“精气神”三者是人生命存亡的根本。

人生三宝精气神是正能量的“晴雨表”，从精气神的强弱可以看到人生正能量的强弱。精气神强正能量强，精气神弱正能量弱。诚然，人民用什么来监督和检验自己的代言人的精气神和正能量的优劣呢？首先用正能量质来验证。当然，做人做事的正能量还包括公德、良心，其实良心是人之根本，也是为人的最起码的条件。良心是国民素质的核心。良心偏，国则乱；良心正，国则安。总而言之，一颗善良的心，与人的地位、名声、财产、形貌等没有什么关系。良心就是被现实社会普遍认可并被自己所认同的行为规范和价值标准。人之所以区别于禽兽者，是人有良心；人无良心，与禽兽无异。良心的真正含义是正义，正人先正己。

人的良心分个体良心、群体良心、团体良心，其实民族的良心，更是国家的良心，但归根结蒂统称为人类社会的良心。作为公权力者、国家的主政者，其良心的分量显得格外重要，不但自己要有良心、讲良心，而且还要做良心的维护者和捍卫者。为官为政应以如履薄冰的严谨，战战兢兢的警示，以“每日三省吾身”的律己，率先垂范。因为，良心是维护人与大自然、人与社会、人与他人和睦相处的一种道德伦理规范。良心一旦缺失，则人与大自然、人与社会、人与人之间将发生一系列冲突和矛盾，导致社会和国家的混乱。因此，良心是治国之基，是强国之本。良心的好坏决定了一个人品质的优劣和品位的高低，同时也决定着社会和国家的品质及品位的高低优劣。

良心是如来本性的一种延伸，如来本性“不生不灭，不垢不净，不增不减”。人心天意不可违，公道自在人之心。中国人说人心这个词并不是生理名称，而是指良知良心。《孟子·滕文公下》：“我亦欲正人心、息邪说、距詖行、放淫辞，以承三圣者。”宋·梅尧臣《送怀倅李太傅》诗：“朝骑快马暮可到，风物人心皆故乡。”清·姚鼐《仪郑堂记》：“自郑王异术，而风俗人心之厚薄以分。”特指善良的心地、良心。《易·咸》：“圣人感人心，而天下和平。”北齐·颜之推《颜氏家训·音辞》：“人心有所去取，去取谓之好恶。”宋·叶梦得《避暑录话》卷上：“所谓人心者，喜怒哀乐之已发者也。”明·高攀龙《答袁节寰中丞》：“今天下难联者人心，难得者人才，难鼓者士气，得老公祖（袁可立）一点真精神不难矣。”特指人们的意愿和感情。

由于人有了良心，故有了生灭、垢净、增减、受想行识、眼耳鼻舌身意、色声香味触法、眼界、意识界、无明、无明尽、老死、老死尽、苦集灭道、智与得。这就像水，天下水性没什么不同，但由于有了温度变化，水就呈现出固体、液体、气体等特性。

良心是植根于生命反物质结构中的一种特性，不同的生命有不同的特性，人的本性本来是一样的，但由于家庭教育和社会环境的不同，人的良心就有了优劣，这就像一棵松树，有些地方由于灰尘太多，针叶被灰尘覆盖而呈现不出本来的颜色，有些地方没有灰尘，针叶就呈现出它的原始本色。

人的言行受良心这个自律道德法庭的约束，没有这个自律道德法庭的约束，人就会为所欲为无恶不作，就会胆大妄为不顾天理，就会逆天而行，私欲膨胀不顾情理，就会不择手段危害自然和损害社会。内疚心理就来源于良心这个自律道德法庭自我审判败诉后的惭愧情结，没有良心这个自律道德法庭的审判，人永远不会产生内疚心理。内疚来源于良心发现，没有良心的人就没有内疚感。

如果人人都有良心的话，社会所制定的宪法、法律、规章制度、戒律戒条等将都是多余的，由于一些人欠缺良心，所以社会不得不制定宪法、法律、规章制度、戒律戒条来约束之，不得不建立社会有形法庭对人的行为审判之。由于各层生命空间生命的结构不一样，所以，依据每个人良心是否完备和缺失及优劣可以预见一个人生命未来的走向，良心完备者，毫无疑问可以走向坦途，良心缺失者，毫无疑问，其生命的走向是趋向生命的下界，成为低下的人或受社会谴责及法律的惩罚。

人世对良心是有公认的，同时对良心的缺失也是有标志鉴定的：如侮辱和虐待父母；借用神灵惑乱人心；抛弃未成年子女；恩将仇报，忘恩负义；伤天害理；逼良为娼、嫁祸于人；为虎作伥、以势压人；以权坑人害人；限制、妨碍、剥夺他人人身自由；贪婪；不负责任；暗中放箭、背后损人；用心术霸占他人财产等。

诚然，良心与正能量同根同源。在现实生活中每一个人只要守住良心，福报无穷！丢弃良心，灾祸无尽！良心是检验一个人心灵是否纯净完美的试金石，也是检验一个人修行修炼成果的分水岭，更是判断一个人做人做事的最佳凭据。

三军可夺帅匹夫不可夺其志

人有志，国提气。志向和热爱是伟大行为的双翼。志气，词典中解释为求上进的决心和勇气，要求做成某件事的气概。还是正能量的助推器。古语评论“志”的重要性：“三军可夺帅也，匹夫不可夺其志也。”人的正能量在于有志气，有志气就是有理想、有信心的表现。在社会活动中有志气的人，往往奋斗目标明确，意志坚定，敢于面对各种困难和挑战，不达目的绝不罢休。一个人，一个社会，一个国家，越是在困难落后的条件下，越是能显示志气的精神力量。一个胸怀祖国的人朝着一定目标前行是“志”，一鼓作气中途绝不停止为“气”，两者合起来就是“志气”。小到个人，大到民族和国家，一切事业的成败都取决于宝贵的“志气”。

古往今来，志气与治国密切相关。《庄子·盗跖》：“目欲视色，耳欲听声，口欲察味，志气欲盈。”三国·魏嵇康《与山巨源绝交书》：“且延陵高子臧之风，长卿慕相如之节，志气所托，亦不可夺也。”唐·韩愈《祭十二郎文》：“毛血日益衰，志气日益微。”这无不阐明了人的志气盛，国家方可强大。

还有，《后汉书·贾复传》：“贾君之容貌志气如此，而勤于学，将相之器也。”唐·刘禹锡《效阮公体》诗之一：“少年负志气，信道不从时。”《东周列国志》第七十九回：“使大夫王孙骆往齐，为太子波求婚。时景公年已老耄，志气衰颓，不能自振。”

治国不仅要有谋略和智慧，而且要有志气和勇气。治国如同航海，不仅需要乘风破浪的胆量、勇气和志气，而且还需要运筹帷幄的智慧，只有这样方能决胜于千里之外。古之立大事者，不唯有超世之才，亦必有坚忍不拔之志。诸葛亮曾言，夫志当存高远，慕先贤，绝情欲，弃疑滞，使庶几之志，揭然有所存，恻然有所感。当一个人若志不强毅，意不慷慨，徒碌碌滞于俗，默默束于情，永窜伏于平庸，不免于下流矣。诚然，不论为人处世，还是为商为工，乃至为官为政都应做到，夫学须志也，才须学也，非学无以广才，非志无以成学。只有这样人的正能量才会永葆充沛。

志气的魅力具有强烈的传染力。人不断奋斗进取并取得成功，会鼓励激发别人的正能量，以求达到他们的样子。坚硬优质的钢条，是经过千锤百炼而成的；瑰丽美观的贝壳是经过水冲日晒而得的。人们的意志和毅力也必须在火热的斗争中接受严峻的考验，去接受长期的锻炼。只有这样才能使自己在困难面前，永远热情奋发，斗志昂扬，正能量充分。

有人说壮志可凌云，雄心可以顶天。秦始皇南巡，仪仗万千威风凛凛，刘邦见之道：大丈夫生当如此。项羽见之便说：彼可取而代之。大泽乡，雨夜，陈胜吴广振臂高呼：王侯将相宁有种乎！这一声呐喊鼓舞了千百年来无数一无所有的小人物向权力顶峰发起永不停歇的冲击，奴隶石勒，赌徒刘裕，盐贩黄巢，乞丐朱元璋最有资格对这个问题做出否定的回答。霍去病：匈奴未灭，何以为家？破敌十万，封狼居胥，二十岁的冠军侯，皇帝的外甥，将两瓶御酒洒在河中与将士共享的浪漫将军，在皇帝舅舅给他安家时迸出了这几个字，是多么具有冲击力啊！

作为人者，强不可怕，怕的是没有志气。犯强汉者虽远必诛！陈汤的这句话是他给汉帝汇报中说的，随同汇报一起递向长安的还有北匈奴单于的首级。“9·11”后小布什在国会上啰唆半天哪比得上这几个字有力，虽有古今中外之别，情形却是如此相似。

对于要检查别人心灵的人，柏拉图要求他具备三样东西：知识、仁慈、胆量。冉闵战败被俘，慕容后斥责他：“汝奴仆下才，何得妄称帝？”闵曰：“天下大乱，尔曹夷狄禽兽之类尤称帝，况我中土英雄，何为不得称帝也！”冉闵勇力堪比霸王，为阶下囚仍气势逼人，期间所杀汉人非少，其后弑君篡位，尽屠羯族，反称夷狄为禽兽，若云卧薪尝胆，敌营二十年未免太长。与吴三桂到是绝配，其言不配其行。

人生最终的价值在于觉醒和思考的能力，而不只在于生存。王安石云：祖宗不足法，人言不足畏。真正的改革家需要的勇气并不比沙场上的猛士少，深渊地雷阵之语，表明今人对这一点深有体会。

人要有志，但不可滥。滥用，有的是志大才疏，有的甚至会酿成祸国殃民的悲剧。以人们常规的目的来判断人的活动，目的伟大，活动才可以说是伟大的。 一个人要有雄心壮志，一个国家和民族也要有雄心壮志，只有拥有雄心壮志的人才具有伟大的理想、宏伟的志愿。雄心壮志是促使一个人、一个民族和一个国家永远奋斗的动力。

晋·陆机《吊魏武帝文》：“雄心摧于弱情，壮图终于哀志。”可感悟到另一番人生滋味。再者，宋·欧阳修《苏才翁挽诗二首》其二：“雄心壮志两峥嵘，谁谓中年志不成。”道破了有志者事竟成的深刻哲理。清·王应奎《柳然续笔·陈眉公告衣巾》：“生序何流，功名何物？揣摩一世，真拈对镜之空花；收拾半生，肯作出山之小草……所虑雄心壮志，或有未堕之时，故于广众大庭，预绝进取之路。”从中仿佛看到别来无恙的志气。尤其是清·秋瑾《感时二章》：“雄心壮志销难尽，惹得旁人笑热魔。”人空有雄心壮志，毕生不能实现，岂不成人世间之笑柄。

郭沫若《在邯郸二首》：“无数英雄鲜血，凝成遍地红旗。艰难缔造莫忘之，树立雄心壮志。”把人民的雄心壮志与国家的前途和命运紧密结合起来，这个国家才能兴旺发达。

道德集中体现于正理均赢论

“行大道、 民为本、 利天下。”人无德，国无品。俗话说：“人要有德行”。“伪德性就是伪人性”。德性就是道德，道德是国民的内核，也属于国家正能量的重要范畴。做人首先要讲道德，为人为事、为商为教、为官为政更是如此。因此，构建社会道德对于国家的可持续发展显得十分重要。其实道德在汉语中最早是分开使用的。中国商朝的甲骨文中已有“德”字，但含义广泛。西周初年的大盂鼎铭文的“德”字，是按礼法行事有所得的意思。《老子》中有“是以万物莫不尊道而贵德”的命题。在《荀子·劝学》中“道”与“德”二字始连用，“故学至乎礼而止矣。夫是之谓道德之极。”中国古代的道德概念，既包含道德规范，也包含个人品性修养之义。在西方，道德一词源于拉丁文，该词的复数指风俗习惯，单数指个人性格、品性。

道德必须以善恶为标准，通过社会舆论、内心信念和传统习惯来评价人的行为，是调整人与人之间以及个人与社会之间相互关系的行为规范的总和。道德具有调节、认识、教育、导向等功能，与政治、法律、艺术等意识形态有密切的关系。中华传统文化中，形成了以仁义为基础的道德。

道德与博弈共存，优先预测悲剧后做出的忍让是道德，优先预测胜利前做出的竞争是博弈。双赢只是利益双方博弈的结果，但均赢是顾及方方面面的利益，只有能惠及社会的均赢其利益才会天长地久。

竞争是人类进化的现象。不过竞争分两类，一类是无序竞争，与忍让基本对立；另一类是有序竞争，与忍让并不矛盾。诚然，有序的博弈与道德基本不存在对立。有人说赢在博弈，就缺失道德；赢得道德，就缺少博弈，这种说法是完全错误的。博弈与道德是两个范畴的内核，道德讲的是做人，博弈强调的是事业。

领导人的行为一半是道德，一半是智慧的博弈。博弈是决策优先，道德总是对抗默认。超智慧的领导人完全知道忍让的程度和极限，以及何时竞争。他们总是寻找门类繁多的战略主题，制定规则，让他人争先恐后地竞赛。

理性是一种说教，道德却是一种行为展现。有多少人，就有多少道德途径。道德与自信没有法纪，也没有硬性规则，属于第三空地里游荡的个人意志，那里的灵魂将演变成智慧，它不是生也不是死，而是一种新文明的创生。其实人类的文化进程无穷无尽，无终无果，文化是永远没有尽头的江河。

随着世界经济一体化，国际社会成为一个大的博弈实体，每个国家的发展战略必须纳入到经济体系中。正能量发展观作为一个国家的发展战略，一定要符合国际规则，即道德与国际惯例，人世间的孤立主义、利己主义是经济学里的一种死亡法则。所以，未来的国家发展战略既要考虑他人，还要保持国家的自身利益安全和稳定发展，这就需要道德和博弈作支撑。道德让人依赖自身，按照各种规则肩负起责任，自觉遵守或自我惩罚。道德是人类保护自然的责无旁贷的义务；道德是维护世界的秩序；道德适应人类世界的需求和发展。其实，道德是人类社会不可或缺的正能量，话说至此，不由联想到一段充满哲学意味的隐喻：假如这个与竞争基本对立的文化思想能被所有的人接受，它将会繁荣整个世界。这可以在人们正常的博弈中找到合理的答案：竞争与忍让基本对立，博弈与道德基本对立。道德与法律在阳光下完美的体现就是道德与博弈。

每一个人都必须切记：世界的大道德是政治，政治的大道德是经济，经济的大道德是服务，服务的大道德是互助均赢。

每一个人都应该记住正能量是一个国家的政治主题。正能量的民生理念就是让国家实体里的一切服务于人民。民生又是为了国家的实体利益着想，民生还让国家的利益高于一切。

道德规则告诫人们，无论什么民族，无论什么社会，无论什么国家，所释放及使用的正能量都应是为了服务世界，繁荣人类社会，让人类生活得更加美好幸福。不过当务之急，我们得先管住自己，只要真正管住了自我行为，人类的正能量才不会流失。

亚当·斯密“看不见的手”不会演绎出正理均赢论，这是一个政治、经济、外交的通用名词，不谈正理均赢论，人们就会缺失道德，缺失人性，缺失人权，缺失对博弈实体社会的凝聚力。经济学的理论忽略博弈实体政治的社会特性，也只能称为个体经济学和穷人经济学，这是一个有缺陷而又不完整的“正理均赢论”。

经济不属于血腥和暴力的产物，经济的运行之中应充满人性及道德的元素，经济是快乐和幸福的享受。如果不谈正理均赢论，一切追求自我利益目标和利润成效的最大化，只会逐步地使经济资本不断扩张、掠夺、侵略，一定会跨越良知和人性的约束范畴。其实博弈实体法则的重要性，并不是仅仅为了追求资本利益的最大化，而是让每个人从发展进步的社会里受益，从而使每个人的思想素质和精神境界得到提升，让所有社会成员，不仅得到快乐的物质享受，而且还要得到幸福的精神享受。这才是一个完整的经济学理论。

但是，忽略博弈实体政治，单一追求主体效率最大化，有权有钱的人不知道自己与实体的关系，就会藐视博弈实体法则，使人的利益透支，权益透支，行为上肆无忌惮，变本加厉，形成巨贪巨恶，一切追求经济最大化的经济衍生物，将会使道德与诚信消失；一切浪费、污染、错误都会被人为包藏起来，表现虚拟的实体假象，最后造成的不只是经济危机、物价膨胀和市场经济大萧条，而且使国家的正能量受到严重冲击。在社会生活中，乃至国家运转中，就如同二人对局的取胜原理一样，有胜有负，有成有败，也许还会有“双赢”的结局。再看正能量发展观的定义可知，公平社会的行为才是经济学的核心议题。其实，社会所注重的并非如此，国家的博弈并不关注目的本身，而关注达到目的行为，达到目的行为才是国家所需要的结果。

老子著有《道德经》。其中的“道”指事物运动变化所必须遵循的普遍规律或万物的本体。“德”和“得”意义相近，指的就是具体事物从“道”所得的特殊规律或特殊性质；对于“道”的认识修养有得于己，亦称为“德”。《老子·五十一章》：“道生之，德畜之，道之尊，德之贵，夫莫之命而常自然。”认为“道”和“德”虽尊贵，却不是主宰社会和国家命运的武器，恰恰体现在一切任其自然。韩非认为：“德者道之功”，把“德”

释为道的功用。北宋·张载提出："德，其体；道，其用，一于气而已。"《正蒙·神化》认为，"德"是气之体，"道"是气之用。

伦理学的研究对象，除了道德外，还关注社会意识。伦理学主张，道德作为一种社会意识，以善恶评价的方式调整人与人、个人与社会之间相互关系的标准、原则和规范的总和，也指那些与此相应的行为活动。

诚然，热爱生命是幸福之本，同情生命是道德之本，敬畏生命是信仰之本。人生的意义，停留在世俗层次上即幸福，在社会层次上即道德，在超越层次上即信仰，皆取决于对生命的态度。道德是一种对生命的态度，表现出来就是对生命的同情，满怀同情心地对待所有的生命才是道德。当然，此处的"同情"，不是那种高高在上的施舍，而是基于同为生命平等的一种，相互之间感同身受，彼此充满感情地爱护体贴。

人的行为准则及社会制约构成了道德原则和规范，它要求转化为个人道德的实践，实现这个转化过程，需要通过道德教育和社会舆论，提高个人对道德理想和道德原则、规范的认识，从而逐渐形成每个人的道德信念、道德习惯和道德风格，以此提高人的道德质量，提升国家和社会的品质及品位，国民的品质就是国家的品质，国家的品质就是国家形象。

诚信为人之道立身处事之本

谎言不仅误国废国，而且祸国殃民，乃国家之大忌。人之诚，国之荣；人之信，国之誉。人人讲诚信，社会才有诚信，社会有诚信了，整个国家才充满诚信。诚信，不仅是人与社会的正能量，而且还是国与国竞争的重要元素。

诚信是每个人必备的优良品格，一个人讲诚信，就代表了他是一个讲文明的人。讲诚信的人，处处受欢迎；不讲诚信的人，人们会忽视他的存在；所以，我们每个人都要讲诚信。诚信是为人之道，还是立身处事之本。

诚信不仅是一个道德范畴，也是公民特殊的"身份证"，还是日常行为的诚实和正式交往的信用的合称。即待人处事真诚、老实、讲信誉，言必信、行必果，一言九鼎，一诺千金。"诚"是为人之道的中心思想，我们立身处世，当以诚信为本，对事业的追求"心诚则灵"。宋代理学家朱熹认为："诚者，真实无妄之谓。"肯定"诚"是一种真实不欺的美德，要求人们修德做事，必须效法天道，做到真实可信。说真话，做实事，反对欺诈、虚伪。

"人言为信"，"以实之谓信"。可见，信不仅要求人们说话诚实可靠，切忌大话、空话、假话，而且要求做事也要诚实可靠。而"信"的基本内涵也是信守诺言、言行一致、诚实不欺。"诚"主要是从天道而言，"信"主要是从人道而言。"诚"本是自然固有之，效法天道、追求诚信，这是做人的基本道理和规律。二者在哲学上虽有区别，但从道德角度看，"诚"与"信"则是同义等值的概念，故许慎在《说文解字》云："诚，信也。""信，诚也。"基本涵义都是诚实无欺，信守诺言，言行相符，表里如一，这也是做人的基本要求。

在一般意义上，"诚"即诚实诚恳，主要指主体真诚的内在道德品质；"信"即信用信任，主要指主体"内诚"的外化。"诚"更多地指"内诚于心"，"信"则侧重于"外信于人”。“诚”与“信”一组合，就形成了一个内外兼备、内涵丰富多彩的概念。

“诚”与“信”作为伦理规范和道德标准，在起初是分开使用的。最先将“诚”与“信”连在一起使用的是在《逸周书》中：“成年不尝，信诚匡助，以辅殖财。”“父子之间观其孝慈，兄弟之间观其友和，君臣之间观其忠愚，乡党之间观其信诚。”这里的“信诚”实际上表达的是“诚信”的意思。就是说，从一般意义上，诚信是指诚实不欺，讲求信用，强调人与人之间应该真诚相待。

诚信不仅是人类依存的美德，而且作为华夏民族最崇尚的品质，已传承数千年。泱泱文明古国，诚信典故举不胜举，而关公就是影响最广泛的中华诚信美德的完美代言人。

关公是三国时期蜀汉名将，由将而侯而王而帝而圣，一生忠义仁勇，诚信名冠天下。是中华民族心仪向往和追求的典范，历来为后人所敬仰推崇。

徐州兵败，关羽被困土山。曹操派张辽以“三便”劝关羽降曹：一者可保甘、糜二夫人的安全；二者可不背桃园之约；三者可留有用之身。关羽回答：“你有‘三便’，我有‘三约’：一、今降汉不降曹；二、请给二位嫂子俸禄，单独居住，不论何人不许入门；三、只要一旦知道皇叔的下落，辞曹归刘而去。三者缺一不可。”

曹操敬重关公，为了笼络他，赐给他珍贵物品，关羽却拒之不受；几日一宴请，关羽却食而无味；赏给关羽大宅子，关公却将内宅分给老兵，自己住外间；派多名美女侍奉他，他却叫美女去服侍嫂子。曹操无计可施，只好安排刘备的两个夫人和关公同居一屋室。关公仍不动声色，秉烛独坐在门外，专心致志读《春秋》，通宵达旦，毫无倦意。曹操想通过美色来诋毁关公，从而达到逼其就范之目的，但自古“英雄难过美人关”的规律在关公身上却失灵了。

关公夜读《春秋》释放出三个信息：一是关公面对美色坐怀不乱，二是通宵甘做两个嫂嫂守护卫士，三是《春秋》道义对关公定力的影响。关公对皇兄的忠义的承诺坚定不移，更反映出关公诚实守信的品质本性可嘉。关公受《春秋》道义的熏染，升华为华夏民族最宝贵的忠义诚信的道德典范，千古流传。

诚信是古代商人的精神和文化核心。恪守诚信为先，以义取利的商道信条，所创的财富辉煌和为商之道，早已彪炳史册，为全人类认同。古商的先祖“关公”就是这一集体的代言人：关公的忠义诚信，始终是这一群体所恪守的商道精髓。

唐代著名大臣魏徵说：“夫妇有恩矣，不诚则离。”只要夫妻、父子和兄弟之间以诚相待，诚实守信，就能和睦相处，达到“家和万事兴”的目的。若家人彼此缺乏诚信、互不信任，家庭便会四分五裂。最终会导致社会和国家“信任危机”。

与朋友相交，只有言而有信，才能获得朋友信任和朋友之间推心置腹、无私帮助的目的。否则，朋友之间充满虚伪、欺骗，到头来绝不会有真正的朋友，朋友是建立在诚信基础上的伙伴。国与国交往也是如此。

《左传》云：“信，国之宝也。” 说诚信是治国的根本法宝。民无信不立，如果人民不信任执政者，国家朝政根本立不住脚。因此，执政者必须取信于民，正如王安石所言：“自古驱民在信诚，一言为重百金轻。”

在现代社会，商人在签订合约时，都会期望对方信守合约。诚信更是各种商业贸易活动的最佳竞争手段，也是市场经济和国家贸易的灵魂，乃至国家的一张真正的金质名片。

古语云："反身而诚，乐莫大焉。"只有做到真诚无伪，才可使内心无愧，坦然宁静，给人带来最大的精神快乐。诚信是人们安慰心灵的良药。人若不讲诚信，就会造成社会秩序混乱，彼此无信任感，尔虞我诈，后患无穷。正如《吕氏春秋·贵信》篇所说，如果君臣不讲信用，则百姓诽谤朝廷、国家不得安宁；为官不讲信用，则少不怕长，贵贱相轻；赏罚无信，则人民轻易犯法，难以施令；交友不讲信用，则互相怨恨，不能相亲；百工无信，则手工产品质量粗糙，以劣充优，丹漆染色也不正。可见失信对社会的危害何等大啊！

综观而言，诚信对于自我修养、齐家、交友、营商以至为人为事，为官为政，都是一种不可缺少的美德，可见诚信在人类社会中显得非常重要。

诚信是人民和国家的法宝，"国保于民，民保于信，信保于社，社保于国"。君无信用不能使民，失去民心则不能守国。所以古代圣王不欺四海，五霸不欺四邻。善治国者，不欺其民；善齐家者，不欺其亲。"民诚则国安，国信则富强。"可见，信在治国齐家中是何等重要。

诚则人之，伪则禽兽。诚信是人和动物的根本区别之一，只有人才具有诚信美德，而禽兽则是不讲诚信的。如果人只求物质私欲而不讲诚信，"损人利己"就是一种丧失人性的禽兽行为。

诚信往往说起来容易做起来难。这大概就是人真而不诚、诚而难信的一种劣根性缘故，有的人"言而无信"，说的是一套，做的又是一套，总是以自我利益确定诚信，以自私和贪婪玩弄诚信。

在现实社会生活里，我们几乎什么都不缺，唯独缺的就是良好的人心，尤其缺的是应有的诚信。有的人只是要求别人有诚信讲诚信，而自己就可以完全没有，也很难用诚信来对待他人。在文明高速发展的时代，更应该体现做人做事的诚信度，其结果却令人大失所望。

可以说，在纷繁的社会里，一旦人丢掉了诚信，人性就显得可恶、可怕、可耻、可悲，体现出人的道德品质和良知良心的迷失。

诚信是做人的基本准则。中国古代贤哲总是用实践诚信之道来规范人的行为，试图消除诚信逐渐缺失的历史记录。

戒欺，即不自欺亦不欺人。意谓真诚实意就是不自欺。宋代哲学家陆九渊说："慎独即不自欺"。即使在闲居独处时，自己的行为仍能谨慎不苟且，不会自欺。可见，戒欺是诚信的重要准则之一。

东汉名臣杨震在赴任东莱郡太守的途中，经过昌邑县。昌邑县令王密是他过去推荐的秀才，王密深夜带十斤黄金私赠给杨震。杨震说："老朋友了解你，你却不了解老朋友，这是为什么呢？"王密说："现在是深夜，没有人知道。"杨震回答说："天知，地知，你知，我知，怎么说没有人知道呢？"王密听了这番话，很羞愧地走了。杨震"不受四知金"的故事，说明他的道德修养已达到了不自欺的"慎独"境界。只有在没有人监督的情况下，能做到不自欺，才算是真正的"诚信"。

《左传·宣公二年》曰："人谁无过？过而能改，善莫大焉。"韩愈曰："告我以吾过者，吾之师也。"陆九渊曰："闻过则喜，知过不讳（忌讳），改过不惮（畏惧）。"古人申居郧曰："小人全是饰非，君子惟能改过。"由此可见，中国古代哲贤认为如何对待过错，是君子与小人的重要区别。

中国古代哲人强调知过即改，这是诚实的一种表现。《孟子·滕文公下》载有一则寓言：有一个人每天都偷邻居家的鸡，有人劝告他说："这不是有道德者的行为。"那人回答说："那么，我打算减少一些，一个月只偷一只鸡，等到明年，然后停止偷鸡。"这则寓言说明，如果已经知道这样做是不道德的，就应立即改正，何必等到明年哩！所以，人对于过错应该"迁善如风之迅，改过如雷之烈"。一定要快刀斩乱麻与过错彻底了断，彻底改错自新。

苏东坡与王安石私交甚厚至深，经常在一起切磋诗词，谈天说地。有一次，苏东坡到王安石家登门拜访，恰逢王安石不在家，苏东坡只见书桌上有一首未完成的诗，只有两句："昨夜西风过园林，吹落黄花满地金。"

苏东坡看后，心中觉得好笑，认为菊花怎能像春天里的花一样，在一夜之间落得满地花瓣呢？于是，他续上"秋花不比春花落，说与诗人仔细吟"，以此来讥嘲王安石。

王安石回到家看到续诗，心想："真是少见多怪！"后来，苏东坡被贬到湖北黄州当团练副使。有一晚，一阵秋风过后，第二天院内菊花被刮得满地金黄。此时，苏东坡深愧自己妄自续诗，见识短浅。

回到京城后，他即当面向王安石认错。王安石称赞说："知错能改，是难能可贵的啊！"从此以后，苏东坡十分谦虚谨慎，写下了许多脍炙人口的名篇佳作。

《左传·僖公十四年》曰："弃信背邻，患孰恤之。无信患作，失援必毙。"意思是说，若自己丧失信用，背弃邻国，遇到祸患有谁会同情自己。失去了信用，一旦祸患发生，无人来支援自己，就必定会灭亡。由此可见，重诺守信十分重要。如果我们对别人许下诺言，就须认真对待，对自己的承诺负责，切勿掉以轻心。失信一个人，失去一片天。在平日为人处世时，我们可先从守时开始做起，然后对家人、朋友信守承诺，以诚信对待人、对待事、对待家庭、对待社会、对待国家。

化解危机构建新型信任体系

在整个人类普遍存在着信任危机，因此，信任危机作为一种社会通病越来越严重。特别是随着人们的生活越来越优越，人与人之间的人情味却越来越淡，人们因为各种各样的原因逐渐丢失了对他人信任。

信息智能化的工作和生活，虽然取得了一定的飞跃发展，但是文明和文化建设却落后了，特别可怕的是道德沦丧，信任危机。从对公务员的权力监督、教师的师德标准、为人为事的原则、医生的医道准则、医院的救护标准和银行假币流出的信任危机，可以看到已经波及整个社会阶层，这说明人和社会规范出了大问题，不管实行什么社会制度，制定法律就是用来约束人的行为的，一项制度或规范制订出来，如果没有有效的约束力和执行力，缺乏监督，岂不是一纸空文。

信任危机作为近几年来频繁出现的一种社会现象，也是一个伦理学术语，表示社会人际关系产生了大量虚伪和不诚实，人与人的关系发生了严重危机。特别是一定社会或群体的道德原则和规范不被人们所遵守，人与人之间缺乏一种道德的联系和约束，彼此都无法相信对方的真诚和忠诚，因此不敢委对方以信任的现象此起彼伏。因此，人情“货币化”、人际关系“货币化”、道德“货币化”等趋势愈来愈严重，令人十分忧虑。

从闹得沸沸扬扬的红十字会信任危机到四名中国农业大学教授在内的六人实名举报中国农业大学原校长、“三院院士”学术腐败。再如，中国的专家现在时常被民众调侃为“砖家”，意即有些专家该被砖块痛击。那么灿若星海的“砖家”何以经常胡说八道呢？比较合理的解释就是“屁股决定脑袋”，即坐在什么位置说什么话，坐在谁的板凳上就为谁说话；而这些“砖家”显然就是那些情愿被豢养的“钟灵毓秀”了。还有 2013 年 6 月 30 日下午，河南荥阳市发生一起车祸，被撞女子卡在车轮下连声喊疼，并央求“不要碾死我”，“不要碾死我”，透露出社会的信任危机，足以让人沉思。社会诚信缺失、信任度下降、人际关系冷漠，人们似乎已经进入了一个“陌生人社会”。 一句“不要碾死我”，也反映出这个社会的病态心理，也显现出人心是那么苍凉，那么悲哀。

有位著名易学专家说：作为一个被严重污染的社会，我们需要做的事情不是加重它的污染程度，而是应该考虑怎样做才能减少、稀释污染源，我们需要做的工作是努力净化社会，净化工作及生活环境，只有这样大家才会生活在一个安心舒适的氛围中，否则将会面临任何人都无法适应、无法生存的社会环境。

当今社会信任危机的大背景，可以从政治、经济和社会三个层面来分析。政治层面，信任危机表现为由来已久的“官民”信任，即政府与民众以及社会与国家之间的信任问题；经济层面的信任问题，即市场各个利益主体间的信任，主要是在商品和服务提供者和广大消费者之间；最后是社会层面的信任问题，也就是一般社会成员之间，包括公司和家庭成员之间的信任问题。从它们之间的关系看，第一种信任又是最重要的，因为在中国的文化传统中，国家是规则的制定者和维护者，国民对国家的信任，很大程度是一般意义上的社会信任的基础。

在日益市场化和货币化的今天，政府并不需要像最初的隐性社会契约所规定的那样，为人民提供一个从摇篮到坟墓的福利计划。事实上，只要民众劳有所得，物有所值，能够通过市场获得比较合理的回报，即是政府对社会契约的充分履行。但这一点往往难以做到，这从只占 GDP 大约 10% ～ 20%，并且逐年减少的劳动者收入份额就可以看出。前面提到的国家垄断，当然是最重要的长期结构性因素，但绝不是唯一因素。直接破坏一般民众对政府信任的，还是一些政府官员的短期行为。

一种最常见的破坏“社会契约”的短期行为就是地方政府的非理性投资。在现行的投资体系下，政府经济类的投资，尤其是基建投资，很容易博得政治资本，而对与民生等相关的社会投资则缺乏动力。如果民众对政府民生政策的期望长期无法兑现，自然会影响社会契约的履行问题。最后，即便是政府有意愿加强社会投资，老百姓也不会真正当真。无形之中，人民依赖政府提供公共品的期望也消减了，最后只想“用脚投票”，或者考虑移民，或者千方百计重回体制中去，成为公务员。

另一种短期行为就是“暗箱操作”以及更广义的腐败问题。一般来讲，“暗箱操作”常见于经济和人事领域，特别是指在招标、采购、录用和审批过程中以权谋私的权力寻租行为。久而久之，老百姓对此心知肚明，习以为常。最后，一般民众对反腐败和规制化就产生了“改革疲劳症”，不再把这些法律和纪检公共制度看成是“我们的”而给予信任，而是将其列入政府官员“他们的”行列，甚至发展成一种“仇官”心态。

最后一种短期行为，也是最具爆炸性的症结，就是政府工作人员私人的跋扈行为，最典型的就是 2009 年的“邓玉娇案”和 2010 年的“李刚案”。这些事件为什么具有爆炸性，可以导致官民虚拟空间的对立，以及一种“你如何解释我都不信”的状态，这已经深刻破坏了政府公信力。

如果作为国家权力代表的官员不被信任，作为国家权力规则的法律不被信任，作为国家行为具体化的政策不被信任，那么民众唯一可以信任的就是国家全力控制的主权货币了。换句话说，一切系统风险统统集中到货币和信用体系上。但这样的国家就经不起一场严重的通胀或者通缩，因为人民一旦发现货币也不可信，那么国家与社会间的信任就会完全崩塌，不同的力量就会诉诸暴力。从历史和国家的视角看，控制物价和发展民生不再是一件经济任务，而是政治任务。

市场利益主体之间的信任是我们这个社会讨论最多的话题。以“毒奶粉”为例，现在中国每年都有好几起全国性的食品药品安全事故，而且“无良奸商”似乎是越压越起，防不胜防。于是，出现了一方面国内消费不足，另一方面许多人“出国扫货”的滑稽现象。除此之外，还有大量的商业欺诈、信用欺诈、就业陷阱和传销组织，无论政府如何努力查处，似乎永远处于无法取缔的病态。

如果说政府和民众间的不信任主要是由于权力缺乏有效的内外制衡，那么商业方面信任缺乏的直接根源就是信息的不对称和监管的缺位。信息的不对称性是任何一个传统社会从农业向工商业社会转型的必然产物。在经历了现代化考验的国家，这种结构性社会问题催生出强大的中介组织和复杂的法律规范。中国也不例外。但中国的市场信任问题也有自身的特殊性，这要从社会激励机制入手来分析解决。

中国的许多欺诈和其他非法牟利的猖獗，其实正是“利出一辙”的经济和金融垄断造成的。正是因为中国社会经济中个体谋利的动力非常强，但却缺乏合法谋利的渠道。个体无论是通过勤俭节约，还是通过发明创新去获得财富，却因缺少信用资源和知识产权保护不足而造成成本相对较高。反之，通过财富转移、垄断市场、偷税漏税、招摇撞骗或者变相掠夺，却往往比较“合算”。如果有权力的保护，那就更加中饱私囊。这与古代中国的欺诈行为具有高度的延续性。

中国的监管权主要分散地“集中”在政府的一个或几个功能部门。在“利益指挥棒”的驱使下，这些监管部门在“增加管理收入”和“消弭一切不法”之间作何选择是很明显的。更何况，追查到底可能损害平行部门的利益，涉及不菲的行政成本甚至政治风险。当监管本身变成一种垄断的利益来源，那么，“监督不给力”和问题“越查越多”的结果也就可想而知。

一般社会成员之间的信任。一般社会成员之间的信任问题涉及面极广，既包括不同阶层和地区的人之间的信任，也包括家庭、公司、单位和社会组织成员之间的“内部人”信任。中国当代的社会转型，在很多方面类似于西方工业化后由礼俗社会向法治社会的转型，社会转型对信任提出了新的要求。一个基本表现就是，建立在亲缘和地缘基础上的传统信任方式，在很多方面已经式微，但却未找到合适的替代品。

从民众不相信官方的统计数据，到老太太跌倒没人敢帮扶，政府与民众之间，商家与消费者之间，直至人与人之间，“怀疑一切”几乎成为民众的一种集体意识，一种普遍缺乏信任的社会形态呈现在我们面前。“习惯性说谎”，也是某种历史的惯性延续。当然，谣言纷起之时社会容易出事，尤其是摊上频发的自然灾难，人心浮动，一个谣言，就可能造成更大的社会动荡。在这种时候，需要具有公信力的机构或者人出来澄清，只要及时正本清源，就不会有事。怕得是，我们的政府有一天会严重缺乏这种公信力，因为长期以来，为官者说谎，已经成为民众的共识。因此，若要制止谣言，政府要带头说实话，说真话。

信任危机甚至已经发展到普通人之间。南京“彭宇案”就体现了最基本的道德义务所面临的困局：一方主动的善良可能被另一方利用。受此影响，后来发生了多起老人倒地无人搀扶以至死亡的惨剧。更令人唏嘘的是湖北荆州船主对见义勇为者“挟尸要价”的态度：只要钱没凑齐就不能把尸体交出去。这类例子足以说明当代最基本的社会信任所面临的道德困境：要维持最基本的信任，就需要双方遵守一定道德底线，但如果一方认为基本道德底线相对于货币化的经济利益不划算，那么陌生人之间信任的基础也就彻底没有了。

对于人们的质疑，有的人给出的解释总是这样，“至于你们信不信，我反正是信的。”这句话事后旋即成为流行语。这句话的话外音或许有三：一是民众对政府的极度不信任，政府看上去也是心知肚明；二是如今政府的信息发布几乎要动员、说服民众去信任它了；三是在政府那里，对于民众的信与不信似乎已经无所谓了；信不信由你。

那么，政府的公信力今天何以如此呢？缺乏监督社会形态下的某种必然吧。一个社会和国家最大的弊端就是缺少了监督，为官者说谎之事当然就毫不奇怪。

如果说社会普遍的信任危机和政治经济方面的信任危机有什么共同点，那么，货币化无疑是一个重要的变量。作为权力的另一种形式，货币对于价值的相对化和道德解体的作用是显而易见的。与工业化时代的西方和日本不同，中国没有强大的宗教力量作为道德最后的支持，因而货币化对传统道德和价值的解体功能就更加凸显。中国的特殊性更在于，当社会的方方面面都在货币化的同时，控制着货币化的信用体制没有社会化，而是继续受到权力的直接控制。

重建社会信任是中国社会建设的重要任务。与很多任务一样，社会信任建设也是一项复杂的系统工程，有待于社会经济的发展。

最根本的改革在经济方面。这包括减少政府对经济的垄断，增加社会对国家经济政策的参与，支持银行和金融业的社会化，允许民营企业更多的自由空间，保护知识产权，从而根本改变社会在信用生产中的尴尬局面。在社会活动空间大大拓宽的前提下，国家也就能够引入更独立的司法体系和社会组织来参与经济运行的监管。这样就会有助于市场主体之间信任机制的构成。

在政治领域，重新界定国家与社会的契约是加强国家和社会之间政治信任的必由之路。国家应该在社会参与的基础上，本着公平参与的精神，建立新的公共品提供方案，包括住房、医疗、养老和教育，明确家庭、社会和政府三方在其中的责任和义务，并用法律的形式予以保护。此外，在社会组织方面，国家应该逐渐放开对社会组织的垄断，赋予各社会阶层利益相关者利益表达和参与政治的权利。

对于任何一个现代社会，社会信任不是公共品，而是任何开放社会都能自发形成的一种秩序和规则，国家只是一个次要的参与者。当代中国社会的信任危机，很大程度上源于一种“货币本位”的社会秩序和规则。这种秩序和规则动摇了许多人的道德底线，扭曲了正常的价值体系，破坏了国家与社会、市场利益各方以及社会成员间信任的基础。但事实上，健全社会的信任（信用）制度和可持续货币体系应该是相辅相成的。只有实现了社会信任（信用）的“社会化”和“规范化”，让货币和权力服从社会发展的要求，让为官者服从民心民意民情，社会自身才能摆脱信任危机。

提高全民素质构筑公平社会

人之私，国无公；人之欲，国无安。社会公平是国民的共同愿望和追求。有人要问，国家的品质是什么？就是这个国家人民的素质。有人又问，社会的品位又是什么？仍然还是这个国家人民的素质。

素质是人先天的特点，与人的能力接近。素质一词原指个体在生物学上的遗传特征，这是人的先天解剖与生理特点，即神经系统和脑的特性及感觉器官的特点。素质发展到现在，其意义已经泛化成了一个具有社会学和教育学意义的特定的概念，通常可以把它界定为：素质是个体在先天基础上，通过后天的环境影响和教育训练而形成起来的顺利从事某种活动的基本品质或基础条件。简言之，素质是先天天赋条件和后天习得才能的“合金”。因此，公平并不是社会和国家与生俱有的，而是通过人建立各种社团、公司、机构、政府组织等逐渐建立并形成。

公平是按照一定的社会标准，即法律、道德、政策等，从正当的秩序合理地待人处事，是制度、系统、重要活动的重要道德品质。无公则无平，无平则有私，私乃公之宿敌。公平包含公民参与经济、政治和社会其他生活的机会公平、过程公平和结果分配公平。正义则是公正的义理，包括社会正义、政治正义和法律正义等。公平正义是现代社会孜孜以求的理想和目标，因此，许多国家都在尽可能加大公共服务和社会保障力度的同时，高度重视机会的公平、过程的公平、结果分配的公平。构筑一个公平正义的社会和国家，需要全体人民和全社会共同进行长期努力，需要提高全体公民的文化、道德、法制等方面的素质，使人们增强渴求公平正义的意识、参与公平正义的能力和依法追求公平正义的行为。

经济学中的公平指收入分配的相对平等，即要求社会成员之间的收入差距不能过分悬殊，合理调剂优化并分配国家的物资及权利资源，要求保证社会成员的基本生活需求和基本政治诉求。

公平理论由美国心理学家 1965 年首先提出。该理论的基本要点是：人的工作积极性不仅与个人实际报酬多少有关，与人们对报酬的分配是否感到公平更为密切。人们总会自觉或不自觉地将自己付出的劳动代价及其所得到的报酬与他人进行比较，并对公平与否做出判断。公平感直接影响国民的工作动机和行为。因此，从某种意义来讲，动机的激发过程实际上是人与人进行比较、鉴定，做出公平与否的判断，并据以指导行为的过程。

公平理论可以用公平关系式来表示。例如在诉求公平的情况下，人可能要求增加自己的收入或减小自己今后的努力程度，以便使福祉增大，趋于相等；第二种办法是他可能要求组织减少比较对象的收入或者让其今后增大努力程度以便使强度减小，趋于相等。此外，人还可能另外找人作为比较对象，以便达到心理上的平衡。

当然，公平并非是主张少劳多得，多劳少得也是一种公平所在在这种情况下，人可能要求减少自己的报酬或在开始时自动多做些工作，但久而久之，人会重新估计自己的技术和工作情况，终于觉得他确实应当得到那么高的待遇，于是产量便又会回落到过去的水平线上。

除了横向比较之外，人们也经常做纵向比较，即把自己目前投入的努力与目前所获得报偿的比值，同自己过去投入的努力与过去所获报偿的比值进行比较。只有相等时他才认为公平，如下式所示：

自己对现在所在行业的感觉；

自己对现在所在职位的感觉；

自己对现在所获报酬的感觉；

自己对过去所获报酬的感觉；

自己对个人现在投入的感觉；

自己对个人过去投入的感觉。

当以上形式为不等式时，也可能出现以下几种情况：

当出现落差情况时，人也会有不公平的感觉，这可能导致工作积极性下降。

当出现相对合理情况时，人不会产生不公平的感觉，但也不会觉得自己多拿了报偿，从而主动多做些工作。

调查和试验的结果表明，不公平感的产生，绝大多数是由于经过比较认为自己目前的报酬过低而产生的；但在少数情况下，也会由于经过比较认为自己的报酬过高而产生。

人们看到，公平理论提出的基本观点是客观存在的，但公平本身却是一个相当复杂的问题，这主要是由于下面几个原因：

A. 它与个人的主观判断有关。无论是自己的或他人的投入和报偿都是个人感觉，而一般人总是对自己的投入估计过高，对别人的投入估计过低。

B. 它与个人所持的公平标准有关。公平标准是采取贡献率，也有采取需要率、平均率的。例如有人认为助学金应改为奖学金才合理，有人认为应平均分配才公平，也有人认为按经济困难程度分配才适当。

C. 它与绩效的评定有关。主张按绩效付报酬，并且各人之间应相对均衡。但如何评定绩效？是以工作成果的数量和质量，还是按工作中的努力程度和付出的劳动量？是按工作的复杂、困难程度，还是按工作能力、技能、资历和学历？不同的评定办法会得到不同的结果。最好是按工作成果的数量和质量，用明确、客观、易于核实的标准来度量，但这在实际工作中往往难以做到，有时不得不采用其他的方法。

D. 它与评定人有关。绩效由谁来评定，是领导者评定还是群众评定或自我评定，不同的评定人会得出不同的结果。由于同一组织内往往不是由同一个人评定，因此会出现松紧不一、回避矛盾、姑息迁就、抱有成见等现象。

然而，公平理论对人们有着重要的启示：首先，影响激励效果的不仅有报酬的绝对值，还有报酬的相对值。其次，激励时应力求公平，使等式在客观上成立，尽管有主观判断的误差，也不致造成严重的不公平感。再次，在激励过程中应注意对被激励者公平心理的引导，使其树立正确的公平观，一是要认识到绝对的公平是不存在的，二是不要盲目攀比，三是不要按酬付劳，否则，就会在公平问题上造成恶性循环。

为了避免劳动者产生不公平的感觉，政府往往采取各种手段，在社会中造成一种公平合理的气氛，使每个劳动者产生一种主观上的公平感。

社会公平不仅是一种经济体制，而且还是一种政治体制。从经济体制而言，应有三项功能，或者说三个特征，这就是公平、发展与效率。效率指在短期内资源的配置状况，发展是制度的实施给制度选择主体带来的稳定、长期的收益，社会公平是制度选择主体权利的实现状况，但在经济体制的这三个特征中，只有社会公平才是经济体制基本的、能够反映其本质的特征。为什么呢？因为制度是一种公共品，公共品的本质就在于共偿性，如果一种制度的实施使一部分人获益，另一部分人支付成本，那么这种制度就不是公共制度，而只能是由利益集团单方面确定的，以便于掠夺社会财富的一种制度结构。

市场经济条件下的社会公平，不是历史上小生产者要求的那种平均主义，而是基于权利与责任，收益与风险相对称的一种社会机制。从内容上讲，现代市场经济的公平可以大体概括为三个方面，这就是生存公平、产权公平和发展公平。生存公平是人作为人类社会的一员与其他人的生存权是平等的，生存公平在经济上的体现就是提供一个人所需要的生存资料是公民社会的一种责任，政府没有理由不履行这种责任，社会也不能允许一部分人剥夺另一部分人的生存权。与实现生存公平有关的制度有社会保障、劳动权益等。产权公平指无论资源的主体是谁都应享有平等的权益。产权有两种形式，一种是与人的生命具有不可分割关系的产权，这就是个人对自身劳动力的所有权，另一种是除劳动力以外的各种资源的产权，这些资源主要是通过劳动、交换、继承等方式获得的。市场经济最基本的含义就是产权的不可剥夺性，人们要想得到一种新的产权只能进行交换，在公平交易中实现产权的转移，一个连产权公平交易的条件都不具备的地方，市场经济也就没有容身之处。发展公平是指公民应享有平等的发展机会、发展权力以及履行相适应的发展责任。要实现发展公平，首先制度约束和公共品的分配应该是公平的。例如，教育资源的公平分配，行政资源的公平共享，法律规则的公平约束等。虽然市场经济可以为人们提供均等的发展机会和制度环境，但由于在资源禀赋和努力程度上的差异，人们不可能得到同等的发展，这种机会的均等与发展的差异，既有利于人们的广泛参与，又能提供足够的激励，是市场经济活力之源。

其实，公平的三个方面又可以区分为基础公平与发展公平这两个梯次。基础公平是社会的起点公平，这是最基本的公平要求，如生存权与公共制度的选择权就属此类，在基础公平这个梯次，公平与平等具有相似的内容。发展公平是由机会均等而发展条件不平衡所产生的社会公平，在这种条件下，机会可能是平等的，但由于对机会的利用与把握上存在着差异，因而结果也就千差万别，也就是说，作为发展公平中的公平与平等并不具有相似的内容。但公平的这两个梯次是不能割裂开来而独立发展的，相反，它们却相互依存，其中基础公平是发展公平形成和发展的基础，而发展公平则是基础公平不断向新的高度发展的条件。这就好比若干人共住一栋楼房，楼层有高有低，有阳面，也有阴面，有好有次，无论楼层高低，户型面积大小，但是都坐落在同一个地基上，人们不能给住在一层的、面积小的户主一个质量不合格的地基，否则，大家都会有灾难。

社会进步是国家公平的产物

国家有序，社会公平。无论是从自身利益出发的一种本能需求，还是从社会进步角度得出的一种社会理性，都或多或少地对人类的文明做出过有益的贡献。而第一个系统化的、具有理论形态和广泛的社会实践的公平观正是以“阶层公平”的特征登上社会舞台。

在西方，当新兴资本阶层在封建制度内部成长起来的时候，对其发展构成主要威胁的是代表封建势力的国家政权，在这种政治体制下，新兴资产阶层与封建势力处于不公平的制度结构中，资产阶层受到的是不公平待遇。当资产阶层革命成功后，确立了私有产权制度，在资产阶层内部实现了公平，于是，市场经济作为一种占主导地位的经济体制开始确立下来，当然这种市场经济还只是古典的市场经济。这种古典市场经济实现的公平被称为资本产权公平，其特点是从制度上保证了资本产权的不可剥夺性，从而实现了产权的公平交易，形成了国内的统一市场。

自由资本主义制度虽然实现了资本产权的公平，但却保存和扩大了资本所有者和劳动所有者之间的不公平，所以人们说古典市场经济实现的只是“阶层公平”。资本所有者和劳动所有者之间的不公平状况是存在的，这种不公平对社会进步有不利影响。但随着劳动者作为一个整体力量的增强，资本任意剥夺劳动者权益的现象受到了限制；特别是由于科学技术的进步，如以计算机为代表的信息技术在生产上的应用，使市场与国家的边界变得模糊起来。在生产过程中，物质资本的主导地位开始被信息资本所取代，掌握现代科学技术的人力资本对经济增长的作用显得日益重要，人力资本所有者的地位不断上升，这就为实现另一层次的社会公平——劳动所有权与资本所有权的平等创造了条件，劳动所有权与资本所有权之间的等价交换成为现代资本主义市场经济最本质的内容。这样，资本所有者之间的公平，资本所有者与劳动所有者之间的公平就构成了现代资本主义市场经济社会公平的主要内容。

在不同的国家和社会制度下公平的含义和意义各不相同。在历史上，追求社会的公平与公正一直是国家和社会的一个基本目标和核心价值，也是它的魅力所在。一个充满正能量的社会不仅仅要有发达的生产力和物质财富，更重要的是要把这些发达的生产力和物质财富用于满足全体社会成员的需要，促进和实现人的自由全面发展。

人的需要和全面发展是永恒的目标，经济增长和提高效率是手段。只有把目的与手段辩证统一起来，经济和社会的发展才能走上正确的道路。一方面，满足人民群众的物质文化需要和实现人的全面发展离不开增长与效率，没有手段保障的目的只能是一种幻影。另一方面，单纯追求经济增长率或提高经济效率并不能解决所有的发展问题。因为，人民生活水平的提高和人的自由全面发展虽然是以经济增长为基础的，但又不仅仅取决于经济增长，还要取决于社会制度的合理安排，如人权是否有保障、政治是否民主、法制是否严明、社会是否安定、机会是否公平、公共设施是否完善、收入分配是否合理等。离开了合理的制度安排和社会公平原则，就会妨碍正当竞争，损害公民的合法权益，挫伤国民的积极性，导致两极分化，产生严重的社会矛盾和问题，使广大人民群众无法共享经济发展的成果，公平社会的目的和目标就难以得到充分的实现。这样的经济增长也是不可能持续的。

市场经济条件下的公平体制，首先要有利于调动人们的发展积极性。效率不仅是衡量一种经济制度或经济体制优劣的重要指标，而且也是衡量一种公平形式是否可取的主要尺度，还要有利于民生的改善和社会的稳定，切实维护人民群体的根本权益。

那么，现代市场经济的社会公平又是如何实现的呢？简单地讲，就是通过制度的选择与约束实现的。现代社会通过制度的制定、选择、监督与实施，从而保证了现代市场经济的公平。这种体现社会公平的机制可以概括为宏观制度选择。凡是与整体经济运行环境有关的制度，一般都采取一人一票的方式决策，如基本经济制度的选择，国民收入的再分配，公民权益等方面的各种规则；而在国家运作等微观经济层面上，现代市场经济却采取的是一权一票的决策机制，比如国家章程，国家内部的有关分配制度等。例如，国家制订的各种规则如果违背了国家法律，侵犯了公民权益，或者进行不正当竞争都是不允许的。

现代市场经济的社会公平不仅仅是人民可以公平地选择制度，而且要以社会公平为标准来检验制度，将社会公平作为检验制度是否适宜的根本标准。理由很简单，公平虽然首先表现为人们的一种主观感受，但它的内容却是客观的，可以确定的，而不是公说公有理、婆说婆有理无法争论清楚的问题。无论是生存公平、产权公平、还是发展公平，人们在一定的经济条件下都可以找到相对应的物质内容。目前国际上在评价经济体制的运转状况时一般是采纳三类指标，即经济福利、经济稳定与经济增长。其中的每一类又可以分为若干个指标，但有的人为了把问题简单化，便干脆将效率作为体制运转状况的主要标准，或者把效率作为硬指标，其他指标只能屈居其次，其实这是很不科学的。因为提高经济效率的方式可以有多种选择，人们经常提起的就有所谓外延式扩大再生产和内涵式扩大再生产等。以效率为标准就会导致人们只问最终结果，而不管手段与过程如何。这就好比若干人参加田径比赛，一个人跑直道，其他人跑弯道，尽管也能排出名次来，但并不能给人以激励。但用公平来检验经济体制，则不仅考虑到了结果，更重视起点和过程。

如果产权交易是公平的，那么社会对产权的使用就不存在外部性，产权的私人成本与社会成本就是一致的，这样的公平经济当然是实现了资源有效配置的经济。如果一个社会实现了生存权与发展权的公平，那么这个社会的有效需求就得到了实现，人们的消费不存在外部性，而有效需求的实现程度则是考察社会福利的可靠指标。如果一个社会实现了制度的公平选择、公共品的公平分配，那么这个社会必定是一个充满正能量的社会。所以用公平来检验经济体制，这种公平也就包含了经济效率，不过这种公平效率是以效益为基础的效率。

用效率还是用公平来评价经济体制，可能会得出完全不同的结论，用效率作为标准，中国的经济增长速度位于世界前列，所以有人很乐观地认为中国的体制是最成功的。但如果用公平作为标准，就可以明显地看出来我们的经济体制还不是完全意义上的市场经济体制，如同上面所提到的制度选择权的公平、生存权公平、产权公平、发展权的公平，在经济体制内还缺少一种使其变为现实的机制，这种没有公平约束的市场经济也就必然会使经济的增长偏离社会福利的轨道滑动。如此看来，经济高速增长相伴随是贫富差别的拉大也就不足为奇了。因此我们要进行经济体制的的改革，就是要实现在科学发展观指导下的，体现社会公平的社会主义市场经济调度。

把维护社会公平放到更加突出的位置，是构建正能量社会的现实需要。社会公平是正能量社会的一个基本特征。我们所要建设的正能量社会，是民主法治、公平正义、诚信友爱、充满活力、安定有序、人与自然和睦相处的社会。公平是贯穿全社会的一个基本价值。在社会建设这个系统工程中，社会公平是一个“测温计”，它客观地测量着社会的公平度。事不公则心不平，心不平则气不顺，气不顺则难畅通。只有切实维护并实现社会公平和正义，才能充分调动人民的积极性、主动性和创造性，使社会关系逐步融洽、协调，从而促进整个社会的公平发展。

构建公平社会的过程，也是维护和实现社会公平的过程。公平社会建设是一个动态过程，而维护和实现社会公平必然贯穿其始终。千里之行，始于足下。构建公平社会，要着力扩大就业机会、完善社会保障体系、理顺分配关系、发展社会事业，认真解决人民群众最关心、最直接、最现实的利益问题。

随着经济社会的发展和民主法制建设的推进，人民群众的公平意识越来越强。只有切实维护和实现社会公平，才能使人民群众的心情更加舒畅，各方面的社会关系才能更加协调，广大人民群众的积极性、主动性、创造性才能更加充分地发挥出来。

加快发展步伐是实现社会公平的基础。目前存在的一些不公平现象，都是前进中的障碍和问题，最终的解决途径还是靠发展。只有大力发展生产力，把社会财富这块“蛋糕”做大做厚做强，同时更科学合理地“切好蛋糕”，才能更有效地促进公平。否则，只能是低水平、低层次的“公平”，贫富差距也不可能从根本上消除。

在现阶段，维护和实现社会公平，关键是要逐步建立以权利公平、机会公平、规则公平、分配公平为主要内容的社会公平保障体系。

切实维护和落实宪法和法律规定的公民的各项权利，保证全体社会成员都能够比较平等地享有受教育的权利、工作就业的权利、参与社会政治生活以及其他法律规定的权利，努力为每个社会成员提供均等的发展机会。坚持法律和规则面前人人平等，任何人、任何团体都不能有超越法律和规则的特权。

在改革发展的进程中，社会成员之间存在一定的收入差距是难以避免的，但应保持在合理范围内。如果社会成员收入差距悬殊而又长期得不到解决，就不仅会挫伤人们的积极性，而且会影响社会安定团结。要合理调整国民收入分配格局，积极推进分配制度改革，进一步理顺分配关系，完善分配制度，着力提高低收入者收入水平，扩大中等收入者比重，有效调节过高收入，取缔非法收入，努力缓解地区之间和部分社会成员之间收入分配差距扩大的趋势。

把妥善协调各种具体的利益关系和内部矛盾、正确处理个人利益和集体利益、局部利益和整体利益的关系与维护社会公平结合起来，逐步建立深入了解民情、充分反映民意、广泛集中民智、切实珍惜民力的科学决策机制，建立正确处理人民内部矛盾的协调机制，建立社会矛盾纠纷调处机制以及社会预警机制，把维护和实现社会公平纳入多种机制有效运转的常态轨道。

公道人情两是非，人情公道最难为；若依公道人情失，顺了人情公道亏。维护和实现社会公平，是一个长期的奋斗过程。社会公平不是一个静止的绝对状态，而是历史的、相对的、具体的，是受生产力发展水平和具体的制度安排制约的，它的实现方式和实现程度在不同的历史条件下和不同的时代是不同的。公平不等于平均。政府要注重公平，但不是平均主义。公平不是绝对的，但不讲公平是绝对错误的。政府必须立足社会公平，切实把实现社会公平与保护生产积极性结合起来。

社会公平，是人们孜孜以求的美好憧憬。通过长期坚持不懈的努力，才会创造更公平美好的国家。

第二章 国家品质人为先 国民素质国之魂

国家的品质首先取决于人民对自己国家的信任和忠诚。国家品质其实是人的行为和作风所显示的思想、品性、认识实质；行为的质量。国家的吸引力是国家实力的象征，而国民素质正是国家的魂魄。

治国之道崇高价值正义之道

人无正，国之歪；人不义，国不立。常言道："人要有正义感。"正义感是人类的灵魂，属于人、社会和国家的正能量范畴。正义是邪恶的天敌。正义感受良心和道德的支配，一个没有良心和道德的人就谈不上什么正义感。当然，凡是有人群的地方就有正义感，也可以说只要有社会和国家就必须要有正义、讲正义、实行正义，正义是人类社会普遍认为的崇高的价值，包括具有公正性、合理性的观点、行为、活动、思想和制度等。正义是一个相对的概念，不同的社会、不同的阶层有不同的正义观。衡量正义的客观标准是这种观点、行为、思想是否促进社会进步，是否尊重人的生命价值观，是否符合社会发展的规律，是否满足社会中绝大多数人最大利益的需求。正义最基本的内容在于，它要求分配社会利益和承担社会义务不是任意的，更不是人为的随意性行为，必须遵循一定的规范和标准；正义的普遍性是要求按照一定的标准进行平等或是量的均等、或是按人的贡献平等或按身份平等，分配社会利益和义务；分配社会利益和义务者要保持不偏不倚。

正义存在于对生命、健康、尊严的追求和维护，伸张正义是以陶冶操守仁爱为职能的文化的终极职能。伦理学认为，正义与否的客观标准主要在于其行为是否符合社会发展的要求与广大群众的根本利益。凡是依法争取公平的行动就是正义。

在伦理学中，正义通常指人们按一定道德标准所应当做的事，也可以说是一种道德评价。"正义"在中国最早见于《荀子》："不学问，无正义，以富利为隆，是俗人者也。"正义观念萌于原始人的平等观，形成于私有财产出现后的社会。不同的社会或阶层的人们对"正义"有着不同的解释：古希腊哲学家柏拉图认为，人们按自己的等级做应当做的事就是正义；基督教伦理学家则认为，肉体应当归顺于灵魂就是正义。

首先，从自然哲学角度来看，所谓宇宙正义原则在习惯上被作为一个自然哲学的命题，即万有或者一切存在者产生出来又返归于它的原点。宇宙万物方生方死、生生灭灭之际，那在万物动变的多样性背后起着主宰或支配作用的是第一性原则，或者称之为宇宙正义。万物由它产生，也必复归于它，全是按照必然性；因为按照时间的程序，它们必受到惩罚并且为其而受审判。

其次，从政治哲学角度来看，该原则指明了个别（个人）在自己的存在中愈是充分地实现普遍的必然性，愈是准确地恪守总体为其规定的存在范围，就愈会由此改变个别物的命运。正义法则隐含着对正在形成的国家秩序来说至关重要的问题：现实的个人如何对待具有普遍效力的国家的规范、法律和传统法则。

作为道德范畴，与“正义”“公正”同义，主要指符合一定社会道德规范的行为。是否符合历史发展规律和最大多数人民的根本利益，是判断人们行为是否符合正义的客观标准。何为正义呢？柏拉图认为：“各尽其职就是正义”，乌尔比安认为：“正义就是给每个人以应有权利的稳定的永恒的意义”，凯尔森认为：“正义是一种主观的价值判断”。在这个概念上，学者们有着不同的理解，在公众的概念中，正义即公平、公正。其实正义是法源之一，更是法的追求与归宿。

既然正义是一种主观的价值判断，一种行为、状态是否正义就涉及到三个要素：人、社会和与人直接相关的事物。人是正义反映的主体，也是评价正义的主体；社会的形成归于人的产生和结合，社会对人的分工、分配起着重要作用，个人得不到与他人平等的人格、地位、待遇，往往归结于社会的不正义和不公平；而与人直接相关的事物，如地位、资格、自由等，其多寡优劣主导着人们的评价。在远古最原始的社会形成时，有了原始的劳动成果的分配，人们就开始了关于正义的讨论。至于何种行为与状态是正义的，用不同的标准、角度和站在不同的立场上，其观察和得出的结论往往是千差万别。美国学者罗尔斯提出了正义的两个原则，其一，是每个人对于其他人所拥有的最广泛的基本的自由体系相容的、类似自由体制都应有一种平等权利；其二，是社会的和经济的不平等应这样安排，使它们被合理地期望适合于每一个人的利益；而且依存于地位和职务向所有人开放。罗尔斯还指出了可表示如下的更一般的正义观：“所有社会价值——自由和机会、收入和财富、自尊和基础全都要平等地分配，除非对其中一种价值或所有价值的一种不平等分配合乎每一个人的利益。”

有人想将法律的观念从正义中解脱出来是不可行的。在媒体和一般人眼里，正义和法律的概念不断地被交叉混同，而纯粹法学反对将法和正义相等同，主张将二者当作两个不同的问题分别来处理。有人更倾向于使二者融合，有人却并不赞成过分清晰地区别这两个概念。法律抛弃正义，便丧失其规范社会关系的作用；同样，正义脱离法律，就丧失了载体，只能成为一种徒有虚名的“价值判断”，没有实际用途和意义。有人非常推崇凯尔森的观点，即正义作为一种主观价值判断也许为法律科学所排斥，但如果将正义理解为“合法性”，那么法律价值中就应当包括正义概念。

正义可以化解社会矛盾和调节社会关系，正义也会引起人相互间的矛盾和冲突。人们评价一部法律是否符合正义标准时，首先看合法性，再且是立足于这部法律是否能将社会关系调整得令所有社会成员都满意，但事实上，能够满足每个社会成员需要的法律是十分艰难的，可以说：每个人的需求不一致，需求间的相互冲突也难以避免，那些合乎正义的法律所调整的社会关系、社会秩序能达到的也只能是大多数社会成员的认可和满意。

自然法学派主张法的二元论，认为法应分为实在法和自然法，在不完善的实在法之上，存在着完善的，绝对正义的自然法。但理性的人应当知道：这种绝对正义是不可能存在的，如同世界是可知的，人类有无穷无尽的认知能力，而世界永远不可能被完全认识，正如凯尔森所说“正义是一个人的认识所不能接近的理想。”

正义并非是某个权威者的言辞。其实正义只能用具有全民性的国家宪制和法律来完成，用公德来体现。正义是没有特权的，特权是正义的天敌。说到法制，并非是官治民，也不是民治官，而是官民共治其社会和国家。

法律需要接受方方面面的检验，在人们寻求法律帮助时，在法律制裁罪犯时，公平是否得到维护，正义是否得到匡扶，这是法律正义性和合法性认定的标尺，也是法律生存的土壤，法律只有立足正义，才能使正义的概念在法律的基础上得到升华。

根据正义涉及的不同领域的标准，可以把正义分为制度正义、形式正义和程序正义。制度正义指社会制度的正义，具体反映社会权利、财富、资源、责任、义务分配是否公平、合理和正当。形式正义是对法律制度的公正一致的执行，它不管法律制度本身是否符合正义，强调的是法律制度始终如一的实现。程序正义是保证实现制度正义和形式正义的具体步骤和方法。制定正义的法律，应有全民公正性的立法程序，同样，保证司法公正，也需要有全民监督下的公正的司法程序。总之，任何事务没有人民的参与决策就无法体现正义。

法律与正义相互联系，相互促进，正义对法律发展起了一定的推动作用。正义作为法律追求的最高目标，作为区别良法恶法的重要标准，始终是法律进化的精神驱动力。同时，法律也是实现正义的重要手段，正义的最低要求是限制任意暴力和强取豪夺。法律运用国家宪制的强制性，保护社会主体的合法利益，通过裁决纠纷，惩治非正义的违法行为，以达到真正实现社会公平正义。

担当国家责任维护国家权益

人有责，国必兴。国家的责任是人民的一种职责和任务。身处社会的个体成员必须遵守的规则和条文，带有强制性，工作越重要责任就越大；权力越大责任也就越大。诚然，“国家兴亡，匹夫有责”。责任伴随着人类社会的出现而出现，是人就必须要有责任，有家庭就有责任，有社会就有责任，有国家就有责任。人的责任归根结蒂就是一种家庭责任、社会责任、国家责任。责任感是衡量一个人精神素质和思想素质的重要指标。当然，责任产生于社会关系中的相互承诺。在社会的舞台上，每种角色往往意味着一种责任。当我们在承担一项责任的时候，要付出一定的代价，但也意味着获得回报的权利。社会在发展，时代在进步，因此，责任内涵也在不断发展，改革开放和现代化建设的伟大实践，赋予责任日益丰富的时代内容。负责任的大国，负责任的政府，负责任的公民——中国以更加鲜明的形象呈现在世界面前。

责任并非是空洞的口号，而是具体的行为及结果。当然，不同的国家的人，其责任具有相同性。例如，消灭恐怖、遏制战争，实现世界和平是人类共同的责任及愿望。但并不是只有人类才有战争。蚂蚁和黑猩猩等少数生物都有战争行为。人类出现以来，战争就一直没有停止过；战争伴随社会的革命，带来新的变化和格局。古代各个部落之间的战争，促进了民族的融合和国家的形成，也是民族大迁徙的直接原因；国家内部不同民族之间的战争，促成民族的独立和新生国家的诞生；国家内部政治集团之间的战争，促成政权的更迭。其实战争是一种责任，而人的责任又在于消除战争。责任事实上——虽然不是时间上——以自由为前提，而自由只能存在于责任之中。因为，责任约束人的自由。

负责任的人在自身的自由中行动，除了他的行为和他本人以外，再没有别的能够支持他，减轻他的负担，这个事实就是自由的证据。负责任的行动发生在义务中，这义务给予他自由，给予他完全的自由。同时，负责任的行动完全发生在相对性的区域内，发生在无数视角里，每一种特定的现象都在其中展现。

责任能力是一个人对其违法行为承担责任的能力。不同的法律部门对责任能力的定义也是不同的。民事责任能力指民事主体据以独立承担民事责任的法律地位或法律资格。刑事责任能力是指行为人能够正确认识自己的行为性质、意义、作用和后果，并能依据这种认识而自觉地选择和控制自己的行为，从而对自己所实施的刑法所禁止的危害社会行为承担刑事责任的能力。

责任有个人的责任和集体的责任，你在社会中扮演的角色越重要其责就越大。个人的责任指一个完全具备行为能力的人所必需去履行的职责。集体的责任指一个集体必须去承担的一种职责。

在生活中，每个人都与他人有或远或近的关系，都因不同的社会身份而负有不同的责任。责任产生于社会关系中的相互承诺。这种承诺，表现在社会的各个方面。责任可以来自对他人的承诺、分配的任务、上级的任命、职业的要求、法律规定、传统习俗、公民身份、道德原则等。

在社会的大舞台上，每种角色往往意味着一种责任。作为子女，孝敬父母是我们的责任；作为学生，遵守学校纪律、完成学习任务是我们的责任；作为朋友，忠诚、互助、互谅，我们义不容辞；对于陌生人，虽然萍水相逢，扶危济困是美德；作为普通公民，我们“位卑未敢忘忧国”；作为社会成员，我们应该维护正义、热爱和平、保护环境，要扮演好各种角色，必须尽到自己的责任。只有每个人都认识到自己所扮演的角色，尽到自己应有的责任，才能共同建设公平的社会，共享美好的幸福生活。

角色与责任之间的关系：角色越多，责任越多。不同的责任，来自不同的角色。只有尽到责任，才能扮演好自己的角色。

一般认为，责任与义务是同一概念，都是权力所保障的必须且应该付出的利益。责任强调必须、重在必须、必须重于应该，是必须且应该付出的利益。因此，一般说来，凡是与职务有关的、职务所要求的必须且应该付出的利益，便都更强调必须性、强制性、法规性，这就是一种责任。反之，与职务无关的、不是职务所要求的，则因其更强调应该性、道德性和教育性，这应归于义务。例如，保卫祖国是公民的义务，却是战士的责任。维护国家安定团结是公民的义务，却是国家首脑的责任。《公民道德建设实施纲要》要求：坚持尊重个人合法权益与承担社会责任相统一，引导每个公民自觉履行宪法和法律规定的各项义务，积极承担自己应尽的社会责任。

履行责任对他人的好处有：(1) 安全性。知道其他人在履行责任，人们会感到更安全。(2) 有效性。当人人都履行自己的责任时人们就能更有效地工作。(3) 合作性。当人们一起完成某项任务，大家各尽其责，合作起来就更容易。(4) 社区精神。如果一个群体中的所有成员都履行责任，就可能形成一种社区精神或群体荣誉感。履行责任对自己的好处有：(1) 自尊。履行责任的人可以获得自尊和自信。(2) 被接受和认可。履行责任的人更容易被其他人接受和认可。(3) 获得知识、技能和经验。履行责任的人可以更好地获得知识、技能和经验。

当我们在承担一项责任的时候，要付出一定的代价。付出的代价有：(1) 负担。履行责任通常需要时间、精力等。(2) 怨恨。人们可能对自己不想做的事情感到怨恨。(3) 担心失败。人们可能担心自己不能履行责任或担心由于未能履行责任而受到惩罚。(4) 放弃其他的利益或牺牲其他的兴趣。承担一定责任时，意味着人们不得不把其他感兴趣的事情放在一边。

承担责任往往意味着获得回报的权利，这种回报既包括物质方面也包括精神方面。要说回报，更重要的是无形的财富，如良好的自我感觉、自尊自信、独立性更强，得到他人的赞许或肯定、获得新的知识或能力等。

20世纪初的一位美国意大利移民曾为人类精神历史写下光辉灿烂的一笔。他叫弗兰克，经过艰苦的积蓄开办了一家小银行。但一次银行抢劫导致了他不平凡的经历。他破了产，储户失去了存款。当他拖着妻子和四个儿女从头开始的时候，他决定偿还那笔天文数字般的存款。所有的人都劝他："你为什么要这样做呢？这件事你是没有责任的。"但他回答："是的，在法律上也许我没有，但在道义上，我有责任，我应该还钱。"

这还钱的代价是39年的艰苦生活，寄出最后一笔"债务"时，他轻叹："现在我终于无债一身轻了。"他用一生的辛酸和汗水完成了他的责任，而给世界留下了一笔真正的财富。

一个11岁的美国男孩在踢足球时，不小心将邻居家的玻璃打碎，邻居愤怒不已，向他索赔125美元。这125美元在当时可谓是天文数字，足够买下125只生蛋的母鸡。男孩儿把闯祸的事告诉了父亲，并且表示很忏悔。见儿子为难的样子，父亲拿出了125美元，说："这笔钱是我借给你的，一年后要分毫不差地还给我。"男孩赔了钱之后，便开始艰苦地打工。终于，经过半年的努力，他把这"天文数字"分毫不差地还给了父亲。这个男孩就是后来的美国总统罗纳德·里根。他还回忆说："通过自己的劳动来承担过失，使我懂得了到底什么是责任。"

公信力源于社会系统认同度

人有公信国昌盛，政有公信揽人心。公信力是公众信任的力量。公信力是政府权力行为的试金石。公信力意指为某一件事进行报告、解释和辩护的责任；为自己的行为负责任，并接受质询。公信力是在社会公共生活中，公共权力面对时间差序、公众交往以及利益交换所表现出的一种公平、正义、效率、人道、民主、责任的信任力。公信力既是一种社会系统信任，同时也是公共权威的真实表达，属政治伦理范畴。

政府公信力依赖于社会成员对普遍性的行为规范和网络的认可而赋予规范和网络的信

任，并由此形成社会秩序。政府作为一个为社会成员提供普遍服务的组织，其公信力程度通过政府履行其职责的一切行为反映出来，因此，政府公信力程度的高低，实际上是公众对政府履行其职责情况的评价。

政府公信力的判断标准，可以从几个方面来看：一是政府应是负责任的政府。无论是否出现公共危机，政府都应当履行职责，言而有信，政策要相对稳定。对于公共危机，政府更应当果断、及时地回应公民的诉求。

二是政府应是以公民为本位的服务型政府。政府必须以公共利益最大化为追求目标，努力提高政府部门服务质量和效率，自觉高效地为公民提供公共物品和公共服务。

三是政府应是依法行政的政府。在任何行为中，政府都应当根据宪法、法律、法规以及法律精神来为人民服务，避免文件和领导讲话大于法的现象，使人们形成对法律和制度的信仰，通过法律和制度来体现政府的诚信。

四是政府应是透明的政府。人民根据利益的需求创造了政府，政府的存在价值就在于满足社会成员的需求。而政府满足社会成员需求的措施、过程、方式等都应当为国民所了解。政府的行政法规、行政规章与规范性文件、政府机构职能、人员配置、行政程序、执法依据、会议活动及文件资料等信息都应当公开和便于公众查询，政府的决策过程因此也应当使公民知情和参与。

具备了上述条件的政府具有以下功能：一是简化社会复杂性，维持稳定的秩序。简化复杂性是一切生物生存进化的策略，是应付充满非完备信息的复杂环境的机制。作为一种社会资本，政府公信在政府与公民之间架起一座桥梁，在复杂的风险社会中维持政府公众关系的持续性，构成整个社会稳定的中枢，以某种确定性来对付不确定性，并在这种相对的确定性中培养公民对制度的信心。其中，确定性实际上还意味着一定的强制力量，这种强制力量与人们经由信任的简化程序在人们心中逐渐形成的自愿性结合在一起，就能够维持社会和政治的稳定。从这个意义上说，政府公信作为一种主观自愿机制，与公共权力的强制机制一起共同维持社会的稳定和秩序。

二是为公共权力提供连续的合法性基础。政府公信与公共权力、政治权威是平行共生的机制，它们互相促进，为政府的存在和运行提供合法性。政府行使公共权力的合法性来自公民的认可和支持，所以，政府的合法性基础实际上就是某种信任。公信政府的合法性基础是连续的、强大的，在于公民对政府提供公共物品和公共服务的能力的信任，并在这种信任关系的基础上在政府的公共权力与责任和公民的权利与义务之间营造出某种良性的动态平衡关系。政府在这两种关系中占据行动上的主动，也就是说，政府必须以其主动的行为和对过去经验的宣传来不断赢得公民的信任，从而获得源源不断的稳定的支持。

三是为构建新型治理结构提供联结点。在这个充满危机和风险的开放社会，新型治理结构的一个核心要素就是个人、组织和政府打破界限的合作。公民对政府的信任和政府对公民的信任，这种相互的信任使人们打破政治与经济、公域和私域的界限，进行跨领域、跨部门、跨地区的合作。政府承担着配置社会资源的权威功能，市场则是分配社会资源的最有效的机制，各种民间志愿组织又充分展示出机动灵活的信息传送功能，而贯穿政府、市场、民间组织的主线则是以政府诚信为核心的社会诚信系统。只有在权利与责任对应的基础上，以政府公信为主导，连接社会各领域的新型治理结构才可能建立起来。

四是促进政府职能转变。政府公信表现在政府忠实履行职责上，但履行职责首先涉及的就是政府职能的定位，在不越位、不缺位的情况下依法谋求公共利益的最大化。政府公信的最终判断权掌握在公民手中，全体公民的切身需要和根本利益决定着政府职能在不同时期的变化，只有敏锐而正确地抓住人民对政府公信的判断，政府的公信体系才能维持，表现在当下的转型时期，就是要进一步转变政府职能。政府职能长期以来是增长效率优先，相对忽视了公共健康、社会保障、环境保护等问题，而政府对公共事务的管理是包括上述所有方面在内的一个综合系统工程，任何一个方面的偏颇都可能造成政府的公信受到打击。因此，政府公信的维持要求政府职能因社会环境的变化而转变。

政府公信体系的构建不仅是政府自身的事，更是政府、公民和各种民间组织在政治、社会和市场等各领域的不同力量通过互惠、习俗、强制、行为等博弈活动形成的。因此，在政府公信体系的构建中，如果说直接受益者或主体是政府的话，那么，由单个公民及其形成的各种组织所构成的社会则是间接或最终受益者。

政府公信力与媒介公信力密不可分。其实，公信力无论对政府和媒体而言，都是一种无形资产，特别是媒介公信力，是媒体在长期的发展中日积月累而形成的，体现了一个媒体存在的权威性、在社会中的信誉度以及在公众中的影响力等特征。没有公信力的媒体终将失去生命力，被民众鄙弃。

媒介公信力的概念在中国使用时间较短，还没有统一的界定。

媒体公信力就是媒体自身内在品质和外在形象在受众心目中所占据的位置，是衡量媒体权威性、信誉度和社会影响力的标尺，也是媒体赢得受众信赖的能力。媒体公信力的高低，决定其舆论影响力的大小。媒体公信力是衡量、评判其舆论影响力最重要、最根本的标准之一。对于媒体来说，就是以其主体业务为核心形成的能够赢得受众、占领市场、获得最佳社会效益和经济效益。

随着受众研究的发展，更多的学者从受众角度出发研究媒介公信力。新闻传媒的公信力是新闻传媒能够获得受众信任的能力，反映了新闻传媒以新闻报道为主体的信息产品被受众认可、信任乃至赞美的程度。但是，媒体公信力并不代表验证社会公信力的强弱。真正检验社会公信力，司法公信力，政府公信力，国家的公信力还得由人民群众投票否决。

由此可以看出，政府的公信力不仅在于讲真话、办实事，“公信力”的核心是信任、信赖，而这种信任的主体是受众，媒介公信力建立在受众对媒体的信用体验和认定的基础上。受众是传媒的基本问题，这是不争的事实。报刊、广播、电视、网络，没有受众就不能生存和发展，尤其在受众选择的时代，媒介的竞争就是争夺受众的战争。媒介是信息传播的主体，受众是媒介效果的评价载体，是媒介公信力的评价载体。

法律是国家公信力终极体现

在西方国家，人们在内心深处对于法律的深刻信任感，即法律信仰的形成往往不是简单和直接的，而必须凭借或依赖外部因素的辅助。这个借以凭借或依赖的外部因素就是宗教。在西方人的心目中，基督教的上帝是全知、全能、全善、全在的，是宇宙间无所不能的唯一真神，是世界万物和宇宙自然的创造者。它既是生命的给予者和人类苦难的拯救者，又是人类最高的立法者和善恶行为的裁判者。所以，人们只有通过信仰宗教，服从上帝才能解除罪恶，重升天堂，进入极乐世界；同时，由于法律是源于上帝的旨意，那么人们基于对上帝的崇拜而产生的信仰就包含着信仰法律。反过来，信仰法律也就是信仰上帝。尽管在欧洲中世纪，法律与宗教混同，法律从属宗教，法律的作用未能得到充分的体现，但法律在人们心目中的权威和尊严并未因宗教的冲击而消失。相反，人们在对上帝的信仰中，获得了法律的至高无上性和神圣权威性的理念。可以说，西方的法治，是建立在过去两千多年中基督教所创造的各种心理基础和许多价值基础之上。西方法律是借助于上帝的神圣性，使人们有了为正义的法律而献身的激情和勇气，正是这些激情和勇气让人们将法律视为他们生活终极意义的一部分而信仰它。

在伊斯兰国家中，法律信仰与宗教信仰的密切关系比起西方国家来说甚至是有过之而无不及。早在伊斯兰教产生之时，法律信仰与宗教信仰就已融为一体，法律与宗教教义高度合一，并形成了法律的宗教化和宗教的法律化。尤其是，伊斯兰教把《古兰经》奉为神圣的经典、行为的最高准则和立法的最高依据。法律在穆斯林世界被称为“沙里亚”，它是真主诫命的总和，而真主具有全知、全能、无求、永活、无形似、无方位、无如何、无体等德行，因此，凡是真主的启示，都属真主指明的大道，人人都必须严格遵守。

所以，法律与宗教、法律信仰与宗教信仰紧密相连。对此，伯尔曼进一步指出：“人类学的研究证实，在所有的文化里，法律都具有与宗教共享的四种要素：仪式、传统、权威和普遍性。在任何一个社会，这四种要素，都标志着人类寻求超越人之上的真正的努力。它们因此将任何既定社会的法律秩序与这个社会对于终极的超验实体的信仰联系在一起。”

法律文化是一定的国家、地区或民族在长期的社会实践中逐步形成的，并在一定的历史时期具有相当稳定性的对法律意识、法律制度、法律实施等法律活动所持的立场和方法。它对人们的法律活动起着潜在的指引作用。由于经济及社会结构或社会发展水平的不同，也由于历史传统的差异，不同的国家或民族在不同的历史时期，其法律文化往往具有不同的特点和属性。

法律文化与司法公信力休戚相关。一个国家司法公信力的状况往往要受该国法律文化传统的巨大影响，先进的法律文化无疑会极大地促进司法公信力的增强。中国目前司法公信力受到了传统法律文化中诸多消极因素的影响。

不容否认，中国传统法律文化中也包含了很多消极的因素，如以皇权专制和父权家长制为核心的宗法等级社会结构，根深蒂固的人治主义传统，淡薄的权利意识，法即是刑的片面观念，极端化的“无讼”思想等。所有这些对中国法治的发展和司法公信力的增强产生了严重的负面影响。因此，如果我们决心走向法治的话，如果我们决心要提高中国司法公信力的话，就必须同时正视中国传统法律文化中的消极因素，并努力改造之。

再者，司法公信力是社会公平正义的重要体现。司法公信力是司法机关依法行使司法权的客观表现，更是裁判过程和裁判结果得到民众充分信赖、尊重与认同的高度反映。简言之，司法公信力一方面体现为民众对司法的充分信任与尊重，包括对司法主体的充分信任与尊敬，对司法过程的充分信赖与认同，对司法裁判的自觉服从与执行；另一方面则体现为法律在整个社会的权威与尊严已经树立，广大民众对法律持有信心，公民的法律信仰包括司法信仰得到加强。可见，司法公信力不仅与司法权的行使密切相关，而且与整个社会的法律信仰密不可分。除此之外，司法公信力还与宗教信仰、法律文化等因素有着“剪不断”的联系。

显然，如果司法权没有得到正确的行使，则很难想象司法机关能作出一个客观公正的裁判结果，司法机关还能保持多大的公信力。所以，澳大利亚法官马丁说：“在一个秩序良好的社会中，司法部门应得到人民的信任和支持，从这个意义出发，公信力的丧失就意味着司法权的丧失。”司法权的良性运行意味着，只有当民众可以向国家司法机关寻求有效的救济时，司法权才能获得足够的权威和民众的充分认同。另一方面，司法权作为一种判断权，判断的结果即司法裁判如要得到双方当事人的承认、信服和整个法律共同体的认同、尊重，就必须强调司法权的良性运行。但司法权的良性运行要以对既有法律的尊敬为前提。司法权在运作过程中，应该在满足裁判的自恰性和合理性之间作出艰难的选择。在这种运用性商谈中，正当法律程序的意义凸现出来。另一方面，规范论证和规范运用论辩逻辑的区别，也使得司法权的运作带有更强的专业性色彩。当中国市场经济发展到一定阶段的时候，一定会产生许多权利保障方面的诉求，特别是要保障以人身权和财产权为中心的各种自由权利。这样，一个独立公正的司法制度必不可少，而这种独立公正的司法制度将给整个社会带来一种长期的信用体系，司法公信力本身也将得到极大的提高。

断言司法公信力是司法权良性运行的客观表现，并不是人们主观上的想象。由于司法活动是由国家司法机关按照法定的程序所展开的活动，因此，司法公信力就集中体现在司法权的运行过程中，以及司法权运行的即客观公正的司法裁判结果当中。

从司法裁判活动来看，每一个出入法庭的人都在参与庭审活动的过程当中感受到了司法过程本身所具有的感染力和震撼力，并接受了程序和秩序的陶冶，同时又用自己的言行把程序和秩序的理念传播给那些尚未经受同样体验的人们。而且，庭审过程中法官与普通民众保持一定的距离，一方面可使普通民众免受政治的、经济的、道德的或其他情绪性社会因素的影响，以法律的态度和方式来解决社会纷争；另一方面，这样的阻隔能强化法官职业和法律本身的神圣性和权威性，使一般的民众普遍形成对法律的敬仰和尊重。

就司法裁判结果而言，客观公正的裁判结果乃是司法获得公信力的根本要求。司法公信力的获得，不是依靠野蛮的司法强制，而是凭借公正的司法裁判。正如伯尔曼所说：“确保遵从规则的因素如信任、公正、可靠性和归属感，远较强制力更为重要。法律只在受到信任，并且因而并不要求强力制裁的时候，才是有效的；依法统治者无需处处都依赖警察。”

伯尔曼还说过：“法律必须被信仰，否则它将形同虚设。它不仅包含有人的理性和意志，而且还包含了他的情感，他的直觉和献身，以及他的信仰。”“没有信仰的法律将退化为僵死的教条。”纵观现实的确如此，法律信仰是法治社会形成的基本标志。在一个国家当中，如果人民对法律没有信仰，即使这个国家制定出再多再完美的法律，也是无济于事。法律如果不被内化为一个国家的传统和精神，不被一个国家的公民所认同、所信服，是不可能取得任何实效的，实效是法律的生命。

法律信仰是公民对法的信赖、尊重和服从，与公民的内心心理密切相关，是公民发自内心深处的对法的认同与尊崇。法律信仰应当是对实在法的信仰，它有不同的层次，包括低层次的法律信仰、中层次的法律信仰和高层次的法律信仰。显然，低层次的法律信仰特别是最初级的法律信仰与原始宗教和图腾难舍难分。正因为如此，很多人在理解法律信仰的含义时，经常拿宗教教徒对待宗教的虔诚情感来作比喻。

法律信仰对于法治的践行、对于司法公信力的提高具有十分重要的意义。没有法律信仰的法制只不过是一种强力所支配的法制，这种法制表面上看起来有巨大的威慑力，但实际上是苍白无力。因而这种法制不是真正意义上的法治，绝不会有强大生命力。法律从制度落实为民众的自觉行动，从外在的法律强制转化为民众内在的心理认同，从“他律”走向“自律”，都离不开法律信仰的确立和培育。耶林指出：“如果法律是棵大树的话，那么法律信仰就是这棵大树的根，当这根不发挥任何作用时，它将在岩石和不毛之地中枯死，其他一切则化为泡影，一旦暴风雨来临，整棵大树就会连根拔起，专制主义不仅破坏的是树冠和树干，关键是树根。”对此，可以说：一切法律之中最重要的法律，既不是铭刻在大理石上的警句，也不是刻在铜表上警告，而是铭刻在公民的内心里的效力，它形成了国家的真正宪法，它每天都在获得新的力量。当其他法律衰老或消亡的时候，它可以复活那些法律或代替那些法律，它可以保持一个民族的精神。

法律制定出来后，最重要的是要付诸实施，法律适用于任何人，这是法律生命力和公信力的表现。法律的实施是通过执法、司法等方式来进行的，因此，人们对法律的信仰也就具体转化为对执法的信仰和对司法的信仰。可见，司法信仰，即司法公信力乃法律信仰的应有之义。更为重要的是，人们对法律的信仰和对司法的信仰有着逻辑上的互动关系。因为公民法定权利的实现需要以司法力量为后盾，且往往需要通过司法这个最终的救济手段来保护和实现自己的合法权利。一个国家如果没有了民众对法律的信仰和尊重，那么，再完善的司法制度也无法促成人们运用法律的武器维护自己的权利，司法公信力便无从产生。

使命感是国家持续发展动力

使命傍国贵，国家依民强。国家的繁荣富强，团结进步是全体国民的共同使命感。使命感是人类的正能量，人类社会能够有序存在和发展，是因人类维护和捍卫使命感的结果。人民的使命感就是社会和国家的使命感。人的素质的提高，时代的进步，社会的发展，国家的富强等，都是由使命感来推动的。每个人都有使命感，社会才会有使命感，国家同样也就充斥着使命感。不过使命感首先是要求做一个正能量的人。说起做人，必须要有充满正能量的使命感。一个有使命感的人，不仅会珍惜人生，珍惜生命；而且还会珍惜工作，珍惜生活，珍惜一切；相反，如果一个人缺乏使命感，那么他就缺少了做人的内在的激情与动力。若生活中的人缺少正能量，社会和国家就会死气沉沉，没有生机和活力。

那么，什么是人的使命感呢？所谓的使命感，就是对人生使命的审视。或者说，就是一个人对自己的使命的认识及掌控。这种认识越充分和到位，他的使命感就会越强烈、越优化。

那么，什么又是人生的使命呢？说白了就是人的责任与任务。一个人，来到人世间，总是有自己的责任与任务的。一个伟人曾经说过："作为确定的人，现实的人，你就有规定，就有使命，就有任务，至于你是否意识到这一点，那是无所谓的。这个任务是由于你的需要及其与现存世界的联系而产生的。"按照人的普遍观点，每个人都是有自己的使命感。而且这种使命是客观存在的，不以人的意志为转移，无论你是否愿意接受，无论你是否意识到，是否感觉到它的存在，这种使命伴随人的出生而降临到每个人身上。

由此可见，使命感是人的一种责任。所以，做人就必须要有使命感。遗憾的是，许多人对自己的使命不仅从无意识，甚至不知道自己应该有的使命。正因为这样，这些人往往没有使命感，进而也就缺乏做人的激情与动力，缺乏做人的责任心与感恩精神。做一个人，必须要明白自己这一生，要承担怎样的使命？这些使命对于自己人生的意义是什么？人应该通过怎样的努力，以什么样的实际行动去实现自己的使命？如果有了这样的思考，就会形成一种认识，这种认识就是使命感。一个人就应该在这种使命感的指导下，完成自己的使命，实现人生美好的价值。

使命感是人的内在的永恒的核心动力。一个人的使命感越是强烈，他的人生希望也就越强烈；他的工作激情与生活热情越强烈，他的人生责任感也越强烈。有强烈使命感的人，是一种自觉的人，是一种奋斗的人，是一种百折不挠的人，是一种任劳任怨的人，是一种坚强不屈的人。

做人做事，为官为政，必须要有使命感。一个人如果对客观存在的使命缺乏足够的认识，没有使命感，就不会真正懂得人生的意义与价值，也不会承担起做人的责任与任务。没有使命感的人，是平庸可悲的人；没有使命感的人生，就是行尸走肉的悲哀人生。

国家强大的使命感，即一个人对自我天生属性的寻找与实现。每一个人都有天生属于并适合自己的那个角色，无论你是军人还是公务员，无论你是教师还是文艺工作者，无论你是医生还是科学家，无论你是商人还是企业经营者，也许你正在从事着某个并不情愿的行业，这些都是使命感最浅层部分的表现，亦即人类为了生存而从事的初级使命感行为。但这样的认同会随着对社会文化及人类经济乃至哲学宇宙等整体的认知而逐渐加深，从而更加清晰化那个自我本有的个体属性，并出现一定的排他现象，促使自己努力转换到那样一个角色中，这时候使命感的认知深度就开始形成，并且在这个过程中通过个人的感动获得正确与否的指引，直到实现自己对使命感最终的价值认同，即对自我价值的认同为止。

对于使命有三种解释：使者所奉之命令。《北史·魏收传》："李谐、卢元明首通使命，二人才器并为邻国所重。"奉命出使之意。《宋史·田景咸传》："每使命至，唯设肉一器，宾主共食。"任务。《三国演义》："但有使命，万死不辞。"后来把使命引申为肩负重大的任务和责任。

作为确定的人，现实的人，其使命感都是与生俱有的。这个任务是由于你的需要及其与现存世界的联系而产生的。树立使命感，实现个人与组织的"共赢"是使命感的最高境界。职业是人的使命所在，使命感是国民前进的永恒动力，使命感并非是用金钱就可以衡量的，当然，人民的使命感与社会和国家使命只有达到有机的统一，那么国家就会兴旺发达。

使命感是国家意志的集中体现。同时，使命感，即人对一定社会一定时代，社会和国家赋予的使命的一种感知和认同。并在这种使命感的指导下，完成自己的使命，不仅可以实现人生的价值，还能更好地实现社会和国家价值。

其实每个爱国之士都将“生于忧患，死于安乐”置于人生的全过程。人生是作为使命的支撑柱。例如：舜从田间被任用，傅说从筑墙的泥瓦匠中被推举，胶鬲从贩卖鱼盐的人中被推举，管夷吾从当时掌刑狱之官手里释放后被推举，孙叔敖在隐居的海滨被推举，百里奚从奴隶市场被赎回并被推举。

所以上天将要下达重大责任给这样的人，一定要先使他的意志受磨炼，使他的筋骨劳累，使他经受饥饿，使他受到穷困之苦，在他的人生和事业中一波三折，使他所做的事情受到阻挠，遭受挫折和失败，用这些方法来使他的心惊动，使他的性格坚韧起来，增加他以前不具备的才能和智慧使他们的使命感更加坚定。

人常常会发生错误，这样以后才能改正；犯错误时内心困扰，思虑梗塞，然后才能奋发；人的困扰往往表现在脸色上，显露在声音上，然后才能被人知晓。在国家如果没有坚守法度的大臣和足以辅佐君主的贤士，在国外如果没有敌对的国家和来自外国的祸患，像这样的国家经常会灭亡。

这样以后就可以知道，忧虑祸患能使人或国家生存发展，而安逸享乐会使人或国家萎靡消亡。天作孽，犹可恕；自作孽，不可活。纵观中国历史，但凡王朝末世，往往是天灾人祸一起降临，无论是天象还是人间，总有异常现象发生。如果执政者不从这些警示中吸取教训，励精图治，最后的结局就是朝代覆没，这也正是“国之将亡，必出妖孽”的原因，因此忧患是使命感的重生。

增强危机意识捍卫共同利益

知忧患，固根基。人的忧患意识，概言之，这是历史主体在社会发展转折时期或关键时期的一种清醒的防范意识和预见意识，源于自觉的危机感、紧迫感、责任感和使命感，表现为坚强意志和奋发精神。忧患意识表现出的是社会主体的一种精神自觉，这是主体对改造世界的一种强烈的责任感和能动性。因此，危机意识能成为重要的精神动力。

“居安思危，未雨绸缪”，这是一种超前的忧患意识，百密无疏的超前谋略。古人云：“生于忧患，死于安乐”，说的就是这种忧患意识。居安思危者，则昌、则盛；反之则衰、则败、则亡。

无数有事实证明，无论是军事将帅还是政治经济领域的领导者，只有深谋远虑，居安思危，保持常备不懈，才能有备无患。一个国家，只有每个人都做到不故步自封、不得过且过，为政者和国民保持适度的危机感，才能在国际激烈竞争的挑战中，永远立于不败之地。

从哲学上分析，忧患意识是人们意识或认识的一种形式，往往与祝福意识既相联系又相区别。二者都是人的理性追求真理的表现，都是对社会存在的反映。但是所通过的情感方式不同，祝福意识主要通过满足、肯定性的情感表现，忧患意识则主要通过超越现实的危机性和问题性的情感表现。忧患意识不满足于现状，往往或通过理性反思总结经验教训，或通过积极批评和自我批评揭露缺点错误，或从对事物的肯定中发现潜伏的矛盾，或从对现状的诊断中找出事物进一步发展的要求和规律，目的都是希望做好工作，推动社会更加健康地向前发展。忧患意识是对历史必然性的一种精神内省，内含着对事物发展的科学预见和积极建构。

中华文明传统中的忧患意识，具有四个鲜明的特点：其一是从安身立命的高度重视忧患意识，将“忧道不忧贫”当作做人和为官的准则，强调“生于忧患，死于安乐”；其二是把忧患联系于对历史规律性的认识，从“祸兮福之所倚，福兮祸之所伏”的辩证法，要求未雨绸缪，防患未然；其三是倡导忧国忧民，“先天下之忧而忧，后天下之乐而乐”，以天下为己任，任劳任怨；其四是将忧患与勤俭和勤政相联系，“居安思危，戒奢以俭”，总结出“忧劳可以兴国，逸豫可以亡身”的宝贵经验教训。

从人到动物，得出这样一个共性：狼坚定地奉行“一次机会，两头盈利”这个准则。正是有了这个准则，狼的每一次战斗都震撼人心；也正是有了这个准则，坚忍顽强成为了真正的狼性。对成功者来说，个人的成长、贡献、创造力、爱情及他人分享成功的欢乐，使他们成为扱不平常的人，但他们的目标却极其普通。

随着人类社会的进步和发展，各国的竞争也日趋激烈，要想成为现代国际社会的领头羊或时代的引领者，就必须拥有过硬的团队和超人的战略眼光，只有这样，才能在国际领域里打造出国威。

在一个君主失去自己的江山的时候，他已经没有别的办法，他只有面对自己的一切。就拿勾践来说吧！他除了接受这个现实，没有别的选择。怎么办？他自己问自己，他是继续作一个平民百姓，眼睁睁看着大好河山被别人占据着？还是立即发兵，夺回国土，夺回自己的尊严？勾践是明智的，他知道立即发兵换来的只能是失败，只能是更多的伤亡。

于是，他就与他自己的子民同住、同衣，卧薪尝胆，铭记亡国之恨，体察民情，聚敛人心。然而他又生了一计，那就是用西施麻痹夫差，换取更多的时间。这都是为什么？充分准备，为了能够成功而准备。因为成功永远都是给那些有准备的人的。于是，“臣民思报君之仇”，三千越甲吞下了整个吴国。十年的准备换取了一朝成功！勾践的成功是忧患意识的发力。在记与忘之间，他勇敢地选择了记，在立即发兵与充分准备之间，他毅然选择了后者。这是何等的勇气！倘若没有长达十年的充分准备，勾践他能胜利吗？他的成功几乎是零。

逆水行舟，不进则退。一个对国家产生强烈的危机感的人，并把它化为只争朝夕推进改革、加速国家现代化建设的实际行动。一个真正具备忧患意识的国家，不仅能给国家带来好的信誉、质量和地位，更能使国家团结一心，增强国家的凝聚力和竞争能力，使国家青春常在，长盛不衰。

“人无完人，金无足赤”。居安思危才能处险不惊，最终成就大业。在当今瞬息万变的新经济面前，时代的脉搏更加难以把握，也许计算机领域的摩根定律说明了这一点。因此居安思危在现今显得犹为重要。当然居安思危绝不是杞人忧天，而是在理性的认识中思考可能出现的危机，这样的“思危”才是真正的深刻的有备无患的思考，它才能让我们最终立于不败之地，成为“笑到最后的人”。

知忧患，思变革。忧患意识当然不是“杞人忧天”，而是作为肩负带兵卫国之责的军事指挥员，对动荡不定的国际安全形势和飞速发展的世界新军事变革冷静观察、深刻认识的结果。“兵者，国之大事，死生之地，存亡之道，不可不察也”。特别是进入新世纪，虽然国际形势总体上继续趋向缓和，促进世界和平与共同发展已成为时代潮流，但天下仍很不太平。而世界新军事变革的飞速发展也给国家建设提出了严峻挑战。为政者在决策和处事时，果断、迅速、高效，充分展示国家的优势。在国际竞争中，通常要目标明确，做事有条有理，规范而不拘教条，靠感觉而不被陈规旧俗埋葬自己的独立意识，临危不惧又能调动一切可利用和支配的力量去克服各种阻力。

若没有地球，还谈什么人类；若没有了人类，还谈什么国家。诚然，任何国家的发展，并非是为了断人类的生存之道，而是为了巩固和捍卫人类自身的利益。但是，各国为了追求经济利益的最高化、最大化，不惜开始污染及毁灭人类赖以生存的家园；全球变暖十大惊人后果；肉食工业，人类与地球健康恶化的主因；海洋沉默的眼泪；南极海冰持续融化断裂，企鹅命运进入倒计时；发展有机农业的必要性和重要性；气候变化如何影响人类健康？一次性筷子和北极熊；有一种灾难，比地震可怕千百倍！全球超三成物种濒临灭绝；空气污染致使全球每年几百万人死亡；海洋升温正导致细菌蔓延；全球变暖令北极海冰消融，万只海象逃亡；中国最大沙漠淡水湖面临干涸危机；百年之后地球上还有海生物生存吗？生物大规模死亡这是给人类的警示？我们如何思考未来？畜牧业对全球暖化的影响；无冰的世界——冰到底对人类有多重要？查尔斯王储警告说世界面临“第六次灭绝事件”；气候变暖导致植物繁茂无助减碳；高尔夫球场多少才算够？全球暖化可能使种植业生产能力逐年下降；对气候变化无动于衷将会损害经济发展和人类的生存 。

为了避免人类的生存危机，就必须未雨绸缪，必须强调危机意识。具体到当前，世界各国就是要充分认识到人类生存环境的内在风险日渐加剧否则人类就会逐步走向自我毁灭之路。

信仰是社会和国家的生命线

信仰促国安，国泰因信仰。坚定的信仰是为了国家人民团结在一起。信仰是人的精神支柱和风向标；信仰是国家繁荣昌盛的保证。人要有信仰，人若没有信仰就会变成“无头蝇”。信仰可以强化人的思想和意志；信仰可以强化社会和国家价值观；信仰可以改变人类世界。

人类之所以存在是因为人类有共同的信仰——生命。生命是阳光、光明、未来快乐幸福的时光和时空。人类若没有生命的信仰将会是一片黑暗，充满血腥杀戮，就会在恐怖痛苦的生活之中渐渐消亡。因此，生命的信仰是人类的护身符。同时人的信仰是社会文明有序进步和国家持续良性发展的生命线，信仰也是社会和国家的正能量。

其实信仰是人类特有的心理现象，也是人对自身之外的物质或者精神的信任和依赖，这是人类否定自身获得救赎的产物。人类能够认识自身天然的不足，有机会正视自己。人类大胆否定自身，寻求帮助和联合，才有机会生存和进一步发展。否定自我，寻求依赖，就是信仰的开始；否定自我，获得拯救是信仰的归宿。在信仰中，人摆脱了实在的困苦和困惑，获得了精神宁静，实现了对自身和生命的超越。

信仰是人性的升华，信仰是人类对人生观、价值观和世界观的选择和持有，也是对圣贤的主张、主义，或对神的信服和尊崇，对鬼、妖、魔或天然气象的恐惧，并把它奉为自己的行为准则。信仰与崇拜经常联系在一起，但是与崇拜还有许多不同。《法苑珠林》："生无信仰心，恒被他笑具"，谓对佛、法、僧三宝的崇信钦仰。信仰是一个人做什么和不做什么的根本准则和态度。信仰属于信念，是信念的一部分，是信念最集中、最高的表现形式。信就是所望之事的实底，是未见之事的确据。

信仰是任何一个文化的核心肯定。信仰的指向是意义，意义的背后是价值。信仰是一个文化的价值系统。信仰是文化中那个万变不离其宗的宗。信仰是纲，信仰是根本。人类，一定要找出活着的意义来，信仰就是这样一种让人安身立命的东西。一个西方哲学家说人是唯一不凭靠面包而活着的存在物；若是没有意义，人是活不下去的。信仰给人的生命以最直接而最伟大的意义。

信仰与所信仰的对象是否客观存在没有必然联系。信仰可以是外在的，其形成往往是社会的、宗教的传统影响所致。例如，在传统中国或华人家庭长大，信仰受到中国信仰文化和儒释道宗教影响，比如，崇拜祖先神灵、崇拜龙，信仰道教、佛教和民间的各个神明。再如，如果一个伊斯兰教家庭从一个基督教家庭收养一个刚出生的小孩，那小孩就会长大变成一个伊斯兰教徒；反之也是如此。但信仰亦可以是内在的，透过个人的经历和对灵性的追寻，而选择一种适合自己的宗教信仰。

信仰可以获得，可以被塑造，也可以被抛弃。虽然有不少宗教对教徒的离开有严格限制，但根据联合国的《人权公约》，人是有选择宗教，或选择不信仰宗教的自由。

在以往的日子里，宗教被认为是那些受疾病和烦恼所困扰的人们的精神避难所，耶稣巡视古圣地的时候也通常首先帮助那些受到疾病折磨的人。但如果人们对宗教与健康的关系所持传统观点是错误的，而信仰真的能增进健康，那又会是什么情况呢？

如今的一些研究表明，信仰任何一种主流宗教的人，不论男女，其平均寿命均比其他人要长；他们的免疫系统功能也比其他的好；他们的血压比其他人低；他们患中风、抑郁症、心脏病和产生焦虑不安情绪的可能性也比其他人小；他们自杀的可能性更是远小于普通人。这些都是世俗医学院校和卫生保健机构的研究成果。即使研究人员对教徒们的健康史、自我选择的影响，即这些人从病床上起来后去参加宗教仪式是否会使他们比以前更加健康，教会团体通过关怀网络为那些患病的成员提供帮助，"集体支持"等变量因素进行控制研究之后，结果依然如此。还有更令人震惊的发现：杜克大学医学中心的哈罗德·科尼格博士对所有主流教派进行了调查研究，结果显示"很少参加宗教活动会对人的寿命产生极大的影响，相当于每天抽一包烟、连续抽 40 年造成的危害"。

科尼格与来自杜克、哈佛、耶鲁这些大学的一些研究人员最近又分析了大约 1100 项有关宗教活动对健康影响的研究结果，他们发现，虽然不是全部，但是大部分数据显示出参加宗教仪式与增进健康之间存在着具有统计意义的联系。研究人员将参加宗教活动的次数作为参照数据，因为这是一个客观的数据点，而不是试图根据各人的真实信仰进行归类。一项研究发现，定期进行礼拜的人的血液中白细胞素的指数很低（越低越好）。即使是感染艾滋病病毒的人，如果他们定期参加宗教仪式，其白细胞的指数也会降低。另一项研究还发现，在耶路撒冷，不信宗教的以色列成年人患心脏疾病的危险要比那些信仰宗教的成年人大得多。研究人员威廉·斯特劳布里齐用了28年时间，对大约5000名加利福尼亚人进行了跟踪研究，这项研究的结果于两年前发表在《美国公共卫生杂志》上。他发现，尽管在男子当中并没有这样明显，但那些每周参加一次宗教活动的妇女的确明显地延长了寿命。斯特劳布里齐还发现，从总体来看，教会信徒并不是一开始就比普通人健康，相反他们开始时的健康状况还达不到平均水平，只是后来身体才逐渐越来越好。杜克大学的科尼格说，几乎所有基督教和犹太教的情况均表明，参加宗教活动与身体健康之间有着内在联系；另外，他认为，尽管目前研究尚未获得足够数量的穆斯林来予以确证，伊斯兰教也将会是这种情况。“主要区别看来就在于你是否定期参加宗教活动，”他说：“除了那些非主流教派，基督教内部各个教派信徒的健康状况改善程度都大同小异。犹太教和基督教之间的区别也很小。”信仰宗教还能造福下一代。父母如果定期参加礼拜活动，其子女健康长寿的可能性就会大大增加。

但对于非主流教派，情况则大不相同。尽管基督教科学派号称能帮助信徒强身健体，但统计数字却显示其教徒的平均寿命在美国几乎是最低的。哥伦比亚大学医学院的理查德·斯隆博士说：“这些研究主要是针对基督教教徒，表明这项研究工作背后所隐藏的基督教政治企图。”全国卫生保健研究主席、主张将药物治疗与信仰疗法相结合的主要倡导者大卫·拉尔森博士甚至注意到——其口号是“打破精神信仰与健康之间的隔阂”——“对这项研究将会被基督教右派利用的担心不无道理。”但是，既然基督教是美国的主要教派，那么任何此类研究就必须把重点放在基督教教徒身上。如果信仰与健康之间确实存在这样的联系，那么病人就有权知道这一点。

不过，相关关系无法被证明为因果关系，一些人信仰宗教同时又增强了人们的体质这一事实也不能证明宗教就是导因。

那么，为什么信仰会使人健康长寿呢？因为信仰可增加人生命的正能量。当有些研究开始显示出信仰与健康之间的关系时，许多人认为这是宗教社团关怀的原因所致。很明显这是一个重要的因素：如果一个人定期参加宗教活动，他身体不适时周围关心的教友们一定会注意到；如果他没有如期参加宗教活动，他的教友就会打电话询问原因；或者上门去看望，在他患病时给予照顾和鼓励。所有这些都有助于延年益寿。只要有这么一个互助团体能在自己身体出现问题时表示关切，在自己接受治疗时给予鼓励，都将会很有帮助，因为早期治疗总是最为有效的。但研究似乎表明，即使当去除了宗教集体的帮助这个因素之后，信仰与健康之间依然存在着一种内在联系。

禀赐信仰净化心灵为国所用

信仰不仅可以矫治人的心理疾病，而且还是人思想和意志的强大动力。目前流行的观点倾向于信仰使人变得更加人道：精神信仰行为通过倡导健康合理的生活方式而有助于健康。虽然教派之间各不相同，但每一西方主流教派均鼓励其教徒适度地饮酒、远离毒品、戒烟、生活节制、实行一夫一妻制、结婚并维持婚姻。除了争吵和打架，已婚成年人比年龄相仿的单身族身体更为健康，一个重要原因就是夫妻双方均为对方提供“外界精神支持”，对于社会和国家良性持续发展有助推作用。神学鼓励人们选择的生活方式与医生就长寿而建议采取的生活方式并无太大差别。当然，世俗的生命哲学体系也鼓励人们在生活中应注意节制和保持忠诚。但是，拥有数千百万教徒、仅仅信奉唯一最高权威的宗教在倡导人们过一种有节制的生活方面，可能会胜出一筹，从而使其信徒们保持相对健康的身体状况。

从宗教行为与延年益寿的关系这个角度而言，信教者的生活方式可能有其渊远的历史根源。比如，历史学家有足够的理由认为犹太教和穆斯林制定禁食猪肉的教规的根本原因在于防止教徒患旋毛虫病。也许类似的自我保护意识在宗教的许多方面均有所体现。因此，那些教育其信徒有节制地生活、互相关心的宗教往往更容易蓬勃发展壮大，并将其健康观念和健康习惯一直保持到如今。

然而哈佛大学医学院的赫伯特·本森博士提出了一个关于信仰与健康之间可能存在关系的原因——实际上是信仰与社会之间的历史联系——即自然选择了宗教。根据本森的理论，在史前时代那些出现宗教信仰萌动的氏族或群体中可能已经形成了较好的生活习惯，而且崇尚一种照顾家庭和邻居的责任感。这可能增强了“血亲的体质”或提高了整个氏族将其族人的优良基因遗传下去的可能性。他们的子孙也因而在信仰中成长；他们的后代则由于建立在宗教信仰之上的健康生活习惯和无私关怀他人的品德，从而提高了生存能力。他们如此循环，一代又一代地繁衍子孙后代。从古至今依然如此，就是以这种方式，人类“为了共同的信仰而团结”在一起，人类天生就具有信仰宗教的潜质。但显而易见的是，宗教并非在所有情况下均发挥其选择的优势：有时宗教会使信徒群体成为战争的靶子或在其内部实行高压统治。但是在人类发展进化的漫长历程中，那些拥有宗教信仰的人似乎比那些不信教的人健康长寿。

没有一个颇负盛名的、从事信仰与健康研究的人士认为，宗教是运用了超自然的力量才使人长寿的。然而有一些人仍然十分重视祷告的作用。就“为其他人祷告”，如甲为乙的健康而祈祷，进行的研究尚未获得重大发现，但研究确实表明祷告对祷告者的身体可产生积极的影响。

类似静默沉思的非宗教祈祷能使人心情平静并且感觉身体舒泰，这一功效早已得到临床医生的承认。任何人都可以从每天一段时间的静思祷告中获益。杜克大学和其他一些研究机构最近均发现，传统的宗教祈祷或者默默地与上帝进行交流也对身心健康有益。研究发现，既参加教会礼拜活动又进行有规律祷告的人的血压比普通人要低。研究人员认为传统的祷告通过静思的心理作用使祷告者的身体从中受益，平稳的心理状态有助于增强身体的自我治愈能力。

现代社会的诸多小秘密之一就是并非只有虔诚的教徒才祷告。世界著名的大气物理学家、全球变暖理论的主要支持者约翰·霍顿就经常做祈祷，他还撰写了许多文章论述祈祷的重要作用。诺贝尔奖获得者、物理学家、激光光束的主要发明者查尔斯·托内斯说他每天都要祈祷。也许博学的权威们听后会嗤之以鼻，但是如果有规律的祷告真的能使人心态平和并给人的身体带来益处，那么无论各种宗教有多少真实性可言，祷告者的所作所为则完全是明智之举。

另一种长寿与信仰之间的可能联系则与人的精神健康状况有关。科尼格猜想，许多宗教活动对身体的益处源自于信徒们所说的舒适感或者“感觉人生有目标”的自我体验：他发现有宗教信仰的人一般比其他人较少受到抑郁症的折磨，而且即使确实出现心情抑郁的情况，他们也能很快地调整过来。从这种意义上讲，宗教不仅可以发挥有益的精神安慰作用，而且还能帮助信徒们掌握摆脱压力和焦虑的办法，精神压力的减轻反过来促进了身体健康。无数的实例证明，人只有通过培养一个坚定自信的感情世界，相信自身存在真正具有意义且目标明确，才能提高健康水平和生活质量。

“信仰与健康”关系论与目前正在心理学领域中兴起的“美好生活”运动有着相同的基础。战后心理学和社会科学界一直将重点放在对机能障碍的研究之上，即探索究竟是什么使人异化或变得反社会。与之相反，“美好生活”运动则致力于强调是什么使人们变得高尚、无私。从这种意义上讲，“美好生活”运动就意味着选择一条理想的生活道路。由此充分说明，一个人只有看到生活中美好的地方，你健康的信仰就会加强。

目前为大多数人所接受的观点是：当人们被逼得发狂时，社会便会暴露其狰狞且真实的面目。“美好生活”运动则宣称，当人们都变得无私时，社会闪光的一面就会大放异彩。但是当今的学术界只会对社会的丑陋性发出哀叹而不愿去赞美人间的美德。

在这里，“美好生活”心理学与“信仰与健康”关系问题之间存在一个明显的推论。如果心理学应重点探索道德观的根源，而且如果主流教派可以培养美好的道德和促进精神健康，那么我们就有了一个为什么要严肃对待信仰问题的新的根据。由于战后对宗教的怀疑在知识界深深地扎下了根，所以直到1994年美国精神病学协会仍将强烈的宗教信仰定性为“精神错乱”。现在信仰看起来似乎可以造福于人类。这是观念上的巨大改变。现在几乎所有的人都认为医生有义务向病人提供一些研究发现的、有益于延年益寿的建议，比如不要吸烟。所有人都认为医生可以与其病人讨论诸如性生活这些个人隐私方面的问题。所以，如果信仰宗教能使人更加健康，这是否意味着医生有责任建议人们信仰宗教呢？哥伦比亚大学的斯隆担心医生们很快会迫于这样的压力而提出此类建议。斯隆反驳说，虽然研究表明结婚与健康之间存在正面的相关关系，但却未因此导致医生建议其病人去教堂火速完婚。这一推论的关键在于同病人谈论婚姻是毫无用处的，谁也无法保证一定能找到一个称心如意的伴侣。从另一方面来说，向他人推荐一种宗教是一个很实用的建议。任何人均可以信仰宗教，参加宗教仪式远比戒烟容易得多。

然而，“信仰与健康”的支持者拉尔森说，“即使研究表明宗教对健康有益，这也不意味着医生就应将其当作抗生素来使用。”科尼格认为，研究仅仅表明医生应“询问病人是否信仰宗教；如果信仰宗教，医生可以给予什么样的帮助。从这一点来看，我们有足够多的研究可以证明这一点，这的确是临床上的一剂良药”。

满足人的精神需要可使人受益匪浅，治国如行医，为官者虽不是神职人员和医生，但他作为社会系统工程的主导者，有责任关注人的精神健康，让国民懂得为了共同利益而建立了国家，只有国家才能把我们团结在一起。

第三章 应捍卫国家品格 要维护国家尊严

品德高尚、具有正义感，又具有尊严的人，方才称之为有人格的人。人格是来自多方面因素组成的集合体；人格是正心修身的结果，人格又是国格的象征。换言之，人民的素质和形象就是国家的整体素质和形象；国家公民共同的人格就是这个国家的国格。只有时刻维护自己人格的人才能捍卫国家的尊严。

天赋禀异一部圣经治理国家

美国可以说是一个基督教国家。有 90% 以上的美国人信仰基督教。美国《宪法》第 2 条第 1 款规定总统宣誓就职的誓词如下："我谨庄严宣誓（或郑重声明），我必忠实执行合众国总统职务，竭尽全力，恪守、维护和捍卫合众国宪法。"按照传统，历届当选总统都必须手抚着《圣经》宣读誓言。

在有 112 年历史的总统就职的"忠诚誓词"中原本没有"神的光芒下；在上帝庇护下"这句话，它是 1954 年由美国总统提议，经国会通过决议添加上去的。20 世纪 50 年代是冷战的高峰，加上这句话，主要是为了更清晰地区分，美国是个有神论的基督教国家，而无神论国家是属于邪恶世界的部分。加上这句话至今，已整整 60 年，半个世纪在美国历史上是个很长的时间段，事实证明美国并没有因为这句忠诚誓词而走向"政教合一"。

美国也有学者认为美国是个无神论的国家，但事实并非如此，美国是由从欧洲逃过来的新教徒建立的，当时有条件建成"政教合一"的国家，因那时逃来的人几乎都是基督教徒，但正像托克维尔在《美国的民主》中描述的，这些新教徒在欧洲遭到宗教迫害，更懂得建立政教分离制度、传播真正基督精神的重要性和必要性。因此过去两百多年来，美国的制度既是政教分离、三权分立的，又在尊重信仰自由的同时，强调基督文明的重要性。

美国立国之本有两个最重要的法律性文件，一个是《独立宣言》，一个是宪法。《独立宣言》特别强调了上帝的存在和力量："上帝创造了平等的人类，上帝赋予他们与生俱来的、不可剥夺的权利，这其中包括生命、自由和追求幸福的权利。"而美国的宪法则更是基督文明的产物。前美国最高法院首席大法官沃伦·博格早在 1954 年的一项判案中就明确指出，"美国是建立在宗教原则基础上的，所以宗教已经成为这个社会结构的一部分。""上帝保护了美国和这个尊严的法庭。"

美国从历史上、传统上和今天都是一个有神论的国家。据《纽约时报》1994 年的民调，绝大多数的美国民众相信上帝。前年福克斯电视的民调，87% 的美国人表示宗教是他们生活中的重要内容。前些年布什总统访问中国在清华大学演讲时说，美国人相信有上帝。在美国的货币上，印着“我们信奉上帝”；每逢新一届国会开始，全体议员要祈祷；总统就职，要手抚《圣经》表示效忠美国；在法庭作证，要举手向上帝宣誓，说的是真话；政治人物演讲，常在结尾祈求“上帝保佑美国”；而基督耶稣降生之日的“圣诞节”，则是全体美国人的法定假日。即使连那些不信上帝的人，也常脱口而出的上帝，耶稣基督，感谢上帝。

美国不仅是个多族裔共存的社会，更是一个基督文明的大熔炉。

因此，《纽约时报》在“理解总统和他的上帝”的专题报道中说，布什这位以信仰为基础的总统，他的理念，不仅影响对伊战争，也影响美国的国内政策。就因为美国民众多数信仰上帝，成为布什所代表的保守派政治力量的主要支持者和基础。

据统计，美国43位总统中有39位是基督教教会成员，其余的4位也与教会关系密切。几乎每位美国总统在宣誓就职的典礼上都要手抚《圣经》；在做公开演讲时，他们常常会说的一句话是“愿上帝保佑美国”。

总统在教堂有专座。美国许多总统都常去教堂。自詹姆斯·麦迪逊以来，每位美国总统都会穿过拉法耶特广场前往白宫对面的那座浅黄色圣约翰教堂做礼拜。圣约翰教堂是1816年由一群圣公会教士创建的，除了教堂外的牌匾“圣约翰教堂——总统的教堂”外，它看起来并没有什么特别之处。按当时的习俗，教堂的座位是要租赁或是购买的，但教会人员免费为当时的总统麦迪逊提供了一个座位。以后，这个惯例便适用于美国每任总统。历届美国总统都坐在教坛后第9排54号座位上，这个位置最初是由麦迪逊选的，差不多是教堂的中心位置。麦迪逊希望自己被视为一个普通信徒，而不是一个特殊人物。今天，这个位置的扶手上上专门有一块小铜匾，上面标着“总统专座”。

其他曾被美国总统光临过的教堂也都会很自豪地标出“华盛顿座椅”、“林肯座椅”或是“罗斯福座椅”。尼克松更是张扬地将教堂搬进了白宫，就设立在白宫的东厅。

总统大多是虔诚信徒。林肯总统在南北战争期间，常独自一人悄悄走进圣约翰教堂祈祷。伍德罗·威尔逊自小就在家庭的宗教氛围中养成了勤读《圣经》的习惯。他本人曾读破两三本《圣经》，每顿饭前必先祷告。富兰克林·罗斯福是一位圣公会的教徒，他十分重视宗教在美国政治中的作用。

约翰·肯尼迪是美国历史上唯一一位信奉天主教的总统，他在就职演说中也表现出了自己对宗教信仰的虔诚。在有美国人怀疑他是代表天主教徒的利益时，肯尼迪明确地表示自己是“美国人民的总统，而不只是美国天主教徒的总统”。他甚至发誓，如果他的宗教信仰与他所拥护的宪法誓言出现抵触的话，他就会自动辞职。

吉米·卡特11岁接受洗礼并开始信教，是虔诚的南方浸礼会信徒，一生读《圣经》、走进教堂、支持“再生”运动和主日学。卡特在白宫任总统的同时，还在华盛顿第一浸礼会教堂担任正式的主日学教师，同妻子一起用西班牙语在白宫家庭祈祷中朗读《圣经》。在处理国事中将信仰付诸行动是卡特在白宫任职期间的一大特色。

克林顿在任时，曾穿着法兰绒衬衣和牛仔裤，冒着暴风雪去圣约翰教堂参加礼拜仪式。据说在性丑闻案曝光后，他经常去做礼拜。1998年克林顿访华时，他们一家都曾在北京的基督教堂里在翻译的帮助下听牧师传福音。克林顿是继老布什后，第二位在那个基督教堂里做礼拜的在职总统。2001年1月7日，克林顿出席了最后一次以总统身份参加的礼拜，做了一次以“回顾与前瞻”为题的13分钟的证道，感谢他的教友们8年来对他在“风暴与阳光”岁月中的支持，尤其感谢牧师在他受弹劾期间对他的精神辅导。

布什称自己是个不折不扣的信教者。任总统后，布什仍沿袭以前的传统，每到周末早上8点，只要不外出，都会前往教堂做礼拜。他会像所有前任那样坐在“总统专座”上虔诚地领圣体，听布道。而他的保镖则坐在附近；手里拿着核战发动密码手提箱的军事助手会坐在布什后面。布什每天都要虔诚地诵读《圣经》，在椭圆型办公室里祈祷；即便在戴维营度假期间，也要到当地的小教堂做礼拜；他甚至在白宫会见马其顿总统特拉伊科夫斯基时，还邀请这位总统与他一同在椭圆型办公室里祈祷。布什就任后的第一周，就宣布将1月21日定为“国家祈祷日”；第二周，他创建了白宫信仰和社团倡议办公室，这是他将政府基金用于宗教慈善团体计划的一部分。

美国人不愿宗教影响政治。美国宪法和宪法第一修正案都以法律的形式为美国确立了政教分离的制度，因此，在美国，宗教信仰一直被定为个人的事情。但对于总统的信仰，一份研究报告表明，在接受调查的美国人中近五成的人认为，如果更多的政治家信教，他们将更有可能以诚实、正直的态度行事。但也有的人认为美国不需要更多信教的政治家。这几乎持平的比率表明美国人在这个问题上是难以取舍的。然而，近几十年来，美国某些总统任上发生的丑闻和道德危机却不时地敲打着美国人，越南战争、“水门事件”、“伊朗门事件”、克林顿的绯闻案、作伪证等，更是让现代美国人对他们社会的道德健康产生了莫大怀疑，但是，这并没有影响或改变人们对上帝的信仰。

存理灭欲复归于人本心修炼

顺天则昌，逆天则亡。可以说天理就是天道，这是人类必须遵循的自然法则。顺天而行，替天行道。尊重自然规律和社会客观规律也为天理。再者，顺其自然，顺势而为，可以说都与天理密切相关。当诚，天理，旧称天能主持公道，善恶报应分明。常言之：“人在做，天在看，举头三尺有神灵”。这里所说“神灵”特指“上天”。上天能主持公道，惩恶劝善，报应分明。也作“天理昭昭”。高俅父子二人设计陷害林冲，将他刺配沧州牢城充军，看守大军草料场，继而又派陆谦火烧草料场欲置他于死地。林冲幸运逃过一劫，连夜投奔柴进，后闻朝廷派遣徐宁带兵追捕，于是在柴进的推介下，连夜投奔梁山。诗曰：“天理昭昭不可诬，莫将奸恶作良图。　若非风雪沽村酒，定被焚烧化朽枯。自谓冥中施计毒，谁知暗里有神扶。最怜万死逃生地，真是瑰奇伟丈夫。”

再从拿破仑和希特勒分别入侵俄罗斯惨败，都因违背天理而亡说起。拿破仑带着仅剩的5万人来到了贝尔齐纳河。渡河的桥梁已经被俄国人破坏，要是能够再冷一点，河水就能结冰，然而，天气却刚好冷到使河水冰冷刺骨，漂浮着冰块，可就是无法渡过。一些勇敢的士兵冒着几乎必死无疑的危险下到水中去定位水下支撑物，寒冷还在继续使法兰西军队减员。12月6日，气温降到了零下38℃。瘦骨嶙峋的士兵们蜕变成“凶残的野兽”。他们为了抢夺一块马肉或者死人身上的一件外套而动刀动枪，争得你死我活。多达4万人在短短的4天里消亡——他们的尸体散落在街头。在立陶宛首都维尔纽斯，据说那些垂死绝望的士兵洗劫了当地医学院，搜寻保存的人体器官来充饥。

当地人用了几个月的时间来清理死尸。地面冻硬，他们无法挖掘坟墓，于是就把尸体扔进法兰西人在战争初期挖掘的战壕里。俄国的胜利被认为是拿破仑王朝灭亡的开始。

“巴巴罗萨作战”是一种三路进攻方式。第一路主攻波罗的海诸国并占领列宁格勒（现在的圣彼得堡）；第二路向东直取莫斯科；第三路负责拿下基辅并占领乌克兰。当德国被迫保护它在巴尔干半岛的侧翼时，“巴巴罗萨作战”延误了6周，因此，行动开始于1941年6月22日，以“多特蒙德”为单一代号。 1941年夏天很干燥，气温上升到令人烦闷的40℃。太阳烤干了大地，德国坦克扬起尘土，阻塞了散热器和空气滤净器。已经热得有气无力、快被太阳烤焦的士兵，饥渴难耐，头晕目眩，为了保命，他们甚至将多余的衣物抛掉。

尽管如此，“巴巴罗萨行动”的第一阶段对德意志帝国而言仍是大获全胜。他们迅速长驱直入，深入到苏联内地，7月便跨过了到莫斯科三分之二的距离，并俘虏300万名苏联军人。开战前两天，德军可以在农产品丰富的土地上狼吞虎咽，这次耽搁给德军带来了严重的后果。尽管气象学家警告过希特勒要注意秋天的泥泞期，但是他没有听进去。泥土路变成无法通行的沼泽，甚至连砾石路面的道路也往下陷，补给卡车经过的路面，留下一个个泥坑，马拉的交通工具是战争期间劳力的重要角色，但它们只能停留在小路上，因为马深陷在沼泽中，虽拼命挣扎，最后仍力竭而亡。

天气并不是改变战争形势的唯一因素，但是天气扮演着重要的角色。“在苏联广阔的地域中，天气是一股引人注目的力量。”一位曾经服役于东线的前德军将领写道，“认识并尊敬这股力量的人便能够战胜它，不屑或低估它的人便会招致失败或毁灭。”

这是“天理”与“人欲”相生克的历史典故，对人们仍然有着警示作用。“天理”和“人欲”的合称。简称“理欲”。宋代理学家程颐、朱熹等人所理解的“天理”，希特勒败在天理上，有人欲，天不依，实质上即形而上的封建伦理纲常。“人欲”，是指人们的生活欲望或物质利益要求，理学家们把“天理”与“人欲”对立起来，强调“不出于理则出于欲。不出于欲则出于理”，要求人们放弃生活欲望，绝对遵守封建伦理教条，甚至鼓吹妇女“饿死事极小，失节事极大”。反理学思潮的兴起，主要在于反对这种禁欲主义观点。南宋时的陈亮、叶适等已开其端。到了明清之际，王夫之、戴震等人更指出“天理”是离不开人欲、人情的，并控诉了道学家们“以理杀人”的罪状。清·王夫之《读四书大全说》：“是礼虽统为天理之节文，而必寓于人欲以见；虽居静而为感通之则，然因乎变合以章其用。唯然，故终不离人而别有天，终不离欲而别有理也。”清·戴震：“理也者，情之不爽失也；未有情不得而理得者也。”

长期以来，“存天理、灭人欲”一直被当作朱熹的发明而流传。事实上，这一概念在《礼记·乐记》中已经出现，其中说道：“人化物也者，灭天理而穷人欲者也。于是有悖逆诈伪之心，有淫泆作乱之事。”这里所谓“灭天理而穷人欲者”就是指泯灭天理而为所欲为者。自古以来，“人心私欲，故危殆。道心天理，故精微。灭私欲则天理明矣。”这里所谓“灭私欲则天理明”，就是要“存天理、灭人欲”。后来，《书》曰：“‘人心惟危，道心惟微，惟精惟一，允执厥中’，圣贤千言万语，只是教人存天理、灭人欲。”

朱熹认为：天有春夏秋冬，地有金木水火，人有仁义礼智，皆以四者相为用也。理者有条理，仁义礼智皆有之。大而天地万物，小而起居食息，皆太极阴阳之理也。至于一草一木昆虫之微，亦各有理。天地之间，有理有气，理者也，形而上之道也，生物之本也。天下万物当然之则便是理。世间之物，无不有理，皆须格过。天下之理，终而复始，所以恒而不穷。恒，非一定之谓也，一定则不能恒矣。惟随时变异，乃常道也。天地常久之道，天下常久之理。非知道者孰能识之？有此理，便有此天地；若无此理，便亦无天地，无人无物，都无该载了！有理，便有气流行，发育万物。

“天理”在朱熹的哲学思想中包含道理、规律、秩序、准则、规定性，“天理”既是天之大理，又是物之小理，还是人之道理。天理是自然之理，是万物之常理，是事物本来的规律，是社会之秩序，是人的道理、情理。“天地之心，天地之理。理是道理，心固是主宰底意，然所谓主宰者，即是理也，不是心外别有个理，理外别有个心，窃谓天地无心，仁便是天地之心。”“仁者，天下之公，善之本也。仁者，天下之正理，失正理则无序而不和。” 可见朱熹希望留存的是人的仁爱之心。

“鱼，我所欲也，熊掌，亦我所欲也；二者不可得兼，舍鱼而取熊掌者也。”朱熹也说：“鱼与熊掌皆美味，而熊掌尤美也。”鱼，我所欲是合道理的人欲，熊掌，我所欲也是合道理的人欲，舍鱼而取熊掌者还是合道理的人欲，这些都属于天理。“饮食者，天理也；要求美味，人欲也”。“所欲不必沉溺，只有所向便是欲”。合理的饮食欲望是天理，过分的要求美味就是朱熹要灭的“人欲”。“天理”与“人欲”是相对的，正常的合理的“人欲”就是“天理”，过分的、多余的甚至是罪恶的“人欲”就是万众要灭的“人欲”。人之所以为人就是因为有人性，人性就是仁爱之心，但人也是动物，所以人也有动物性，就是说人有时候也有兽性。这兽性就是邪恶之心。这也是万众要灭的“人欲”。

人之初性本善。荀子认为：“人之初性本恶。” 朱熹认为：“人生气禀，理有善恶。”朱熹说的“存天理” 存的是人之初性本善的善，是人性中善的部分。朱熹说的“灭人欲”要灭的荀子说人之初性本恶的恶，是人性中恶的部分。

气聚合为人，天理就形成了人的本性。由于气质之性阻碍了天理的正常发挥，以致出现了恶，这就是人欲。与人欲相对，天理是纯粹的善。在他们看来，人的行为，不是遵照天理，就是随顺了人欲，没有第三种情况。天理与人欲是绝对对立的，放纵人欲，就必然掩盖天理；要保存天理，就必须去掉人欲。他们要求，一个君子，应该彻底地去掉人欲，使心中全是天理，达到圣人的水平。这就是所谓存天理、灭人欲。

“天理”是公，是大善，是人的仁爱之心。“人欲”是私，是小恶，是人的自私之情。“存”天理就是存善，追寻天理，循道而行。“灭人欲”就是去恶，克己省身，修身养性。简单地说，“存天理”就是向善，“灭人欲” 就是去恶。通俗的理解“存天理、灭人欲”就是要防范个人欲望的过度膨胀，追寻维护社会、道德、政风和民风的纯朴与美好。

“存天理，灭人欲”，实际上是有其一定的积极意义，对于治国理政很有帮助。

至于如何实现“存理灭欲”，“存理灭欲”首先要认取哪个是天理，哪个是人欲。朱熹说：“天理人欲，其间甚微。于其发处，仔细认取那个是天理，那个是人欲。知其为天理，便知其为人欲。既知其为人欲，则人欲便不行。”“自一念之微，以至事事物物，若静若动，凡居处饮食言语，无不是事，无不各有天理个人欲，须是逐一验过。虽在静处坐，亦须验个敬、肆。敬便是天理，肆便是人欲。”

朱熹《大学章句》认为，人的本心“虚灵不昧，以具众理而应万事”，“但为气禀所拘，人欲所蔽，则有时而昏”，“故学者当因其所发而遂明之，以复其初也”。这就是复归于人的本心，即所谓“明明德”。朱熹还说：“‘孩提之童，莫不知爱其亲；及其长也，莫不知敬其兄。’人皆有是知，而不能极尽其知者，人欲害之也。故学者必须先克人欲以致其知，则无不明矣。”可见，在朱熹那里，“存理灭欲”是属于自我修养、复归于人的本心的道德范畴，即使是执政者也必须遵从。朱熹曾在奏札中指出：“人主所以制天下之事者，本乎一心。而心之所主，又有天理人欲之异，二者一分而公私邪正之涂判矣。盖天理者，此心之本然，循之则其心公而且正；人欲者，此心之疾疢，循之则其心私而且邪。”因此，在古人看来，“存理灭欲”，就是要通过明辨天理人欲之异，复归于人的本心。“存理灭欲”是一个循序渐进、自然而然的过程。在朱熹观念中，尽去人欲，“这事不易言，须是格物精熟，方到此”。他还说：“今日格一物，明日格一物，正如游兵攻围拔守，人欲自消铄去。”因此，他要求在体认出天理人欲之后，“著力除去了私底，不要做，味就理上去做，次第渐渐见得，道理自然纯熟。”朱熹还说：“既知学问，则天理自然发见，而人欲渐渐消去者，固是好矣。”显然，在朱熹心目中，“存理灭欲”并不是单纯地通过外在的力量，而是要通过个人自身的道德修养，循序渐进，“自然纯熟”。

朱熹“存天理、灭人欲”在理论上的缺陷，就是把天理与人欲对立起来，所谓“天理存则人欲亡，人欲胜则天理灭”。这就有可能把属于社会伦理的“天理”看作独立于人之外的存在，在社会还没有制定出合法的程序来确立“天理”的内容时，而被任意赋予各种规定，从而造成如清代戴震所说的“以理杀人”。当然，这就违背了“存天理、灭人欲”的初衷。

行为品质动力组织交互结合

人有格，国有品。人无格，国无品。一个人若没有做人的品德，没有做人的尊严就谈不上什么人格。权力、地位、金钱和财富并非是人格的决定因素，相反有的位高权重，威风八面；有的名扬四海，盖世无双；有的堪称首富，身价连城，但并不一定有人格。人格与国格密切相关，没有人格就谈不上国格，国格是建立在人民之上的宝塔。人格是个体特有的特质模式及行为倾向的统一体，又称个性。人格一词来自拉丁文面具。戏剧中演员所戴的特殊面具表现了剧中人物的角色和身份。把面具指义为人格，实际上说明人既有表现于外给人印象的特点，也有某些外部未必显露的特征，这些稳定而又异于他人的特质模式，使人的行为带有一定的倾向，表现了一个由里及表的、包括身与心在内的、真实的个人即人格。较为综合的界说可称人格是个体内在的在行为上的倾向性，它表现一个人在不断变化中的全体和综合，是具有动力一致性和连续性的持久自我，是个人在社会化过程中给人以特色的身心组织。这种界说强调了人格的几个方面：全体的人、持久的自我、有特色的个人和社会化的客体。

在古希腊时人格就引申出比较复杂的含义，更强调一个人外在的行为表现方式，在生活中扮演的角色，人的内在品质等。人格概念的复杂性、广延性使其很早就成为诸如心理学、教育学、哲学、社会学、法学、经济学、管理学、文化学、人类学、文艺学等学科探讨和广泛使用的概念。

心理学家阿尔波特曾列举出不同的定义。人格是个体行为的全部品质；人格是交互结合的行为系统的动力组织，它在他人和文化产品的环境中由学习历程而发展起来；人格是个人经由社会化所获得的整体；人格是从一个人所有行为中抽象出来的理论解释；人格是个体由遗传和环境所决定的实际的和潜在的行为模式的总和；人格是一个人不同于他人的所有的心理历程；人格是人的特质的独特模式；人格是个体在其发育的特别状况下所获得的独特行为装备；人格是一种倾向，可借以预测一个人在给定情境中的所作所为，它是与个体的外显和内隐行为相联系在一起的；人格是一个人的生活方式；特质是简单的行为模式或行为倾向，人格就是特质的模式；人格是由观察个人行为而获得其假设的系统；人格是特征的一种组织，它存在于自己而区别于他人；人格是基本和稳定的心理结构和过程，它们组织着人的经验，并形成人的行为和对环境的反应；人格是个人心理特征的统一，这些特征决定人的外显行为和内隐行为，并使它们与别人的行为有稳定的差异；人格是人在社会化过程中，由遗传特性与环境交互作用而形成的稳定的、带有个人倾向性的身心组织系统。

一个国家，有什么样的人格，就会有什么样的国格。人格的强弱决定着国格的强弱。国格是一个国家所具有的荣誉，尊严和品格。辜鸿铭的《中国人的精神》，还有林语堂的《吾国与吾民》。当批评有人在洋人洋货面前奴颜婢膝、丧失节操的时候，我们听到了这句掷地有声的谴责：“连国格都不要了，还讲什么人格！”

人格优劣决定着国格优劣。国格者，一个国家民族的整体人格。国家和民族的整体，也像一个人一样有自己的形象、自己的历史、自己的命运、自己的信念、自己的性格、自己的尊严。国格如何，就是这个国家、这个民族所有人的共同形象如何。就像由于皮肤的颜色、五官的特征、语言文字的结构和生活习俗等共同点，决定了每个人都成为一个特定民族、特定国度的人一样，国格是每个有名有姓、有血有肉、有家有业的人的共同人格。它是比注册的国籍更深刻、更永久的共同人格。

国格首先是一种最基本、最起码的人格。共同的人格是每个人人格的基础。个人的特殊人格是在这个基础之上，由于个人的特殊经历、地位和修养形成的个性方面。共性和个性是彼此不可分离的，爱祖国归根结蒂也是爱自己，是珍爱自己的人格。就像树木爱自己的根，爱根下的大地、天空的阳光、呼吸的空气，就是珍爱自己的生命一样。不要国格的人格，就是连人格的最起码基础都失去了，也就丧失了做人的资格。道理很简单：一个人连最后一点人生立命的根基也可以出卖，还有什么不能出卖呢？这样丧失人格的人除了被别人当工具使用，还能有什么人的价值可言呢？

胡作非为的人是没有人格的动物。例如，有的官员自己是“流氓”要别人做正人；自己是“小人”却要别人当“君子”；自己为非作歹要别人安分守己。还有的强国在世界上滥行“双重标准”，恃强凌弱等，这都是有失国格的表现。切不可以为，国格只是一种狭隘的、封闭保守的、夜郎自大的民族情绪。有史以来的国家和民族都是各种各样的，有的兴旺强盛，有的衰微败亡。所以国格也有高下优劣之分。一个民族、一个国家只有以胸襟博大、改革进取、自强不息的精神立足于世界，才能保持自己的生存和发展，并迎来新的兴旺。这是国家民族最重要的形象，也是国格的最核心标志。敢于变革图治，打开国门让中国面对世界、走向世界的孙中山，与封闭僵化、禁锢生机、腐败自戕、丧权辱国的清末王室慈禧之流相比，谁更显示了中国人的国格呢？答案很分明，史有定论，自不必说。在当今世界已经发生深刻变化，特别是全球经济一体化的到来，对各国价值观的冲击越来越大，面对人类社会的新变化，对于一个国家来说，唯有以自爱求自尊，以自强求自立的精神，在与世界各民族公开的、平等的竞争与交流和合作，才能不断提高自己的形象，弘扬自己的国格。所以，弘扬国家的国格，最重要的不是满足于颂扬自己的辉煌过去，沉迷于先人的宝贵遗产之中，而是着眼于现在，开拓未来，增强人格与国格意识，创造业绩，坚定不移走强国之路。

国格又是以人格为基础的，犹如“共性即寓于个性之中”，并不一定是只有国家强大了国格才硬气，国家不强大就没有国格可言。只要多数人的人格在，人民的志气和民族的精神就在，“贫贱不能移，威武不能屈，富贵不能淫”。国家贫弱也终可使之强盛，国家强大也不至于骄奢淫逸。回想中国贫弱至极、为列强欺辱宰割的时代，能够尽力为国家民族挣回自己尊严的人，并非皆是那些钟鸣鼎食之家，反倒多出自布衣贫寒之士。一些人虽然贫穷但却有人格，另一些人虽然富贵，有权有势，有名望，却只有“名格”“钱格”和“权格”，不见人格。国格因前者而存，因后者而丧。可见国格亦有生自人格、兴自人格的方面。一个国家若没有大多数人对自己人格尊严的珍重和追求，共同的国格也会失去其生命力。

人格的建设并不完全依附于经济和军事，而有其特殊的文化性质。当然，一个国家民族中的大多数人越是生活安定幸福，社会的经济政治文化越是繁荣昌盛，人民的文明修养越是充分，就越是有利于提高人民的人格意识，保持和维护国民做人的尊严。但是，这个关系如同“两个文明”的关系一样，不是单向的而是双向的。不能忘记问题的另一个方面：个人的人格越是受到普遍尊重，社会上高尚的人格越是被人们理解和景仰，从而具有强大的凝聚力，那么就越是有利于共同人格的健全，有利于伟大国格的铸造和弘扬。所以，国家永远需要对人格建设的精神投入，需要对健全高尚人格的宣扬和提倡。

一滴水见太阳，细微处见人格。1699 年，外科医生格列佛随“羚羊号”出航南太平洋。不幸中途遇险，格列佛死里逃生，漂到利立浦特（小人国），被小人捆住。利立浦特人用专车把体积巨大的格列佛运到京城献给国王，他的出现几乎吸引了小人国所有的人。格列佛温顺的表现逐渐赢得了国王和人民对他的好感，他也渐渐熟悉了小人国的风俗习惯。当时，另一小人国不来夫斯古帝国准备从海上入侵利立浦特帝国，格列佛涉过海峡，把 50 艘最大的敌舰拖回利立浦特国的港口，立了大功。但是，格列佛不愿灭掉不来夫斯古帝国，使皇帝很不高兴。这时，皇后寝宫失火，格列佛情急生智，撒了一泡尿把火扑灭，谁知却让皇后大为恼火。于是，小人国君臣沆瀣一气准备除掉格列佛。格列佛听到风声，赶快逃到不来夫斯古帝国，后来平安回到英国。

在交际中，人们常常会遇到别人有意或无意、善意或恶意的刁难式诘问，对此，该如何正确应答？是反唇相讥，还是默不作声？是在尴尬与难堪中落荒而逃，还是用机智与巧辩力挽狂澜，反败为胜？一个普通的中国留学生以他与一位法国对话课教授的精彩对话，恰到好处地给了一个圆满的答案。这场“刁难”与反“刁难”舌战的精彩之处在于国格上的博弈。

中国留学生是赴法国巴黎大学就读的插班生。他早已闻知这位教授爱提刁钻古怪的问题，并且已经让所有的学生领教了什么叫“难堪”。当他上第一堂对话课时，教授就毫不客气地向他发出了“挑战”：“作为记者，请概括一下你在中国是如何工作的？”显然，教授已经对中国留学生的底细进行了有记录的了解，知道他是记者。记者这个职业本是与政治关系十分密切。所以，教授的提问范围一般会以此为主要话题，而这也是更为敏感、棘手、难以回答的。中国留学生面对对方的先发制人，凌厉攻势，采取了画地为牢的基本方法，理性掌控自己的答话，并抓住教授问话中的“概括”一词，用真正“概括”的语言回答了教授并不想知道的问题。“概括一下来讲，我写我愿意写的东西。”碰了一个软钉子，别有用心的教授再一次发难：“我可以知道您是来自哪个中国吗？”“人类世界上只有一个中国，就如同有人若问您所处的是哪个法国一样。”冷静的中国留学生来了个以退为进，不仅彰显了自己的独立人格，而且还捍卫了国家的崇高国格。

当政治国必须要有絜矩之道

人格和尊严是人最高贵的财富，絜矩之道是人的立身之本。古之欲明明德于天下者，先治其国；欲治其国者，先齐其家；欲齐其家者，先修其身；欲修其身者，先正其心；欲正其心者，先诚其意；欲诚其意者，先致其知，致知在格物。物格而后知至，知至而后意诚，意诚而后心正，心正而后身修，身修而后家齐，家齐而后国治，国治而后天下平。

人是生物，凡是生物必物格。“物格而后知至”后的译文为通过对万事万物的认识研究后获得知识；获得知识后，意念才能真诚；意念真诚后，心思才能端正；心思端正后，才能修养品性；品性修养后，才能管理好家庭家族；家庭家族管理好了，才能治理好国家；治理好国家后天下才能太平。

古代那些要想在天下弘扬光明正大品德的人，首先要治理好自己的国家；要想治理好自己的国家，首先要管理好自己的家庭和家族；要想管理好自己的家庭和家族，首先要修养自身的品性；要想修养自身的品性，首先要端正自己的思想；要端正自己的思想，首先要使自己的意念真诚；要想使自己的意念真诚，首先要使自己获得知识，获得知识的途径在于认知并研究万事万物。通过对万事万物的认识研究，才能获得知识；获得知识后，意念才能真诚；意念真诚后，心思才能端正；心思端正后，才能修养品性；品性修养后，才能管理好家庭家族；家庭家族管理好了，才能治理好国家；治理好国家后天下才能太平。

平天下里面的平字并不是平定的意思，“修身及家，平均天下，此古乐之发也。”这说明，修身齐家平天下中的平是指天下平均，表示的是一个公平、公正、秩序的意思，而不是简单的平定，而是平均或者均平的意思。“平天下在治其国”的主题下，具体展开了如下几方面的内容，一、君子有絜矩之道。二、民心的重要：得众则得国，失众则失国。三、德行的重要：德本财末。四、用人的问题：唯仁人为能爱人，能惠人。五、利与义的问题：国不可以利为利，应以义为利。

所谓絜矩之道，就是与所强调的“恕道”一脉相承的。如果说，“恕道”重点强调的是“己所不欲，勿施于人”的将人比己方面，那么，“絜矩之道”则是重在强调以身作则的示范作用方面。如古人说：“当政者的德行好比是风，老百姓的德行好比是草，只要风吹草上，草必然随风倒伏。”世道人心，上行下效。关键是看你说什么，提倡什么，做什么。榜样的力量是无穷的，领袖的力量更是不可估量的。所以，为政治国的人必须要有“絜矩之道”。

关于民心的重要性，已经是古往今来都毋庸置疑的了。水能载舟，也能覆舟。但纵现历史，却往往是当局者迷，旁观者清。所以，才会有王朝的更迭，江山的改姓，为政者“为天下僇”。

德行是古学反复记述、强调的中心问题之一。把德与财对举起来进行比较，提出“德本财末”的思想，尽管从古学的全部治国方略来看，也有“先富后教”，“有恒产者有恒心”等强调经济基础的思想，但总的来说，重精神而轻物质，崇德而抑财的倾向仍是非常突出，务必克服。

正因为“德本财末”，因为德行对于治国平天下有非常重要的作用，所以就牵涉到一个用人的问题。而在用人的问题上，同样是品德第一，才能第二。对于这一点，从古至今不知多少文人不厌其烦地引述了《尚书·秦誓》里的一大段话，说明一个人即使没有什么才能，但只要心胸宽广能包容人，“宰相肚里能撑船”，便可以重用。相反，即使你非常有才能，但如果你嫉贤妒能，没有包容性，也是危害无穷，不能加以任用。所以，“唯仁人为能爱人，能惠人。”当政治国的人必须要有识别人才的本领。与“德本财末 ”密切相关的另一对范畴便是“利”与“义”的问题。

为了阐述“利”与“义”的关系问题，“生财有大道”的看法，即生产的人多，消费的人少；生产的人勤奋，消费的人节省。这是一段很富于经济学色彩的论述，浅显易懂而毋庸置疑。值得我们注意的倒是下面的两句话：“仁者以财发身，不仁者以身发财”，“以财发身”的人把财产看作身外之物，所以能仗义疏财以修养自身的德行。就像著名的列夫·托尔斯泰那样，解散农奴，实行自身禁欲，以实现良心与道德的自我完善，“以身发财”的人爱财如命，奉行“人为财死，鸟为食亡”的原则，不惜以生命为代价去敛钱发财，或贪赃枉法，铤而走险，或以权压人，以权坑人，或贪婪吝啬，如巴尔扎克笔下的葛朗台，果戈理笔下的泼留希金等，都是“终朝只恨聚无多，及到多时眼闭了”。所以，还是“以财发身”，人的超脱是一种美好生活的享受。

这是传统知识分子尊崇的信条。以自我完善为基础，通过治理家庭，直到平定天下，是几千年来无数知识志士者的最高理想。然而实际上，成功的机会少，失望的时候多，于是又出现了“穷则独善其身，达则兼济天下”的思想。“正心、修身、齐家、治国、平天下”的人生理想与积极而达观的态度相互结合补充，几千年中影响始终不衰。

谓使人心归向于正，“欲修其身者，先正其心；欲正其心者，先诚其意”。公正无私之心。旨在先尽人道，正心修身，齐家治国；再修天道，积功累德，救世度人。

关于修身修养，由心生改变内在才能改变面容。一颗阴暗的心托不起一张灿烂的脸。有爱心必有和气，有和气必有愉色，有愉色必有婉容。口乃心之门户。口里说出的话代表心里想的事，心和口是一致的。一个境界低的人讲不出高远的话，一个没有使命感的人讲不出有责任感的话，一个格局小的人讲不出大气的话。人的修养，国家与国家最后的竞争是国家胸怀的竞争、境界的竞争。看别人不顺眼是自己的修养不够，有恩才有德，有德才有福，这就是古人说的“厚德载物”。其实，人的一生就是不断的体道悟道最后得道的过程。好人——就是没有时间干坏事的人；坏人——就是没有德行做好事的人。诚然，人与人同流才能交流，交流才能交心，交心才能交易。同流即合流，合流即合心，合心即合作。其实，理欲关系的实质是絜情与同欲。絜矩之道是人类见仁见智的基本行为准则。

自尊自爱一切伟大事业渊源

人无爱，国之败。人无尊，国之顷。只有人民都自尊自爱，国家才会永立于强盛。作为人首先自己爱自己，尊重自己，才会得到他人的爱护和尊重。爱护自己是最重要的。具有自尊心的人，能够积极履行个人对社会和他人应尽的义务，为人处世诚信为本、光明磊落，对工作有强烈责任心；在学习方面，能够发扬自觉、勤奋、刻苦的精神。

如果你不能成为山顶上的高松，那就当棵山谷里的小树吧，但要当一棵溪边最好的小树；如果你不能是一匹千里马，那就当小猫吧，但要当最活跃的小猫。我们不能全是船长，必须有人是水手，这里有许多事让我们去践行，有大事，有小事，但最重要的是做好我们身边的事。决定成败的不是你尺寸的大小，而在于做一个最优秀的人。

做一个优秀的人，是一种自尊自爱的表现。自尊就是首先尊重自己，自爱就是爱护自己。自尊自爱是一种对自我的关注与肯定，是一个人的快乐之源，更是成功之始。有自尊的人才会尊重别人；尊重别人的人才会有自尊。衡量一个人有没有尊严看是否得到别人真心实意的尊重。自尊自爱就是要肯定自己，认同自己。就是要告诉自己“我能行”，“我优秀”，“我最棒”，人活着就是要表现出自信。自信是自尊自爱的前提，有了自信，你会更加有激情，也就更快乐。当然，自信也是成功的一半。我们不难看到，不管是商海大潮中的弄潮儿，或是叱咤风云的人物，还是拳击场上的胜利者，他们的成功之花都少不了自信的浇灌。

自尊自爱就是要发现自己，不断完善自己。“古之圣人，其出人也亦远矣，犹且从师而问焉。”古人留下的虚心求教、取长补短的风气，如今不仅不能丢，还要发扬光大。这是在肯定自己后的必要补充，能保证我们取得成绩后，在鲜花与赞美中，保持清醒的头脑，不会迷失方向。人要有傲骨，但不要有傲气。一个人要始终保持一颗平常心，正视自己的成绩，发现自己的不足，能让自我战胜自我并取得更大的进步。

人民有自尊自爱国家才会有尊严，国家的尊严是人民自尊自爱建立起来的宝贵财富。人民没有尊严，国家就会蒙受外来的欺辱。自尊自爱就是要不断提升自己，超越自己。因为我们每个人都应不断奋斗、不断进步。当人们问球王贝利哪一个进球最精彩的时候，他回答“下一个”，这是对自己能力的信心，也是对已有成绩的超越；有许多身残志坚者，使自己成为一个对社会有用的人，这是对残疾病痛的抗争，也是对坎坷命运的超越。越王勾践含羞忍辱，卧薪尝胆，最后一举打败吴国，这是对自己过失的反思，也是对惨痛失败的超越。超越自我，给我们以动力去战胜一切困难，向更高的目标迈进。一个有自尊的自我，是一种良好的态度，更是一种美德。自尊自爱会让你明白，自己虽然很平凡，但也很优秀。

自尊自爱就是要珍爱自己，尊重他人。每个人都希望受人尊重，但受尊重的前提是尊重别人。其实，尊重很容易就做到，因为它是得到帮助时道声谢，妨碍别人时道句歉，为自己的努力加油，为他人的进步鼓掌，为团队的成功喝彩。一句亲切的问候，一声诚挚的祝福，一个支持的眼神等都是尊重的表现，尊重别人是一种美德，受人尊重是一种幸福和快乐的生活享受。

自尊自爱就是要成为一个心灵的富翁，人生的财富，就是要从现在开始，像一个富翁一样行动，以一个成功者的姿态出现在生活的每一个层面。人的一生正如一天中所设想的那样，无论你怎样想象，怎样期待，就会有怎样的人生。只要坚信自己拥有“无限的能力”与“无限的可能性”，就可以创造出平衡的内心世界，建立起自己理想的“自我心像”，体现出自己人格行为应具有的巨大魅力。

一些哲人对尊重有各自的见解，对自己的自信决定对自己尊重、爱护的程度，因人而异。无论是别人在眼前或者自己独处的时候，都不要有一点儿卑劣的事情，最要紧的是自尊；自尊心是一个人品德的基础。若失去了自尊心，一个人的品德就会瓦解。斯特那夫人说，自尊的人不图虚荣，拒绝沾染不良习气。为了维护自尊，可以舍弃许多东西，但绝不可丧失人格，做有损人格的事。一个人开朗、豁达，就会感受到自尊的快乐。过度的自尊，则使我们越发敏感，作茧自缚，最终体验不到生活的乐趣。对恶意的侮辱与诋毁，则要及时予以回击，必要时运用法律武器捍卫自尊。人应尊敬他自己，并应自视能配得上最高尚的东西。尊重他人是人生的一道底线，是人生的一个亮点，自尊是无价的。尊重他人是一门学问，是人生的一片风景，尊人优雅。塑造更好的形象，赢得别人对自己的肯定，赢得集体和社会的赞扬，这就是自尊的最佳表现。

从社会和国家的角度来看，自尊的定义是尊重自己，维护自己的人格尊严，不容许别人侮辱和歧视的心理状态。自尊心越强的人往往压力越大，待人有礼貌，做事情考虑后果，这样会被更多人所赞赏。从理论的角度，无法驳斥上面的定义，但从现实看，自尊心有成熟与不成熟之分，如果价值观成熟了，并且具备了一定的修养、能力和学识，在社会中取得了一定的成就，这个解释是成立的。比如说那些成功的企业家，那些有突出成就的政治家、科学家、军事家，他们有自尊心是正常的而且是有益的。但如果没有任何学识和能力，自尊心太强就是自负，自尊心太弱就是自卑，这些自负和自卑的人也是具有自尊心的人，他们能积极履行个人对社会和他人的义务吗？有责任心吗？光明磊落吗？大家都知道“夜郎自大”的成语典故，在现实生活中，自尊心太强的人多数都在重复着夜郎自大的故事。人的自尊心不是天生的，而是成就感累积而成的心理形态，但如果没有成就感，自尊心就会演变成自卑。

自尊心的四种表现形式是“自信、自爱、自卑和自负”，中国自古就在重复着自尊式教育，从小就树立孩子的自尊意识，也就是这种自尊意识，成为中国中小学教育无法跨越的屏障。由于孩子的价值观体系并不完善，还不具备生存所必需的文化知识、能力和修养，他们的自尊心往往表现为两个极端，即自卑和自负，所谓的自信和自爱都是盲目的。这种“自尊心”让他们停止了进取的步伐，不关心他人感受，在他人面前表现出浮躁和玩世不恭，在父母和老师面前表现为叛逆。所以，心理学所谓的中学生必然经历的叛逆期实际上是自尊式教育的失败。还是比尔·盖茨那句忠告道破了天机：在你强调自尊之前，社会要求你首先要有所成就。在没有成就之前就强调自尊，就等于盲目自大。自视高大的人是不自信的人，也是缺乏尊严的表现。

自尊心强是积极的正能量一方面，自信是建立在谦逊的基础上，对自己的行为抱有成功的信心。自爱是一种不允许别人侵犯侮辱自己。后几种情况就是自尊心强带来的消极的一面，自负是一种极端的自信，建立在自卑的基础上，自负的人往往主观地贬低他人或过分抬高自己来确立自己在自己内心中的位置。

自卑是自尊消极的“负能量”一种普遍表现形式。建立在自信上，现实与理想的差距往往是自己自卑的原因。

偏激狂是自尊心达到了一种无法控制的程度而表现出来的反社会倾向，属于自尊狂妄。

有以上表现者皆有自尊，获得自尊最好的办法就是让自己通过努力而成功一次，但是，必须是通过努力，运气的产物会让他们更加积极地对待生命。

自尊自爱，作为一种力求完善的动力，是一切伟大事业的渊源。总之，自尊心是一种自己尊重自己、爱护自己，并期望受到他人、集体和社会尊重与爱护的心理。自尊心是人类前进的动力，也是一种积极的心理品质，还是人类社会的正能量。

正心修身齐家治国平定天下

修身就是心灵的净化。“照镜子，正衣冠，洗洗澡，治治病”无不与修身有关。修身要自觉做到慎独、慎微、慎欲。慎独，就是在无人监督的情况下，切记“要想人不知，除非己莫为”这一千年古训，时时刻刻严格要求自己，谨慎地遵守道德准则，仔细地把握生活小节，绝不做有损大节的事情，常怀律己之心，不要独处时存在侥幸心理，自欺欺人，迷恋于酒场、舞场、交际场，大搞权钱交易，权权交易，权色交易，甚至腐化堕落，导致走向犯罪的深渊。

慎微，就是“不以恶小而为之，不以善小而不为”，时时谨记“千里之堤，溃于蚁穴”的深刻道理，要以张伯行的“一丝一粒，我之名节，一厘一毫，民之膏脂。宽一分，民受赐不止一分；取一文，我为人不值一文”的人生名言为准则，始终做到见钱不贪，见色不迷，见利不图，见弱不欺，见贫不笑，始终保持自重、自省、自警、自励。

慎欲，就是要经得起诱惑，耐得住寂寞，老子讲：“罪莫大于可欲，祸莫大于不知足，咎莫大于欲得。”要常思贪欲之害，常排非分之想，以平和之心对待名利，以淡泊之心对待钱财，以敬畏之心对权利，得之不喜，失之不忧，始终保持良好健康的心态。

身不修何以齐家，家不齐何以治国，国不治何以平天下？只有一步一个脚印，堂堂正正做人，勤勤恳恳做事，踏踏实实为政，国家才会兴盛。

修身，未必就能齐家，到了必须齐家的时候才知道，有时必须破了自己修身的规矩才能齐家。轮到参与治国的时方才知道，家和国“同宗异曲”。

人要适应社会，社会要符合普世标准，天下才会有共同信念，才会有和平。这是必然的逻辑。

当世界没有共同信念，社会就没有普世标准，每个社会根据自己的利益行事。而每个人，生在什么社会及国家，就要适应某个社会和国家，否则无法生存。这又是一个必然的逻辑。

随着交通技术的进步，没有普世标准的世界，社会和社会必然发生标准的冲突。实力决定利益。所谓的平天下，就是一方战胜另一方。实力，是唯一取胜的筹码。因此，每个社会都必然追求使自己的实力最大化，并为此而选择自己的社会制度、社会文化来实现自己的目的。

因此，个人的修身，就变成人生的难题，存在最初的选择。有人认为，一个强大的社会和国家，取决于社会和国家之中每个人的强大，因此，社会必须公平、民主、自由，给每个人都有平等发展的空间，强调技能和法律的教育，使每一个人都在发展自己的同时兼顾别人，要有慈善，要有保障，最关键的是要有共同的信念和信仰。

另外还一种人认为，一个强大的社会，最关键是要有一个核心，全体人民无条件团结在这个核心周围。而这个核心的产生，是人民拥戴的结果。谁能让人民拥戴他，谁就有资格成为核心。至于这个核心拥有的特权，那是理所当然的。因此，修什么样的身，自然就变成问题。是做一个有信仰，有法律意识，有技能，有权利，有义务的强大的个人？还是做一个让人民能拥戴自己的个人？或者干脆只做一个成天拥戴别人的个人。显然是完全不一样，目的决定价值。成为一个什么样的人，显然在决定要怎样修身和修什么身的信念上。

读传统经典，显然就是立志要成为一个人民拥戴的人，但是，一个社会只能允许一个核心，全民拥戴的人显然只有一个，另一个绝对是多余并且有害的。于是，修成正果的结果，要么当皇帝，要么自己躲进深山老林，让大家永远不要认识自己。

绝大多数修不成正果的人，就只好退而求其次，附庸在修成正果的人身边，成为一个候补者，一旦时机成熟，自己就修成正果了。这样的社会，忠诚变成一个很重要的问题。那个位居核心的人物，每天最重要的事情，就是考察自己周围人的忠诚，免得自己一不小心就被给取代。在社会政治圈中，每天都在上演惊心动魄的故事，其根源就在于此。

由此可见修习传统经典的危害。如今的人，偏偏就生活在这样一个社会里，受传统观念束缚的社会里，父母每天都在教育自己的孩子，做一个让人民爱戴的人。从小就让梨，长大学英模成为社会上的贤人，然后成为问鼎最高权力的候补者。应试的教育制度，总在严格筛选那些符合自己社会标准的孩子，“一日为官，终身为僚”。有了应考应试的“绿色通道”，然后精心把他们培养成官僚，推进最高权力的圈子里，成为一个“唯官唯权”的候补者，每天都在表白自己对于社会核心的忠诚。这号人往往修习的是道德，成就的却是不道德，这就是传统缺陷的悖论。

齐家就是要努力做到立章、严管、善爱。立章，要以“家属子女，各自发展，绝不弄权，利益不沾”为准则，严格落实中央纪委提出的“领导为官不准利用职权和职务上的影响为配偶、子女谋取非法利益”等规定，自己也要明确要求决不允许他们利用自己的职权和职务上的影响，行不义之举，谋不义之财。严管，为官一定要本着对党对人民对家庭高度负责的态度，正确把握哪些可以做，哪些不能做，从严管住管好自己的配偶、子女，对配偶、子女利用自己地位和权力的影响谋取非法利益的要严惩不贷，绝不能视而不见、不闻不问甚至庇护，最后走上违纪违法道路被绳之以党纪国法。善爱，爱自己的家庭、配偶、子女，就必须要会爱，“爱子先当训子”，要从配偶、子女的个人品行素质出发，教育他们谦虚谨慎，艰苦奋斗，力戒特权思想，引导他们奋发进取，积极向上，为社会的进步及国家的发展多作贡献。

自我品德修养决定国家态度

爱心无国界，惠及在人间。爱不仅是国家的重要财富，而且还是人类共同财富。人之爱，国则在；人无爱，国则败。人生理念，品德修养，是要达到成功人生爱的至高境界，一个朴素而深刻的“爱”字，可谓贯穿人生与社会的始终，发挥着独一无二的巨大作用。要说“爱”是人的愉悦，那么“恨”对每个人来说是一种痛苦，一种包袱和负担。尤其对于个体的人而言“爱”是一种良好的修养。一个能够彬彬有礼、不易动怒、充满爱心、容忍克制地温和待人处事者，体现出的是君子之态。爱总是和颜悦色、笑脸迎人，在良好的人际关系中总能赢得许多意想不到的收获，爱是社会和国家的正能量，爱是一种快乐和幸福的人生享受。

爱对于家庭和国家而言，中国人最信奉“家和万事兴”，家兴国强。和睦的家庭环境不仅是一笔巨大的财富，而且对国家来说是巨大的宝藏。充满爱的国家必定强盛。在一个国家，一个社会，只有家人互敬互爱，宽容大度而不斤斤计较，真情仁爱而不自私褊狭，日子过得和美，自然就能不断走向“万事兴”的目标。“父子笃，兄弟睦，夫妇和，家之肥也”之说，讲的也是以“和”齐家的道理。这样国家的发展就始终充斥着健康、快乐和幸福感。

所谓爱心，不仅是一种同情怜悯之心态，有时还包括相应的一定行动。当对象为人类时，往往与“阶层友爱”或“同胞情”相对应，这是超阶层的或超国度的、基于彼此都是人类这一认识的同情怜悯。当对象为非人类时，则往往基于彼此都是动物或生命这一认识的同情。人类的爱心是一片冬日的阳光，使饥寒交迫的人感到人间的温暖；爱心是沙漠中的一泓清泉，使身处绝境的人重新看到生活的希望；爱心是一首飘荡在夜空里的歌谣，使孤苦无依的人得到心灵的慰藉；爱心是一片洒落在久旱的土地上的甘霖，使心灵枯萎的人感到情感的滋润。

如今，很多人都已经到了麻木不仁的地步，面对别人的困难，他们毫无感觉，对于别人的帮助，他们授之坦然。冷漠和自私好比是沙漠和干旱，可以使你的心灵荒芜，杂草丛生，而爱心和奉献则是阳光和鲜花，滋润着你的心灵，装扮你的美好人生，爱心的威力是巨大的，如果每个人有爱心，学会无私奉献，生活将充满温暖，一个充满爱心的集体是温暖幸福的，一个充满爱心的社会，必定是充满公平和安定的国家，只有学会关爱他人的同时，你也会得到博大的爱。让人类一起同行，共同唱响美妙的爱心之歌，让爱心永远与人类社会共存共荣！

爱心需要修养。修养就是要进行自我教育、自我改造、自我完善。这种教育和改造离不开人民群众的社会实践，离不开在实践中个人的主观努力。“修养”这个词，从广义看是指人们政治、道德、学术以至技艺等方面进行的勤奋学习和涵养锻炼的功夫，以及经过长期努力达到的一种能力或思想品质；从狭义看，“修养”通常是指思想品德修养。思想品德修养是以人的政治态度、思想意识和道德品质为基本内容的。修养的本质如同人的性格，最终还是归结到道德情操这个问题上。

曾国藩是个颇有争议的人物，但是看完《家书》，相信不同的人会从中收获不同的东西，所谓各取所需吧。而目前只是把他当做文人来看，看他的为文，看他的治学，看他的治家，看他作为一个长者对后代的教育。在所有人看来衡量文人成就的“三不朽”，立德，立功，立言，他也全做到了。他是个成功的文人，不论后来他的官做得有多大，权多重，这一切的起点都是因为他的修养与学问。

修身是一个人贯穿生命始终的主题。透过《家书》可以了解了曾国藩人生道路后才对这句“正心修身，齐家治国，平定天下”有了深刻的理解。这句话是从“修身”开始，也就是将“修身”放在“齐家”，“治国”，“平天下”的前面，看似也没什么玄机，很容易理解为一种“由小到大”，即由最小的“修身”做起，再“齐家”，再“治国”，然后“平天下”。“修身”之所以放在最前面不是因为它小而是因为它是最大的，最重要的，最根本的，其后的三个之所以排在它后面都是因为有了“修身”齐家治国平天下才有立足的资本。

当然，曾国藩的文学成就也很高，只不过被政治给盖住了。若仔细看过他的文章就会明白当年的这个“庶吉士”、“大学士”绝不是投机取巧而得的，靠的还是真才实学。他的文章自有风骨，在当时也是自成一派的。以至于他在后来镇压太平天国的军营里也不忘读书做文章，在身体不适的情景下，眼疾复发时也都没有松懈过，看来读书治学从来都是他人生追求中最重要的目标。而此时他的治学已不再是为了考取功名，出相入将，封妻荫子，因为，此时的他早已拥有了这一切。他是以“治学”来“修身”，他不停地聆听先贤的教诲，总结自己的过失。绕了一大圈最终还是回到“修身”上来，这才是传统文化的根基，这才是人的传统人格！

“大学之道，在于明德，在亲民，在止于至善。”这是《大学》里最引人入胜的一句话，也是每个人都梦想达到的宏图大志，一句话，修身可谓囊括了人生的全部真谛，同样的也诠释了人生的另一种境界。

重新认识这位历史枭雄，改变单纯从历史书本上得到的知识所构建起来的形象。曾国藩在写给家人的书信中，点明了很多为人处世的道理。他的书信首先得从修身说起，对于修身，他一再告诫其弟不可操之过急进入仕途，凡事应事先考虑清楚，需静下心来，专攻一术，动心忍性，静心方为上，指导做人应在沉默中爆发，不鸣则已，一鸣惊人，厚积薄发。

一封封真情流露的家书，彰显了他对家人深深的眷恋之情，让人不禁联想到一代英雄人物的柔情一面，爱也是人性的本质的反映，大有悲天悯人之感的人才是人类所共勉的。一本好书可以让人了解到一位历史人物的明智与理性，那么一份爱就会感动全世界。

对于家人，尤其是长辈一定要尊敬，对于爱人也要相敬如宾，万不可鲁莽行事。治国策略，贵在专攻，不可百术而齐学之。平天下，只有在修身齐家，治国都做好后，才有资格也方能平定天下，安抚民众，为百姓，为社会和国家贡献自己的一份正能量。

思想决定国家命运秘密武器

人类因梦想而强盛，思想形成人类的伟大。人的总称，指人的全体，人的全体就是人类。人是地球生物中处于进化最高阶段的动物。由类人猿进化而成的，能制造和使用工具进行劳动的，并能用语言，进行思维的高等动物的统称。人或人类，这个名词可以从生物、精神与文化各个层面来定义，或者是这些层面定义的结合。关于人的定义的问题，一直以来各个专业的人们都对其产生极大的兴趣，不管是哲学家，考古学家，历史学家还是生物学家，都从他们专业的角度出发，同时结合时代发展的背景和其他专业的发展。

人类的进化首先是思想的进化；没有思想进化也就没有人类的进化。人对人类的研究探索过程，认识再认识过程就是思想过程。思想不仅是一种发现，而且还是一种伟大的创造。人类学家主要是根据出土的骨骼化石来研究和判断人类的进化历史的，他们主要根据以下三个特点来确定人类与灵长目亲族的不同以及在不同的历史阶段人类的生理和行为特征：第一个特点是牙齿的形状和式样；第二个特点是双足的直立行走；第三个特点是颅骨的大小和形状。根据这些特点和人体的其他特点进行推论，并把人类祖先的化石骨骼与现代人及现代猿的相同骨骼进行比较，就能找出人类进化方式的许多重要线索。同时也寻找到了人类思想进化的沿革。

思想是人研究自然性和社会客观性的集中提炼及整体升华。研究人类起源的直接证据来自化石。人类学家运用比较解剖学的方法，研究各种古猿化石和人类化石，测定它们的相对年代和绝对年代，从而确定人类化石的距今年代，将人类的演化历史大致划分为几个阶段。根据目前已发现的人类化石证据，南方古猿是已知最早的人类。其实，人类的进化全过程就是人类思想形成的历程。

对于一个考古学家来说，或则对于人类学来说，人类学就是研究人类。考古学就是研究人类化石。其实无论是什么学家都离不思考和想法，人的所有研究成果都是用受思想支配的结果。在很多方面，我们能理解人类智力发展历史，仅仅基于这个观点，应不应该接受人类本性呢？但是，我们必须记住对一个人深层本性的认识，同时也是对普遍人类本性的认识。当我们大多数人的偏好，一种极端的情势，表述出人们相信，仅在重大危机的当头，当一个国家的存亡面临考验之时，人类的本性才会真正显现出来。因此，思想形成了人类的伟大。

人是思想的动物。人之所以是高级动物，不仅仅在于只是能制造和使用工具进行劳动，而是在于人有思想和梦想。思想无国界，梦想也无国界，思想和梦想可自由穿越时空亿万年，可以纵横五大洲四大洋，自由飞翔遨游宇宙，不受任何时空的限制。梦想是思想的外衣，思想可以改变一切，包括自然界和人类社会。人的思想是意识、梦想及行为的总和。常言道：“日有所思，夜有所梦。”梦想虽不完全是思想，但思想不能没有梦想。思想无所不及，又无所不能。世界上的事情只有想不到，没有办不到的。也可说思想虽不是万能的，但没有思想万万不能。思想决定着人类的文明、社会的发展和时代进步的历程。人世间是个个有想法；人人有思想；每个人都有梦想，这是人类强大的原动力。不过思想分高、中、低三个层次，当一个人有思想之后，思想就悄悄在主宰人的行为；当行为得到提升时，智慧和才能就得到极大升华。思想家就是对整个时代有引导意义，或对某门学科有引导意义的人。

一个人有梦想，一个社会和国家也有梦想，人类也有梦想，人类共同的梦想就是和平共处，共同发展，共同繁荣富强。梦想无论怎么模糊，它总潜伏在我们心底，使我们的心境永远得不到宁静，直到梦想成为事实。一个有事业追求的人，可以把梦做得高些。虽然开始时是梦想，但只要不停地做，不轻易放弃，梦想能成真。人生最苦痛的是梦醒了无路可走。做梦的人是幸福的；倘没有看出可以走的路，最要紧的是不要去惊醒他。无论哪个时代，青年的特点总是怀抱着各种理想和幻想。这并不是什么毛病，而是一种宝贵的品质。有时你的梦想达到是一种幸福，有时梦想破灭也是一种幸福。

有思想就存在思变，思变是人类的共性。思想故国江山之胜。思想不仅仅只是人行为能力的综合反映，思想还是人灵魂和精神的、乃至物质的高级产物。老道曰：“吾思故吾在，吾在有吾思；吾思支吾行，吾行有思支。”老道还曰：如果你控制了人的思想，你就控制了所有人的灵魂；如果你控制了能源，你就控制了所有国家的命脉；如果你控制了粮食，你就控制了所有人的温饱；如果你控制了货币，你就控制了整个世界经济；如果你控制了水资源，你就控制了人类的生命。一个民族，一个国家，以思想强烈占领意识形态阵地既是国家核心利益所在，也是国际社会较量中的重要筹码。当今世界已经逐渐离开了“暴力与金钱控制的时代”，“核弹与火箭”正在退居幕后，“思想与意志”悄悄走向台前。因此，世界各国纷纷争夺话语权、网络控制权、信息发布权、规则制定权、文化领导权等，所谓的“软权力”已成为国家综合国力竞争的焦点和热点。作为这场“无硝烟战争”的参与国，基于国内外各种压力，有的国家被推到意识形态博弈的最前沿，意识形态重建面临错综复杂的巨大挑战。这不仅是思想家所面对的难题，也是政治家所急需应对的重大命题。

有人就有思想。思想到底是什么呢？什么又是思想呢？回答是——人的本能反应，也可以说是人正反两个方面的符号，还称之为万事万物的集合质。从根本上来说是善恶美丑信息的综合反射。说到底思想是思维活动的结果，属于理性认识，也是客观反应结果。一般也称“观念”。人们的社会存在，决定人们的思想。一切根据和符合于客观事实的思想是正确的思想——对客观事物的发展起到促进作用；反之则是错误的思想——对客观事物的发展起到阻碍作用。

人的思想是自然规律和社会客观规律形成的全过程，没有思想就没规律；没有思想就没有规则。人类若没有思想就不可能有日趋完善及成熟的各种规则，即社会规则、国家规则、国际规则等，所有一切维护人类依存发展的规则都是思想的结果；反之所有破坏人类和平发展现象也是思想促成的，如，战争、暴力凶杀、武装冲突以恐怖主义等。

人们熟知的“三思而行”，再则“穷则思变，变则亨通，通达万事，惠及万物，天地合一”等既印证了思与行密不可分，又体现出思想超越宇宙万事万物的强大魔力，只有想不到的事，没有做不到的事。诸如此类都充分表达了思与想、思与行息息相生的深刻哲理。凡人者思有所因，想有所果，善恶者、美丑者概莫能外。

思想是意识、观念、智勇、抉择等，思想决定人的命运；决定社会的命运；思想还决定国家的命运，思想同时决定人类社会的命运。

劳心者治人，劳力者治于人。思想是统帅，是灵魂。一切思与行都是生命的标志。生命是思想的根基；灵魂是思想的本体；梦想是思想的翅膀。一切生物均有生命和灵魂，其实植物也是有灵魂有思想的。编织着所有生物的生命和思想，所有生命和思想组成了宇宙的生命及思想，相互联系，相互影响，相互作用。诚然，没有灵魂的人就不可能有思想，而有思想的人绝对是有灵魂的。

因而，人的全部的尊严就在于思想。正是由于它而不是由于人所无法填充的空间和时间，人才必须提高自己。因此，人要努力好好地思想，这就是道德和智慧的原则。能思想的小树——应该追求自己的尊严，绝不是求之于空间，而是求之于自己思想的规定。人占有多少土地都不会有用；由于空间，宇宙便囊括了人并吞没了人，有如一个质点；由于人有思想却囊括了整个宇宙。

思想先行。思想强，国家盛；思想弱，国家懦，英国的历史是一部征服与合并的历史。在这个漫长的历史时期，他们用思想发现了问题，解决了矛盾。特别是“七国时代”，国家的沦陷及分裂，让英国人经受肉体的折磨和思想的痛苦。

其实英国人从分分合合之中，形成了国家思想，从此，开启资本原始积累，以各种制度和手段促进资本主义兴起和发展。为建立强大国家，英国开始了资产阶级革命和资本主义制度的建立。英国人用思想把被殖民的观念拿来套至世界各国，开启世界殖民霸权的建立。殖民别国，壮大本国，工业革命迅速发展，为了国家安全和利益，使得国家资本迅速增长。英国人强大的思想，不仅迅猛壮大了国家，而且激发了他们对世界的占有欲，对人类社会的控制力。于是，再度进行殖民扩张，雄霸世界。

从英国到美国，其实美国是英国的翻版。美国的历史是从战争到战争的历史；是从衰落到强大的历史；是从无货币到主导国际货币的历史；更是从无思想到思想强大的历史。美国的强大并不是军事的强大，而是人的思想的强大；并不经济强国，而是思想强国；也不是科技强国，而是思想强国。因为美国人都有自己的梦想。人民的梦就是美国国家共同的梦。若没有民权运动领袖马丁·路德·金。用生命的梦想换取了美国人强大的思想，就没有“帝国变脸”的今天，奥巴马就不会成为美国历史上第一位黑人总统。

人的聪明首先是思想聪明，没有聪明的思想就不可能有强大的国家。以强的思想创立世界的新地位。美国以强势姿态的崛起，并没有取代英国的霸主地位。特别是不景气时代和第二次世界大战。经济大恐慌，影响的不只是美国，世界各国都受到它的打击。经济大恐慌，使上百万的工人失业，大批的农人被迫放弃耕地，工厂商店关门，银行倒闭，一片萧条。1932 年，罗斯福当选总统，他主张政府应拿出行动来结束经济大恐慌，新政府虽然解决了许多的困难，但美国的经济还是要到二次大战，才苏醒起来。人类社会的机会始终留给有思想准备的人和国家。美国人最终以二战胜利为契机，以强大的思想为先导抢占国际政治、经济、文化、科技、军事等制高点，取代先前的英国的国际地位，雄霸人类世界。

第四章 世之有漏法为善 世之无漏贪为恶

人民的尊严是检验国家文明的一把尺度；法律是捍卫人民尊严的锐利武器。诚然，人世间的善恶并非是静态的，而是动态变化着的。公正全面评定人不能以一善为百善，也不能以一恶为百恶；不能以一荣俱百荣，更不能以一损俱百损。

人间善恶事古今自有两分辨

国无奸贼人皆善，国有奸逆因人恶。有人说，人类社会的进步和发展靠的是两个字的两种势力：一个是善；另一个毫无疑问就是恶。人世间有恶就有善，有的人很善良，有的人很恶劣，有的人善恶两不分，还有一种人是既不善又不恶，总是摆出一副公平之道的样子。其实善恶指善与恶，若再加上无记，则合称为“三性”。一般而言，善指顺理，恶指违理。然于经论中有多种不同说法，依然可以成唯识论之意，能顺益此世、他世之有漏与无漏行法为善；反之，于此世、他世有违损之有漏行法为恶。其善恶之分际，在顺益与违损之差别。且善恶二者皆须贯串此世与他世，否则即为无记。如人、天之乐果，于此世虽为顺益，于他世则不为顺益，故非为善，而为无记性。又如恶趣之苦果，于此世虽为违损，于他世则不为违损，故亦非恶，而为无记性。

佛家的观念，在这个世界，人、天、二乘、菩萨、佛等五乘，以阐释善恶之名，即一是顺益为善，违损为恶。即以五乘所修之善法为善；能招感三途果报之因，及人、天中苦果之别报业等，称为恶。二是顺理为善，违理为恶。理乃无相空性。佛、菩萨及二乘所修之善法为善；人、天所修之善法是为有相行，故为恶。三是体顺为善，体违为恶。体为己之自体，即指法界之真性。依此义，五乘所缘修之一切善行皆为善。天台宗所立之善恶有六种，即一是人、天之善。也指五戒、十善等之事善。但因于人、天之果报尽时，仍将堕于三途（地狱、饿鬼、畜生）等恶道之中，故亦为恶。二是二乘之善。二乘人能远离三界（欲界、色界、无色界）之苦，故为善；但二乘人虽能自度，而不能度他，故亦为恶。三是小乘菩萨之善。小乘菩萨慈悲兼济，故为善；但因于自身之中，未断任何烦恼，故亦为恶。四是通教三乘之善。三乘同断见忍之烦恼，故为善；但因未见别教中道之理，未断一分之无明，故亦为恶。五是别教菩萨之善。别教菩萨能见中道之理，故为善；但因所见之中道为隔历之中道（隔离而不融通之中道），而非圆教之圆融中道，故其所行带有方便，不合于理，是亦为恶。六是圆教菩萨之善。圆教菩萨所见之圆妙之理，本为至极之善，但由“顺、背”及“达、着”等二义而言，则亦为恶。“顺、背”，谓顺实相之圆理为善，背之则为恶；“达、着”，谓达此圆理为善，而于圆理生起执著，则为恶。其中之第二义，系以达、着二者判别善恶，为天台宗独特之说。

四恶趣之略。术语判善恶之性经论诸师之说种种不一，菩萨璎珞经以顺理为善，违理为恶。经下曰：“一切众生识始起一想住于缘，顺第一义谛起名善，背第一义谛起为恶。”大乘义章七曰：“顺名为善，违名为恶。”同十二曰：“顺理名善，违理名恶。”法界次第上之下曰：“善顺理为义，息倒归真，故云顺理。恶以乖理为义。”唯识论以顺益此世他世之有漏无漏行法为善，于此世他世违损之有漏行法为恶。若夫如人天之乐果，于此世虽为顺益，于他世不为顺益，故非是善，无记性也。又如恶趣之苦果，于此世虽为违损，于他世不为违损，故非是恶，亦无记性也。论五曰：“能为此世它世顺益，故名为善。人天乐果虽于此世能为违顺，非于他世，故不名善。能于此世他世违损，故名不善。恶趣苦果虽于此世能为违损，非于他世，故非不善。”一顺益为善，违损为恶。若依此义，则上通佛菩萨，下极人天，其所修之行，名为善。招三途之因及人天中苦果之别报业，名为恶。

二顺理为善，违理为恶。理者无相空性也，例如行布施，所施者能施者施物之三轮物存于意中，是违于无相空性之理之有相行也，若不存三轮之相，是顺于理之无相行也。因之顺理为善，违理为恶。若依此义则上从佛菩萨下极二乘，其所修之善法名善，人天众生所修之善法，总为有相行，名之为恶。三体顺为善，体违为恶。法界之真性，为己自体，体性缘起而成行德，所行自体无如心不缘理，所谓随心之欲而不超轨之境界也，是名为善。若依此义则凡夫二乘无论，即上至三乘，总其缘修之善行，齐为恶也。见大乘义章十二。天台立六种，一人天之善。五戒十善之事善也，然人天之果报尽，则还堕于三途，故亦为恶。二二乘之善。二乘能离三界之苦故名善，然但能自度，不能度他，故亦为恶。故大论谓宁起恶癞野干心，不生声闻辟支佛意。当生死涅槃俱为恶也。三小乘菩萨之善。慈悲兼济故是善，然彼身中未断一毫之烦恼（小乘菩萨三大劫中不断惑最后一坐成觉），如贮于毒器之食物，食者乃死，故亦为恶。四通教三乘之善。三乘同断见忍之烦恼，是善也，然堕于二边不见别教中道之理，未断一分之无明，故亦为恶。

五别教菩萨之善。见中道之理是善，然尤为隔历之中道，不能见圆教圆融之妙中，所行带方便不称于理，亦是恶。故涅槃经自白由此以前我等皆为邪见人，邪岂非恶耶？六圆教菩萨之善。圆妙之理，是至极之善，然此有二义：一顺实相之圆理为善，背之为恶。二达此圆理为善，着之为恶，圆之着尚为恶，况复其余？止观二之三曰：“唯圆法名为善，善顺实相名为道，背实相名非道。若达诸恶非恶皆是实相名非道，若达诸恶非恶皆是实相即行非道。通达佛道，若于佛道生着不消甘露，道成非道。”同辅行曰：“唯圆为善，复有二意：一者以顺为善，以背为恶。次以着为恶，以达为善。”又曰：“以着为恶，以达为善，圆着尚恶，况复余耶？”以上诸说中净影第一顺益之义同于唯识论之说，第二顺理与第三体顺相兼，同于璎珞经之说。天台别教之义与净影第二顺理之义同，圆教中之第一义与净影体顺之义及璎珞经之说同。其第二义以达着断善恶之性，为天台独特之发挥。生死即涅槃，烦恼即菩提，于是释然也。

人无一善百善，也无一恶百恶；勿以一荣俱百荣，勿以一损俱百损。我们通过历史人物可窥视出人之善恶：舜本来出身贫寒，他的父亲是个盲乐师，知子没如父，瞎眼的老音乐家对自己儿子的底细知道得一清二楚，几次想杀了他，可都被舜逃脱了。后来舜得到了尧的信赖而步步高升，等到掌握了大权之后，就把尧的儿子丹朱杀死，把尧囚禁起来，强迫尧把王位“禅让”给他，另外还接收了尧的两个女儿。他是中国历史上第一个搞“禅让”的人。曹丕娶了汉献帝两个女儿，又逼迫汉献帝禅让之后，得意洋洋地说：“现在我才知道古代的禅让是怎么回事了！”

伊尹是汤的宰相，汤死后，他辅佐汤的儿子太甲，但不久以后，他就罗列了一堆太甲的罪名，把太甲囚禁在桐宫，自立为王。三年后，太甲在忠于自己的臣子帮助下逃脱，回来诛杀了伊尹。后来，伊尹的形象受到美化，主要是一些执掌权力的大臣想用伊尹做例子，废除他们所不喜欢的皇帝。只要观察后来那些自命伊尹的人，他们和皇帝其实都是你死我活的关系：霍光（死后全家被杀）、董卓（被杀）、孙竣（后来全家被杀）、司马昭死后儿子篡权。

当人们说吕布是三姓家奴的时候，常常把刘备给忘了。刘备起先跟着刘焉，再追随公孙瓒，陶谦给了他一些兵马他就投了陶谦，没过多久陶谦不明不白死了，两个儿子也死于非命。刘备在徐州混了不多久其地盘让吕布夺去，他就厚着脸皮托庇在吕布门下，但吕布终究不信任他，他就随曹操灭了吕布，可一到京城，他又企图对曹操下毒手，最后在徐州反曹，失败后投袁绍，看袁绍不行又投刘表，刘表死后，一个儿子投降了曹操，另一个儿子在刘备手里，年轻放荡最终因酒色过度而死。周瑜打败曹仁得到荆州，刘备却厚着脸皮借了荆州一直不肯还，直到最后决裂。刘备最后一次背叛是老上司刘焉的儿子刘璋，《三国演义》里说他不肯夺同宗的地盘，那是胡说八道，他可是千方百计想得到它。

诸葛亮在刘备死后，排挤原来益州的大臣李严等人，执掌大权，还用老子教训儿子的口气对刘禅说话，开出一堆名单要刘禅信任，还说宫中府中，俱为一体，意思是全得听他诸葛亮的。可惜诸葛亮死得太早，他死的时候儿子也还小，所以没来得及篡位，但是南诸葛，北司马，他们的招数大致相似。

一代明君李世民，有过屠城的记录，也有过杀害兄弟，劫持父亲，篡夺皇位的历史，而且把弟媳妇也收罗进宫来做自己的妃子，完全是个残忍、好杀、好色之徒，不过唐太宗很会作秀，他杀死兄弟后见高祖，吮着高祖的乳头大哭实在有点恶心人。他不仅改写了历史，还故意在史书里留一段故事，表示他自己是无权过问史书记录。唐太宗曾嘲笑秦皇汉武迷信不老金丹，最后自己因为吃了金丹中毒致死。

当人们世世代代通骂秦桧的时候，可曾想到，秦桧不过是一个帮凶而已，没有皇帝的旨意，哪里来十二道金牌，没有皇帝的默许，秦桧怎么可能把一个地位相当于副宰相的大将军以莫须有的罪名冤杀，后来秦桧等人作为替罪羊永远跪在岳飞墓前，宋高宗却照样是个“好皇帝”。

朱熹是程朱理学的代表人物，主张“存天理、灭人欲”，在道德上要求非常苛刻，他还用程伊川“饿死事小，失节事大”的理论劝友人的妹妹守节，但他自己却有过逼嫁守寡的弟媳妇以侵夺亡弟产业的隐事。另外，朱熹为了打击报复不赞成自己观点的唐仲友，将一名叫严蕊的妓女严刑拷打，企图逼她承认与唐有男女关系，结果被严蕊拒绝，从这件事看，这个道德家的思想境界还不如一个妓女。

海瑞有个女儿，才七岁，因为偷吃了别人一个饼，海瑞逼她活活饿死，其实这么小的孩子还不可能自杀，实在是被饿死的。管仲说：易牙为了讨齐桓公的欢心，把自己儿子煮了给他吃，这种人残忍到极点，为了荣华富贵什么事也做得出来，千万不能信任。相比之下，海瑞为了维护自己清官的声誉，能把自己七岁的女儿饿死，其实他的本质和易牙是一丘之貉。

乾隆帝弘历是个文化的摧残者，但他不像秦始皇那样焚书坑儒，弄得血流成河，而是大力提倡小学，让儒生们皓首穷经，不问世事。他编订的四库全书，收罗了大量珍本孤本，肆意篡改，再把原著毁掉，许多文字都被改得扭曲走样，特别是涉及对女真人和满人的地方，甚至骂“虏”、“鞑”的都不能幸免。另外乾隆还有一个嗜好，就是把他鉴赏过的古书画都盖上一个八寸见方的“乾隆御赏”，有些画宽不过一尺，也照盖不误，很多名画就被他盖得大煞风景。

落第书生洪秀全，摇身一变成了教派总头目，还建立了一个政教合一的割据政权，把基督教的教义改得令人滑稽可笑。本来他身死国灭，已经证明了他人间天堂神话的破产，但后来又被不同的人所利用，把他打扮成农民的代言人，民族英雄。

世界在漠然的苛政中为善者承受极大的痛楚。弗勒曼说，奥巴马在讲话中支持一项建议，并提醒会上的各国领导人“至善者，善之敌”。“物舍其所长，之其所短，尧亦有所不及矣。论大功者不录小过，举大善者不疵细瑕。任人之长，不强其短。”（汉・班固《汉书・陈汤传》）。疵是指责之意，挑剔。瑕是玉上的小毛病，比喻人的小过失。这两句大意是：评定人的大功劳，就不必记他的小过错；推举高才能的人，就不必挑剔他的小毛病。

金无足赤，人无完人。大功与小过，大才与小疵相比，前者是主要的。这两句用于表达论人评事要抓住主要方面，不必拘泥于小节问题。

“因时施宜”。（汉・班固《汉书・韦贤传》）。一个人根据不同的时事，灵活地施行与之相适宜的措施。《汉书・韦赞传》：“汉承亡秦绝学之后，祖宗之制。”社会总是在发展的，时代不同，时事也不同，所以治世或处事的措施和方法，也要随之而变化，墨守成规，刻舟求剑，只能是误国误民。从“因时制宜”到“随时制宜”再至“顺时施宜”，与此意相同。这句话多用于说明方法、措施的制定要适应于时事的需要。

“谦而四益，不可同日而语。”（班固《汉书》）不能放在同一时间谈论。形容不能相提并论，不能相比。欲投鼠而忌器。（汉・班固《汉书・贾谊传》）其大意是：一个人想掷东西打老鼠，但又怕损坏了器物。《汉书・贾谊传》里谚曰：“此善谕也，鼠近于器，尚惮不投，恐伤其器，况于贵臣之近主乎！”意思是权贵接近君主，受到宠信，恐怕打击了权贵会得罪君主。谦而四益常比喻想除去恶势力但又有所顾忌，不敢放手去干。

“腐木不可以为柱。”（汉・班固《汉书・刘辅传》）道理在于腐朽的木头不可以作柱子用。柱子顶大厦，立大屋，乃大厦大屋得以建成的关键材料，而朽木的本质已坏，用来作柱，则大厦必倾，大屋必毁。办大事，主持国家大政，需大才大德者充任，品质恶劣、才能低下的人不可用，用则必坏太事。本句多用来比喻无德无才的人不可委以重任。“官廉者国则昌，官贪者国则亡。天不变，道亦不变。”（汉・班固《汉书・董仲舒传》）这里的天指的是古代唯心主义哲学家所说的世界的精神本源，宇宙万事万物的主宰者。道指的是来源于“天意”的人世的规律与法则。董仲舒是“天命论”者，他认为“天”是有意志的。其大意是：“天”不会发生变化，体现“天”的意志的人世之“道”也不会发生变化。这是董仲舒的著名论点，也是形而上学宇宙观的表现。它是为“君权神授”的唯心主义观点，为巩固封建制度服务的托词。

“兵出无名，事故不成。”（汉·班固《汉书·高帝纪》）大意是出兵而没有正当的理由，一定打不了胜仗。刘邦与项羽争天下，新城三老董公劝他说，只有师出有名，才能号召群众。《礼记》也曾说：“师必有名”，可见前人十分重视发动战争是否具有正义性。因为“师直为壮，曲为老”，“抗兵相加，哀者胜矣”，名正言顺的战争才能得到人民的支持，得到人民支持的战争才能获胜。诚然，发动不义战争必然要遭到失败。

“以管窥天，以蠡测海。”（班固《汉书·东方朔传》）拿竹管子来窥看天，拿瓢来测量海，都是很蠢笨的。茫茫宇宙，浩瀚银河，都是无穷无尽的，企图以管来窥看，犹如坐井观天一样，所见不过数星而已。无垠的大海，一望无际，企图以瓢测量，真是可笑得很。这无不形象地比喻视野狭窄、以偏概全的思维方法，并已概括成“管窥蠡测”的成语，用以形容人的见识狭窄短浅。

明·冯梦龙《醒世恒言·卖油郎独占花魁》：“人不可貌相，海水不可斗量。”相学中指看相不能只看相貌，更重要的是要考察品德操行，即相心与相德。《纯阳相法》曰：“任是不扬（貌丑）难录取。”休嫌貌不扬，白璧璞中藏。诚能知善中有恶，恶中有善；美中有丑，丑中有美。相术不减姑布子卿矣。即是说高明的相士并不以貌取人，而是善于发现璞中之璧。《鬼谷子相辨微芒》亦曰：“执形而论相，管中窥豹也。不离形，不拘法，视于无形，听于无声，其相之善者也。”《韩非子·显学》曰：“澹台子羽，君子之容也，几而取之，与处久而行不称其貌。以容取人乎，失之子羽！”以貌人自嗟失误之事，后世相学家常引为相形必须同时相德的例证。

让自我更加彰显人性的价值

人无反思则腐，国无反思则亡。人有反思国则昌，国有内省民则智。反思是人类不断进步的起源。一个人，一个社会，一个国家，只有不断的反思才会永无止境的进步。人有自省，国则正途。反省还是提升人才能和智慧的重要途径，反思可以使人迷途知返。人修身的过程其实是一种不断反思的过程。反思又称“反省”。反省能增强两种意识，一是人民意识；二是国家意识。但是，反省不同于直接认识和间接认识。在不同哲学家那里，有不同的具体含义。英国哲学家洛克认为，反思或反省是人心对自身活动的注意和知觉，是知识的来源之一；人通过反省心灵的活动和活动方式，获得关于它们的观念，如知觉，思维、怀疑、信仰的观念等。荷兰哲学家斯宾诺莎认为，反思是认识真理的比较高级的方式。德国哲学家黑格尔认为反思是一个把握绝对精神发展的辩证概念，认为反思是从联系中把握事物内部的对立统一本质的概念。现在，人们通常把反思或反省视为对自己的思想、自己的心理感受等的思考。

反思，据说首次出现于英国哲学家洛克的著作中，他将“心灵内部活动的知觉”，称为“反思”。而在中国当代文学史上，这个词却具有特定的意义，即对“文革”以至更早的历史事实进行思考，从而在意识形态、国民性等方面挖掘现实问题的根源，同时，在历史和自然的大的环境背景中展开对“人”的价值的重新思索。可以说，“反思文学”是“伤痕文学”的深化，两者间的区别主要在于：哲学思考的介入。

自省与反思似乎在寻找新的生机和新的出路。西欧的中世纪是个特别“黑暗的时代”。基督教教会成了当时封建社会的精神支柱，它建立了一套严格的等级制度，把上帝当做绝对的权威，什么文学、什么艺术、什么哲学，一切都得按照基督教的经典《圣经》的教义，谁都不可违背，否则，宗教法庭就要对他制裁，甚至处以死刑。《圣经》里说，人类的祖先是亚当和夏娃。由于他们违背了上帝的禁令，偷吃了乐园的禁果，因而犯了大罪，作为他们后代的人类，就要世世代代地赎罪，终身受苦，不要有任何欲望，以求来世进入天堂。在教会的管制下，中世纪的文学艺术死气沉沉，科学技术也没有什么进展。黑死病在欧洲的迅速蔓延，也加剧了人们心中的恐慌，使得人们开始怀疑宗教神学的绝对权威。

复兴是人的一种反思，反思又是一种复兴的开端。中世纪的后期，资本主义萌芽在多种条件的促生下，于欧洲的意大利首先出现。资本主义萌芽是商品经济发展到一定阶段的产物，商品经济是通过市场来运转的，而市场上择优选购、讨价还价、成交签约，都是斟酌思量之后的自愿行为，这就是自由的体现，当然要想有这些自由还要有生产资料所有制的自由，而所有这些自由的共同前提就是人的自由。此时意大利呼唤人的自由，陈腐的欧洲需要一场新的提倡人的自由的思想运动。

资本主义萌芽的出现也为这场思想运动的兴起提供了可能。城市经济的繁荣，使事业成功财富巨大的富商、作坊主和银行家等更加相信个人的价值和力量，更加充满创新进取、冒险求胜的精神，多才多艺、高雅博学之士受到人们的普遍尊重。这为文艺复兴的发生提供了深厚的物质基础和适宜的社会环境。

在古希腊和古罗马，文学艺术的成就很高，人们也可以自由地发表各种学术思想，这和黑暗的中世纪是个鲜明的对比。14 世纪末，由于信仰伊斯兰教的奥斯曼帝国的入侵，东罗马（拜占庭）的许多学者，带着大批的古希腊和罗马的艺术珍品和文学、历史、哲学等书籍，纷纷逃往西欧避难。一些东罗马的学者在意大利的佛罗伦萨办了一所叫“希腊学院”的学校，讲授希腊辉煌的历史文明和文化等。这种辉煌的成绩与资本主义萌芽产生后，人们追求的精神境界是完全一致的。于是，许多西欧的学者要求恢复古希腊和罗马的文化和艺术。这种要求就像春风般慢慢吹遍整个西欧，文艺复兴运动由此兴起。

在 17、18 世纪的西方哲学中，这个概念只指有较高价值的内省认识活动，把离开感觉形成内部经验的心灵活动称为反思。斯宾诺莎认为，反思是认识真理的比较高级的方式。显然，这时尚未对于反思概念本身作出具体规定。康德提出了正确规定反思概念的问题，并认为反思构成表象或概念在联结中归属何种认识能力的主观条件，特别是把审美与合目的性的认识能力明确规定为“反思的判断”，作为联结知性与理性的桥梁。但是，反思概念在康德那里尚未达到辩证的理解。黑格尔在客观唯心主义形式下，把反思变成一个把握发展的辩证概念，完成了规定反思概念从而使之含义更加深刻的工作。他认为反思具有不同的层次。

对于本质的认识，“设定的反思”尚停留在抽象的自身同一阶段：“外在的反思”则进展到把握区别与对立；只有“规定的反思”才能从联系上把握对立面的统一。这样，黑格尔在反思的认识上达到了一个飞跃，即反思本身也有一个过程。但是，反思只是作为一种从把握外在本质到把握内在本质的过渡。

反思，一般是指行为主体立足于自我以外的批判地考察自己的行为及其情景的能力。为政者的反思是指为政者在治国理政实践中，以自我行为表现及其行为之依据的“异位”解析和修正，进而不断提高自身治国理政效能和素养的过程。

其主要特征，一是实践性，是指为政者工作效能的提高是在其具体的实践操作中；二是针对性，是指为政者对自我“现行的”行为观念的解剖分析；三是反省性，是指为政者对于自身实践方式和情境，立足于自我以外的多视角、多层次的思考，是为政者自觉意识和能力的体现；四是时效性，对当下存在的非理性行为、观念的及时觉察、纠偏、矫正和完善，意即可以缩短为政者熟练的周期；五是过程性，一方面指具体的反思是一个过程，要经过意识期、思索期和修正期，另一方面是指为政者的整个职业成长要经过长期不懈的自我修炼，才能成为一个专家型为政者。

质疑反思。质疑是人的思维走向深刻的开始。对每一节工作方法我们都要这样反思：“这样做对吗？”“这样设计合理吗？”“这是最佳方案吗？”有质疑才会有发现，有发现才会有努力，有努力才会有更大的发展。

归纳反思。过去的经历一般是在自然状态下零星地存在于我们的记忆之中，而我们一旦将它们回忆、收集、分析、整理、归纳出来之后，就会成为可贵的工作体会与工作经验。经过这样的归纳反思，找出了“得”与“失”，也找出了问题的症结，那么经验日积月累就更加丰富，为政者的工作失误就会更少，工作效果就会更好。

换位反思。横看成岭侧成峰。人受自我经历的局限，难免会使自己的认识产生偏颇，有时甚至看不出问题所在。这时为政者应换位思考：“如果我是公职人员会怎样？”“这位公职人员为什么会有这样的想法？”经常进行这样的换位移情反思，对于形成融洽、公平、平等的学习氛围和形成具有独特的工作风格是大有裨益的。

对比反思。有比较才有鉴别，人们常常是通过找到某一事物的对立面的特征来发现这一事物的本质属性的。作为为政者，要善于向能工巧匠学习，经常听同行们的工作方法，特别是有经验的为政者的工作方法，并以此为镜子来对照自己的工作，反思自己的行为。通过对比反思，为政者属下感受颇深，受益很大。

评议反思。俗话说，当局者迷，旁观者清。善于学习而又很有造诣的为政者就会经常请别人听听自己的工作方法，并请别人评议自己的工作，指导其工作设计。“你能组织合作学习很好，但提出讨论的问题没有挑战性”；“你能走下讲台参与公职人员的讨论交流，但指导、帮助落后者不够”。这些评议既中肯又切中要害，帮助为官者认清了自我，受到启发和教益，又使评议者学会反思，引以为戒。为政者如能多次进行这样的评议反思活动，对于提高全体为政者的反思能力和工作水平是大有帮助的。

单就为政者的知识结构而言，为政者的反思的意义在于它着眼于为政者知识结构中的实践性知识的获得、拥有和改善，反对和批判传统容易导致为政者培训模式中只注重对为政者的一般性知识的肯定，如对公共知识、专业知识（所谓本体性知识），行政学、心理学知识（所谓条件性知识）的占有和相应学历的提高。而已有的研究表明；“为政者的本体性知识与公职人员的成绩之间几乎不存在统计上的关系。并非本体性知识越多越好。”因此，从政的品质及能力是治国理政的重要条件。

同时，条件性知识也只有在具体的实践情境中才能发挥功效。对为政者的工作效能提高，更为重要的是实践性知识——指为政者在面临实现有目的行为中所具有的工作方法及与之相关的知识。而这类知识的获得，因为其特有的个体性、情境性、开放性和探索性特征，要求为政者通过自我实践的反思和训练才能得到和确认，靠他人的给予似乎是不可能的。诚如考尔德希德所言：成功的有效率的为政者倾向于主动地创造性地反思他们事业中的重要事情，包括他们的工作目的、工作方法环境，以及他们自己的职业能力。反思被广泛地看作为政者职业发展的决定性因素。如果一个为政者仅仅满足于获得经验而不对经验进行深入的思考，那么、即使是有20年的工作经验，也许只是一年工作的20次重复；除非善于从经验反思中吸取教益，否则就不可能有什么改进和成就。他永远只能停留在一个新手型为政者的水准上。

弘扬国家品格捍卫国家尊严

人格弱国之祸，人格强国之福。是否有贪官被判“颠覆国家政权罪”的呢？检验国格的高下，有两把标尺：怎样捍卫自己的主权；如何对待自己的国民。前者是传统标尺，后者是现代标尺。尽管现代标尺挤进了人们的生活和工作领域，但传统标尺仍然占据着国民的大脑检验室，这是钓鱼岛被日本“国有化”以来，中国人痛不欲生的根由。尽管人们更为看重现代标尺，依然承认传统标尺有效，并相信在人类走向大同的相当长的未来时期内，任何国家都很难抛弃这柄衡器。

俄罗斯的国格，主要是依据传统标尺。若用两把标尺衡量，更多的人无疑会选择美国。当你拿不同的尺子去衡量更多有代表性的国家时，如美、俄、中、英、法、日、韩、以色列等，可以发现，影响并定型国格，主要有三大因素：文化传统、政治制度和国民的人格。而对国家实力有重大影响的国土面积、人口数量、经济规模等，却并不是主要因素。

用两把标尺检验，美国之所以都能够代表国格的标高，与上述三大因素密切相关。在立国之前，美国人就拥有开疆扩土的文化传统。从1776年大西洋沿岸13个州80万平方公里的国土起步，一路向西，进而向南、向北，通过战争与商购，短短91年（1867年购买阿拉斯加），将领土就扩大到900多万平方公里，是独立时的11倍。立国之初，美国的开国先贤们就创立了迄今为止人类能够筹划出来“优等”的政治制度，并影响了全球80%以上的国家迈向民主宪政的方向。就国民的人格而言，美国人尽管也不可避免地存在某些“丑陋”的一面，如自大，傲慢，但自由的天性，博爱的传统，创新的精神，以及一张张“不受欺负”的脸，尤其是奥巴马成为总统让“帝国变脸”等，诸如此类，无疑代表了这个星球上最健康的一个族群。

一个显著的变化是，现代国家的国格，其影响因素已经发生了根本性改变，其政治传统已经超越文化传统而成为决定国格的第一要素。这就是那些传统上“不怎么样的弱国”如今也极力捍卫尊严的根源。集权，为卖国大开方便之门；专制，会失去越来越多的朋友；腐败，不仅掏空军力，也在蚕食民心。人格也是因制度而生成。两千多年的皇权专制，国人传承下来的是一张张“受尽官家欺凌”的脸，想不奴都不行。剖析国人两种性格；无脊椎化和夜行性，其中追寻到的根源都是集权专制——集权腐败。

清政府腐败无能，与英法等列强签订了许多丧权辱国的不平等条约。中国历史上丧权辱国的不平等条约：1858 年（咸丰八年）5 月 28 日，沙俄乘英法联军进攻天津时，用武力迫 使清政府签订不平等的《中俄瑷珲条约》。清方由黑龙江将军奕山与俄国东西伯利亚总督穆拉维约夫在瑷珲签订。从此中国失去了黑龙江以北，外兴安岭以南六十余万平方公里的领土，只在瑷珲对岸精奇里江以南的一 小块地区后称江东六十四屯仍保留中国方面的永久居住和管辖权；并把乌苏里江以东的中国领土划为中俄共管。瑷珲城方圆五公里，有内外用松木制成的城墙，两木之间填入黄土。高约六米，有深护城河。当年约有人口四万多，其中商人约三千多人。 目前只余余留下一棵松树，称“见证松”，让后人凭吊。积弱的清王朝前后签订了一千一百多个不平等的可耻条约，其中四十多个条约影响深重。

辛丑赔款本为四亿五千万两，平均每名中国人赔款一两，卅九年还清，年率四厘，母子利息，共约十亿两库平银。另加民间赔款二千多万两。以关税，盐税作保。中国从此失去关税主权，国内工业备受摧残。

《中美增续条约》是美前公使蒲安臣未经中国政府同意而私自签订的，当时他任中国顾问。更须估计当时货币的购买力，如以现时货币计算，可能是百倍或千倍之巨。损失最大，掠夺最残酷的主要条约具体内容：中英南京条约强占香港。 勒索巨款。中国赔偿英国鸦片烟价 600 万元、商欠 300 万元、军费 1200 万元，共 2100 万元（广州“赎城费”600 万元不包括在内），分 4 年付清。五口通商。《南京条约》规定，开放广州、福州、厦门、宁波、上海为通商口岸。英国在五口有权驻领事等官员，商人可以自由通商，不受只准清政府指定的行商进行贸易的限制。控制关税。 领事裁判权。《五口通商章程》规定，凡是英国人与中国人发生“交涉词讼”，或在中国领土上犯罪，其如何定罪，“由英国议定章程、法律，发给管事官（即领事官）照办”，中国官员无权依据中国法律进行判处。片面最惠国待遇。最惠国待遇应该是缔约国双方的对等权利。但在中英不平等条约里，却只规定了缔约外国能够片面享受最惠国待遇。《虎门条约》规定：中国将来如“有新恩施及各国，亦应准英人一体均沾”。

《满洲里界约》共两条，其主要内容是：中俄两国重定由塔尔巴干达呼第 58 界点起，至阿巴该图第 63 界点，并沿额尔古纳河，至该河与黑龙江会流处止的国界。1911 年（宣统三年）5 月，此次界务交涉，本应按照旧约规定，双方共同履勘水陆两界，但结果却完全超出了会勘的范围和旧约的规定，以致新设界点位置及水路国界与旧约不符。陆路边界线的 6 个界点全部南移，致使中国丧失数百平方公里土地。水路在界约中虽载明以额尔古纳河为界，但右岸应属中国的许多洲渚，却以臆造的“额尔古纳河旧河道”为借口，划归俄国。《满洲里界约》将旧约作了有利于俄国的修改，并就此重新划定了国界，是有损于中国领土主权的不平等条约，也是清王朝签订的最后一个丧权的边界条约。

近代以来带给中国的深重灾难，以及对待这些灾难和罪恶的态度而言，日本无疑是没有国格的。但按照前文所设置的两把标尺，抛弃偏见，我们应当客观地承认日本的国格，并冷静地分析其国格的成因。在文化传统、政治制度和国民的人格三大因素之中，日本至少在前两项之中拥有优势。

文化传统对一个国家的国格的影响，最具代表意义的莫过于俄罗斯。无论是沙皇时代、苏联时期，还是已经半民主化的叶利钦——普京时期，拓展疆土，捍卫主权，几乎是俄罗斯人与生俱来的嗜好。政治制度和国民的人格，对俄国国格的影响并不大。就政治制度而言，俄国经历了皇权专制、红色政权和威权主义三个阶段，不具有先进性。就国民的人格而言，斯拉夫人也是奴性较强的民族，也不具备优越性。

总之，有什么样的人格就会有什么样的国格。人格为国格，也是国家的品格，实则是政权的品格。因为国家总是被不同时期的政权代表着。政权是不断更迭的，无论某一个时期某一种政权，怎样声称自己会“万年长”，都是一厢情愿的梦呓，跨越百年史河，通常都不是一件容易的事。因此，国格可以随着政权的更迭而改变。不少人动辄就提“犯强汉者虽远必诛”，就说明西汉时期的中国是有很高的国格的。

国家竞争最大优势国民素质

创立国家，设置政府，是部落民族（人民群众）自发的组织行为，其目的是要把无政府变为政府；把无组织变为有组织；把无度变为有度；把无限变为有限；把野蛮度为文明；把无序变为有序；把无法变为有法；把不合理变为合理；把不规范变为规范；把不平等变为平等；把不公正变为公正等。

有国家就有竞争，竞争不仅可以增强国家实力，还可以壮大人类社会。国家的创立和政府的设置，于是，世界各国先后产生了五花八门的治国方式和理念；什么君主治国、以暴治国、专制治国、以权治国、以战治国、以军治国、武力治国、宪政治国、以民治国、以教治国、以法治国、以德治国等。无论以什么方式方法管理国家，也无论冠用何种治国理念，最终只有一个目的：国家强盛、社会公正和人民生活富裕快乐幸福。人民的满意度和幸福指数就是国家的竞争优势。

每个民族，每个国家都拥有各自的优势，国家优势决定国家命运及未来的发展。谈到国家竞争优势，当然内容比较广泛，根据HO理论，多数国家必定会有相对优势。如果国家在某一产品上的相对优势不是可持续的，那么这一相对优势就不是这个国家的竞争优势。基于10个主要发达国家的研究，“国家竞争优势理论”根据国家凭以竞争的生产率，第一次给出了理论解释。诸如自然资源和劳动力之类的传统比较优势，波特解释了它们作为财富的源泉是如何被替代的，以及对于竞争力泛泛的宏观经济解释是不充分的。

国家竞争优势论有五个点，组成一个四边形，通常被称为波特的“国家竞争优势钻石理论”，具体如下：

一是要素条件：土地（包括自然资源）、资本、劳力、劳力教育水平、国家基础设施质量等。这些要素条件，有些是自然因素，另一些则是政府可以发挥作用的地方。

二是需求条件：国内外市场是否足够大。多数集团首先的目标是着重于满足国内市场的需要。如果国内市场很小，很难开发出新产品。

三是合理的经济结构支撑产业。有类自然形成，也有开拓创造的，产业和相关上游产业是否有国际竞争力。

四是国家战略，结构及对抗表现：国内的竞争环境造就了集团在国际上的竞争能力。

五是国民素质和创新实力。国民素质决定国家的品质；创新实力决定国家竞争力的强弱。

在现阶段有的人视角里，似乎“钻石”模型——一种理解国家或地区全球竞争地位的全新方法，现在已经成为国际商业思维中不可或缺的一部分。新的“集群”观点或相互联系的国家、供应商、相关产业和特定地区的组织机构组成的群体，已经成为国家和政府思考经济、评估地区的竞争优势和制定公共政策的一种新方式。

这种理论已经指导了新西兰和其他国家竞争力的重新评估。这种观点亲身参与研究形成了一些国家和地区的战略，如荷兰、葡萄牙、哥斯达黎加和印度等国家以及中国台湾、美国的马萨诸塞州、加利福尼亚州和巴斯克县等地区。上百种集群战略已经在全球遍地开花了。在激烈的全球竞争时代，这种开拓性的研究已经成为衡量未来所有工作必需的标准。

富有关于产业、地区和国家成败的原因以及经验教训。在学术、管理者的洞察力和公共政策方面产生积极和深远的影响。《国家竞争优势》注定成为该领域的经典之作。也是最早研究二战后早期国家经济发展进程的著作，旨在创造一种国家经济发展的基本理论，也是近年来最早思考发展政策的方法之一。

迈克尔·波特的《国家竞争优势》完全改变了人们原来对财富在现代全球经济中是如何形成和保持的观念。波特对于国际竞争力创始性的研究影响了世界各国的国家政策，它也改变了各州、各城市、各国家，甚至像中美洲这样的地区的思想和行为。

基于 10 个主要发达国家的研究，《国家竞争优势》根据国家凭以竞争的生产率，第一次给出了理论解释。诸如自然资源和劳动力之类的传统比较优势，以及对于竞争力泛泛的宏观经济解释是不充分的。

当然，上述这些言论出自有关新闻媒体，但是，迈克尔·波特的说法有许多残缺。

迈克尔·波特的《国家竞争优势》只能是被物质武装起来的一般动物。其实，人是国家竞争的最大优势，人是第一生产力，没有人就谈不上什么生产力。国家竞争的核心资本就是人的竞争，人的竞争资本由人的素质来决定，国家素质就是国民素质；国家公民形象就是国家形象；没有优秀的国民就不会有强大的国家。国民的品质、知识、才能、智慧，只是国家素质的一个重要方面，但绝不是决定因素。

国家战略体系决定国家强弱

人类高度发展的智慧，主要是通过学习和实践获得。一个正在振兴的民族，一个强大的国家，是不会拒绝历史经验和历史智慧的，不管这种经验来自何方。当今时代是经济竞争和科技竞争激烈的时代，有国际上的竞争，也有国际区域及板块上的竞争，其实国家经济竞争就是世界经济上的竞争，当然，国家科技竞争也是世界科技的竞争“上兵伐谋”。国际世界普遍欠缺一个最基本的因素，那就是轻车熟路的经验和科技。一个国家对完全陌生的知识是无法吸收的，因为国家根本无法理解；但完全熟悉的东西，也不能为国家增添新知识和新活力。国家谋略是使国家达到理解边缘的知识，能激起国家紧张的智力活动，成为国家知识宝库中的一个重要部分。拿破仑一生中最大的功绩并不在于他打了100多次胜仗：而是在于他创立了拿破仑《民法典》。小麦为什么长出麦粒，无非是那麦叶吸收了太阳光的光量子，然后再与二氧化碳和水化合成葡萄糖。国家的计谋策略权谋，为创造有利条件实行全盘性行动的计划和策略，以长期、综合性观点来看，即是创造制胜条件。

国家战略是国家发展规划战略体系。在这个战略体系中，有经济战略，有政治战略，有文化战略，有国防战略，有竞争战略，发展规划战略，技术开发战略，国际联盟战略，信息化战略，人才战略，还有其他战略。不要把竞争战略等同于国家战略，竞争战略只是国家战略的一个组成部分。它又称为规划发展层次战略，它是在国家总体战略的制约下，指导和管理具体战略单位及部门的计划和行动。而国家竞争战略要解决的核心问题是，如何通过确定各国需求、竞争者的实力及本国家优势这三者之间的关系，来奠定本国家的政治、经济、文化、国防、教育、科技、贸易在国际上的特定地位。

国家为了获得竞争优势，在国际上处于有利的竞争地位，争取比竞争对手拥有较大的国际份额和更好的经济效益，所做的长远性谋划和方略。

战略的本义是对战争的谋略，引申义是谋略。谋略是大计谋，大智慧，是对整体性、长期性、基本性问题的计谋。竞争战略是对竞争的谋略，发展战略是对发展的谋略，什么战略就是对什么的谋略。这样形成长期性、有机性和整体性。

国家谋略的本质特征有五个：一个是整体性，一个是长期性，一个是基本性，一个是计谋性，最后一个是目标性。竞争战略就是对竞争中整体性、长期性、基本性问题的计谋和目标，发展战略就是对发展中整体性、长期性、基本性问题的计谋和目标。

国家不仅需要竞争战略，也需要发展规划战略。这就像军队一样，不仅需要谋划军演，谋划打仗，而且需要谋划打胜仗，谋划国防和军政的全面发展。

国家不能只竞争不发展。竞争靠竞争力，竞争力靠实力，实力最靠发展。如果军队素质太低，无论怎样打仗都难以取胜。如果国家素质太低，无论怎样竞争也难以取胜。

国家不能脱离发展搞竞争，也不能脱离竞争图发展。军队没有只打仗不训练的，也没有只训练不打仗的。国家也一样，在竞争中发展，在发展中竞争，这是先进国家的成功之道。发展战略虽然与竞争战略有着密切联系，有共同点，但毕竟是两种不同性质的战略。竞争战略着眼于如何竞争，夺取国际制高点，而发展战略着眼于怎样规划发展。竞争战略着眼于怎样打胜仗，而发展战略着眼于怎样为打胜仗创造良好条件。

因为发展战略与竞争战略的性质不一样，所以发展战略与竞争战略的根据也不一样。竞争战略侧重于搞国际及竞争关系等分析，而发展战略侧重于搞发展基础、发展矛盾、发展条件及发展机遇等分析。

发展战略与竞争战略的要素也不一样。竞争战略的要素是竞争内容、竞争对手、竞争策略、竞争手段等，而发展战略的要素是发展方向、发展步骤、发展重点、发展措施等。千万别认为国家发展不需要谋略。发展方向不能偏离，发展步骤不能紊乱，发展重点不能繁多，发展措施不能软弱。这些都是国家发展中的整体性、长期性、基本性、计谋性和目标性的问题，如不认真谋划在世界上是绝对要碰壁的。

许多国家重视竞争战略，轻视发展战略，这是一种偏见。这种偏见如果得不到有力克服，国家就得不到全面、协调、可持续发展，反过来也影响竞争战略的制定与实施。

许多国家对发展战略重视不够，与迈克尔·波特的影响有关。迈克尔·波特的竞争战略虽然很高明，但是不能代替其他的国家战略。读了“竞争战略”就认为国家只有竞争战略，这与瞎子摸象几乎没有多大差别。

国家的竞争战略如何确定，要根据国家所处环境与国家本身的具体情况而定，没有一成不变的格式和模式。受过正规训练的国军打不过农民出身的军队，原因是前者的框框太多，后者根据实际情况而变。一些学者认为，国家所处环境为“不确定时代”，有众多难以预料的变化给国家造成前所未有的困难。

因此，国家急需对许多观念和战略思想都应进行相应的调整。要走在时代的前列，把战略思想朝前移，否则，国家已经很难按照自己的意志去按部就班地实施制定好的战略计划，由其他国家意志、利益冲突及需求变化等引发的不确定因素常常会让国家措手不及。同时，各国科技的迅速发展会使科技含量较多的工程和信誉生命周期缩短，国际关系更新换代加快，而信息技术的广泛应用使国家的信息量激增，造成国际公正性明显下降。这些无疑都会给国家的正常活动及长远战略带来许多麻烦。不过，与此同时应当看到这种不确定性也加剧了国家间的竞争，使新兴国家打破旧格局，迅速崛起的可能性大大增加。在这种情况下，各个国家无论是为了保持领先的优势，还是力争后来者居上，都无一例外地面临着重新调整在竞争中的行为和观念的问题，因此，应不断加强国家战略的研究与调整，推进与前移，显得越来越重要。总而言之，国家发展规划战略和竞争战略是国家可持续发展壮大的生命线。

人类社会从野蛮进化到文明

政治开明，国家富强；政府开明，社会清廉；国家开明，人民有信。开明人士。通达，明智。《史记·五帝本纪》：“尧曰：‘谁可顺此事？’放齐曰：‘嗣子丹朱开明。’”张守节《正义》：“开，解而达也。”唐·李邕《大照禅师塔铭》：“生而茂异，长而开明。”宋·罗大经《鹤林玉露》卷十四：“旂叟号西堂先生，开明练达，遇事如破竹。”

公平的社会才能使人开通、明智。汉·扬雄《法言·问道》：“吾焉开明哉？惟圣人为可以开明，它则苓。”汪荣宝义疏：“‘开明’即发蒙之意，言开蒙以为明也。”

清醒，明白是文明进步的过程。《三国志·蜀志·张翼传》“高祖父司空浩，曾祖父广陵太守纲，皆有名迹。”（裴松之注引）晋·司马彪《续汉书》：“婴（ 张婴 ）虽为大贼，起于狂暴，自以为必死，及得纲言，旷然开明，及辞还营。”宋·陈亮《跋朱晦庵后》：“其不得见于世，则圣贤之命脉犹在，而人心终有时而开明也。”《古今小说·梁武帝累修归极乐》：“此时武帝心地不知怎地忽然开明，就省悟前世黄复仁、童小姐之事。”

一个国家要做到政治、社会清明，不腐败；权力阳光，不黑暗；为政文明，不野蛮。这样的国家才会凝聚民心和长治久安。《世说新语·雅量》“嵇中散临刑东市。”（刘孝标注引）晋·张隐《文士传》：“今皇道开明，四海风靡。边鄙无诡随之民，街巷无异口之议。”严复《原强》：“于五洲殊种，由狉榛蛮夷，以至著号开明之国，挥斥旁推，什九罄尽。”

社会风气由坏转好，天色都会由暗转明。北魏·郦道元《水经注·夷水》：“盐神暮辄来宿，旦化为虫，羣飞蔽日，天地晦暝，积十于日，廪君因伺便射杀之，天乃开明。”亦指敞亮，明亮。清·孙嘉淦《南游记》：“至圣墓，有红墙环立，墙中草树愈密，修榦丛薄，侧不容人，而景色开明，初无幽阴之气。”

开列清楚有利国泰民安。清·黄六鸿《福惠全书·莅任·定买办》：“即开明实价，当堂具领给发。”清李渔《奈何天·锡祺》：“有何罪愆，一一开明。”

国政要有光明正大的启明星，光明磊落的准则。《大戴礼记·四代》：“《诗》云：‘东有开明。’”当然意在“金星附日而见，昏曰长庚，晨曰开明。今《诗》字为启明，如记或汉避孝景讳改。”

国有开明士，物有开明兽。《太平御览》卷五六引汉·应劭《风俗通》：“望帝自以德不如，以国禅与鳖令，为蜀王，号曰开明。”晋·常璩《华阳国志·蜀志》：“会有水灾，其相开明决玉垒山以除水害。”北魏·郦道元《水经注·江水一》：“来敏《本蜀论》曰：荆人鳖令死，其尸随水上，荆人求之不得，鳖令至汶山下复生，起见望帝，望帝立以为相。时巫山峡而蜀水不流，帝使鳖令凿巫峡通水，蜀得陆处，望帝自以德不若，遂以国禅，号曰开明。”

人类社会是从野蛮进化到文明，后来指通达事理，思想不守旧。《淮南子·墬形训》：“东方曰东极之山，曰开明之门。”明，指太阳。日出东方，则天下大明，故以“开明”指东方。开明兽，传说中的兽名。《山海经·海内西经》：“开明，兽身，大类虎，而九首皆人面，东向立昆仑上。”开明是传说的中国古代蜀国君主名称，类似于中原的皇帝，其历任君主均称“开明”，共十二世，其时代大约为中原的春秋至战国时期。对应于今日考古发现的晚期蜀文化。

传说首位开明帝称丛帝，原名鳖灵，原是蜀王杜宇之相。

因鳖灵生长于多江湖的荆楚，识水性，有治水经验，溯江西上，先至南安（今四川乐山），后至郫邑（望帝都城，即今郫县）见望帝。帝知其治水经验，任以为相，命其继续完成治水事业。及岷江水患平，蜀民安处，勤于耕稼，乃受禅得国，是为丛帝。今成都郫县城南有望丛祠，是蜀人纪念古蜀国望帝杜宇和丛帝开明（鳖灵）的祠宇。

国王杜宇——望帝，李商隐有句诗写的是：望帝春心托杜鹃，就是写的他了，这个杜宇想了很多法子，结果最后都没有成功。后来有一天他的手下去巡视河道，结果看到居然有个尸体逆流而上，这奇怪啊，就把那个人从水下打捞出来，那个人被打捞起来，居然还晃了晃脑袋瓜子，说自己叫鳖灵，鳖呢，是王八的那个鳖，灵就是人杰地灵的灵。他是楚国人，本来想去河边钓鱼，结果一不小心就掉到水里去了，把自己冲到这个地方来了。这事传到杜宇耳朵里，杜宇就想，这人来历这么奇怪，不会是上天让他来帮我治水的吧？于是立马下令：把那个鳖灵给带上来，看看有什么奇怪之处。手下把人带上来，两人一见，简直真是相见恨晚啊，也不管什么君臣之礼了，就摆起了龙门阵。相互一番深谈，顿感对方是人才！绝对是难得之才！杜宇马上安排鳖灵做了宰相。

鳖灵当上宰相不久，上天就发了一场更大的洪水。这水更加不同凡响啊，比起当年尧时候的水是不分上下。老百姓们是亡的亡，逃的逃。蜀国人口被这大水一冲，就少了一半。

大禹治水的时候，是用的疏导的方法。这鳖灵在治水方面可与大禹有的一拼，也用得疏导的方法，把巫山打通，把洪水都放到长江里去了。杜宇是个大度人物，见鳖灵治水功劳这么大，就让他做了国王，自己跑到别的地方去养老了。鳖灵号称开明帝，又称丛帝，建立了开明王朝，后来他死的时候，就把王位传给了自己的儿子，这个说起来，跟大禹也有些相像。后来不知传到第几世，原先的都城有些旧了，而且不怎么适合居住，就找了个地方，重新建了一座都城，手下问开明氏说这个都城叫什么名字好？开明氏指着这个新建的都城说：此乃我开明王朝在蜀地建的首座都城，就叫“新都”吧！于是，这个世界上才有了“新都”这个名字。后来被秦朝给灭了。

从古至今，开明也可以说是公开透明，诚然，主要对国家权力而言。公权力该如何运行，如何监督？作为一个国家权力必须公开透明运行，只有这样才会向人民交出一份合格的答卷。权力清单指明晰每个单位、每个部门、每个职位的权责，给权力划定边界。要公开行政权力，先得知道一个单位、一个部门、一个岗位到底有多少权力。为官为政到底有多少权力？从中央到地方到底有多少权力？每项权力的运作程序是什么？

公开权力清单是探索政务公开透明运行机制的新举措，该举措可以有效地从源头上预防腐败，权力不透明，就容易导致暗箱操作，就会产生腐败，使国民利益失衡和国家不稳定。

此外，权力运行机制也一定要做到公开透明，这种公开透明应该是无选择性公开透明，而不是权力选择公开透明。也就是说，要有一个具体规范的制度要求，保证公开透明是一种常态，不公开透明则是一种异常，而不能由权力来选择公开透明范围和公开透明内容，权力公开透明由人民的愿望和社会发展来决定。

国家行政权力公开透明运行，在社会上就会获得广泛的好评。权力公开透明可以说是一场革命，需要攻坚，强力探索，增加公平公正度，既不能浅尝辄止、半途而废，又要积极稳妥推进，争取实现更大的突破和进展。

完善民决机制提高决策质量

勇者万夫难挡，智者众人可敌。三个臭皮匠，顶一个诸葛亮。有一天，诸葛亮到东吴作客，为孙权设计了一尊报恩寺塔。其实，这是诸葛亮先生要掂掂东吴的分量，看东吴有没有能人造塔。那宝塔要求十分高，单是顶上的铜葫芦，就有五丈高，四千多斤重。孙权被难住了，急得面黄肌瘦。后来寻到了冶匠，但缺少做铜葫芦模型的人，便在城门上贴起招贤榜。时隔一月，仍然没有一点动静。诸葛亮每天在招贤榜下踱方步，高兴得直摇鹅毛扇子。

城门口有三个摆摊子的皮匠，他们面目丑陋，又目不识丁，大家都称他们是丑皮匠。他们听说诸葛亮在寻东吴人开心，心里很是不服气，便凑在一起商议。他们足足花了三天三夜的工夫，终于用剪鞋样的办法，剪出个葫芦的样子。然后，再用牛皮开料，硬是一锥子、一锥子地缝成一个大葫芦的模型。在浇铜水时，先将皮葫芦埋在沙里。经过实施，果然一举成功。诸葛亮得到铜葫芦浇好的消息，立即向孙权告辞，从此再也不敢小看东吴了。“三个臭皮匠，胜过诸葛亮”的故事，就这样成了一句寓意深刻的谚语。这句俗语的意思是说，三个普通的人智慧合起来要顶一个诸葛亮。其实，臭皮匠和诸葛亮是没有丝毫联系的，“皮匠”实际是“裨将”的谐音，“裨将”在古代是第“副将”，这句俗语原意是指三个副将的智慧合起来能顶一个诸葛亮。后来，在流传过程中，人们竟把“裨将”说成了“皮匠”。总之，这表明了一个深刻的哲理，“太山不可丈尺也，江海不可斗斛也”。再者，这个典故也说明民主决策的重要性。

决策是事务成败的生命。正确决策是保证国家各项事业顺利开展的重要前提。建立健全科学民主决策制度，是实行民主集中制的重要环节，是发展民主政治的客观要求，是新形势下加强执政能力建设和加强政府自身建设的重要任务。推进决策科学化、民主化，完善决策信息和智力支持系统，增强决策透明度和公众参与度。深化行政管理体制改革，要规范行政决策行为，完善科学民主机制。不断完善科学民主决策体制、机制和制度，提高决策的水平和质量。

通过民主选举，选出代表人民意志的人进入决策机关，参与、审议、监督、制定决策，这是使各项决策能够反映最广大人民根本利益的重要保证。重大事项社会公示制度：对涉及公众利益的决策的知情权，是公民参与民主决策的前提和基础。对同公众利益密切相关的重大事项公示有利于提高决策的透明度和公众的参与度。社会听证会制度：公民充分发表意见，提出建议可以帮助决策机关发现拟定的决策方案存在哪些问题并加以修正、完善。听证于民的目的就是为了决策利民。从为政者的决策角度来说，民主决策机制主要是指用于规范政府决策行为，通过预定的程序、规则和方式，确保决策能广泛吸取各方意见、集中各方智慧、符合国家和社会实际、反映事物发展规律的制度设计和程序安排。它主要是由制度设计、程序设定、规则设立、机构设置有机构成的一个完整体系。从其含义来看，民主决策机制主要包括决策制度、决策规则、决策程序和决策机构四个要素。决策制度是民主决策机制的核心内容，民主决策机制大量的内容体现为制度形式，并通过制度来规范和保障这一机制的有效运行。作为要素的制度主要有：调查研究制度，社情民意反映制度，重大事项社会公示和听证制度，专家咨询制度，民主集中制，决策失误责任追究制等。决策规则是民主决策机制的重要内容，是制度运作的相关规定和实施细则。

规则通过对决策的范围、主体、原则、纪律、方式、方法等作出具体规定，使制度得到进一步细化，为制度的具体化、操作化提供强有力的支持。作为要素的规则主要有：议事规则、表决规则、工作规则等。决策程序必须经过一系列相互衔接、环环相扣而又相互作用的环节和步骤。这些环节和步骤是民主决策机制必不可少的关节点，起着坚实的支点作用，哪个关节被省略、简化或颠倒，都将造成程序要素的不完整和缺失，最终导致机制的功能受损。

明确了科学民主决策的基本原则。在多年的实践中，人们认识到，实行科学民主决策，要做到以下四个“必须坚持”：一是必须坚持扩大民主。不断拓宽民主渠道，切实落实人民群众在决策中的知情权、参与权和建议权，更好地接受人民群众的监督。二是必须坚持依法决策。通过宪法、法律和法规来规范和约束决策主体、决策行为、决策程序，实现决策于法有据，决策行为依法进行，决策违法依法追究责任。三是必须坚持按规则和程序决策。建立健全决策机制，实现领导决策与群众参与、专家咨询相结合，集体决策与分工负责相结合，民主与集中相结合。四是坚持做到决策权责统一。决策权力有多大，就应该承担多大的责任，做到有权必有责、用权受监督、违法要追究。这是必须长期坚持的国策。

科学民主决策已经成为治国理政的基本理念，并逐步形成一套制度。科学民主决策的规则程序逐步规范。不断完善决策规则和程序，在决策事项的提出、论证、确定、执行、反馈和监督等方面进行了规范，避免出现重大失误。科学民主决策的方式方法不断创新。实行政务公开制度，公用部门和单位办事公开正在形成制度，增强政府工作透明度和人民群众的参与度。

建立服务于决策的高层次谋略团队。根据需要，适当配备经济、科技、金融、法律、城市建设和管理等方面的高层次智囊团或顾问委员会，还可以选聘一些有志之士参与决策咨询工作。健全决策信息支持系统。准确、全面的信息是正确决策的基础。随着经济和科技的快速发展，信息在决策中的重要作用日益凸显。要充分利用现代信息技术和手段进行资料的收集、整理和加工，为决策提供客观、真实、全面的信息资料。

目前，中央与地方的不少事权和决策权限没有界定清楚，存在上面决策包揽过多、下面越权决策的现象。一些部门垂直管理和地方块块管理，在决策权限和工作分工上也存在突出矛盾。一些政府部门集决策权和执行权、监督权于一身，导致错误决策得不到及时纠正以及执法不公等问题。国家权力部门化、部门利益化、利益合法化现象十分严重，人民群众反映十分强烈。决策制度不完善，有些制度还比较原则，缺乏细化，有些制度在执行中变形走样。

决策权责不明确。决策的权力往往又集中于“一把手”。权力过分集中弊端很大。有的领导不搞调查研究，往往在没有充分论证的基础上就由个人拍板说了算，导致决策失误。决策监督机制不健全。在一些地方和部门，决策者的权力还没有得到有效制约，纪检、监察、审计等部门的监督作用难以充分发挥，特别是对同级机关决策的监督缺乏有效的制度保证。决策权责不清，决策过程没有详细记录，决策失误很难追究责任，名为集体决策、集体负责，实为有人决策、无人负责。现在，拍脑袋决策、拍胸脯保证、拍屁股走人的“三拍现象”屡见不鲜，因此，社会隐患层出不穷。

建立健全公众参与、专家咨询和政府决定相结合的决策机制。要实现决策的科学化、民主化，就必须完善深入了解民情、充分反映民意、广泛集中民智、切实珍惜民力的决策机制。一要保障人民群众参与决策。人民群众参与决策既是决策科学化的保障，也是决策民主化的体现。要通过公示、听证等制度，让人民群众参与决策过程，充分表达意愿。二要强化专家学者在决策咨询论证中的作用。加强研究咨询机构建设，注意发挥专家学者的智力和专长，通过专家论证、技术咨询、决策评估等方式，认真听取专家学者的意见建议，做到尊重实际、尊重科学、尊重规律。三要提高行政机关的决策能力和水平。行政机关是行政决策主体，是行政决策的最终决定者。要严格执行民主集中制，在民主的基础上实行正确的集中，防止久拖不决。在作出决策后，必须坚决执行，防止各行其是走过场。

健全行政决策规则。依法科学、合理界定决策权，建立分级自主决策的决策体制，实现事权、决策权和决策责任相统一，坚持决策前的论证制、决策中的票决制和决策后的责任制。对涉及经济社会发展全局的重大事项，要以深入扎实的调查研究为基础，广泛听取各方面意见，由领导集体讨论决定，坚决杜绝决策的盲目性、随意性和领导者个人独断专行。

完善行政决策程序。科学严密的程序是正确决策的重要前提。只有按程序决策，才能有效防止决策的盲目性和随意性。美国法官法兰克弗特有一句名言："自由的历史在很大程度上就是遵守程序保障的历史。"要坚持把合法性审查、科学论证、集体讨论作为重大决策过程的必要环节，明确决策的权力与责任，做到权力与责任相统一、决策职能与执行职能相对分离。提请会议讨论和决定的重大决策事项要附加研究报告、专家咨询论证报告。应当事先向社会公示的决策事项，需广泛听取社会各界的建议和意见。

决策离不开全面准确的信息。建立健全信息收集机制，是确保民主决策的前提。信息收集要坚持调查研究制度。在决策信息收集时，要深入基层，深入群众，进行广泛的调查研究。调研活动要紧紧围绕决策议题展开。调研要集思广益，使调研结论实事求是、清晰明确、可信度高。信息收集必须开阔视野、广泛涉猎。凡是对决策有启迪、推动和促进作用的，包括各种有用的情报、资料、数据、知识及经验的信息，都应当及时、准确、充分、系统地收集。既要广泛收集，又要突出目的性。拓宽信息收集的各种方式途径。建立健全社情民意调查网络，加强体制内民意反馈渠道建设，创设有效的社情民意反映平台。建立信息收集责任制，注重第一手材料、最前沿信息，对各种编假造假应有一整套预防、发现和惩处的制度。

在充分占有信息的基础上，建立健全决策方案的咨询论证机制，这是确保民主决策的重要步骤。建立专家咨询论证制度。专家咨询论证制度是扩大决策咨询面，提高决策科学化的必然要求。

建立健全决策纠错改正机制是确保决策的科学化、民主化的关键。在民主决策过程中，除了对民主决策前、民主决策中的各个环节进行监督外，重要的是要对决策后方案的贯彻执行情况进行监督。要通过决策方案实施过程的跟踪、反馈等途径，及时修改、完善决策方案，确保民主决策更加客观实际，决策方案实施收到更多实效。比如，实行决策方案执行过程的信息披露制度，对会议讨论确定的决策方案，要在适当的范围内分层次进行公示。实施决策执行跟踪反馈制度，重点跟踪决策是否不折不扣执行、是否出现新情况新问题、是否需要对决策进行调整修正等。建立决策实施过程的社会评价机制。对政府而言，对自身决策实施情况的评估，及时发现和纠正决策中的失误。另一方面，要引入公众评价机制，必须以人民群众是否满意作为评价决策成效的根本标准。明确政府成员决策的责任主体和责任内容。责任主体包括个人和集体。个人包括重大决策全过程中所有的参与者；集体主要包括政府领导成员。应予追究责任的违规违纪行为主要包括违反程序的责任、违反规定特别是不按规定的标准和条件任意操作的责任、隐瞒或歪曲事实真相的责任、滥用权力的责任等。实行多视角、全方位的决策监督。

第五章 享受同等的地位 获得相同的权利

人类为什么不惜生命的代价要建立国家？因为不同的族群要享受相同的权利和地位的平等，再也不要生活在无序的恐慌和流离之中，远离野蛮残暴的日子。各民族只有通过建立国家，才能以国家为共同命运体来享受属于自己的那份平等和自由。

生存发展必须享有同等权利

人因性而立，因权而强。有人性就有人权，人权伴随着社会和国家的产生，可以说人权是人类社会文化和文明进步的标志。没有人权就没有文明，凡是人权完备的国家就必定兴旺发达。人权虽然不是一个经济概念，但是，国家经济发展的优与劣、快与慢都跟人权有着密切关系。同时，权利永远不能超出社会的经济结构以及由经济结构所制约的社会的文化发展。在人们彼此之间所结成的经济、政治、文化等错综复杂的社会关系中，经济关系具有最终的决定性意义。因此，一定社会历史阶段社会关系的性质与状况，以及与其相适应的社会经济与文化（包括道德）的发展水平，决定着该时期人权的性质、状况与发展水平。这都是人权存在与发展的外因，即外部条件。

在一个国家和社会里，无论你是谁，对生命的仁爱就是对自我的尊重；反之，对生命的残暴就是对人类的犯罪。人权是为一定的道德理想与伦理观念承认与支持的人所应当享有的各种权益。权利这一概念由权威与利益这两个要素组成。这里所讲的权威，既包括法律的权威，也包括某些社会组织的章程、宗教的教规以及传统与习惯的权威。这里所讲的利益，既包括物质的利益，也包括人身的、精神的各种利益。所谓人权，就是在社会生活中，在个人彼此之间、群体彼此之间以及个人、群体与社会（甚至包括国际社会）之间存在的利益相互矛盾和相互冲突中，一定的权利主体（包括个人、群体、民族、国家等）在利益上的理想追求、合理分配和实际享有。绕开人性谈人权简直是无稽之谈；离开利益讲人权毫无意义。无论是在一国内还是在国际间，人权问题上经常存在的各种矛盾与博弈，都同一定权利主体的利益息息相关。

然而，人权又受人们一定的伦理道德的支持和认可。什么样的个人或群体应当或可以享有什么样的人权，法律或其他社会规范应当或能够对哪些人权予以明确规定和保障，总是受人类普遍认同的某些道德伦理所支持和认可的，其核心是正义理念、人道主义、平等思想与自由观念。由于人们的道德观念在某些方面存在差异，因而不同国家对应有权利的理解，对法律权利的规定，对实有权利的保障，又存在很大差别。“利”与、“义”构成人权的两种基本成分，这是决定人权本质的两个重要因素，也是推进人权进步的两个重要轮子。

其实，人权可以被定义为：在既定的社会中，所有的人都有资格基于最低限度的道德准则，以提供义务为准备而提出对自己所需要的权利的主张。

人权是指在一定的社会历史条件下每个人按其本质和尊严享有或应该享有的基本权利。所谓人权，就是指“人因其为人而应享有的权利”。它主要的含义：每个人都应该受到合乎人权的对待。人权的这种普适性和道义性，也是它的两种基本特征。

人权的本质特征和要求是自由和平等。人权的实质内容和目标是人的生存和发展。没有自由、平等作保证，人类就不能作为人来生存和发展，就谈不上符合人的尊严、本性的生存和发展，也就谈不上人权。另一方面，自由、平等是为人的生存和全面发展服务的。自由、平等的目的是人，是使人摆脱一切压迫、欺辱、使用和歧视，获得有尊严的生存和全面自由的发展。一旦脱离人的生存和发展，自由和平等就必然会流于形式，变得空洞无物，失去应有的意义。因此，所谓人权，就其完整的意义而言，就是人人自由、平等地生存和发展的权利，或者说，就是人人基于生存和发展所必需的自由、平等权利。

人权的范围非常广泛。哪里有人存在，哪里就有人权问题。哪里有权利问题，哪里就必然存在一个平等权利的问题，即人权问题。既然人的本质在其现实性是一切社会关系的总和，那么，人基于其本质应该享有的权利也就必然涉及一切社会领域。按享受权利的主体分，人权包括个人人权和集体人权两种。前者是指个人依法享有的生命、人身和政治、经济、社会、文化、教育、就业等各方面的自由平等权利；后者是指作为个人的社会存在方式的集体应该享有的权利，如种族平等权、民族自决权、发展权、环境权、和平权等。按照权利的内容区分，人权包括公民、政治权利和经济、社会、文化权利两大类。前者是指一些涉及个人的生命、财产、人身自由的权利以及个人作为国家成员自由、平等地参与政治生活方面的权利；后者是指个人作为社会劳动者参与社会、经济、文化生活方面的权利，如就业、劳动条件、劳动报酬、社会保障、文化教育等权利。总之，人权是涉及社会生活各个方面的广泛、全面、有机的权利体系，是人的人身、政治、经济、社会、文化诸方面权利的总称。它既是个人的权利，也是集体的权利。

人权的形成与发展伴随整个人类社会发展的始终，是一个从低级阶段向高级阶段的发展过程。这一过程永远不会完结。即使是在远古的原始社会，我们的先民也有保障自己某些权利的要求与愿望，也存在着一些人侵害另一些人的权利的问题，人们的权利也受当时一定的习俗与习惯的保障。近代意义上的人权，即以自由、平等与人道为基本原则与普遍信仰的人权，同商品经济相联系，是近代社会革命的产物。大规模的贸易，特别是国际贸易，尤其是世界贸易，要求有自由的、在行动上不受限制的商品所有者，他们作为商品所有者来说是有平等权利的，他们根据对他们来说全都平等的（至少在各该当地是平等的）权利进行交换。从手工业到工场手工业的转变，要有一定数量的自由劳动力，他们可以和厂主订立契约出卖他们的劳动力，因而作为缔约的一方是和厂主权利平等的。由于人们生活在那些相互平等地交往并且处在差不多相同的资产阶层发展阶段的独立国家所组成的体系中，因而，资产阶层反对封建等级和特权的要求就很自然地获得了普遍的、超出国家范围的，而自由和平等也很自然地被宣布为人权。

在近代，人权大体经历了三个主要发展阶段。第一阶段是资产阶层革命时期以及这一革命在全球范围内取得胜利以后的一个很长时期。这一阶段人们所争取和实际已经逐渐争得的人权，主要是人身人格权利、政治权利与自由，如言论、信仰、结社、通讯、宗教、普选等自由与权利，免受非法逮捕、无罪推定、公正审判等方面的权利，它的诞生与确立以美国的《独立宣言》和法国的《人权与公民权宣言》为主要标志。

第二阶段是伴随19世纪初开始的反对使用与压迫的社会主义思潮、运动与革命而出现的人权，其基本内容是经济、社会和文化方面的权利，它在宪法上的反映，在东方是以苏联的《被使用劳动人民权利宣言》为代表，在西方则以德国的《魏玛宪法》为标志。

第三阶段是第二次世界大战以后反对殖民主义压迫的民族解放运动中产生并发展起来的人权，其特点是人权由国内保护进入国际保护，其内容包括民族自决权、发展权、和平权、环境权、自然资源权、人道主义援助权等国际集体人权。这类人权内容已为一系列国际人权文书所确认。到1994年底，联合国已制定国际人权宣言与公约71个，其中《世界人权宣言》同《公民权利和政治权利国际公约》、《经济、社会、文化权利国际公约》是三个基本的国际人权文件。

国际社会对人权的内容和分类存在很大的分歧，各种理论之间不仅有冲突也有重叠之处。所以将人权的各种元素从错综复杂的理论中提取出来分列如下。

尽管对人权的具体认识与实践各不相同，但是对于一些人权的最基本的内容还是取得了一定的共识。

《公民权利和政治权利国际公约》于1966年12月16日第二十一届联合国大会通过，并交由各成员国批准。该公约于1976年1月3日生效。

《公民权利和政治权利国际公约》是第一个明确了经济、社会、文化权利的有法律约束力的国际条约，并第一次援引《世界人权宣言》，强调了经济、社会、文化权利与公民、政治权利的同等重要性和不可分割性，确立了民族自决的权利。

《公民权利和政治权利国际公约》规定了公民个人所应享有的权利和基本自由。主要包括：生命、自由和人身安全的权利，不得使为奴隶和免于奴役的自由，免受酷刑的自由，法律人格权，司法补救权，不受任意逮捕、拘役或放逐的自由，公正和公开审讯权，无罪推定权，私生活、家庭、住房或通信不受任意干涉的自由，迁徙自由，享有国籍的权利，婚姻家庭权，财产所有权，思想、良心和宗教的自由，享有主张和发表意见的自由，结社和集会的自由，参政权。

《公民权利和政治权利国际公约》同时也明确了部分权利的有条件性或者绝对性。比如，第四条允许缔约国在国家生存受到威胁并且正式宣布社会紧急状态的情况下，减少原本应承担的义务，但减少的程度必须是客观需要前提下的最低限度，而且不得包括纯粹基于种族、肤色、性别、语言、宗教或社会出身的理由的歧视。而生命权，人格权等在任何情况下都不得进行任何形式的限制。第二十八条规定，设立人权事务委员会，负责监督公约的实施。

维护人的基本权利不受侵害

人权是人性的产物，没有人性就谈不上人权。谈人权，论人权，必须建立在人性的基础上。人性是在一定社会制度和一定历史条件下形成的人的本性。故而本性，并非是一直停留在“人之初，性本善”的，而是与受所处社会环境影响的。人性是从根本上决定并解释着人类行为的那些人类天性。

人区别于其他动物的特质、基本属性，其中主要指生产劳动的性能。同时也可以根据意识、宗教或随便别的什么来区别人和动物。当人们自己开始生产他们所必需的生活资料的时候，他们就开始把自己和动物区别开来。

人类从哲学上认识自身的特性有着很长的历史。“人性”一词可以溯源到古代。中国春秋时期的儒家典籍已经谈到人性。“饮食男女，人之大欲存焉”。战国时告子提出“生之谓性”，“食色，性也”。以天赋道德观念来解释人性，认为人性本来是善的；荀子则与之对立，主张“人之性恶，其善者伪也”。古希腊哲学家德谟克利特、柏拉图和亚里士多德等人都谈到过人性。亚里士多德曾提出过人在本性上是“政治动物”的著名命题。在封建社会中，人性概念得到进一步发展。中国宋代的朱熹以理释性，提出“性即理也”，把人性看作是天理的体现。中世纪欧洲的经院哲学家则把人性解释成神性，以同神学的绝对统治相适应。针对这种以神为中心、贬低人的地位的观点，思想家鲜明地提出了要尊重人性，以人为中心的思想。他们把人性看成是人类的善良天性或者人类的理性。历史上关于人性的观点主要有下面几种：把人性归结为神性；把人性理解为人的自然属性；把人性设想为人的某种固定不变的气质或某种抽象的观念。这些观点囿于认识的局限和时代的局限，都未能对人性作出正确的解释。尽管不完善，但对人性的探讨也取得了某些积极成果，从而为科学地解决人性问题积累了可贵的思想资料。

在生命和生存面前，众生平等，这是人权最基本的道义原则。然而在这个基本原则下屡屡出现违背的状况，在封建社会，有位面黄肌瘦的母亲带着体弱的儿子沿街乞讨，满怀希望地来到官府衙门前，实指望讨得点残菜剩饭填肚子活命，没想到官府的“老爷”不但不予同情，反而吆五喝六的吱咐几个随从将这孤儿寡母往死里打。表面看孤儿寡母要的是一口饭吃，其实他们乞讨的是自己的生命权和生存权。然而在官府的眼里这孤儿寡母就应该被活活痛打致死。

历史唯物主义总结人类认识的成果，第一次对人性作出了科学的解释。历史唯物主义不否认人是自然的存在物，人的肉体组织决定人有吃、喝、性行为等机能和欲望。但是，离开人的社会活动抽象地考察这些机能和欲望，把它们看成人类活动唯一的和终极的目的，则是错误的。历史唯物主义从人们的物质生产活动、物质生产关系出发去说明全部社会关系，进而说明社会的人的人性或人的社会性；即使是人的某些自然属性，也不能不具有社会的形式，带有社会色彩。这就在人类思想史上第一次找到科学地观察和解决人的问题的基本方法论原则。历史唯物主义认为，所谓人性，是正常的人和其他动物的根本区别，这个区别主要在于社会性的劳动。现实的社会性的劳动和全部社会生活总是在一定社会形式即生产关系下进行的，离开这种生产关系和其他社会关系，人不仅无法生产，也无法生存，就不成其为人。生产关系和其他社会关系是形成人性的基本的、决定性的因素。人的本质并不是单个人所固有的抽象物。在其现实性上，它是一切社会关系的总和。由于社会历史发展阶段的不同和人们在社会关系中，特别是等级社会的阶层关系中，所处的地位不同，加上各个人在社会生活中的其他差异，如不同的生活环境、文化教养、心理特征等，所以人们的具体人性也因此发生各种差异。

社会关系随着生产力的发展而不断改变，现实的人性也在不断演变。诚然，在人类所生活的世界上，整个历史也无非是人类本性的不断改变而已。

现实和具体的人性，在等级社会里一般表现为带有阶层性的人性。当然，阶层性的自觉程度以及各个不同阶层的相互关系都是复杂的。对立阶层之间的交往，也会有某种共同的东西。例如，用共同的语言交流思想，对于某些事物有共同的爱憎，共同的民族心理素质等。但是，对立阶层的相互博弈，毕竟是等级社会历史的主要特征，它不能不对具体的人性产生深刻的影响。

人性概念作为各个历史时代现实的、具体的人性的抽象，反映了人类的共性。但这个科学概念的抽象同作为人道主义立足点的抽象的人性是有根本区别的。抽象的人性论不认识，也不承认人性的历史演变和分化，只承认一种所谓全人类共有的、永恒的人性。人道主义者认为，国家制度符合于这种人的本性，因而是永恒正义的实现。他们把一种具体人性的表现，一切人所固有的天性认为是一种非科学的抽象。因此，人性折射出一个永恒的真理：人的基本权利必须受到人类的共同维护及捍卫。

一个人必须具有生命权。人民无生命权，国家无主权。生命权是最基本，最重要的人权，如果无法充分保障人的生命权，那么一切其他权利都是空中楼阁。无端剥夺人的生命，或者肆意对人施加恐吓、虐待和折磨，就是一种非人权的待人方式。任由这种情况发生，个人权利就无从谈起。所以一般各国的刑法都将侵害他人生命权的罪行量刑最重。生命权是一个人之所以被当作人类伙伴所必须享有的权利。

人的自由权是人权的灵魂。因此，人身自由、通信自由、言论自由、结社自由、宗教自由等都是个人的基本权利。如果没有充分的自由权，生命权也将失去本来的意义。

人的财产权是生命权和自由权的延伸。如果一个人要生存下去，要有能力选择他喜欢的方式生存下去，一定要有物质作为支持，那么，对自我劳动的所得进行排他性的占有，就是生命权与自由权必不可少的保障。人能够工作，能够靠自己的劳动成果生活，并把生活剩余的钱存起来留给子女或者自己的晚年，这都是人尊严的一部分。财产权看似是一种物权，但其实质为人支配物，即支配自己正当所得的权利。

人的尊严权也是生命权和自由权的合理延伸。如果一个人无尊严，那么他的生命至多是一种无人格的形式。作为一种基本的人权，尊严的价值早在古代就得到普遍的认同，如陶渊明。不为五斗米折腰等。尊严权主要要求人们在社会交往中互敬互爱，文明礼貌。如果一个人的尊严权被否认，就意味着人们可以肆无忌惮的羞辱，威胁，骚扰，中伤他，那显然他就失去了“作为人类”的资格，这无疑是和人权所不容的。

人的获助权常常和“人道主义”联系在一起，出现于天灾、人祸之后。由于种种不可预知的灾祸，人的生命权无时无刻不受到威胁。在危难关头得到伙伴的帮助，是生命权的必要保障。在现代社会中，突发性的灾难有时会造成很大的危害，这种时候个体的获助权就需要一个强大的组织，一般是政府的倾力帮助，这是政府一项重要的公共服务职能。

人的公正权是人权的普适性必然的要求每一个人都受到公平合理的对待，但现实生活中，经济权力、政治权力、种族、国籍等，都会不同程度将人划到不同的等级，那么人权就变成有限的，有条件的，甚至成为特权阶层的奢侈品了。而公正权是为了将人权平等地扩展到每一个人身上，公正权不仅是人权的一部分，更重要的是它也是人权中其他部分的必要条件。

人权的产生根源于人的本性。人的自然属性和社会属性是构成人的本性或本质的两个统一的不可分割的方面。人类之所以需要人权，首先是为了满足自己的物质的、精神的、人身的各种利益的需求，这由人的生理和心理的自然属性所决定，是人的一种本能和天性。人的自然属性是人权存在的重要基础和基本根据，也是推动人权向前发展的动力。人的利益需求，人们要求过优裕的物质生活和良好的精神生活的愿望是不断发展的，因而人权的发展与进步是无止境的。人的社会属性是指人是社会动物，是一种有理性、能思维、可以认识与改造世界的社会动物，他不可能独自一人生活在世界上，而只能生活在由人组成的社会中。只要社会存在，个人与个人之间，群体与群体之间，个人与群体之间，个人、群体与社会之间，在利益上就既有一致的一面，又有彼此矛盾和相互冲突的一面。这就需要有各种社会规范，首先是法律规范，通过权利与义务的形式去调节与调整各种利益关系，防止一些人或群体侵犯另一些人或群体应当享有的各种权利，这就产生了人权问题。由此可见，人的自然属性与社会属性，是人权产生与存在的内因即内在根据。

人权主要有三种存在形态，即应有权利、法定权利、实有权利。人权从本来意义上讲是“应有权利”，即人按其本性所应当享有的权利。法律规定的权利是人们运用法律手段使人的“应有权利”法律化、制度化，运用国家强制力以保障它有效地实现。法律是由人制定的。由于受各种主客观条件的制约，在任何国家里，法律的制定、人权的法律化，都要有一个过程。由于受各种因素的影响，立法者是否愿意或者能否正确运用法律确认与规范人的“应有权利”，也是难以定论的。在某些情况下，法律甚至可以公开明确地剥夺人应当享有的权利，如 1911 年前的南非政府制定的种族主义法律即如此。

但是，人的“应有权利”一旦得到国家的法律的确认与保障，法定权利也就成了一种更具体与规范化的人权，可望得到切实实现。人的“应有权利”在社会现实生活中是客观存在的，在一个国家的法律没有确认和保障的情况下，通常受法律之外的各种社会力量与社会因素的不同形式与程度的承认与保护，如政党与社会团体的纲领与章程、乡规民约、社会的传统与习俗、人们的伦理道德观念和政治意识等。所谓“实有权利”，是人在社会现实生活中真正实现的人权。在某种情况下，一个国家的法律所确认的人权，由于受各种主客观因素的影响与制约，并不一定都得到真正的实现。评价一个国家的人权状况，要看这个国家的法律对人应当享有的权利所作的规定，但更重要的是要看这个国家是否根据本国发展水平保障人的“应有权利”能够实际享有。

《世界人权宣言》由 1948 年 12 月 10 日第三届联合国大会通过，是国际社会第一次就人权作出的世界性宣言，对于指导和促进全人类的人权事业发挥了极其重要的作用。1950 年，联合国大会将每年的 12 月 10 日定为“世界人权日”。《世界人权宣言》通过后 20 周年即 1968 年，也被联合国定为“国际人权年”。

《世界人权宣言》提出，“人人生而自由，在尊严和权利上一律平等；人人都有资格享受本《宣言》所载的一切权利和自由，不论其种族、肤色、性别、语言、财产、宗教、政治或其他见解、国籍或其他出身、身份。这些权利和自由可分为公民权利和政治权利以及经济、社会和文化权利两大类。”其中，公民权利和政治权利包括：生命权、人身权、不受奴役和酷刑权、人格权、法律面前人人平等权、无罪推定权、财产权、婚姻家庭权、思想良心和宗教自由权、参政权和选举权等；经济、社会和文化权利包括：工作权、同工同酬权、休息和定期带薪休假权、组织和参加工会权、受教育权、社会保障和享受适当生活水准权、参加文化生活权等。《世界人权宣言》同时规定，权利和义务不可分离，个人在享受权利时，应依法尊重他人的权利，并服从道德、公共秩序和普遍福利的需要。

虽然存在着对《世界人权宣言》的代表性和时代局限性的质疑，但其作为人类有史以来的一次人权共同宣言，被广泛认为是国际人权事业的总章程，以下的《经济、社会、文化权利国际公约》和《公民权利和政治权利国际公约》是它的两个重要补充和细化。更为重要的是，这两个公约将《世界人权宣言》法律化，并构成了《国际人权宪章》，标志着全人类的人权事业进入了有法可依的文明新阶段。

在国家享受同等地位和权利

众生平等，社会才有平等，社会平等，国家才有平等。平等是人类文明进步的重要价值标准，平等的实际状况往往体现一个国家社会制度的民主化程度。没有平等就没有人权；没有人权就没有人性。在当代，平等的涵义可概括为“三大类”“四个方面”：三大类即政治、经济和文化。四个方面：权利平等，即国家承认所有公民在法律面前平等，都享有广泛、相同的权利。机会平等，即社会应该为每个成员追求自身利益、自我发展和自我完善平等地提供必要的机会和条件。过程平等，即与国民有关或国民必须参与的事情进行或事物发展所经过的程序，必须是公开透明的，特别是为官为政者的权力运作是否利民利国，权力的走向和流向是否有违宪违法行为，一切权力必须接受人民群众的监督。当代美国学者罗尔斯把社会平等表述为“职务和地位向所有人开放”。结果平等，即主张全社会的劳动产品和价值物对所有人平等分配。这种观念在历史上体现着劳动者反对剥削和压迫，建立一个理想社会的强烈愿望。但这种主张在等级社会中脱离了社会发展的规律，具有空想的性质。在生产力不发达的情况下，如果不适当地追求结果平等会导致平均主义，严重阻碍生产力的发展，最后反而使平等难以实现。

不同时期不同阶层的平等观完全不同。平等问题是私有制形成、社会划分为阶层后出现的。在原始社会，生产力水平低下，人类不得不以躯体和简陋的工具以及群体的联合力量与大自然抗争。人们在躯体构造和精神能力上彼此并没有多大差别，人们本能地意识到

“一切人，作为人来说，都有某些共同点，在这些共同点所及的范围内，他们都是平等的”。这种在自然基础（生理上质的等同性）和社会基础（原始公有制）上的原始的平等，就是当时人类得以生存和延续的重要条件。原始社会末期，由于生产力的发展，出现了剩余产品和私有财产，社会开始出现不平等现象，并逐步形成了享有各种特权、可以无偿占有他人劳动和产品的剥削阶层和处于被剥削、被压迫地位的被剥削阶层。从此，建立平等的国家和公正的社会成为人类的共同理想。

其实，自人类产生以来，人与人之间在政治、经济、文化、教育、就业等各方面应完全处于同等的地位，享有相同的权利。

平等即平均分配。绝对平均就是绝对平等。绝对平等的结果难以实现。相对平均就是相对平等。相对平等是完全能够实现的。

古希腊的伯里克利提出，法律对所有的人都同样公正，每个人在法律上都是平等的。亚里士多德调和平民政体绝对平等的建国观念和寡头政体绝对不平等的建国观念，认为正义就是平等。平等具有两类：一类是“数量相等”，即“你所得的相同事物在数目和容量上与他人所得的相等”；另一类是“比值相等”，即“根据各人的真价值，按比例分配与之相衡称的事物”，其观点在于某些方面应以数量平等，而另些方面则应以比值平等为原则。古希腊斯多葛派认为，自然法（即世界理性）赋予每个人的理性是相同的，人们在实际生活中出现的对立和差别是违背自然法的。只有消除对立和差别，使所有的人组成一个共同的社会，共同国家，才符合自然法则。

公元前1世纪小亚细亚的奴隶起义，提出过没有富人也没有穷人，没有奴隶也没有主人的“太阳国家”的平等理想。在封建社会，封建主建立了等级森严的等级制度，并压制一切平等思想。针对社会的政治、经济不平等，中国封建社会的农民起义曾提出过“均贫富，等贵贱”的平等主张，然而一次又一次以失败所告终。

进入近代以后，随着资本社会的生产关系的发生和发展，人们对平等的要求空前强烈。因为商品经济与平等具有天然的联系，“商品是天生的平等派”，“平等本身就是商品生产关系的反映”。由市民等级破茧而出的资产阶层首先提出了经济贸易中的自由和机会平等的要求。资本主义经济规模的进一步扩大，资产阶层的平等要求突破经济范畴，逐渐形成为政治平等的要求。“平等”成为资产阶层反对封建专制和等级制度的重要口号之一。关于平等的思想也有很大发展。18世纪法国的启蒙学者伏尔泰提出：“一切享有各种天然能力的人，显然都是平等的。”孟德斯鸠认为，人的天赋能力是平等的；爱平等是民主制共和国原则的灵魂，这一原则要求人们以平等的地位为国家服务，要求财产中庸并不得随意剥夺。这种平等原则是建立在保护私有财产的法律秩序基础上的。

卢梭首先明确阐述了资产阶层的平等要求，他提出了人人生而平等，财产应尽可能地平等，以及在法律面前人人平等，人人政治权利平等的要求。他指出以私有财产为基础的国家是社会不平等的根源。卢梭的平等思想比起他以前的启蒙思想家的平等思想具有更广泛的民主主义倾向。他的平等观念对法国大革命产生了重要影响。1776年，美国的《独立宣言》宣布，“人人生而平等，他们都从他们的‘造物主’那边被赋予了某些不可转让的权利，其中包括生命权、自由权和追求幸福的权利”。1789年，法国的《人权与公民权宣言》指出：“在权利方面，人生本来是而且始终是自由平等的。”“在法律面前，人人平等，公民可按他们各自的能力相应地获得一切荣誉、地位和工作，除他们的品德、才能造成的差别外，不应有任何其他差别。”随着资产阶层革命的胜利，各主要资本主义国家都在自己的宪法和法律上规定了“法律面前人人平等”的原则，并把消灭封建特权实行政治平等作为建立民主制的重要内容。提出的平等口号和思想在动员群众反对封建制度的博弈中起了一定的进步作用。但是，资产阶层的平等是建立在生产资料私有制基础上的。主张建立政治平等和保护私有制、保护现实的不平等关系（即资本和劳动的雇佣关系）的矛盾，用金钱的特权代替以往的一切个人特权和世袭特权。法律上的平等就是在富人和穷人不平等的前提下的平等。

在资产阶层提出平等要求的同时，穷人们也提出了自己的平等要求。穷人针对资本主义社会的大量不平等现象提出，平等不能仅仅局限在政治权利方面，必须扩大到社会的、经济的、文化的领域，它不应当仅是表面的、形式上的，还应当是具体内容和实际的。在法国大革命中，法国无产阶层就曾提出了社会的、经济的平等要求，并把它作为自己特有的战斗口号。“穷人平等要求的实际内容都是消灭等级的要求。任何超出这个范围的平等要求，都必然要流于荒谬。”

社会消灭了剥削和压迫，建立起生产资料公有制，人民成了国家和社会的主人，这为真正实现广泛的平等奠定了现实的基础。人民在政治上处于平等地位，经济上有各尽所能的平等义务和按劳取酬的平等权利。但是，由于生产力发展水平和经济、文化条件的限制，社会、国家各项具体制度还不够完善，劳动者的体力和智力的不同，所提供的劳动的数量和质量不同，各人的家庭负担不同，其生活水平必然存在着差别，人与人之间在政治、经济、文化各方面还会存在某些事实上的不平等。只有到了完全的福利社会，取消了货币，生产力高度发展，实现了“各尽所能，按需分配”，平等问题才可能彻底解决。

民主、人权、平等，正在逐渐形成人类的共识，这属于人类共同的目标，是人性所需要的正能量。人权不是一个西方独有的概念，而是人生应该有的权利。比如平等概念，在封建社会，没有平等，大家接受生而不平等，现代社会从资本主义开始，慢慢到现在大家认为应该平等。社会发展需要平等，社会发展必须平等，有人觉得资本主义在经济上不够平等，因此希望有更多的公正和正义。所以，无论选择什么样的制度都不能偏离人类共同的价值观——平等。人类只有平等才能文明进步，平等是历史发展的必然要求。现在有一种流传的说法：美国搞霸权，美国在世界各地说三道四，说英国是海盗起家的，因此就不要宪政、民主、法治，这完全是两码事，完全是概念的混淆，因为不能说某个人吃了牛排就去打劫杀人，其他人就不要吃牛排了，这完全是两回事。有了民主法治，将国家治理得兴旺发达，人民群众过上平等快乐幸福的生活，这是国之万幸。因此，国家强大并不是侵略别人的理由。所以，要弄明白民主法治是国家的大事，并非外国人的事，也不是在外来压力之下的事情，应该是一个国家的基本国策。

自由与平等对立统一内在性

人有自由，国有法度。有人权才会有自由；有自由才会有平等；有平等才会有民主；有民主才有法制；有法制才能保障人的根本权利不受侵犯。诚然，自由是一个完全属于自我的生活空间，也可以说是独立的。一个人可以有无限的想象空间，也可以无限地去梦幻，但不可以无限地去施展自己的所思所欲，任何行为必须有衡有度，这就是人的自由。

再者，自由是一种免于恐惧、免于奴役、免于伤害和满足自身欲望、实现自我价值的一种舒适快乐的心理状态。自由既有为所欲为的权力又有不损害他人责任义务。

自由的背后是自律，除了自律外自由还要接受他律，他律就是外在的道德和法律规则的约束，诚然，任何个人和组织没有社律和国律约束的自由是不存在的。

因此为所欲为的权力只是自由的一部分，很多人一谈到自由就误解成为所欲为，那就以偏概全了；自律和他律是自由的另一部分，两者合在一起才是完整自由。

自由的概念多么像太极，一面是为所欲为阳，一面是自律和他律的阴，阴阳结合，相互转化和制约才是真正的自由。

自由与平等是对立统一的。自由和平等的统一性表现在：自由增加，平等也会增加，自由减少，平等也会减少；或者平等增加，自由也会增加，平等减少，自由也会减少，即自由与平等正相关。自由与平等对立性表现在：自由与平等负相关。

对一个社会的个体人而言，自由是指他（她）希望、要求、争取的生存空间和实现个人意志的空间，这个空间包括社会的、政治的、经济的、文化及传统的等外部条件，同时也包括个人体质、欲望、财富、世界观价值观及理想观的表达欲望等个人因素和内在因素。

自由是人类在获得基本生存保障的前提下，渴求实现人生价值，提高生活质量进而提高生命质量的行为取向和行为方式。由于存在自然条件和内在条件的局限性，这种取向有时是盲目的，甚至是非理性的。自由还是一个非常具有时限性和相对性的概念，因此不同的群体、不同的个体对自由的看法则不同。

从意识形态来讲，自由分为感性的自由和理性的自由，理性的选择和感性的选择往往存在差异和冲突，因此可以说不存在绝对意义上的自由。

从一般意义上来讲，人们更看重感性意义上的自由，而感性的自由更容易和外部世界发生冲突。而理性意义上的自由和对这种自由的尊重，是人类个体、群体，以至民族和国家走向文明和发展的必然的先决条件。

所谓自由，不应该想要寻求谁的施舍，即使被束缚，只要心灵和情感不被压制，对于自己而言随时都可称之为自由。

自由是有占有、支配他有和（或）无的多少。完全由自己作主；不受限制和拘束。

自由的法律名词。公民在法律规定的范围内，其自己的意志活动有不受限制的权利。如言论自由，集会结社自由之类均属之。

人认识了事物发展的规律并有计划地把它运用到实践中去。从哲学上来讲所谓自由，是指对必然的认识和对客观世界的改造。

人类都在追求自由，可是对自由的定义却是如此混乱，以致不同的人有着不同的解释，甚至无法沟通。

中国古代早由庄子的《逍遥游》等名篇为“自由”奠定了思想理论基础。在《汉书·五行志》中就有“自由”一词；汉朝郑玄《周礼》注有“去止不敢自由”之说。到宋朝时，“自由”已成为流行俗语。然而，中国长期处于封建君主专制统治之下，广大人民是少有自由的，中国历史上还不像古希腊、古罗马那样出现过“自由民”阶层。

在古拉丁语中自由的含义是从束缚中解放出来。在古希腊、古罗马时期，“自由”与“解放”同义。英语中的“许可”即源自拉丁文，出现于14世纪。而自由则在12世纪之前就已形成，同样包含着不受任何约束地自然生活和获得解放等意思。在西方，最初意义上的自由，主要是指自主、自立、摆脱强制，意味着人身依附关系的解除和人格上的独立。

在心理学上，自由是按照自己的意愿做事。就是人能够按照自己的意愿决定自己的行为。这种决定当然是有条件的，是受到自己本身的能力、掌握的信息、外界环境的制约等限制。但是人的意识可以自己按照各种条件的约束，自主的选择如何行为。如果这种选择是发自内心的选择，就可以说是自由了。如果是受到了外界的强制和干涉，就是不自由了。这就是佛法所说的：“你自己求的，你想要的别人不愿干涉。”这个自由的准确称呼是自由意识，这是人的基本权利。自由意识下，无论自由意识会带来什么后果，人都会自愿承担，这就是人的如意选择和尊严。无论基于什么目的，对自由意识的干涉都是违反人的本性的邪恶行为。

从社会学说，自由是不要侵害别人的前提下可以按照自己的意愿行为。对于与他人无关的事情，是人自己的事情，那么人有权决定自己的行为。而与他人发生关系的事情，就必须服从不侵害的原则。否则，这个行为必然受到反击，至少是思想上的厌恶和不满。没有侵害他人的行为就是善行，就是自由的行为，而侵害他人的行为就是恶行，就是不自由的行为。正常的社会是鼓励善行，惩罚恶行的，并通过赏罚归正人们的思想，限制人们相互侵害的发生，保护人们行善的自由。

从法律方面讲，自由就是不可违法。然而实际上更复杂，因为法律有善法和恶法之分，善法是符合社会学的要求，限制侵害他人的行为的。而恶法是限制人们的行为，规定只有按照其规定的行为才是允许的。因此，在实行善法的地方，社会学的自由和法律的自由是基本一致的。而实行恶法的地方，法律是限制自由的行恶的工具了。

从政治方面看，自由是人们有权选择自己赞同的执政者，也有权不选择自己不赞同的执政者。就像《道德经》说的，执政者是要“以百姓心为心”，完全按照百姓的意愿管理国家。如果执政者不能做到的时候，百姓有权更换，选择能够真正“以百姓心为心”的领导者。现代民主制度的本质就是保护人民的政治自由，尊重人们的自由意识，维护人们行善的自由，并制止侵害他人的恶行。

人生本来就要受自由之苦。自由是选择的自由，这种自由实质上是一种不“自由”，因为人无法逃避选择的宿命。人是社会的动物，人也是国家的产物。因而人无可逃避地会去选择了解，选择去爱周围的人，这是生而为人的天性。但是，每个人生来又都是不同的，就像没有两片相同的树叶一样，况且，人的心灵要比树叶上的脉络更为复杂、阴暗，所以，这就注定人和人之间永远无法去真正的理解，我就是我，你就是你，我注定不能用我的思维去理解别人。如果两个人真的硬要了解对方，因为爱或是别的原因，那么当我越是努力去理解，就会发现其实两个人的距离只有越来越遥远。因为越是了解，就越能明白我们之间的距离，心的距离，思维的距离，心的形状是多么的不同，爱会淡去，了解的欲望将会变成疏离的渴望，因而人注定是孤独的。我们渴望一个大同的世界，可是如果世界真的只有了一个思想，那又将是一个怎样可怕又阴冷的世界。从 1789 年至今，全人类都在为自由而博弈，为了选择的自由而奋斗，在那样的时代，拥有了自由的人却高呼“终归会来”。可是现代，我们却发现我们从不自由到自由，从孤独无助到无助孤独，从一个怪圈进到又一个怪圈，哪里才是出路，或者人类根本无法逃避自己生而为人的宿命吧！

我不要自由，谁要自由！哈佛商学院的《管理与国家未来》一书中提到：自由是人类智慧的根源。在知识经济时代，财富不过是在自由价值观普及的社会里，无数个人活动的副产品。在个人自由得到最大保障的社会，民众的智慧空前活跃，创新的东西也会不断被提出，财富作为副产品也会像火山爆发般喷涌而出。管理则没有这样的功能，管理可以聚拢现有的智慧和力量，会创造一时的强盛，但会使智慧之源枯竭，为强盛的土崩瓦解埋下伏笔，而且无一例外地都导向死亡。

只瞩目科技与财富的繁花，却忽略了它赖以生存的自由土壤，甚至鄙视仇视自由，这是其他文化模仿西方文化屡败屡犯的通病。

康德认为一般人对自由的了解，其实是非常糊涂、非常鲁莽、自以为是非常了解。康德把自由、上帝与不朽这三件事放在那个本质界的范围里面，不把自由放在现象界，而是放在本体界那是纯理性的范围所不能够到的地方。在本体界只有三样，那就是“上帝、不朽、自由”。自由是本体界的正能量，所以这不是人的纯理性有办法去探讨而就能明白的事情。如果连大哲学家康德都把自由看得这么深入，这么超越的话，我们真不知道今天这么多的人，口里讲着自由，可到了实际的生活中又忘却和失去了自由。

那么人的自由到底是怎样的自由呢？人很自由吗？是的，人比万物都享有更宽泛的自由，人借着理性可以超越他在肉身里的物质限制，而去思想许许多多超越肉体限制的事务，这是思想和精神的自由。人借想象可以超越那现实的世界，用梦想去架构一个很奇妙的、很特别的世界，在其中享受想象界的自由。有个人说自己小时候很遗憾没有一种自由，就是没有梦想的自由。如果人们有梦想的自由，人们的生命就有五分之二很好过了，今天夜晚做梦梦见自己当总统，明天晚上梦见自己当太空人，再过一天梦见自己成为了亿万富翁。

但是，人们连梦想及睡梦中的自由都没有，明明想要作好梦，却梦见被老虎追，梦见被人敲诈。到底人有没有自由呢？当梦者醒来的时候，借着想象，借着理性，借着诗意的表达、哲学的思考、文学的描写、实际的运用，人们可以很自由的发挥里面以致达到的境界。

同真理隔绝是对意志的捆绑

我们不太自由，但也很自由。连身体体态的结构、重心的安排、人行走的姿态、手脚的发挥等，其自由的地步，是没有任何别的动物可以相提并论的。单纯研究人体这个艺术、人体的可能性，就可以写几百本几千本大书，从建筑学一直到芭蕾舞，从马戏团一直到弹钢琴，从戏曲戏剧到舞台，我们里面的可能性、潜在能，我们自由发挥的可能性是多么高，连我们的性生活都比任何动物欢快自由。人在肉身中间受物理的限制，人在肉体中间受地区的限制，人在时间中间受历史的限制，人有许多许多的限制是无可否认的，但在肉身中间有这些限制的人，仍然可以享受超过物理界、自然界里面所有动物所有的限制，来自由自在地发挥许多人性里面潜在的东西。但是，我们的自由却不是绝对的；那么，自由到底是什么呢？自由和放纵到底有什么不同呢？我们以下就来思考自由的几个性质：

自由的限制性。为什么叫自由的限制性呢？因为自由的本身一定要保存自己自由的本质，而它的本质中间不能与非自由的其他东西混杂，这叫作自由的限制性。当轿车在高速公路上行驶时，它可以尽量发挥它机器的功能，它可以自由自在的快慢，但是它不能有任意越过黄线的自由，越过黄线的自由就是违背自由的自由，就是危害自由的自由，就是结束自由的自由，那不是自由，那是自杀，自杀的人都使用了自由，因为没有人杀他，但当他杀完了自己以后，他的自由就跟他的自杀同归于尽了，因为他已经没有不自杀的自由了，这叫自由的限制性。

有人说自由就是无拘无束，不应该有所限制，如果自由是毫无限制，那叫野蛮、残暴、放纵、糊涂，那根本不是人的自由，那是没有方向及规则的胡作非为。自由是有限制的，因为自由到了某一个阶段就与责任和法度发生关系，所以自由就在责任和法度里面找到了它的限制。圣经从来没有随便剥夺人的自由，神也不随便轻看人间的主义，但是神也很清楚地给自由画了一个界限、一个十字路口的红灯、一个篱笆，让你走到那边的时候，发现自己只不过是人。我们是人，表示我们比万物都高超，当我们真正体会到自己只不过是人时，我们便在神与物之间，在天与地之间，找到我们的本位本体，也欣赏我们的本位本体；而这个本位本体有向上看和向下看的两个方面。

自由的矛盾性。当你用了自由以后，你就在自由的中间侵犯了你自己的自由，在自由的中间你就减少了你的自由。现在有两个女孩子，都可能成为你的未婚妻，成为你未来的家庭主妇、你终身的伴侣、你美丽可爱的太太，其中一个很聪明，眼睛却小了点；另外一个很漂亮，美若天仙，头脑却简单一点。你一直没有答案，当你还在彷徨未决定的时候，你还很自由，却是非常痛苦的自由，你盼望把这个人的眼睛换过去，或那个人的头脑换过来就好了。在这个很难作决定的自由选择中间，你一直是处在限制中间、矛盾中间有自由的，而你的自由就是面对了矛盾。

自由的危机性。自由如果没有被真理约束，就会变成一个极大的破坏行动，是充斥危机性的。当一个人误用自由的时候，他就在自由中成为抵挡真理、与真理隔绝的人，所以自由都充斥着危机。为了这个缘故，我们要很深刻的思想什么叫自由。

康德说：“自由就是我要做什么就做什么吗？”如果我要做什么就可以做什么，如果这就叫做自由，康德说，这种思想就太肤浅了，所以他反过来讲了一句很伟大的话，康德说：“自由是我不要做什么就能够不做什么”，这才是真正的自由。我要做什么就做什么，那不是自由，乃是野蛮鲁莽，放纵情欲，就如：我要打你就打你，要杀你就杀你，这一类行为，并不是自由，而是无法无天，为所欲为。但是，当你发现你生活中有什么事情你做错了，你说：“我不做了，我不要再做了！”而你果真完全放弃，那才是真正的自由。事物很微妙，许多自由原先都是在中性的选择中间，可是一旦你做了，却发现并非中性的时候，你便没有办法收敛，那便是损害自由的自由，不是真正建立自由的自由。

举一个很简单的例子：一个人如果肆无忌惮地喝了一杯又一杯米酒，越喝越多，结果呢？裤带一格一格地往外松，最后连裤带都不要了，难道这就自由了吗？裤带是自由受限制的记号。最终醉得一塌糊涂，上吐下泻，走路也不自由了，差点一命呜乎，这叫做自由的不自由。你吃喝得太自由，走路就不自由，为了生活很自由，吃喝就不要太自由。康德说，自由不是我要做什么就做什么，而是我不要做什么就能够不做什么，这就是不受捆绑的自由，不受那些因错误的自由所产生的结果所捆绑，才是真正自由，非常奇妙。现在很多青年所要的自由，是他将来没有办法挣脱的捆绑，所以他们所说的自由是表面的自由，其实质却是捆绑，那不是真正自由。而真正的自由可能产生反面的效果，表面好像是限制，其实质却是真正的释放。抽烟的时候你很自由，但要戒烟的时候就很困难，那就不是真正自由；吸毒的时候你很自由，开始抽大麻的时候你很自由，但是当你要丢掉它的时候，它却不让你丢掉，你才知道那不是真正自由。凡是你很难挣脱的、损坏你的、玩弄你的那些恶习，起初给你十分自由自在的快乐，其实你已经在慢慢地失去自由。

说到底，自由与意志有关，所以自由变成意志的一个动向，也是意志的一个本能的表达。但是，当意志没有被任何力量控制的时候，这个意志就不能保证它的动向都是自由的，这样，那一个控制意志的力量，可能成为意志的拦阻，也可能成为意志自由的一个保障和保证。

柏拉图说：大自然把意志安置在腰的部位，把感情安置在心的部位，把理性安排在脑的部位。所以从层次来看，就很清楚地看到意志是在最低的地方，而感情是超越意志的，所以感情的位置比意志更高，理性又超越感情，所以理智的位置比感情更高。根据柏拉图的思想，意志的主要活动就是性行为，所以意志力表现出来的就是性的冲动。换句话说，要用真理克服你的感情，用感情克服你的性欲，这样你就是正人君子，是一个有学问有智慧的人，你的人生就平衡、有方向。从某一个角度来看这种说法是正确的，一个只懂得性欲冲动，顺着意志随便行动的人的确与动物没有多大的分别，但一个人的性欲和意志的力量，能在那圣洁的感情的引导之下有所动作，有所支配的时候，这个人过的生活当然就比较有规范，比较合乎社会法理和道德伦理。但是，如果是感情冲动在引导意志，没有被真理约束怎么办呢？所以哲学家是用理性来引导他的感情，再用感情来引导他的意志，这当然相当好，然而理性本身是不是绝对的？理性本身是不是在正轨中间，理性又受谁约束呢？

自由与权利有关，自由不但与意志发生关系，自由与权利也发生关系，当我们谈到权利的时候，就要先注重尊严的问题，我用我的权利，因我是有自己的尊严；我用我的权利，因在我的权限之下，我不能随便被侵犯。自由与权利发生关系的时候，人的尊严的问题就当变成一个很重要的命题。

自由与道德有关，凡是不因自由的催动而产生的道德行为，都不需要担负道德的责任，所以需要在人的生命中赐下自由，人才可以成为道德的活物。自由是道德的基础。如果你所做的不是出于你的自由，而是出于别人的强迫，你不必负起道德的责任；但如果是出于你的选择，你就必需担负道德的责任。在这里人们看见了自由和道德有密切的关系。

自由与爱有关，爱如果不是从自由发出来的，这个爱也就没有什么价值，爱在自由的这个关系中间的要求，就是使那有自由意志的愿意顺从，所以自由和爱和顺从之间，就变成一个三足鼎立的关系。爱与顺中间的关联是自由，自由使爱与顺这两个不同的位格中间产生一个很重要的责任与重要的关系。

现代的存在主义里面提到自我的绝对化，自我的选择，到最后自我的成全，强调在自我里面充分发挥、产生自由。但如果不回到圣经里面看到神和真理之间的关系，你怎样自我实现自由呢？怎样自我成全自由呢？那样的自由并没有在法理的保障之下存在。

政权制度化能规范国家体系

倘若你要想失去自由，那么你就拥有权力吧！权力没有自由；自由不是权力。说到权力就离不开政府，可以说“权力”是人民托付政府的“存款”。政府不只是权力的象征而是权力的实体。为政者闲置权力、浪费权力、滥用权力就是对国家和人民的犯罪。为政者不作为，或以权乱作为等也都属于对国家和人民的犯罪。谈到治国，那么国家是什么呢？什么又是国家呢？国家是一片疆土一群人和一个大多数人共同认可的法律或者秩序框架构成的复合体。国家是人民意志创立的共同体，然后人民又依法委托给政府进行管理的实体。因此，国家是人民群众各种欲望及利益诉求共同体，并非是统治与被统治的暴力工具。其实国家的组成部分是领土、领空、人口、思想、文化，法律、政府、军队、警察等内容。还可以说，“国家是各类人群社会矛盾和利益冲突的共同体，同时也化解利益冲突、化解社会矛盾的共同体。”按照不同的分类及利益标准，可以从多侧面透视国家的各种文化现象的本质。

从广义的角度，国家是指拥有共同的语言、文化、种族、血统或者历史的社会群体，在这个定义中，一个国家没有具体的边界；然而，它也可以指那些享有共同领土和政府及人民。

在社会科学和人文地理范畴，国家是指被人民、文化、语言、地理区别出来的领土；被政治自治权区别出来的一块领地；一个领地或者邦国的人民；跟特定的人有关联的地区。

从具体的角度，国家是一定范围内的人群所形成的共同体形式。

一般国家行政管理当局是国家的象征。它是一种拥有治理一个社会的权力的国家机器，在一定的领土内拥有外部和内部的主权。

依据马克斯·韦伯的定义，国家拥有合法使用暴力的垄断权。因此国家包括了一些机构如武装部队、公务人员或是国家官僚、法院、警察等政府机构。在国际关系的理论上，只要一个国家的独立地位被其他国家所承认，联合国认可，这个国家便能踏入国际的领域，而这也是证明其自身主权的关键。

虽然国家的名词通常广泛用以称呼所有政府机构或统治行为—古代或现代皆然，但现代国家制度的许多特色要直到15世纪的西欧才开始出现。

在20世纪后期，世界经济的全球化，使人口和资本的流动性，以及许多国际机构的崛起使得国家的行动能力受到一定限制，不过，全世界绝大多数国家依然拥有着基础的政治层次。也因此，国家是政治学研究里最主要的领域，而对于国家的定义也经常是学者们争论的焦点。在政治社会学里，通常倾向于放宽国家的定义，以增加对于拥有强迫力量的机构的重视。

自从19世纪后期以后，全世界所有可居住的土地都已经被各国划分了；但在这之前，大量面积的土地要不是荒无人烟，便是尚未有国家宣称其主权，又或者只有游牧民族居住。到了现在，全世界已经有超过200个国家存在，其中绝大多数国家都是联合国的成员国。

纵观人类政治史，可知国家起源有自然说、契约说、武力说、私有制说、氏族说等。据自然说之倡导者亚里士多德所言："人生来就是政治的动物。"其国家之起源，即由于人类繁殖所需的一对男女以及生来就为主人与奴隶的相互保全欲求，自然而然地构成家庭，由此逐步形成一个自然村，自然部落。人类天性向往美好生活，为了满足这种本能欲望，继而在自然村的基础上自发地建立一个共同体。这是顺其自然发展形成的共同体，这个共同体就是国家。契约说之代表人物有格劳秀斯、霍布斯、洛克、卢梭等，就中又以卢梭著之《社会契约论》最为典型，概言之，即"一切社会之中最古老的而又唯一自然的社会，就是家庭"，各个家庭成员，一经成年脱离家庭依附关系后，为了维护各自生来具有的自由和平等，确保自身生存的利益，理智地于社会生活中发生一种约束，当社会发展需要人们共同协作，"以全部共同的力量来保障结合的人身和财富时"，"每个结合者及其自身的一切权利将全部转让给整个集体"，而原来的约束就转化成了"社会契约"。结合行为产生的道德与集体之共同体，"过去称为城邦，现在则称为共和国。当它是被动时，它的成员称它为国家，当它是主动时，就称它为主权者"。武力学说却认为：国家起源于古代游牧民族对农业民族的军事征服，此说近代较为流行，论者遍及欧洲各国。

自然学说将政治与国家一体论之，实则政治先于国家存在。古代氏族、部落社会之初民集体生活中实行一定的政治规则与措施，并不一定要有国家之组织，两者非能同日而语。契约学说将国家与社会混为一谈，实则两者有所区别。武力说将军事与国家相提并论，实则军事只是国家建立之手段，而非为国家起源之因。氏族说者不知国家政体与氏族原始公社制之本质区别所在。

在古代社会，国家与氏族之分，在财产方面，表现在为财产私有，为财产公有；在产业方面，表现为历来农业为主，历来渔猎畜牧为主，在生活方面，表现为历来在一定的领土范围内之共同体生活为主，过着相对安居生活，历来血统为缘的集体生活为主，过着游居不定的生活，在社会方面，一来有阶层之存在，二来无阶层之存在。相对历史而言，国家是一时的统治政体，而氏族演化为民族后则是长久的血统集团。氏族内部之政治机构若要演变为国家政体之统治组织，多需通过政治经济关系变革来转化。从本质上来讲，国家政体实非氏族政治组织的继承和照搬，两者有着实质性区别。

国家不是与市民社会同时诞生的，它是人类社会生活发展到一定程度的产物，依现代人的观点看，国家是社会矛盾不可调和的产物，同时也是调和社会矛盾的产物。它不仅是一个漫长的历史现象，而且还是一个自然现象，即在人类社会发展的一定阶段诞生，又会在一定阶段消失。

西方政治学界对国家起源的研究有两种思路。一种是对人类不同的政治社会形态进行比较，由此看出相对于其他政治权力组织形式，现代国家的特殊性。一种是对西方国家的发展轨迹进行历史的观察与描述。

第一种思路的结果是对现代国家三个特点的总结（即国家起源的三个标志）：执政者及官员的专业化。权力中心的集中化。同时在全国范围内形成了统一的、金字塔形的法律体系，即在法治国家内：宪法—法律—法规—行政命令或规范体系。

政治权力的制度化、非人格化、非家族化。这首先意味着抽象的公共权力与执政者的分离：执政者不是国家，不是公共权力本身，而只是它的一定时期内的执行者，或最多只是代表。它还意味着公共权力的行使应严格限制在法定的范围之内，其运用必须严格遵守现行法律，而非执政者的个人好恶，要去除一切不确定性和随意性。

通过第二种思路的观察，我们可以看到，国家是在市民社会中逐渐生长起来的，是为了满足社会发展的需要而被人创造出来的。

它大致经历了以下几个过程：在西方：以希腊城邦为代表的城邦制国家——帝国，马其顿或罗马——现代民族国家。

在以中国为代表的东方，国家出现得比较早，且形式少有变化。秦王朝便已经奠定了中国现代国家的基础。

在西方，现代民族国家的建立大概首先从 13 世纪的英国、法国开始，其典型特征是王权与教权、封建主权力的博弈，而在此过程中，国家相对于市民社会的独立性也日益凸显。

第一个阶段是王权与教权的博弈。

第二个阶段是消除农奴、佃农对领主的人身依附关系，使得全国人民都只有一个上级：国王。在革命之后，这种对国王的忠诚转化为对民族的忠诚，对祖国的忠诚，则现代意义上的公民就诞生了。

第三个阶段是各种政治机构、行政机构的出现，如市镇议会、如各种咨询机构（逐渐演化成政府各部）等，这是现代官僚政治的开始。

第四个阶段是执政者与被执政者之间关系的日益法制化。这个过程可以从英国大宪章算起，而到 1628 的请愿书和 1689 的人权法初步得以实现。它将政治权力及其运用规范到了一个成文法的框架之内，成为了后来代议制的先声。到了北美独立战争，特别是法国大革命，这一过程基本完成：制订了成文宪法，制订了人权与公民权法案，使得个人可以对抗国家的胡作非为。

在中国，国家的形成要比西欧早得多，且中间没有如中世纪般的中断。大概春秋末年、战国以后，各诸侯国已经走上了非封建化的道路，国家的基本特征和职能已经具备。到了秦王朝统一中国后此过程基本结束。此时的中国当然不是一个法治国家，但法制化并非国家的核心特征。

在西方，国家起源的动力来源于冲突及社会各角色面对冲突而采取的对策。第一个动力来源于卡罗琳王朝解体后领主之间的军事对立。随之产生的不断互动导致了国家权力的中央集权化。

第二个动力来自于经济的发展：西欧经济在 15 ～ 16 世纪后的迅速发展造成了社会阶层的多元化及他们利益的互相冲突。各阶层都无法将自己的意志强加给另一方，都无法独占政治权力及经济权力，无法否定他人的利益。为了不同归于尽，只好采取妥协、协商的办法，只好求助于一个相对超然而又强大的公共权力。

这些在 15 ～ 17 世纪间成型的西欧民族国家，一经建立便面对着无休止的外部威胁和冲突，便处于不断的战争之中。为了应付战争，它们需要增加税收并将其更加制度化，需要建立完善的系统的官僚体系以治理内政、动员兵力，需要在民众中唤起爱国主义情绪，需要建立一支强大的常备军正如汤因比所说的挑战和应战机制。这个机制使得国家更加完善、现代化、一天天强大起来。

有时国家并不仅仅意味着行使于市民社会内部的政治权力，而是意味着在政治意义上的这个社会本身，如在国际关系中。正是在这个意义上，20 世纪初的几位法国和德国学者，创立了国家三要素的理论，强调了政治权力与领土、人民的高度统一。

国家三要素理论可以如此概括：当在一个固定的领土范围内居住着一个人民、经常是同一民族或有共同的认同感，而在这个人民中又行使着一个合法的政治权力时，便存在着国家。

所谓领土，在现在世界中是三维的：领土、领海、领空。作为国家的基本要素，领土并不只是供人居住的一片土地，它同样构成了这个国家、这个民族的历史、文化、宗教记忆的一部分，是这个国家的象征，是联系人民、使他们自我认同及互相认同的纽带。有时这后一个作用甚至引起不同种族、人民之间的冲突，如科索沃、耶路撒冷。

最理想的领土边界当然是自然边界——高山大河。但在更多情况下，现代国家的边界是条约边界。在 19 ～ 20 世纪，边界的神圣性得到了国际社会的广泛承认，成为了国家主权的载体。而 20 世纪末年，随经济的发展及各国间的相互依赖和交流，边界的重要性又有变化的新趋势。

所谓人民，在过去，特别是在西欧，首先是指一个民族。在现代，则是指所有服从于一个主权权力的人民。它可以是一个民族，也可以包括若干民族；可以是本国人，即通过血缘关系得到此地位的人，也可以是归化了的外国移民，当他们离开自己的国土时，并不失去本国人民的资格。

人民并不仅仅是国家的臣民。在现代国家中，它首先是政治生活中的一个重要角色，是一个国家政治权力合法性的唯一来源，是国家的主权者。按照自然法理论及现代民主理论，它在国家权力出现之前便已存在，或者说国家是他们的创造物。在国内政治的领域中，人民更多的是被定义为公民，即有权参加政治事务的人。它超越了人们在经济地位、文化、职业上的不同，使人们有了一个新的共同身份。

合法的政治权力政府，是一国政治生活中的一个重要角色，一个法人。国家意志因而与执政者的个人意志不同。在国内事务中，它合法地管理着人民，管理与其他国内法人的关系。它垄断着合法的强制权，单方面制定法律规范，是一个权力机构。当然在现代法治国家中，公共权力也必须在它制订的法律规定的范围内活动。

总之，国家权力是指执政者运用国家机器来实现其意志和巩固其执政的支配力量。它是一种特殊的政治权力，是通过国家政权发生的政治权力关系。其权力的形成来自于国家各机构，因此也可以叫做治权或政府权力。其所表现的最高执政形式是国家主权，它是国家权力的“最终权力”，是一切国家权力的源泉。政府权力来自于国家主权通过法律的合法授予，是指执政者运用国家机器来实现其意志和巩固其执政的支配力量，又称综合国力或国力。

领土空间由国家领土位置、大小、形状等决定的领土空间要素是国家权力稳定的因素。领土面积对国家权力的影响在于：第一，领土规模本身就是国家权力的组成要素；第二，领土规模往往决定着国家权力的其他影响要素，如人口和自然资源的规模。自然资源是国家力量的自然源泉。一个国家如果拥有丰富的资源，那么它就具备强盛的自然基础；如果资源缺乏，那么国家的发展就会受到一定程度的制约。

人口规模是创造国家权力的物质工具，是保证国家权力的能动要素。经济水平是国家权力的标志，经济上处于领先地位的国家实质上就是强国。军事实力是国家实力要素中最具强制性的。它不仅使领土、资源、人口、经济等因素的实力效能得到实际发挥，本身还是一种现实的实力。军事力量是国家安全的根本保障。

科学技术其意义在于它对领土、资源、经济及军事等实力要素的直接影响上：交通、通讯及导弹技术的进步，极大地改变了距离障碍；随着技术的发展，极大地改变了资源的经济、政治及军事含义；军事技术的进步，不仅不断刷新战争的打法，而且它本身似乎成为战争胜负的决定因素；科学技术在经济领域的应用及其不断进步，使经济优势，尤其是工业优势越来越向拥有更高科技水平的国家倾斜。国民士气是最不稳定的，也是最难以捉摸的，但它又显得十分重要。

有什么样政府就有什么样的社会，有什么样的国家就有什么样的政府。因此，政府是人民和国家的“晴雨表”。但是，政府质量是构成国家权力的所有要素中最重要的。政府是国家的组织管理机构，是创造、动员并使用一切权力要素的行为主体。国家权力诸要素能否形成合力并发挥最大效能，在相当程度上取决于政府的决策质量。评价一个国家政府质量一般从如下方面进行：政治性质是政府能否代表绝大多数人的利益，其对内政策是否符合民意、顺应民心，对外政策是否合乎人类的正义，是否有利于包括本国人民在内的世界大多数人的利益等。政府的法制化程度可用一个国家的法律是否比较完善，政府是否完全依据法律办事，以及执法机构是否必严、违法是否必究等标准来衡量。民主化程度则可用公民的政治权利是否得到保障等来衡量。政府的机构和效能强弱，政府机构设置是否科学合理，直接影响到政府的质量和施政效率。政府的组织协调和控制能力，特别表现在遇到社会动乱、利益冲突，战争和民族矛盾等方面的挑战时就显得更为重要。

国家职能是公民活动总方向

政府之责就是国家之责；政府之责也是人民之愿。这是完整之说。国家职能是人民思想意志和政府职能的象征。国家的基本职能不是立法、行政和司法三种，而是法律的创立和适用，这两种职能既不平等，其界限也不是绝对的。公民同法律秩序的关系把国家划分为民主和专制两种。民主意味着国家的法律秩序中所代表的意志符合国民的意志。专制是指国民被排除在法律秩序的创立之外，法律秩序和人民意志毫无协调的保证。其实国家主权原则具有相对性，一个国家的法律秩序不应该违反国际的法律秩序，只有服从国际法的国家政权，才是唯一的有主权的政权。

按照不同的分类方法，可以多角度观察国家特点和形式等内容。在人类学意义上，按照民族组成状况，可以把国家分为单一民族国家或多民族国家。

在政治学意义上，按照权力运行体制，可以将国家分为君主制国家或共和制国家，民主国家或专制国家。

在政治—经济意义上，按照意识形态，可将国家分为国家干涉主义、国家保护主义国家。

但国际社会公认的分类是公法意义上的，即将国家分为单一制国家与联邦制国家（中央集权或地方分权的），还有所谓的邦联制，但在我们这里，一个邦联不是一个国家，而是一个国家联盟，其中每一个都保留着它的主权权力。

单一制国家基本特征是中央政权垄断着全部宪法性权力，特别是立法权及司法权。从这个意义上讲，其实单一制国家都是集权式的。如日本，单一制国家可以是中央集权型的，也可以是地方分权型的。

联邦制国家是指中央政权与地方政权分享宪法性权力，其方式及份额（程度）各国亦不完全相同。

按照国家的总体经济水平来对国家划分，可以划分为发达国家和不发达国家。发达国家的重要经济表现是已经进入比较好的工业完备阶段，如日本，美国，英国等。不发达国家，以下称为发展中国家，这是正在转型的国家，经济水平等各方面相对于发达国家都比较落后，如蒙古、印度等。

根据需要，还可以有不同的分类，如还可以按照宗教信仰，科技力量等来进行分类。

古代的国家。在西方世界里，国家的历史开始于古希腊。在古代时，国家有着许多无规则的形式，例如希腊时代的国王和军队，或者是罗马的皇帝和贵族。在前 4 世纪以前的希腊城邦时代社会的自由人会被授予公民权，这些城邦的“民主”一直持续到亚历山大大帝时代逐渐被各王国攻占或殖民才结束。

相形之下，罗马并没有采用直接民主，但却从君王体制发展为共和国体制，由罗马贵族主导的元老院进行统治。希腊的城邦国家促成了直接民主的概念，而罗马则促成了罗马法里的概念，以及区分私人和公共领域的概念。

封建欧洲的国家制度。罗马帝国的瓦解使得原有的帝国土地被各地的贵族所分割，这些贵族在政治上、司法上、和军事上的角色都与经济生产的组织一致。在中世纪早期，西欧国家的权力被封建制度化，地方的财产所有人经由向领主宣示效忠而获得土地，并获得政治的权力。在这种情况下，依据传统的说法，他们的地产便是社会的基础经济单位，也等同一个国家。

封建欧洲的国家制度则是由封建主和君王组成的不稳定架构。君王在形式上是主权的首脑，但实际上却没有绝对的权力可以进行统治；相反，贵族和君王间的关系是由不同程度的从属关系所调解的，也没有税赋的中央制度。这种情况确保了执政者都必须得到领土内每个地主的同意。特别是罗马天主教教会则拥有与执政者同等的立法权力，而不需附属于现世的权威。因此现代国家的概念在中世纪封建时代仍尚未出现。

“现代国家”作为一种由最高政治权力和既定领土所组成的权力架构，一直要到15世纪后期才开始于西欧发展，并且在独裁主义和资本主义的崛起中达到高峰。

几个欧洲的君王国家——都铎王朝统治下的英格兰、哈布斯堡王朝统治下的西班牙和波旁王朝统治下的法国都展开了各种增强中央集权和经济控制的计划，他们逐渐发展出许多在今天被称为“现代国家”的特色。这种中央集权的过程牵涉到政治边界的划分，欧洲的君王们逐渐击败其他的权力来源，例如教会或势力较小的贵族，取代了封建统治下分散的制度，改以大规模、统一的国家来统治逐渐浮现的既定领土。这个过程使高度的中央集权得以发展，并逐渐增加专制君王统治的官僚政治形式，在17和18世纪，现代国家制度的基本特征已经形成，包括了常备军的制度、中央的税赋制度、外交关系和长驻的大使馆，以及国家经济政策的发展——重商主义。

文化和民族的同质化在现代国家制度的发展里也扮演了显著角色。自从专制主义时代以来，国家在很大一部分程度上是以民族作基础所组织的。不过，即使是在种族同质化最深的社会里，国家和民族也不一定能完全符合，因此国家经常主动促进民族主义以强调国民对共同的象征和民族的高度认同。

也是在这个时期，“国家”之词开始被政治论述采用。不过这个名词的起源依然具争议性。

有的学者宣称国家的形成主要是因为利益和社会等级的博弈，韦伯和艾弥尔·涂尔干的流派则强调非社会阶层的参与者。另一个问题则在于国家的形成究竟是由内部动力和冲突所推动的，或者是由国际的动力如战争、帝国主义，或经济支配所造成的。其实在这个过程中资本主义的浮现是重要的标志，这也与民族国家的形成相符合。

探讨国家本性的政治哲学对国家的界定主要分为共同体说和契约论两大流派。

将国家作为一个政治共同体，这是自古希腊以来就已经形成的古典政治观念，其实完整的表述应该是将国家作为一个政治、经济、法制和文化的共同体。亚里士多德认为人是在城邦这个共同体中实现价值的，否则人只是政治经济的动物，而不是真正的人。西塞罗，康德等人认为共和国是人们依照法律结成的具有共同利益的集合体。

契约论者则认为国家是基于个人利益建立的，人们基于某种共同的利益而组成国家，并为实现个人利益而服务。人们通过订立契约的方式寻求和平，国家是“带剑的契约”，用以对违反契约的人进行处罚。霍布斯则将国家称为“利维坦”。

当代的国家理论：在政治学里对于“国家的理论”分为三种：阶层暴力论、多元论和制度主义。这三种理论都被用作解释国家。有几个问题使得解释国家变得相当复杂。首先，国家的定义界线并不完整，而且经常因时代变化而改变。第二，国家并非只是不同团体互相博弈的舞台，但也是在团体的外部和内部进行冲突的舞台。一些学者经常提起“国家的利益”，但实际上在国家内部有着各种不同的利益团体，这些团体并非只是单独的以国家或社会为中心，而是在公民社会里的不同团体和不同国家参与者之间所发展出来的，一切利益冲突和矛盾都是可以转化调和的，因为矛盾与利益一样必须共同依存。

国家是社会发展到一定历史阶段出现的，是各民族走向成熟的标志，是人民思想意志的共同体，现代国家所扮演的角色是由他们在社会里的位置所决定的。

国家是表示这个社会陷入了不可解决的自我矛盾，分裂为不可调和的对立面而又无力摆脱这些对立面，而为了使这些对立面的不断转换，这些经济利益互相冲突的阶层，不致在无谓的博弈中把自己和社会消灭，就需要有一种表面上驾于社会之上的力量，这种力量应当缓和冲突，把冲突保持在‘秩序’的范围以内。这种从社会中产生但又居于社会之上并且日益同社会脱离的力量，就是国家。

统治阶层利用国家来作为支配社会的手段，资本主义国家是由一群与资本家阶层相同的精英所统治的。国家的官方也因此与资本的拥有人享有相同的利益，并借由政治和人与人之间的捆绑来联结两者。

相比而言，其他理论家则聚焦于“谁控制国家才正当”的问题。希腊的新理论家尼科斯·普兰察斯认为资本主义国家并非永远依照着统治阶层的利益行动，即使是在这种情况发生时，也并非是国家的官员有意这样做的，而是因为国家的结构位置安排会确保资本的长期利益能够永远支配这个社会。国家自主性的概念后来被称为结构功能主义。

国家既不是一个争夺利益的竞技场，也不是某些利益集团的代表机构。权力在社会的架构里进行竞争，而国家政策则是周期性谈判所制造的结果。虽然多元论承认不平等的存在，但他们宣称所有团体都有机会向国家施压。多元论认为国家的行为是由多头政治和各种利益团体的压力所产生的。

制度主义和多元论都认为国家是社会里的团体的行动所造成的，例如社团和政党或是利益团体。因此，一些学者批评这两者是“以社会为中心”来了解国家，这些学者强调国家的自主性，但同时也重视社会的力量。

新制度主义主张人的行为是机构的基本模型，宣称国家并非是一种“工具”或是“竞技场”，也不会依照某种阶层的利益而“运作”。接受这种理论的学者强调公民社会在经济和国家之间的介入，以解释国家形式的变化。

新制度主义在国家的理论上，主张国家是具有自主性的。换句话说，国家的为政人员有着他们自己的利益，而他们也会独立的（也是与之冲突的）在社会里追求扮演参与者的角色。由于国家控制了强迫的工具，并且使许多公民社会里的团体必须倚赖着国家，国家的为政人员在一定的程度上也会对公民社会施加他们自己的偏好。

新制度主义者们宣称拥护马克斯·韦伯的理论，通常会区分所谓的“强势国家”与“弱势国家”，主张国家免于受社会施加压力的“相对自主性”决定了国家的权力大小，这种理论也在国际政治经济的领域里有一些支持者。

国家的组织形式，包括国家的管理形式和结构形式。国家管理形式反映统治阶级采取何种形式去组织和管理政权机关，如君主制、共和制、总统制、内阁制、委员会制等。国家结构形式是指国家的整体与部分、中央与地方的相互关系，如邦联制、联邦制、单一制等。国家形式是国家本质的表现，为国家本质所决定，国家形式必须适应国家的阶级本质。但各国的历史条件、传统习惯、利益力量对比等因素不同，所以国家形式也纷繁多样，即使本质相同的国家也可采取不同的国家形式。国家形式是国家政治制度的重要内容，它通常由一国的法律所确认，主要是宪法，受到国家的法律强制力的保护。

国家职能是国家机器为了实现国家的总任务和总目的活动方向，或称国家活动的总方向、总规划、总设计、总作用。西方政治学者通常把国家职能叫做国家功能，或把国家每个组成部分的活动、具体任务和国家活动的形式，说成是国家的职能。如有人把国家职能说成是个别国家机关的功能，说国家有立法、司法、管理的功能。有的人把国家职能说成是国家活动的具体目的，说国家有三个目的：保护国家免受其他国家的侵犯；保护国内每一个人免受他人的侵犯与压迫；举办个人或少数人不应或不能举办的事情。还有人说，国家有四个目的：安全、法治、经济、文化；或五个目的：安全、秩序、公德、自由、福利。其实国家职能是国家本质的具体体现，就是为解决该社会的基本矛盾服务的，最大限度提升国家正能量，建立公平有序的高品质和高品位的国家。国家机器的每个部分，虽然具体任务、目的、活动方式不同，但它们都是为国家的总任务、总目的服务的。因此，国家职能是全部国家机器活动的整体功能。

国无独立权不国。一个国家必须具有依照自己的意志处理内外事务而不受他国控制和干涉的权利。

在人类社会，平等权是国与国交流合作的基本原则。特别是国家在参与国际法律关系时，不论大小强弱，发展水平，都具有平等的地位和资格，平等地享有国际法上的权利和承担国际法上的义务。主要表现在：国家在国际组织或国际会议中平等地享有代表权和投票权；国家平等地享有缔约权；国家平等地享有荣誉权；国家之间没有管辖权等。

每个国家都享有自我保护的权利，这是所谓的自保权。在错综复杂的国际环境下，一个国家采取防御及自卫措施保卫自己生存和独立不受侵犯的权利。它包括国防权和自卫权两方面的内容：国防权是国家制定国防政策，进行国防建设，防备外来侵犯的权利；自卫权是国家遭受外国武力进攻时，单独或与其他有关国家一起进行武力反击的权利。国家可以单独自卫，也可以实行集体自卫。

第六章　基本国策有异同　系统对策名目繁

人类的文明和进步是从创立国家开始的，国家因国策而兴。欧洲国家在民族国家竞争的历史时期，国与国之间的矛盾错综复杂和微妙。当时帝国列强在全世界争夺殖民地打得热火朝天，许多国家已经积怨很深，几乎都企望削弱对方的力量来增强自己的国力。

应以安民国固得以民心根深

水能载舟，亦能覆舟。这是对为政者的一句警示语，说的就是统治者如船，老百姓如水，水既能让船安稳地航行，也能将船推翻吞没，沉沦于水中。当然，作为为政者不能只喜听阿谀奉承的吹捧，还要听善意的批评，对于自己的过失过错要敢于承认和接受，并善于从得失中思哀，“则哀将焉而不至矣？君昧爽而栉冠，平明而听朝，一物不应，乱之端也，君以此思忧，则忧将焉而不至矣？君平明而听朝，日昃而退，诸侯之子孙必有在君之末庭者，君以思劳，则劳将焉而不至矣？君出鲁之四门，以望鲁四郊，亡国之虚则必有数盖焉。”

古人强调，“君以此思惧，则惧将焉而不至矣？”“且贤闻之，君者，舟也；庶人者，水也。水则载舟，水则覆舟，君以此思危，则危将焉而不至矣？”

唐初魏征和唐太宗也多次转引这样的观点。见《贞观政要·论政体》：“臣又闻古语云：‘君，舟也；人，水也。水能载舟，亦能覆舟。’陛下以为可畏，诚如圣旨。”

唐贞观后期，魏征在著名的《谏太宗十思疏》中说：“怨不在大，可畏惟人。载舟覆舟，所宜深慎。”意思是说：怨恨不在于大小，可怕的只在人心背离。水能载船也能翻船，所以应该高度谨慎。唐太宗对荀子和魏征的这一观点十分欣赏，在与君臣讨论国家的治理问题时，多次引用和发挥了这一观点。

荀子、魏征和唐太宗，都深深懂得人民的力量是极其伟大的，十分强调依靠人民力量的重要性。他们的这一光辉思想，为历代统治阶层所接受。对历代统治者尊重民情民意，执政为民，起到了积极的促进作用。

所以，任何国家、政党，要时刻牢记民心民意，民情不可违。

古代民本思想的反映，认为万民百姓是国家的根本。治国应以安民、得民作为根本。

“以民为本”的思想诞生于春秋战国时期。“民”就是老百姓的意思，与“君”相对。“以民为本”，就是“民为重，君为轻”。在唐朝以前，只有“以民为本”，没有“以人为本”。唐太宗李世民当了皇帝之后，为避皇帝的讳，“世”改称“代”，“民”改称“人”。于是，“以民为本”就成了“以人为本”。但在唐朝，意思并没有变，“以民为本”针对的是君主，“以人为本”比较的是人和物。

有个历史典故值得一提，建武四年冬，嚣使援奉书洛阳。援至，引见于宣德殿。世祖笑谓援曰“卿遨游二帝间，今见卿，使人大惭。”援顿首辞谢，因曰：“当今之世，非独君择臣也，臣亦择君矣。臣与公孙述同县，少相善。臣前至蜀，述陛戟而后进臣。臣今远来，陛下何知非刺客奸人，而简易若是？”帝复笑曰：“卿非刺客，顾说客耳。”援曰：“天下反覆，盗名字者不可胜数。今见陛下，恢廓大度，同符高祖，乃知帝王自有真也。”帝甚壮之。援从南幸黎兵，转至东海。及还，以为待诏，使太中大夫来歙持节送援西归陇右。

由此联想起，思想对历史归纳总结的结果告诫世人：发动革命需要激情 结束革命需要理智。革命成功后，政治必须开明转入常轨，回归常态，尽快“去革命化”，建立常规制度和法律。然而革命具有强大的惯性和“路径依赖”，难以该止即止，适可而止。革命过程越长、越激烈，惯性越大，余震时间也越长。革命擅长破坏，而不擅长建设；擅长破旧，而不擅长立新。

革命成功之后，要从武力对抗直接转变为议会竞选，终非易事。抗战后期，针对其他党派要求开放政权、实行民主的呼声，国民党内有人公开声称：“国民党之政权，为铁血争取而来者，他党要政权，亦除非由铁血夺去不可。”

昔日的国民党的失势、失败、失民、失国原因之一，在于强势革命党以革命建国，难完成政治转型。20世纪中国革命显示，弱势的革命党难以完成革命建国的重任；强势的革命党可以实现革命建国，又难以完成革命之后的政治转型。革命是一种非常政治，革命的成功，仰赖强势政党和强势人物领导，但革命成功后，强势政党往往不愿让其他政党分享治权，强势革命领袖更不甘于平庸，习惯于以革命手段和革命思维推行强权政治。

由古到今，再由今到古，不由发现，武王灭纣后，封管叔、蔡叔及霍叔于商都近郊，以监视殷遗民，号三监。武王薨，成王年幼继位，由叔父周公辅政，致三监不满。管叔等散布流言，谓周公将不利于成王。周公为避嫌疑，远离京城，迁居洛邑。不久，管叔等人与殷纣王之子武庚勾结行叛。周公乃奉成王命，兴师东伐，诛管叔、杀武庚，放蔡叔，收殷余民。周公平乱后，遂写一首《鸱鸮》诗与成王。其诗曰： “趁天未下雨，急剥桑皮，拌以泥灰，以缚门窗。汝居下者，敢欺我哉？”周公诗有讽谏之意，望成王及时制定措施，以止叛乱阴谋。成王虽心中不满，然未敢责之。

“宜未雨而绸缪，毋临渴而掘井。”绸缪：紧密缠缚，趁着天没下雨，先把门窗绑牢，比喻事先做准备。这个成语意思也可以说，在天还没下雨的时候，就修补好房屋的门窗。只有事先做好准备工作所有矛盾皆可迎刃而解。为政者，不仅要做到未雨绸缪，而且还应经常居安思危。其实，居安思危，这则成语故事讲的是处在安定的环境中要想到可能产生的危难祸害的情况。人们用居安思危这个词用来比喻要提高警惕，以防祸患。

春秋时期，有一次宋、齐、晋、卫等十二国联合出兵攻打郑国。郑国国君慌了，急忙向十二国中最大的晋国求和，得到了晋国的同意，其余十一国也就停止了进攻。郑国为了表示感谢，给晋国送去了大批礼物，其中有著名乐师三人、配齐甲兵的成套兵车共一百辆、歌女十六人，还有许多钟磬之类的乐器。晋国的国君晋悼公见了这么多的礼物，非常高兴，将八个歌女分赠给他的功臣魏绛，说：“你这几年为我出谋划策，事情办得都很顺利，我们好比奏乐一样的协调合拍，真是太好了。现在让咱俩一同来享受吧！”可是，魏绛谢绝了晋悼公的分赠，并且劝告晋悼公说："咱们国家的事情之所以办得顺利，首先应归功于您的才能，其次是靠同僚们齐心协力，我个人有什么贡献可言呢？但愿您在享受安乐的同时，能想到国家还有许多事情要办。《书经》上有句话说得好：'居安思危，思则有备，有备无患。'现谨以此话规劝主公！"魏绛这番远见卓识而又语重心长的话，使晋悼公听了很受感动，高兴地接受了魏绛的意见，从此对他更加敬重。

"臣闻求木之长者，必固其根本；欲流之远者，必浚其泉源；思国之安者，必积其德义。源不深而望流之远，根不固而求木之长，德不厚而思国之安，臣虽下愚，知其不可，而况于明哲乎？人君当神器之重，居域中之大，不念居安思危，戒奢以俭，斯亦伐根以求木茂，塞源而欲流长也。

凡百元首，承天景命，善始者实繁，克终者盖寡。岂取之易，守之难乎？盖在殷忧，必竭诚以待下；既得志，则纵情以傲物。竭诚，则吴越为一体；傲物，则骨肉为行路。虽董之以严刑，振之以威怒，终苟免而不怀仁，貌恭而不心服。怨不在大，可畏惟人，载舟复舟，所宜深慎。

奔车朽索，其可忽呼？君人者，诚能见可欲，则思知足以自戒；将有作，则思知止以安人；念高危，则思谦冲而自牧；惧满溢，则思江海下百川；乐盘游，则思三驱以为度；忧懈怠，则思慎始而敬终；虑壅蔽，则思虚心以纳下；惧谗邪，则思正身以黜恶；恩所加，则思无因喜以谬赏；罚所及，则思无因怒而滥刑。总此十思，宏此九德。简能而任之，择善而从之，则智者尽其谋，勇者竭其力，仁者播其惠，信者效其忠。文武并用，垂拱而治。何必劳神苦思，代百司之职役哉！"

这则典故告诫人们，也让人明白这样一个道理，如果想要树木长得高大，就必须稳固它的树根；想让河流流的长远，就必须疏通它的源泉；想让国家能够安定，为政者就必须积累得德和义；陛下您现在拥有中原这么大的国土，责任重大，需要在安逸的时候想到危险，勤俭节约，不能奢侈，这样的话就可以使江河长流，汉室长久中兴。

一个政党，一个国家必须要善于吐故纳新，只有这样国政才会坚固。一个人要成长壮大也需吐故纳新，在呼吸时，吐出浊气，吸进新鲜空气，对于提高人的免疫力，增强体质十分必要。作为国家也应扬弃旧的、不好的，吸收新的、好的。这样国家才能永远充满活力。

一个国家，作为执政党必须将人民利益作为根子，将人民表情作为镜子，将人民满意作为尺子。一个国家要始终确立"决策想民、发展为民、成果惠民"的政治理念，统筹经济发展与民生改善，形成"年年办实事、时时解难题、推进制度化"的工作格局，实现"对接民需、体现民意、集中民智、珍惜民力"，构建出一幅幅民族团结、社会公平、公正发展之国家风景。

立国治国之策全局系统对策

人无目标不强，国无良策不稳。基本国策应是基本国情决定的某类具有全局性、长期性、战略性意义的问题的系统对策。但目前有的国家对这类政策从命名标准到实施机制都缺少制度性规定，导致基本国策存在名称遭滥用、实施被搁置和冲突待协调等问题。基本国策有实然和应然的判定标准。总结实然标准下已有的七个基本国策的来由和特点，研究了基本国策政策过程中制度化、非制度化因素的影响并在此基础上进行基本国策实施问题的制度成因分析，最后提出完善基本国策制定和实施机制的政策建议：标准法定、过程完整；国策上位、保障健全。

基本国策这个词在政策领域的分量好像显而易见——应该是立国、治国之策当中最基本的政策；在公众心目中似乎也浅显易懂——应该与国计民生关系最大。但事实上基本国策到底指哪些政策，有何确定标准，确定过程中制度化情况如何，实施情况如何？这些基本问题，目前却基本无章可循或语焉不详。因此，从基本国策确定标准入手，以制度化因素和非制度化因素对基本国策形成、实施的影响为线索，就国家现有的几个基本国策进行探讨。

基本国策到底是什么政策？这是一个从未在任何国家级公文里得到定义的概念，也是一个在许多场合都被随口授予的概念。因此，基本国策在民间甚至在官方的误传都很多。例如，相当数量的人认为中国只有计划生育和环境保护两项基本国策，还有一些人认为中国的基本国策很多，诸如科教兴国、一国两制、保护知识产权等。形成这种局面的一个重要原因是中国的基本国策没有明确的界定标准，在许多人心目中只是一种表达对某项政策重视程度的提法，甚至有一些领导在公开场合信口将某方面的事务“提”成基本国策，以致公众对此认识混乱。

事实上，中国在政策过程中对基本国策的形成还是有章可循的——至少不能“空口无凭”。因此，可以把有关国家级文件中的明文规定作为确定该国策的实然标准。当然，这种“明文”也是有层次的。考虑各种“文”的通过方式和效力不同，至少可分为法律规定、有全局意义的重大文件规定、规定和工作文件、规定三个层次：

严格意义而言，某方面的政策上升到基本国策必须法定——不仅因为这样才具有长期性和稳定性，还因为这样才能确保在实施中“依法行政”。在法律规定中，《宪法》当然是最高层次。然而，中国的《宪法》中虽然规定了政府必须承担的若干重要事务，即计划生育、环境保护、文化遗产保护、男女平等、卫生、教育等，却没有明确基本国策概念。同时，并非列在宪法中的国家的目标条款都能称为基本国策——《宪法》，尤其是《宪法》“总纲”里有许多规定只是阐述了国家应该承担、倡导的事务 ，并不能将其都称为基本国策。一般而言，其中少数具有明确针对性且具有急迫性的“国计民生”问题，才通过领袖讲话、文件规定 以及法律规定等方式逐渐发展成对应的基本国策。而更多的，则只是一个部门负责的工作而已。考虑到《宪法》以及各种基本法中都没有明文规定“基本国策”，只能将单项法的规定作为最高层次的基本国策确定方式；而跨年度重要文件，需经国家的最高权力机关——全国人民代表大会或党中央批准通过并对现实工作有较强、较长的指导效力，因此也算得上较高层次的确定方式；相形而言，党中央、国务院具体部署某一工作的指导性文件就是层次最低但也算得上“白纸黑字有据可依”的确定方式。

抛开这种实然的标准，仅从理论上考虑，什么样的政策才有资格成为这三个层次的文件明文确认的基本国策呢？

一般而言，某方面的政策应该满足以下三个标准才可能成为基本国策：基本国策应是基本国情决定的某类具有全局性、长期性、战略性意义的问题的系统对策，反映了国家在解决此类问题上的国家意志，具有高层次、长时效、广范围 、跨部门等特点。任何一类基本国策的制定、实施情况，都会对国家全局的政治稳定、经济发展、社会公平产生重大、长期的影响。也因此，基本国策在整个政策体系中应处于最高层次，应规定、制约和引导着一般的具体政策的制定和实施，并为相关领域的政策协调提供上位性依据。还因为如此，基本国策的相关实施工作需要多个部门同心协力才能保证效果；基本国策并非笼统的宏观指导原则或政策取向，而应针对某类在经济发展中容易被忽视的基本国情，并和国家的基本发展理念 与时俱进，能更全面地反映发展质量。例如，由于改革开放以来中国长期以经济建设为中心，在“又快又好”的发展理念下积累了不少发展质量问题，因此，中国近年出台的基本国策开始体现出“又好又快”倾向，以具有解决问题的针对性；基本国策之间应该是平等的，不应再有包含关系或指导关系。有些政策取向，例如坚持四项基本原则是中国的立国之本，事关国家政体，是中国治国的基本原则，也是指导基本国策实施的原则，所以一般不再单独列为基本国策。

不过，这三个标准只是理论上的基本国策理想模型，是一种实然的却没有被制度化的标准。由于缺乏相关制度规定，现实中其既没有成为确定基本国策的充分条件也没有成为必要条件，即前述三个层次的“明文规定”中的基本国策不一定都符合这三个标准，反之亦然。可举例如下：多年来在多种场合被反复明确的基本国策——对外开放，就是一种政策取向，与坚持四项基本原则类似，严格意义而言不能称为解决某类基本国情所致问题的对策。但因其意义重大而在改革开放之初就被领袖赋予“基本国策”之名以引起重视，以致约定俗成；再如，水土保持政策属于具有重大意义的部门工作，按前述应然标准不应该上升到基本国策层次。

国策实施被搁置冲突待协调

命名标准的问题只是中国基本国策问题的“冰山一角”，在基本国策实施过程中还有更多的表面问题和潜在的制度问题。例如，尽管多数基本国策在重大文件和有关法律中有所体现甚至说明了落实办法，但其实施现状不尽人意，问题颇多；而且，所有基本国策均不同程度地存在这些问题。可以从三个方面概括基本国策制定和实施中的突出问题：名称遭乱用、实施被搁置、冲突待协调。

这种乱用有两方面所指：一方面可称之为“信口开河假作真”：由于基本国策冠名能彰显重要意义，而又无相关法规限定对这一词组的使用，因此在许多公众场合，各种级别的领导、专家乃至传媒工作者将许多事务信口冠名为基本国策，导致了公众对基本国策认识较为混乱；另一方面，“假作真时真亦假”：这一概念被随意使用，也冲淡了真正的基本国策应有的影响力，有关方面和公众对基本国策容易失去应有的尊重和敏感。甚至像计划生育这样具有强影响力且明文法定的基本国策，在表述中也时常被更改为“控制人口”等。这实际上等于擅自更改了政策的着力点。

实施被搁置有以下两方面体现：有名无实，只有笼统的说教式的“应该怎么办”，却没有建立政策制定和实施环节的保障机制。环境保护在相当长的时期内一直处于边缘化状态，在人、财、物等资源配置和为官政绩考核等落实基本国策必需的保障措施上都没有硬性规定，以致环境保护目标无法完成；实而不力。即便该基本国策在有关保障机制上有所体现，但由于是否遵守该基本国策的利益关系差别巨大且保障机制仍然存在漏洞（如对领导为官的责任追究机制不健全）而落实不力。例如，在快速城市化过程中，征地和卖地之间的价差巨大，甚至成为地方政府主要预算外经费来源，以致地方政府对将耕地转化为建设用地有强烈的违规动机。尽管农民承包的土地，具有生产资料、家庭财产、生活保障三种功能，侵占农民的土地，也就剥夺了农民生产生活的来源。但这种危机因为和经济建设的短期利益、地方利益相冲突，且不能迅速、有力地体现在政绩考核上，因而使“切实保护耕地”这样的基本国策遭到阳奉阴违。

就实施效果而言，与实施被搁置具有同等影响的就是政策冲突。可以将其他政策与该国策的冲突分为两类：第一类是条文冲突，即某些政策从字面上就直接有与基本国策相违背的地方；第二类是导向冲突，即某些政策出台后形成了影响该国策执行效果的不利导向。条文冲突（尤其是基层政府出台政策中的条文冲突）的情况，随着政策制定的规范化、公开化以及各级政府贯彻“依法行政”原则将越来越少，但政策导向冲突的情况却日渐普遍。这可以计划生育为例加以说明。尽管其制度化程度在几个基本国策里相对最高，但“十五”期间出台的诸多普惠性惠民政策，并未考虑对计划生育利益导向的影响。例如，2004年开始实施的教育“两免一补”政策，尤其是2006年开始全部免除农村义务教育阶段学杂费，在相当程度上降低了群众抚育子女的成本。由于享受政策的八类人群的划分标准主要就是“经济困难”，这样的惠民政策反而可能起到激励部分低收入家庭超生的效果。而且，目前享受政策的农村贫困学生多数来自双子女或多子女家庭，有相当数量属于违法生育子女，其中还包括了比例不高但绝对数量不低的还未接受违法生育经济惩罚措施处理的。这种状况有可能形成对群众的误导：反正读书不要钱了，超生的孩子国家还要一视同仁地补助学费，超生比计生更划算。类似这样的政策导向冲突，在产业发展与环境保护之间、在城市发展与保护耕地之间也还可以找出许多实例。这样的政策冲突，显然也影响了基本国策的实施效果。

一般而言，基本国策制定和实施过程中的问题，有主观、客观两方面成因：基本国策代表了国家的全局、长期利益，现实中则常会出现个人、地方短期利益与国家全局、长远利益不一致的现象，这种情况下忽视甚至违背基本国策就具有了主观可能性；但这种主观可能性最终转化为现实并成为所有基本国策都不同程度存在的现象，还与客观上基本国策制定和实施中的非制度化有关。尽管缺少对基本国策制定和实施情况的定量调查，难以从规范意义上探讨基本国策的应然模式和甄别相关问题的影响因素、影响程度，但利用制度化——非制度化分析框架，可以定性明晰非制度化在基本国策制定和实施问题中影响究竟有多大、作用方式是什么。

一个完整的政策过程包括政策制定、政策实施、政策评估、政策反馈四个环节，制度化影响也贯穿这些环节，尤其对政策制定和实施环节中的命名、保障、协调等重要工作影响较大。为此，以从政策过程理论视角来探讨制度和非制度化因素的影响，从而了解在哪些关键环节上非制度化因素影响过大，以致基本国策制定和实施出现了前述问题。这种分析并没有认为制度化就一定全面好于非制度化，但认为在与前述三个问题有关的方面，较完备的制度化能更有效地遏制基本国策被忽视的主观可能性转化为现实。

通过体系化的充分、必要条件筛选机制，从基该国情决定的重大对策中遴选出少量具有全局、长期意义的作为基本国策命名、使用场合和方式都有法定标准先法定再贯彻实施，相关指标纳入五年规划（计划）基本国策主要实施部门的机构设置、资金安排、资源调度（人、财、物）等在相关文件（包括法规）中得到确定。在相关文件中明确“国策上位”，其他政策必须要在制定环节与其协调或在实施环节将是否符合基本国策作为门槛条件。

将基本国策的实施情况纳入为政者政绩考核体系，非制度化因素领袖给予特别关注，通过技术官僚、社会贤达反映的所谓“民意”需要某一阶段因为应急需要并非全面，只不过是强化某一方面的对策。

领袖给予了特别关注各方面形成了共识成为基本国策前就列入了财政经常性预算科目或有了相关职能部门负责，领袖给予了特别关注，现阶段与国家主导发展理念的兼容性较好，非制度化因素在政策制定和实施环节的三个重要工作中都有多种体现，这源于中国参与决策者和政策过程的两方面特点：就参与决策者而言，包括政治权威、技术官僚和社会贤达三方，其中政治权威处于主导地位；就政策过程而言，有以下特点：政策议程设定与政治高度相关，政策目标追求“模糊共识”且服从于主流发展理念，政策变动过程不规范，“缺少严谨的政策评估和反馈环节”等。这两方面特点使中国的政策过程“人治”特征明显。

从目前的事实来看，基本国策在制定环节显然非制度化因素影响过大——“命名”，一般由政治权威主导。在实施环节则不一定——如果制度化较为完备，则参与决策者的影响因素较小；如果制度化存在漏洞，如在保障上制度化了但在协调上没有，则参与决策者在“模糊共识”改变的情况下也直接影响基本国策执行效果。

不过，这种一般分析还不能具体说明前述基本国策实施问题的成因，运用制度化—非制度化分析框架，可对应于问题进一步透析解决。

一切都是国家价值最大体现

要说平等是人类共同心愿，那么货币和种族是一个国家绕不开的话题——基本国策。美国社会，现在有几大族群。首先是盎格鲁·撒克逊人，但美国的盎格鲁·撒克逊人与欧洲的盎格鲁·撒克逊人构成有些不太一样，其实包括了法兰西、罗马、日耳曼等人种。美国的盎格鲁·撒克逊人不再坚持使用各自的母语而使用英语，渐渐让他们忘记了曾经的种族区格。其次是黑人和西班牙人。黑人是殖民地开拓时，被白人以强迫及买卖的方式弄进美国社会的。从黑人跳进美国社会的开始状态，就有了黑白混血人。仅两百多年时间，美国黑人的肤色就开始与非洲黑人产生了明显的区别。黑白混血的障碍比白人间的混血障碍大，却一直在进行之中。西班牙人有相当一部分是因为美国强大之后，从美洲其他地区渐渐走进美国社会的，但由于肤色的接近，这个族群与美国特色的盎格鲁·撒克逊人的融合可能会快于黑白间的融合。美国还有其他很多族裔，其中最特殊的是美洲原居民，即印第安人。实际上，作为一个种族，印第安人正在消失。在殖民期时期，盎格鲁·撒克逊人与印第安人之间有过漫长的战争，可就在那个时候，有很多印第安部落，选择的是与白人合作。此后，美国白人与印第安人停战，种族间的通婚便立即开始。这两个种族间的混血，一开始就不存在多少障碍。印第安人很勇敢，白人有好斗特征，两者之间容易相互吸引，使得民族间的混血不是多大的问题。亚裔人与印第安人肤色接近，同样不存在与白人间多大的通婚障碍。

相同的语言、文化和通婚，让美国社会的民族区分日渐模糊。美国社会精英为了国家的政治稳定着想，更是刻意把“人人生而平等”等理念转化为特殊的“美国价值”，令种族主义失去了市场。这种“美国价值”，客观利于跨种族间的通婚，加速形成一种全新的美国人。

在“美国价值”的成功塑造之后，对每一位美国政客而言，只有所谓的“国家利益”至上。作为美国总统，掌控着全球最强也最恐怖的暴力机器。尽管奥巴马在竞选时声言反对美伊战争，但当美国有需要的时候，奥巴马总统发动另一场战争并不会有什么犹豫。恐怖主义、与俄罗斯的矛盾及对石油等战略资源的争夺等，容易成为美国总统诉诸武力解决的动因。自二战之后，美俄之间一般没有正面军事冲突，但附庸于两国小国或弱国，则成为他们的武力解决的行动地域。如今，美国与委内瑞拉、玻利维亚等国矛盾加重。拉美地区被看作美国的后院。后院起火，寝食难安。小国跳出来羞辱大国，是极度危险的政治玩火。格鲁吉亚与俄罗斯在2008年奥运期间的一场短暂战事。这场战争，真正的较量仅几个小时，格鲁吉亚的真正军事力量就毁灭殆尽。20世纪中，美国曾多次出兵干预拉美国家的政治，并且只需要派出小股军事力量就能达到目的。唯一有趣的是古巴。古巴高调反美，美国仅强占部分古巴领土，却让最接近美国本土的反美政权长期存在。这中间，或许有一种刻意的政治安排。在美国的严厉封锁下，古巴经济的窘迫，让拉美列国见到一个不争的事实，这便是与美国作对，没有什么好果子吃。或许美国政客认为，一个活生生的“反面教材”，对维护本土的“美国价值”更为有利。

国内一些所谓的评论人士以简单的判断看待美国，那只能对美国产生误判。美国的成功得益于优异的民主政体，但民主政体不时会出现一些麻烦，就像美国次贷危机一样。不过，民主政体又有极强的自我修正能力。允许出乱子，只要能解决乱子，就不是什么多大的事。相反，乱子多了，这个国家抵御风险的能力反而增强了。在美国，基本的“美国价值”难以因人而废。谁当总统，美国还是美国。有区别，但只是谁做得更好些。而且，就算你做得非常出色，也不允许你长期做下去。一个优秀的独裁者可以带来光辉的繁荣，但也可能带来毁灭性的灾难。那样的政治风险太大。因此，“美国价值”只相信制度而不相信某个人或某个小集团。

有人总以美国对外的霸道来否定美国的民主政体的卓越能效，那也是对美国的严重误判。美国的民主，并不自动惠及于全球。美国政府不是全球政府。只要国家存在，为了自身的国家利益，任何一个国家都不会对别国有什么无条件的友好，就如同世界上“没有免费的午餐”一样。

两次世界大战后，美国完成了历史上最强势的帝国崛起。但与史上所有帝国不同的是，这个新兴帝国没有走其他帝国通过侵占别国领土、掠夺别国资源以及奴役别国人民的方式来积累财富的老路，而是用金融手段从全球向美国转移财富，更具体来说就是向世界输出美元，让财富流向美国。

这种新型金融殖民方式，远比老牌殖民帝国那种赤裸裸的掠夺来得更为隐蔽，也更符合美国向全世界标榜的自由、民主形象。而要想使这一体系良好运转，只需要一个必要条件——美元霸权地位的稳固。

美元霸权的确立，始于1944年“布雷顿森林体系”的达成。这一体系的实质是：以黄金为锚，美元作为唯一的国际储备货币与黄金挂钩，各国货币则与美元挂钩，并可按35美元一盎司的官价向美国兑换黄金。同时，也就确立了美元作为国际贸易清算支付手段。这一体系赋予了美元基准货币和主权货币双重身份，作为世界的基准货币，美国有义务控制美元的发行，保持美元汇率稳定；而作为主权货币，当美国的经济遭遇困难时，会很自然地超发货币，使得美元贬值，将风险转嫁给世界。这一“一仆二主”的悖论式货币特性。早在20世纪50年代，就被富有远见的美国经济学家特里芬所发现，并因此被称作特里芬难题，这一难题日后给美国带来了巨大的利益，而同时又给全世界带来巨大的麻烦，此时还没有被世人充分认知，因为此时，黄金还可以对美元这艘大船，发挥锚定作用，美国人还没有获得随意印刷美元的权力，黄金还在制约美元：每印刷35美元，必须有1盎司的黄金储备。

情况在1971年8月15日 这一天发生了根本性变化，当时的美国总统尼尔松宣布美元与黄金脱钩，实际上宣告布雷顿森林体系的瓦解，然后，美元的印刷如脱缰野马，开始了其疯狂奔跑的历程，美国政府无节制地开动印钞机，用没有黄金背书的纸币占尽了全世界的便宜。美国政府当然明白，超量印钞就是自掘坟墓，当美元贬得一文不值时，整个美国都将陷入崩溃，但美国政府同样认定，凭借着强大的科技创新力和军事实力，仍然可以保证美元的信用。有了这两大因素保驾护航，已经成为一张“绿纸”的美元依然可以作为硬通货在全世界畅通无阻。

同时，美国政府还安排了一记强有力的后手，1973年，为了减少美元信用下降的风险，时任美国财长的西蒙与欧佩克官员达成了一项重要协议，将美元作为全球石油资源唯一的计价和结算工具。这一协议，让刚与黄金脱钩不久的美元转眼又与全世界最重要的能源紧密联系在一起，为美元的霸权地位加上了一道保险杠，自此之后，随着世界经济发展所需要的石油量加大，对美元的需求也相应越大，在世界货币博弈中，美元再次拥有了无可比拟的优势。

美元与黄金脱钩，让美国拥有了无限铸币的可能，而美元与石油挂钩，则又使全世界对美元有了无限需求的前景。这两大举措不可避免地使美元愈渐“量化宽松”，从而产生了强烈的溢出冲动。为美国全球寻利，在世界范围内寻求其国家利益的最大化。为此，美国抛弃了凯恩斯，选择了自由市场经济理论，让其为美国式的全球化开路。

在这一轮美国式的全球化时代里，为使地球人对自由市场经济理论更为信服，美国人又把大卫·李嘉图的比较优势理论推向世界，推动了继农业大分工和工业大分工之后，第三次全球产业大分工，把世界分成两方：一方是美国，其优势是生产美元；另一方是除美国外的其他国家，其优势是生产用美元交换的产品。

从1971年到现在，40多年的时间里有37年美国都处于贸易逆差状态，美国政府并非没有能力扭转贸易逆差，而是根本不愿意纠正，美国贸易逆差数额越大，表示着美国用一张“绿纸”从全世界掠走的财富越多。然后美国还可以用巨量的贸易逆差指责别国对美国的不公平贸易，这真是典型的“苦肉计”。

而当美元贬值速度“日新月异”时，在美国掌握定价权且为并购各类有价值的资产设立重重障碍的情况下，像中国这样的美元储备大国要想让手中积累的美元减少贬值带来的损失，除了购买美国国债外，几乎没有更好的方法。

经历了一个如同循环水系统式的流转后，其他国家赚到的美元最终回流美国，为美国经济带来了巨大的流动性，而世界经济的发展，也在这一循环中被美元牢牢“绑架”。美国保持灵活而又充满活力，尽力在国际舞台上发挥其特有作用。当人们期望二战后帮助世界复苏的开放边境与市场开放规则还可以保持下去的时候，在未来的几年中美国在严峻的经济压力之下将更为关注国内状况，并且最终可能再次采取保护主义和干涉主义政策。这在以前就曾经历过。

但未来的情况还是充满希望，甚至还可以更乐观些。国际新秩序的一个关键内容，应当是一种机制，可以帮助深陷重债的美国和欧元国家以同样的方式共同调整发展进程，替代沦为债务型社会的国家将成为今天经济增长的引擎。在运用国际金融体制时赋予其他国家更大的责任，所有国家在各自竞争优势基础之上进行贸易，共同参与到同一个世界金融清算制度中，这样的未来也指日可待。重读凯恩斯以及布雷顿森林中另一些人的观点，全球通货的概念在理论上非常具有吸引力。但是如果投资者想要迎接一个非主导国家的货币替代美元成为全球货币，并非是指日可待。

美元在自由世界中被选为通货的理由并非只是经济或外交政策方面的考虑，而是因为美国的政治制度。如果开放的美国制度体系保持稳定，那么美元在国际金融体制中的作用和地位将不大可能改变。如果美国逐渐控制新政后漫延的政府膨胀，并把经济发展转向更切实可行的金融制度，关注个人权利与责任，那么人类的未来将更为光明，在那种情况下，美元在将来的日子里仍可以作为国际金融制度的核心。

战争中美元若隐若现的身影

战争是人类社会和平发展的克星，也是人类的自相残杀的痛苦形式。美国并非酷爱战争，但美国的发展及强盛需要战争。美国需要战争，这是因为美国需要维护美元的霸权地位，只有维护和捍卫了美元的世界霸主地位和作用，也就维护和捍卫了美国的国家核心利益及安全。一切都是为了美元而战，这就是美式战争的全部秘密。过去的20年间，美国是世界上唯一连打过4场对外战争的国家，人们回溯历史时不难看到，几乎每场战争中都有美元若隐若现的身影。

2003年3月，美国以伊拉克隐藏有大规模杀伤性武器并暗中支持恐怖分子为借口，绕开联合国安理会，公然单方面决定对伊拉克实施大规模军事打击。伊拉克战争引发了世人普遍的质疑和反对，被认为是美国为了获取石油而挑起事端，然而美国占领伊拉克后，却没有从伊拉克免费拉走一桶石油，这让分析家们百思不得其解。

因为几乎没有人把战争使油价飙升这一显而易见的事实，与另一个不易被人察觉的事实联系起来观察，那就是在伊拉克战争之前，国际原油市场油价为38美元/桶，战争结束后，油价飙升至接近150美元/桶，在全球油价用美元计价的前提下，石油价格上涨3倍多，实际也就相当于美元需求提高了3倍多。当全世界需要更多的美元去购买石油时，收益最大的除了产油国，首当牟利的就是美国政府了。美国政府通过战争打出了全球的美元需求及货币的主导地位。

而另一个更被人们忽略的事实是，在海湾战争后，被美国和西方用禁飞区和经济制裁挤迫得走投无路的萨达姆，在获得联合国“石油换食品计划”的许可后，迫不及待地宣布改用欧元作为伊拉克石油的结算货币，这种激怒美国之举，最终导致了伊拉克战争的爆发，并把萨达姆送上了绞刑架。而当小布什总统宣布伊拉克战争大获全胜之际，美国人也顺便胁迫在美国刺刀下诞生的伊拉克“民主政府”，把石油结算由欧元改回了美元。这就是美国人在伊拉克正义战争中所追求的正义。

1999年3月，以美国为首的北约指责米洛舍维奇的南联盟政权在科索沃屠杀了9万阿族平民，随后在“人权高于主权”的旗帜下，以进行人道主义干预为名，对南联盟政权进行了为期78天的空袭，战争直接造成米洛舍维奇政权的垮台。战争过后，所谓“大屠杀”被证明只是一个“莫须有”的谣言，那么，美国“大打出手”的真实目的究竟何在呢？

在这场战争开始前两个月，1999年1月1日，欧元正式启动。欧元和美元的当时汇率是1：1.07。在欧元出现之前，美元是世界上唯一的储备货币、基准货币，全世界所有国家的贸易结算货币几乎都是美元，这意味着美国是唯一拥有向全世界征收隐形铸币税权力的国家。而欧元的出现，意味着一个庞大的欧元经济体从此后不再由美国人征收铸币税，欧元作为另一种国际结算货币的前景更让美国忧心忡忡。这对美国来讲，其打击的不仅仅是铸币税的损失，更是对美元霸权根基的动摇。

与此同时，这场爆发在欧洲腹心地带的战争也成为欧洲经济的噩梦。因为战争直接导致了欧洲投资环境的恶化。

难怪欧盟官员事后哀叹道：科索沃战争是一场需要欧盟认真反思的战争。

美国惯用的这种以军事手段改变别国投资环境，改变资本流向的手法，还出现在了阿富汗战争中。“9·11”事件发生之后不到2个月，美国就打响了阿富汗战争，在世人眼里，这是美国的复仇之战，但其中同样摇晃着美元的身影。

“9·11”事件发生后，全球的投资人突然对全世界最安全的投资环境——美国产生了疑虑，很快，约有三四千亿美元资金撤离了美国，对于美国这样一个极其重视资本项目顺差及其流动性的国家，这种要命的局面是无论如何不可接受的，美国迫切需要做点什么来挽救投资者对美国的信心，而战争，是最便当也最适合不过的工具。当第一枚巡航导弹落在阿富汗的土地上，道琼斯指数就在短期下探后很快回升，华尔街响起一片喝彩声。随着战况进展顺利，大量撤离的资金又陆续回到了美国，这场战争重新打回了全世界对美国投资环境的信心。

当互联网把全人类连成一个整体时，敲几下键盘，就可以完成成百上千亿美元的转移，这种几乎以光速运行的资本流动，这是航空母舰和超音速战斗机无法企及的。美国人急需找到一种能与资本流速相匹配的快捷变量手段，才能把全球资本的流动紧紧把控在自己手中。

为此，五角大楼对其军事力量提出了新的要求：尽快建立“全球快速打击系统”。这一系统要求美军的军事打击能力，能比航母为代表的传统军事手段更快捷地打击地球上任何目标，打击时限也不断缩短，从号称 1 小时打遍全球，缩短到 28 分钟打遍全球。

尽管持续 5 年的金融危机，让美国的整体实力有所下降，导致美国军费也已捉襟见肘，但是，美国在加强国防建设方面其投资有增无减。

然而，从五角大楼传出的另外一些信息，向人们揭示了美国军界的新动向，无论是建立空间司令部，还是建立全球第一支网军，或者是正在研发的 5 倍音速的巡航导弹，这都表明五角大楼并未由于经费紧张而放弃其对提升战力的渴望。而是比以往任何时候都更注重美军的速度——从部署的速度到打击的速度。

这一速度的意义在于，它基本上可以跟上资本流动的速度。当大气层返回式弹道导弹或五六倍于音速的巡航导弹落在地球的某一点上时，这一地区的投资环境就会迅速改变，惊慌的投资者们会迅速把资金撤离，同时也不可避免的，成为被美国驱赶的“羊群”。

但即便如此，曾经横霸天下的美元已不再犀利如昔。从布雷顿森林体系瓦解的那一刻起，美国走上了向世界大肆出口美元的道路，所带来的结果必然是债务扩张。高企的债务并没有让美国第一时间警觉，靠发行一张“绿纸”来攫取财富的滋味美妙无比，那不断刷新纪录的债务数字，看上去只是一个微不足道的数字。中国有句老话称：“积重难返”。任何一个经济体，小到家庭，大到国家，其债务扩张总是有极限的。

2010 年，美国 GDP 约为 14.6 万亿美元，而美国国债规模累计已达到 14.3 万亿美元，如果将外国美元储备、对外援助、国家海外投资以及其他国内债务统统包括在内，美国的债务约为 50 万亿美元左右。美国的扩张和承受能力均已经接近了极限。

随之而来的是一系列社会问题，失业率上升、物价增长、公共预算紧张，美国民众对政府的失望达到一个新的高度，在“占领华尔街”运动的游行民众中，“要就业不要战争”的口号震耳欲聋，有的民众更直白地表示不满：“在利比亚打仗，在阿富汗打仗，在伊拉克打仗，还好意思削减教育、公共项目预算！”

如今的美国是一个建立在纸币上的帝国。在美国国内，70% 左右的就业人口从事的都是金融业或金融服务业。这种金融业比重畸高的“去工业化”经济模式，已让美国的国家安全与金融安全融为一体。要让这个帝国不垮塌，就必须保持美元的霸权，就需要不停地用军事手段来“保卫美元”；但事实又证明，这一模式不可能永久支撑下去，在这种模式之下，其国内贫富分化加剧：美国 1% 最富有的家庭拥有全国私人财富的 34.6%，而 80% 最底层的家庭仅拥有全国私人财富的 14.9%，这种收入上的巨大落差，将严重动摇其国内稳定的根基。

成也美元，败也美元。美国已走到需要调整其美元化生存的关键时刻。在未来，美国将如何脱困？是“战争脱困”，还是“赖账脱困”，抑或是改弦更张呢？全世界正在拭目以待。而对世人来说，更重要的是对美国可能使出新的招数，保持足够的警觉和未雨绸缪。

解决就业、增强“美国制造”在美国大选年中首先是一个政治问题。在这样的背景下，苹果公司宣布将把部分电脑生产线迁回美国的举措便格外引人注目。然而，透过政治色彩浓烈的“美国制造”的鼓噪，冷静观察美国“再工业化”内涵，便会看到其实质并非单纯的“制造业回流”或劳动力密集型生产流水线的低水平原样回迁，而有着更为深远的战略谋划。简言之，美国“再工业化”的目标在于从高、精、尖入手占领21世纪国际制造业战略制高点。美国“再工业化”的领域不断扩展，信息、节能、新能源、高附加值的先进制造业成为拓展前沿的“杀手锏”。

曾几何时引领世界经济潮流

货币对人来说是平等的，财富却不是。人类资本主义经济制度首先在英国建立，迅速发展了工业产业革命，发明了一系列工业机械，诞生了蒸汽机，工业生产高度发达，爆发蒸汽机产业革命，引领世界经济潮流，成为世界工厂，产品远销海外，开展了殖民争夺。从15世纪以来的历史看，英国作为欧洲西边的一个岛国一直奉行一种使欧洲大陆上势力均衡的政策，当欧洲大陆上出现和正在形成某个强势的国家或集团时，英国就会联合和扶持欧洲大陆上的其他国家反对、削弱或破坏之。这是由英国所在的历史地理原因决定的。如哈布斯堡家族势力遍布欧洲的时候，英国在尼德兰战争、三十年战争、英西海战等通过参加战争或支持反对哈布斯堡家族的势力和国家最终使之衰弱。19世纪初，拿破仑法国崛起，控制了欧洲大陆的广大区域，英国不遗余力地参加了历次反法同盟，最终使波旁王朝复辟。19世纪下半期，新兴的德意志第二帝国气势逼人，英国联合法、俄对抗之，最终引发了第一次世界大战并惨胜。第三帝国兴起，英国参加了反法西斯同盟。二战结束后，自然开始参加冷战反对苏联。冷战结束，欧洲在法德推动下一体化加速，而英国一直游离于其外，不仅迟迟不加入欧元区，而且政治上更是亦是明证和美国一个鼻孔出气。

作为一个处于世界巅峰的国家，学会如何运用自己的实力也是一门学问。英国很懂得让自己的潜在对手们自己去彼此消耗。比如离间法德两国，挑动俄德矛盾，颇有些中国古代秦国对付山东六国的手法。在克里米亚战争中，英国懂得见好就收，并没有深入俄国，避免了拿破仑在莫斯科城下的厄运。英国深知直接去占领欧洲大陆并不合算，分而制之更有利于英国控制欧洲。另一个岛国日本在这方面显得就十分短视，过于执迷地追求对亚洲大陆的全面占领，妄图建立什么“大东亚共荣圈”。日本完全忽略了作为一个海权国家最大的优势是在于海上。把有限的岛国资源都消耗在大陆国家之上。尽管日本可以掠夺当地的财富，但是却不得不付出巨大的占领代价——人力资源的消耗，这是岛国天生的大忌！入侵中国极大地强化了中国人的危机意识，加速了中国人的觉醒，并最终导致了国共合作一致抗战。英国深知应该把有限的实力去用于控制各个重要的海上交通要道，确保海外贸易利益不受侵犯。这是维护海权国家的生存之道。可以通过英国对德国在两次世界大战中的“无限制潜艇战”的恐惧就可以看出：英国对海上交通线的中断是多么敏感！所以丘吉尔宁愿将一些海外的岛屿廉价租予美国以换取驱逐舰来打破德国人的潜艇封锁。

英国人在几个世纪中，通过不断地更换对手，成功地遏制了不同的敌人。并在战争中壮大和发展了自己。美国作为后起之秀，也深谙此治国之道。德国、日本、苏联先后成为了美国的假想敌。但是光会挑选对手还不够，如何与别国结盟达到打击主要敌人也很重要。这样做往往能起到事半功倍的效果。英国在不同的历史时期先后与西班牙、荷兰、法国、德国、苏联等为主要敌手。因此，在不同时期英国的同盟者就不同，特别是英国人审时度势抓住了人类普遍关注的是自身眼前利益，对于中长期战略利益很少有国家顾及，一个不关切自身中长期利益的民族，是一个漠视社会和国家长远利益的民族，这虽然是国家发展的大忌，但是，这个弱点恰恰给了别国的可趁之机。有时，一个同盟者有可能会成为下一个对手，比如荷兰，再比如不共戴天的敌人法国——自英法百年战争以来，一直与英国为仇。但英国却能够高明地化敌为友，使法国在两次世界大战中站在自己一边与这个新敌人德国作战。正应了那句名言："没有永恒的朋友，也没有永恒的敌人，只有共同的利益。"今天的美国在欧洲组建和扩大北约对付俄罗斯，在亚洲结盟日本对付中国，都可以看出英国外交思维的影响。

唱衰英国经济的坏消息可谓接二连三。先是英国财政大臣达林说"英国经济正处于60年来的最糟糕时期"，后是国际货币基金组织预测英国在发达经济体中"衰退第一"。最抓人眼球的唱衰评论当属美国纽约大学经济学教授鲁比尼和金融大鳄罗杰斯。曾成功预测美国金融危机的鲁比尼日前在全球知名经济刊物《福布斯》上撰文指出，英国很可能步冰岛后尘，陷入国家破产的境地。罗杰斯则预言英镑将持续走软。在罗杰斯看来，英镑的二大支撑是北海石油和英国金融业的实力，"伦敦金融城气数已尽"，而北海油田已开始枯竭，所以，"很简单，英国没有什么东西可卖的"。

这些言论并没有埋汰英国。2013年1月23日，英国国家统计局公布的统计数据显示，英国经济已经连续2个季度出现负增长，而正宣告式进入衰退期。曾连续14年呈现正增长的英国经济，在这次金融风暴中却最先折戟，究竟是什么原因？这还得从20年前撒切尔政府的经济政策说起。20年来，英国经济的繁荣得益于1986年撒切尔政府选择英美金融同盟化和英镑中立化道路，以及民营化和电信等服务业的放松管制。在此后的近20年时间里，英国的三届政权始终坚持撒切尔政权的改革道路，成功带来了英国金融、服务产业的大发展。危机暴发前，英国服务业占国内生产总值的71%，从业人员占总就业人口的77%，金融业占国内生产总值的5%。不到1平方公里的伦敦金融城聚集了500多家国外银行，成为英国金融产业的主角，带来了金融创新、金融衍生品的大发展，这里的外汇交易量每天达6300亿美元，是华尔街的2倍。外汇、黄金、海事与航空保险交易额居世界第一。可以说，英美金融同盟化成就了英国金融市场的繁荣，但与此同时，也使得英国与美国"一荣俱荣，一损俱损"，可谓"成也萧何，败也萧何"。

"低碳经济"需要法制保障的观点已经逐渐为人们所接受。为应对全球气候变化危机，英国自2003年相继出台一系列国家文件，在全球率先创制了"低碳经济"概念，并将发展"低碳经济"逐步上升为国家经济发展战略，同时，通过立法和修法形式，出台系列法律措施保障"低碳经济"战略在英国的实施，其目的是使英国在未来世界经济发展中抢占先机、引领世界经济的方向。英国的上述战略给中国发展"低碳经济"提供了有益借鉴，即从战略高度重视"低碳经济"的发展，并且以健全的法制保障为特征确保"低碳经济"的顺利实施，从而在未来世界经济中获得一席之地。

严峻的全球气候变化形势以及英国能源短缺现实是英国发展“低碳经济”的初衷，但英国率先将其上升为国家战略并以系列法律制度保障其实施却是为了在未来世界经济中抢占先机，成为世界经济的主导者与引领者。发展低碳经济，技术是关键，世界各国通过国际公约或国际间谈判方式遏制全球气候变暖，这必然要求各国、各地区承担相应的减排义务，必然涉及低碳技术的开发、转让与国家、地区间的碳制裁、碳交易，谁率先掌握低碳技术，谁就会在巨大的世界性交易市场中抢占先机、获得利益。

有鉴于此，英国政府在2012年9月份宣布，将调整此前“金融立国”的国策，重振英国本土制造业。英国商务大臣曼德尔森在伯明翰举办的英国工业联合会制造业国家晚宴上称，科技和高端制造业将是英国经济未来的希望所在，应重新调整产业布局，把制造业作为经济核心并促进其发展。正所谓“嫦娥应悔偷灵药，碧海青天夜夜心”。各种迹象表明，英国工党政府已认识到了以金融业为支柱的经济政策的失误，正在加以调整。但是，正如当初从“工业立国”到“金融立国”所需20年时间一样，新一轮经济结构调整也需要时间来考验。

个人命运与社会国运紧相连

人类是一个命运共同体。人民的意志决定国家的命运，人民的命运就是社会和国家的生命。说这完全是命运安排，就是承认生死有命，富贵在天。人是有命运的，命运是生命的规律，具有严密“科学”性，它在冥冥之中左右着每一个人，不认命不行。从命运之说流传存在数千年这一历史事实上看，人真的是有命运的；说命运“非”，就是否认人有命运，原因在于人既然有命运，那就安于命运，不再去努力改变什么现状了，就把命运之说当成迷信。对于人的某种认识是科学还是迷信，从人类进化的历史上来看，大概是凡被认识了的就说成科学，未识的就被说成迷信了。

上天之意旨；由天主宰的命运。《书·盘庚上》：“先王有服，恪谨天命。”《楚辞·天问》：“天命反侧，何罚何佑？”《史记·五帝本纪》：“于是帝尧老，命舜摄行天子之政，以观天命。”唐·韩愈《论》：“彼二圣一贤者，岂不知自安佚之为乐哉？诚畏天命而悲人穷也。”宋·罗大经《鹤林玉露》卷六：“且人之生也，贫富贵贱，夭寿贤愚，禀性赋分，各自有定，谓之天命，不可改也。”

自然规律和法则不可违。《荀子·天论》：“从天而颂之，孰与制天命而用之！”清·王夫之《张蒙注·诚明》：“是以天之命，物之性，本非志意所与；而能尽其性，则物性尽，天命至，有不知其所以然者而无不通。”

古以君权为神授，统治者自称受命于天，谓之天命。《左传·宣公三年》：“周德虽衰，天命未改，鼎之轻重，未可问也。”《史记·周本纪》：“秦破韩、魏，扑师武，北取赵蔺、离石者，皆白起也。是善用兵，又有天命。今又将兵出塞攻梁，梁破则周危矣。”晋·刘琨《劝进表》：“臣闻昏明迭用，否泰相济。天命未改，历数有归。”唐·韩愈《请迁玄宗庙议》：“太祖景皇帝始为唐公，肇基天命。”

天年，谓人之自然寿命。汉·枚乘《上书谏吴王》：“今欲极天命之上寿，弊无穷之极乐，究万乘之势，不出反掌之易。”《汉书·宣帝纪》：“朕惟耆老之人，发齿堕落，血气衰微，亦亡暴虐之心，今或罹文法，拘执囹圄，不终天命，朕甚怜之。”《东观汉记·郅恽传》：“及子张病，将终，恽往候之。子张垂殁，视恽，歔欷不能言。恽曰：‘吾知子不悲天命长短，而痛二父雠不复也。’”

中国古代哲学中把天当作神，天能致命于人，决定人类命运。“天命”说早在殷周时期已流行。从古器物发掘中所见到的甲骨卜辞，彝器铭文，说明了当时统治者自称“受命于天”，把自己的意志假托为上帝的命令，称之为“天命”，用来作为对人民进行统治和压迫的合理依据。

天命就是人们经常讲的因果报应。命里有的一定有，命里没有的别强求，乐天知命，一丝毫强求都没有，善因一定得善果，恶因一定得恶果。以后宋明理学家把人性与道德意识也看作是“天”所给予的，为封建伦理秩序的永恒性制造了理论根据。在中国古代哲学史上，有些唯物主义哲学家，例如战国荀子把“天”看成是自然的、物质的，在这样的前提下使用的“天命”概念，具有自然界的必然性的含义。

人有三命，一天命、二宿命、三阴命。性与天命合，道义就是天命。心与宿命合，知识、能力、钱财都是宿命。身与阴命合，禀性（怒、恨、怨、恼、烦）就是阴命，把这三命研究明白，你若用阴命，你的命难好。命好命不好，在乎自己，哪用算命呢？

“修其天爵而人爵从之”，可是人一得了“人爵”，就不再修“天爵”啦！修德性是长天命，学习技艺、多积钱财，都是长宿命，争贪是长阴命。善用宿命的长知足，能消阴命，不会用的长阴命。只有长天命，是一定可以消阴命。现今的人只知用阴命，重宿命，不知道长天命。又怎能明白天道呢？“不知命无以为君子”，不知人不能“达彼岸”。知人的好处是知天命，知人的功劳是知宿命，知人的禀性是知阴命。知命的人才是君子。好动禀性消天命，好生怨气消宿命，好占便宜长阴命。天命小，要会长；宿命小，要会增；阴命大，要会消。命小要会长，命大要会守，就是“天权在手”。

命运来自人的生存状态。如命在母腹中孕育时期是和母亲的命结合在一起的，他是生命，但不是人们通常意义上说的命（主）；只是从脱离母腹那个时辰起，他（她）才算是独立的命（主），也是从这时辰开始，就开始了他（她）的运程，直到生命结束。古人认识命运，不仅是要揭开生命活动的神秘面纱，而且是要能动地去把握命运，不认识就无从把握，就像不了解春夏秋冬，到时就无法更好的生存一样。因为，这是提供了生命走向的各种信息，把握这种信息后，就可以在人的运程中更好地把握生命。

这可能就是命运的两重性。这两重性的关系是，命是基础，有基础才可能有运程，从这种意义上说，是命决定了运，运是命的表现；运是命的过程，没有运也就没有命，运在实现命的过程中，有它的积极的能动性，即所谓存在决定意识，意识又对存在产生反作用。两者是一种辩证关系。

历来的统治阶层都是要下面的人认命的，说什么你就是受制的命，穷命，别争了，争也没有用，就认了吧。这实际上是统治阶层强加于民的命，而不是民命本身的意愿。命，就是生命，活着的生命；当然，死了就不是生命了。生命的本质是活动的，为了生存，不可能不动、不争。不过，对“认命”也可以这样解释：既然命有向上、向前、向好的能愿，那就不要压制它，任它去做、去为吧。至于对命的认识，由于命的复杂性，一般人不好把握，要真正地认识它，至少还要有一个漫长的过程。

经历的各种方式、程度和可能性。命和运总是连在一起的，既叫“命运”又简称为“命”。总之，命运就是指生死寿夭、福贵贫贱的格局状态或祸福吉凶、盛兴衰废、穷通进退、荣辱忧喜等一切遭遇的总的结局特点和趋势。

命运是古人对生命的认知。古人认为“天”能致命于人，即为“受命于天”，因此，所谓命运就是天命。相传在中国原始社会氏族部落的领袖伏羲时代，有龙马出自黄河，背负“河图”。有神龟出自洛水，背负“洛书”。伏羲得到后，就根据“河图”、“洛书”上有阴阳点而画八卦。朱熹《系辞》上就有：“河出图，洛出书圣人则之”，是“天地自然之《易》”。《山海经》中写道：“伏羲得河图，夏人因之，曰《连山》，黄帝得河图，商人因之，曰《归芷》，列山氏得河图，周人因之，曰《周易》。”早在殷周时期，天命一说就已经刻在先民的心中。孔子周游列国，到处推行他自己的政治主张，很想干一番仁政事业，结果却是风尘仆仆，穷困不通，碰了一鼻子灰以后，才领会到命运之神是这样无情地捉弄人；于是，年过半百以后才发生了“五十而知天命”的感叹；“死生有命，福贵在天”，“不知命，无以为君子”，“君子居易以俟命，小人行险以侥幸”的思想。到了汉代，古家学说风行天下，天命观更加深入人心，特别是命运观的提倡者或信奉者对于命运的观点也深信不疑：“凡人遇偶（碰上好运）及遭累害（遭受灾祸），皆由命也，有死生寿夭之命，亦有贵贱贫富之命。”还说什么“贵贱在命，不在智慧”。

对命运的看法叫做命运观，古今中外的命运观有：古家的天命观、道家的自然命定论、佛家的因果论、基督教的上帝决定论、伊斯兰教的前定说、古典物理学的机械决定论（即拉普拉斯决定论）、量子力学等现代科学的非决定论及中性理论、唯物主义哲学的历史决定论及菩提量子的大统一命运观——全定论。全定论总结了命运的九个方面和二十八个概念，完全预定了的从生到灭的轨迹。

不过这些只是“命运”的游戏罢了。人的命运是完全可以改变的，社会和国家命运是靠人民群众的意志和智慧创造的。

第七章 人民是国家主体 国家政体是权力

国无人不国，人无政不坚。人民是国家的主体，也是国家构成的正能量。没有人民就没有国家。政府是人民设立的，人民设立政府，代表全体人民管理国家事务。因此，为政者必须忠实执行政府职责，竭尽全力，恪守、维护和捍卫国家宪法，遵守国家法律。

国家政体是权力运行的枢纽

人无规矩不正，国无法制不立。人无原则不圆，国无制度不固。当今人类所形成的国家实行的体制有三类即：共和制、君主制、联邦制。当然，共和制和君主制，说的是国家政体，联邦制和单一制，说的是国家结构形式，这是两个概念，不能鱼龙混杂。

国家政体分为共和制和君主制。共和制又分为议会制共和制和总统制共和制；君主制又分为君主专制制、等级君主制和君主立宪制。君主立宪制又分为二元制君主立宪制和议会制君主立宪制。在当代国家政体中，总统制共和制、议会制共和制、议会制君主立宪制和二元制君主立宪制是主要形式，而君主专制制和等级君主制则已经被历史所淘汰。

“共和”来源于拉丁语，意思是“公共事务”。共和制是指国家的权力机关和国家元首由选举产生并有一定任期的政权组织形式。共和政体区别于君主政体，而且是作为君主政体的对立面而存在的。

共和制是君主制的对称，是国家代表机关或国家元首由选举产生的一种政府体制或国家形式。选举产生统治者的历史源远流长，因而共和制具有不同的历史类型和阶级性质。

“共和”的要义在于，政治权力分布于社会不同部分之间，而非由一个群体或个人把持。具体而言，就是政治权力由君主、贵族、平民大众分别控制，彼此制衡，以此来避免任何一个部分实行专制，既要避免君主专制，也要避免贵族专制或平民专制。因为无论是哪一种专制，都会侵害政治的最高目的——在提供公共产品的同时，确保个人的自由权利。“共和”的根本含义是“混合”，即在一个政治制度中把君主制、贵族制、民主制的内容混合起来，建立一种均衡的政治制度。美国是当今共和制的代表，总统代表君主制部分，最高法院代表贵族制部分，两院代表民主制部分。

当前政治学界对“共和”的解释，往往与“民主”混淆起来。另外，只是将“共和”理解为政治的共有、共治，同样是语焉不详，容易与“民主”混淆。

西方民主共和制根据立法机关与行政机关关系的不同，可分为议会制共和制和总统制共和制。

在议会制共和制国家中，议会拥有立法、组织和监督政府（内阁）等权力；政府（内阁）由占议会多数席位的政党或政党联盟来组织，政府对议会负责，当议会通过对政府不信任案时，政府就得辞职或呈请国家元首解散议会，重新选举；作为国家元首的总统只拥有虚位，没有实权。实行议会制共和制的国家有德国、意大利、奥地利、印度等。

在总统制共和制国家中，总统既是国家元首又是政府首脑，总揽行政权力，统率陆、海、空三军，行政机关（政府）和立法机关（议会）相互独立，由当选的总统组织政府。美国是历史上最早实行总统制共和制的典型国家。墨西哥、韩国、巴西、阿根廷、埃及、印度尼西亚、叙利亚等国也实行总统制共和制。

君主制是指以君主（皇帝、国王、大公、苏丹、埃米尔、沙皇、天皇等）为国家元首的政权组织形式。君主制是共和制的对称，在君主制下，君主一般是世袭的，终身任职。

君主制是人类历史上最古老、最普遍的政体形式。它不仅是奴隶制国家和封建制国家的主要政权组织形式，还被少数资本主义国家所采用。君主制的具体形式并不划一，也不是一成不变的。根据君主的权力大小，君主制可分为无限君主制和有限君主制。无限君主制的典型是君主专制制；有限君主制则包括等级君主制和君主立宪制。奴隶制国家普遍实行君主专制制，君主专制制也是封建制国家最主要的政权组织形式。在欧洲封建社会，许多国家的君主专制制是由贵族君主制经等级君主制转变而来的。在资本主义时期，君主制是资产阶层与封建贵族妥协的产物，主要表现形式为君主立宪制，具体又分为二元制君主立宪制和议会制君主立宪制。君主制在当代已经日趋衰落。

君主专制制是指实行君主独裁的政体形式。主要特点是：君主拥有无限的权力，他的意志就是国家的法律，臣民必须绝对服从。君主依靠官僚军事机构，维护其专制统治，对人民进行残酷的使用和压迫。中国是世界上实行君主制历史最长的国家之一，从公元前21世纪夏代奴隶制国家建立，直到1911年辛亥革命推翻清王朝的4000多年间，基本上都实行君主专制制。

等级君主制是指西欧封建国家的君主借助等级代表机构实行统治的政体形式，是封建割据向封建中央集权过渡的政权形态。它产生于欧洲中世纪，当时社会经济发生了重大变化，封建割据成为商业和手工业发展的障碍，新兴市民阶层成为重要的政治力量，迫切要求改变封建割据局面，将国家统一在君主权力之下。等级君主制的主要特征是：在国王之下设立由国王召集，有贵族、僧侣和市民代表参加的等级代表会议。等级代表会议是君主的立法咨询机构，是君主、贵族、市民上层分子的政治联盟形式，是反对封建割据和加强王权的工具。自13世纪起，西班牙、葡萄牙、德国、英国和法国等先后实行等级君主制。当时的法国是等级君主制的典型。

君主立宪制是指国家以君主（国王、皇帝等）为世袭元首，但君主权力受到宪法和议会不同程度的限制的政体形式。英国1688年“光荣革命”后，建立了世界上第一个君主立宪制国家。此后，资产阶层力量较弱、实行改良的国家都仿效英国的政体。但由于各国的政治经济情况和阶层力量对比关系不同，资产阶层与封建地主阶层妥协的程度不同，君主保留的地位和权力也有所不同。君主立宪制又有二元制君主立宪制和议会制君主立宪制两种具体形式。

二元制君主立宪制，又称二元君主制。在这种政体形式下，国家虽然也制定了宪法，设立了议会，但君主仍然保持封建专制时代的权威，集立法、行政、司法和军事大权于一身，是权力的中心和实际的最高执政者。宪法往往是钦定的，是君主意志的反映；议会是君主的咨询机构，立法权是形式上的，君主不仅拥有否决议会立法的权力，而且还通过任命或指定议员来控制议会；内阁是君主行使行政权的机构，首相由君主任命。二元君主制产生于资本主义发展较晚、封建地主阶层长期拥有巨大势力的国家，是资产阶层与地主阶层联合专政的一种统治形式，较议会制君主制带有更多的封建专制君主制的色彩。1871 ～ 1918 年的德意志帝国和 1889 ～ 1945 年的日本帝国是二元君主制的典型国家。现在约旦、沙特阿拉伯、摩洛哥等少数国家仍保留这种制度。

议会制君主立宪制，又称议会君主制。是以议会为国家最高立法机关和国家最高权力机关，君主不直接支配国家政权的政体形式。在这种政体形式下，内阁必须从议会中产生，通常由议会中的多数党或政党联盟组阁，并对议会负责，君主只履行任命手续。内阁如失去议会信任，则必须辞职或提请君主解散议会，君主也要例行公事表示同意。君主是“虚位元首”，按内阁的意志行使形式上的权力，主要代表国家进行礼仪活动。但君主仍保留显赫的地位和象征国家团结统一的尊严，仍是国家政治制度中不可或缺的组成部分。第二次世界大战后，实行这一政体的国家除英国外，还有西班牙、荷兰、比利时、卢森堡、挪威、瑞典、加拿大、澳大利亚、日本、泰国、马来西亚等。

国家结构形式分为单一制和复合制。复合制又分为联邦制和邦联制。在当代国家结构形式中，单一制和联邦制是主要形式，而邦联制构成的则是一些国家联合组织，而不是一个独立主权国家。

单一制是指由若干不享有独立主权的一般行政区域单位组成统一主权国家的制度，与以联邦制为代表的复合制相对。

单一制国家之下划分各个地方行政区划，其划分是国家根据统治需要，按一定原则进行区域划分的结果，国家主权先于各个行政区划存在，地方行政区不是一个政治实体，不具有任何主权特征。国家本身是一个统一的整体，只是为了便于管理，才把领土划分成若干行政区域，并据以建立起地方政权，各地方行使的权力来源于中央授权，并不是地方固有的，地方的自主权或自治权是由国家整体通过宪法授予的，各地方政权一般没有单独退出该国的权利。

中国是单一制国家，世界上大部分国家的结构形式也都采用单一制，如法国、意大利、日本、韩国、朝鲜等都是单一制国家。

复合制是指由两个或两个以上国家组成的国家联盟的制度，同单一制相对。复合制国家通常是由原先独立的政治单元所构成有机整体，而这些政治单元已将其主要权力交给整体政府，这个整体政府可能原来是其中一个政治单元的政府或是新成立的政府。

按其联合的程度，复合制分为联邦制和邦联制。联邦制是指由两个或两个以上共和国、州或邦联合组成一个统一国家的制度。邦联制则是指两个或两个以上的独立国家为了某种特定目的而结成国家联合的制度。

联邦制国家由各个联邦成员组成，各成员单位先于联邦国家存在。联邦成员国在联邦国家成立之前，是单独的享有主权的政治实体；加入联邦之后，虽然不再有完全独立的主权，但在联邦宪法规定的范围内，联邦成员的主权仍受到法律的保护。具体有如下权利（但不一定全部享有）：制宪修法，维持区域完整，成员有各自的国籍；自由加入和退出联邦的权利。在组成联邦制国家时，联邦成员国把各自权力交予联邦政府，同时又保留了部分管理内部事务的权力。联邦宪法明确界定了联邦政府统一行使的权力和各成员国的中央政府所保留的权力，联邦的权力是来源于各成员国的参与。美国是世界上第一个建立现代联邦制的国家，另外德国、印度、巴西、墨西哥等国也实行联邦制。

邦联制在现代一般是指一些国际间的区域组织，如独联体、英联邦、东盟和美洲国家组织等。值得关注的是欧盟，欧盟是当今世界最成功的国家间邦联组织，它越来越表现出超国家组织的倾向，许多人认为欧盟现在更像是一个联邦，而非邦联。邦联还可能存在于某一国家，比如波黑，历史上还有美国南北战争时期的南方邦联，也实行邦联制。前苏联则比较特别，名义上是实行邦联制，而在实际操作上则更多地表现出联邦制甚至是单一制国家的特点。联邦制是指由若干个单位联合组成的统一国家。

联邦制国家的特点是：第一，国家整体与组成部分之间是一种联盟关系，联邦政府行使国家主权，是对外交往的主体；第二，联邦设有国家最高立法机关和行政机关，行使国家最高权力，领导其联邦成员；第三，实行联邦制的国家都认同于统一的联邦宪法，遵从代表国家利益的统一法律；第四，联邦各成员国有自己的立法和行政机关，有自己的宪法、法律和国籍，管理本国内的财政、税收、文化、教育等公共行政事务；第五，联邦和各成员国的权限划分，由联邦宪法规定。如果联邦宪法与成员国的宪法发生冲突，以联邦宪法和法律为准。

要让人民群众真正成为主人

无人无族，无族无国。人民是国家的主体，政府是人民思想意志的产物，政府的职能是服务、协调、管理社会及孝忠国家，而不是把人民群众关进笼子里，这样只会滋生更多的腐败。

在人类世界没有任何一个国家是纵容腐败的。创立国家的目的是让社会更加公平合理，使得每个人的权利都得到保证和保障。但是由于人的贪欲作怪，国家制度缺陷和监管缺失缺位等导致公权力者的腐败成风，腐败是国家和社会的天敌。腐败是权贵私有化的恶性肿瘤，权势基础绑架经济基础，国家就会显得“杂乱无章”，特别是习惯性的特殊利益会使人变得“众叛亲离”，这是我们从娇惯孩子习惯性给特殊利益，把孩子娇惯坏的事实中感悟到的一种 “危机信号”，成年人们也是一样。权贵和所谓的精英就是被人民群众娇惯坏了的孩子。

经济基础权贵私有化经济体制，决定了国家的权力基础也是权贵私有化的，权贵用经济垄断，权势垄断，搞思想权的垄断，搞知识所有权的垄断，搞生存资源垄断，千方百计把人民群众关进笼子里，用垄断的生存资源控制人民群众为他们效力。就像人把鸟儿关进笼子里一样，人垄断了鸟的生存资源，鸟儿只能用为人效忠，为人表演，给人带来利益，才能获得恩赐的生存资源。

在资本私有化垄断的经济基础中，那些国家权力也是被资本垄断的，那些被选举的总统们其实就像被关进了资本的笼子中，被资本控制，在私有制经济体制中被选举的总统就是被资本家们用恩赐腐败绑架腐败控制了的政治傀儡。其实就是那些腐败权贵用恩赐腐败绑架腐败绑架了一个所谓的民主领袖，控制他成了腐败权贵的傀儡领导人，用恩赐腐败拉拢民众控制他成了被选举出来的总统。那些选民其实也是被资本用恩赐腐败拉拢控制的被动的政治经济行为，其实就是精神奴才。

人民群众不在国家主体的政治体制中，人民群众只能是精神的奴才，权力的附势品，他们的所有政治经济行为都是被动的奴才性的。因为国家被权贵剽窃垄断了所有权。

人类社会中只有两种政治体制，一种是以人民群众为主体的政治体制；一种是独裁专制了政治体制，在国家所有权不明晰的情况下，当权贵成为了国家政权主体，谁反对他们就是反国家，这是国家十分危险的信号，其实无论谁当政，国家政权的主体仍然是人民。

所以说区别真假民主的基本原则就是看是否承认人民群众做国家主体，口头承认就是说原本人民群众就是国家的主体，只是被权贵用诡辩术搞国家产权所有权不明晰，被权贵事实的剽窃了几千年。

其实人权是民主、自由的结果，没有民主、自由，就没有人权。自由是民主的结果，没有民主就没有自由。那么什么是民主？其实搞明白什么是民主必须要明白什么是自由。追求绝对的自由，结果是失去自由。自由是一种平衡有序的生活状态，只有平衡有序才是真正自由。人走路要保持身体平衡才能行动自由。你非要绝对的自由歪斜着走路，你会摔跟头并失去自由。你开车不与其他人保持平衡有序，追求绝对自由，你会造成交通事故，你就失去了自由。

只有把权力关进制度的笼子里，人民群众才能真正行使对政府权力的监督。毛泽东的群众路线就是民主：第一，谁号召人民群众组织起来，谁就是真正民主。谁害怕人民群众组织起来，谁就是虚假民主。第二，谁号召以人民群众为中心凝聚起来，谁就是真正民主，谁号召以权贵为中心凝聚起来，谁就是虚假民主。第三，谁把人民群众作为国家主体，谁就是真正民主，谁把政府作为国家主体，谁就是虚假民主。

爱国就是关心国家大事，就是关心人民群众的权力利益，不关心人民群众权力利益的人，不会爱国。害怕人民关心国家大事的人，禁止人民群众思考议论国家大事，是勾结外国掠夺人民群众权力利益的卖国贼。我们看一看事实，现在有多少人关心国家大事？大多年轻人都不关心国家大事了，这就是年轻人不懂得人民群众就是国家主体的结果，不懂得自己就是国家的一个组成分子。

因果之前还有因果，现在我们看到的都是现在的因果表象。如果只看到现在的因果表象，也许就是佛教说的永远要在因果中轮回。人在研究佛经时，不想在这里争论。不过现实中确实是因果之前还有因果，评多事务总在因果中循环。追求真理其实就是研究那些社会问题最初的因。如果不明白最初的因，那么就会不断的产生更多的社会因果问题。不断地研究解决当前的因果问题，不研究最初的因，不断的用更复杂的法律解决更复杂的社会问题，那是“两眼不问窗外事”书呆子的愚蠢。

书生的特点是总在要求现实问题完全符合文字中的标准答案，“一心只读圣贤书”，就是这样的夸夸其谈的书呆子。无论是极“左”，还是极右，都是“一心只读圣贤书，两耳不闻窗外事”。只不过极“左”是用教条的标准文字答案要求现实完全符合他们的文字标准。极右就是用死记硬背的西方国家的普世价值观，要求政治上完全符合他们的标准答案，用市场经济文字理论要求在经济上完全符合市场经济文字理论。真正的真理绝不是固定不变的文字，真理的本质就是永恒的平衡有序，但是在暂时的局部就会出现现实的变化混乱，就需要根据现实的变化发展维护平衡有序的方法。所以我们总强调真理在脚踏实地的实践之中，不在表面的文字之中

因为绝不只是经济基础决定上层建筑，而是经济财势基础，权势基础，都是会使一个有这些势力的上层建筑群体变质。就是说经济基础，权势基础的垄断都是能决定上层建筑变质的。所以财势、权力都不能有绝对的垄断，某个群体和利益集团绝对的垄断权势财势，这个群体和利益集团就会变质成专制特权阶层，国家的所有权就会被权贵剽窃，导致爱国就成了爱权贵，爱腐败。经济基础必须是公有制的，权势基础也必须是公有制的，经济基础和权势基础的公有制就是人民群众是国家的主体，人民群众就等于国家。那些权贵人才们只是人民群众雇用的各种职责的经理负责人，当然需要人民群众的监督、批评、罢免。这样国家的产权和经营权非常明晰，当然产权和经营权是不可能分开的，哪个资本家与国家的产权和经营权分开了呢？那是少数腐败权贵编造的诡辩术谎言。这种国家产权的明晰会产生爱国的主动积极性，产生为国家做贡献的主动积极性，人只有在主动积极性中才能产生创造力，那种人民群众是国家主体的政治体制能凝聚起来的人民创造力，那是最强大的国家发展力。

中国几千年封建权贵专制的历史就是吃人的历史，那种吃人的封建的社会性行为文化是有社会习惯性的，是很容易产生腐败的。这种封建权贵专制社会性行为文化是由两个阶层的不同性质的行为文化形成的，是投靠更强者专制掠夺使用更弱者的社会性行为文化，权贵阶层依仗权势欺人，依仗财势欺人，依仗学术地位势力欺人，依仗名气欺人，依仗武力欺人的耀武扬威横行霸道的专制特权行为文化，他们有机会还会投靠外国强势群体仗势欺人。这是一种在一盘散沙的情景下盼望清官明君为民做主的精神奴才社会性行为文化。这两种社会性行为文化一个是主动的政治经济行为，一种是被动的政治经济行为，被动的政治经济行为就是精神奴才。那种被权势财势控制的被动选举民主其实也是被动的政治经济行为，是精神奴才行为文化。这种封建社会性行为文化的形成是几千年由权贵阶层垄断思想权，垄断知识所有权，垄断话语权造成的。在中国传统式家庭里也是父母们垄断思想权，垄断话语权的，所以那种封建社会性行为文化是以家庭的行为文化为基础的，那种有了财势，有了权势就仗势欺人的行为文化，就是封建式家族势力专制统治的政治体制的根本原因。

当今人民群众最需要的是思想权，是用话语权表达自己的思想权，这是最基本的政治权利，这是提高人民群众政治素质，做国家主人的基本权利。人民群众需要有充分表达自我思想和意志的途径及平台，说白了人民群众对于社会和国家管理要有话语权，对于为政者的得失成败有评论评议权和批评权。为政者的权力不是“老虎的屁股”。“国家兴亡，匹夫有责”。爱国有功，丧权辱国有罪。无论什么国家，就是文盲也有权请人写出自己的参政议政言论，只有人民群众的参与才能提高国家素质。

无论实行什么制度的国家，倘若人民群众没有参政议政话语权，根本就没有政治素质，

只是用文字装裱说人民做国家主人，没有政治素质的人民群众怎么做国家主人？所以，人民群众没有话语权，人民群众没有参政议政权，国家能健康发展吗？

在人类世界，千年历史中的文字理论大多数是几千年的封建权贵专制社会性行为文化的工具，是那些权贵垄断思想权，垄断知识所有权，垄断话语权，编造出来的骗民心，吃民肉，喝民血的厚黑吃民学。尤其是法家思想，基本就是吃人的陷阱，那些法家学者用诡辩术把那些文字解释得非常伟大不过就是在这个吃人的陷阱上装饰了很多骗人的东西。他们总是骗民说民为贵，其实就是权贵修身、齐家、窃国、骗天下，权贵成了国家主体，他们从来不敢承认民是国家的主体这个事实。老子的道德经也说圣人之治，其实哪里有什么圣人？都是用编造出来的圣人骗民而已，他们欺骗人民盼望出现圣人明君清官为民做主。还编造什么汉唐盛世康乾盛世欺骗人民，那些所谓的盛世都是权贵的盛世，绝大多数中国人是文盲，是穷苦人，权贵以更多的人是文盲证明他们的高贵，权贵用更多的人是穷困悲惨证明他们的高贵。

在权贵专制的几千年历史中，由权贵创造出来的文字工具其实就是勒索人的工具，那是用表面看着伟大慈善暗中隐藏着食人陷阱的文字工具。那些所谓的文化权威不过就是谁能在那些食人陷阱上用文字解释装裱得更能骗民心，谁就是文字文化大师。

只有主张人民群众是国家主体的思想，国家才是真正属于人民的。在人类历史上，只有为政者与人民群众保持零距离，方可形成凝聚人民群众强大的创造力。

维护国家秩序国民共同责任

贪图利益，目空一切，只谋求利益。与此相同的有唯命是从，马首是瞻等。马首是瞻出自先秦·左丘明《左传》里记载鲁襄公十四年时，晋国会同鲁、齐、宋、郑等国军队伐秦，要报三年前栎地一战之仇。联军到了泾水边就停住了，不肯渡河。晋国大夫叔向去找鲁将叔孙穆子商量该怎么办，叔孙穆子便引了《诗经》的话：“匏有苦叶，济有深涉，深则厉，浅则揭。”意思是匏瓜也有苦叶，渡河也会遇到深的地方。水深的话就直接下水渡河，水浅的话就撩起衣服过去。要联军渡过泾水，继续朝秦国进攻。叔向听了，就回去准备船只渡河。秦国看联军集中在泾水边，派人在泾水上游下毒，因此而毒死了不少联军士兵。郑国军队的首领子蟜非常生气，率先出兵和秦军交战，各国军队也跟着开打，但开战好一段时间都攻不下来。这时，晋国中军将领荀偃下令说：“我们等天一亮，鸡一叫就出征，做好填井毁灶的善后工作，然后跟着我的马行动，我的马头朝向哪里，你们就跟着哪个方向走。”下军的将领栾黡一向和荀偃处不来，听了荀偃的话不服气地说：“晋国从没有人下这种命令，我偏要把马头向东回国。”栾黡说完将马调头就走，他的部下也跟着撤兵。荀偃看到这种情况，很后悔下了这道命令，造成自家军队的分裂，心想这样非但不能打胜仗，还可能会败北，只好下令撤军回国，结束了这场战争。荀偃这道命令中，有“马首是瞻”四个字，就是要晋军跟着他的马头方向前进。后来“马首是瞻”被用来比喻服从指挥或跟随他人进退。

春秋时期，秦桓公邀晋厉公一起攻打白狄小国，暗中派人劝白狄归顺秦国，而去对付晋国。晋厉公知道后派吕相去和秦国绝交，说秦桓公是唯利是图、背信弃义，晋国对此痛心疾首。如果秦国能遵守先前的盟约的话，可以避免战争。

腐败泛指国家公职人员为其特殊利益而滥用权力的权利蜕变现象。腐败，也是指国家公务人员借职务之便获取个人利益，从而使国家政治生活发生病态变化的过程。

腐败问题是各国都存在的通病，而中国腐败现象发展迅猛的势头，既危及和破坏法律的权威性和有效实施，又破坏国家的经济基础，动摇着社会的政治基础。腐败问题已经对国家和社会构成了潜在的威胁。法制监督不力是导致腐败的主要原因之一。

腐败危害国家，同时也会伤害家人。说起腐败，人们往往想到贪污，其实抢劫也是腐败的一种类型。早期资本主义列强贩卖黑奴、剥削工人、大搞全球殖民地、掠夺全世界的原材料、能源、文物，这不是腐败吗？是腐败。叫作腐败还不足以体现其恶劣，用‘奴役’和‘反人类’这些词描述更加恰当。

腐败无处不在。它不只是公职人员滥用职权的问题，而是人们为了捞取任何不义之财而滥用职权（不一定是政府权力）的行为。另外还体现在人们在自己的工作岗位上不尽职、不作为，有令不行、有禁不止、思想颓废、麻木不仁等，这些腐败现象常常被人们忽略，其实它对社会以及对人类发展本身危害极大。

当前中国的腐败出现了一些新的特征：由收钱收物的“硬腐败”发展为接受各种效劳、旅游出国等好处的“软腐败”；由个人捞钱的“小腐败”上升为集体福利、挥霍公款的“大腐败”；由内资企业的“内资腐败”发展为外资企业参与商业贿赂的“外资腐败”；由一人出事的“单案”扩大为一揪一串的“窝案”。中国要尽快制定并实施财产申报制度，作为为官者要报告本人、配偶及由其抚养的子女的家庭财产，包括大额现金、存款、有价证券、房产、汽车、债权债务等主要家庭财产。中央巡视组采取例行的抽查制度，如每年抽查 3% ～ 5% 的党政领导的个人财产。对抽查发现的不如实申报的，一查到底，这种不确定性的威慑力比简单的惩罚措施更大。对于竞争上岗的领导，须在一定范围、一定层面上对其财产予以公开公布，对未公开、公布的财产，一经查明予以没收充公，并取消三年提名资格。

一些腐败败露后，往往引发所辖地区官场的“大面积塌方”。腐败分子在政治上拉帮结派，经济上相互牵连，结成了利益同盟，呈现出明显的群体性，即“窝案”“串案”。其主要特征一是涉案人员众多；二是涉案人在政治上丧失党性原则，形成了具有紧密人身依附性质的关系网；三是在经济上互相利用，结成了利益共同体。

“权力期权化”交易的是一种“权力”，不直接涉及钱物，因而形式和过程隐蔽，相互兑现往往是间接而不是直接的，如高薪任职、分给股权、优厚待遇等。

腐败分子进行权力操作可用“扶持企业、促进发展”，“企业改制重组”等为借口，即使损害国家利益也可用“改革代价”遮掩，过程隐蔽，其交易方不是在职官员，甚至可能不是其本人，对象和内容都较为隐蔽。“权力期权化”改变了腐败获利的时间和方式，为腐败分子手中的“权力资源”提供了最大限度的变现可能。

在中国文化中有很多消极的因素是滋生腐败的条件，如“潜规则”文化在官场流行，很多行为规则不公之于世而是“黑市”交易，公之于世的规则，大家又不遵守。同时，中国文化中有一种消解制度的倾向，在现实中就是“上有政策，下有对策”。

还有“圈子”文化，社会上流传着一句话：进了班子还要进圈子，进班子不进圈子等于没进班子，进了班子不如进圈子，进了圈子不进班子等于进了班子。入围的为官争宠，不入围的为官被剔除，这种示范效果迫使大多数为官者去遵从新的游戏规则。从追求庇护到跑官买官，并按照这一游戏规则提供的激励机制来做出行为选择，使正直为官者越来越难以生存。

有的腐败分子利用资本跨地域、跨行业、跨国境流动的机会，与地区外、行业外、境外的不法分子相勾结；有的利用国际间法律的差异，国内交易，国外洗钱；有的以境外商人为合作对象，在为对方牟利后，在境外“交易”，赃款赃物滞存境外。一些涉案的为官者特别是关键涉案人员一有风吹草动即随时出逃。

“裸官”问题浮出水面，暴露出以往外逃贪官贪腐时“留一手”（任职期间有意送妻儿出国，独自一人在国内），贪腐行为败露后立即逃往国外的腐败谋略。某些为官者利用出国考察机会滞留不归的情况更是暴露出贪官风险意识的增长。

中国银行、证券、保险、信托、拍卖等方面的反腐败措施比较少，导致新兴领域腐败案件频繁发生，在这些领域中，腐败呈现出金融化、虚拟化特点。

人管人累死人，靠权力反腐败只能是“人财两空”。总之，以制度反腐，以法律反腐，不仅会净化人的心灵，而且有助于提高人的素质，从根本上杜绝体制的漏洞。

封建顽固惯性时常祸国殃民

人之贪欲，国之腐败。权为己用，国库失窃。什么是腐败？腐败就是用专制权在各种垄断中掠夺各种特权利益，就是用专制权垄断生存资源，用垄断生存权垄断别人的生存权逼迫别人接受使用。当然他们还要用垄断思想权，垄断知识所有权，垄断话语权作为使用的辅助工具。专制权就是不受群众民主监督的特权。所以“使用”其实就是阶层性的特权腐败，这是社会中一切腐败的根源。

腐败各国皆有之。叶卡捷琳娜承认将她丈夫的故事公之于众存在风险，但她表示自己是在寻求公道：“我丈夫是一个卑鄙游戏的人质。”

万恶淫为首，千腐贪为先。专制权贵阶层从古至今都是用恩赐腐败绑架腐败保护自己的腐败特权。在奴隶社会，最大的奴隶主权贵阶层用自己垄断的经济基础恩赐小奴隶主腐败特权，拉拢小奴隶主维护自己的专制腐败特权。封建社会也是一样，君王权贵阶层用垄断的经济基础分封腐败特权，拉拢权贵维护自己的专制腐败特权。资本主义社会其实也是一样，垄断经济基础的权贵用恩赐腐败拉拢控制官僚权贵维护自己的专制特权腐败。他们共同的特点就是经济基础权贵私有化垄断，然后用恩赐腐败的方法拉拢权贵维护自己的专制特权腐败，这种权贵专制是必然要产生权贵阶层分裂的，因为获得最高特权专制权才能获得最高的腐败利益，所以权贵必然会互相拉帮结派争权夺利，事实就是多党派从来就是权贵专制社会的必然现象。

只是在封建社会那些多党派的夺权是暴力的你死我活的博弈，他们在争权夺利的时候也会编造一些民为贵的骗民术拉拢人民群众的力量。但是他们与人民群众的利益是绝对矛盾的，他们是有共同价值利益的，所以他们虽然自己互斗，但是，他们面对人民群众就会勾结起来压迫使用人民群众。因为这种极端的压迫使用导致人民的反抗博弈，所以当代资本主义社会的权贵高明了一些，他们在想办法不造成那种能产生暴力革命的社会基础，搞出了资本主义社会福利。为了不产生暴力夺权，搞出了多党制选举民主。其实还是为了维护他们的权贵专制制度，用他们的权贵专制制度保护他们权贵阶层继续垄断经济基础。其实那种选票民主就是专制权贵用财势搞收买的民主，是一种恩赐的腐败，选民用选票换取个人利益，是一种全民参与腐败的腐败行为，用这种恩赐的腐败拉拢民众支持专制权贵继续垄断经济基础。

在封建社会，皇帝为什么都喜欢腐败的奸臣？因为只有他们那些唯利是图的人，才会为了自己得到皇帝恩赐的腐败特权，绝对地维护皇帝的专制特权，而且这些奸臣腐败分子会被皇帝绝对控制，稍有不忠就会因腐败被清除，也会被专制权贵变成拉拢民心的工具，成为牺牲品。

在权贵专制社会中，肯定是最大的腐败专制权贵集团在用恩赐的腐败拉拢更多的权贵维护自己的腐败专制权，而且会用恩赐的腐败控制他们，稍有不忠就会被反腐清除。这种腐败的特权也会导致最严重的不忠，因为绝对的特权腐败必然会产生最高级别的分裂夺权，每个贼臣逆子的腐败都会有机会变成灭亡自己的屠刀，因为夺了权的必然会用反腐清除他，还能用这种争权夺利的反腐拉拢群众的支持。那些支持专制特权的小权贵其实每天都生活在惴惴不安之中，最大的腐败官僚也同样生活在提心吊胆之中，因为最高腐败特权会引来最高的奸贼夺权，同样会用反腐败把他灭亡。不要认为反腐就是为人民服务，在权贵专制严重腐败的社会中，反腐其实就是腐败权贵阶层内部的权力争夺的博弈。

他们在用恩赐腐败拉拢控制权贵，在用恩赐腐败拉拢控制军警，而且是用集体绑架腐败控制一切权贵，谁不参与腐败就先清除谁，腐败权贵会群起而攻之，使好官成为众贼围攻打击的对象。集体绑架腐败，一旦谁有不忠的行为，就会被反腐清除。

这种群体腐败的专制权贵对人民群众是绝对的横行霸道，结果是他们整天生活在提心吊胆之中，草木皆兵，有全副武装的保护，也害怕人民群众的怨怒。

中国封建社会的官场中总是有两大毒瘤，第一个毒瘤就是用权势专制绑架说谎，第二个就是用权势专制绑架腐败。绑架是最好用的政治手段，挟天子以令诸侯，绑架君王控制国家。还有用物质恩赐绑架一个人的精神，用生命恩赐绑架一个人的精神，用精神恩赐绑架一个人服从顺从。用既得利益恩赐绑架一大批知识权贵顺从自己编造谎言攻击自己的敌人。这是中国的知识权贵在几千年中专研传播发展的官场权谋术。有的文人权贵并没有创造出来什么有用的科学技术，他们的权谋术可是发展成了世界第一，令人看到官场是一种主子的恩赐与精神奴才的报恩的社会性行为文化，他们不是为了负责而做事，而是恩赐与报恩。为政者用恩赐提拔那些精神奴才升官，那些精神奴才也是为了报答主子提拔自己升官，效忠主子报恩。所以他们做事是没有什么原则，他们不为事物的发展原则而做事，只是用恩赐腐败利益拉拢自己的势力，寻求恩赐的奴才也是为了投靠更强者获得自己的势力而做事。

《荀子·大略》云："口言善，身行恶，国妖也。"用权势绑架说谎，用权势绑架人的地位，逼迫人服从他们的谎言，传播他们的谎言，如果有人不从，就剥夺这个人的地位。用权势绑架人的发展权，逼迫人服从传播他们的谎言。用权势绑架人的劳动谋生权，不服从传播他们的谎言就剥夺你的劳动谋生权。结果是他们被逼迫的说谎，他们是受害者，反而用谎言毒害了更多的人。被权势财势绑架了地位和劳动生存权的人不是当了吹鼓手传播谎言，就是当了打手。这种人喜欢用对强势霸道顺从式的随波逐流谋得自私的既得利益，其实这种随波逐流就是在推动社会崩溃，最终社会崩溃全部倒霉，那就是自私无知的自作自受。

绑架人的地位，绑架人的劳动谋生权，绑架人的发展权，甚至绑架人的家人亲属的发展权。逼你学着他们说谎，传播谎言。结果是上级骗下级，下级骗上级，都是明知故骗。目的是欺骗那些无知的百姓，主要还是欺骗年轻人，年轻人容易欺骗，而且容易被利用当炮灰。

人的尊严本来就存在，不要先剥夺了人们的尊严，然后又恩赐一点尊严，还要人们感恩。国家财富本来就属于国民公有，公平和尊严不是被权贵恩赐的，是用人民民主保障的，人民民主是财富分配公平的根本保障。

什么是权利？一个是物质的所有权权利，真正的物质财富是自然资源，是生产资料，是生存资源。一个是精神的平等权利，就是思想权、话语权、参政议政权。所以人民民主权应该有五个基本权利，才能是真正的人民民主。第一个就是生存资源公有制的权利，第二个就是财富分配权的民主权利，第三个就是话语权的民主权利，第四个就是思想权的民主权利，第五个就是知识所有权的公有制。生存资源的垄断和权力专制是产生不公平的根源，生存资源包括自然资源，生产资料，科学文化知识。科学文化知识的普及公有制是促进人类社会发展的最重要基础。普及的越好，人类的发展越快越好，垄断的越多，社会发展的阻力越大。

生存资源垄断导致的物质财富分配两极分化能导致社会混乱，科学文化知识的垄断导致的两极分化一样能导致社会混乱，没有文明教养，没有思想，没有信仰，没有良心的人喜欢投靠强者压迫使用更弱者，当吹鼓手，当打手，导致社会混乱。

只有在人民民主制度中才能有真正的公有制，权贵专制的公有制是权贵所有制。资本主义就是权贵专制下的权贵所有制。

权贵阶层依靠垄断生存资源所有权，垄断思想权，垄断话语权，垄断参政议政权压迫使用劳动力。劳动力就像被人关进笼子中的鸟，鸟的生存资源被人垄断，鸟被人用食物引诱训练表演，才能得到一些食物，维持自己的生存。劳动力被资本家控制了生存资源，想生存就接受资本家用金钱引诱激励训练，为资本家服务，表演得好的就成了资本家的宠物，成了所谓的白领，得到精品食品。但是，有些鸟就是不愿意被人笼养，就像麻雀，宁肯自杀，也不服从人的训练，为人表演。有些人也是宁为玉碎，不为瓦全，宁死不当奴才被虐待。

一个国家，任何人都有生存权发展权，生存权和发展权是用生存资源保障的。在私有化社会中，其实就是权贵阶层垄断生存资源控制了劳动力及普通劳动者的生存权和发展权。他们还用垄断思想权把这种生存资源垄断说成是合理的，还编造理由制定不平等的法律保护这种掠夺垄断。这种谎言就是需要用权势财势绑架说谎。没有权势财势的绑架，这种弱智无耻的谎言根本就没有存在的空间。

用权势专制绑架腐败，看官场的腐败风气是一窝一窝的腐败，清官想不腐败都不行，这种风气毒害了多少本来是清官的人才精英？做好人做好官不腐败在官场中无立足之地，那些腐败官僚害怕好人当好官，所以有的人合伙打击好人好官，逼迫所有人一起腐败。大伙一起腐败最安全，官官相护的腐败网最安全。其实这是最危险，因为那种腐败是绑架的陷阱，目的还是要你顺从上级的领导，一旦发现你有不顺从的现象，立即兔死狗烹。或者把你当了替罪羊。

针对这种社会现象，习近平多次强调打好反腐败这场歼灭战，首先要做的就是敢于、勇于动“大老虎”，不管身居多高的职位，不论做过多大的贡献，更无论其“人脉关系”多广，都应做到有案必查、违法必究，决不手软，以保持惩治腐败的高压态势。同时，还要顺藤摸瓜，严查其背后的“利益链”，不放过任何一个腐败分子，要展现出“除恶务尽”的决心，并付诸行动，将他们绳之以法，以实际成效取信于民。只有这样，才能让人们看到“为官清正、政府清廉、政治清明”的希望。

人民群众是国家强大的动力

人民是国家永恒的权力和领导者。一个为官者若用特权地位绑架腐败，特殊的权利，特殊的工资福利待遇绑架了一群精英，逼迫他们乖乖地顺从领导，那么这是十分可悲的。皇亲国戚和衙内们有个历史性的习惯，就是都比他们的父辈更霸道，他们的贵族高贵特权思想比他们的父辈更疯狂。他们最喜欢勾结成权势，权力贵族势力，横行霸道。他们的疯狂恶行也绑架了父辈，父辈为了保护新兴权势不得不勾结起来形成权力网络体系。

毛泽东为了防止官僚主义在建国初期给予警告，毛泽东说，我们不学李自成？因为毛泽东非常明白中国权贵有一种非常有中国特色的仗势欺人的行为文化，就是权贵依仗有功欺压人民。毛泽东明白李自成等权贵都是依仗有功欺压人民群众，丧失了民心导致土崩瓦解。

经济无论公有还是私有最终都是国家的。经济基础决定上层建筑，决定国家意识形态。有人把这个经济基础当成唯一的成因，总认为因为公有制是经济基础，因此才产生重国有轻私有的悖论。从国家大局着眼，无论私有还是公有统统都是服务于社会和国家，服务于人民这个永恒不变的大局。

有人希望所有为官者永远不变质，全心全意为人民服务。事实证明人有了权有了财富就会心随境转，权力财富越多，贪婪性越强。他们不明白绝对的权力特权利益会绝对地使更多的人变质成内贼。

国家真正强大必须是人民群众做国家主人，以人民群众为中心凝聚起来人民的创造力。毛泽东一句“人民万岁”，说明了人民群众才是永恒的圣人，群众路线人民民主就是一切以人民群众为中心，人民群众是国家的主人，是国家的“老板”，权贵只是人民群众老板雇用的管理人才，就是管理工具，这些工具出毛病了，人民群众就修理之，毛病大了就罢免废弃之，罪大恶极就回炉。

只有以人民群众为中心才能凝聚起人民的创造力。以权贵为中心，权贵就会垄断一切，这种专制垄断特权必然会引起权贵阶层分裂成多党派互相夺权，他们还编造谎言说那就是民主。权贵就是用垄断生存资源把人民群众的生存逼到走投无路，然后再用恩赐选票的假民主忽悠人民群众选举对自己恩赐最多的权贵当自己的救世主。

权贵垄断了生产资料，然后搞个什么民主程序忽悠人民。在生产资料被权贵阶层垄断的情况下，在劳动谋生权被权贵阶层垄断的情况下，劳动力的饭碗随时都能被砸碎的情况下，那种民主程序能怎样运行呢？在民主的程序中每个官僚都是肾结石，没有剧痛就别想出来结果。

第一种就是那种投靠更强者专制使用掠夺更弱者的社会性行为文化，他们是为了自私掠夺私利可以投靠任何强势力量的，当然可以出卖国家利益当败类。

第二种就是那种盼望出现真正权贵为民做主的清官明君，执行为民做主为民服务以民为贵的思想。没有人民群众就是国家主体做国家主人的思想。那种被动的政治经济行为就是奴才性的。权贵的传统封建专制性行为文化，加上人民群众政治经济行为的传统封建被动性奴才性行为文化，就决定了封建权贵专制政治体制比资本主义政治体制更残暴。

第三种社会性行为文化就是用恩赐文化扼杀了责任文化。尤其是一种主子的恩赐与精神奴才的报恩的社会性行为文化，他们不是为了负责而做事，而是恩赐与报恩。主子们用恩赐提拔那些精神奴才升官，那些精神奴才也是为了报答主子提拔自己升官，效忠主子报恩。所以他们做事是没有原则的，他们不为事物的发展原则而做事，只是用恩赐腐败利益拉拢自己的势力，寻求恩赐的奴才也是为了投靠更强者获得自己的势力而做事。

中国没有责任文化，中国人从小就没有责任教育，父母养育孩子不是责任，是恩赐。儿女孝顺父母是报恩，不是在感情的交流中互相产生的责任感。有理性的责任，也有一种感情的责任。以前的爱国责任就是一种感情的责任，现在的爱国责任增加了一种理性的责任。没有感情的责任，就不会产生理性的责任。如果有人说他没有感情的责任，只有理性的责任，那么他一定在说谎，他们理性责任是骗人的鬼话。

一个国家的知识权贵害怕更多的人懂得责任，就不容易用愚民政策专制统治人民了，所以中国的知识权贵打击责任文化，导致中国几千年没有责任文化。他们创造了一种恩赐与效忠的文化。中国人在家从小就被恩赐的养育，被感恩教育孝顺。在外是皇恩的恩赐，用感恩教育效忠皇帝。普天之下，莫非王土，率土之滨，莫非王臣。凡是天下的土地没有不是属于帝王的，凡是在天下水土上生活的人没有不是帝王的臣民。

有很多人实际上不明白什么是文化，他们总是以为那些文字文化就代表整个国家的文化。有人认为文字理论就等于真理。其实文字只是社会性行为文化的工具，同样的文字在不同的社会性行为文化中有不同的价值。说的是仁义道德的理论，做的却是否定人性的基本原则，讲的是仁政，实施的却是暴力。就是说文字真理也可以被当做专制工具使用。文字文化还有装裱自己思想和理念的作用，大多数文人喜欢用文字装裱及标榜自己，那是装裱虚荣的社会性行为文化文化。知识权贵喜欢用文字文化装裱本国历史文化，其实就是装裱他们自己的历史功劳，证明他们知识权贵搞权贵治国有功。

在教条的背诵文字理论。什么是无产阶层？无权才能无产，贫穷就是无产；有人提到阶级就想到斗争，斗是打杀，争是战争、残杀。这一切都是历史的尘埃。比较人性化的说法则是博弈，博弈无需动刀动枪，只需要不同阶层、不同群体、不同利益集团在同一个法制平台上充分施展各自的思想和意志、智慧及才能依序获取应有的权益。一个社会其本质是人民群众组织起来做国家主人，就是以劳动人民为主导，以政府为基础的组织才是国家权力。在一个国家，如果没有人民群众当家做主的政府，也就没有自己的民主权，或者名义上是群众组织，实际是权贵组织搞欺骗。人民群众没有任何特权利益，没有官职利益，没有大富的家庭利益，是绝对的普通百姓，只有自我权利和国家利益。

毛泽东的群众路线就是人民做国家主体的思想觉悟，才能真正使人民群众成为真正的国家主人。有些人只会背诵经济基础决定上层建筑。但是他们不懂权势基础，财势基础，学术地位基础，名气基础，普遍的都能决定人的思想，都是能使人的思想变质的。很多人是心随境转的，是自私的。权贵自私的群体性勾结就是产生专制使用阶层的根本原因，所以需要形成平衡制约力量，这种力量实际上正是习近平所倡导的国家的正能量。

社会风气是国家兴衰晴雨表

人的风气就是社会和国家的风尚。社会风气关系到国家安危。社会风气是整体或局部社会在一个阶段内所呈现的习尚、风貌，为一定社会中的风俗习惯、文化传统、行为模式、道德观念以及时尚等要素的总和。

一些节日如元宵节、端午节、中秋节等本来都是很有意义的传统节日，现如今已经衍生出一些不太好的社会风气，如变相送礼成风，产品包装过于豪华，产品质量不受重视等，此种社会风气是一种精神上的倒退，物质上的浪费。今日看到王尔龄先生的“中秋三愿”真是道出了此种社会风气的不利，也道出了一些有识之士的心愿。中秋三愿：“月到中秋分外明”，其实也不尽然。人到中秋呢，忧乐更不一。鄙陋如我，则陈三愿，权作中秋之祝。一愿皎皎明月光，“转朱阁，低绮户”，照见人间丑恶，使之无可遁形，无处匿迹，直至为法纪所处置。二愿“天街夜色凉如水”亦染凡尘浊世，道路上不再有醉汉、醉车。玩月自是人之常情，大可取其寂静；“明月几时有，把酒问青天”，似乎宜于自己家庭。第三愿是从今往后月饼净素。此非谓素食，而是指中秋节物的月饼干净、素朴。干净者，再无藏金暗贿之事，不再有玷污令节之累；素朴者，与豪华包装绝缘，盖包装求华，非徒昂其售价，更是毁去自然资源。节物本来是应节而上了市的，却有了如此的变味；节礼原是适俗而行于世的，却产生了这般异化，甚矣哉成了贿赂，豪华者成了某些私企的负担，前者是借节填贪官之欲，后者则逢节得筹划一笔出账，而又并不能让收受者视为稀罕物，倒可能造成他们饼多为患。社会风气的败坏，当然不能归罪于月饼，但节俗、节物的蒙垢何尝不能从这里窥见一二。月饼净素之愿，岂无因由。三愿陈毕，还得赘言几句：往者犹可鉴，来者应可追，所愿得遂，则吾侪幸甚，苍生幸甚！

社会风气还指社会上或某个群体内，在一定时期和一定范围内相仿效和传播流行的观念、爱好、习惯、传统和行为。它是社会经济、政治、文化和道德等状况的综合反映，同时也表现出一个民族的价值观念、风俗习惯与精神面貌。从微观角度考察，实际上这是群体中人际关系的一种氛围，是影响群体意识、群体凝聚力和群体工作效率的一个重要因素。社会风气表现在社会生活的各个方面，渗透在人们的言论和活动中，对人们的思想、心理和情感常起潜移默化的作用，其中如何处理个人与他人、个人与群体及国家的关系，则是社会风气好坏的最重要的指标。

社会风气是推动或阻碍社会前进的巨大力量，它直接关系到人民群众的身心健康、社会安危、国家存亡与民族兴衰。新形成的良好的社会风气，对于振奋精神、积极乐观、勤劳朴实、道德高尚和社会安定具有重要意义。社会风气，应该结合时代的特点进行分析。正如上面已经谈到的，当前开拓创新已成为潮流，追求发展、追求知识、追求富裕生活、追求成才等蔚然成风。所有这些都体现了时代精神，表现了一代人的新风尚。但另一方面，传统观念的裂变和否定与对新观念的理解之间的矛盾，使一些文化水平较低和缺乏批判能力的人们染上了不良的风气。例如当前的超前消费风、结婚摆阔气讲排场风、追求“洋装”“洋烟”，“月亮都是外国的圆”以及“一切向钱看”等。怀特和利普特经过对社会气氛的多年研究后认为，促进和维持良好社会气氛须满足几个心理条件：敞开思想去接受别人的影响；对自己在群体中的作用具有充分的信心；对任务和人际情境的客观性质抱现实主义态度；从地位观念中解脱出来；合理的权力和机会的平等；对别人的态度和行为中抱着友善和良好的愿望。上述建议对于我们树立良好的社会风气不无益处。应该特别指出的是，社会风气是整个社会环境的折射。要使人们身心健康、人际融洽，还必须优化整个社会环境，这才是根本之道。

社会风气是一个社会多数人的价值观念、行为取向、生活模式。社会风气如何，关系到人与人关系的公平，关系到每个人精神生活的开拓，关系到每个人切身利益能否得到维护，也关系到一个民族的改革开放事业能否不断得到推进。社会风气差，再美好的设想，也会无从落实。社会风气好，则必然能凝聚力量，给各种新的事业以有力的推动。良好的社会风气，从来是一个社会文明程度的标志。

在社会风气建设上，前人不乏成功的经验。西门豹治邺、曹操担任地方官时整顿吏治、近代人废除女子包小脚，均是中国历史的佳话。事实上，从古到今，社会风气不断在变，许多落后的社会风气，已经被世人所抛弃，说明了人类进步的力量是巨大的，不但是物质文明的推动者，同时也是社会风气的建设者。

但是，社会风气又是十分复杂的事业。比如，一个地方，一个王朝的社会风气，往往因人而兴，因人而亡。来了一个杰出的政治家，社会风气会好转，但这个杰出的政治家终究会退出历史舞台；品德恶劣的政治家上来，社会风气又会发生逆转。总之，社会风气的发展，缺乏一个良好的制度作为保障，很不牢固。又比如，一些落后的社会风气，几百年甚至几千年时间内都难以改变，像红白喜事大操大办，就是如此。再比如，在许多地方，物质文明搞得很好，但社会风气却也可能搞得很糟，二者不能同步推进。以上各种现象，均表明，社会风气形成和发展的规律，是不易掌握的。某个意义上说，变革社会风气比发展生产力更加困难，更需要智慧、意志，和劳动。

在建设社会风气上，既要有信心，相信事在人为，又要充分看到其复杂性，肯于动脑筋，肯于迎难而上，是我们应坚持的两种态度。

当前的社会风气，与国家的生产力发展严重脱节，广大民众不满意，一个真正对社会发展有着责任心的政治家也不满意。官员贪赃枉法，搜刮民脂民膏，压制人才，重视小人；民众信奉一切向钱看，自私自利，缺少社会良知和责任感等。社会风气的恶劣，很大程度上抵消了改革开放的成果，这种情况的出现，很大程度上是因为近些年社会风气的恶化，严重损害了国人的自尊。

近年社会风气的逆转，原因是多方面的。人们在把精力集中于经济建设，而忽略了其他的建设。虽然也在不同场合强调过社会风气的重要性，但那仅仅是说说而已，更多的是针对一时问题的一时措施，并不想真抓实干的。一些只求升官发财、思维能力严重低下的学者，对社会风气建设的思考极其庸俗、机械，很大程度上误导了民族思想建设的进程。一些为官者不学无术却自以为是，拍脑袋决策，使社会风气建设的科学性大打折扣。市场经济激发了人的创造性和积极性，也释放了人性中的自私贪婪、讲究享受的一面，对社会风气形成了挑战。电影、电视、新闻媒体、出版书籍，为迎合低级趣味的需求，把丑变为美，变异常为正常的价值观，男身女腔娱乐搞笑，只想赚钱，或宣传封建伦理道德，或热衷于色情凶杀，或颠倒事实蒙骗群众，或只做金钱或权贵的奴隶，缺少更深刻的民族责任，也是社会风气败坏的一个原因。

执政党能意识到社会风气的重要性，这是一件好事。希望执政党以新的时代的视野审视社会风气的内涵，既要批判社会风气中封建主义和教条主义的因素，又要吸取近几百年西方社会在社会风气建设上的积极成果，为社会风气建设注入时代气息。希望重视教育和宣传，更新教育和宣传，提高每个人的素养。希望加强奖惩机制，使作恶者付出代价，使行善者受到奖励，切实改变执法不公、执法不明的问题，使奖惩机制成为推动社会风气进步的有力杠杆。希望引进公平竞争和民众监督，澄清吏治，消除腐败，带动整个社会风气的根本好转。

万事万物都有自我更新的能力。严寒摧毁了无数生物的生气，春天又让无数生物恢复了生机。河流因洪水泛滥变得浑浊，但风平浪静，又会重现清澈。人的肌肉会有一时的创伤，但经过疗治，又会恢复原来的健康。社会风气也是如此。若干年前社会风气被搞坏了，但这种情况决不会无止境地延续下去。若干年后，又一代人到来，他们会有自己的思维和行动，革旧鼎新，使社会风气重新呈现健康向上、奋发昂然的正能量局面。

荣莫大于无私耻莫大于贪婪

私之耻也，贪之祸也。知耻则荣，不知则辱。普遍意义上的荣辱观也叫一般荣辱观，通常简称为“荣辱观”。普遍意义上的荣辱观的有两个方面的意义和作用：

一方面，它是对人们行为的一种社会评价。即它通过社会舆论的力量，用光荣和耻辱的概念，表明社会支持什么，反对什么。从社会评价的意义讲，不同的阶级有不同的荣辱观。凡是符合一定阶级利益的行为，一定的阶级就给以肯定和奖励，反之，给以否定和谴责。这种荣辱观念普遍来自个人在社会经济、政治中的地位。荣辱观念尽管与社会风尚、习俗、传统有着密切的联系，但是，它们并不是产生荣辱观念的决定性因素。任何一种荣辱观念，都反映了一定阶级政治上和经济上的要求。人们只能从自己的经济政治地位中，主要是从决定人们基本生存条件的经济地位中，形成自己的荣辱观念。如封建地主阶级以具有高贵的门第、显赫的官爵、成群的奴仆、穷奢极欲的生活为最大的荣耀；资产阶级一方面看不起封建地主这种门第观念，一方面则把人与人之间的关系简化为赤裸裸的利害关系，变成为冷酷无情的现金交易。在金钱至上阶层的眼里，最大的荣耀是金钱，钱袋可以决定一切，也可以改变一切。金钱的价值，就是货币所有者的价值，金钱越多，价值越大，尊严越高。

另一方面，它是一个人对自己行为所造成的社会后果的关心，它表示个人力求通过自己的活动，希望从社会得到荣誉，并努力避免耻辱的一种愿望。这种自我评价意义上的荣辱观，在一定条件下，会显得特别重要。如在等级社会里，使用阶层总是把荣辱向个人的狭隘方面来引导，说成是个人的事情，这就形成了在封建社会，人们长期以金钱地位作为个人荣誉的评判标准的问题。为政者建立社会制度，个人荣誉观念有它全新的标准，即社会给予个人的荣誉是与个人对社会所做的贡献相联系的，个人对社会所做的贡献越多，他得到的荣誉就越多。反之，耻辱是社会对违背公共利益行为的一种惩罚，也是人们对自己过失所形成的痛苦的内心体验。当人们的行为对社会造成了损害，在社会舆论的压力下，他就会感到耻辱。

改革开放以来，国家在经济上所取得的成就举世瞩目。但毋庸讳言，在这一过程中，我们也付出了一些代价。这些代价，主要表现在两个方面：一是自然资源在某种程度上遭到过度耗损，自然环境在某种范围内受到严重污染；二是随着改革开放进程的加快和市场经济的迅速发育，社会上的思想观念、价值取向日趋多元化，一些人在基本的道德价值判断上出现了混乱，理想信念淡漠了，思想道德滑坡了，甚至在一些为官者中还出现了腐败现象。之所以付出这两种代价，都与社会公平下的荣辱观缺位有关。为什么这样说呢？因为理想信念淡漠和思想道德滑坡显然与正义的原则相违背，即便是在乱砍滥伐、破坏生态平衡中，所反映出的问题实质，要么是缺乏保护生态平衡的科学知识、愚昧无知，要么是只为了一己私利，而不顾国家、集体利益，同样是违背社会公平荣辱观的行为。可见，现在提出在全社会树立荣辱观，是很有现实针对性的，是克服发展中的不足，解决前进中存在的问题，推动社会经济政治文化全面协调发展的必然需要。

其次，社会公平下的荣辱观还直接关涉国家软实力的强弱。现在，评价一个国家，不能光看其经济总量、军事力量等硬实力，还要看这个国家的思想文化、民族精神、道德情操等软实力因素。毫无疑问，树立社会公平的荣辱观必将进一步提升全民族的精神状态和道德情操的境界，进一步增强国家的凝聚力、感召力、影响力、战斗力。

社会公平下的荣辱观与国家现行的一系列重大方针政策是相辅相成的。正因为社会公平下的荣辱观的产生有其历史必然性，所以它与国家的重大方针政策于内在精神上相通相融。比如，与目前正在开展的群众路线教育密切相关。为官要做人民的好公仆，必须首先做一个好公民。这对执政能力建设非常必要。一个政党要巩固自己的地位，就要有泾渭分明的荣辱观，这样才能在人民当中树立起良好形象。再比如，树立社会公平荣辱观与构建公平社会也紧密相关。如果所有社会成员都能知荣辱、树新风、讲正气，那么这个社会必然会走向公平。只要每个公民都知荣辱、走正道、促公道，才能形成良好的社会风尚，才能让人民生活得更加幸福。

开展荣辱观教育，这些措施，已经勾画出了国家荣辱观教育机制的框架。要建立健全社会公平荣辱观的修养机制。社会公平荣辱观能否充分发挥其巨大的社会效应，关键在于广大公民能否通过道德修养，升华到较高的道德境界。为此，必须在全社会形成一种追求崇高道德修养的风气。要建立健全社会公平下的荣辱观的示范机制。实践社会公平下的荣辱观，要求我们善于发现和运用先进典型，树立可亲、可敬、可信、可学的道德楷模，让广大群众见贤思齐。同时，还要特别强调为官者的模范带头作用。为政者要把社会公平下的荣辱观的道德要求转化为个人的道德行为，常修为政之德，为全体人民做出榜样。要建立健全社会公平下的荣辱观的评价机制。道德的基本特点之一，是以善恶标准对社会现象进行评价。按社会公平荣辱观的要求，“善”主要是指符合国家和人民利益以及社会道德要求的行为，“恶”主要是指违背国家和人民利益以及社会道德要求的行为。要在全社会筑牢基本道德规范，形成惩恶扬善的舆论氛围。

在文化与价值多元的时代背景下，加强对未成年人的价值观教育，让他们从小树立社会公平下的荣辱观极为重要。今天的青少年生活的时代背景已有很大变化，其道德教育应该坚持怎样的原则，采用怎样行之有效的教育方法，才能使社会公平下的荣辱观真正内化到不同年龄段、不同文化、不同地域、不同家庭背景的孩子的人格结构之中呢？最关键的是要坚持“三近”原则。首先，社会公平下的荣辱观教育要贴近孩子生活。道德的本质是实践的，也是生活的。当前道德教育很大的一个弊病是“空”，脱离孩子的生活世界，空洞、枯燥、缺乏生活气息。脱离了孩子生活的道德教育只能是无源之水，无本之木。因此，我们的荣辱观教育，必须贴近孩子的现实生活，从生活中寻找道德教育的素材和契机。其次，社会公平下的荣辱观教育必须接近孩子个体。道德教育在本质上是涵养化育个体的德性。道德教育只有成为个体的自我需要，才可能是有效的。因此，道德教育必须和孩子的个体经验相接近，融入到孩子的个体生命成长中去，成为孩子成长的“呵护人”。最后，社会公平下的荣辱观教育还要亲近孩子心灵。道德文化建设在本质上是精神的和心灵的活动。道德教育只有触动心灵，引发感动，引领精神成长，才是真正的教育，才是真正有魅力的教育。缺乏相互尊重、平等对话，居高临下板起面孔的说教，照本宣科机械地传授知识，这都是与荣辱观教育背道而驰的行为。

普天之下莫非官民平等做人

民之国主，官之国仆。

国家就是一个群体组织起来形成一种凝聚起来的力量保护领土内属于自己的生存资源，那些生存资源主要就是自然资源，包括土地资源，水资源，石油，矿产等。当然还要保护自己国家的文化思想资源，因为那是凝聚起来本国人民的文化工具。本国文化思想是本国人民凝聚团结的力量，但是需要不断地创新发展，不发展就会变成一潭死水，毒害国民。

社会性群体需要有国民负责各种职责，只有这样国家才能更有效率的发展，这就需要那些社会精英在政府职责部门里管理国家，经营经济。人民群众就是国家的大老板，雇佣了一些为政者管理国家，那些为官管理者所行使权力都是受命于人民，当然应该接受人民群众的监督与批评。所以人民群众批评政府领导是权利之职。

不论在美国，还是在日本，为什么大多数知识权贵或者是自以为能成为权贵的人支持多党派民主呢？那是他们认为在多党派民主政治体制中能获得更多的投机机会，就是他们要用骗天下剽窃国家所有权。因为他们都是自私的，表面说是为了国家，实际是为了自己搞政治投机，实际是为了自己能投靠更强者专制使用掠夺更弱者。他们自己都不承认自己支持多党派民主是大公无私的为了国家发展。他们一边抨击自私，一边宣扬民主，自私的政治经济行为就是投靠更强者专制使用掠夺更弱者，这就是宣扬的多党派民主的本质。

历史证明以权贵为主体的国家，结果就是权贵政治流氓化、土匪化、无赖化，流氓土匪政治引起了人类社会不断的掠夺战乱，导致社会中越来越复杂的犯罪。权贵还用越来越复杂的法律制裁越来越复杂的犯罪宣扬法治的完善，其实他们在用复杂的法律作弱肉强食的陷阱。以权贵为国家主体的政治从来就是肮脏的。

权贵与群众的权力平衡是有序的民主。这个平衡有序就是人民群众做国家的主体，权贵做管理国家经营经济的工具。人民群众是国家的主体，国家政府机关都是为人民群众这个国家主体服务的，反人民群众就是反国家，就是反人类。不为人民群众服务的政府是背叛国家的政府。不为人民群众服务的政府领导人是背叛国家的犯罪。人民群众是国家主体，任何人任职各种官职、社会职位、国家职位，包括任何群体的领导者，他们的行为都只能是职责，他们只是社会和国家管理服务的工具。如果你不想当工具，你就别当官，别任职任何社会和国家职位。

从人类世界乃至各国状况来说，国家所有改革都应该是人民群众做主的主动参与的改革，只有在人民群众为主做主的政治体制中搞的经济改革才能为人民服务。要是哪个阶层做主人的改革就为哪个阶层服务，这样会失去广泛的支持。只有人民群众做国家主人，选择权贵任职各种为人民管理服务的社会职位。各种官职各种社会职位只是为人民服务管理的责任，不是骑在人民群众头上作威作福耀武扬威横行霸道的特权。

为民为国修道，一方面讲了无为的治国之道。那么，老子讲的圣人事实存在吗？这样的圣人是极少的，中国几千年的历史中只有传说中的圣人，真正的圣人不曾见过。老子说："是以圣人处无为之事，行不言之教；万物作而弗始，生而弗有，为而弗恃，功成而不居。夫唯弗居，是以不去。"那么，历史现实中有几个圣人做到了这些？都是传说中的，现实中根本没有。只有人民群众才能永恒的做到这些，人民是圣人。所以，不尚贤，使民不争；不贵难得之货，使民不为盗；不见可欲，使民心不乱。应该修改为不尚贤，使权贵不争；不贵难得之货，使权贵不为盗；不见可欲，使权贵心不乱。就是说国家的最高权力所有者没有任何特殊利益，才能避免为了争夺最高权力拉帮结派搞多党制争权夺利的虚伪民主，那种选票民主不过是把争权夺利的方法搞得有点秩序而已，拉帮结派多党制夺权本来就是为了获得专制权获得特殊利益。

只有人民群众成为国家主人，人民群众才能成为永恒的圣人，用老子说的那种无为之治治国，应该成为历史。

以人民群众为国家主体，以人民群众为国家的凝聚力中心，以人民群众为国家最高权力，就不会出现多党派夺权博弈，所有党派都是为人民管理服务的，不为人民群众服务的党派就是叛国党，不为人民群众服务的政府就是叛国政府，不为人民群众服务的官就是叛国官。

所以，必须把人民群众与有国家职权的权贵划分清楚，任何国家的公职位，学位职位，党派职位，国家职位，都肩负着各种为人民群众管理服务的责任。人民群众就是没有任何职位，没有特殊利益的普通群众，他们的家庭财富是平均水平的。没有任何特殊利益的最高国家权力才不会引起权贵拉帮结派多党派阴谋夺权。这才符合圣人的无为之治，人民群众就是永恒的圣人。

人们在人类社会的现实中看到了毛泽东，毛泽东不是圣人，但他发现了一个永恒的圣人，这个永恒的圣人就是人民群众，毛泽东不是神，他把自己与人民群众紧紧地联系在一起，成为一体，毛泽东就是以人民群众为中心，一切为人民群众服务的，凝聚在人民群众中的，用这种以人民群众为中心凝聚起来人民的创造力，推动了历史发展。所以，毛泽东喊出了："人民万岁！"所以，毛泽东说出了："人民，只有人民，才是推动历史发展的动力。"所以，毛泽东创造了群众路线思想。一切为了群众、一切依靠群众，从群众中来、到群众中去的群众路线。人民做国家主人就是以人民群众为国家主体，人民群众做国家的凝聚力中心，一切政府机关，一切官职都是人民群众这个国家主体的管理服务工具，这个国家才能有序稳定发展。

一个国家，如果以权贵为中心凝聚力，以国家政府为国家主体，结果就是许多权贵都在拼命争夺这个中心位置，许多权贵都要变成奸贼奸党，争夺这个国家主体，产生权贵拉帮结派搞内斗多党派争权夺势的混乱。所以说，以权贵为中心，以政府为国家主体就是扰乱社会秩序。全世界以权贵为中心的结果就是人类的自相残杀，自相掠夺，战争不断。全世界都以人民群众为中心，以人民群众为国家主体，世界才能真正和平。人民群众成为国家主人做国家主体，才是真正的普世价值。

人民群众是国家主体，政府是人民利益和国家安全的维护者及捍卫者，任何与人民群众和国家为敌的人都是叛国犯罪，任何与人民群众对立的，破坏人民群众利益的，都是破坏国家利益的罪人。

人民群众做国家主人的权利是《宪法》赋予的权利。因为以人民群众为中心的国家不会被投机钻营分子所掠夺，因为以权贵为中心，权贵就会与人民群众成为对立仇恨的阶级，权贵在掠夺人民群众的时候才会有共同的价值利益互动关系。

官僚权贵高贵了几千年，毛泽东领导人民群众强迫他们与人民群众平等做人，实行平等人权。

第八章 国强民富社会安 国弱民穷天下乱

治国理政是强国富民之道。任何一个国家的执政者，其第一要务就是治理国家，治国首先要安民、富民，让人民群众充分表达合理的诉求，充分尊重他们的思想意志及理想追求，把他们的聪明才智和思想情感提升为治理国家的正能量。

人民富则国泰国家乱因民穷

民富国之强，民穷国之弱。凡为政治国首先应明白这个道理，一定要先使人民富裕，人民富裕就容易治理，人民贫穷就难以治理。何以知其然？人民富裕就安于乡居而爱惜家园，安乡爱家就热爱国家而畏惧刑罪，敬上畏罪就容易治理了。人民贫穷就不安于乡居而轻视家园，不安于乡居而轻家就敢于抗上而违犯禁令，抗上犯禁就难以治理了。所以，治理得好的国家往往是富强的，乱国必然是贫穷的。因此，善于主持国家的为政者，一定要先使人民富裕起来，然后再加以治理。

从前，历代的君主，法度不一，号令不同，然而都能统一天下，这是什么原因呢？必定是国富而粮多的缘故。国富粮多来源于农业，所以先代圣王都是重视农业的。凡属于治国之急务，一定要先禁止奢侈性的工商业和奢侈品的制造，禁止了奢靡，人民便无法游荡求食，就只好专心致意从事本业。人民从事本业则土地得到开垦，土地开垦则粮食增加，粮食增加则国家富裕，国富则兵力可以强大，兵强则战争可以取胜，战胜则土地也就广阔了。因此，先代君王懂得人口多、兵力强、国土广和国家富都一定来源于粮食，因而都禁止奢侈性的工商业和奢侈品的制作，以利于发展主业。现今从事奢侈性的工商业和奢侈品制作的业主，干一天可以吃用五天。农民终年劳动，却不能维持自家生活。这样，人民就放弃主业而从事奢侈性的工商业。弃农而从事奢侈性的工商业，那土地也就荒芜而国家贫穷了。

凡是主业，其收入的特点是按月算往往不足，按年算才可能有余。然而，官府征税却急如星火，没有定时，农民只好借“一还二”的高利贷来应付上面征课。耕田锄草都有季节限制，但雨水不一定及时够用，农民又只好借“一还二”的高利贷来雇人浇地。商人秋天买粮的粮价是“五”，春天卖粮的粮价是“十”，这又是一项“一还二”的高利贷。所以，把上面的征索算进来，成倍索取农民的地方就达到四项，因为关市的租税、府库的征收、十分之一的征粮和各种劳役放在一起。一年四季加起来，也等于一项“一还二”的高利贷了。一个农民要养四个债主，所以对于外逃者处刑，国君也不能制止农民外流，这乃是粮少而农民没有积蓄的缘故。

从高山东麓到黄河、汝水之间。作物生长期早，凋落期迟，这是粮食增产的好地方。

国家粮仓空虚而百姓没有积存，其原因就在于君主没有办法均衡人们的收入。所以先代君王总是注意让农、士、商、工四民即使互换其行业，他们每年的收入也无法互相超过。这样，农民专一务农而收入可以与其他各业均衡。农民专心务农，田野就得到开垦，奸巧之事也不会发生。田野开垦则粮食增多，粮食多则国家富裕。没有奸巧之事人民又会安定。富裕而安定，这正是成王业的道路。

不生产粮食的国家要灭亡，生产粮食而吃光用尽的国家仅能称霸，生产粮食而又能食用不尽的国家才可以成其帝王之业。粮食，能吸引人民；粮食，能招引财富；粮食，也能使领土开拓。五谷丰登，则天下的物产都招之即来。所以，舜第一次率民迁安发展农耕建成“邑”，第二次迁徙建成“都”，第三次迁徙建成“国”。舜没有采用严重的刑罚和禁令，而人民都跟定他前行。因为离开他必然受害，跟着他必然有利。先代君王，正是善于为人民除害兴利，所以天下人民都心甘情愿归附他。

所谓兴利，就是有利于农业。所谓除害，就是禁害于农业。农业发展则粮食收入增多，粮食收入增多则国富，国富则人民安于乡居而爱惜家园，安乡爱家则虽改变他们的风俗和习惯，对他们驱使和调遣，以至于有所杀戮，人民都是不憎恶的。这都是致力于粮食生产的功效。人民不发展农业则粮食必少，粮少则人民贫困，贫困则轻视家园，轻家则容易外逃，人民轻易外逃则君令不能做到“必行”，君令不能行则禁律也不能做到“必止”，禁律不能必止则战争不能做到必胜，防守也不能做到必固了。法令不能必行，禁律不能必止，出战不能必胜，防守不能必固，这叫作寄生的君主。这都是不发展农业缺少粮食的危害。所以增产粮食乃是国家强盛的根本大事，还是为政者的重大任务，也是招引民众进取的途径和治国的道路。

“治国之道，必先富民”的道理从两个方面进行论述。一方面讲“民富则安乡重家，安乡重家则热爱国家，敬上畏罪则易治也”。从另一方面讲“民贫则危乡轻家，危乡轻家则敢陵上犯禁，陵上犯禁则难治也”。从这两个方面作了鲜明的对比后进行总结“治国常富，乱国常贫”。从而得出“民富国安，民穷国乱”的深刻道理。

为了实现“富民”目标，为了发展农业，必须首先“劈田畴，制坛宅，修树艺，劝市民，勉稼穑，修墙屋”，以实现“五谷粟米，民之司命也”，“粟者，王者之本事，主之大务也”，“地僻举则民留”的经济政治主张。在古代，民营经济非常单一，农业生产一直是民营经济的支柱产业，历来为一切有为的执政者和思想家所重视，而管仲比其他绝大多数思想家更高明、更睿智的地方在于，他不仅重视农业生产，而且，也十分重视工商业。

管仲的经济改革思想还明显体现在赋税改革方面。他实行“相地而衰征”的土地实物税政策，次地轻征，增产多得，“与民分货”，其目的在于提高种田的生产积极，促使他们增加产量，增加社会物质财富，自然，政府所得赋税收入也随之增加。同时，在主张征收土地实物税的前提下，对增加税、房屋税、牲畜税、户税、关税和市税等各种工商杂税来鼓励工商业发展，以分配和协调社会财富，维护工商业利益，来达到“民富则易治也”的政治目的。他还反对重税盘剥，主张取于民有度。他说：“知予之为取者，政之宝也。”“取于民有度，用之有止，虽小必安；取于民无度，用之不止，虽大必危。”鉴于当时地力、民力都十分有限，他主张对土地每两年征税一次，税率从白分之十到三十不等。年十取三，中年十取二，下年十取一，饥年不征。为了规范市场，打击富垄断者，控制他们与民争利，管仲还采取了向富者征收消费税的经济手段。

管仲之所以有如此高明的见解，原因大概有二：在他从政之前，曾经营商业多年，因而积累了丰富的知识和实践经验，而主要原因在于，他施展才干的政治舞台不是地偏僻的西部内陆地区（如秦），而是面临大海、经济比较发达的东部齐鲁大地。辽阔浩瀚的大海拓展了这位思想家的胸怀和眼光，丰富的实践经验更熔铸他那深刻、睿智的思想。

在那个时代，人们还无法掌握科学的唯物主义和唯物史观，管仲也不例外，但他的“富民”论却充分体现了经济基础决定上层建筑的朴素唯物主义观点。他那套系统的经济管理思想，在中古代历史称得上空前绝后，他早于他同时代的许多思想家、改革家，如李悝、申不害、吴起、商鞅等，但更大大高于他们的声望。

以史为鉴规避国运衰败风险

以铜为鉴可正衣冠，以古为鉴可知兴衰，以人为鉴可以明得失。人类社会经历了多少次兴衰？这几乎是一个难以回答的问题。不过，在几个世纪之前，历史学家发明了一个堪称经典的理论解释大国的兴衰。在这个国家，所有的兴衰，作为一个民族，作为一个人，始终充满了关心民族兴衰的深情。

其实，人类社会有兴衰周期，一个国家更是如此。例如，从三皇五帝到夏商周，再从秦汉到元明清，历经了无数次兴衰起伏，清朝从乾隆后期出现更加衰落的现象，腐败日益严重。继位的嘉庆帝和道光帝也失去了早期君主锐意进取的精神，掌政风格更保守和僵化。19 世纪上半叶，英国开始大量向中国贩售鸦片导致 1840 年中英鸦片战争的爆发。鸦片战争失败后，继位的咸丰帝所面对的时局是西方列强开始入侵，迫使清政府与其缔结了一系列不平等条约。第一个不平等条约是中英《南京条约》。第二次鸦片战争失败后又签订了《天津条约》和《北京条约》等。根据这些条约，清政府被迫割地赔款、开放通商口岸，清朝廷的威信一落千丈，同时中国也自此逐步沦为半殖民与半封建的社会，主权受到严重损害，国家尊严丧失殆尽。由于人民的负担逐年加重，因此引发了一系列的反抗运动，其中规模最大的太平天国运动，甚至一度对清朝的统治构成了严重挑战。

为挽救自身命运并增强国力，清政府内部有识之士遂展开了维新运动，试图革新图强，其中最为著名的是自 1860 年代开始的洋务运动。随着洋务运动的开展，全国各地开始先后引入国外科学技术，开设矿业、工厂，建设铁路、架设电报网，修建新式学校、培训技术人才；同时也成立了新的军事工业，逐步改进清军的武器装备和作战方法。

洋务运动使得清朝的国力有了一定程度的恢复和增强，到慈禧太后与恭亲王联合执政的同治年间，清朝在文武齐心合力之下，一度出现了较安定的政治局面，史称“同治中兴”。其间清朝在西方人的帮助下消灭了太平军、平定捻军之乱，并收复新疆，在国际上的地位和形象因此有相当大的改善。

洋务运动虽取得了很大的成果，但是由于时人多数未明当代的国际形势，少数人的急迫性并无法改变多数官僚的旧思维，清朝的维新运动最终未达日本明治维新般的成效，结果导致1894年中日甲午战争的失败，并于1895年与日本签订《马关条约》。随后，由光绪帝与梁启超和康有为领导发动的政治改革运动，戊戌变法，又因为慈禧太后和保守派的反对，而软禁了光绪帝，变法因此失败，因为只有103天，因此称为百日维新。

19世纪末，中国国内的排外情绪开始高涨，引发义和团运动仇杀洋人，八国联军入侵。1901年因此而签订了丧权辱国的《辛丑条约》。不久，中国发生了立宪与革命的改革路线之争，一开始立宪派占上风，清政府也答应实行君主立宪。不过，1911年5月组成的“责任内阁”中的大多数成员为皇族身份，故被称为“皇族内阁”，结果引发立宪派的不满。同年10月，武昌起义爆发，各省随后纷纷宣布独立，清朝的统治开始瓦解。清帝于1912年退位，标志着中国两千多年来的君主制度的正式结束。

不同历史时期世界各国发展状况的考察和研究得出结论：允许自由地建立各种组织而又长期没有动乱或入侵的国家，其经济增长受到利益集团的阻碍和危害也就更严重；集权主义政府或外来入侵者削弱或废除了分利集团的那些国家，在建立了稳定或自由的法律秩序之后，其经济就会相当迅速地增长。第二次世界大战后，英国的衰落和日本、西德奇迹般的增长就是有力例证。特别是分利集团的数目及其成立时间的长短同经济增长相关。

在西方，像行会、工会，以及议会院外活动集团等这样一些分利集团之所以会阻碍经济增长，主要是由于这些特殊利益集团具有排他性，它们阻碍了科学技术进步、资源的流动与合理配置；它们降低了生产经营活动的报酬，而提高了利用法律、政治与官僚主义进行讨价还价等活动的报酬；它们提高了社会交易成本而降低了社会经济效益。希望采取集体行动以增加其收入的分利集团不会关心社会总收益的下降或公共损失，因而分利集团的活动不是增加社会总收入而是减少社会总收入，与其说它们是“分蛋糕”不如说它们是有破坏性后果的“抢瓷器”。

对传统经济学理论无法作出完满解释的滞胀、失业和经济周期也可从分利集团作用的角度得到合理的解释：分利集团决策缓慢，使决策日程愈益纷繁，从而引起工资和价格“黏性”，使社会垄断性增加，市场无法结清，从而导致失业增加，社会总收入减少，需求下降，最后导致经济的衰退和萧条。

当然，从国家权力窥视到兴衰的祸根。很多人认为，斯大林为了巩固个人地位，通过残酷的手段打击政治对手，以肃反的方式展开了大清洗。据称，数以百万计的人被送进了劳改营甚至遭到屠杀。虽然，斯大林被西方国家的大多数人和部分苏联人视为一位残酷且犯下严重罪行的独裁者，但不可否认的是，在斯大林的领导下，苏联共产党对苏联的经济生产方式进行了大改造，并成功地把苏联改造成了一个重工业和军事上的强国。

20世纪30年代开始，西方采用“绥靖政策”安抚希特勒，并姑息纳粹德国吞并奥地利、捷克斯洛伐克，同意纳粹德国在东欧和中南欧自由行动，使得苏联觉得西方国家企图将法西斯“祸水东引”。

二战爆发后，按照该条约划分的势力范围，苏联以“建立防止德国入侵的东方战线”的名义，出兵与德国瓜分波兰，攻打芬兰并占领东欧部分地区。爱沙尼亚、拉脱维亚、立陶宛被强行并入苏联，此举加速了其周边国家向法西斯轴心的靠拢，也使得苏联在二战初期颇不得人心。

1941年6月22日，纳粹德国对苏联发动了突然进攻，苏联红军在战争初期严重失利，苏军遭受重大军事损失，在开始的头一周苏军就损失了九百架飞机、几千门火炮、一千多辆坦克与几十个正规师。之后，苏德战场成为欧洲大陆的主战场。1943 年初，苏军经过浴血奋战，获得斯大林格勒战役的胜利后，苏军在战场上掌握了主动。到了 1945 年 5 月，包括苏联红军的盟军攻占了纳粹德国全境，欧洲战事结束。

1941 年秋天，德国大军攻到莫斯科西北近郊，当时苏联政府与各国使节转到南方现在的萨马拉市。11 月 7 日当天，苏联领导人斯大林抵达被围困的莫斯科市并举行了盛大的阅兵典礼，所有校阅部队在典礼后立即开赴战场。此活动振奋人心。当年苏联政府将此悲壮仪式拍成纪录片在各地播放，在二战时对团结国家民心发挥了极大效果，为苏联争取最后胜利奠定了坚实的基础。

1953 年，斯大林逝世。苏联共产党高层领导人之间进行了几年的政治斗争，最后赫鲁晓夫成为了苏联最高领导人。此后，苏联进入赫鲁晓夫时期。

1964 年，赫鲁晓夫下台，勃列日涅夫成为最高领导人，苏联进入勃列日涅夫时期。在勃列日涅夫时代，苏联对外推行扩张政策，多次引发武装冲突，但是苏联的整体经济水平与西方发达国家的差距还是很大。勃列日涅夫通过推行苏联式的福利体系来提高苏联民众的生活水平，但由于没有强大的经济基础作后盾，这种福利体系为日后苏联的崩溃埋下了伏笔。

1982 年，勃列日涅夫去世，其后继任的安德罗波夫及契尔年科皆在上任不到两年便病逝。1985 年，戈尔巴乔夫上台，苏联进入戈尔巴乔夫时期。

戈尔巴乔夫属于改革派。戈尔巴乔夫在经济改革受挫、进展缓慢的情况下转向政治改革，在国内实行经济重建和开放性政策，对历史错误进行清算。但他的改革带来了意想不到的后果。随着中央权力的下放，各加盟共和国的领导人开始寻求更大的自主权力。随着“开放性”的日益深入，苏共在历史问题得到揭露的同时，逐渐失去了民心。

随着东欧剧变，苏联的加盟共和国政府也纷纷效法东欧诸国，意图脱离苏联而独立。1991 年 8 月 24 日，苏联第二大加盟共和国乌克兰宣布独立。苏联联盟开始走向解体。

1991 年 12 月 25 日，苏联总统戈尔巴乔夫宣布辞职，将国家权力移交给俄罗斯总统叶利钦。12 月 25 日晚，苏联国旗从克里姆林宫上空缓缓降下。12 月 26 日，最高苏维埃自我解散，标志着苏联作为一个主权国家正式结束其存在。

历史兴衰试图告诉人们，曾几何时眼见大国兴衰，见过洪水席卷莫斯科的街道，见过新世界的发现——但都是通过许多图书馆馆藏远远看到的。使国家权力让几个当权者鹤立鸡群的是它那些特定衰亡与一个国家的兴衰荣辱有着直接的关联。几个大国兴衰更替的故事，留下了各具特色的发展道路和经验教训，启迪着今天，也影响着未来。

英国贵族选择保有政治权力

官退民进，民进法立。在人类世界，每个国家的历史不同，国情不同，所采取的治国方法和治国理念也不同，这就是“因国而论，因国而治”。托克维尔观察到：“在英国，研究治国之道的作家与统治国家的人是混合在一起的，一些人将新思想引进到社会实践，另一些人借助事实来纠正和限定理论。”这些既治国又研究治国之道的人是贵族，例如写《政府论》的洛克和批判法国大革命的柏克均为贵族。其他人呢？有经济自由，难道还有什么比赚钱致富更重要的吗？

但在法国，统治国家的是一群人，讨论政府和法律的却是另一群人，后者是一群文人（民粹公知），没有任何从政经验，整天高谈阔论政治的普遍原则，而不考虑可行性和后果，托克维尔挖苦道：“其他种种自由的废墟里，我们还保留了一种自由：我们还能够差不多毫无限制地进行哲学思辨，论述社会的起源、政府的本质和人类的原始权利。”确实如此，法国缺乏经济自由，这些人缺乏上升的通道，于是就把改变自己卑微现状的希望寄托在革命上，希望在社会重新洗牌中，找到一个属于自己更好的位置。

摧毁封建经济特权的历史使命，英国和平完成了，法国却要通过一场大革命来实现。法国大革命的使命应当是自由，一是摧毁封建经济特权，二是约束政府权力，但实际结果是封建经济特权是被摧毁了，但政府权力却更强大了。“大革命建立的政府更为脆弱，但是比起它所推翻的任何政府却强大百倍。”

英法两国从同样的中世纪制度出发，但走的路线迥异，由此形成了两国不同的制度和激励。英国道路赋予了英国人自由、自治与宪政，这不是封建制度导致宪政，而是封建制度解体的恰当方式导致宪政；法国道路赋予了法国人革命、平等（哪怕是奴役的平等）、民主与强大政府。英国人不把改善自己生活的希望寄托在政府，而寄托在自己的自由和个人奋斗上；法国人则热切地希望政府能给他们带来一切，当政府不能满足他们的要求时，他们一次又一次地发动革命、推翻政府，希望下一个政府就是自己理想的原形。因此，大革命之火四处熊熊燃烧。

要自由还是要民主？是个人自负其责，还是寄希望一个强大的国家来解决一切社会矛盾和纠纷呢？英法两国贵族的不同选择决定了不同的答案。

更有趣的是在于，英国贵族在主动放弃封建经济特权时，却能长久保持政治权力，这两点缺一不可地塑造了英国的政治制度。不可天真地认为，因为英国的君主懂得妥协或人性仁慈，所以与“贵族共治天下”。事实上，想要扩张甚至独享权力，几乎是君主的天性。不过，几个世纪以来，英国历代国王中央集权的努力均以失败而告终。

13 世纪初，约翰王君临英国，这是一位好战的君主。为了解决战争财政问题，约翰王不断对平民与贵族加税和加征新税，1215 年，愤怒的贵族们以“国王没有履行他的义务，却要求比惯例规定的更多的权力”为由武装起来，讨伐国王。胜利的贵族和约翰王举行谈判，最后签署了《大宪章》。

《大宪章》让国王没法任意处置贵族的土地、城堡等财产，限制了国王对贵族的征税权，恢复了旧的贵族继承税税额，要求国王“除熟习本国法律而又志愿遵守者外，不任命任何人为法官、巡察吏、执行吏或管家吏”，伦敦城和其他城市“俱应享有其旧有之自由与自由习惯”。这是首次以明确成文法律的形式限制了王权、保卫了贵族和社会。再后来，有了常设的议会，又逐步形成了贵族院和平民院。君主做出重大决策，不征询议会的意见，后果是很严重的。

在法国大革命爆发前的一个多世纪，英国也爆发了革命。由于议会不同意随意征税，查理一世多次解散议会。为了筹募战争经费，在1640年重开议会，议会有大量面向国外市场而生产并因此而富起来的贵族与平民，要求国王尊重财产权和限制王权，结果国王和议会大打出手，不可开交。这场博弈把一个国王推上了断头台，但掌握了最高权力的议会派克伦威尔亦成为新的独裁者。在经历了近半个世纪的混乱后，以光荣革命解决了王权扩张问题，通过《权利法案》的规定：未经议会同意，国王不得废除法律，亦不得征税。英国因而确立了君主立宪政体。

英国议会于1689年所提出的法案，权利法案须被适当地执行及支持，方可有效并确实地保障所列举的权利。以历史解释的角度来看，权利法案是英国君主立宪的重要里程碑。一个确立的权利法案是不受一般的立法机关所管辖的，具有超然的法律地位。在许多宪政体制的政府中，正式的权利法案常被政府认定为是比单独的法律本体更有权威的依据。而未确立的权利法案则相反，能被后来立法机关所订定的法令给弱化，且不需要经过人民的投票认可即可修改。由于它的可变性，导致未确立的权利法案难以抵御腐败或是专制的立法机构攻击。一个成文而未确立的权利法案则是由立法机关所订定的独立法令。它可以被原制定机关修改或是取代掉。因此他无法像入宪的权利法案一样永久的存在。如置于其他的位阶中，权利法案的订定即便是成文法，仍可能如其他法律一般被废止，也不必然比别的法律更有分量。并非置于任何一种法律位阶都可以保障权利法案的独立性。

简单说，在英国，国王与贵族博弈的结果，是国王企图扩张王权、建立中央集权的绝对君主制没有得逞；贵族有力地捍卫了政治权力，并以《大宪章》和《权利法案》等法规和议会等机构有效地保卫和施展了自己的政治权力。这就给社会自治留下广阔的空间，这是自由尤其是经济自由的强大保障。在政府与个人之间，有各种界限模糊的阶层和形形色色的共同体，避免社会一盘散沙、公民沦为原子化的个体直接暴露在国家权力之前。因此，工业革命肇始于英国并不是偶然的。

值得称道的是，王权对英国宪政亦有相当贡献。连《大宪章》都不得不规定关于强占土地、收回遗产及最后控诉等案件，由国王巡回法庭审理。这反映了普通法取代封建法的趋势。在司法竞争的情势下，国王的法庭比领主的法庭审判更公正，更尊重基于传统习俗上的权利。这说明，国王和贵族互相制衡的结果，这有利于促使好的制度沉淀下来，成为英国人生活的一部分。

英国道路可以总结为：贵族主动放弃了封建经济特权，拥抱私有产权和市场经济，但与此同时却牢牢地保住了政治权力，阻止了王权对自由（尤其是经济自由）和社会自治的侵蚀，宪政就是这两点的必然结果。用等式表达的话，英国道路就是：贵族放弃经济特权+保留政治权力=宪政之路，“宪政治国，国之强固”。

和平革命下的法律文献宪章

由法不责众到法不仅责众，而且还要责官责权。人类经历了漫长的过程，甚至付出了鲜血和生命的代价。诚然，制定法律的权力不是一开始在议会手上的，在不同时代和不同国家中，立法权不尽相同。在原始社会时代，法律一般是习惯法，由一个氏族内大家共同的习惯组成，大家共同遵守。

在奴隶社会时代，法律已经成文，不同国家法律制定的权力也不同。独裁君主国家，立法权属于君主。在古代印度，则属于祭司阶层婆罗门，隶属于神权。古代雅典，立法权由奴隶主组成的议会共同决定。在封建社会，立法权一般都掌握在君主手里。

现代社会，各国的立法权一般都是掌握在议会，各国的议会制度也不相同。三权分立的国家，议会单独掌握立法权。议会除了具有立法权外，通常都具有运用税款的权力。两院制的议会制度国家，一般下院掌握最根本的赋税权，能以否决政府财政预算的方式控制税款的运用。

美国，立法权和行政权完全分离，互不干涉，互相牵制，各自单独选举。行政权首脑总统对立法有部分否决权，但如果经议会 2/3 多数通过，总统无权干涉。经常有总统的反对派掌握议会多数的情况。

在日本，议会多数党首自动接管行政权，担任首相，所以行政和立法互相配合。要是犯了错误，大家一起下台。

荷兰国王不仅是礼仪元首，尚掌握部分立法权。芬兰总统不仅是行政机构首脑，也掌握部分立法权。

中国的全国人民代表大会不仅是立法机构，而且是最高权力机构，掌握任命行政长官——总理和司法长官的权力，但不单独掌握全部立法权，行政机构也有部分立法权，在一定范围内可以单独颁布具有法律效力的规章。

现时大部分国家的议会都可分为两院制或一院制两种。两院制的来源通常有两种：英国式或美国式。英国式是源于英国国会建立初期，贵族和平民的利益无法平衡，于是设立由贵族组成的上议院和以平民组成的下议院以互相制衡。美国式是源于合并成美国的州份各有自己的渊源和文化，为避免人口多的州份侵害人口少的州份的利益，于是设立参议院，各州不论人口均派有两名代表，和以平衡以人口比例分配的众议院。一院制的好处则是简单，实行的多是人口少的国家。

1215 年 6 月 15 日，获得军事胜利的英国贵族集团与约翰国王相会于伦敦附近泰晤士河畔的兰尼米德草地，开始谈判。贵族们把一份预先拟好的羊皮纸文件交给约翰，在刀光剑影之中，走投无路的约翰无奈地在文件上签字署印，这就是英国历史上著名的《大宪章》。

1215 年的《大宪章》确立了一些英国平民享有的政治权利与自由，亦保障了教会不受国王的控制。同时它亦改革了法律和司法，限制了国王及皇室官员的行为。宪章内大部分的内容是从亨利一世时所颁布的《自由宪章》抄写过来。《自由宪章》是亨利一世 1100 年加冕时颁布，它限制了国王对如何对待教会及贵族，基本上给予了教会及贵族一定的权利。

最初的《大宪章》有 63 条条款，当中大部分是针对 13 世纪当时的状况而定，例如限制皇室狩猎范围等等。而当中影响最为深远的是第 39 条，由它衍生了人身保护的概念：除非经过由普通法官进行的法律审判，或是根据法律行事；否则任何自由的人，不应被拘留或囚禁，或被夺去财产、被放逐或被杀害。根据这个条文的规定，国王若要审判任何一个人，只能依据法律，而不能以他的私人喜好来进行。王权因而受到了限制，开始了迈向君主立宪的第一步。

1215年的《大宪章》中最为重要的条文是第61条，即所谓“安全法”。根据该条的规定，由25名贵族组成的委员会有权随时召开会议，具有否决国王命令的权力；并且可以使用武力，占据国王的城堡和财产。这种权力是出自中古时期的一种法律程序，但加之于国王却是史无前例。

英王约翰自始即无接受《大宪章》约束的诚意，他是在武力之下才被迫在文件上签署，特别是第61条几乎褫夺了国王所有的权力。就在贵族离开伦敦各自返回封地之后，约翰立即宣布废弃大宪章，教皇英诺森三世亦训斥《大宪章》为“以武力及恐惧，强加于国王的无耻条款”，教皇否定了任何贵族对权力的要求，称这样做破坏了国王的尊严，随后英国即陷入内战。

由于反约翰人民起义具有双重性质，因此，作为这次起义直接产物的《大宪章》也不可避免地具有双重性质：它既是一个系统阐述封建习惯法的封建性文件，又是一个表明王权有限、法律至上原则的宪法性文件。正是由于这种双重性质，才导致了后人两种截然不同的评价：有人把它誉为“英吉利自由之神”、“英国宪法的圣经”，有人则把它贬为“阻碍宪政进步的绊脚石”、“是一个反动倾向十分明确的封建文件”。时至今日，两种观点仍然各执一端，莫衷一是。

如果单纯着眼于《大宪章》的具体条款，它无疑是个封建契约文件。在《大宪章》的63条内容中，除少数几条外，绝大多数只是重申了人所共知的封建习惯，其中，关于贵族们的封建权利，特别是有关免役税、领地继承税、助钱、未成年继承人的监护权等问题占有最突出的地位。因此，就具体条款而言，《大宪章》是对几百年来国王与贵族之间的封建契约关系的全面“记述”，它“陈述了旧法律，并未制定新法律，就这一点来说，《大宪章》是一个过去的文件，不是一个未来的文件，它属于正在消失的过去。”

但是，如果我们跳出具体内容的狭小圈子，从精神实质的角度审视《大宪章》，它将呈现出另一种面貌。《大宪章》首次把过去的封建成规集中在一个统一的文件中，要求国王明确接受，保证实行。它“从头至尾给人一种暗示，这个文件是个法律，它居于国王之上，连国王也不得违反”。它以具体申述陈旧法律的含蓄形式，体现和宣告了一条崇高的宪法原则——王权有限、法律至上。一位美国学者曾指出：尽管大宪章以其具体性、明确性而著称，但它的重要性在于它宣告了一条基本原则，即有一组法律高于国王之上，用梅特兰和波洛克的话说就是：“国王低于法律，而且应该低于法律”。把一般原则寓于具体条款之内，恰恰是《大宪章》的奇妙之处，随着时间的流逝、社会的进步，《大宪章》的大部分具体规定都被抛进了历史的垃圾堆，“但《大宪章》一直作为国王应遵守法律的象征而矗立着”。特别值得注意的是《大宪章》第61条。贵族们制定这一条的目的旨在确保《大宪章》能切实有效。据历史记载，在草拟《大宪章》时，贵族们普遍意识到，当凭借武力逼迫约翰国王签署《大宪章》后，能否保证他信守诺言是一个无法预卜的未知数。对此，来自北部地区的少数贵族态度悲观，他们认为，企图用一纸宪章约束未来国王的行为无异于水中望月、镜里看花，所以，在《大宪章》拟就之前他们就打道回府了。其他的多数贵族虽然对约翰国王能否言行一致也持怀疑态度，但却不像北方贵族那样消极。他们认为，可以在《大宪章》中规定一种合法的强制办法，以监督和确保国王遵守《大宪章》，为此，他们制定了第 61 条。

该条款规定：由贵族推举 25 人组成一个特别委员会，以监督《大宪章》的执行。如果该委员会中的 4 人发现国王或政府大臣有违反《大宪章》的行为，应立即奏请国王改正，如果 40 天后仍未见纠正，该 4 人应报告给 25 人委员会，经委员会多数同意后，可联合全国人民，采取一切手段，包括采用武力夺取国王城堡、土地和财产，强迫国王改正错误。这一规定“将判断某种情况下法律是否遭到破坏的权力从国王手中拿了过来”，置于一个独立于王权之外的委员会手中，其实质是企图建立一种常规性权力监督机制，以确保国王遵守法律，而把武力作为最后的保留手段，这里面蕴含着国民有权强制国王遵守法律的宪法原则。所以，丘吉尔说：“有人说亨利二世时期是英国法治的开端，其实不然，《大宪章》才是国王受法律约束的开始，这是前所未有的。”

大宪章是自由维护者的载体

宪章，不仅是限民之章，宪章，也是限官限权限利之章。第 61 条规定没能付诸实现，在后来的《大宪章》新文本中删掉了这一款。但它所开创的思路与经验却被大贵族集团继承下来。在 1244 年大会议上，大贵族提出一份文件，其内容为：由全国公意选出 4 名“自由维护者”组成特别委员会，任何政府决策都必须通过他们；未经全国公意许可，国王不得罢免他们。很明显，该委员会的任务是防止和杜绝国王不法行为再度发生，“4 名‘自由维护者’所起的作用是模仿 1215 年 25 人委员会中的 4 名男爵的”。

对《大宪章》61 条更典型的效仿是 1258 年的《牛津条例》。该条例规定：建立一个由大贵族占主导地位的 15 人委员会，参与国家政府管理；国王应该根据该委员会的建议统治国家；国家高级大臣和地方官员任期为一年，届满时要向 15 人委员会述职。稍加比较即可发现，《牛津条例》与大宪章第 61 条是一脉相承的，或者说“《牛津条例》是以《大宪章》为基础的，它借鉴了《大宪章》61 条规范国王权力的思想以及相应的方法”。特别是与《大宪章》61 条旨在保护少数贵族的权利不同，《牛津条例》的目的旨在保护居民共同体的利益（至少在名义上是如此），因此，它比《大宪章》最初所蕴含的宪法原则具有更广泛的意义。难怪美国学者亚当斯自信地断言：“《牛津条例》的确比《大宪章》更进步，但这不是因为它是与过去断开的，也不是因为《牛津条例》是一个新的起点，而是因为《牛津条例》是英国宪政大厦的墙壁，而《大宪章》是这所大厦的基石。”

前已述及，《大宪章》的大部分条款是代表大贵族利益的，但也有部分条款是维护普通自由人权利的。譬如，《大宪章》第 15 条规定：“任何贵族不得向自由民征收任何贡金。”第 16 条规定：“对于以提供骑士服务而领有采邑者或其他自由土地持有人，不得强其服额外之役务。”很显然，这两条规定在一定程度上限制了大贵族对其下一级封臣的权力，甚至限制了小贵族对于维利的权力。当然，这种对贵族权力的限制是基于封建契约原则的，但它们至少说明，《大宪章》并非仅仅维护大贵族的权利。

再譬如，第 28、29、30、31 条规定，国王官吏如郡长等不得强取任何人的五谷或其他动产，不得强取任何人的马匹或车辆以供运输，不得强取他人的木材以建城堡或作其他私用等。这些规定的受益人大多是中等阶层而非大贵族。另外，第 13 条关于保障伦敦自由的规定，第 35 条关于统一度量衡的规定，其主要受益人显然不是大贵族，而是市民和商人。

最重要的是第 60 条规定：“凡英国人，无论其为僧侣或俗人，均应依照国王对其直属封臣所遵守的约束，对各自的家臣和奴仆同样遵守前述之习惯与自由。”斯塔布斯认为， 这一条款的目的在于“保证臣民的权利不受领主的侵犯”，他写道：“领主们自己为法律的公正与平等拟定了第 60 条文。这样，贵族们在追求自己的权利不受国王侵犯的同时，也规范和约束了他们自己对其下一级封臣的行为。平民的权利和贵族的权利同样得到了保证，自由人的利益得到了保护，商人的货物安全和维兰的农具也受到《大宪章》条文的保护。”

由于《大宪章》中包含了许多平民自由成分，所以有人说：“《大宪章》所体现的自由，其实是一个共同体的自由，这个共同体不是由这种或那种特殊地位的人所组成，而是指整个王国。”

要保障人权自由，必须实行法治。为此，1215 年《大宪章》第 39 条规定：“凡自由人除经其同等者依法判决或遵照王国法律的规定外，不得被处以扣留、监禁、没收其财产、褫夺其法律保护权，或被处以放逐、伤害、搜查或逮捕。”第 40 条规定：“国王不得向任何人出售、拒绝或延搁其应享之权利与公正裁判。”《大宪章》颁布之日，亦即英国普通法初步形成之时。因此，其中 39、40 条规定，通常被人们解释为案件应依据普通法程序由普通法法庭进行审判，所以，这两条规定成为英国人民反抗国王谘议会司法特权的武器。13 世纪 30 年代，有几个触犯法律的人在进行自我辩护时援引《大宪章》的规定，声称“他们是自由人，所以应该接受王国普通法的审判”。

爱德华三世时期，议会先后颁布了 6 个法令，使《大宪章》第 39 ～ 40 条规定与普通法更紧密地结合在一起。通过这 6 个法令，《大宪章》中使用的“自由人”概念被置换成了“所有人”、“任何人”，原来含义模糊的“王国法律”被明确为“普通法正当程序”，于是，《大宪章》所宣告的法治原则与普通法实践结合在一起，这一方面提高了普通法权威，保证普通法在中世纪英国法律体系中的主导地位，另一方面，也扩大了《大宪章》的影响，促进了英国法治传统的形成。所以有人指出：“《大宪章》悠久的历史得益于这样一个事实，那就是它与一个快速发展的英国法律体系（指普通法）恰好相符。”

权力受到限制，法制得到维护。虽然第一次发布的《大宪章》只维持了数星期，但是约翰死后的多次重新发布，使它成为了永久的法律；《大宪章》亦成为了日后英国宪法的基石。之后亨利三世及他的继承人曾多次避开破坏，《大宪章》的规定，然事实上中世纪英国皇室的皇权在《大宪章》之下，仍然是有增无减。不过，中世纪时期的英国国王亦曾三十次重新发布《大宪章》，证明国王始终不能忽视它的存在，至少《大宪章》的存在成功确立了一项国王亦必须遵从的原则：君主受到法律的限制。

17 世纪，随着国王与国会之间争执的增加，《大宪章》的作用亦变得更为重要。根据宪章的内容多次修订而成的法律，保障更多的权利和涵盖更多的人民，最后演化成现代的君主立宪。虽然只有开始的数句、中间 3 条条文以及结束语仍然有效，其余 34 条都已被废除，1297年发布的《大宪章》至今仍是英国法律的一部分。今天，《大宪章》的实际法律效用已很微小，只在司法过程中偶尔被控辩双方和法官引用。但不少日后编成的政府宪法，包括美国宪法，都是起源自于《大宪章》。

《大宪章》在原则上和实质上包含了后来发展起来的议会所具有的征税权，对王国政务放入国民参与权，监督权等因素，以及“国民自由”的观念。后来，随着历史的发展，“国民”的包容度再不断地扩大，但上述隐含的几种权利则逐渐被制度化了。第一，《大宪章》中非经“大委员会”的同意不得征税的条款，成了后人“无代表权不纳税”这一原则的基础。第二，征税要得到本王国一致的同意，就隐含了“国民”有被咨询的权利。第三，即便从当时的角度上看，《大宪章》也使贵族之外的一些社会等级也分享到了利益。这些都为半个世纪后平民代表进入议会奠定了基础，也为近代公民意识和公民法权观念的产生奠定了基础。

无论从什么角度来看，《大宪章》理所当然都是一份具有极端重要性的文献。第一眼看上去令人震惊的就是它的长度——其重要性很大一部分就在于此，在于其细致入微。它还具有很强的实践性，它不是对于英国人权利的泛泛而谈——更不用说普遍的人权了，它历数了当时英国人所遭受的各种苦难，并允诺给予相应的救助。它针对许多具体问题就相关法律进行了明确的表述。就我们现在所能做出的判断而言，在许多方面，它所表述的并不是什么新的法律，而反映的是亨利二世时期的做法。民众的呼声不是要求改变法律，而是要求法律应该得到遵守，尤其是得到国王的遵守。从此，含糊其辞的承诺不再管用，国王的权力及其所受的限制被白纸黑字地确定了下来。我们必须注意，这样一份冗长、琐细和务实的文件之签署本身，就意味着将会有法治的产生。

1215年的《大宪章》逐渐被认为是人类制定法的源头。《大宪章》的每一个字仍然极具重要性。于是，当公开印刷出版的时刻到来时，1215年的《大宪章》就位居制定法文献之首了。它经常得到国王们的确认，亨利三世在1237年、爱德华一世在1297年，直到亨利四世，它都在不断地被历代国王反复确认——据柯克统计这种确认达32次之多。宪章对于国王来说是一个羁绊，是一条只要可能国王随时都准备打破的锁链，于是整个王国不得不一次又一次地通过支付金钱来获取国王的确认——国王受其先王之承诺约束的原则是慢慢建立起来的。

法国贵族丧失政治权力之后

革命可以不流血，但有时必须流血并付出生命的代价。“权宜之计，以战治国”。现在我们说法国有中央集权的传统，其实这个传统也不过四百年而已。在加强中央集权、建立绝对君主制的事业上，英国国王在法国国王面前简直弱爆了，在查理一世及其后的几位英国国王与国会争夺政治权力时，法国正是“一代英主”——太阳王路易十四统治时期，于1643至1715年在位。在英国最终确立君主立宪政体的同时，法国确立了中央集权的绝对君主制。

许多人不理解过去欧洲的国王为什么动辄就发起战争，其实秘密就在于战争是君主加强中央集权的锐利武器。在战时体制下，可以转移国民的思想，分散他们对权力的注意力，君主可以低成本地抓权，贵族不出钱出力、平民不纳税支持战争，那就是“不爱国”；胜利了还有额外的花红，提高国王在国内民众中的威望。欧洲大陆的民族主义和绝对君主制同时兴起，绝不是偶然的。路易十四就是一位利用战争抓权的高手，在位期间，他发动了四次大规模战争，几乎在位一半的时间都在与别国交战。这就是所谓的“以战治国”，靠战争来维护和捍卫国家权力。由于时常发动战争，因此，法国在欧洲的国际地位和国王在国内的权力均急剧上升。

御前会议就是大革命前国王君临法国的最高权力机构。御前会议起源很早，但是它的大部分职能却是晚近才有的。它集最高的立法权、行政权和司法权于一身，作为政府的委员会，它根据国王意志还拥有立法权，讨论并提出大部分法律，制订和分派捐税。作为最高行政委员会，它确定对政府官员具有指导作用的总规章。它自己决定一切重大事务，监督下属政权。一切事务最终都由它处理，整个国家就从这里开始转动。它既是最高法院，因为它有权撤销所有普通法院的判决，又是高级行政法庭，一切特别管辖权归根结蒂皆出于此。

法国贵族在与王权的博弈中完全败下阵。他们丧失在中央政权的话事权和参政权。拥有最高权力的御前会议，其成员可不是大领主，而是“平凡或出身低下的人物”，所有成员均可随便撤换。不仅如此，贵族在自己领地的治理权也丧失了，属下的农民受法国君主政府的直接统治包括直接征税。“领主被排除在政府的所有细务之外；他甚至不再进行监督，不加以协助；过去他过问这些事以维持自己的力量；随着他的力量进一步削弱，他已不屑于这样做。”

应该说，随着经济的发展，“国退民进”成为一种社会趋势，法国的封建制度也在逐步解体，农民拿着大把的钞票可以购买并保有土地。不过，法国是落后的农业国，法国贵族没有像英国贵族那样有外贸和工业上的激励废除经济特权。法国贵族的封建经济特权仍继续保有，而且在农民对土地的强大需求下，经济特权的租金反而在增加。18 世纪的法国农民，“酷爱土地，用全部积蓄购买土地，而且不惜任何代价”。为了得到自己心爱的土地，首先他得付税（经济特权的租金），不过不是付给政府，而是付给所辖的领主，“这些人和他一样与政府毫不相干，差不多和他一样无权无势”，但是，他们囤积的有土地，土地就是黄金。

托克维尔这样描述法国农民的遭遇：“他终于有了一块土地；他把他的心和种子一起埋进地里。在这广阔的天地里，这一小块地是属于他本人的，对此他心中充满自豪与独立感。可是另一帮人跳了出来，把他从他的地里拉走，强迫他无偿为他们在别处干活。他想保卫他的种子不受他们的猎物的糟蹋，可是那帮人阻止他这样做。他们守候在河流渡口，向他勒索通行税。在市场上，他又碰上他们，必须向他们交钱以后才能出卖自己生产的粮食。”

更令人吊诡的是，法国贵族在保有甚至扩大经济特权的同时，不再对辖下的农民承担救济的义务，这本是领主的一项封建义务。此外，在中央集权制下，法国贵族还享有免税权。

这样，法国君主政府横征暴敛的所有赋税负担自然落在了穷困的农民身上了，税额不断变化，乃至种田人前一年无法料知下一年应付多少。在教区内，每年随便任命一位农民为收税员，由他负责将捐税负担分配到所有其他人身上。在这样的捐税制度中，每个纳税人都确实有直接的和长远的切身利益去窥伺邻人，向收税员告发邻舍财富的增加；人人被挑唆去嫉妒、告密、仇恨。但收税员也是要命的差使：这一职务给那些任职者带来绝望，几乎总是以破产告终；就是这样村里全部殷实之家陆续被陷入贫困。尽管文明取得各方面进步，何以18世纪法国农民的处境有时竟比13世纪还糟。

法国农民苦不堪言啊。在完全的封建制度时代，他们只需要向领主缴纳租赋；在绝对君主制的法国，农民不仅要继续向已失去权势的领主缴纳租金，还得向法国君主政府缴纳赋税。同时要侍奉两个主子，既继续承受封建之害，还要新受专制之毒。可是，在英国，贵族和平民一样纳税，赋税和法律面前的平等早已实现。

法国君主政府对私有产权是非常蔑视的：18世纪下半叶，当公共工程尤其是筑路蔚然成风时，政府毫不犹豫地占有了筑路所需的所有土地，夷平了妨碍筑路的房屋。桥梁公路工程指挥从那时起，就像我们后来看到的那样，爱上了直线的几何美；他们非常仔细地避免沿着现存线路，现存线路若有一点弯曲，他们宁肯穿过无数不动产，也不愿绕一个小弯。在这种情况下被破坏或毁掉的财产总是迟迟得不到赔偿，赔偿费由政府随意规定，而且经常是分文不赔。

法国治国道路可以总结为：在有为的国王加强中央集权和绝对君主制的努力下，贵族败下阵来，失去了所有本地和全国的政治权力，但与此同时却继续保持甚至扩大了经济特权，法国的穷人（农民）承受了双重压迫，既要继续履行古老的封建给付义务，又要为拥有绝对权力、蔑视私有产权的政府埋单，自由在哪里？平等在哪里？民主又在哪里？如果有等式的话，法国道路就是：贵族失去政治权力+保留经济特权＝不平等。

贵族的悲哀不仅仅招人爱恨

欧洲国家的贵族有两类：一类是享有特权的贵族；一类是不享有特权的贵族。英国贵族没有经济特权，但有政治权力；法国贵族则反过来，没有政治权力，但有经济特权。这一重大差别让两国的历史走势和命运形成鲜明对比，但首先是两国的贵族形象和命运有差距。

在英国，贵族有良好的形象，贵族从对外贸易和工业革命中赚了钱，靠的既不是封建经济特权，也不是从政治权力中寻租钱，而是托私产和市场的福。有钱的贵族是为了荣誉而非贪污和寻租去从政，又有世代传承下来的从政经验，这是理想的从政者。

市场经济的价格准则，是以非人格化的金钱交易和分配经济物品，如果不认金钱或不全认金钱，那势必要认别的东西，如认身份、认地位、认权势，金钱是一种去身份化、去权势化和平等化的力量，用十英镑，农民与劳动力能买来的东西，跟贵族与国王是一样多。当贵族主动迎合市场经济、主动放弃封建经济特权，贵族作为阶层与其他阶层的界限就模糊了，且贵族已经不是食税阶层，其精于政治技艺的专长反而更受尊重。

在英国贵族的自我革命完成之时，法国贵族可鄙视地继续保有封建经济特权，成为食税阶层；当他们失去政治权力后，反而汲汲于强化自己的贵族身份，觉得自己高人一等，这就更招人恨了。在英国，有身份人的意思已经泛化，绅士成为对男性的尊称。在法国，法语始终局限于其原始含义的狭窄范围，就是指身份上的贵族。法国贵族成为大革命的对象，不亦宜乎？

英国道路和法国道路的差别，塑造了两国不同的经济政治制度，一个是私产和市场原则受到充分尊重的宪政自由制度，另一个保留了贵族封建经济特权的绝对君主制度。这就造成了两国社会风貌的大不一样：英国人热爱自由；法国人却相信甚至迷恋权力。

在英国这样一个充分享受了自由尤其是经济自由的社会，形成了个人自负其责和社会自治的社会风尚，个人本能地对国家权力敬而远之。托克维尔写到，在法国“在大多数人看来，如今唯有政府才能确保公共秩序：人民只怕骑警队；而有产者只信任骑警队。对双方来说，骑警队骑兵不光是秩序的主要捍卫者，而且就是秩序本身”。但法国逃亡贵族到英国后，惊异英国没有这种骑警队。他们有人觉得，这英国太土太落后了，一个法国贵族写道：“这是千真万确的事：英国佬被偷盗以后反倒庆幸，说至少他们国家没有骑警队。”

法国君主政府已经强大到把一切都管起来的地步，人民的德性被败坏了，分配性努力压倒了生产性努力。“政府既然取代了上帝，每个人出于个人需要，自然就要祈求政府。诉状数量浩繁，虽然总是以公共利益为名，其实涉及的仅仅是琐碎私利。”“每个人都因贫困而指责政府。连那些最无法避免的灾祸都归咎于政府；连季节气候异常，也责怪政府。”

治国之道应该就是强国之道，如何实现中国的大国崛起。只要我们学法律，我们选择了法律，等于说我们就是选择了要为中国的强大、要为我们大国的崛起而努力。强国的标准就是三个条件：一个是经济强大，不仅是国家经济强大，私人经济强大也是必要的；第二个是政治民主；第三个就是社会公平公正。国家追求的这三个条件应该是合在一起的，如果国家只追求经济上的强大，国家可能发展速度得非常快，但是如果社会不公正、不公平怎么办呢？国家政治制度不民主怎么办呢？所以在这个意义上可以说，法律恰恰是这三者最高统一的一个部分。市场经济里面怎么能够给予市场主体的自由，同时又做到建立很好的秩序呢？回答是靠法律，没有法律不行，法律能解决自由和秩序之间的冲突，法律能解决民主和政治制度。所以，可以看到，法律是和治国紧密联系在一起的，强国之道必须由法律来做坚定保障。

第九章 等级神化贬贤能 举人才智国家兴

治国之道有三条，理、力、利。以理为先，讲民主，循理而行，众望所归，故能施以说服；可正人心、淳风俗，成彬彬有礼之社会。民主之设，缘人性有善端，社会立于合作。然人性亦有损人、利己之欲，故威之以力，导之以利，共襄民主。民主之不行，有霸道，有诡道，一则以力为先，一则以利为先。两者治国，有速效，但不能长久。

人为制造人之间等级的神话

人类是什么？什么又是人类呢？人类是宇宙万物中的一种物种，要说存在“天子”之说，那么全人类皆“天之骄子”——天子。人类的不平等在于人为的等级差别，这是人类文明进步迟缓的根本症结。

在中国古代时期对“大王”、“皇帝”总是称谓“天子”，并顶礼膜拜称“吾皇万岁，万万岁”。自从盘古开天地，三皇五帝到如今，没有一个君主能活够万年的，除了把持国家权力，挥金如土，日夜享受着花天酒地的奢侈生活，其寿命跟平民百姓没有什么特殊的，仍然是难逃“七十三、八十四，阎王不请自己去”的悲剧法则。其实，在古代封建社会，所谓天子完全是被人神化了的产物，也是人自相愚弄的游戏。按照古代人的定论，天子顾名思义，天之嫡长子。其名源于对封建社会最高执政者的称呼。他们为了巩固自己的地位和政权，自称其权力出于神授，是秉承天意治理天下，故称天子。他们还宣扬自己生下来就有许多瑞征，还有所谓“天子气”。人们还把他们比作龙，称为“真龙天子”。封建阶层宣扬天子“受命于天”，是上天委任于人间的代理人，受天命约束。

天子即天神之子，佛教中将化生到净土天界的神庆人物称为“天”，因此天神之子便是“天子”。一般认为，将封建社会最高执政者称为“天子”始于周代。儒经《尚书》中说，天神改变了他对自己的长子、大国商国君主的任命。因此，天子的含义，乃是天的长子或嗣子，即后世所说的太子、今日君主制国家的王储。因此，原则上说，许多人都是天神之子，都有做天子的资格，只要有德行。古学把《尚书》作为自己的经，也就对《尚书》的说法坚信不疑。中国历史上想做皇帝（天子）的人众多，因此，《尚书》为他们提供了理论根据。

“天子之说”随时代变迁与发展而不断进化。汉代司马迁作《史记》，说从尧舜开始，夏代、商代、周代、秦代的君主，都是黄帝的后裔。因此，这些君主都是名副其实的、血统意义上的天神之子，而他们经过世代的积累德行，做了天子，这种说法也是非常不合理的。但是汉代开国皇帝刘邦，出身平民，他的父亲都没有名字，就更加找不到他以前的世系。所以司马迁对于他能够做天子非常不理解，猜想他大概是天派遣的大圣人，不然的话，不会在几年的时间里就取得政权，做了天子。汉代儒者为了找到刘邦的天神血统，经历了近 200 年的努力。最后，儒者贾逵在《左传》中找到，尧的后代中有一个叫刘累的，曾经做过夏代的臣子。刘邦就是刘累的后代。这样，刘邦就可以通过尧，上溯到黄帝，被认为是具有天神血统的人。刘邦之后，王莽、曹丕做皇帝，也都要把自己的血统上溯到舜，再上溯到黄帝，以证明自己做天子的合理性。然而封建阶层执政者要证明自己有天神的血统是个非常困难的事，之后由于天神观念的变化，黄帝等也不再被承认是天神，而只承认他们是人帝，即使能够找到黄帝的血统也失去了意义，这时候，便出现了感生帝说。

感生帝说是汉代古学的重要内容之一，对后世也造成了重要的影响。感生帝说的要点是，皇帝的祖先，都是感受了天上五帝之一的精气而降生的。精气就是灵魂，也就是说，皇帝的祖先，都是得到了某位天神赋予的灵魂而降生的，所以他是天之子。从南北朝后期开始，国家正式把感生帝列为祭祀对象，至于五帝中哪一位是当朝皇帝的感生帝，则由儒者根据五行理论加以歪理推算。

宋代张载又改进了关于天子的学说，认为天地降生了人，因而他是我们大家的父母。但是，皇帝是我们父母的宗子，即嗣子，大臣等都是宗子的管家。所有的人皆为同胞，所有的物皆为朋友。这样，不需要感生帝说，天子也有了合法的地位。几百年后，明朝在改革祭祀制度的时候，取消了五帝祭祀，也不再祭祀感生帝，因为关于天子又有了新的说法。明· 黄道周《节寰袁公传》：“丙丁之间，天子贤达，士夫无出其（袁可立）右者。”

在《汉书》中一般都称圣上。天子自称朕，那么我们要看这是由谁那开始的。从史记中的记载，秦始皇已经统一了六国，李斯等大臣商议说：“有天皇，有地皇，有泰皇。泰皇最贵。臣等昧死上尊号，王为泰皇。命为制，令为诏，天子自称曰朕。”其实从秦始皇开始，后世皇帝都自称朕了。但在这之前，朕，只是我的意思，大家都可以用，只是到了秦始皇开始，只能天子独用了。其实皇帝还有很多自称，小子、冲人、孤、寡、不谷。人类本无什么“天子”，全是人自造自封，毒害人民、祸害国家几千年”。

天子没有退路！要么富有天下，要么子孙无立锥之地！所以天子一旦被抛弃，下场通常都很凄惨！天子说：“可不可以让我亲你一下！”天父说：“可以。”于是天父就伸出脚来，让天子亲一下！只有像亚历山大那样有道的天子，天父才会伸出手来让他亲一下！

天子控制天下人的生命，天父控制天下人的灵魂。灵魂，也就是思想，思想源于思维，思维源于教育，教育源于信息，谁能控制信息，谁就能控制思想，谁能操纵信息，谁就能操纵人类！

所以，包括天子本人，所受的教育通常都是错的！都是被操纵的，所以美国总统谁当并不重要，重要的是他背后的那个天父！只要天父集团还在，美国就算拉头驴去当总统，还是美国，还是世界霸主！这就是道德经里面说的：“太上，不知有之，其次，亲而誉之”，意思还在于，真正的天下的主人，几乎没有人知道他的存在，就像宋鸿兵的货币战争出来之前，几乎没有人知道美国有一个叫罗斯柴尔德家族的天父集团！《货币战争》最有价值的地方就是暴露了美国的天父集团，谁能胁迫罗斯柴尔德家族，谁就可以胁迫美国！谁能收买罗斯柴尔德及其仆从洛克菲勒家族，谁就可以收买美国！

像美国总统是其次的，只是个可有可无的木偶像而已！反而被绝大多数人亲而誉之，这就是民众可怜的原因，悲剧的根源，由于信息的不对称，不平等，所以绝大多数人所受到的教育是有缺陷的，价值观也是有缺陷的！所以必然被骗，所以必然苦海无涯，一辈子在苦海中挣扎！所以佛教的人说："苦海无边，回头是岸！"因为你的方向不正确，所以你越往前游，只会离岸边越远，所以许多人一辈子都上不了岸！因为他们的方向出现了偏差！

美国之所以繁荣，是因为一直以来，都是两党轮番执政，所以政策延续非常好！表面看上去美国是两党，其实是一党两派，演给人们看的游戏，所以说，人们所看到的和所听到的，通常都是伪装的，所以人们想的，通常都是伪装的。只有当天父集团需要人想对的时候，人才会想对，否则，任凭你怎么想，通常多是错的！因为能让普通大众看到的，通常都不是真相！真相是丑陋的！就像一个没有穿衣服的美女！花枝招展也好，婀娜多姿也罢，其实脱光了衣服的伪装，全世界的女人都是差不多的！但我们自出生以来，所看到的女人，多是穿着衣服的女人，也就是说，我们看所看到的，是经过伪装的假相，假如有个人想要脱下她们的衣服看看"真相"，通常是不行的。所以说，真相你是很难看到的！因为真相一旦被你看到，美丽的谎言就被揭穿！骗子的伎俩就开始走向绝路！谁以为没有武力博弈就可以高枕无忧的话，谁就是傻瓜，半桶水！趋利避害是人的本性，看到利益，就像水向下流，看到利害，就像烈火焚身一样害怕！谁能够把利益放在人们的前面，把利害放在人们的后面，谁就可以像驱赶群羊一样驱使他们，统治他们。利益分为两种，一种是看得见的利益，一种是看不见的利益，看得见的利益，比如权力金钱美女，看不见的利益，比如权利名誉。利害也会为两种，一种是看得见的利害，一种是看不见的利害！

这个世界的真相，用利益两个字就可以说完。利益的最高境界是权力！其次才是金钱。所以，争权夺利，争到权，就有莫大的利益！权力，权，源自于力，力又分为武力和智力！这个世界表面上看是没有武力博弈，但智力博弈却一刻也没有停止过！

百业振兴之际贤才举国济集

人有智国业兴，民心明国千秋。国有知人善长，为政识人尽能。治国要知国，要知民心，更要脚踏实地了解民情民意，否则是盲人入泥，再如盲人摸象。《大般涅槃经》三二："尔时大王，即唤众盲各各问言：'汝见象耶？'众盲各言：'我已得见。'王言：'象为何类？'其触牙者即言象形如芦菔根，其触耳者言象如箕，其触头者言象如石，其触鼻者言象如杵，其触脚者言象如木臼，其触脊者言象如床，其触腹者言象如瓮，其触尾者言象如绳。"后以"盲人摸象"比喻看问题以偏概全。

知人善任比喻只有善于认识人的品德和才能，才能最合理地举用他。汉·班彪《王命论》："盖在高祖，其兴也有五：一曰帝尧之功裔，二曰体貌多奇异，三曰神武有征应，四曰宽明而仁恕，五曰知人善任使。"

"子产之从政也，择能而使之。冯简子能断大事，子大叔美秀而文，公孙挥能知四国之为，而辨于其大夫之族姓、班位、贵贱、能否，而又善为辞令，裨谌能谋，谋于野则获，谋于邑则否。郑国将有诸侯之事，子产乃问四国之为于子羽，且使多为辞令。与裨谌乘以适野，使谋可否。而告冯简子，使断之。事成，乃授子大叔使行之，以应对宾客。是以鲜有败事。”

郑国大夫子产参与执政，选择贤能的人来任用他。冯简子能够决断国家大事；子太叔貌美俊秀而有文采；公孙挥能够知道四周邻国诸侯的行动，还能辨别它们大夫的种族姓氏、官职高低、尊贵卑贱、贤愚与否，并且还善于做外交辞令；裨谌善于谋划计略，在野外谋划就能获得成功，在城邑内谋划就会失败。每当郑国有诸侯之间的外交事宜的时候，子产便向子羽询问四周邻国的情况，并且让他跟他们多做一些外交辞令。之后便与裨谌驾车来到野外，让他看谋划计略是否可行。等到回去再告诉冯简子，让他来作出决断。如果决定这件事可行，子产就会把任务分配给子太叔让他去执行命令，来应酬对付各诸侯派来的贵客。因此子产执政时很少有失败的事情发生。

一个国家，只有知人善任，才能人尽其才。

“知人者智，自知者明。胜人者有力，自胜者强。知足者富，强行者有志，不失其所者久，死而不亡者寿。”能了解、认识别人叫做智慧，能认识、了解自己才算聪明。能战胜别人是有力的，能克制自己的弱点才算刚强。知道满足的人才是富有人。坚持力行、努力不懈的就是有志。不离失本分的人就能长久不衰，身虽死而“道”仍存的，才算真正的长寿。

在老子看来，“知人”、“胜人”十分重要，但是“自知”、“自胜”更加重要。了解别人的人有智慧，了解自己的人有洞察力；战胜别人的人有力量，战胜自己的人才是强者。他认为，一个人倘若能审视自己，坚定自己的生活信念，并且切实推行，就能够保持旺盛的生命力和饱满的精神风貌。

中国有一句话，叫“人贵有自知之明”。这句话的最早表述者，就是老子。“自知者明”，就是说能清醒地认识自己、对待自己，这才是最聪明的，最难能可贵的。老子提出精神修养的问题。有人认为，“宣传了一系列消极、保守、反省的精神修养观点”，“还宣传精神胜利法，说什么死而不亡是长寿，这些都是唯心主义的思想”。对于这种观点，有学者表示不同意，例如有人认为，老子所说的这种观点“为什么是唯心主义呢，难道‘死而不亡’是‘有鬼论’吗？”他认为，这是见仁见智，人各有心。他认为个人的精神修养，可以使人具有智、明、力、强、富、志、久、寿这些品格和素质，这些都具有积极的意义。老子极力宣传“死而不亡”，这是他一贯的思想主张，体现“无为”的思想主旨。“死而不亡”并不是在宣传“有鬼论”，不是在宣扬“灵魂不灭”，而是说，人的身体虽然消失了，但人的精神却永存不朽，是永垂千古的思想，这当然可以算做长寿了。

清末民初对《道德经》很有研究的著名学者梁启超曾说，人的肉体寿命不过区区数十载，人不可能长生不老，但人的思想和精神则可以永垂不朽，因为他的肉体虽然消失了，而他的学说、他的思想、他的精神却会长期影响当代及后代的人们，从这个意义上讲，人完全可以做到“死而不亡”。梁启超的这种观点，应该讲主要所受的不是佛学的影响而是受到老子思想的影响。

其实，这也是一个国家的文化，文化是不可消亡的，只要有人类社会存在。

贞观十三年（公元639年），唐太宗李世民通过贞观之治取得的明显效果，看到了优秀人才在国家建设中所起的重要作用，于是决定实施人才强国战略，大量招纳优秀人才。有一次，他就这个问题征询侍臣意见，说："朕听说国家太平后必有大乱，大乱过后必有太平。值此国家由乱到治，天下太平，百业振兴之际，需要得到大量的贤才来使用。我思谋了一个招揽人才的办法，打算让他们自己举荐，这样做你们看合适吗？"侍中魏征回答说："能够了解别人的人，是有智慧的人（知人者智）；能够了解自己的人，是聪明的人、自知者明。人贵自知，陛下广开人才自荐之路，四方贤才必然纷至沓来，何愁得不到济世贤才呢？"于是太宗决定在全国实施人才知人者智，自知者明。

智，是自我之智。明，是心灵之明。"知人者"，知于外；"自知者"，明于道。智者，知人不知己，知外不知内；明者，知己知人，内外皆明。智是显意识，形成于后天，来源于外部世界，是对表面现象的理解和认识，具有局限性和主观片面性；明，是对世界本质的认识，具有无限性和客观全面性。欲求真知灼见，必返求于道。只有自知之人，才是真正的觉悟者。胜人者有力，自胜者强。"胜人者"凭借的是自我个体的蛮力；"自胜者"凭借的是坚强的意志。能够战胜自我的人，是具有天地之志的人。天地之志是收获大道、战胜一切艰难险阻的力量源泉。只有"自胜者"才是真正的强者。

知足者富，强行者有志。有着丰富的内心世界的人，是与道为伍的贤能，既有美妙的精神世界，又有充实愉快的现实生活，自然感到满足。相反，那些失去了心灵的人，内心是空荡、迷茫的，只能把心思寄托于外在的个人名利和权力上。然而，没有心灵作依托的欲望，没有限度的欲望是永远不会满足的，这就是人生痛苦的根源。有着坚强意志的人，并不是为了自我名利和权力而拼搏的人，而是心存大道、甘守真朴、无执无失、豪情满怀之士。这样的人，人生必然是欢快和幸福。正如基督所说：有圣灵和你相伴，你还有什么不满足的呢？

不失其所者久，死而不亡者寿。所是心灵之所即大道。人生的目的，无不是为了幸福、健康、长寿。人们追求幸福、健康、长寿，却忽视了心灵的自由，反而导致生命早夭。那些真正懂得厚生的人，始终关怀的是内在的心灵，是以有形养"无形"，而不是以有形养有形，因此却获得了相对长久的生命。更有那些一生为了人民和国家大业的贤士，虽肉体死亡了，但是他们的英灵永存，这样的人才是真正长寿的人，因为他们的英灵是属于人民的，也属于社会和国家的，人民永存，社会和国家永存，他们的英灵永存。

治国举天下之英才用人德智

治国之道，关键在于用天下人之德智，其次是用天下人之耳目嘴巴，最次是用天下人之力！帝国用天下人之智，王国用天下人之耳目嘴巴，郡国用天下人之技术与力量！

美国收集全世界的人才与天才，利用天下人的耳目和嘴巴，吸取天下的技术与力量，所以成为帝国！苏联只吸取技术与力量，而没有利用到天下人的耳目和嘴巴，更没有吸收天下的人才与天才的智慧，所以苏联瓦解了。如果走苏联式的道路，那必定是要覆灭的！苏联的技术虽然很好，但他们没有抓住核心的东西，所以毁灭是必然的！

2013 年 1 月 23 日，高尔夫名宿汤姆·沃森给美国前总统比尔·克林顿上了一堂很好的高尔夫课，或许对于他来说也是一堂很好的政治课。那天，克林顿出现在了休曼纳挑战赛的赛场上，他回忆起自己还在任上，招待 1993 年莱德杯美国队的情景。当时汤姆·沃森是队长，与此同时，那也是美国队最后一次在欧洲的土地上取胜。

“我从一个高尔夫球手那里获得了最好一堂政治课。”克林顿说，“实际上，也是我从任何人那里获得的最好一堂政治课。”

当时，汤姆·沃森请美国总统握球杆，他看了一眼之后立即告诉克林顿，他握得太紧了。这是一般新球员普遍的错误。汤姆·沃森向克林顿展示了正确的握杆姿势，而克林顿可以从他手中将球杆抽走。

接着，汤姆·沃森再次叫克林顿握杆，而这次他的注意力在克林顿手的位置上。也就是这个时候他给了克林顿很好一堂课。

“高尔夫如同政治。”克林顿说，“如果你握杆握得太靠右，那么你会在左边遇到麻烦。如果你的握杆太靠左，你会在右边遇到麻烦。”

随着笑声散去，克林顿说到了最后一点。“关键在于你的握杆要恰到好处。”他说，“今天我们也要记住这一点。”

汤姆·沃森此处使用了“握拍姿势”之词，该词语在高尔夫中是指握杆，而在政治中，可以指治理，因此汤姆·沃森的话同时也可以解释为治国之道。

习惯于金字塔社会管理模式的人们通常过分依赖于权力，可美国人的确习惯这种“民重官轻”社会伦理。老百姓自己管理自己要有两个硬指标：一是法制，二是道德。白纸黑字的东西比较容易懂。美国文化就是典型的法治文化，人们从小到大都专注这方面事情，美国律师就是没事找事，小事变成大事，他们就像一群鲨鱼，鲨鱼是海里的“清道夫”，律师是美国社会的“清道夫”，一不小心就可能被清除掉，不论你是富人还是穷人，在他们眼中就是个潜在猎物，总统当然也不例外，犯法成本太昂贵，做裸官的成本也太高，美国贪官外逃没有任何国家敢接收。倘若你被律师给清除了却怪不了总统，也怪不了当政者，你只有怪你自己不小心，总是跟自己找麻烦。因为你投票时完全接受了这个国家的法律对你的管治权，因此美国天天有人骂总统，随时随地批评为官为政者的不作为，身为公权力者害怕国民批评指责就是“做贼心虚”。总统可以不当，辞职了可以重新再选，政府稳如泰山的存在，但人民还可以做的就是另选位总统，在美国不缺总统，缺的是能掌控宇宙的科学家。人民与政府依存发展，密不可分，从来没人说要推翻政府体制。反对总统并不是反国家，更不是反政府，总统是一个职务（职业），并不是国家，也不是政府。美国的“民治之道”把执政者与被执政者的矛盾巧妙地转化成了百姓之间的相互制衡，从此不再担心一个阶层推翻另一个阶层的暴力流血事端爆发。

有人会问：“如果民治真的这么好，那为何美国打了南北战争呢？”这个问题抓到了个关键点，那就是“法制的局限性”。当时，黑奴就像如今中国房地产一样，谁拥有越多谁就越富有，你跟他讲道德黑奴隶主不愿意听，你说良心，人家说养活奴隶就是保证就业，这涉及的利益太大了，任何废奴法案都不被南方富人所接受。甚至有学者还提出希特勒屠杀犹太人的例子说明社会道德是虚无的。林肯也曾经这么想过：“没有任何东西比保护国家统一更重要”。言下之意就是只要保持不分裂就可以谈判蓄奴问题。可是，林肯很快意识到不清除蓄奴制度就无法让美国成为真正文明国家，没有现代文明道德就没有现代文明国家。其实，在这点上，无论是当年的奴隶主和希特勒都比中国学者们明白道德的作用，所以第一步就是要“去道德化”。奴隶主说奴役黑人等于保护他们的生存权，希特勒说“犹太人是罪恶民族定要清算”，日本人说杀中国人只是“杀支那猪”，“文革”红卫兵说阶层敌人是“牛鬼蛇神”所以应该住牛棚，他们所做的就是把人变成“非人”，以此冲破人类道德底线。一旦人类的道德底线沦陷后果人们都很清楚，届时赢得战争本身将远远超过任何利益考量，直到最高造孽者被消灭。

说到道德底线的确没有个统一标准，谁都有一套说法，不同社会文化圈各有特色，其实谁都说不清楚，因为这是个潜意识的东西，也就是个起伏不定的东西。你今天听了和尚与你说“法喜”，明天道士向你说“修身”，可能你感动了，然后又灰心了。今天你听老师说学习雷锋给老人让座，明天你看到有人抢了老人的座位，你又心灰意冷了。人的意志是软弱的，趋利避害是本能，利益主义是最好的逃避借口，这也正是国人心目中的响当当的“道理”。这时，你容忍别人贪腐了，然后自己也同流合污了，连你自己都不再相信你自己的道德原则了。这并不奇怪，在心理学中这称为人格分裂症，你为了达成预期的自我而不断否定过去的自我，直到你习惯于一个新的自我。德治与法治在中国与西方存在历史传统上的差异，作为不可或缺、相辅相成的两种治国之道，在中西方经历了不同程度的变迁。现代国家要通过互相学习和借鉴，找到德治与法治结合的最佳途径。

因为人类文明都没有一个恒定的标准，自然也就没有了恒定约束力量。美国人的基督教文化有十分恒定的道德底线，天天祷告，事事感恩，连吃面包说是上帝恩赐，吃牛肉说是别人为自己的代祷的结果，人与人之间形成了关爱的氛围，时时刻刻自我检讨是否合乎道德，这种生活心态逐步成为了一种生活属性，道德成为生活必然的重要部分。你让他往牛奶里放三聚氰胺不就等于要毁灭他的所有自我尊严吗？因此，你打瞌睡时也就不担心他会偷偷造假了。当然这些人中有些是不坚定者，否则怎会有人贩毒呢？这也正是法制与道德相互补充达到民治效果的辩证过程。

毋庸置疑，治国或治人都是有目标性的，最终的效果还取决于最终“产品”如何定位，说的更深远就是要先思考未来社会需要什么“产品”。为了进入一个公民社会就必须采用相应的国家管理制度，对于中国来说就是“如何把国民管理体系推进到公民管理体系”，如何把社会改革成本降到最低，如何平稳推进国家管理体制过渡，这都是现代社会公众教育的核心话题。

政治生态理念植根于各民族

老子治国之道：无为而治。“无为”思想是由老子在《道德经》中提出的。老子所处的春秋时代，诸侯混乱，执政者强作妄为，贪求无厌，肆意放纵，造成民不聊生。在这种情形下，老子提出了无为思想，呼吁执政者要“无为而治”。他说：“我无为而民自化，我好静而民自正，我无事而民自富，我无欲而民自朴。”

老子既反对法家推行“以德治国”，又反对“以智治国”。他指出：“大道废，有仁义；智慧出，有大伪；六亲不和，有孝子；国家混乱，有忠臣。”他认为，“古之善为道者，非以明民，将以愚之”，“民之难治，以其智多。故以智治国，国之贼；不以智治国，国之福”。同时老子也反对兵家的“以力治国”，反对暴力战争。认为，“兵者不祥之器，非君子之器”，主张“以道佐人主，不以兵强天下”。只有推行无为而治，才能达到“我无为而民自化，我好静而民自正，我无为而民自富，我无欲而民自朴”的理想社会。

汉初的黄老之学吸取了先秦道家无为而治的思想，适应秦末政治动乱之后，民心思定的形势，强调清静无为，主张轻徭薄赋、与民休息，对人民的政治生活和经济生活采取不干涉主义或少干涉主义，借以安定民心，发展社会生产。黄老之学的无为而治思想在当时起了积极作用。唐代初年和宋代初年的执政者都曾利用无为而治的思想协调处理当时的社会矛盾，并有所收效。魏晋玄学家则通过宣传无为而治，引导人们消极、遁世、清谈、无所作为，对社会产生了消极影响。

老子说的“无为而治”、“无为而无不为”，并不是说坐在那里什么也不干，就什么事情也做成了。在老子生活的时代，人民日出而作，日入而息，自给自足，无需执政者来组织生产和交换，用谁来“为”，一切顺乎自然地进行。而执政者一旦“为”，则是为修建奢华的宫室而催逼苛重的税赋，或是为发动吞并他国战争而拉夫抓丁。这样“为”则百姓遭殃，社会动荡，“无为”则人民闲适、社会安宁。因此，“无为”是不妄为，不乱来的意思。是说执政者行为要顺应自然、社会发展的规律，并按照规律去定相应的法律、制度、不轻易变更，人们在这样的法律、制度下尽情发挥自己的聪明才干，努力做好各项事业。

一个国家的脊梁就是种群单体的自尊。可以说人的自尊决定了一个民族一个国家的命运。畸形的自尊造就了畸形的大和民族和日本，以自由为主的自尊造就了资本主义的典范美利坚民族和美国。而以坚韧为代表的自尊造就了德意志民族和德国。近代的政治变动和政府对文化的控制不利造就了中国人的自尊迷失，中国人对自尊的找回直接决定了中国强国之路的里程碑。

中国对教育问题的有效解决是短时间内日本的噩梦。对于可以预期的几十年来讲，中国对教育问题的有效解决是日本最惧怕的。因为教育直接决定民族前途，虽然教育对于人性的影响并不是决定意义的，但是教育却直接决定了短时期内国家经济政治的发展方向。所以，中国的教育问题才是最重要的。

中国经济的持续高速发展直接遏制日本的发展。中国经济的持续高速发展直接影响中日之间的实力对比，而对于一个民族的发展来讲，经济是推动国家机器和民族文化发展的原动力。作为这种源动力，经济就是一个民族发展的资本。作为这种资本的经济，属于广义上的涵盖人口，资源和经济链条的一种整体。简单的拼合不是经济。而这种经济秩序，直接催生民族文化。经济，教育和文化，就是一个螺旋上升的完整途径。

历史就是历史，躺在历史的河床上睡觉只能变成污垢的僵尸。人的活着属于现实而不属于历史，历史是故人的历程。作具有生命特征的人，对于任何事情都要从现实做起。我们要做的仅仅是以史为鉴，我们没有光荣的大资本，我们也不应该因为从前的屈辱就满目仇敌。人类要胸怀宇宙，要从零做起。一个国家要扩大领土，要发展经济，但是这些不是因为历史曾经屈辱，只是因为现在和将来应该这样做。国人需要一个平常心，需要重新去认识这个世界，不要妄想什么世代友好，也不要总是举目仇敌。世上就是这么的现实，没有永远的朋友，只有永远的利益。诚然，这是人类的致命弱点，同时也是人类的优点。总之，我们岂能执迷不悟生活在冰冷历史之中呢？这样会被冻成僵尸。讲历史不能唯历史，历史只能是治国理政的参照数，当一个人被幽灵缠绕时就很难听到活人的声音，这是一个悲哀的影子。这就是闭关，也就是锁国。

任何力量都是从团结人开始的，中国现代需要一个更广泛的民主，需要清明政治，需要新的广为大家接受的教育理念，然后还需要一个大家齐心向上的目标。

张弛有度是治国良方。一张一弛治国之道。而现阶段，民众对政府的普遍看法是张有余而弛不足。不过从事实上讲，卧薪尝胆正当时。国家兴亡，匹夫有责。但是治理国家却不是匹夫能为，最需要的是全体人民的自信和胆量，勇气和智慧。

切忌利己之欲循理人性善端

社会和国家是个大舞台，但人民群众并不只是台下的观众。要说为政者是主角，那么人民是配角，这种比喻有失恰当。在这样不太恰如其分的比拟下，谁又是总导演呢？当然是人民民主。民主之不行，有霸道，有诡道，一则以力为先，一则以利为先。两者治国，有速效，但不能长久。如秦用法家学说，霸道兼诡道（大棒为主，胡萝卜为辅），令行禁止，其强可灭六国，其弱不能过二世。

春秋战国时期，群雄割据，诸侯异政，百家争鸣，面对纷争对立的混乱局势，先秦诸子皆持否定的态度。有人认为这是天下无道的表现，称“天下有道，则礼乐征伐自天子出”；墨子主张天下尚同于天子，天子壹同天下之义；孟子鼓吹天下“定于一”。生当战国末期的荀子，顺应由分裂走向大一统的历史潮流，提出了“法后王，统礼义，一制度”的政治主张，阐述了系统的 “统和”理论。

在政治上，荀子主张建立中央集权政治体制，他认为，君主是国家权力的核心，治理国家必须实行君主专制，不能分散权力，“隆一而治，二而乱。自古及今，未有二隆争重而能长久者。”治天下也同样如此，“天下一隆致顺而治。”只有消除“隆二争重”才能实现天下安定，社会繁荣。当时，诸侯割据是天下分裂对立的主要原因和表现，也是实现统一的最大障碍。荀子主张“笞捶暴国，齐一天下”消灭割据政权，使天下为一，海内臣服。他把这一理想寄托在圣王身上，认为“全道德，致隆高，綦文理，一天下，振毫末，使天下莫不顺比从服，天王之事也。”

怎样才能臣服诸侯，结束长期分裂割据的局面，实现政权统一呢？这是当时人们十分关注的问题，思想家提出了各种主张。有主张以仁义民主统一天下，认为唯“仁人无敌于天下”。法家认为当时是争于气力的时代，主张以力统一天下，“力生强，强生威”重国尊君，御敌兼人全靠力量。还有一派主张以富胜贫，依靠经济实力来统一天下，这一派属稷下管子学派，其思想保存在《管子》诸篇中。他们认为，可以通过重赐、商战和赈贫等手段来臣服乃至消灭诸侯，“故善为国者，天下下，我高；天下轻，我重；天下多，我寡；

然后可以朝天下。”高下、轻重、多寡都是经济上的差别和策略。荀子列举了三种途径，详细分析了各种途径的特点及效果。他说：“凡兼人者有三术：有以德兼人者，有以力兼人者，有以富兼人者。”所谓“以德兼人”是指：“彼贵我名声，美我德行，欲为我民，故辟门除涂，以迎吾入；因其民，袭其处，而百姓皆安，立法施令莫不顺比；是故得地而权弥重；兼人而兵俞强。是以德兼人者也。”

所谓“以力兼人”是指：“非贵我名声也，非美我德行也，彼畏我威，劫我势，故民虽有离心，不敢有畔虑，若是则戎甲俞众，奉养必费；是故得地而权弥轻，兼人而兵俞弱，是以力兼人者也。”

所谓“以富兼人”是指：“非贵我名声也，非美我德行也，用贫求富，用饥求饱，虚腹张口来我食；若是则必发夫禀之粟以食之，委之财货以富之，立良有司以接之，已期三年，然后民可信也；是故得地而权弥轻，兼人而国俞贫，是以富兼人者也。”

荀子认为，礼义道德是人心所欲，众望所归，故以德兼人，顺民心，合民意，“故仁人之兵，所存者神，所过者化，若时雨之降，莫不说喜”。由于得到人民的拥护，国势会越来越强盛。以武力征服天下，人民畏于威势，不敢有背叛之心，但内心并不顺服，只能靠兵多来维持势重，如此，不仅财力难支，越打会越弱，以财富来兼并天下，对百姓诱之以物利，能满足人们的一时之需，这样，国家所费弥多，必然陷于贫困。所以恃强凌人者必弱，恃富骄人者必贫，只有以德待人，才能最终王天下。在荀子看来，统一天下，关键不在于攻城略地，而在于争取人心，而争取人心要靠道义，“壹民以道”，道义的力量是无穷的，只要拥有它，就可以“不战而胜，不攻而得，甲兵不劳而天下服”。

尽管荀子没有完全否定“以力兼人”，但他所提倡的以礼义德行为手段的统一策略是非常迂阔而不切实际的，所以，他以三王之道游说秦昭王，而不见用于秦不是偶然的。当时是“争于气力”的时代，只有靠实力、通过武力才能维持生存，进而铲平群雄，统一天下。仁义德行在这一历史进程中显得苍白无力，毫无用武之地。战国时期的历史发展得以充分证实。

人的行动受思想和观念支配，没有正确的是非观念就不会有正确的行动。思想理论对于国家政治活动来说同样如此。在百家争鸣的战国之世，各派私心自用，是其所是，非其所非，没有一个统一的是非标准，造成了严重的思想混乱，给国家政治带来了危害。

邓析是早期名家的代表人物，他运用自己过人的名辩技巧，混淆是非，干扰司法，竟使郑国大乱。从这种意义上说，思想纷争，学派林立与国家政令统一的要求相互冲突。要齐一天下，必须建立统一的是非标准，消除各种对立的学说。荀子有见于此，对诸子百家展开了猛烈攻击，称“百家之说诚不详”，认为“知而险，贼而神，为诈而巧，言无用而辩，辩不急而察，治之大殃也”。荀子以先王和礼义作为衡量思想学说的标准，认为诸子之学不是先王，不合礼义，都是邪说奸言，邪说奸言必然扰乱天下，使天下浑然不知是非治乱之所在。他主张对这些邪说奸言及其制造邪说奸言的人给予严厉打击。

《荀子·宥坐》记述了一则孔子诛少正卯的故事。一贯以仁义自居的孔子代理鲁国宰相，不出七天就把少正卯杀了，他还为自己的行动举了一大堆理由，说：“人有恶者五，而盗窃不与焉：一曰心达而险，二曰行辟而坚，三曰言伪而辩，四曰记丑而博，五曰顺行而泽。此五者，有一于人，则不得免于君子之诛，而少正卯兼有之。故居处足以聚徒成群，言谈足以饰邪营众，强足以反是独立，此小人之桀雄也，不可不诛也。”

“听其言则辞辩而无统，用其身则多诈而无功，上不足以顺明王，下不足以和齐百姓；然而口舌之均，唯则节，足以为奇传、偃却之属；夫是之谓奸人之雄。圣王起，所以先诛也，然后盗贼次之。盗贼得变，此不得变也。”辞辩多诈之人比盗贼还可恶，是圣王首先要诛杀的对象，盗贼还可以教化改造，而他们则无可救药了。仁人君子，当务之急是以先王之道，统一之术，铲除异端，“今夫仁人也，将何务哉？上则法舜禹之制下则法仲尼、子弓之义，务息十二子之说，如是则天下之害除，仁人之事毕，圣王之迹著矣。”可以认为，荀子这里已发出了罢黜百家、独尊儒术的先声。这是他为统一天下所提供的理论基础。荀子视十二子为天下大害，主张有圣王起“所以先诛”的思想倾向，对于秦始皇和李斯的“焚书坑儒”不会没有什么影响。

传递社会有用价值为国所用

一个人称聪明，三个人才称得上智慧，十人以上是群体，那么百人之上方称团队，只有团队才能出精神，出思想和理念。当然，人在每个阶段，取决于自己的能力和目标，都有不同的价值定位。当你还是一个潇洒的大学硕士，其价值不仅在于你有学术见解，或者是每次研讨会上总是滔滔不绝把老师要说的内容全盘托出，也可能是因为你很帅，大家觉得和你在一起有面子，再则你很有钱，总乐于买单，而是在你工作后，或许你是一个社会活动家，或许是一个品牌设计师，总愿意出谋划策，或许你认识很多媒体，善于用笔杆子为人解决问题，或者你在生产制造方面很有经验，当然，如果你有很多钱，是值得恭喜的，你处于食物链的顶端。

当一个老好人，固然有趣但毫无用处，但一个总不愿被人利用的精明人，也难以建立真正的人脉关系。在人际交往中，要善于向别人传递你的“可利用价值”，从而促成交往机会，彼此更深入地了解和信任对方。

在日常社交中，有两种心态不太可取：自我封闭，傲慢，此类常见于一些外企白领金领中，常以递出的名片是某某500强的高管或VP为傲，流露出“我等高职位，应获得你的尊敬”的小圈子心态，其实炫目的职位固然让朋友觉得有面子，但如果你对别人缺乏真正的价值，还不如一个小老板搓着双手对你说：“哥们，我给你搞一些上等走私进口雪茄如何”更让人喜欢。

在现实生活中，我们经常遇到这样的情况：某个很好也很有价值的朋友，但是几年也难得碰上一次面（而这种朋友即使碰面，又常常只停留在握手喝酒闲侃中）。俗话说“大家都很忙”——这固然没错，但是用人脉关系和人际资源来说，这就是一种“沉淀而浪费资源”，没有产生应有的效益。

还有，当你和某个朋友聚会，说起一件难以处理的技术难题，这个朋友突然拍着大腿说：“我有个十多年的好朋友，他是这方面的专家，他完全可以帮你解决！你为什么不早说呢……”是呀，你为什么不早说？因为之前，从来没有听说过他有这样一个朋友啊。

而另外一个朋友，他似乎总有各种关系而且善于提供帮助。在电话中提到一件生产的麻烦，因为你知道他认识好几个这方面的专家，通常在你电话刚挂断的时候，他电话又打进来了，因为他已为你约好了其中几个朋友，今天晚上就见面，为你提供解决建议；当然，他还说，顺便有另外一新投资项目要咨询你，希望你邀请你另外一个朋友也能参加聚会，大家通过认识可以整合资源。

国家和人一样也需要国家朋友。朋友很有价值，是社会和国家正能量。朋友身边也有很多朋友各有自己的价值，那么为什么不把他们联系起来，彼此传递更多的价值呢？如果只是接受或发出信息的一个终点，那么人脉关系产生的价值是有限的；但是，如果成为信息和价值交换的一个枢纽中心，那么别的朋友也更乐意与你交往，交友也能促成更多的机会，从而巩固和扩大自己的人脉关系，从国家而言，广交朋友可以拓展国际关系网，扩大国家影响力。

所以，寻找并且建立自己的价值，然后把自己的价值传递给身边的朋友，并且促成更多信息和价值的交流，这就是建立强有力的人脉关系的基本逻辑。

团队已成为国际流行的词语，其实团队名目繁多，什么国家团队，部门团队，社会团队，政府团队等。无论自己属于哪个团队，必须懂得团队应该有一个既定的目标，为团队成员导航，知道要向何处去，没有目标这个团队就没有存在的价值。动物界的狮子有团队精神，为了捕食一头牛可以组成一个团队，鳄鱼、毒蛇、各行其是没有团队精，乌鸦和小鸟大难各自飞也无团队精神可言。自然界中有一种昆虫很喜欢吃三叶草（也叫鸡公叶），这种昆虫在吃食物的时候都是成群结队的，第一个趴在第二个的身上，第二个趴在第三个的身上，由一只昆虫带队去寻找食物，这些昆虫连接起来就像一节一节的火车车厢。管理学家做了一个实验，把这些像火车车厢一样的昆虫连在一起，组成一个圆圈，然后在圆圈中放了它们喜欢吃的三叶草。结果它们爬得精疲力竭也吃不到这些草。这个例子说明在团队失去目标后，团队成员就不知道上何处去，最后的结果可能是饿死，这个团队存在的价值可能就没有了。团队的目标必须跟组织的目标一致，此外还可以把大目标分成小目标具体分到各个团队成员身上，大家合力实现这个共同的目标。同时，目标还应该有效地向大众传播，让团队内外的成员都知道这些目标，有时甚至可以把目标贴在团队成员的办公桌上、会议室里，以此激励所有的人为这个目标而奋斗。

在社会和国家之中，人是构成团队最核心的力量。目标是通过人员具体实现的，所以人员的选择是团队中非常重要的一个部分。在一个团队中可能需要有人出主意，有人定计划，有人实施，有人协调不同的人一起去工作，还有人去监督团队工作的进展，评价团队最终的成绩。不同的人通过分工来共同完成团队的目标，在人员选择方面要考虑人员的能力如何，技能是否互补，人员的经验如何。

沟通必须从正见、正思维、正语、正精进、正念出发才能取得一致有效的合作。中国人的沟通总是从家里开始的。高品质的沟通应把注意力放在结果上，而不是情绪上，沟通从心开始。沟通有三个要素文字语言、声音语言、肢体语言。文字语言传达信息声音语言传达 感觉肢体语言传达态度。

影响沟通效果有 3 个要素：场合、气氛和情绪。沟通的三个特征：行为的主动性、过程的互动性、对象的多样性。沟通的五个基本步骤：点头、微笑、倾听、回应、做笔记。

沟通的五个心：喜悦心、包容心、同理心、赞美心、爱心。

用人之长天下无不可用之人，用人之短天下无可用之人。人才不一定有口才，但有口才的人一定是人才。在美国谁会讲话谁口才好谁就当总统。怀才和怀孕是一样的，只要有了早晚会被看出来。有人怀才不遇是因为怀得不够大。知识是学来的，能力是练出来的，胸怀是修来的。不怕念起就怕觉迟。其实作为人精通的目的全在于应用。一个人并不是学到了知识就是力量，就是有智慧，而是使用知识才是力量，能量才是智慧。别人身上的不足就是自己存在的价值，别人成功的例子就是自己借鉴的捷径。思考力是万力之源。一个人心智模式不好的话就容易导致知识越多越反动。一个人成不了大事是因为朋友太少朋友质量不高。你把经文放进脑子里那是你给自己开光。最好的投资地方是脖子以上，投资自己的头脑，投资自己的思辨力。

一个人若能把《道德经》背诵下来，老子会伴随你一辈子，你若把《孙子兵法》背诵下来，孙膑会跟你一辈子。但是，你即使把许多经典之作背得滚瓜烂熟，但并不一定能从中受益。背诵与运用有着极大距离，懂得不一定会运用，运用是智慧的高度体现。也有人说能把《心经》、《金刚经》背诵下来，佛祖就会跟你一辈子。一个不懂传统文化的管理者能成为亿万身价的富豪，但永远不会成为真正的国家栋梁。多花时间成长自己，少花时间去苛责和嫉妒别人。如果你认为命不好想改变命运，最好的方法就是找几个有头脑的志士交朋友，朋友是最大的智库和财富。

关于聪明和愚笨。最笨的人就是出色地完成了根本不需要干的事，总是在人生的道路上来回走弯路倒车撞车。最聪明的人是什么事情都没有做，任何风险也没有承担，然而什么好处都得到了。一个人了解别人是精明，但是，真正了解自己才是智慧。一个人心态要是不好的话就容易聪明反被聪明误。

关于孝道，小孝治家，中孝治社，大孝治国。只有明天道者，人道方可开启商道，你的人生才能带来圆融。种下善念，收获良知；种下良知，收获道德；种下道德，收获习惯；种下习惯，收获性格；种下性格，收获人生。只有社会正常运转才能实现国家利润，人民都是成本，国家最大的成本就是国民。让外国连续认同，这个国家就成功了。外国人不仅关心你是谁，更关心你能给他带来什么好处。无论是利益集团及利益竞争，还是国与国的竞争，提倡的不是双赢，而是人类共享的均赢论。双赢是狭隘的利益论，只有均赢才是“普度众生”，才具有人类生命的意义。大众营营扰扰，如溺海中，佛以慈悲为怀，施宏大法力，尽力救济他们以便登上彼岸。这就是均赢论的真谛。

进行国情与社情调查就如同十月怀胎，但解决问题就像一朝分娩。没有调查就没有发言权，一个人若没有经受很多人的干扰和打击，人都会变成傻子了。人除了关怀之外还应有点批评，批评使人觉悟和进步。包容心就是用人所长必容人所短。同理心是懂得认同别人并站在别人的立场上思考问题。沟通上没有对与错只是立场不同而已。赞美之心是人际沟通的润滑剂，赞美会让别人把正确的事继续做下去；同时违心的赞美能使人把错误的事情保持终身。

资本是流动及运动着的乳汁，是人类正能量的有机释放。外国不拒绝资本流入，他也不拒绝能给他国家带来的利益，只拒绝贫穷。拒绝是一种国际惯性，当外国把你视为不速之客时，你的工作才刚刚开始。

关于金钱与财富。金钱与财富是国家的血液。如今，没有人怕钱，怕得是贫穷；没有人怕富，怕得是饥寒。人的生活本身就是财富。财散人聚，人聚财来。挣钱只有一个目的就是花。少了自家的多了就是大家的，再多了就是人民和国家的。总说没有时间、空间的人，其实这些人是最贫穷的人，最傻的人，整天就知道把钱存在银行，银行是把不爱花钱的人的钱拿来给爱花钱的人去花，资本是循环流动的，你的资本越雄厚，社会和国家就越大，任何剩余价值最终还是社会和国家受益，人类世界只有穷人而没有穷国。

德可治国，法可固国，粮食及物质可以定国安民。茶和酒同样可以治国。关于茶和酒，郑板桥说，酒能乱性所以佛戒之；酒能养性所以仙家饮之。所以有酒时学佛，没酒时学仙。万丈红尘三杯酒，千秋大业一壶茶。一个人离不开茶酒，一个社会和国家同样离不开茶酒。社会和国家若没有茶酒，说明这个国家已失去生机及活力。

第十章 国家为天下大器 治国为天下重任

适应世界军事变革的趋势，实施科技强军战略，必须加强军备质量建设。强兵就是强国，强国必先强军。一个国家没有强大的军队，国家主权就不坚固，国权不坚固，人民就不能心安理得建设国家。人心不稳，安居乐业就没有保障。因此，安国先安军，安军才能安民兴业，安民兴业国家才能一天天强大。

强兵筑国固纂安民而定天下

你热爱人类吗？那么就放下屠刀，摒弃一切自相残杀的冲突和利益争夺的战争吧！

兵弱无强国，强国先强军。强军必强民，强民务强业。强军强国宗旨是维护及捍卫人类和平，而不是用掠夺及战争。战国时期，各国为了强业筑国先后都进行变法革新，废除了传统的分封制和井田制，建立了郡县制和赋税制，但由于受政治传统和社会发展水平的影响，各个国家建立的政治、军事、法律、经济以及社会制度典章存在许多差异。荀子的“一制度”显然是针对这种“诸侯异政”的局面而言。他所推崇的是用以齐一天下的制度，名为“王制”。“天下之大隆，是非之封界，分职名象之所起，王制是也。”这是说，王制是天下的最高标准，判断是非的界线、设立各种官职、名物典章的根据。在《王制》文中，荀子对王者治下的社会礼仪制度、政治制度、经济制度、官吏制度做了具体的论述。正如他说：王者之制，“衣服有制，宫室有度，人徒有数，丧祭械用，皆有等宜”。这是指具体的礼仪制度王者之法：“田野什一，关市几而不征，山林泽梁，以时禁发而不税。相地而衰征，理道之远近而致贡，通流财物粟米，无有滞留，使相归移也。”这就是具体的赋税制度。

除了这些具体的制度，荀子着重论述了用以统一天下的基本制度，即作为王制的基础和原则的礼义制度。荀子认为，礼义是人类社会的纲纪，全部社会政治制度都是建立在礼义基础上的，“故人道莫不有辨。辨莫大于分，分莫大于礼。”礼不仅能“明分使群”，还能“明分达治”，通过划明人的名分等差，使贤良贵贱、长幼亲疏、王公百姓皆安其位、谨其职，“先王案为之制礼义以分之，使有贵贱之等，长幼之差，知愚能不能之分，皆使人载其事而各得其宜，然后使谷禄多少厚薄之称，是夫群居和一之道也”。《荣辱》又说：“农分田而耕，贾分货而贩，百工分事而劝，士大夫分职而听，建国诸侯之君分土而守，三公总方而议，则天子共己而已。出若入若，天下莫不平均，莫不治辨，是百王之所同也，是礼义之大分也。”根据礼义原则，制度统一而明确的社会政治制度，“百姓莫敢不敬分安制”。就会实现天下一统、四海一家的政治目标。

对于传统政治的特征，中国以往只有治道而无政道。政道是指有关政权的合法性的理论，治道是关于君主如何治理百姓的道理。有无政道姑且不论，传统中国重视治道则是确然无疑的。这一点在荀子思想中表现也很突出。

荀子称国家为天下之“大器”，治国为天下之“重任”。他认为，将国家安置在什么原则基础上，交给什么人手里是非常关键的，放错了地方、选错了人，就危险了：“道王者之法，与王者之人为之，则亦王；道霸者之法，与霸者之人为之，则亦霸；道亡国之法，与亡国之人为之，则亦亡”。他认为，有三种可供选择的治国原则：一是礼义；二是忠信；三是权谋。他又称作民主、霸道、亡国之道。

“以呼礼义而无以害之，行一不义，杀一无罪，而得天下，仁者不为也，然扶持心国且若是其固也！之所与为之者，之人则举义士也；之所以为布陈于国家刑法者，则举义法也；之所极然帅群臣而首乡之者，则举义志也。如是，则下仰上以义矣，是纂定也。纂定而国定，国定而天下定。

德虽未至也，义虽未济也，然而天下之理略奏矣，刑赏已诺信乎天下矣，臣下晓然皆知其可要也。政令已陈，虽睹利败，不欺其民；约结已定，虽睹利败，不欺其与。如是，则兵劲城固，敌国畏之；国一纂明，与国信之。

以呼功利，不务张其义、齐其信，唯利之求，内则不惮诈其民而求小利焉，外则不惮诈其与而求大利焉，内不修正其所以有，然常欲人之有。如是，则臣下百姓莫不以诈心待其上矣。上诈其下，下诈其士，则是上下析也。”

荀子以上所论的为国之道，面对当时诸侯割据，相互攻伐兼并的政治现实，既要考虑国内君民之间的矛盾，也要考虑与其他诸侯国的矛盾；一方面要治理国内人民，另一方面还要征服或联络国外诸侯。因此，他的王霸理论既是统一天下的策略，也是安邦治国的原则，而在当时，治国和平天下是息息相通的。

作为统一天下的策略，民主是以“仁眇天下，义眇天下，威眇天下”使天下之人亲近尊贵尔，使敌人畏惧尔，达到不战而臣服天下的目的。霸道是开辟农田、充实库府，选择和招募战斗之士，增强国家经济和军事实力，并以刑赏加强对内的治理，对外则“存亡继绝，卫弱禁暴，而无兼并之心”。同诸侯国修睦讲和，以友相待，在天下无王的情况下就可以常胜。所以王霸的分别是，王者臣诸侯，霸者友诸侯。

体现在治国方面的民主是指礼义之治。荀子讲，“隆礼贵义者其国治”，主张为政以礼，以礼正国。当然，民主并非将刑法排斥在外，与法家不同的是纳入民主系统中的刑法是符合礼义原则的刑法。

体现在治国方面的霸道是指刑赏之治，主要特点是刑赏必信霸道于德义有所缺略，然大节已备。霸道虽不主于德义但也不排斥德义。荀子对齐桓公就多有称道。

民主和霸道有优劣等差之分，但没有鸿沟相隔，两者密切相关，各有其价值，故荀子说：“凡为天下之要，义为本，而信次之”。又说：“为人上者，必将慎礼义、务忠信然后可。此君人者之大本也”推行什么样的治国之道就会获得什么样的结果，“故用国者，义立而王，信立而霸，权谋立而亡。”

荀子从性恶论出发，不相信人的内在本性和道德自觉，因而十分重视礼义法度的规范作用。但与法家的纯任法治不同，荀子认为，刑法的作用是有限的，完全依赖严刑峻法会适得其反，治国的关键还是德教，即以道德教化百姓，而教化百姓应以正己修身为本。

荀子“政者，正也”的思想，主张以正己为治国，“‘请问为国？’曰：‘闻修身，未尝闻为国也。’”执政者的道德修养在治国中占有重要地位，他是天下万民的楷模，君为仪，民如影，君为声，民如响，仪正而影正，声起而响应，“主者，民之唱也；上者，下之仪也。故上者下之本也；上宣明则下治辨矣，上端诚则下愿矣，上公正则下易直矣。”“其臣下百吏，污者皆化而修，悍者皆化而愿，躁者皆化而，是明主之功已。”因此，荀子把君子看成是治之原。

在道德教化过程中，与君主有同样重要作用的是师，荀子称：“君师者，治之本也”。认为，“国将兴，必贵师而重傅，贵师而重傅则法度存”。教化的内容是礼义，人们通过师来认识、掌握礼义，学习的最好办法是从师受教，师本身是礼义的标准，众人的楷模，“师者，所以正礼也”，“夫师以身为正仪，而贵自安者也”。如加分辨，君和师稍有不同，君主的表率作用或教化的直接对象是臣下百吏，而广大的庶人百姓则是师的教化对象。荀子认为，人的本性“好利”、“疾恶”、“好声色”，若顺人之性，就会发生“争夺”、“残害”、“淫乱”使“辞让”、“忠信”、“礼义”、“文理”丧失殆尽，陷社会于混乱无度，“故必将有师法之化，礼义之道，然后出于辞让，合于文理而归于治。”他又说：“今人之性恶，必将待师法然后正，得礼义然后治。今人无师法，则偏险而不正；无礼义，同悖乱而不治。”

荀子把富民、教民看成是民主政治的两个基本方面，称：“不富无以养民情，不教无以理民性。故家五亩宅，百亩田，务其业而勿夺其时，所以富之也。立太学，设庠序，修六礼，明七教，所以道之也。”《诗》曰：“饮之食之，教之海之，王事具矣。”说古道今，在理存之，无理弃之。

尚贤使能量能授官富国裕民

国举贤业则兴，国治乱必举纲。荀子认为，行王者之道，离不开王者之人，国家的治乱兴衰全在于所用之人，“尊圣者王，贵贤者霸；敬贤者存，慢贤者亡，古今一也”。“明主急得其人，而暗主急得其势。急得其人，则身佚而国治，功大而名美，上可以王，下可以霸。不急得其人，而急得其势，则身劳而国乱，功废而名辱，社稷必危。”他称毁弃贤良是世之大祸；反之，贤能在位，则为治辩之极。因此，用人是治国的关键，是君王的主要职责。用人任官应遵循什么样的原则显得十分重要。

“举贤才”是古代的一个重要政治主张。国家心目中的贤才是指士阶层中的优秀人物，因此，举贤才有一定范围局限。

荀子继承并发展了 “尚贤”思想。同时他反对“以世举贤”，主张“无能不官”，建议人君在选拔任用大臣时，“不恤亲疏，不恤贵贱，唯诚能之求。”只要有能力，不管什么关系，什么阶层的人，都加以委任，没有能力，出身再高，关系再近也不能用。已在官位上的要坚决撤下来，使“朝无幸位”。他论述道：“请问为政？曰：贤能不待次而举，罢不能不待须而废，虽王公士大夫之子孙也，不能属于礼义，则归之庶人，虽庶人之子孙也，积文学，正身行，能属于礼义，则归之卿相士大夫。”这一思想彻底打破了官僚制度方面的世卿世禄制和亲亲原则。

人的能力有大小，官的职位有高低，选拔人才，应根据能力大小任以不同的官职，使能位相称。“论德而定次，量能而授官。皆使人载其事而各得其所宜。”以使“德必称位，位必称禄，禄必称用。”荀子具体论述了不同官职对能力的要求，实际上就是量才用人的标准，他写道：“材人：愿拘录，计数纤音而无敢遗丧，是官人使吏之材也。修饰端正，尊法敬分而无倾侧之心；守职修业，不敢损益，可传世也，而不可使侵夺，是士大夫官师之材也。知隆礼义之为尊君也，知好士之为美名也，知爱民之为安国也，知有常法之为一俗也，知尚贤使能之为长功也。知务本禁末之为多材也，知无与下争小利之为便于事也，知明制度权物称用之为不泥也，是卿相辅佐之材也。”选拔这三种才能的人委以官职，并次序得当，这就是君主的职责和才能。

荀子认为，人们结成社会组织，建立国家制度的目的是除祸救患，“养人之欲，给人之求”。“生养人”是君主的首要职责，而“生养人”离不开财富，“不富不足以养民之情”，因此，富民裕民是治国的重要内容。荀子进而认为，裕民和富国二者是统一的，“下贫则上贫，下富则上富”。裕民是富国的基础，富国是裕民的目的。实现富国裕民是为政者的首务。

足国之道，节用裕民，而善臧其余。节用以礼，裕民以政。使国家富足的途径有二：一是节制用度，二是富裕百姓。节制消费要以礼为标准，即以礼所规定的等级名分，作为物质享用的标准，每个人的消费水平要与身份相称，如“天子衣冕，诸侯玄衣冕，大夫裨冕，士皮弁服。”百姓应做到衣食百用与收入相当，并略有节余。既不奢侈逾制，也不俭省废礼。所谓“裕民以政”，是指通过适当的政令法度使百姓富裕起来，主要是执政者要以法取民，不加重人民的负担，使其能够维持生产和再生产，荀子反对横征暴敛，聚财于上，徭役无度，妨害生产，主张“轻田野之税，平关市之征，省商贾之数，罕兴力役，无夺农时，如是则国富矣。夫是之谓以政裕民。”荀子乐观地认为，只要做到以礼节用，以法取民，国家的财富就会积如丘山，无处贮藏，不得不经常烧掉。

荀子还提出：“兼足天下之道在明分。”在荀子思想中，“明分”有两层含义，一是明确人们之间尊卑贵贱的等级关系，实现群居合一；二是明确人们的职责，使人各守其责，此即所谓“明分职，序事业。”荀子明确的职分，排列的事业是这样的：“掩地表亩，刺少殖谷，多类肥田，是农夫众庶之事也。守时力民，进事长功，和齐百姓，使人不偷，是将率之事也。高者不旱，下者不水，寒暑和节，而五谷以时孰，是天之事也若夫兼而覆之，兼而爱之，兼而制之，岁虽凶败水旱，使百姓无冻之患，则是圣君贤相之事也。”

“农分田而耕，贾分货而贩，百工分事而劝，士大夫分职而听，建国诸侯之君分士而守，三公总方而议，则天子共已而止矣”。他认为，社会分工合理，人们就会尽其职守，农夫朴力于田，商贾奔波贩卖，百工努力生产，官吏督导百姓，整个社会协同一致，齐心和力，就会增强自身的力量，从而处理好社会和自然的关系，“群道当，则万物皆得其宜，六畜皆得其长，群生皆得其命”。“若是则万物得宜，事变得应，上得天时，下得地利，中得人和，则财货浑浑如泉源，如河海，暴暴如丘山，不时焚烧，无所藏之，夫天下何患乎不足也？”

农业生产是国之本。荀子指出，农业生产是财富的源泉，“故田野县鄙者财之本也，垣者财之末也”。征赋理财并不能从根本上增加国家的财富，只有务本才能致富，“强本而节用，则天不能贫”，“本荒而用侈，则天不能使之富”。关于如何加强农业生产，荀子也有一些具体设想，如增加农业劳动力，减少非农业人口，“省工贾，众农夫。”再如，注意节气，不误农时，“春耕，夏耘，秋收，冬藏，四者不失时，故五谷不绝，百姓有余食也”。还有，荀子主张遵循自然规律，不乱砍滥伐，乱捕滥捞，“养山林泽草木鱼鳖百素，以时禁发，使国家足用而财物不屈”等。

总之，富国裕民的根本是明分和一，增加生产，节约开支，故明主必谨养其和，节其流，开其源，而时斟酌焉。潢然使天下必有余，而上不忧不足。如是，则上下俱富，交无所藏之，是知国计之极也。

君若失职丧国失位沦为匹夫

人人为国忙，国为人人安。在荀子眼中，理想的政治社会秩序应该和睦亲善而又等级分明，在这样的社会里，每个人都有确定的名分、地位和职责。从现代政治学意义上说，这名分就是社会赋予每个人的政治角色。“角色”是社会学家用以指认某一社会体系中同某种地位有关的一系列行为的期望，一种通行的定义是，“一种与规范性期待有关的，并同社会体系中的地位相联系的行为”。角色概念包含三层内容：一是模式化的并具有特征的社会行为；二是社会参与者所假定的角色或认同，三是对角色表演者所遵循的行为期待。所谓政治角色，可以理解为，某一政治系统中处于特定地位的个人或群体的政治行为期待。或者说，政治角色是与一定政治地位和职务相关的模式化的政治行为，这种为社会所期待的规范性行为决定了角色的政治人格。所谓的“君君，臣臣”就是对当政者的角色期待，即君的行为要符合君的角色规范，臣的行为要符合臣的角色规范。荀子一再强调“明分”、“敬分”、“谨于分”，意在要求人们从自己所处的社会地位出发，遵守与其地位相应的行为规范，在传统政治系统中，典型的政治角色。

国无主不国，主领国而明。君主是国家的最高执政者，名分最高，权力最大，责任自然也最重。君主的职责是什么呢？荀子讲：君者，何也？日：能群也。能群也者，何也？日：善生养人者也，善班治人者也，善显设人者也，善藩饰人者也，善生养人者，人亲之；善班治人者，人安之；善显设人者，人乐之；善藩饰人者，人荣之。四统者具，而天下归之，夫是之谓能群。荀子认为人要想生存和发展必须过一种群体的生活，君主的职责就是将自然分散状态下的人们组织成社会国家。怎样做才能使人们群居合一呢？作为君主，必须做好四个方面的工作：一是生养人，即解决人们的生产和生活问题，像重农抑商、禁盗除奸、均赋恤民、财理万物等，皆属生养之事；二是班治人，即设官分职，使人守职奉公、遵法安政；三是显设人，即根据德行来排定地位的高低，根据能力授予官职大小，使贤德有爵崇，智能有职位，各得其宜；四是藩饰人，指人们车服、器物的装饰有一定等差，“上以饰贤良而明贵贱，下以饰长幼而明亲疏”，实质上是按照等级来规定人们的消费水平和享受内容。如果君主不能做到上述四点，有失君职，就会丧国失位，沦为匹夫。

问题在于，国家之大，人民之众，千头万绪，君王以一身之任，不可能每事躬亲，君主应知其所当为所不当为，所能所不能，具体政务是臣下的工作，为君者，不应与之争强显能，否则，就会终日碌碌而难有所为。荀子认为，君王为政之术是治近以理远，治明以化幽，当一以正百，君主的主要职责是确定原则、安排人选，“君者，论一相，陈一法，明一指，以兼夏之，兼照之，以观其盛者也”。选择卿相（后世的宰相）是治国理政的关键，国家万事，君主难以独理自裁，“人主不可以独也。卿相辅佐，人主之基杖也，不可不早具也”。国家的强弱荣辱系于君主所取之相，如取相贤能，君主可垂拱而治，所谓“劳于索之，而休于使之”如何做到知人善任呢？一是用人要有标准，“取人之道，参之以礼；用人之法，禁之以等”。对所用之人还要进行长期全面的考验。二是要有公心，无恤亲疏，不偏贵贱，不私子弟，不遗远人，唯贤是举，唯能是任。三是“兼听齐明”，“朋党比周之誉，君子不听；残贼加累之谮，君子不用；隐忌雍蔽之人，君子不近；货财禽犊之请，君子不许。凡流言、流说、流事、流谋、流誉、流诉不官而衡至者，君子慎之。闻听而明誉之，定其当不当，然后出其刑赏而还与之”。只要对流言、流誉一类不轻信盲从，谨慎对待，详加分辨，并采取相应的措施，就会奸言、奸说退而忠言、忠说进，荀子称此为“衡听、显幽、重明、退奸、进良之术”。人主只要知人善任，就可“身佚而国治，功大而名美，上可以王，下可以霸”。可以看出，荀子的这一思想吸收了道家和法家的君子南面之术，同传统法家有一定区别。

在荀子心目中，理想的君主是圣王。圣王与一般君主在明分善群、尚贤达治方面的职能是一样的，所不同的地方在于圣人道德纯备、智慧卓殊、意志坚定。荀子说：“故尚贤使能，等贵贱，分亲疏，序长幼，此先王之道也。故仁者，仁此者也；义者，分此者也；节者，死生此者也；忠者．慎此者也；兼此而能之，备矣。备而不矜，一自善也，谓之圣。礼之中焉能思索，谓之能虑；礼之中焉能勿易，谓之能固。能虑，能固，加好之者焉，斯圣人矣。”

德行、智慧、意志是圣王领袖群伦、据有天下的内在根据，“志意致修，德行致厚，智虑致明，是天子之所以取天下也”。“天下者，至重也，非至强莫之能任；至大也，非至辨莫之能分；至众也，非至明莫之能和。此三至者，非圣人莫之能尽。故非圣人莫之能王。圣人备道全美者也，是县天下之权称也。”圣王有如下特点：其一，圣王是天下共主。荀子称当时诸侯国的执政者为君、为人主，能够齐一天下的人主才堪称圣王，“天下归之之谓王”；其二，圣、王合一，圣指内在的人格修养，王指外在的文治武功。以人格为根据，由圣而王，内圣是外王的前提，由内圣开出外王，以事功为表现，外王是内圣的标准，以外王彰显内圣，“圣也者，尽伦者也；王也者，尽制者也。两尽者，足以为天下极矣。”其三，王、道合一。道是先王之道，人之所以道，君之所道。

政治角色道德品行社会事功

人类前进的意志不以权力利益为转移。春秋战国之世，传统的宗法贵族政治体制瓦解，代之而起的是官僚政治体制，在政治系统中形成了庞大的官僚阶层，这一阶层处于君与民中间，其行为与态度具有典型的职务特征，比较明显地反映了与其政治地位相关的政治权利与义务。由于在政治系统中的重要地位及其与君主关系的复杂性，社会对这一阶层的政治行为的期望值是非常高的。

权力可以改变现实，但很难改变一个国家。对官僚政体中官吏的政治职能，荀子是这样讲的："政令法，举措时，听断公，上则能顺天子之命，下则能保百姓，是诸侯之所以取国家也。志行修，临官治，上则能顺上，下则能保其职，是士大夫之所以取田邑也。循法则、度量、刑辟、图籍，不知其义，谨守其数，慎不敢损益也，父子相传，以持王公，是故三代虽亡，治法犹存，是官人百吏之所以取禄秩也。"

官吏的主要职责是尊君爱民，执行君主的政令维护国家的法度，辅佐君主治理国家。在官僚阶层中最有地位的是卿相，卿相处于一人之下，万人之上。"相者，论列百官之长，要百事之听，以饰朝廷臣下百吏之分，度其功劳，论其庆赏，岁终奉其成功以效于君。"宰相统领百官，听断百事，只向君主负责，是实现君主独裁专制的重要环节。

臣作为一类政治角色，有自己的职业道德要求和行为规范，按照道德品行和社会事功，荀子将臣分为态臣、篡臣、功臣、圣臣几个等级。"内不足使一民，外不足使距难；百姓不亲，诸侯不信；然而巧敏佞说，善取宠乎上，是态臣者也。上不忠乎君，下善取誉乎民；不恤公道通义，朋党比周，以环主图私为务，是篡臣者也。内足使以一民，外足使以距难；民亲之，士信之；上忠乎君，下爱百姓而不倦，是功臣者也。上则能尊君，下则能爱民；政令教化，刑下如影；应卒遇变，齐给如响；推类接誉，以待无方，曲城制象，是圣臣者也。"苏秦、张仪属于态臣，孟尝君属于篡臣，管仲、孙叔敖属于功臣，伊尹、周公属于圣臣。任用态臣，国家就会灭亡，任用篡臣，国家就会面临危险，任用功臣，国家就会强盛，任用圣臣，就会王天下。人臣之贤与不贤，关乎国家的吉凶存亡，人君用人应慎之又慎。

为臣者应以什么样的原则处理和君主的关系呢？忠君顺上是根本原则。但在法家意识中，忠顺于君不是无条件的。古人主张谋道不谋食，"邦有道则仕，邦无道则可卷而怀之。"荀子发展了这一思想，鼓吹"以礼事君，忠顺而不懈"。他对忠顺的理解是："从命而利君谓之顺"，"逆命而利君谓之忠"。荀子还提倡"从道不从君"。所谓道，就是礼义，即封建社会的政治原则，道所指向的是国家社稷的根本利益。荀子认为，当君主的行为与国家利益相冲突时，人臣应以国家利益为重，对君主进行抵制和矫正，"君有过谋过事，将危国家，殒社稷之惧也，大臣、父兄有能进言于君，用则可，不用则去，谓之谏；有能进言于君，用则可，不用则死，谓之争；有能比知同力，率群臣百吏而相与强君矫君，君虽不安，不能不听，遂以解国之大患；除国之大害，成于尊君安国，谓之辅；有能抗君之命，窃君之重，反君之事，以安国之危，除君之辱，功伐足以成国之大利，谓之拂。”人臣要敢于谏争，还要敢于抗拒君命，僭取君权，以安定国家，尊崇君荣。

谏、争、辅、拂是为臣的一般原则，根据君主的具体情况，需要变通运用。对于圣君，用不着谏争，听命顺从而已，不能私心自用；对于中等的君主，应该谏争；但不要阿谀谄上，必须是非分明；对于暴君，不能谏争强矫，可在柔顺和从的前提下，微谏暗喻，在一定原则范围内，曲意逢迎，以便能够尽量弥补缺陷，消除过失。如果再不幸，处于混乱之世，居于暴君之国，而身不由己，“则崇其美，扬其善，违其恶，隐其败，言其所长，不称其所短，以为成俗”。此时，只好以明哲保身为原则，国家社稷的利益，尊君爱民的义务都顾不上了。从道不从君也好，逆命利君也好，都不如活命要紧。

在传统政治系统中，知识分子，即所谓的儒，是一个特殊群体，其特殊性在于，打破世卿世禄后，儒士成为庞大的官僚队伍的基本来源，儒士和官僚相互转化。儒士一旦进入官僚阶层，其自身的素质和政治取向，对国家政治格局带来不可忽视的影响。传统政治有两个基本方面：政刑和德礼，“政教合一”是传统政治的重要特征。正如前面谈到的，德教离不开师的作用。因此，即使没有进入官僚阶层，儒对国家对君主也保持某种政治上的联系，所以儒与政治有不解之缘，谈论政治角色，不能离开儒。

强秦没有儒士，大约秦执政者不重视不理解儒的作用，秦昭王曾向荀子请教儒对国家的作用，荀子回答：儒者法先王、隆礼义，谨乎臣子而致贵其上者也。人主用之，则势在本朝而宜；不用，则退缩百姓，必为顺下矣。虽穷困、冻馁，必不以邪道为贪；无置锥之地，而明于持社稷之大义。呼而莫之能应，然而通乎财万物，养百姓之经纪。势在人上，则王公之材也；在人下，则社稷之臣、国君之宝也。虽隐于穷阎漏屋，人莫不贵，贵道诚存也。儒士位居人上的情况几乎是不存在的，只能算是虚悬一格。通常情况，儒总是位居人下，而且，只有在能够进入但还没有进人官僚阶层时，才是知识分子的真正社会地位。他们具体坚定的道德信仰和追求，掌握治国之大道，通晓财理万物、养育百姓之纲纪。出仕能够为国建功立业，退隐能够为乡里和亲化善，“儒者在本朝则美政，在下位则美俗。”

尽管儒士在主观上不断追求向官僚的转化，其政治抱负也只有在进入政治系统之后才能施展，但儒与官僚阶层仍然存在明显的差别：其一，官僚的社会地位和价值取决于官职、爵位，即取决于由社会政治序列这种外在因素；而儒的社会地位和价值则是由内在人格决定的，“君子无爵而贵，无禄而富，不言而信，不怒而威，穷处而荣，独居而乐”。其二，官僚的权力来自君主，以忠君顺上为职；儒的力量来自于道义，以维卫道义为己任因此，儒（知识分子）经常对现实政治和君主抱一种批判的态度，主谬政荒，圣王已逝，盛世不再，成为法家永恒的政治感怀。在中国历史上，追求君法与师法、政统与道统的合一而始终未能合一，注定了知识分子在政治舞台上总是扮演悲壮的角色。

民本思想是法家政治理论的一个重要方面，特别是古人在这方面有许多精彩的议论。相比而言，荀子就显得平淡无奇，故多为论者所忽略。应该看到，荀子同样意识到，民作为被动的政治对象也有其不可轻视的政治作用。“君者，舟也；庶人者，水也；水则载舟，水则覆舟”。

荀子用水能载舟，水能覆舟来比喻民和君的关系，说明民在国家政治中的基础地位。他认为：“用国者，得百姓之力者富，得百姓之死者强，得百姓之誉者荣。三得者具而天下归之，三得者亡而天下去之。”民心民力是国家的政治基础。但是，在传统政治结构中，民不是独立的政治主体，更不是以自主自觉的姿态参与政治过程。现代政治学认为，政治行为的基本意义涉及到控制他人和被人控制。对于封建社会的民来说，政治行为就是被人控制，接受并服从这种控制，“庶人安政”。

“幼而不肯事长，贱而不肯事贵，不肖而不肯事贤，是人之三不祥也。”

不仅如此，庶人除安政之外，还应谨职守分，“孝弟原，柯录疾力，以敦比其事业，而不敢怠傲，是庶人之所以取暖衣饱食，长生久视以免于刑戮也”。庶人包括工、农、商贾，他们各有自己的事业，“农以力尽田，贾以察尽财，百工以巧尽械器”。说到底，庶民的政治作用就是努力生产，奉养长上，拼死力战，捍卫君王。

荀子对君、臣、民三种政治角色的论述，奠定了传统政治意识的基本精神，韩愈《原道》中的一段话是荀子上述思想的最好概括，他说：“是故君者，出令者也；臣者，行君之令而致之民者也；民者，出粟米麻丝，作器皿，通货财，以事其上者也君不出令，则失其所以为君；臣不行君之令而致之民，则失其所以为臣；民不出粟米麻丝，作器皿、通货财以事其上，则诛。”君君、臣臣、加上民民，全体社会成员皆根据自己的社会地位，认同相应的政治角色，遵从角色规范，就能稳定社会秩序，实现民主治世。

政治文化取向跟进时代发展

人类文化是各行业、各领域提炼出的精华。国家文化包含着政治、经济、军事等更广泛的领域。其实，政治文化是由国外传入而在国内颇受青睐的概念。美国政治学家加布里埃尔·阿尔蒙德是政治文化的首倡者，他所理解的政治文化是指政治行为的特殊取向模式，他曾给政治文化下过一个经典定义：“一个民族在特定时期流行的一套政治态度、信仰和感情。”对这一定义，国内学者的取舍互有出入，并都依据自己的理解做了不同程度的发挥。一些人坚持政治文化是人们的政治取向模式，或政治方面的主观取向；也有人把政治制度、政治结构、政治过程纳入政治文化范畴，并进而将政治文化视为政治制度、政治理论和政治心理的综合体。

其实，政治文化范畴是理解和认识传统政治文化的工具。关于传统政治文化概念及对象，学术界有过一些讨论，有人将中国传统政治文化视为中国古代君主政治赖以生成、运转和发展的文化条件和背景，并认为，政治思想、政治制度与社会政治心理构成了中国传统政治文化的三个层次。有人则把价值系统、政治社会化过程、政治一体化问题作为中国传统政治文化的基本内容。为了论述的需要，在此先明确本书使用的传统政治文化范畴的基本指认。由此看来，可以把中国传统政治文化理解为中国封建时代人们对政治系统和政治过程的普遍的主观取向，这种取向包括认知、信仰、情感和评价，如政治制度和规范的宗法等级原则，政治行为和过程的伦理道德取向，以及政治信仰和政治评价方面的皇权崇拜、清宫意识、民本观念等。

政治行为和政治关系是人类社会最悠久和最重要的现象之一。政治学家认为，政治行为是有关权力的形成和分享的行为，政治关系则是涉及权力、治国或权威的一套关系。简言之，政治关系就是一种相对稳定的统治关系。引人注目的是，中国传统社会中，构成社会权威和统治关系的因素不单是政治，还包括血缘伦理。事实上，政治与伦理结合是中国传统政治文化的一个重要特征，产生这一特征的土壤是传统社会的宗法制度和宗法观念。

宗法制度源于中国早期文化发展的特殊道路。著名史学家侯外庐指出：“如果我们用‘家族、私有、国家’三项来做文明路径的指标，那么，‘古典的古代’是从家族到私产再到国家，国家代替了家族；‘亚细亚的古代’是由家族到国家，国家混合在家族里面，叫做‘社稷’。”在古希腊，国家形成过程中，地缘关系逐步突破和取代了血缘关系，其结果是国家完全取代氏族而成为唯一的社会组织。中国早期社会则不同，国家形成过程中，氏族组织非但没有被打破和取代，反而成为国家政治组织的基础，宗法血缘关系转化为社会政治关系，形成了国家和宗族合一的宗族奴隶制国家。

西周的宗法制和分封制是这种家国合一的典型代表。宗法制是按照等级原则建立起来的一种血缘组织，“君有合族之道族人不得以其戚戚君，位也。庶子不祭，明其宗也。庶子不得为长子三年，不继祖也。别子为祖，继别为宗，继者为小宗”。按照周人确立的嫡庶之制，嫡长子继承君位，其余庶子为别于君统，自立宗统，为这一宗的始祖，此谓“别子为祖”；“继别为宗”是指继承别子自成一宗，继承别子的嫡长子叫宗子，宗子统率的是“百世不迁”的大宗；别子的诸子不能继别，同样要另立为宗，诸子之子继承诸子，叫“继（先父）”，相对于别子的大宗而言，为小宗。周初统治集团根据宗法血缘关系的亲疏远近封邦建国、分田制禄，形成了天子、诸侯、大夫、士之间政治上的等级关系，所谓：“天子建国，诸侯立家，卿置侧室，大夫有贰宗。”在这种以嫡长子继承制为核心的宗法等级制度中，天子既是政治上的君王又是血缘上的宗主，君统与宗统合一，天子、诸侯、大夫、士之间政治上的等级关系建立在父子兄弟的血缘关系基础上，统治阶层内部的政治关系就是伦理关系，伦理义务就是政治义务，上治祖，尊尊也；下治子孙，亲亲也；旁治昆弟，合族以食，序以昭缪，别之以礼义，人道竭矣。圣人南面而治天下，必自人道始矣。

进入封建社会，随着西周分封制和世卿世禄制的瓦解，血缘和政治合一的宗法制度被打破，国家和家庭在形态上有了区别，但宗法组织和宗法观念并没有从此消亡，在新的经济关系基础上，奴隶制的宗法制度转化为封建家族制度。

众所周知，一家一户的小农经济是封建社会的主要经营方式，家庭既是血缘组织，又是生产单位。但是，每个家庭都不是孤立存在的，不能单独构成社会细胞。这是因为，在自然经济条件下，中国农民安土重迁，世代相守，聚族而居，“一村唯两姓，世世为婚姻，亲疏居有族，少长游有群。”“兄弟折烟，亦不迁徙，祖宗庐墓水以为依，故一村之中，同姓者到十家或百家，往往以姓名其村巷焉。”由于长期聚居一地，世代繁衍，形成了或大或小的家族或宗族集团。生相亲爱，死相哀痛，有会聚之道，故谓之族。自然经济的封闭结构造成了聚族而居的社区形态，地域和血缘关系牢固地结合在一起，血亲纽带将同一社区的各个父权家庭联结成宗族集团，宗族取代家庭成为社会的基本单位。魏晋以后出现的“百室合户，干丁共籍”、“百家为族党”就是这种作为社会基本单位的宗族集团隋唐以后，门阀世族制度衰落，超经济强制减弱，封建人身依附关系松弛，地主阶层转而利用经济及文化手段来巩固和强化宗族关系和宗法观念。因此，直到封建社会晚期乃至民国以后，家族组织和家族势力仍十分强大，一些强宗大姓，聚族共居，少则百家，多至万家，一族所聚，动辄数百或数十里，即在城中者亦各占一区，无异姓杂处。以故千百年犹一日之亲，千百世犹一父之子。大家族制度在中国特别发达，中国的大家族制度就是中国的农业经济组织．就是中国几千余年来社会的基础构造。

作为封建社会基础构造的家庭、家族同封建国家具有同构性质。这并不是说家庭和国家的外在结构是完全对应的，而是指家庭和国家在政治、经济、文化功能方面的一致性，特别是在权力结构、统治关系方面的一致性。

荀子谓："夫妇之道，不可以不正也，君臣父子之本也。"这一思想的系统展开是《易传》和《礼记》中的两段："有天地，然后有万物；有万物，然后有男女；有男女，然后有夫妇；有夫妇，然后有父子；有父子，然后有君臣；有君臣，然后有上下；有上下，然后礼义有所错。"夫妇关系是君臣关系的前提，人是家成员，家庭是国家的基础，从血缘伦理关系中引申出了政治统治关系。

一个国家没有人敢于讲话，特别是不敢于讲真话和实话，那么这个国家就会变成"聋哑国"。古人有句"流水不腐，户枢不蠹"。为政者，不能只听得起称赞，听不得批评。其实只要人民从内心发出肺腑之言，无论"悦耳"，还是"刺心"都是"为公"之善意，真得听进到心里对国家及社会大有作用。

以节治国道德教化互为交融

国家是个平台，权力是一张网。在权力结构方面，荀子说："君者，国之隆也；父者，家之隆也。隆一而治，二而乱。"封建家庭中，父权至高无上，"父为子纲"，"妻子臣妾，犹百姓徒役也"。司马光："凡诸卑幼，事无大小，毋得专行，必咨禀于家长。"《朱子家礼》：家长就是一家之君，他与妻子儿女之间的关系如同君主与臣民的关系，事无大小，皆由家长专断。在家族范围里，父权转化为族权，而在国家范围内，父权转化为君权，可以说，父权（族权）是君权的原形，君权是父权的族大。国家是君主一姓之产业，这就是所谓的"家天下"，"父有天下传归于子，子有天下尊归于父"。《汉书·高帝纪》"夫天下者，陛下之家。人未有不顾其家者，内外臣工皆所以奠陛下之家而盘石之者也。"在"家天下"观念中，帝王是天下最大的家长，被尊为天下万民的君父，"上为皇天子，下为黎庶父母"。《汉书·鲍宣传》官吏是皇帝的臣子，百姓则是皇帝的子民，并且，就像皇帝通常被尊为全国的君父一样，皇帝的每一个官吏在他所管辖的地区内被看做是这种父权的代表。君臣、君民关系成了父子关系，政治规范被转化为伦理原则。李大钊指出："君臣关系的'忠'，完全是父子关系的'孝'的放大体，因为君主专制制度完全是父权为中心的大家族制度的发达体。"这种宗法制度基础上的家国同构，使家族血缘关系、血缘组织与国家政治关系、政治组织相互交融，从而形成了中国古代的伦理型政治。

荀子主张以礼治国，一再强调礼是"国之命"、"政之魂"、"治之始"。礼治的核心是德治，所谓礼治或德治主要是以道德教化为基本原则，这一原则的运用是建立在执政者和被执政者之间的特殊关系基础上的。

首先是政治关系伦理化。由于家国同构，君主与百姓之间、执政者与被执政者之间的政治关系被转化或美化为伦理道德关系。张载说："大君者，吾父母宗子，其大臣，宗子之家相也。尊高年，所以长其长；慈孤孤弱，所以幼其幼。圣其合德，贤其秀也。凡天下疲残疾茕独鳏寡，皆吾兄弟之颠连而无告者也。于时保之，子之翼也。乐且不忧，纯乎孝者也。"

在张载的情怀里，天下是一家，君王是万民的父母，官吏是君王的家相，百姓为兄弟，对于执政者来说，天下之人皆是我的子民、兄弟，应以仁爱之心相待。尊长慈幼，生养教化，即是治国御民的内容。

其次是政治原则伦理化由今天的观点来看，忠和孝是不同领域的义务准则，忠是政治义务，孝是伦理义务。但在古代，由家国同构导致了忠孝一体，《孝经》谓："君子之事亲孝，故忠可移于君；事兄弟，故顺可移于长；居家理，故治可移于官"；《礼记》也说："忠臣以事其君，孝子以事其亲，其本一也"。《孝经》还提出了"五等之孝"，对天子、诸侯、卿大夫、士、庶人的孝道分别做了规定：庶人之孝是努力生产，谨身节用，供养父母；士之孝指忠顺其上，保有禄位，守其祭礼；大夫之孝指言无过错，行无怨恶，承守宗庙；诸侯之孝的核心是保其社稷，和其民人；天子之孝的内容是"爱敬尽于事亲，而德教加于百姓，刑于四海"。这些内容说明，对统治阶层来说，孝主要是保有世袭的禄位、社稷、江山，这与其说是伦理义务，不如说是政治责任。正由于如此，人们往往把伦理原则作为政治原则，"事君如事亲，事官长如事兄，与同僚如家人，待群吏如奴仆，爱百姓如妻子，处官事如家事"。政理如同伦理，治国犹如治家，这不仅对君主来说是这样，对一般的官吏也是如此。而这一点被奉为做官的箴言，说明它是那个时代普遍的政治信仰。

政治伦理化与伦理政治化是一个问题的两个方面，如果勉强区分，可以认为，政治伦理化是对国家权力系统之内的人而言，伦理政治化则是对国家权力系统之外的人而言。有人曾问孔子为何不从政，他回答："《书》云：'孝乎惟孝，友于兄弟，施于有政。'是亦为政，奚其为为政？"他认为，履行家庭中的伦理义务也就尽到了对国家的政治责任，并不一定进入权力系统才算"为政"。这一点体现了传统政治义务和政治行为的泛化，就是说，家庭伦理关系和道德行为被政治化了。

首先，家庭伦理关系和道德行为具有稳定社会秩序，巩固地主阶层统治地位的政治功能。在家国同构形态下，家庭和家族不仅承担了经济和文化职能，还承担着政治职能。执政者十分注意利用血缘亲情和道德责任约束人们的行为，建立起父慈、子孝、兄良、弟梯、夫义、妇听、长惠、幼顺的道德秩序。不仅如此，家庭和家族通过伦理规范和宗规、族规能够发挥政府法令难以起到的政治功能。《颜氏家训·序致篇》所谓："禁童子之暴谑，则师友之诫，不如傅婢之指挥；止凡人之斗阋，则尧舜之道，不如寡妻之诲谕。"在一定意义上，家族集团是一种亚政治组织，最典型的是北魏时期的"宗主督护"制度，它取代政府基层机构，行使政治、法律等社会管理职能。宋元以后，宗法家族组织日益完善，一般的民事纠纷案件，如斗殴、婚姻、家产、田宅、债务等，族长有权过问和断处，对于严重违反封建道德规范法律规范的人，家族甚至有权处死。这样，通过家族政治化和国家家族化两个途径，执政者把防止'犯上作乱'的责任，通过家庭以至家族关系，使各个家长、族长、父亲、丈夫去分别承担。这样，政治统治的功用，通过社会上普遍存在的父子夫妇关系，渗透到社会的每个角落。

其次，家庭教育具有政治社会化功能。政治社会化是指，通过一定环境，将社会政治价值、态度、规范等“内射”到人格之中，内化为人格的重要组成部分，形成与特定社会地位相应的行为模式。现代政治心理学认为，儿童在家庭中的早年经验，是一种间接的政治社会化，政治态度可被看作是由一个人在家庭和其他最初的团体中的经验造成的性格特质的投射。比如，儿童在早年生活中就建立了对权威的态度，一个以严父为首的专断主义家庭会使小孩期待所有团体关系中都有统治和服从，他不是期待遵从就是统治。

对于中国传统社会中的大多数人来说，不仅是童年时期，而且整个少年、青年时期，乃至一生都是在家庭和家族范围内活动，对这些人来说，家庭生活经验是政治社会化的唯一途径。这种经验主要是从家长身上获得的，《白虎通义》说，“父子者何谓也？父者矩也，以法度教子也；子者孳也，孳孳无已也”。教育子弟是家长的重要职责，所谓“养不教，父之过”，家庭教育以孝悌为本，以忠义为主，伦理纲常、道德法度皆包括在内。《钱氏家乘·希夷公传》：“陈朝廷之法纪，述祖考之训词。”通过孝梯忠顺的灌输，使人们入则知父子兄弟之亲，出则知君臣上下之义。《大戴礼记·曾子之孝》：“是故未有君而忠臣可知者，孝子之谓也；未有长而顺下可知者，弟弟之谓也。”在家为孝子，在国必为忠臣，政治上的忠义品格离不开家庭的培养熏陶。

此外，家庭生活中的权威认同，也奠定了人们日后的政治态度。在传统家庭中，家长独尊专制，《礼记·坊记》所谓“家无二主，尊无二上”；《庞氏家训》：“盖父母视家人，势分本为独尊，事权得以专制”。子女从小在这种专断环境中生活，自然形成了权威—依附型人格，进入政治系统，必然会认同依附君王长上。正是因为有“父叫子亡，不敢不亡”的家庭戒律，才会有“君叫臣死，不敢不死”的扭曲人性的政治信念。

政教官师以政以道化民统言

在东西方历史上，政教关系都是一个极为重要的问题，但由于政治、经济背景不同，东西方政教关系的性质和内容有很大差异。在西方中世纪，教会是一支独立的政治力量，教权凌驾于王权之上，这种情况下的政教合一，乃是教会操纵政府，王权依附于教权。而在中国古代政治生活中，“教”虽有狭义的宗教含义，但主要是指广义的文化，即由继承古代礼乐传统而形成的法家文化。因此，中国历史上的政教关系可以看成是以王权为代表的政治系统和以知识分子为代表的文化系统的关系，或者说是君统与道德的关系。春秋以前，传统“封建”秩序中的士阶层蜕化发展为具有强烈自我意识的知识分子阶层，士人以道自任，抗礼王侯，政统与道德成为两个相涉而又分立的系统，“以政统言，王侯是主体；以道统言，则师儒是主体”。在漫长的历史进程中，王侯与师教、政统与道统既有和睦统一，又始终存在着某种程度的紧张和对立。

殷周时代的政治文化具有典型的政教合一性质，这可以从两个方面来理解：从狭义的宗教观念来说，殷周帝王是天下最高执政者，同时，作为上帝在人间的代表，又是最大的教主，一身二任，二位一体。从广义的礼乐教化而言，夏有校，殷有庠，周有序，学在官府，文化系统和政治系统合而为一，“师以贤得民，儒以道得民”。这是说，师以德行教民，儒以六艺教民，而师和儒当时都是政府的职官。三代之世，圣人因事立教，寓教于政，虞廷之教，则有专官；司徒之所敬敷，典乐之所咨命；以至学校之设，通于四代；司成师保之职，详于周官。然既列于有司，则肄业存于掌故。其所习者，修齐治平之道，而所师者，守官典法之人。治教无二，官师合一，岂有空言以存其私说哉？

在官学的一统天下里，所学者，不外修齐治平之道，教化即政治；所师者，皆为守官典法之人，官吏即师傅。政教官师一体。

及至春秋，王官失于野，学术下私人，道术为天下裂，私学勃兴，诸子蜂出，百家争鸣，传统的官师政教合一的局面被打破。各家各派皆“思以其道易天下”，诸子纷纷著书立说，聚徒讲学，于是，“学者所习，不出官司典守，国家政教”。随着道术散乱、学术下移，文化系统从政治系统中分离出来，政府的官吏不再承担师的职能，这一职能被具有独立社会地位的仕阶层所取代，王权与教权、政统与道统发生了分裂。但这种分裂只是暂时的。战国之世，各国君主尊师礼贤，目的显然是想获得以知识分子为代表的道义力量的支持；而诸子奔走列国、游说王侯，也无非是期望借重王侯的政治力量以推行其道。

然而，秦执政者没有实现的目标在另一种意义上被汉代执政者实现了。汉武帝的“罢黜百家，独尊儒术”是与“焚书坑儒”内容相反而目标相同的运动。这场运动，从文化背景来说，是道术为天下裂之后形成的“师异道，人异论，百家殊方，指意不同”的思想混乱状态，董仲舒建议灭息邪辟之说，以克服思想文化的散乱与国家政治上的一统之间的矛盾，实现政教的统一。而从政治背景来说，独尊儒术是为了解决官吏的素质和职能问题。当时，一般政府官员尤其是基层官吏文化素质极低，浅见寡闻，但以“刀笔筐”为务，不识德教大体，甚至连皇帝的诏书都“弗能究宣”，这些人只能完成吏的职守，而不能承担师的责任。董仲舒建议汉武帝兴太学、置明师，“以养天下之士”，目的是使郡守、县令们真正成为百姓的“师帅”，能够“承流宣化”，“教训于下”，起到官师的作用。汉武帝顺应时势，将五经立为官学，为博士置弟子，使古学官学化，官吏儒生化，史称：“自此以来，公卿大夫吏彬彬皆文学之士矣。”特别是汉宣帝以后，儒生完全垄断了仕途。这不能不说在新的历史条件下恢复了学在官府，官师一体、政教合一的国家局面。

第十一章 时代更替有周期 帝国兴衰有定数

在人类世界必须遵循两大规律：一个是自然规律；另一个是社会客观规律。四季周而复始轮回，植物的叶落叶生、花开花落、生生息息等，这是自然规律。人世界生老病死，社会和国家的兴衰更迭、成败强弱、创立与瓦解等，这是社会发展进程的客观规律。总之，这两大规律往往不以人的思想意志为转移。

纳进谏争辩以治国如同治病

良臣辅佐兴天下，奸逆祸国百姓苦。《贞观政要》通篇记载了唐太宗李世民对身边大臣的一段富有哲理的论政话语。唐太宗对侍臣说："以前（隋炀帝）刚刚平定了京师，宫中的美女和珍奇玩物，没有一个院子不是满满的。隋炀帝内心仍旧不满足，不停地向民间索取美女及珍玩，并且东讨西伐，用尽兵力随意发动战争，老百姓不能忍受，于是导致了灭亡。这些都是我亲眼所见的。因此我从早到晚勤恳不息，只是希望不想东征西讨，不贪美女珍玩，使天下平安无事。于是就能不兴起徭役，年年庄稼丰收，百姓安居乐业。治理国家就像种树一样，根基不动摇，那么枝叶就会茂盛。帝王能不想东征西讨，不贪美女珍玩，百姓怎么会不安居乐业。"

唐太宗对亲近的大臣们说："治国就像治病一样，即使病好了，也应当休养护理，倘若马上就自我放开纵欲，一旦旧病复发，就没有办法解救了。现在国家很幸运地得到和平安宁，四方的少数民族都服从，这真是自古以来所罕有的，但是我一天比一天小心，只害怕这种情况不能维护久远，所以我很希望多次听到你们的进谏争辩啊。"

魏征回答说："国内国外得到治理安宁，臣不认为这是值得喜庆的，只对陛下居安思危感到喜悦。"

治理国家的原理就和医生治病的原理一样。所以，古人有大医医国的说法。是谁发明这条原理，有待考证。至少汉朝的王符的《潜夫论》就提出了这样的观点。他说："凡疗病者，必知脉之虚实，气之所结，然后为之方，故疾可愈而寿可长；为国者，必先知民之所苦，祸之所起，然后为之禁，故奸可塞而国可安。"他就认为治国如治病。要治国，就必须"先知民之所苦"；如果连民之所苦都不知道，却去治国，那就像盲人骑瞎马，夜半临深池，极其危险。为政者要知民之所苦，并不是一件容易的事。

当然，对于普通老百姓来说，自然知道自己苦之所在，而对于为官为政者来说，却是一件极其艰难的事情。为什么呢？因为，一个人官越大，距离老百姓越远，与老百姓的接触越少，自然对于老百姓的了解越少。最典型的是晋惠帝。大臣向他汇报天下闹灾荒，为饥饿所困。他感到不理解地说："何不食粥糜？"怎么不吃粥呢？他根本不理解什么是饥荒。这是第一点。第二点是，任何人都喜欢听恭维的话，不愿意听实话、直话、逆耳的话。官越大地位越高越不愿意听。明·李贽《藏书》卷三十四《李绛传》："帝见李绛于裕堂殿。帝曰：'比谏官朋党，论奏不实，朕欲黜其尤者，若何？'绛曰：'此非陛下意也，必左右憸人欲以此荧惑上心。夫人臣进言于上，岂易哉？昼度夜思，始欲陈十事，俄而（马上）去五六，及将以闻，则又惮而削其半。故上达者，不能百一，何哉？干（冒犯）不测之祸，顾身无利耳。虽开奖纳，尚恐不至，又欲遣诃之。臣恐直士之杜口也。"李绛的话说出了封建专制下下情上达的艰难。所以，在最高层听真话很难。下层向上面反映问题更难，甚至有生命危险，轻则贬职流放，罢官，重则斩首处死。

所以，为官为政者更需要注意听取不同意见，防止被恭维蒙蔽，建立了解民间疾苦的绿色通道。若不了解下情，不了解民意，即使聪明盖世，也只能当个受人蒙骗的昏君。只有了解民之所苦，才能对症下药，解决民之所苦。邓小平就是一个很好的榜样。他虽在最高层，但是了解民之所苦，所以搞改革开放，解决民之所苦。正因为他开的药方是对症的，所以疗效甚好，得到全国人民的衷心拥护和爱戴，全国人民都从改革开放中受益。邓小平受拥护和爱戴的程度，是与他解决民之所苦的程度成正比的。他解决了多少民之所苦，人民就拥护他和爱戴他多少。所以，为政者要以邓小平为榜样，真正解决民之所苦。不去解决民之所苦，或者解决的方法不对，即没有疗效，就不可能是受人民欢迎和喜爱的为官者。为政者必须从恭维中解放出来，因为恭维是一个麻醉剂，是为政者政治事业的大敌。知民之苦和解决民之所苦，才是为政者高尚的事业、伟大的事业。为政者的价值就在于此。为政者高尚不高尚，伟大不伟大也取决于此。有些人对于能否受到人民的欢迎和喜爱存在误解，以为漂亮话最重要，一说漂亮话肯定能得到人民的喝彩。但是，这个买卖是做不得的。口惠而实不至，漂亮话就没人买。既然没人买，也就没有市场了。那么，就跟骗子差不多了。还是少说漂亮话、空话、假话，多做实实在在的事情，确实解决民之所苦，解决得越多，越受人民拥护。如果为政者的耳朵里听的不是恭维声，而是民之所苦；手上所做的不是为自己树碑立传，而是解决民之所苦，这样的为政者才是人民所需要的，才可能成为伟大的政治家。元朝的文学家说过："兴，百姓苦；亡，百姓苦。"作为为政者内心里时刻牵挂老百姓之"苦"，国家才会一步一步迈向强盛之路。

得民者则得国失众者则失国

人阳利国民，人阴祸害国。古代那些要想在天下弘扬光明正大品德的人，先要治理好自己的国家；要想治理好自己的国家，先要管理好自己的家庭和家族；要想管理好自己的家庭和家族，先要修养自身的品性；要想修养自身的品性，先要端正自己的思想；要端正自己的思想，先要使自己的意念真诚；要想使自己的意念真诚，先要使自己获得知识，获得知识的途径在于认知研究万事万物。通过对万事万物的认识研究，才能获得知识；获得知识后，意念才能真诚；意念真诚后，心思才能端正；心思端正后，才能修养品性；品性修养后，才能管理好家庭家族；家庭家族管理好了，才能治理好国家；治理好国家后天下才能太平。

“平天下在治其国”的主题下，具体展开如下几方面的内容，一、君子有絜矩之道。二、民心的重要：得众则得国，失众则失国。三、德行的重要：德本财末。四、用人的问题：唯仁人为能爱人。五、利与义的问题：国不以利为利，以义为利。

所谓絜矩之道，是与前一章所强调的“恕道”一脉相承的。如果说，“恕道”重点强调的是“己所不欲，勿施于人”的将人比己方面，那么，“絜矩之道”则是重在强调以身作则的示范作用方面。当政者的德行好比是风，老百姓的德行好比是草，只要风吹草上，草必然随风倒伏。世道人心，上行下效。关键是看你说什么，提倡什么，做什么。榜样的力量是无穷的，领袖的力量更是不可估量的。所以，当政治国的为官者必须要有“絜矩之道”。

关于民心的重要性，已经是古往今来都毋庸置疑的了。水能载舟，也能覆舟。不过，启发虽然是毋庸置疑的，但纵观历史，却往往是当局者迷，旁观者清。所以，才会有王朝的更迭，江山的改姓，当政者“为天下僇”。秦始皇施行残暴统治，大量征发劳役，大建宫室园林和陵墓，坑杀儒生，烧毁书籍。始皇末年，已在普遍怨恨和不满声中。

始皇死后，二世昏庸，在赵高的操纵下，其暴政比始皇时有过之无不及。二世元年（前209）七月，终于爆发了以戍卒陈胜、吴广领导的农民大起义，起义烽火迅速蔓延。

周幽王为博得褒姒高兴，数次烽火戏诸侯，从而丧失了政治上的诚信。后来敌人真的来时，已然无人来救。最终幽王被杀于骊山之下，为天下人所耻笑。

隋炀帝杨广荒淫奢侈，急功好利，残酷猜忌，远征高丽，开凿运河，赋役繁苛，终激乱败国，为宇文化及弑于江都。

德行是古学反复记述、强调的中心问题之一。把德与财对举起来进行比较，提出“德本财末”的思想，尽管从古学的全部治国方略来看，也有“先富后教”、“有恒产者有恒心”等强调经济基础的思想，但总的说来，重精神而轻物质，崇德而抑财的倾向仍是非常突出。

正因为“德本财末”，因为德行对于治国平天下有第一位的重要作用，所以就牵涉到一个用人的问题。而在用人的问题上，同样是品德第一，才能第二。对于这一点，《大学》不厌其烦地引述了《尚书·秦誓》里的一大段话，说明一个人即使没有什么才能，但只要心胸宽广能容人，“宰相肚里能撑船”，便可以重用。相反，即使你非常有才能，但如果你嫉贤妒能，容不得人，也是危害无穷，不能任用的。所以，“唯仁人为能爱人，能恶人。”当政治国的人必须要有识别人才的本领。

与“德本财末 ”密切相关的另一对范畴便是“利”与“义”的问题。为了阐述“利”与“义”的关系问题，古人提出了“生财有大道”的看法，即生产的人多，消费的人少；生产的人勤奋，消费的人节省。这是一段很富于经济学色彩的论述，浅显易懂而毋庸置疑。“仁者以财发身，不仁者以身发财。”“以财发身”的人把财产看作身外之物，所以能仗义疏财以修养自身的德行。就像著名的列夫·托尔斯泰那样，解散农奴，实行自身禁欲，以实现良心与道德的自我完善。“以身发财”的人爱财如命，奉行“人为财死，鸟为食亡”的错误原则，不惜以生命为代价去敛钱发财，或贪赃枉法，铤而走险，或贪婪吝啬如巴尔扎克笔下的葛朗台，果戈理笔下的泼留希金等。都是“终朝只恨聚无多，及到多时眼闭了”。

所以，还是“以财发身”，超脱些对社会和国家都好。

讲信修睦息讼罢争日渐开导

国有良民兴，法有威久安。作为世界五大法系之一的“中华法系”，实际上包含两个系统在内。一个系统是制度系统，一个系统是理念系统。前者属于“显系统”，后者属于“隐系统”，但后者对前者起支撑作用。

中华法系中的理念系统是以法家的治国理念为主导的，正由于此，作为制度系统的中华法系才带有明显的法家色彩。中华法系是一个将法家治国理念贯穿于立法与司法制度中的法律文化系统。中华法系萌生于周初，奠基于汉代，发展于魏晋南北朝，鼎盛于隋唐，而延续到清末。其中，战国与秦代属于以法家精神指导立法的时期，与中华法系的主流精神并不相合，故不能将其纳入中华法系的历程中加以考察。考察中华法系背后的治国理念，可以得出如下的认识：它以“性善论”为治国根据，以“致中和”为治国理想，以“公平之道”为治国方法，以“德主刑辅”为治国模式。“性善论”是法家人性论的主流，其实质在于肯定每个人都具有向善、成善的能力，前提是需要接受道德教化。这就为德治方略提供了理论依据。在战国时期的思想界，倡导“性善论”，认为人皆有天赋“四端”，即恻隐之心、羞恶之心、恭敬之心、是非之心，这就是道德意识的萌芽，是“人之所以异于禽兽者”。再且所谓“性”，仅指道德性，许多文人认为人性中又有自然性（生理本能），这种自然性，是用“命”这一 概念来指称的。也就是说，人性包括了道德性与自然性两方面，而道德性属于人的本质属性， 自然性属于人的非本质属性。

荀子虽然提出了“性恶论”，但它与“性善论”并无根本不同。原因在于：决定人与动物之根本区别的是道德性，道德性加自然性构成了人性的二元结构，每个人都具有接受道德教化的需要和能力。区别是次要的，仅仅在于：两者对“性”的内涵有不同的界定。其实，人的道德性是先天的，而荀子则认为人的道德性是后天人为的结果. 尽管荀子重视法律的作用，但他提出的“礼治” 说仍然是一种德治方略。 正由于先秦法家在人性问题上奠定了人的本质属性是善良的这一基调，后来的法家基本都是对此加以继承与发挥而已。其价值在于，法家基于对人性的这种判断，提出了“以德治国”的德治方略。这一治国方略以道德教化为核心，而实施道德教化的前提是人具有向善、求善的需要和能力。

“致中和”为法家的治国理想，其基本含义是指若按公平之道来推行政治，就能实现人与人、人与社会、人与自然的和睦。这也是法家推崇的为政者的终极境界。可以说，法家的理想社会——“大同”社会就是一个实现了“中和”的社会。在这样的社会里，“选贤与能，讲信修睦，故人不独亲其亲，不独子其子，使老有所终，壮有所用，幼有所长，矜寡孤独废疾者皆有所养。男有分，女有归。是故谋闭而不兴，盗窃乱贼而不作，故外户而不闭。”站在法家的立场上看，这确实是一幅高度和睦的社会图景。

“公平之道”是值得推崇的治国方法。那么，“中庸”的具体含义是什么呢？根据汉代法家的解释，“中”是适中、适当的意思，而“庸”的意思是“用”，也可说是无用者的自慰自辩之词。“公平之道”是反极端和反庸俗的，它注重事物的实质平衡，这种平衡就是“正能量”。它也不是一种折中主义，折中主义把“中”当成一种可以在表面或数量上对事物进行“半斤八两”式平分的标尺，而忽视了“平”是衡量实质平衡的标准，它代表的是一种真正的“恰到好处”、“无过无不及”的状态。“公平之道”作为一种治国方法，并不适用于各领域。在立法上，它要求立法适中、公正。有学者指出：“公正公平是立法的指导原则，史称《唐律》‘一准乎礼，得古今之平’，‘平’，即是宽严得当、轻重适度、立法得中的意思。”从哲学上说，是对立面的相互依存，讲矛盾的统一性，并有跨权利共享性，否认博弈性，阻止事物实现质的飞跃的倾向，这是应当批判和摒弃的，但法理学认为，法作为提升为国家意志的统治阶层意志，作为全社会的行为准则，作为社会秩序、政治秩序、经济秩序的规范形式，其特点之一正是应当稳定、平衡，公平主义求平衡、求稳定的价值指向和思维方法自有与之相契合之处。

在司法上，它要求刑罚适中，强调司法公平。“刑罚不中，则民无所措手足。”在治国方略上，它要求宽猛相济、德主刑辅，根据法家的观点，德主刑辅合乎实质的“中”，而德刑并用只是一种表面的“中”。在经济上，它反对那种过分拉大贫富差距的制度安排，要求共同富裕，并保障民众的私产。在文化上，它表现为一种温和而理性的文化发展观，反对毁灭文化传统，提倡文化的“损益”式发展。“德主刑辅”自汉代开始就成为封建执政者推崇的一种治国模式，它有两层含义：一是在治国方略上，它要求以道德教化为主，以刑事制裁为辅；一是在立法上，它要求立法必须以法家道德原则为指导，使法律体现法家的道德精神。

注重道德教化的政治功能，把道德教化当成国家政治生活中的大事，这确实是法家的一贯立场。所谓“不教而杀谓之虐”、“道之以德，齐之以礼，有耻且格”、所谓“谨庠序之教”，所谓“不教无以理民性”等就是很好的证明。这种治国方略落实到具体的制度安排上，则有调解制度和以德礼预防犯罪的制度等。

《周礼》中有“调人”一职，它“掌司万民之难而谐和之”。明代王阳明制定了一个带有民间公约性质的《十家牌法》，其中就很重视调解的作用：“每日各家照牌互相劝谕，务令讲信修睦，息讼罢争，日渐开导，如此则小民日知争斗之非，而词讼亦简矣。”在以德礼预防犯罪方面，法家在制度设计上可谓“无微不至”，各级官员在审狱决案、官场训话等场合要宣讲法家道德，学校教师在课堂上宣讲法家道德，甚至宗教教义也要宣扬法家道德，所谓“儒、释、道三教合一”，其目的就是要预防犯罪，以维护社会安定。

在立法方面强调以法家道德原则为指导，更是法家的“老生常谈”。在法家的推动下，中国封建法律在汉——唐期间经历了从“宫廷立法”到“法家立法”的转换时期，宫廷法律很快就被法家化了。《唐律》的“一准乎礼”，如“八议”、“十恶”、“准五服以制罪”等，不仅标志着封建立法的完善，也标志着“德主刑辅”方略的制度化。《唐律》是中华法系最为成熟的代表作，它反映了法家的道德精神，代表了法家对一种高度和睦的道德型社会的追求。它凝聚着法家的治国理念，蕴涵着法家的治国智慧，确定并引导着中华传统法律文化的走向。

王朝循环帝国衰落各有周期

中国古代的王朝循环是一个怪异的“呼啦圈”，为什么自秦汉以后，中国历史便轮回往返，一次次治乱反复而几无穷已？史家的解释是多种多样的，有人说来源于中国的大一统文化传统、文化上缺乏弹性；有人说是因为外族的武力威胁，“游牧民与定居者”的生存竞争一次次使中国王朝死而复生、生而复死；有人说这乃肇于中国传统的等级制统治模式，统治者和被统治者之间的经常性冲突使每一代王朝都不可能长治久安。无疑，所有的说法都有其道理，都能解释部分甚至很多事实的原委，但从经济层面看，王朝的循环又该如何解释？要强调的是每一王朝在其后期形成的强大既得利益阶层给国家税收带来的巨额损失，在掏空了国家的公共财政的同时也摧毁了王朝的统治体系。这一既得利益阶层与国家公共财政之间关系紧张，这是传统中国社会的基本问题，其影响极其深远。

自耕农递减与公共财政的短缺循环必须从经济上来找原因，美国历史学家斯塔夫里阿诺斯的理解尤其值得注意，他认为中国古代王朝循环、帝国走不出由盛到衰周期律的根本原因，乃在于经济管理的循环，每个王朝在它建立约 100 年后都开始面临财政上的种种困难，而公共财政的崩溃，又直接导致帝国的灭亡。

历史在历史学家，总是以他手中的笔轻滑而明快的画几个符号，一两句提纲挈领、富于概括的话语，就把一个又一个王朝的兴衰成败，尽数收入囊中。但历史作为一种社会的演化过程，却绝没有这般从容平淡。欢乐和幸福是怎么产生的，悲伤和苦痛又是如何生长的，牵涉到具体而微的人和事，一切过往烟云都将浸透着迷茫和不确定，尤其对于今天站在与往日不同时间维度观察着历史的人，联系古今中外，因观察历史所引出的联想，就特别有一些不轻松。帝国的循环究竟是怎样发生的呢？历史如何诡谲地而不动声色地将前朝后世一起串联呢？而过去又能给未来提供什么样的可能性呢？只好对历史发问。

王朝循环有周期，帝国衰落有定数。一般而言由盛至衰是一种综合性的结果，政治、经济、文化等全面凋零，统治秩序就将难以为继。但任何文明毕竟都是建筑在人和物质上，王朝的循环因此如斯塔夫里阿诺斯所说，显著表现为一种经济过程。但这种经济过程又和一种文明的政治、文化和社会过程密切联系在一起，相互之间互为因果，经济过程里有社会政治机理作用的存在，随社会政治机理生发的某种经济过程，反过来又会强化某种政治机理，并产生某种社会效果。

还是从公共财政的匮乏说起，这是每个王朝到其晚期之后的必发之症。而公共财政为什么会发生短缺呢？把自然的因素排除在外，首先来看一看因人为因素所造成的一些景象。检索一下历代王朝在其晚期经济上所出现的征兆，不难发现，以下几点是共通处：

税收大量短缺。每个王朝在其建立之初，都曾有过一段时间的安宁和繁荣，如两汉有“文景之治”“光武中兴”，唐朝有“贞观之治”和“开元盛世”，清朝有“康乾盛世”，宋明两代也曾有过休养生息、政治清明、国家财政充裕、人民生活安康的公平局面。但好景一般都不长久，每一朝代在前几任皇帝之后，由于缺乏有效的货币制度和商业法律，税收无论是提取量还是在其现有制度维护上，都开始遇到许多困难，以至到王朝后期，都面临着支出超过税收的困难局面。

中国历代王朝更换的基本动力，就是农民起义。农民起义所呼唤的平均地权思想，对每一代王朝都有震撼力，也因为此，每一代王朝在建制伊始，都通过打倒原有大地产拥有者、重新分配土地，使“耕者有其田”，土地基本能够按照人口来平均。平均土地的结果，是在国家形成自耕农阶层，这一阶层占据着农民的大多数。然而，这同样是暂时的，随着休养生息阶段的过去，赋税增加，自耕农逐渐承担不起生存的压力，不得不将自己的土地让给大地主，而自己则沦为佃农。这一过程通常时间都是昙花一现，到帝国后期，慢慢就形成佃农和农奴占据着农民的多数，而自耕农逐渐沦为少数的境地。

一个国家有两大资本，一个是自然资本，即领土、领海、领空；另一则是人力资本。在几百前，中国历代王朝只重视土地开垦利用，而忽略领海、领空的作用。因为，大量集中土地。平均地权只是每一王朝初始时的景观，由于缺乏相应的商业和货币体系支撑、法律的制度性约束，帝国的财富总是按照马太律穷者越穷、富者越富，而在农业社会中，财富的主要标志就是土地占有量，那些与政治权力相勾结的大地主，在经历几代皇帝之后，一般很快就通过对自耕农的高利贷盘剥而积累起大量的地产，相反，自耕农阶层在日益加重的徭役赋税和无法偿还的高利贷的双重压迫下，逐渐失去自己的土地主权而成为大地主的附庸，乃至到帝国后期，国家的大部分土地是被占人口绝对少数的土地主所瓜分。

社会发展和人民的愿望是递进关联的，土地集中必然造成自耕农减少，而自耕农减少必然导致税收不畅和公共财政匮乏。在三者之间尤其值得关注的是自耕农的减少，翻开两千年的帝制史，不难发现，自耕农递减业已成为伴随历代王朝由盛转衰过程的铁律。自耕农递减为什么必然导致王朝的税收财政短缺呢？这与传统中国是农业社会的经济现实有关。农业社会政府和人民的主要经济来源，只能是土地，而农业社会的人口多数，则为农民。正常情况下，王朝的税收是由农民所负担，假如土地不曾集中、自耕农占据农民的主体，帝国的税收一般不会发生大的短缺，特别是在政府实行人头税制度的情况下，国家通常能够保持收支平衡。但这其实往往只是“理想类型”，由于没有实现“数字管理”，帝国的税收一方面不通畅、难以保证所有的税收都能落实，另一方面也难以对与政治权力有纠葛的土地权贵进行管理，尤其是自耕农不堪徭役重负、丧失地权、土地集中时，散布各地、自给自足、各成整体的农业经济，在大地主的庇护下，经常会使政府的税收制度失灵，即使采用按土地田亩征税的方式，如唐朝的“均田制”一度所做的那样，亦无法阻挡这种恶性趋势。

在传统中国社会里，自耕农在人口中的比重大小，事实上已成为衡量社会经济生活运转是否良好的一个试金石。但自耕农递减律却毫不例外地贯彻了每一王朝的盛衰成败，原因在哪里呢？这当然与传统中国社会农业经济的单一化，缺乏商业和市场机制，也与政治体制缺乏弹性有关。应当说并不是每一代君王都昏聩无能，相反可以发现，不少最高统治者都看到了存在于中国社会中的基本矛盾，而且历代王朝都有皇帝曾致力于予以解决，但囿于农业社会的政治经济现实，所有的努力最终都毫不例外归于了失败。与自耕农递减速律和公共财政短缺循环相对应，在统治者身上也观察到一种国家治理模式的循环，那就是每一代王朝在其开始时都曾花大力气着手舒解土地问题，力图土地平均，防止土地集中于权贵，大力保持自耕农在人口结构中的主体位置。最为显眼的是明太祖朱元璋，明帝国的大厦刚刚建起，洪武皇帝即连兴大狱，打击官僚、缙绅、地方等高级人士，从朝廷内的高级官员直到民间的殷实富户，株连极广。

尽管几乎每一代王朝在其开始都曾对土地平均和保持自耕农数目作出过努力，但其结果却仍然是土地集中权贵、自耕农锐减速、公共财政缺失，如此不断循环。这正是“三种社会体制”中的按社会等级排序的社会所表现出来的典型特征，政治经济体制的缺乏开放性，使一种表面上看起来有利于国有利于民的经济政策，也维持不能长久。以明朝为例，虽然明太祖朱元璋一时落实了土地问题，但后来情况又如何呢，仍不可避免落入了历史的循环。所以尽管在明帝国岌岌可危时出了一个大清官海瑞，但海瑞想恢复先祖遗训的努力命中注定是一个悲剧，他所不能领会的却是，帝国的这一套经济政治系统从其发端就存在严重缺陷。明初之时的土地政策之所以能够维持，完全是靠洪武皇帝的个人魅力，而魅力的丧失也将意味着这种经济安排的失效。但第一代皇帝朱元璋去世后，让后世的皇帝们到哪里去寻找类似开国皇帝的权威呢？他们的权力只是来自传统，而传统型统治理所当然意味着对往日时事的臣服，其中包括对制定和解释这些传统的具体的人的臣服。皇帝的威权因此已不具有绝对性，先王的老臣、现世的官僚集团，都有可能上阵发难。当后世皇帝们的统治合法性大为减弱的时候，维系在魅力型统治上的经济安排，因此再无继续有效维护的可能。

在一个以土地为主要经济来源的封闭性农业社会，国家的安宁和稳定密切依赖于土地平均，只有这样才能维持一支强大的自耕农队伍，国家的税收才能有所依靠。但等级制的政治体制——这是农业社会的悖论——要维持一个庞大帝国的统治，只能采用等级制，这又注定不能将平均地权的经济安排贯彻始终。在税收锐减、国家公共财政空虚的情况下帝国将面临什么样的结局？历史学家早有结论：维系着帝国统治的两大力量；官僚体系和军队，将因为缺乏财政上的支撑而无法维持，帝国因此首先从自身体制上瓦解；而内部不堪忍受剥削的农民也联合起来，为自身生存而揭竿举旗，这时往往又有外族趁王朝内部的动乱而以武力来犯。在内忧外患夹击下，帝国只好以土崩瓦解来结束人民的反抗。

经济问题归根结底在于利益

中国人一直习惯于认为，中国社会向来不存在私有制问题，上下五千年，各个朝代都在压制着私有化。如果说这是与近现代西欧明确产权制度的一种对照，也不能说这种说法全无道理，受法律保护权利和税收义务制约的私有产权制度，在中国从未有效生长。但若以“全豹”来否决“一斑”，认为中国社会只有政府对经济资源的无度控制而无私人对财产的大量占有，这却与历史曾有过的现实不符。中国古代大地主和豪强的土地兼并，事实上也是制造了一种土地上的私有，不过这是权贵私有。虽然这种私有并没有近现代意义上的严格法律保障，但土地拥有者的地契和通过与统治者共谋而获得的政治权力，一般都使土地私有的状况能够保持下去，避免政治权力的侵扰。但中国以往社会存在的矛盾，也正在这里。土地在大地主和豪强那里的集中并且私有，若有健全的财政税收制度保证拥有大地产者亦交纳相应的税银，则土地私有尚不致对国家和社会造成大的危害，然而，传统中国社会政治制度的不合理所在，正是产权拥有者所享权利与应尽义务的极端不平衡，一方面，帝国的统治不是建立在制度上，帝国的税收因此只能大而化之，无法精确定量，这样使大地产拥有者有了逃税的可乘之机；另一方面，更为重要的是，大地产拥有者一般都是特权的享有者，传统中国社会的统治，本身就建筑于官僚阶层与地方乡绅豪强的合作，大地主利用其对政府的影响力，可以有效免去大量本来要交的税务。套用现代一点的话来说，传统中国社会里的大地产拥有者作为既得利益阶层，才真正享有着“轻徭薄赋”，这种财产占有权与应尽义务的分离，导致了公共财政的匮乏，也成为中国历史王朝兴衰的基本成因。

土地事实上的私有的必然结果，是政治权力施用于土地占有，进一步加强土地私有的强度。在土地作为社会的主要财富的背景下，政治资源的施用所能谋取的经济利益，最多最频繁的当然是土地。土地的集中造就一批既得利益阶层，这个阶层的惯常模式，就变成了官僚地产。它与传统中国社会的家庭和家族观念有很大关联。隋唐以后所实行的科举制度，表面上看是在中国社会创造了“机会均等”，为贫家子弟进入士绅阶层打开了方便之门，实则不然，一句“三代出一个贵族”的习语道破了科举入仕的秘密：没有足够的财力作为多年学习和准备的根基，就谈不上参加科举考试，甚至连读书向学的可能性也不会存在。所以能够中举的，大多必有家庭和家族的财力在背后作着支撑，而中举入仕，政治权力则自然向经济权力的方向回流，为家庭和家族的财富与地位跃升提供便利。官僚地产垄断着国家公共资源。这虽然没有囊括政治权力和经济利益相勾结的所有类型，但却是最明显、最通俗、最普遍的一类，各朝情况都大略如此。以明朝为例，明朝的官员退休以后，告老还乡即成为乡绅，但按政府规定，仍享有着与在位时相近的各种政治经济优待，这本身就意味着他们在占有社会财富上比之一般人站在了更高的位势，还不仅如此，他们还以乡谊、年谊、姻谊等作为纽带，与其他直接和不直接掌握政治权力的权贵者保持着千丝万缕联系，因是之故，将既得政治资源转化为经济资源，对他们来说就极其自然和顺当，比如曾作过文渊阁大学士的徐阶，退休回南直隶之后，家庭成员多达几千，通过放高利贷等各种手段所占有的地产便有40万亩。权和钱自古相通。明朝的官员通过截留“火耗”，收取“常例”，一般都能积累起一定的资产，这些资产或可直接用来购买土地，或可通过放高利贷豪夺土地。官员有位在职时积累金钱财富，退休后将金钱转化为土地成为土地贵族，诸如此类在各朝各代皆为常识。一代王朝开国时打倒一批乡绅豪强，但“野火吹不尽，春风吹又生”，经过新一轮政治权力的重构，经济资源在王朝建立几十年后亦将重新依旧安排。明朝到万历年间，一个新的土地贵族便早就已产生了，“当年送达御前以备乙览的14000多家富户，已经为新的富户所代替。这些新兴的富户，绝大多数属于官僚、士绅或在学生员而得以享受‘优免’，不再承担‘役’的责任。政府中的吏员，也越来越多地获得了上下其手的机会。因为全国的现金和实物不是总收集发，财政制度无从以严密的会计制度加以考察，从罅隙中漏出来的钱物就落于这些人的手里”。

类似的现象和过程，在历代都能发现。再如唐朝，唐朝开国时实行“均田制”，但实际上一开始的“均田”就不彻底，对前朝形成的拥有巨大的、自给自足的、免税的地方家族大地产，并没有予以剥夺，而是开辟其他途径如开垦战争期间被荒废的土地的方式公给农民以土地，而且国家税收是由广大小农所承担，拥有政治权力的大地主则不需要交税。最后一个王朝清朝更是如此，“三年清知府，十万雪花银”。

至此看到，在历代王朝后期，围绕赋税全体臣民实际上分成了两类：一类是掌握政治经济权力的既得利益者，即土地贵族，他们不必交税或少交税，并且通过高利贷等方式对农民进行盘剥；另一类是自耕农、佃农、农奴，他们在承担政府的税务的同时，还承受着土地贵族的剥削。贫和富的这样分化，已经告诉人们帝国的财富究竟流入了何处，并且社会到底经历了什么样的分化。这种分化实际上揭示了阶层分析在传统中国社会的现实针对性，人口居于少数的既得利益者和人口居于绝对多数的受剥削者的存在。

经济问题归根到底是利益问题。利益问题主要又在于两方面：一是生产，即财富的创造；一是分配，即财富的使用。这两方面相互支配，其中之一发生故障，都会对另一者产生负面影响，而且常常会产生一定的社会矛盾。排他性既得利益阶层的出现、利益分配上的不公，恰恰是引发社会危机的导火索，当然，如果此时在财富的生产上有所突破，尽管分配不公、但即使是贫弱者亦能享有一杯羹时，就如唐朝一度所做的那样，社会危机也许也有一时缓解的可能。但在一定的时间内，土地资源毕竟是有限度的，一方的多得必然要以另一方的多失作为前提。而从遥远的古代至20世纪上半叶，传统中国社会的绝大部分经济和财政来源，都来自土地，一般小民的经济来源，也非常单一，失去了土地就只能依附于乞讨，再无其他获取生活资料的机会。贫和富的对立因此并不仅仅表现为财富占有量多寡的对立，而更多表现为谋取财富机会有无的对立，单纯的贫富不均在一般情况下并不是最主要的矛盾，但在贫富不均的同时造成致富的机会亦不均等，弱势都已被逼入了无路可走、无希望可觅的艰难境地，奋起反抗“为富不仁”是顺其自然的状况，因此，这就使传统中国社会呈现出动荡动乱循环局面的顽疾。

古罗马衰亡给人以新的启示

为使人们更清楚地看清中国王朝循环的机理，有必要了解一下古罗马帝国的衰亡。与古代中国一样，古罗马也是一个农业国家，社会经济也以自然经济为主导。如果两个经济基础相通的国家的治乱循环，出于类似的原因，产生相像的结果，我们应该可以从中得出一些启示性的结论，作为一个从农业国家向工商业国家过渡的资鉴。

罗马帝国的灭亡，与中国古代王朝的循环一样，长时间来一直是个谜团，吸引着后世研究历史的人们的注意力。土地如许辽阔、历代皇帝尽皆励精图治的一个大帝国，为什么说灭亡就灭亡了？孟德斯鸠著书《罗马盛衰原因论》，认为帝国的衰败与帝国风尚的变质有关，在帝国后期，创造了早期罗马的那些良好风尚，要么销声匿迹，要么已经变得低下庸俗，帝国的大厦也因此倾塌；现代政治学之交马基雅弗利则写下了《罗马史》。不过，所有这些论者似乎都没有马克斯·韦伯叙说得更有力度。

韦伯曾作过一篇《古典西方文明衰落的社会原因》的演讲，在这篇演讲里，他这样谈论着古典西方文明的衰落：　在罗马共和末期和帝国的早期，遍布罗马的公共行政物基础是“行政市”，当新的地域被纳入帝国版图时，这些地域按例都被系统地编制为城市单位，并以政治依赖的程度分为各种等级，其行政长官则负责为国家收税和征兵。与此相应，自由经济在帝国经济中占有重要比重。但到罗马帝国晚期，随着帝国在军事上的失利、奴隶来源的日益减少乃至奴隶制度的最终解体，建立在奴隶劳动基础上的自给自足、非自由的庄园经济，一点点蚕食了建立在自由劳动基础上的帝国的城市经济。面临灭顶之灾的后期罗马，城市已经没落，经济已经全盘农村化，自耕农阶层已基本不复存在，与古代中国一样，建立在自然经济基础上的国家公共财政，已根本无力支撑起帝国的官僚系统和军队武力的运行，而一个卓有效率、等级制的官僚系统对于帝国的统一和完整是必须的，一支强大的常备军对于有敌为邻的大陆国家则更必不可少。尽管历任皇帝都拼死作了最大努力，但帝国最后还是无可奈何败落了。

一个建立在自然经济基础上的大帝国，要维持其自身运转和生存安全，需要充足的公共财政作为支持。倘若农村化了的后期罗马，能够有效地从非自由经济中提取税收，并以货币作为物质流通的手段，帝国的统治或许尚能觅得生机，但吊诡的问题也正是在这里，一个帝国的经济一旦步入农村化，非自由劳动必然将货币排斥在流通领域之外，物物交易必然成为交换的主导，帝国的税收也因为无法进行数目字管理而无从落实。而且更为重要的是，税收的不能落实，又与一个既得利益阶层的存在密切关联，这个既得利益阶层无外是土地贵族，他们以其强大的经济实力影响着国家政策，并以此作为逃避税收、不断兼并土地而扩充自身财富的势力保障，当帝国的财富一天天积累到少数土地贵族手中时，帝国的税收也一天天在减少，国家的公共行政能力也一天天遭到削弱。罗马帝国的后期，帝国的政策日益受古代的“容克土地贵族”即大地产拥有者所左右，这个阶层不仅有效逃脱了大量税务，而且还想方设法帮助他们的农民逃避了征兵，导致帝国后期只好从野蛮民族中征募兵源。但这些被征服的野蛮民族是否一心一意服从他们的统治者巡守边防呢？答案已不言自明。

从中国古代的王朝循环和古罗马的衰亡可以看出：一旦形成一个力量强大而且足以排他的既得利益阶层，一个社会在其早期形成的相对合理的社会和政治秩序将因为这个阶层的存在而慢慢销蚀。罗马的大地产商所建立起来的庄园经济，最终彻底改变了罗马的经济和社会结构，进而瓦解了帝国货币化的行政体制和政治上层建筑，这直接导致了罗马统治的破产。

强大既得利益阶层的存在，将造成恶性循环，形成极度贫富不均现象，而一个贫富严重不均的社会无论对该社会的公共财政还是社会秩序秩序来说，都是一种巨大的灾难。历史的往鉴和当今世界的现状都表明：一个国家的税收状况，是与该国的两极分化程度成反比的，与拉美诸国显著的贫富悬殊相伴的是公共财政的贫弱，而与东亚一些后发国家的经济景气相随的是这些国家的良好税收状况。一个贫富严重不均的社会必然是一个贪污腐败无度、社会各阶层极度对立、大众意志受压抑的社会；一个贫富严重不均的社会必然是一个税收无法落实、税收制度得不到有效执行、公共产品普遍匮乏的社会；一个贫富严重不均的社会必然是一个文化和价值观分崩离析、国家和社会认同感日益解体、政治合法性遭到质疑的社会。曾几何时“看上去很美”的印度尼西亚，之所以其经济体系在东亚金融危机面前一泻千里、一下子就显示出外强中干的脆弱性，这是与苏哈托家族对印尼经济的盘剥分不开的；经历“休克疗法”后的俄罗斯，其经济一直萎靡不振，公共财政枯竭调零，原因所在，亦与苏联解体后形成的大金融和工业寡头操纵俄罗斯经济命脉并染指政治权力的局面密切相关，而据美国学者大卫·科斯的研究，就是苏联的解体，也应该归因于当时业已存在的少数既得利益者。

既得利益者对国家造成的灾难，除却吸干了国家的公共财政、制造了阶层和阶层对立外，同样重要的是，也阻碍了国家的发展。而一个国家的内部安全，不仅维系于国家的财政收入，而且维系于国家能不能向前发展，发展利益对一个国家来说，就是未来的生存根基。在农业社会，国家发展无外表现为两方面：一是为维护国家政治、经济和社会良性运转而对自身建设进行投资的能力，包括积累财富对外征服获取新的土地资源以济破产农民、运用公共财政为贫穷无产者建立社会保障等；二是不断扩大自由经济在国家经济生活中的比重，打破自给自足经济结构的单一和板滞，拓展经济生活的多样性和灵活性，提高经济生活自身调节能力。但我们从古代中国的王朝循环和罗马的衰落中都已看到：强大既得利益者恰恰对这两方面都造成了阻碍。隋唐以后的王朝已经很少对外征服，这绝不是因为人们所津津乐道的“中国和平主义”，而是源于国家公共财政和经济动员能力的薄弱，不能对外开疆拓土的结果，帝国到其后期，已无法应付破产农民和新增人口对土地的日益增长的需求。罗马帝国在第二次布匿战争中自耕农民的惨重损失乃至农民阶层的因此没落、以及后来条顿堡战役失利后帝国对外征服事业的中止，不仅断送了保持和生长起一个强有力自耕农阶层的可能，也断送了建立在奴隶劳动基础上的自由经济，而罗马庄园经济的随之兴起，使古希腊时期即已产生的城市交换经济不复存在，韦伯因此说罗马后期西方古典文明实际上又走了一个圆圈，大地产商和自然经济迫使古典西方一度商业化的上层建筑转向了封建制度，倒退回了其起点上。

拥有巨量土地和财富的既得利益者的存在，在制造了经济垄断的同时也造就了农业经济的单一性，而财富的私人垄断和经济类型的单一化，与现代私有产权制度不同的是，不仅阻碍了制度的进步，也限制了自由劳动和交换经济的发展，但这两者恰恰是经济和社会发展的动力所在。从垄断这个角度来看，我们似乎也可以说，古代中国和后期罗马也存在有布罗代尔所称的资本主义，但是并不存在现代意义上的市场经济。中国土地贵族利用手中金钱资本大放高利贷推进商业和土地控制的行为，与布罗代尔意义上的资本主义异曲同工，政治、经济、文化权力合而为一，结果与现代式的垄断并无两样，只会使某种经济类型进一步定型和固化，打击制度进步和市场竞争，而在古代中国和后期罗马式的农业社会，即是取消了自给自足的农业经济走向商业化的可能。仅以劳动力方面而论，农业社会普遍的人身依附，一旦为奴终身为奴，导致农民阶层根本没有自己选择职业和进行生产的自由，而这又为商业经济的发育所不可或缺。与之相反，在私有产权制度明晰的市民社会，劳动力本身已成为资本，劳动力的人身自由和择业自由已有保障，这则为交换经济的生长、商业社会的发展提供了支持。低下的经济自由度，只会使一个社会在各方面都陷入停滞甚至后退，是传统中国的王朝循环和古典西方文明在罗马后期向封建制度的复归之因。

政治决定社会发展的平衡术

政治权力是一把双刃剑。官民关系是社会发展的平衡术，并不是供人取乐的跷跷板。中国古代的王朝循环、罗马帝国的衰亡也许都有其命定因素的存在，有些规律大概是人类无论作出任何的努力都是无法改变的，从这个角度来说人应该安然于人类文明的宿命。然而当仔细剖解历史、条分缕析帝国轮回中的细微，并将其与人类历史中的另外一些经验相对照时，却能感觉世界还有其他的可能性：或许，一个社会是能够改进它的利益分配格局、培育起一个强有力的纳税中坚阶层，那么这个社会亦将获得它应有的生命弹性和发展空间。

抑制既得利益阶层的无度扩张、防止政治权力在经济领域的随意的运用，这是社会和国家良性循环运转的必要性。既得利益者总是竭尽全力维护其既得利益，不管自身利益是否与国家和民族利益相一致。倘若让这样的一个既得利益阶级或阶层掌握国家的统治，国家和民族的长远利益必将被弃之而不顾，甚至出卖国家利益。一百年前的韦伯在分析他那个时代的德国社会政治经济状况时，就曾指出了这种危险性："全球经济共同体的扩展只不过是各民族之间相互博弈的另一种形式，这种形式并没有使各民族为捍卫自己的文化而博弈变得更容易，而恰恰使得这种博弈变得更困难，因为这种全球经济共同体在本民族内部唤起当前物质利益与民族未来的冲突，并使既然得利益者与本民族的敌人联手而反对民族的未来。"显然，这样的一个既然得利益阶层和阶级已无法代表一个国家和民族的利益，韦伯进而指出，那些即使现在掌握着政治权力，但已无法充任本民族权力和利益代言人的阶层，实际上已经是落后阶层，它们应当被"政治成熟"的先进阶层所取代，而"所谓'政治成熟'就是指这些能够把握本民族长远的经济政治权力利益而且有能力在任何情况下把这一利益置于任何其他考虑之上。一个民族诚有侥幸的时候，即当某一阶层天真地把自己的利益等同于社会普遍利益时碰巧也符合民族权力的长远利益"。与此相反，"由一个经济上的没落阶层实行统治是危险的，而且从长远的观点看是有悖于民族利益的"。

具体到当时的德国，韦伯认为，作为德国王室在普鲁士政治基础的容克地主阶层，"他们已经完成了他们的历史使命，对此不管国家采取什么经济政策都将无法拯救他们，他们昔日的社会显赫地位已一去不复返"。然而既得利益者是不会甘于失败和自认没落的，当新的、代表国家和民族未来发展方向的阶层或阶级崛起时，他们总是要垂死挣扎，不想放弃手中的利益和权力。韦伯因此对俾斯麦作如是说："那位最晚出最伟大的容克（指俾斯麦）曾执德国之牛耳长达四分之一世纪，未来对他的评价或许是，他作为政治家所完成的无与伦比的伟大业绩同时也包含着一个悲剧成分，这一点许多人到今天仍未看出。这悲剧就在于：由他一手完成统一大业的这个民族，甚至还在他在位时就已经变成了一个与他的愿望大不相同的民族：经济结构逐渐但不可逆转地在改变，人民日益要求改革各种制度，但这些要求却是他或者无法给予满足，或者他那专制性格不能容忍的。"由此，韦伯甚至认为德国的统一只在外在的，而内在的、足具现代性的统一并未在俾斯麦手上完成，而且也根本不可能在他手中完成。在那个时代，“政治知识分子的重心正在无可阻挡地从乡下转到城市。”取代传统容克阶层统治的，应该是新兴的市民阶层，韦伯因此希望这个阶层尽快在政治经济上走向成熟。

韦伯对上升阶层、落后阶层的研究是基于社会学和政治学层面的，所思考的地理空间是19世纪末刚刚实现统一的德国，所思考的问题是德国如何由传统向现代转换。他的现代性论述暗含有这样的看法：传统农业社会向现代工商业社会的转变，涉及的领域带有整体性，连同一个社会的经济和社会结构一起发生转换的，其社会的政治架构也应该发生变化，而后者则体现在领导阶层和治理力量的变更上。韦伯所关注的德国有没有实现这种转化呢？与韦伯的期望不同，19世纪乃至韦伯时代的德国，仍走上了一条先进的工业和劳动强制型的农业形式相结合的道路，容克地主设法把独立的农民置于他们的卵翼之下，并和大工业组织形成了联盟。但这种联盟对德国又造成什么结果呢？20世纪上半叶兴起于德国的种族沙文主义乃至发展至登峰造极时的纳粹主义，在给世界带来劫难的同时也使德国自身蒙受了巨大灾难。究其原因，这种联盟对德国的民主造成了致命性的危害。当然，需要指出的是，作为德国新兴力量的中产阶层，其时也绑在了德国种族主义的战车上，而并没有为制止野蛮和疯狂作出应有努力，这应该也是中产阶层自身的局限因素使然。

虽然新兴阶层并不必然无任何弱点，但从近现世界特别是西欧、东亚等地的发展经验来看，新兴者取代传统势力成为社会的中坚力量并担当起领导责任，却是一个社会在其经济社会转型期所不得不作出的选择。每一种类型的社会都必有其相应的中坚阶层，这个阶层发育生长良好，则这个社会的政治经济状况也将良性运转，反之一个社会必将存在大而难以解决的经济政治和社会问题。在农业社会中，土地及其产品是社会的主要经济来源，自耕农是社会的中坚，自耕农数目的多寡和参政的程度，直接影响了社会的经济政治状况；在传统工商业社会，工厂企业及其生产是社会的主要经济来源，中产阶层是社会的中坚，中产阶层力量强大与否，决定了社会的政治经济运行效果。而在当下正在经历的这个时代，假如一些人所说的“知识经济已经到来”已业为事实的话，知识正在取代以往的农业和工业而成为社会的主要经济来源，知识阶层正成为社会的中坚力量，这样的一种社会，知识的生产、运用和知识阶层在社会中地位、权力规范的增长都实现了正常化，那么，整个社会也就步入了正常化。

转型期社会的领导阶层更换，虽然体现了社会向前发展的本能性要求，但从近现代西欧社会的历史进程中不难看出：这一过程其实交织着权力转移的痛苦。欧洲商品化时期的土地贵族，就曾与君主之间屡屡爆发冲突，竭力捍卫其既往政治经济地位。既得利益者必然是政治上的保守主义者而不会成为改革者，精于维护政治经济现状而不愿作丝毫变革。西汉的王莽改制为什么不能成功，原因就在于王莽将私有大地产收归国有、重新分配给纳税农民的政策触犯了富裕家族的利益，并遭到了他们的强烈反对，虽然这一改革对缓解当时西汉的尖锐社会对立、维持西汉的生存其实必不可少。中国历史上的其他改革者如王安石、张居正之所以不能成功，原因亦如出一辙。苏联最后一位总统戈尔巴乔夫所推行的改革之所以最后落败，也与20世纪80年代以来俄罗斯形成的10万既得利益阶层篡取了政治权力紧密相关。这一阶层促使苏联走向了解体，但并没有推倒旧的政治经济结构，现在的俄罗斯仍然继承了苏联后期的政治经济文化合而为一的治国秩序。

自私自利是种病态社会心理

人类因自私自利而存在，人类也会因自私自利而最终毁灭。为政者无私国易治。自私自利是人类的公敌，是国与国冲突与战争之源。自私自利，恐怕也是人类之所以要走向自我毁灭的真正原因吧。自私自利是贪婪之源。“自”是自我；“私”是利己；“自私”完全是只顾自己的利益，不顾他人、集体、国家和社会的利益。常有人自私自利、损人利己、损公肥私等，这不仅是社会的“公敌”，还是国家的巨大灾难。自私有程度上的不同，轻微一点是计较个人得失、有私心杂念、不讲公德，背向国民；严重的则表现为为达到个人目的，徇私舞弊、侵吞公款、诬陷他人、杀人越货、铤而走险。自私之心是万恶之源，贪婪、嫉妒、报复、吝啬、虚荣等病态社会心理从根本上讲都是自私的表现。

自私之心，古今皆有。战国时期，齐国有一美男子邹忌，一天另一美男子徐公来访，徐公走后，邹忌便问妻子、小妾、客人，他与徐公哪个长得更英俊，三人异口同声说邹忌长得好看。邹忌是一个有自知之明的人，他认为妻子是偏爱他，小妾是害怕他，客人是有求于他，他们不敢讲真话，都有私心杂念。

人自私，国缺公。人自利，国库空。从深层次性方面剖析，自私是一种近似本能的欲望，处于一个人的心灵深处。人有许多需求，如生理的需求、金钱需求、权利需求、物质需求、精神需求、社会需求等。需求是人的行为的原始推动力，人的许多行为就是为了满足日益增长的物质和精神的需求。但是，需求要受到社会规范、道德伦理、法律法令的制约，不顾社会历史条件的要求，一味想满足自己的各种私欲的人就是具有自私心理的人。自私之心隐藏在个人的需求结构之中，是深层次的心理活动。

再从人的下意识性分析，正因为自私心理潜藏较深，它的存在与表现便常常不为个人所意识到。有自私行为的人并非已经意识到他在干一种自私的事，相反他在侵占别人利益时往往心安理得。也正因为如此，我们才将自私称为病态社会心理。　　其实自私的隐秘性很深，也有一种人，因自私行为而引起公愤，但已养成习惯，为了逃避舆论谴责和社会惩罚，便常常口唱高调，故作姿态，或者偷偷摸摸地占据别人的权利，在谎言和假象之中，隐藏其内心自私的本性。例如明摆着是多吃多占，却说是工作需要；明目张胆的损人利己，却说是替他人着想。自私是一种羞于见人的病态行为，自私之人时常会以各种手段掩饰自己，因而自私具有隐秘性。

自私行为的病因可从客观与主观两个方面来分析。从客观方面看，中国是个人口众多、自然与社会资源十分有限的国家。自然资源包括耕地、山林、淡水、物产、消费物资等；社会资源包括财富、权力、信息与社会关系等。社会中任何个体或群体、集团都需要一定的资源，但由于各种复杂的原因，目前中国各项资源的数量、种类、方式在占有和配置方面都存在许多不平衡不合理之处，对资源的权力、行业、部门垄断还比较严重。于是，缺乏资源的一方不得不用非正当的方式去交换。由此，一方面以权谋私，另一方面以钱谋私，搞权钱交易、权权交易、权色交易，相互交换。另外，病态文化的沉积和社会控制不严，也是客观原因。从主观方面看，个人的需求若是脱离社会规范的不合理的需求，人就可能倾向于自私。另据有关专家的研究表明，个人的自我敏感性、价值取向与社会行为有着一定的内在联系。所谓社会行为，特指包括助人行为在内的一切有益于社会的个体行为；自我敏感性，是指一个人关心他自己的问题，感到需要别人的帮助，以及的确得到别人的帮助后的心理感受；价值取向，是人们在社会化过程中逐渐形成的，相对稳定的评价事物的标准和态度。高度的自我敏感性可以外化为对他人的敏感性，即“人人为我，我为人人”，但也可能成为一种只顾自己的倾向。自私自利之人往往是自我敏感性极高，以自我为中心，对社会对他人极度依赖与索取，而不具备社会价值取向对他人与社会缺乏责任感的人。

自私作为一种病态社会心理，有很强的渗透性。从严格意义上来说，除了社会上少数品德高尚的仁人志士外，大多数社会公民在不同程度上都存有私心杂念。主要有以下表现形式：不讲公德。公德特指广大公民在社会生活中所应遵循的道德准则。可是有些人却漠然视之：如随地吐痰、乱扔瓜皮纸屑、乱穿马路；你这里刚坐下学习，他那里把音响开得震天响；有的居民楼，每家每户收拾得干干净净，但走廊过道上垃圾成堆，只讲究私人生活环境，却不顾公共卫生等。将自家的东西看得紧，公家的财产随意浪费，这也是不讲公德的行为。

自私者常常会嫉妒他人。自私的人嫉妒心强，心目中只有自己，根本不能容纳别人。把“能者为师”变为“能者为敌”。如果谁的本事比他强，取得了优异成绩，甚至在容貌、身材、年龄方面超过他，都会感到难受和不安，于是想方设法诋毁、诬陷、为难并刁难比他强的人。嫉妒心有时会使人引入疯狂的状态，甚至会导致伤害别人、毁容等违法行为。

常见的感情自私。在恋爱婚姻家庭中常有感情自私的现象。有些人为满足自己的私欲，在恋爱婚姻中玩爱情游戏，玩弄异性，用甜言蜜语欺骗青年男女；有些人为了自己的所好，插足他人家庭，不惜充当第三者；有些人因职务升迁或成为款爷后，就抛下结发妻儿，另觅新欢；有些人在配偶身染重疾、处境艰难时，竟提出离婚要求；还有些人隐瞒个人隐私或自身缺陷用欺骗手段获取爱情，结果导致婚姻的悲剧等。

冠冕堂皇的技术垄断与剽窃。过去社会上有些手艺人，大师傅学有专长，身怀绝活，但从不肯轻易将技术授予他人，怕“授予徒弟，饿死师傅”；有的人“传儿不传女”、“传女不出嫁”；有的人则终身不授后人，将技术带入坟墓，结果使中国许多优秀民间传统手艺销声匿迹。现在还出现了另外一种情况，有些技术人员将本企业的某些专利技术剽窃给其他企业，以换取个人的利益；有的假冒著名商标；有的盗用版权，欺世盗名，以谋私利等。

堂而皇之的以钱谋私。社会上有些人为了拉关系，走后门，不惜用金钱、礼品去贿赂有权之人，不择手段打开谋私的门户。过去曾流行这样一句话：″衙门八字开，有理无钱莫进来。″现在仍有一些人用金钱去买名买利，买官卖官，有的不惜重金操纵地方人大、政府换届选举，这对社会风气危害极大。

明目张胆的以权谋私。这主要表现在某些掌握管理权、经营权、行政权的人身上。他们以权谋私，以至党风、政风、行业之风不正。少数人在权力金字招牌之下为所欲为，肆无忌惮，用权力下赌注，做交易，贩卖肮脏和腐臭的东西。如有的为官者利用职务之便，利用手中的权力搞公费旅游；公费娱乐；公费钓鱼；公费嫖赌，利用洽谈业务之机，搞权钱交易、权色交易；用公款高标准装饰住房；用公款安装住宅电话，公家出钱，私人使用；用公款吃喝，用公款招待私客；公款私用支付子女上学费，个人生日、婚礼、丧礼等开支；拖欠、占用公款，借公款购物，建房做生意，长期不归还；公车私坐等。

以上是自私行为的几种表现。凡自私的人，都有这样的病态社会心理，即“一人当道，鸡犬胜天”、“人不为己，天诛地灭”、“宁肯我负天下人，不愿天下人负我”、“公家的事小，自己的事大”、“有权不用，过期作废”、“利人者是傻子，利己者是聪明人”、“不吃白不吃，吃了也白吃；不拿白不拿，拿了也白拿”，这些心态经社会心理的传播，逐渐变成了一种流行的畸形心态。由于社会制约机制尚不健全，某些自私自利的人确实从中捞到了某些好处，更使得自私之风盛行不衰。然而，自私导致腐败，导到极端的个人主义，导致社会丑恶现象的出现，它使得社会风气败坏，是违法违纪的根源。

净化社会风气，首先应进行人心理调理，治理自私的心理调适有如下方法：内省法。这是构造心理学派主张的方法，通过内省，即用自我观察的陈述方法来研究自身的心理现象。自私常常是一种下意识的心理倾向，要克服自私心理，就要经常对自己的心态与行为进行自我观察和调理。观察时要有一定的客观标准，就是社会公德与社会规范。而要反省自己的过错，就必须加强学习，更新观念，强化社会价值取向，向毫不利已、专门利人的模范学习，对照榜样与模范找差距。并从自己自私行为的不良后果中看危害找问题，总结改正错误的方式方法。

社会是人公共的共同体。作为人要多作利他行为。一个想要改正自私心态的人，不妨多做些利他行为。例如关心和帮助他人，给希望工程捐款，为他人排忧解难等。私心很重的人，可以从让座、借东西给他人这些小事情做起，多做好事，可在行为中纠正过去那些不正常的心态，从他人的赞许中得到利他的乐趣，使自己的灵魂得到净化。

要从心理学上以操作性反射原理为基础，以负强化为手段而进行的一种训练方法。通俗地说，凡下决心改正自私心态的人，只要意识到自私的念头或行为，就可用缚在手腕上的一根橡皮筋弹击自己，从痛觉中意识到自私是不好的，促使自己尽快纠正。

择偶自私心理。以事业为重的择偶心理其实，每个人都愿意重视这一点，都希望自己的对象能成为栋梁之材，在工作、事业上出人头地，但由于各种因素的限制，目前，具有这种择偶心理的人为数不多，可在知识分子群里，还是大有人在的。他们把工作成绩、事业进展看成人生最大的快乐。把对方有无事业心和拼搏精神，作为择偶天平上一个重要砝码，把爱情的幸福寄托于事业的奋斗之中。这种爱情由于事业的永恒性而得到永恒。

追求精神满足的择偶心理。随着社会文明进步，人们文化素质的提高，具有这种择偶心理的人越来越多，他们着重对方的思想感情、道德品质、性格爱好等，追求彼此心灵上的沟通和感情融洽。只要能在精神上得到愉快和满足，哪怕对方的经济条件，身体状况等方面欠佳，都无所谓。这种建立在精神上的爱情是高尚的，许多传为美谈的爱情故事，都属于这种爱情心理的追求。

金钱至上的择偶心理。这一类择偶心理比较普遍，尤其在经济落后地区。他们把对方的经济状况放在首位，他们的婚姻是为了得到一个能满足他们吃、穿、住、玩的安乐窝，或者借以生存的依靠。

寻找政治靠山的择偶心理这种择偶心理在封建社会是相当普遍的，他们通过婚姻打通自己的仕途之路，或者巩固官场上的裙带关系，即所谓的政治联姻。

游戏择偶心理。抱有这种心理的人，只是少数。他们以恋爱为名，玩弄他人感情，朝三暮四，寻花问柳，他们的人生观、恋爱观是腐朽的，结果，浑噩一生也无法享受真正的爱情。

总之，男女的择偶心理是多种多样的，每个人都可以有不同他人的择偶心理。上述不过是几种基本的择偶心理。有道是：以利交者，利尽则散，以色交者，色衰则疏，以心交者，方能永恒。

儿童自私心理防护“孔融让梨”的故事可谓家喻户晓，然而在现代家庭中，孩子不自觉地或不知不觉地以家庭的“中心人物”自居，久而久之，便形成了自私的性格，这就提醒我们，家长在把希望和爱倾注于孩子身上的同时，又要防止他们滋长自私心理。

在家庭里，孩子应处于受教育的地位，衣食住行玩都应该由家长根据他们的生理和心理特点，进行合理的安排，切不可迁就他们的不合理要求。

要纠正孩子的自私观念，家长就不能不合理要求给予满足，甚至是合理的要求亦不可百分之百给予满足。

欲望是滋生自私的根由，欲望的无止境，自私便随之而生。对儿童，家长切莫把他置于只享受，满足欲望，而不履行义务的特殊地位，要让他们懂得欲望的满足和履行义务是同等重要，如有好吃的，不是独自一个享用，而是主动与他人分享，在家务上，则常常想到自己应该帮父母干点什么。这样，孩子才会养成尊重长者，关心别人的习惯，而不会事事只想到自己。

此外，父母自身也应以身作则。有一则笑话，一对夫妇对儿子千般呵护，而对父母万般挑剔，某一天，这对夫妇对父母的恶劣态度被儿子看到了，其子大声叫喊，“我记住了。”，其父母问他记住了什么，其子说“我记住了你们怎样对待祖父母，看我长大后怎样收拾你们。”，父母哑然。可见身正影不斜是何等重要的。

从小家到大家，治国理政，必须克服自私自利思想，首先要提倡的是无私奉献。无私奉献是自私自利的克星。无私是不求回报，奉献就是给予和付出。一个人不可能成为完全无私奉献的人，无论怎么样都会保留自己做人的底线。不过，过于奉献的人也会给自己的交际带来烦恼。如果对方是个公道正派的人，那么过于奉献的人可能给对方带来压力，产生距离感；如果对方是个自私的人，那么奉献的人所给予和付出的东西可能在对方眼中变得无所谓。总之，无论人类社会如何演化及发展，一个无私奉献的人是值得社会尊重的。

当今，无论对人、对社会、对国家、乃至整个人类都应倡导无私奉献的精神：不论平地与山尖，无限风光尽被占；不要人夸好颜色，只留清气满乾坤；采得百花成蜜后，为谁辛苦为谁甜；春蚕到死丝方尽，蜡炬成灰泪始干；横眉冷对千夫指，俯首甘为孺子牛；僵卧孤村不自哀，尚思为国戍轮台；鞠躬尽瘁，死而后已；为有暗香来；咬定青山不放松，立根原在破岩中； 千磨万击还坚劲，任尔东西南北风； 欲为圣明除弊事，肯将衰朽惜残年。

当人类社会中自私自利的一天天在减少时，那么无私奉献的人就会一天天在增加。“增加”是人类社会良性发展的原动力；“减少”也是人类社会文明进步的积极因素的“增加”。“增加”和“减少”是根治病态社会心理的良药，不仅是人类社会存在的合理性，而且也应成为人类社会良性互动的主因及主流。

第十二章 权力是政治概念 权利是法律理念

人们常说的治国，说白了就是治理国家政务，也可以说是建立安定、太平、富强、幸福的国家。诚然，治国既是国家领导者的神圣权力、责任和使命，也是人民群众的智慧和权利。治国需要领导者的驾驭才能和掌控智慧，更需要领导者良好的素质及为人之道、为世之道、为官之道、为政之道、为国之道。

执政无权无从治国兴国强国

民治国，国惠民。谈起治国离不开为人民，说到为人之道，就会想到正心修身。其实正心修身、齐家治国、平定天下是权力者立足之本。治国不仅是执政者的权力，而且还人民群众的基本权利。无权无从治国、无权无从兴国、无权更无从强国。权力和权利是国家兴旺发达、社会文明进步的两大要素及基本保证。

当然，自古以来历代君主都很在乎名声，所谓的名声与正心修心密不可分，名声好、口碑好，自然属于正心修身到位者。有一次，唐太宗问魏征说："历史上的人君，为什么有的人明智，有的人昏庸？"魏征说："多听听各方面的意见，就明智；只听单方面的话，就昏庸（'兼听则明，偏听则暗'）。"他还举了历史上尧、舜和秦二世、梁武帝、隋炀帝等例子，说："治理天下的人君如果能够采纳民意，那么下情就能上达，他的亲信要想蒙蔽也蒙蔽不了。"

唐太宗连连点头说："你说得多好啊！"唐太宗与魏征情同手足，形影不离，又有一天，唐太宗读完隋炀帝的文集，跟左右大臣说："我看隋炀帝这个人，学问渊博，也懂得尧、舜好，桀、纣不好，为什么干出事来这么荒唐？"

魏征毫不犹豫地接过话题说："一个皇帝光靠聪明渊博不行，还应该虚心倾听臣子的意见。隋炀帝自以为才高八斗，骄傲自信，说的是尧舜的话，干的是桀纣的事，到后来糊里糊涂，就自取灭亡了。"

还有一天，唐太宗得到一只雄健俊逸的鹞子，他让鹞子在自己的手臂上跳来跳去，赏玩得高兴时，魏征进来了。太宗怕魏征提意见，回避不及，赶紧把鹞子藏到怀里。这一切早被魏征收入眼帘，他禀报公事时故意喋喋不休，拖延时间。太宗不敢拿出鹞子，结果鹞子被憋死在怀里。

还有一次，魏征在上朝的时候，跟唐太宗争得面红耳赤。唐太宗实在听不下去，欲大发雷霆，但又怕在大臣面前丢了自己接受意见的好名声，只好勉强忍住。退朝以后，他憋了一肚子气回到内宫，见了他的妻子长孙皇后，气冲冲地说："总有一天，我要杀死这个乡巴佬！”长孙皇后很少见太宗发那么大的脾气，便问他说：“不知道陛下想杀哪一个？”

唐太宗说：“还不是那个魏征！他总是当着大家的面侮辱我，叫我实在无法忍受了！”长孙皇后听了，一声不吭，回到自己的内室，换了一套朝见的礼服，向太宗下拜。唐太宗惊奇地问道：“你这是干什么？”

长孙皇后说：“我听说英明的天子才有正直的大臣，现在魏征这样正直，正说明陛下的英明，我怎么能不向陛下祝贺呢！”“你作为国君，大臣敢谏言，一来说明你开明，二来说明作为臣子的忠臣。你若凭个好恶杀了忠臣，以后还有谁敢讲真话，这个国家人民岂不成哑巴了。”这一番话就像一盆清凉的水，把太宗满腔怒火浇熄了。

公元643年，直言敢谏的魏征病死了。唐太宗很难过，他流着眼泪说：“一个人用铜作镜子，可以照见衣帽是不是穿戴得端正；用历史作镜子，可以看到国家兴亡的原因；用人作镜子，可以发现自己做得对不对。魏征一死，我就少了一面好镜子了。”

这就是“人以铜为镜，可以正衣冠；以古为镜，可以知兴替；以人为镜，可以知得失。魏征没，朕亡一镜矣！”的出处。

很显然上述的故事跟权力有关。说到权力，其实权力不只是一个政治概念，而是一个国家的核心问题。权力一般是指有权支配他人的强制之力，它总是和服从紧密联结在一起。任何国家和社会都是一定的权力和一定的服从的统一。不过说到权力还有两层基本的含义：一是政治上的强制力量，如国家权力，就是国家的强制力量，像立法权、司法权、行政权等；二是职责范围内的支配力量，它同一定的职务相联系，即有了一定职务就有了相应的某种权力，如行使大会主席的权力、国家权力、政府权力、组织权力等。

当然权力与权利有着很大的区别。权利是一个法律概念，一般指了赋予人们的权力和利益，即自身拥有的维护利益之权。它表现为享有权利的公民有权作出一定的行为和要求他人作出相应的行为。例如，国家公民的生存权利和依法享有受教育的权利，政治生活权利等。诚然，权利的行使必须以法律为依据，即依照宪法和法律行使正当的权利。权利和义务相对应而存在。

二者的区别，一是行使主体不同。权利的行使是一般主体，而权力主要是国家机关及其工作人员。二是处分方式不同。权利一般可以放弃和转让，而权力必须依法行使，不得放弃和转让。三是推定规则不同。权利的推定规则为“法无明文禁止及可为。”而权力只以明文规定为限，否则为越权。四是社会功能不同。权利一般体现私人利益，权力一般体现公共利益。封建专制时期常常把主体指为君主的统治地位。《汉书·东方朔传》：“使遇明王圣主图画安危，揆度得失，上以安主体，下以便万民，则五帝三王之道可几而见也。”章炳麟　《驳康有为论革命书》：“今日广西会党，则知己为主体，而西人为客体矣。”毛泽东　《青年运动的方向》：“革命的主体是什么呢？就是中国的老百姓。”这是区别于封建社会的主体，把“人民当家做主”作为了国家主体，人民是国家的主体得到了历史性的认可和加强。

再则人是权利义务的承受者。民事法律关系主体：民法中指享受权利和负担义务的公民或法人；犯罪主体：刑法中指因犯罪而负刑事责任的人；国际法主体：国际法中指国家主权的行使者与义务的承担者，即国家。人是行为的执行者。

个人的社会身份和社会功能，可以看做群体与个体成员之间的关系方程式。它符号化了个人与群体之间的相互交融整合。它表达了根据社会语言说的个人意志以及根据个人语言说的社会意志。这样，它就使群体视角中的个人存在和个人视角中的群体存在变得可以理解，并且将其合理化。

社会功能是指个体作为社会成员发挥的作用的大小程度。社会功能状态和老年人的社会健康相关。如果社会没有赋予个体以身份和功能。那么，社会就不是社会，而是一群社会原子在这个空间里漫无目的地飞舞。只有当权力合法时，才会有社会结构的存在；否则，就只是一个仅仅依靠奴隶制度和惯性维系的社会真空。对社会而言，可能发出自然灾害等警告，促成信息流通，巩固社会规范。对个人而言，提高话语权的社会地位。对国家而言，可以维持和巩固国家权力地位。对文化而言，促进不同文化之间的交流，有利于推动各种文化的发展。

社会协调功能。激励和动员群众，提出对策，抵御有碍于社会安定的各种威胁；防止因敏感问题造成的过度刺激；将公众的注意力集中到某些事件上去，形成论文中心。对社会和个人，都有助于对信息的摄取和利用，也防止受传者因信息过多而无所适从，有利于巩固国家政权的地位，防止外来文化“入侵”。

文化传递功能。大众传播能够把文化传递给下一代，并继续教育离开学校的成年人。对国家来说，促成社会社会化是他们的一种权力扩张。对文化本身来说，可以起到促成该文化体系的一致性和标准化的作用，有助于把国家的权力扩展到生活领域，通过各种娱乐节目使人的意志和信念得到充分的体现。

国家权威不变权力体制则变

在人类社会此起彼伏的演化的进程里，权力国家的权威是永恒不变的，而权力体制则是在不断地变化。有国家就有政权；有政权就必然有政治体制。政权是国家运行的工具，人民是政权的灵魂，政治体制是政权的外衣。政治体制是政权结构的组织形式及相关法律和制度，简称政体。政体是一个国家政府的组织结构和管理体制，在不同的历史时期，不同的国家和地域，政治体制都不尽相同。政体包括了一个国家纵向的权力安排方式，这也称之为国家结构形式；它还包括了各个国家机关之间的关系，这通常称作政权组织形式。值得注意的是，即使是不合法的政府或是无法成功行使权力的政府也有其政体存在，无论其统治品质优劣，一个失败的政府仍然是政府的一种形式。

与政治体制近义的称呼还包括“政权形式”、“国家形式”、“政府形式”、“政权组织形式”、“国家结构形式”和“政府制度”，这些都是针对政治上的分门别类的用语。

在理论上和技术上对于政治体制的研究是属于政治学的一门子领域，被称为比较政治学。由于比较政治学是专门性的，学者们仍缺乏一种针对所有形式的政府的广泛研究。学者间也争论是否有可能建立起一个广泛的政权分类系统。在政府比较上最传统的也是最常用的方法是二分法，例如民主与专制，而这并不是一种类型学，大多数学者倾向于研究并比较两种或三种不同的政权形式。或许唯一例外的是专家们对于选举制度的比较，他们使用大量的资料和数学来计算何种形式的选举制度能产生最稳定、持久和最能代表民意的政权。

大多数比较都是针对特定制度的研究。一些人则研究政权的形式与其正当性之间的联系，例如民族主义、经济体系。目前在比较政治学上的主要辩论之一是对于总统与国会之间互相抗衡的稳定性。另一个辩论则是民主是否会促进经济发展。

其他的学者，例如制度架构的专家，则尝试设计新的政权形式。例如艾伦·李帕特的民主政治设计了一种新的解决制度，称为协商民主，这种形式的民主政府能够分割为几个社会，文化、种族、政权、意识形态等，在单一的政权下表达每个社会的民意，以避免冲突或分裂。

简言之，分类政府的形式是相当复杂的。每个政治共同体都是独一无二的，并且都在不同的权力架构和社会结构下运作。也因此，世界上的政府形式数量几乎和存在的社会一样繁多。

国家政权是指掌握国家主权的政治组织及其所掌握的政治权力，以维护对社会的统治和管理。国家政权是国家的具体化身，通常都是通过国家政权来理解国家的。国家政权具有相对自主性。在不同的历史时期，其自主性程度也不同。对自主性的影响包括了社会危机、社会结构、行政权力。对政权本质的探讨是政治学中的一个古典问题。早期的政治学者如柏拉图，亚里士多德等人认为政权的本质是至善。到了中世纪，奥古斯丁将政权视为“世俗之城”，认为世俗世界没有善。这种观念一直影响到了马基雅维里，而从洛克到潘恩，国家政权蜕变为“必要的恶”。从阶级的观点探讨政权的本质，有人认为国家的本质就是人民的本质，国家政权是利益冲突调和的产物。

政治上的统治权力，并非是阶级专政的工具。政权机关，又称“国家政权”。通常指国家权力。有时也是行使国家统治权力和各种政权机关的通称。有镇压和保护两个方面的职能，具有一定的阶级属性。

苏美尔人所建立的城邦国家普遍被认为是国家的初期形态，后来被众多地中海民族所仿效，其中犹以古希腊的雅典最具特色，但实际以罗马共和国最有代表性，其他的城邦多为君主或贵族制，例如古希腊的斯巴达和北非的迦太基等。

古希腊人认为人是不能被他人管理的，只能由城邦所信奉的神来管理。具有一定财产的成年男子具有公民资格，可以参与城邦的政治生活。城邦的公共生活是一种义务，没有报酬。只有参与城邦事物的管理，才能成为真正的人。

城邦的政治活动是在广场的公开集会中进行事务的讨论，每个公民都有平等的发言权。这种集会也是城邦唯一的立法机构。在集会上，公民通过说服来完成权力的运作。但是这种方式可能受到政客操纵，形成多数者的暴政。城邦公职的产生，或者是通过直接选举，或者是通过抓阄抽签，公职的分配则是通过轮流执政实现。

大部分古代社会都是君主专制国家，通常接受君权神授论，但其权力的性质和围范又在不同时代和地方有一定分别。

罗马帝国是权威国家的代表，其政权的中心观念就是权威，强调城邦的利益高于个人利益，任何政治事务的决定都要追溯权威的来源。元老院代表了这种权威，用于赋予政权的合法性。

出于中东波斯和北非的埃及等地，建立在信仰上的教权政体，君主被视为神的化身而不只是神的使者，亦有统合政治的权力。其神权政治普遍地被认为国家的另一起源，后来在美洲和非洲出现的早期国家，多亦和其类似。

罗马帝国瓦解后，在欧洲出现了一大批封建制的王国。这些封建国家将私人利益与公共利益紧密结合，公共权力完全服务于私人利益的诉求。由于长年的征战，王权衰落，领主权力大幅提高，形成了欧洲中世纪封建制度。

封建国家的主要特征是国王、贵族、骑士以服兵役为主要条件，将土地同行政司法权以契约的方式层层分封，形成了领主的附庸关系。

某程度上古代日本和印度的国家，中国在先秦时代，亦常被视为封建国家。

古代中国的政治制度是皇帝专制制度。这类国家形态采用中央集权制度，国家权力机构呈现金字塔式的分布；君主在大部分时候拥有至高无上的权力，并通过世袭制来维持；官僚机构分工明确；臣民一般没有或保有很少的私人领域，东亚国家受皇家思想教育，普遍认同“忠君”的思想。

专制国家的君主形式上拥有绝对的权力，但是思想上会受到传统礼制的制约，权力运行上则受到官僚机构的制约。

欧洲中世纪晚期，教会在世俗事务中的影响日益式微，君主权力不断强化。法国的路易十三，英国的亨利七世都建立了行政集权体制。同时，贵族力量式微，市民、知识分子地位上升。市民阶层通过官僚机构和等级议会直接或间接影响公共政策。主权观念由此产生。君主以绝对权威统治社会，法国路易十四更称“朕即国家”。具体而言，所谓绝对主义国家，是指在这些国家之中，君权具有绝对性，君主大权独揽，将立法、行政、司法、军事等权力集中于一身，而君主作为主权的化身，凌驾于法律之上，成为一切法律的合法性源泉。因此，君权基本上不受任何约束而自行其是；同时君主依靠理性化的官僚机构和军事机构，去实施自己对民间社会的一元化专制统治。

伊斯兰教兴起后，由哈里发制衍生的国家，继承了古老的政教合一制度，以伊斯兰教法成立众多苏丹国家。

从经济学的角度，资本主义国家奉行市场经济。产品和服务的生产及销售完全由自由市场的自由价格机制所引导，而不是像计划经济一般由国家所引导。从冷战阵营的角度，资本主义国家是以美国为首的西方阵营国家。

当专制君主逐渐成为虚位君主或被革命所取代，形成了代议制和三权分立，以保证在人口众多国家中人民民主的实现，同时以人民民主和精英统治相结合，避免了多数暴政。这就形成了早期资本主义国家，它被视为是资本主义国家政权的理想形态。

早期资本主义国家从宪法和法律上明确了私人领域和公共领域的区分。同时政党逐渐走向成熟，成为议会博弈和选举的工具，并进一步成为控制整个国家政权的政治力量。人们则通过加入政党，实现政治参与。

到 1870 年后，资本主义国家的立国之本古典自由主义遭到民族主义的挑战，资源和市场掠夺也使得早期资本主义国家面临宪政危机。世界大战的爆发和德国极权主义的兴起，则把早期资本主义国家的自由主义理想彻底摧毁。

晚期资本主义国家也就是福利国家，或国家资本主义。为了弥补自由市场导致的“有效需求不足”，国家政权全面干预市场社会。典型的代表有1930年代美国的罗斯福新政，1948年英国工党宣布建立福利国家。

国家政权以民众福利为目标，公民权得到了扩张。三权分立由于社会管理的复杂化和行政职能的深化和泛化被削弱，行政权力日益扩大，从以议会为中心的权力结构转变为行政为中心的权力结构，这也被称为“行政集权民主制”。

国家政权与社会的互相影响，造成了通过公民权来限制国家权力。又通过政党、利益集团等影响政府决策。而社会管理的复杂与专业化，形成了精英集团对政府决策的驾驮；公民则通过大众传媒等公共舆论对政府政策进行自由公开的讨论，以此监督国家权力的合法性，并使政府政策契合民意。

政治学中有多种模式以此解释国家政权。自由主义者坚持有限国家模式。主张通过宪法来决定公民的权利，反对国家政府部门职权的扩张，以及对社会经济事物的干涉。其理想模型是早期资本主义国家，坚持自由自发的自由市场秩序，这被认为是最合理，最不容易被压制，最容易为人们所接受的制度。弗里德曼形容为“管的最少的政府是最好的政府”。

布坎南在公共选择理论中提出了“政府失败”的观点，认为由于政府缺乏竞争和压力，政府官员追求的是个人影响而不是公共利益，因此政府对经济活动的过度干预将降低市场资源配置的效率。

多元主义者认为国家主权是多元的，国家不能独占主权。国家只是人类组成的一种团体，与其他团体没有实质差别。国家的多数决策是国家与各种利益团体协商的结果。多元主义者主张通过议会政治和多党政治实现对国家政权的多头控制，以此实现民主。

查尔斯·林德布洛姆认为实业家实际掌控了政治的决策权，实业家在多头政治中充当主要领导，政府官员更多的依从实业家。因此多头政治由实业界和财产关系以非民主的方式控制，经济的私有化并不能够必然导致民主。

精英主义者认为任何社会都存在着统治者和被统治者。少数统治者垄断了政治权力，并享受着权力带来的利益。这一类型的国家反对民主这一手段，将权力限制在少数有实力的人群中，或者是给予有限度的民主形式，但是采取两党制轮流执政的方式统治国家。

精英主义者认为各种工会、行业协会、群众运动都是少数人统治。因为很少有人有时间积极从事工作，控制权便落在少数积极分子手中，不积极的人则把他们当作代理人接受他们的权威。这称作“寡头统治铁律”。由此，精英主义者认为代议民主制不过是专制制度的现代翻版。因而他们认为民主不是目的而只是手段，民主是公民通过竞选取得政治决策权的制度。

让每个人都能享受基本权利

众所周知，人类为了更好地生存与发展，人与人之间建立了各种各样的社会关系，按维系方式的不同，所有社会关系可以分为亲戚关系、朋友关系与同事关系，按社会领域的不同，所有社会关系可以分为经济关系、政治关系和文化关系，而所有社会关系的核心内容都是价值关系或利益关系，即在所有的社会关系中，任何人一方面应该进行一定的价值付出，另一方面又应该得到一定的价值回报。也可以说是人在相应的社会关系中应该进行的价值付出。还可称之为是人在相应的社会关系中应该得到的价值回报。在所有的社会关系中，任何人通常有一种最重要的社会关系，这种社会关系决定着他的根本利益，应是他主要的生活来源和生存根本，职责是一个人在其最重要的社会关系中应该进行的价值付出而不是享受。

公民或法人依法行使的权利和享受的利益相对。法律关系的内容之一，与义务相对应，就是法律对法律关系主体能够做出或者不做出一定行为，以及其要求他人相应做出或不做出一定行为的许可与保障。权利由法律确认、设定，并为法律所保护。当权利受到侵害时，国家应依法施用强制手段予以恢复，或使享有权利者得到相应补偿。离开法律的确认和保护，无所谓法律权利的存在。

关于权利的实质，历史上学者曾有过很多不同的论述。国际影响最大的权利学说是17～18世纪启蒙思想家和德国古典唯心主义思想家康德等人所主张的“天赋人权论”。他们关于权利的观点鲜明地体现在宪法性文件上，例如1776年美国《独立宣言》宣称，人人生而平等，都具有天赋人权，其中包括“生命权、自由权和追求幸福的权利”。他们认为，为了保障这些权利，人民设立了政府，政府权力来自人民的意志及同意，如果政府损害这些目的，人民有权改变或废除这一政府，以建立新政府。1789年法国《人权宣言》亦把这种天赋人权规定为“自由、财产、安全和反抗压迫”四项。这种权利学说虽然在历史上起过重要的进步作用，但是它以唯心史观为基础，并没有科学地说明权利的实质。诚然，权利归根结蒂是由社会经济关系所决定，即权利只不过是社会经济关系的一种法律形式。统治阶层利用法律确认人们的某种权利，并赋予它以法律上的保护，其目的是为了维护有利于本阶层的社会关系和社会秩序。使用阶层的法往往公开剥夺被使用者的权利，或者使法律上确认的权利对劳动者徒具形式。只有法制完善的国家不仅在法律上确认公民具有广泛的权利，而且为公民行使权利提供政治上和物质上的保障，真正体现了权利的真实性。

权利和义务密切相连。任何权利的实现总是以义务的履行为条件。例如根据合同法规定，成立合同关系的双方当事人相互享有权利并承担义务。又如，财政机关有依法收税的权利，国家单位、公民等就有依法交纳有关税款的义务；而就财政机关收税同国家之间的法律关系来说又是履行行政义务。

法律规范只是以一般的形式规定了法律关系主体享有权利和承担义务的条件，确定了这些主体的权利能力的范围。这种规定只有在各种具体的法律关系中才能成为现实，即必须和一定的法律事实相联系构成具体的法律关系时，这种一般规定的权利和义务才能成为生活中的现实。

根据不同的标准，可以对公民权利进行不同的分类：依据公民所参与的社会关系的性质，可以划分为属于政治生活的权利和一般民事权利。前者如各项政治和社会的自由权利、参加国家管理的权利；后者如财产权等。依据承担义务人的范围，可以分为绝对权和相对权。绝对权又称对世权，所要求的义务的承担者不是某一人或某一范围的确定的人，而是一切人，如物权、人身权等。相对权，又称对人权，所要求的义务的承担者是一定的个人或某一集体，如债权、损害赔偿权等。依据权利发生的因果联系，可以划分为原权和派生权，派生权或称救济权。原权指基于法律规范之确认，不待他人侵害而已存在的权利，又称第一权利，如所有权等；派生权是由于他人侵害原权利而发生的法律权利，也称第二权利，如因侵害物权而发生的损害赔偿请求权。依据权利间固有的相互关系，可以划分为主权利和从权利。主权利是不依附其他权利而可以独立存在的权利，如对财物的所有权；从权利是以主权利之存在为前提的权利，它的产生、变更和消灭均从属于主权利的存在，如抵押权等。

权力是影响他人政策的一种过程，在这一过程中，使那些不服从政策的人受到损失。政治权力就是在政治关系中，权力主体依靠一定得政治强制力，为实现某种利益而作用于权力客体的一种政治力量。政治的使命在于创造优良的公共生活，这是必须解决的两个核心问题：一是政治权力体系的建构，二是政治权力合法性的建构，即广大民众主观上对权力体系的信任与支持。

社会学认为，权力是指产生某种特定事件的能力或潜力；许多心理学家视权力为人们行动和互相作用中的一个重要的基本的动机；还有人认为，权力就是一种与理解的预测行为特别有联系的动机。这些定义均没有揭示权力的真正本质。

人为了更好地生存与发展，必须有效地建立各种社会关系，并充分地利用各种价值资源，这就需要人对自己的价值资源和他人的价值资源进行有效地影响和制约，这就是权力的根本目的。

权力就是国家管理。从封闭孤立型管理向多边合作治理转变。当今社会是一个建立在信息网络基础上的横向社会、流动社会，尤其是在互联网、微博、手机等新媒体的推动下，传统封闭的社会事件越来越成为多边沿、跨时空的社会公共事件。因此，仅仅依靠政府力量，抑或依靠单个行政区政府或某个部门的力量管好开放、流动、复杂的社会，几乎是一件不太可能的事情。因而在管理机制上，应该推动封闭、孤立式的社会管理模式向开放、互动的综合治理模式转变。这一转变主要体现在三个方面：其一是推动单部门管理向跨部门治理转变。摒弃部门化利益，加快构建跨部门联动协同机制、信息共享机制，构筑“无缝隙、无障碍、无空白”而又行之有序平等的新型社会管理格局，尤其是在外来人口管理、食品安全管理、公共危机管理、水环境管理、社会救助等领域率先建立跨部门协同机制，全面克服“多头管理、相互推诿”的体制瓶颈。其二是推动从行政区社会管理向区域社会公共治理转变。尤其是对跨界犯罪、流动人口、社会保障、流浪儿童等跨行政区的社会生活现象，积极搭建跨行政区边界的跨界协作平台，实行多个行政区政府协商、互动、合作的跨界治理。其三是推动政府主导型管理向政社跨界治理转变，发挥政府、社会组织、国家、社区居民、新闻媒体等多元主体的力量，通过协商、协作、互动的方式，整合社会资源，实行多方综合治理。

总之，权力的本质就是主体影响和制约自己或其他主体价值资源的能力。

从控制型管理向服务型管理转变。撇开社会管理这一概念的科学性而言，社会管理的核心因素是人以及人与人之间的社会关系，社会管理的实质是服务人，满足人的需求，有秩序地推动社会文明进步。但遗憾的是，在长期计划经济体制影响下，只要说到“社会管理”，绝大多数人就认为是管理者依靠权力或威慑力去约束、限制被管理者，强迫被管理者遵纪守法，即想方设法把“相关人管住、管好”。在现在人们不断追求合法权利的发展型社会，这种“高高在上”、“以我为主”、“以权压人”的控制型管理方式，除了不断制造和激发社会矛盾之外，怎么会取得良好的管理效果？管理国家岂能把人民群众推到对立面呢？当务之急是要把“为人民服务”这一崇高宗旨全面贯穿在社会管理之中，建立起鱼水之情的干群关系，树立“服务民众、满足民众基本需求”的核心理念，全面推行以人民群众“需求导向”为主体的服务型社会管理新理念。

履行职责权力实现国家抱负

国无人不国，人无国不人。权无国不权，国无权败散。没有人就没有社会；没有人民也就不存在国家。国家主体是人民，国家权力因人民而赋有。从管理学来看，权力是由领导者的合法身份和恰当能力而形成的指挥他人履行职责的一种控制力。这种力量使得领导者可以履行职责权力，实现自己的抱负，也是领导者满足个人的精神需求的工具。权力成为领导者关注的对象。权力不是一种个人财富，而是一种组织财富，每个人掌握的权力是要为组织服务的，是社会赋予他的，权力是属于大众、公众的，是属于社会的，权力反映了主体对于价值资源的使用方向及使用规模所进行的影响和制约程度，它具有如下基本特征：主体的制约权数越大，其权力就越大；被影响和制约的主体的力量越大，影响和制约主体的权力就越大。主体所影响和制约的其他主体的价值资源，一般总是朝有利于主体自己的生存与发展的方向投入的，在没有其他方面的制约的前提下，主体所影响和制约的价值资源总有有人当成自己的价值资源来看待。被制约主体与制约主体之间通常存在着一定的利益相关性或利益从属性。权力的客观目的在于影响和制约他人的价值来为自己的生存与发展服务，因此权力是一种客观的、间接的价值形式，它必然会反映到人的主观意识之中，这就形成了权威。

权威是权力的主观反映形式。权威与权力的关系实际上就是主观与客观的关系：一方面，权威以权力为基础上下波动，权力的大小在根本上决定着权威的大小，权力的发展方向与发展规模在根本上决定着权威的发展方向与发展规模，权力如果发生了变化，权威迟早会发生变化；另一方面，权威的大小可以在一定程度偏离权力的大小；第三方面，权威会对权力产生一定程度的反作用。

有些人虽然实际权力并不大，但他的魄力、智力和人格能够给人产生强大的权威感，强大的权威感有时会放大和扩展一个的实际权力。不过，一般情况下，权力与权威的大小是基本对等的。

从不同的观察角度，可以对权力进行不同的分类：

从社会领域的角度来看，可分为经济权力、政治权力（含军事权力）和文化权力（含宗教权力）；从国家政治的角度来看，可分为立法权力、行政权力和司法权力；从经济运行的角度来看，可分为生产权力、流通权力和消费权力；从机体活动的角度来看，可分为思维活动权力、行为活动权力和生理活动权力；从行为活动的角度来看，可分为行为目标选择权力、行为方案决策权力、行为结果评价权力；从执行流程的角度来看，可分为目标方案决策权、行为执行权、监督评价权；从主体存在的角度来看，可分为人生生存权、人身自由权与人生发展权；从社会控制的角度来看，可分为人身自由控制权、生活资料消费控制权、生产资料所有控制权、价值观控制权；从组织结构的角度来看，可分为人事任免权、工作安排权、责权利分配权；从经济运行的角度来看，可分为所有权、经营权、分配权；从作用对象的角度来看，可分为作为集体成员在集体中的权力，作为社会成员在社会中所享有的基本权力；作为社会关系对于他人的权力。

权力主体是占有或行使权力的个人或团体。权利主体主要指国家，即作为统治阶层工具的政府。此外还包括政党、政治社团以及政治个人。在现代社会，占有权力的主体可能并不行使权力，这主要是由于代表制的形成使得权力的所有者与行使者分离开来。

权力客体指接受权力作用的群体或个人。权力主体与客体的关系是相对的。个人或团体在某个范围或行动中表现得强有力，而在另一个范围或行动中就可能相对软弱。在现实政治关系中，无论是在国内政治中还是国际政治中，这种现象都是常见的。即使在同一范围内，随着时间的推移，权力主体与权利客体的位置也是可能会互换的。

政治作用是权力主体所拥有的政治力量，主要是政治强制力，但这并不排除半强制力和非强制力的作用，因为政治权力的本质包含着生物的因素、经济的因素和心理的因素。生物因素决定了权力主要表现为暴力现象；经济因素决定了人们把追求政治权力作为取得更好的生活条件的重要手段；心理方面的因素决定人的服从与合群的天性。这些因素决定了政治权力的运作过程不是简单的强制力形式。

政治权力要实现的主要目的是利益。利益是多种多样的，既有物质上的，也有意识形态上的，或者二者兼有之。为了保证权力主体的利益不断得到实现，权力主体必然要使这种政治格局或权力关系长期地固定下来，使之合法化甚至神圣化。

然而权力主体能否达到目的取决于政治力量的对比。作为一种力量，政治权力是可以计量的。在政治关系中，谁的力量大，谁就能控制、统治、命令和影响权利客体。而权力客体会有反作用，这种反作用必然要影响和改变权力作用的方向和强度，形成复杂的整治格局。在现实政治中，权力的实现一般表现为权利客体的行为大体上符合权力主体的意志，完全符合的情况是极少见的。另外，权力的力量还取决于权利主体内部的一致的统一程度，权力主体内部的向心力或离心力程度直接影响着权力的实现力。

政治权力的结构与政治主题的结构有着密切的联系，因此，政治权力的作用方式建构在权力结构与权力主体的结构之上。

权力作用的方向和方式。权力有一个指向问题，即权力运作轨道。而权力作用无论采取什么方式，都充实或支撑着这一轨道。否则，权力的指向性就是抽象的。

时间是衡量权力作用的坐标。就某种具体的权力来说，如果在一定时间不能为最终的权力客体接受，这种权力就化为乌有。要保持某种权力的连续性，就要随着时间的推移，不断地对其进行补充能量。西方国家定期大选，中国定期的“全国人大”都是补充权力能量的过程。

权力作用的结果与权力作用的运作、权力的层次及时间都是密切有密切的联系。权力作用的结果大致有以下几种情况；全部吸收或基本吸收；大部分吸收，少部分反射；少部分吸收，大部分反射；全部或基本上反射，这是权力作用的结果。

服从国家价值服务人民利益

人有国而生权，权因国而生威。国家权力管理必须服从于国家的根本利益，服务于人民利益。没有人的平等就没有社会的公正。一个国家，首先从歧视—排斥型管理向平等包容型管理转变。如有学者所言，歧视是对特定人的不公平、负面的或伤害性行为。歧视是一个连续体，从仇视的言论、回避、阻挠、肢体冲突到种族灭绝。经济社会发展的实践表明，在社会政策缺失或社会制度不健全的情况下，经济的快速增长并不会自动形成包容而公平的社会，在某种程度上反而加剧社会歧视或社会排斥的程度。现实中大量存在身份歧视、残疾歧视、疾病歧视、外貌歧视、地域歧视、学历歧视等现象，这是一种不正常、不健康、不文明、不平等的社会心理表现。正因为歧视造就了强势权贵与弱势群体的社会矛盾激化，诸如“同工不同酬”、“同命不同价”等都是严重的歧视性导致的。社会歧视、社会排斥是制造社会矛盾、制造社会不平等、制造社会仇恨的根源所在，值得每个社会管理者高度警惕。面对一个流动开放的社会，为了让每个人体面地劳动、有尊严地生活，就应该采取平等的社会管理方法，努力消除社会生活中的各种人为阻隔、门槛、壁垒和不公正的排斥性规则，促进不同社会阶层之间的正常流动、公平公正与文化融合。

强制性权力是最为普遍存在的权力形式。指甲要求乙做某事，乙因为受到甲的威胁，虽然不愿做但是不得不去做。乙是否到底满足甲的意志，取决于乙的决定；要么按照甲的希望去做，要么面对甲的威胁。如果乙按照甲的希望去做了，威胁就成功了；如果违背甲的意志，甲就必须决定是否实施威胁。

功利性权力基本上与强制性权力相反，如果权力客体服从权力主体的意志，权力主体就会承诺给权力客体某种好处。这种权力被称为功利性的，是因为权力主体对客体提供的东西是实用的、有价值的。作为功利性的政治奖励，主要包括财富、职位、雇用、荣誉及权力。权力既可以作为治国手段，也可以作为兴国的目的。

当然，纵性权力并不是建立在公开的沟通基础之上，而是以更巧妙的方式全部或部分地改变权力客体的价值观。这类权力假设，如果一个人的态度能够被重造，他就会以别人所希望的方式去作为。如果你能够彻底地重塑一个人的态度以便让他按你的方式去思维，你就毋需威胁或奖励，他会按你的行为方式去作为，因为他的思维方式已完全被你同化了。实行操纵性权力的技巧主要有“洗脑”、宣传和社会化。

人格型权力，也叫影响力，如果权威来自人们对制度与过程的崇敬，那么影响力则来自人们对特殊类型的人的尊敬，这种人具有超凡的品质、个人魅力、启示力。具有人格型权力的人并不一定占居官职，人们对他们的服从主要是因为其人格因素。当然，在现代政治中，来自机构中的权威与来自个人的人格魅力往往是结合在一起的。

在现代政治中，来自机构中的权威与来自个人的人格魅力往往是结合在一起的。如，美国的华盛顿和罗斯福，中国的毛泽东和邓小平都是极具人格魅力的领袖人物，他们的影响力首先来自机构所赋予的权威，然而，他们获得这些权威又是因为他们具有人格上的影响力。

当然，无论是权利还是权力都必须具有相应的法律约束，只有合法性才可以产生平等有序的目的性。从应急运动型管理向制度自觉型管理转变。与非常态社会的危机管理相比，一个常态社会是以制度规范、社会理性、政局稳定为显著特征，而常态社会的国家治理要求维护型公共政策及常规性的、程序化的公共管理。但长期实践表明，在治理资源薄弱条件下中国的社会管理走出了一条“运动式治理”的路径，表现为特定时期的“严打”、“专项治理”、“集中整治”、“综合治理”等，具有显著的临时性、突击性、应付性特征，缺乏长效性、制度性和自觉性。随着社会利益矛盾的复杂多元和社会治理需求的进一步增加，社会管理需要突破传统的“路径依赖”，重在要通过体制机制建设、社会政策建设、基层社会建设、法制建设等制度建设路径，不断健全和完善社会有序运转的规则和程序，提高社会的自我组织、自我管理水平，最终促进从应急运动型管理向制度自觉型管理转变，实现社会管理的公开化、制度化、良性化、科学化和常态化。

渐进式改革和传统经济增长模式本身也决定了中国无法跨越“中等收入陷阱”和“风险社会”的潜在逻辑，中国社会正在进入深度转型的阵痛期，社会管理创新任重而道远。随着经济发展方式的全面转型，社会管理方式也应该同步转型，努力创建与经济发展阶段相适应，推动社会管理方式的转型。

经过 30 年的快速发展，中国经济体已进入一个新的十字路口和发展期，发展路径的选择，成为中国决策者需要面对的课题。如何更好驾驭全球第二大的经济体？在当前全球金融危机持续，以及围绕中国经济发展模式的争论喋喋不休时，也已成为一个全球关注的话题。

不论是对“权贵资本”的批评，还是对宏观调控的各种议论，都值得人们去深入思考：过去的经验、教训以及未来的道路。“摸着石头过河”曾给了人们巨大的实践勇气，而随着国家经济的日益强大，人们进入了“战略先行”的时代，必须有明确的思想引领出路，然后才可能确定相对准确的顶层设计。

伴随着国家崛起和社会转型，今后影响国家的将是什么样的经济思潮？有鉴于此，各路经济学者正使出各种招数，试图以自己的经济研究影响决策。这一阶段，也可谓是主流经济学者最敏感的交锋时刻。

这种交锋是有益的，不管谁对谁错，谁取得主流地位，在国内今后的经济政策制定中，进行顶层设计的前提，就是要对经济学的思潮有一个系统的梳理和交流。在国际上，人们不能再随着别人的音乐跳舞，需要积极参与全球经济规则制定；同时也要有自己的理论体系，论证体系，并且能理性总结中国的成就，客观地探讨问题和解除忧虑。

当今有代表性的经济学人物，把人们的个人实践和经历，与思想的脉络谱系有机贯穿起来。看似独立的事件间存在着联系，个人境遇和时代背景息息相关，经济学理应为以后的改革发展提供科学的理论思考并促进社会共识的形成。

常言道：国家兴亡，匹夫有责。因此，要说爱国是每个社会成员的一种权利，那么发展经济使国家快速强大起来更是每个公民的神圣职责。

全面把控大局增强驾驭能力

总揽全局，整体推进。这是国家顶层设计的全局战略。从工程学角度来讲，顶层设计是一项工程“整体理念”的具体化。例如，要完成某一项大工程，就要实现理念一致、功能协调、结构统一、资源共享、部件标准化等系统论的方法，从全局视角出发，对项目的各个层次、要素进行统筹考虑。第二次世界大战前后，这一工程学概念被西方国家广泛应用于军事与社会管理领域，这是政府统筹内外政策和制定国家发展战略的重要思维方法。

从中国目前改革与发展的实际情况出发，改革是一项系统而巨大的总工程，顶层设计这一概念的提出，无疑是对科学发展观的丰富和完善，这就要求政府在改革与发展中必须从战略管理的高度统筹改革与发展的全局，以国家核心价值和公平社会的理念，为未来中国社会的发展谋划新的发展蓝图。

顶层设计在社会发展和管理领域的运用，也可以理解为政府“战略管理”。人们知道，战略一词的核心意思就是整体性、全局性、长远性、重大性目标的设定。战略管理这一概念则包含三个内涵：一是战略目标的规划与设计；二是战略过程的组织与控制；三是战略执行与实施。改革的顶层设计就是要从政府战略管理的高度统筹改革与发展的全局，使改革与发展按照国家发展的预期目标迈进。

顶层设计是一个工程学概念，从本义上讲是统筹考虑项目各层次和各要素，追根溯源，统揽全局，在最高层次上寻求问题的解决之道。中国改革走到现在，需要理性、需要统筹、需要战略思维、需要全局观，进行“顶层设计”。这是当今中国经济社会转型的必要性和必然性所决定的。“十二五”在“十一五”制定和执行的基础上总结了“十一五”的经验，现在回过头来看“十一五”计划执行情况并不理想，受到了体制性障碍制约。落实“十二五”要推进全面改革，需要“顶层设计”：我们要在比较短的时期内去形成新的体制，而由政府来主持建立新的体制，这个设计不是像指令性计划那样把它弄得丝丝入扣，非常具体，但是一个框架性的设计是必须要有的，这就是最上面的一些高层设计。

“改革顶层设计”这一概念在中国目前的现实语境中，表达了这样几个关键含义：一是要明确改革发展的价值，即通过科学发展实现国家核心价值；二是要提高“辩证思维水平”，从战略高度把握改革的大局和重点；三是要强化制度建设，保证制度平衡；四是要转变经济增长方式，以民生和服务推进经济持续增长；五是推进以“公共权力”的制约与监督为核心的政治行政体制改革，加强社会建设。改革顶层设计的提出，说明中国改革已经步入“深水区”，改革的难度和复杂性同时加大，但也表明改革发展的蓝图和实现路径也逐渐清晰，改革的自信力和驾驭改革的能力增强，只要在实践中认真规范地去做，中华民族的振兴及实现强大国家的愿望就一定会变为现实。

顶层设计字面含义是自高端开始的总体构想，“不能谋全局者不能谋一域，不足谋万世者不足谋一时”。但其也是一种民主集中，是从若干的谋一时、谋一域中科学抽象出来的。顶层设计不是闭门造车，不是“拍脑袋”拍出来的，更不是喊口号喊出来的，必须结合本国国情的基础上吸收外国先进的治国理念和经验。

改革开放30多年所取得的成功，恰好是顶层设计呼应了来自基层的强大发展冲动。这个冲动最早的萌芽来自安徽小岗村，几个农民盖个手印家庭联产承包。小岗村的农民万万没有想到，他们实际参与至少是切实推动了中国新一轮发展、改革的顶层设计。

改革开放初期，由于诸项改革措施的受惠面比较大，社会动力与政府的牵引力紧密结合，带动改革加速推进。20世纪90年代中期以后，随着改革的不断深化，利益分化进程加快，在利益面前形成共识的困难越来越大。“顶层设计”与“底层冲动”结合的难度自然也就加大了。

改革是一个系统性工程，顶层设计就是要自上而下，但必须要有自下而上的动力，要通过社会各个利益群体的互动，让地方、让社会及各个所谓的利益相关方都参与进来。如果能够激发起来自基层的动力，来自每个知识分子、每一家企业、每一座城镇、每一个农民、每一个劳动力的动力，那么靠中国人民的奋斗精神和创造性，什么坎都能跨过去。

顶层设计对指导经济发展与改革意义重大。改革开放30年来，中国经济总量占世界经济的份额已超过日本，成为全球第二大经济体。随着经济规模越来越大，影响中国经济发展的因素也越来越复杂，积累的深层次矛盾及问题越来越多，如何避免“头痛医头脚痛医脚”，从源头上化解积弊，在重点领域取得突破，必须要有科学合理的顶层设计。

首先，全方位改革需要顶层设计。顶层设计不同于改革开放初期的自下而上的“摸着石头过河”，而是自上而下的系统谋划。改革开放之初，中国经济建设首先发力，但社会建设相对滞后，成为经济攻坚的瓶颈。

国家建设不仅仅是社会福利体系和社会保障体系，还包括社会管理体制建设、社会组织建设、社会结构建设、社会利益关系协调机制建设等非常丰富的内容。应该说，长期以来中国的社会建设明显滞后于经济建设，而文化体制改革、政治体制改革也出现了短板效应，不利于经济改革的纵深推进，因此，多领域改革必须通过顶层设计，齐头并进。

其次，强国崛起需要顶层设计。中国是一个经济大国，但不是一个金融大国。对于中国这样一个工业大国而言，将本币盯住一个越来越不稳定的信用货币而获得长期的经济金融稳定，这不但使本国的货币政策失去应有的独立性，而且也很容易招致外部的压力。中国工业与金融经济发展失衡带来的无可避免的一系列问题，全球“东升西降、南热北冷”的格局注定：中国将在较长时期内面临资产膨胀和人民币过快升值的风险。因此，中国应以解决内外经济失衡为着眼点，在货币政策、汇率制度、“资本池”政策、外汇储备风险管理对策以及积极推进国际货币体系改革、推进人民币国际化等方面，实施工业立国与金融立国并重的长期战略，做出整体谋划。

顶层设计意味着政府要为未来中国经济的这艘巨轮当好“舵手”，当好“总设计师”。顶层设计将对政府和市场做更加准确的定位，政府不能替代市场，市场也不能替代政府，要避免市场失灵和政府失灵，既要打破垄断资源减少市场扭曲和外部性、更要减少政府行为的盲目性，有效的降低改革的风险与成本。

“顶层设计”是中央文件新近出现的名词，首见于“十二五”规划，最近也进入中央经济工作会议的内容。据国内专家解读，它是系统工程的专有名词。

加快转变经济发展方式本身是一场重大的改革，除了深化价格、财税、金融等领域的改革，深化收入分配制度改革，完善产权保护和知识产权保护的制度等改革以外，也应该特别注重准确地界定政府和市场的分工，完善为官政绩考核制度，把为官者的政绩与社会正能量的建立挂钩，做到优胜劣汰。

国家无防不立人民无防不安

军之强，国之安。军之弱，民之祸。国防，就是国家的防务，就是为捍卫国家主权、领土完整，防备外来侵略和颠覆，所进行的军事及与军事有关的政治、外交、经济、文化等方面的建设和博弈。国防伴随国家的产生而产生，服从于国家利益。丘吉尔有一句名言："我们没有永恒的朋友，也没有永恒的敌人，只有永恒的利益。"此言一语道破天机。国防直接关系国家的安全、民族的尊严、社会的发展。国防的主体：国家。国防的目的：捍卫国家主权、统一、维护国家的安全、保卫国家的领土完整。国防的手段：军事、政治、经济、外交等。国防的对象：侵略和武装颠覆。

国无防不立，民无防不安。作为一个国家、一个民族，最重要的无非两件大事，一个是发展问题，另一个是安全问题。国防是人类社会发展与安全需要的产物，它是关系到国家和民族生死存亡的根本大计。

现代国防又叫社会国防、大国防、全民国防，包括武装建设、国防体制、军事科技和工业、国防工程、军事交通通信、人力动员、国防教育、国防法规诸多方面，是一个庞大而复杂的系统工程。从最高元首到每个公民，从军事到政治、经济、文化、教育、科技和意识形态都与之密切相关。

现代国防以军事力量为核心，还包括有关的非军事力量；它重视国家的战争潜力，特别是战时的动员效率；它还是以经济和科技为主的综合田力的竞争。现代军队是知识和科技密集的武装集团，强调质量建军胜过"人海战术"。和平时期国防的作用是威慑，要求不战而胜；战时国防的责任是实战，目标是胜利。国家安全保障，是国家独立自主的前提，也是国家繁荣发展的重要条件。

国防的扩张型。大国为了维护本国在世界各地的利益范围，奉行霸权主义，强权政治，侵略、颠覆和渗透其他国。

主要依靠本国力量，广泛争取国际支持，防止外敌入侵，维护本国安全，建立自卫型国家。中国的国防属于自卫型，坚持和平自主的防卫原则，永不扩张，也不容别国侵犯中国一寸土地。

以结盟形式，联合他国弥补自身力量的不足。又分为扩张和自卫型，还可分为一元和多元联盟，前者有一个大国做盟主，这是联盟型国家。中小发达国家严守和平中立的国防政策，制定总体防御战略和寓兵于民的防御体系，这称为中立型国家。

中国属于积极防御自卫型的国防。国际形势日渐缓和，霸权主义和强权政治依然横行。居安思危，中国既要加速发展，也要确保安全。"国富"、"兵强"是中国屹立于世界民族之林的两大支柱。

国家的综合国力包括：国家实力、国家潜力、把潜力转化为实力的能力。国家充分利用各种条件和能力，尽快而有效地将各种条件和能力转化为国防实力，这是国家综合国力强弱的重要标志。现代国防，仍以军事博弈为基本形式，与此同时，政治、经济、科技、外交等非军事博弈愈演愈烈，其作用日益重要。国防的国家行为主要表现在：国家利用各种条件和能力建设国防；依靠强大的国防，政府就能集中精力制定政策，调动一切力量发展经济，创新社会管理，确保国家繁荣富强，人民安居乐业。

国防的国际行为主要表现在：国内与国外、国防与国际更密切地联系在一起；世界和平与战争、国际经济繁荣与衰退都直接影响国家和国防建设；国际和周边局势动荡，国家必须在国防方面给予更多关注，一旦遭受外来威胁或外来侵犯，必须动员国防力量，迎接外来挑战。最低层次目标是自卫目标，国防范围限定在国家领土、领海、领空范围内，着眼于维护国家主权和领土完整。中级层次目标是区域目标，其范围限定在国土之外有限的周边区域内，着眼于增大国防纵深和弹性，为本国安全和发展创造更为宽松的周边环境。最高层次目标是全球目标，国防范围遍及全球，着眼于保护本国在世界各地的利益。

中国的武装力量领导体制，是在长期的革命战争中形成和发展起来的。新中国成立后，根据中央人民政府 1949 年 10 月 19 日的命令，成立了中央人民政府人民革命军事委员会，作为全国武装力量的最高统帅机关。国家的中央军委设立后，中共中央军委同时存在，为避免机构重叠，中共中央决定，国家军委与党的军委是“一个机构，两个牌子”，其组成人员完全相同。党的中央军委与国家中央军委并存，同时向中央和全国人大及人大常委会负责。这种领导体制，体现了中国共产党作为唯一的执政党在国家政治生活中的领导地位和作用。

新中国成立后，人民解放军在毛泽东关于建设现代化革命武装力量的战略思想和邓小平新时期军队建设思想的指引下，不断向现代化、正规化和革命化迈进。特别是改革开放以来，中国国防实力得到进一步加强，国防现代化建设，尤其是军队的建设，有了突破性的进展，取得了一系列重大成就。

走进 21 世纪的人民解放军将按照“政治合格、军事过硬、作风优良、纪律严明、保障有力”的总要求，继续优化体制编制，更新教育训练内容和手段，改善武器装备，加强军队的质量建设，提高诸军兵种的合成化水平，向精兵、合成、高效的方向发展。可以预见，人民解放军将以新的面貌勇敢地面对任何挑战而不辱使命。

国防科技是衡量一个国家综合国力的重要标志之一，也是国防现代化建设的一个重要方面。新中国成立以来，在党中央、国务院、中央军委的关怀和领导下，经过 50 多年的建设和发展，中国的国防科技工业从无到有，从小到大，从落后到先进，建立起了包括电子、船舶、兵器、航空、航天和核能等门类齐全、综合配套的科研实验生产体系，取得了一大批具有国内或国际先进水平的科研成果，为现代化建设和切实增强中国的综合国力作出了重要贡献。

中国国防后备力量建设，经过几代人的努力，形成了一整套制度和优良作风，打下了坚实的基础。党的十一届三中全会以来，尤其是从 1985 年，党中央、国务院、中央军委明确提出“精干的常备军和强大的后备力量相结合，是建设现代化国防的必由之路”这一基本指导方针之后，作为一支伟大战略力量的中国国防后备力量，越来越受到党和国家的高度重视，并在全国范围内形成了一个各级地方党政领导关心后备力量建设，各级军事机关狠抓后备力量建设，社会各界和广大人民群众积极支持后备力量建设的可喜局面。中国国防后备力量建设，经过一系列的调整改革，各项工作均取得了明显的成绩。

中国古代国防，从公元前21世纪夏王朝的建立，至公元1840年鸦片战争爆发，其间大约经历了4000年的历史。在漫长的国防历史发展过程中，中华民族经历了无数次血与火的洗礼，培养了民族的凝聚力和自强不息、卫国御侮的尚武精神，最终形成了多民族、大疆域的国家。

夏朝至清朝，古代国防理论不断发展和完善，形成较为完整的古代国防理论体系。比如“以民为本”、“居安思危”的国防思想指导；“富国强民”、“寓兵于农”的国防建设思想；“爱国教战”、“崇尚武德”的国防教育思想；“不战而胜”、“安国全军”的国防博弈策略。

所谓兵制，就是军事制度，现在一般称为军制。它包括武装力量体制，军事领导体制和兵役制度等方面的内容。在武装力量体制上，中国古代一般区分为中央军、地方军和边防军。在军事领导体制上，各朝代在军事领导体制方面的做法虽然不尽一致，但皇权至上，军队的调拨使用大权始终掌握在皇帝手中。

在兵役制度上，随着各个历史时期的政治、经济、人口状况和军事需要而发展变化。奴隶社会时期，生产力低下，人口稀少，战争规模小，主要实行兵民合一的民军制度。封建社会时期，民军制逐渐演变为与当时历史条件相适应的兵役制度，如秦汉时期的征兵制、三国两晋南北朝时期的世兵制、隋唐时期的府兵制、宋朝的募兵制、明朝的卫所兵役制等。

中国古代为抵御外敌的侵犯，巩固边海防，修筑了数量众多、规模庞大的国防工程，如城池、长城、京杭运河以及海防要塞等。城池是中国古代国防建设中时间最早、数量最多的工程。城池建筑始于商代，之后规模不断扩大、结构日益完善，一直延续到近代。由此，城池的攻守作战成为中国古代战争中主要的样式之一。长城是城池建设的延续和发展，始建于春秋战国时期。秦灭六国完成统一后，为了防御北方匈奴的南侵，于公元前214年，将秦、赵、燕三国北部的长城予以修缮，连贯为一。

强大的国防，这是国家、民族生存与发展的基本条件；正确处理国防建设与经济建设的关系是建设强大国防的重要前提；科学技术是建设强大国防的根本动力；人民群众是建设强大国防的力量源泉。

第十三章 要化深水为浅水 须化顶层为平面

人民虽然是社会发展进步的主力军，但是决策者改革意志的强弱决定着国家未来命运的走向。诚然，任何向前推进的改革不能只停留在口头上和理念层面上，为政者必须依靠全体人民，最大限度地实现国家效率与人民利益公平及平衡。

在运行发展中强化平衡机制

一个国家能否可持续发展，从根本上来说取决于是否有一个合适的体制和制度。完整国家就如同完整的人一般，国家和社会的机制主要包含四个方面：一是运行机制；二是动力机制；三是发展机制；四是平衡机制。这“四种机制”就像人的四肢，缺一不可。要说前两则机制是双腿，起着运行和动力的作用；那么后两则机制必然是一双手，同样起着发展与平衡重要作用。

当代中国似乎呈现出突出的矛盾现象，一方面经过30多年的改革开放，取得了巨大的成绩和进步，但同时也出现了错综复杂的社会矛盾。从人们的感觉来说，绝大多数人，甚至可以说是每一个人都从改革开放中获得了“红利”，但仍然有很多人也对社会现实有意见。

对于国家运行之中的问题，专家学者们做了很多研究。问题的根本原因是什么？应该按照什么样的路径来解决运行发展中的问题和矛盾？从政府来说，确实一直在采取有效的措施，致力于解决人民群众所关心的社会焦点热点问题，但是，如何把握解决所面临的难题？这是一个绕不开的挑战。

比如说，政府关心人民群众，强调要保障和提高劳动者的工资水平，并已经采取了许多措施，提出了不少要求。但这样做的后果是让不少单位感到负担加重了。再比如，国家大力发展互联网的技术和应用，政府和民众都受益匪浅，但互联网同时对政府、社会、个人的隐私也带来了极大的挑战。因此，寻找到理顺关系、化解矛盾和解决问题的平衡点，才是治国理政的大路径。在国家和社会深层次上，这说明在运行机制上出了问题。运行机制是人类社会有规律的运动中，影响这种运动的各因素的结构、功能、及其相互关系，以及这些因素产生影响、发挥功能的作用过程和作用原理及其运行方式。也是引导和制约决策并与人、财、物相关的各项活动的基本准则及相应制度，还是决定行为的内外因素及相互关系的总称。各种因素相互联系，相互作用，要保证社会各项工作的目标和任务真正实现，必须建立一套协调、灵活、高效的运行机制。因此，国家的运行机制是国家动力机制的根本保障，在具体的政策制定和把握上既不能偏左，也不能偏右，更不能只为某个集团利益充当“保护伞”。

社会动力机制是提升国家正能量的重要元素。再吻合动力机制、行业的经济动力机制、动力学机制，探讨了社会系统的复杂的特性，分析并提出了社会系统的系统结构框架以及动力机制。在此基础上分析社会更新的动力机制和价值体系，建构社会更新的目标、标准及评价体系，探讨社会发展的动力机制。国家的缺失与社会动力机制存在的缺陷是密切相关的。作为特殊意识形态的自然科学技术，无论从社会演进的宏观动力机制看，还是从其微观动力机制来着眼，都对社会发展具有决定性作用。

纯粹的自然如此，人化的自然同样如此，社会当然也是如此。古今中外概莫能外，动力机制提供和传输着社会运动、发展、变化的能量，发展机制维护和保持着社会各部分和各种力量之间的协调、稳定与平衡。

社会首先需要动力，在动力作用下，社会的每个成员和群体不断发挥主观能动性，积极从事以生产劳动为主的社会运动，创造日益增多的物质财富和精神财富，唯此，整个社会才能不断发展进步。同时社会变革也需要平衡，每个成员或群体都要按照一定的规范各司其职，各得其所，只有社会的经济、政治、文化，生活的各个领域紧密联系，互相协调，整个社会才能始终保持有序和稳定的状态。没有动力机制，社会就会像一潭死水，或者像一台没有马达的机器；没有平衡机制，社会就会像一堆杂乱无章的零件，或者像脱缰狂奔的野马，陷于动荡混乱的状态。作为动力机制，其社会表现之一是效率，在经济领域主要表现为劳动生产，作为社会整体集中体现在发展上。而发展机制在经济领域的主要表现是资源配置的结构比例和财政分配上的公平公正，在人的社会关系上主要表现为平等，社会整体集中表现是有序和稳定。效率与公平是当今人类世界所有国家都面临的重要矛盾，也是需要解决的共同课题。动力机制与发展机制的关系，往往突出地表现在效率与公平的关系上。一个社会完整的成熟程度，不仅要看机制的各自状态，更关键是要看机制能否有机地结合起来，互相配合，协调稳定地发挥总体的功能。

人类或世界事物都是由小到大、由简单到复杂、由低级到高级的变化。其实变化趋势就是发展动向；发展动向也是变化趋势。西方社会体制在其动力机制上有多大的长处，在对应的发展机制上，就同时存在着致命的弱点。中国社会体制针对西方社会体制的弊病而出现，理应提出优于西方社会体制的发展机制。

就中国社会体制和西方社会体制两种制度来说，为什么西方社会体制在不到一百年的阶级统治中创造了巨大的生产力，比过去一切时代所创造的生产力还要多？为什么西方社会体制发生了多次危机，但至今却垂而不死？深层次挖掘主要就在于其动力机制比较强劲。一个根本的原因在于资本害怕没有利润或利润太少，像自然界害怕真空一样，一旦有适当的利润，资本就胆大起来，如果有10%的利润，它就保证到处被使用；有20%的利润，它就活跃起来；100%的利润，它就能践踏一切人间法令；300%的利润，它就敢为所欲为，甚至变成冲锋陷阵的“敢死队”。其实资本是贪婪性的，但是往深层次上说，实际上也揭示了西方社会体制社会的动力机制：追求自身物质利益，获取剩余价值，表现形式就是利润。这是西方社会体制中所有的人，特别是资本业主一切行为的根本动力。而获取剩余价值和利润的办法有两种，一是把工作日延长到必要劳动时间以外，以获取绝对剩余价值；二是以缩短必要劳动时间，以获取相对剩余价值。前者在西方社会体制发展初期较为普遍，而随着现代化程度的提高，后者已成了主要的方法。所有的业主为了获取较高的相对剩余价值，必须不断采用新技术、新设备，加强管理，减少开支，降低成本，增加收入，这在客观上也造成了劳动生产率的不断提高。在剩余价值规律的作用之下，资本业主之间必然会有激烈的竞争，其原则在某种程度上说是物竞天择，适者生存。很显然，这种机制虽然在某种程度上是近乎残酷的，但对生产力发展却十分有效，也在客观上带动了整个社会劳动生产力的提高，促进了社会现代化的发展。

社会的公平合理是靠平衡机制调剂的。例如，体内平衡机制、利益平衡机制、市场平衡机制、社会平衡机制、主要通过平衡机制、带宽平衡机制、政府平衡机制、载平衡机制、伺服器负载平衡机制来完成。对公民而言，利益平衡机制是通往权利之路，对政府而言，利益平衡机制是一种善治之术。

在西方国家，年轻人大多比较支持右翼政府，而中老年人一般都比较支持左翼政府。深层次的原因在于他们的机会的差别和差异。单体效率和社会效率的关系是不平衡的，企业和个人的单体效率总是较强，导致整个社会经常存在利益冲突，两者间不断发生矛盾争斗，单个生产和经营单位效率的提高有时很难表现为社会整体的提高。在平衡机制上存在的问题反映了这种机制的弊端。效率与平等，动力与平衡总是互相交接的。西方为什么实行两党制、多党制，为什么轮流交替，传统的解释是权利内部集团的争夺，这种解释极为肤浅。第三条道路就是想在这两条道路之间找到一个平衡点。

中国社会体制用不同方式将不同的单个生产要素组成一个统一有序的整体，中国社会体制以公有制为主体在客观上奉行平等的社会政策，中国社会体制改善了人的生活质量，能比较全面地满足人的物质和生活需求，给人类带来了新型的价值观。在动力机制上，中国社会体制实行的所有制把全社会的资源集中起来，用计划的手段来运用、掌握，利用国家的力量办大事。人的精神状态，通过思想教育、宣传，老百姓感觉天翻地覆，几乎所有领域及行业都取得了巨大成就，这点是不能忽略的。从 20 世纪 50 年代开始，许多国家发现自己在体制上也存在弊病，这些国家的发展速度延缓了，中国也如此。过去的体制高度集中、平均主义、思想僵化等，根本在于动力机制。发展生产提高效率，宏观上主要靠国家的指令和计划，微观上主要靠生产者的精神和觉悟。至于内在的、长久的、自觉的动力是什么，缺乏研究和探索，特别是对于物质利益索取的动力作用，不仅没有重视，而且长期处于被批判状态。全社会都吃国家的大锅饭，企事业和个人的行为都要等国家来安排，归结起来，中国社会体制的劳动生产力之所以赶不上发达国家，就在于动力机制的欠缺。随着社会的发展变化，这种模式的内在矛盾逐渐暴露，并且向人们发出警示：如果不改革，陈旧僵化的体制没有出路。

中国社会体制的改革有它的周期性，每个关节点都面临非常重大的选择。当代中国社会所有问题的根源，基本上集中在四个方面：在形成中国社会体制运行机制的同时，还没有及时建立起与动力机制、发展机制相配的平衡机制。

但是随着改革开放的发展，同时发现现实社会当中出现了越来越复杂的变化，人们的不满情绪也相应增加，绝大多数问题是动力机制上的问题，比如假冒伪劣。由市场和利益产生的问题天然具有两重性，在不同的环境下会向不同的方向发展。如果由法律、道德限制在“善”的范围之内，对发展生产力必然是积极的；如果失去限制和自由，向“恶”的方向发展，就会刺激拜金主义、个人主义、功利主义等。相当严重的危害比如走私、贩毒、制假售假等，都是因为动力向恶的方向发展。通过改革发展经济，通过内在动力，必然会有善与恶两种动力的指向，但我们不能因为有恶的可能就不要这种动力，退回到吃大锅饭，而是应该尽一切可能把人们的内在动力向善的、正确的、健康的方向引导，同时采取一切措施，用法治、道德建设等随时堵上向恶的方向发展的可能。

中国的改革把世界改革的潮流推向了高潮，这种改革如果往深层次上探索，实际上是社会运行机制的大调整，改革主要针对的是动力机制，30 多年来，中国的改革开放取得了巨大成就，改革开发的政策集中体现在“搞活”。20 世纪 80 年代的企业家呼吁“松绑”，解开体制的绳索，让大家自由施展自己的才能，就是增强社会发展的动力机制的一种表现形式。回顾几十年来我们所采取的几乎所有的改革措施，都是集中在解决动力机制问题，从农村的家庭联产承包责任制到企业最初提出利润问题、奖金问题、工资改革问题，企业的承包制、政府下放权力、实行多种责任制、股份制、股权合作制等，所有这些形式的改革都是在试图寻找和构建一种新型的动力机制，其实质就是把每一个人每个单位的物质利益更加紧密地结合起来，激发起内在的动力和活力，以期能够持久地促进劳动生产力和经济效益的提高，促进其他各项事业的发展。所有的改革几乎都可以集中在这个上面，包括在思想理念、观念上等。过去什么都靠政府来安排，一切依赖政府，现在人们普遍发挥主观能动性，很多事情能够自主谋划、自己努力，增加了社会运行能力；人们的竞争意识进一步增强，市场经济要求按经济规律办事，在竞争中优胜劣汰；人们的效率意识进一步增强，整个社会运行的机制大大加快；人们的创新意识也进一步增强，无论哪一个方面的发展都离不开创新，这就是中国的基本变化。

中国社会体制每个周期里都有一定的问题，在关节点上是把控好重大的抉择。建立健全国家“四大机制”犹为重要，但是，解决运行发展中的问题不仅要依靠平衡机制，而且还要使用好动力机制。当然，解决运行发展之中的矛盾是中国社会必须进行的一场体制改革，不改革就没有出路。

走出困境勇于破解改革难题

改革，不仅是“断臂割肉”，触动利益集团的筋骨，而且还要国家发展进步，制度安排惠及所有人。一个社会，一个国家，为什么要改革呢？因为，改革是为了更好的发展，发展是改革助力。当前，中国改革已经进入深水区。未来 30 年，50 年，乃至 100 年，中国将往何处去？这是一个重要的历史关头，该如何打好改革这场攻坚战？什么力量和模式能更积极稳健地推动改革呢？

改革开放是决定当代中国命运的关键抉择，也是发展中国、实现中华民族伟大复兴的必由之路；只有改革开放才能发展中国、发展社会和人民、发展公平和正义；改革开放符合党心民心、顺应时代潮流，成效和功绩不容否定，停顿和倒退没有出路。

20 年前，邓小平 80 多岁的高龄来到广东，讲了许多语重心长、发人深省、具有深远历史意义的话。他明确告诉我们，要坚持改革开放不动摇，不改革开放只能是死路一条。这些话对国人至今仍有强大的震撼力，而且有着巨大的指导意义。

在经历30多年改革开放的今天，要继续下定决心、鼓足勇气，毫不动摇、永不停顿地把改革开放推向前进，特别是要有针对性地做好改革开放的长期规划设计，继续大胆地试、大胆地闯。解放思想、实事求是，是中国长期坚持的根本思想路线。这一点不会变也不能变。

改革初期，“人人皆受益”的“帕累托改进”环境令人振奋，改革的阻力因此比较小。如今，当改革进入深水区，真正意义上的改革，已很难再出现“无损被改革者利益”的现象。要进一步推进改革，就必须调整现有利益格局，这也符合大多数人对当下改革困境的判断。那么，是什么导致了改革的困境，又该如何走出困境？

即便有些领域的改革方案确定了，却很难推行，久拖不决，决而不做，做而不力。总体来说，改革的确陷入了困境，最突出的矛盾就是既得利益关系的失衡，社会结构失衡，这成了影响改革冲出困境的主要因素。应该说，既得利益格局——既包括既得利益集团、既得利益者，也包括某些既得利益现象——已经形成。

在这种格局下，形成了四个比较突出的问题。第一，造成了国民收入分配格局失衡，国家、政府在整个国民收入分配中的比重日趋上升。第二，造成了投资与消费的关系失衡，这既与目前的增长方式有关，也与国民收入分配格局失衡有关。第三，权力运行与权力约束失衡，部门利益、地区利益、行业利益都很突出。第四，职务与责任运行失衡，职权到位了，但监管却缺失缺位，缺乏硬性的制度。这是造成社会混乱的一个根本症结。

如果不改革现行体制和管理模式，贫富悬殊、分配不公、土地问题、环境问题、腐败问题、社会冲突等问题，不仅很难合理有效解决，还可能会演化为社会危机。

改革开放30多年来，中国独有的增长模式及其相应的体制，将中国从一个落后贫穷的国家，带入到初步小康的中等收入国家。这种独有的增长模式，特指中国独有的尚未成型的经济形态，不是作为稳定范式来理解，也不牵涉模式之争。

这种增长方式，导致了中国经济社会发展的非常态，原因很多，问题也很复杂，其中最重要的因素就是权力与市场混合的集权体制，简单地说，就是政府权力较多地介入资源等生产要素的市场配置。

在中国经济社会转型和发展初期，这种体制发挥了很大的作用，带来的成功也是有目共睹的。但是，副作用也很明显。比如，显著特征之一，就是“三高一低”，即高收入、高消耗、高污染、低产出，这是难以持续的。并且，随着经济社会的深入发展和国民需求的提高，其弊端日益凸显，沉淀为下一步发展的障碍和潜在的危机。

转变增长模式的出路在于体制改革，以被称作“共和国长子”的国企为例，三个突出问题，一是“租费利”不清，比如该缴纳的资源租金和上缴的利润以及被“摊派”的社会费用不规范，缺少一个明白账；二是国家分类不明，因为营利性国企和公益性国企的职能不一样，不能一刀切进行管理；三是国家的法人治理结构没有理顺，这三个层面的问题解决不了，国企改革必然会陷入困境并将制约自身的长期发展。

改革困境不单在既得利益格局，而是既得利益者如何影响到改革决策。现在一谈到改革，大家都会提到既得利益格局，这是一个社会现实，不可回避，必须面对。

但，我们要对此深入分析。没有一个国家、没有一个社会没有既得利益集团，既得利益集团是正常现象。问题在于，既然都有既得利益集团，为什么在有的社会里改革仍能进行下去，而有些社会就很难推进呢？

透析30多年前的改革取得成功的因素，会发现有三点重要启示，即成功的改革，需要三个因素：一，决策者的改革意志要很坚定；二，改革的目标要很明确；三，动员改革的一切力量。即使是既得利益集团内部，也存在很多改革的力量。

所以，仅仅考虑把既得利益集团“打倒”，改革还是很难走出困境的，旧的既得利益集团打倒了，新的既得利益集团又会站起来，那样还会陷入困境。改革的困境不单纯在于既得利益集团，而是既得利益集团是如何影响到改革决策的，要警惕出现利益一体化的倾向。

要说改革困境，先要讲改革的难题。当前，最大的难题是处理五个关系。

第一个，劳资关系。这太需要改变了。工资上不去，怎么提高消费的比例？新劳动合同法没有得到落实，工会起的作用远远不够。这些非常重要，但又都没有做好。劳资关系不调整，问题很大。

第二个，中央和地方的关系，也包括各级政府之间的关系。至今，理论界一直没把这个问题作为重要问题提出来。如果这个关系法治化，整个经济运行的风险就会降低。地方做什么，中央做什么，定好。比如房产税，或者说财产税，一定是地方税，中央放手，收与不收，完全由地方决定。

第三个，国家和社会的关系，实际上就是该国家管的国家管，该社会办的社会办。政府管的事情，和交给社会管的事情，要分开。

第四个，要处理好公共领域和私人领域的关系。土地的使用，有私人的层面，也有公共性层面。公共性问题靠规划和用途管制来解决，不涉及狭义的产权；私人层面的事情就不要干涉。集权不要干涉，民主也不要干涉。

第五个，要建立公平正义的社会，制度制定、安排要做到公平合理，不能有特权以权代制，以权代法。

这五点，是五根难啃的骨头，也是五个方面的困境。这是改革长期的任务，脑子一定要十分清楚，并作为长期的战略任务来抓。

以解放思想和改革开放为精神资源，依靠社会建设和政府改革双轮驱动，在制度创新中不断回应来自表层和深层的双重挑战。

说改革困境，就要说改革的挑战。以广东为例，一重挑战来自表层，具体表现为经济增长方式如何从“外源型经济”向“内源型经济”的转型，如何在做大蛋糕（效率）与分好蛋糕（公平）间求平衡，尤其是如何在继续保持经济增长的同时，逐步消除城乡差别、区域差别和贫富差别；社会秩序的维护，如何从生硬粗放的社会控制，向服务取向的社会管理转变，如何有效地控制腐败。

另一重挑战则是来自深层的挑战，这种挑战根源于体制性的内在难题——一体化体系的垄断逻辑与市场竞争之间的紧张性和排斥性，这是根本性的结构性挑战。

中国在深层上面临的最大挑战在于，如何建立适应现代市场经济的法治民主和公平正义的制度框架，如何在市场、社会与政府逐步分离的状态下形成三者之间的良性互动格局，真正建立起与市场经济相适应的社会治理模式。

改革需要共识，而围绕改革的最大共识，就是“必须改革”。该判断来源于中国过去30多年改革带来的时惠，也来自历史和国际上的深刻教训。当前，对“必须”的认识有两种观点：一种观点认为中国目前“面临危机”，所以“必须改革”。另一种观点则认为，中国现在谈“必须改革”与1978年时的语境完全不同，“必须改革”是中国继续强劲发展的内在逻辑和国家动力。

面对既得利益关系失衡，达成改革共识是有困难的。那么，由此带来的问题繁多：我们过着充裕的生活，日子过得很快乐，为什么要改？改什么？怎样改？这同样需要达成共识。只有在改革中才能形成共识，越是不改革，就越是没有共识；改革共识关键看改革是符合多数人的利益，还是符合少数人的利益。只有兼顾多数人的利益时，才有可能形成改革共识。如果改革打破不了利益格局，改革就没有共识。

要想改革必须在以下几个方面下工夫：第一，改革共识的缺失是现实。为什么是现实？就是因为这些年来，有些领域的改革该做却一直没有做，有些领域的改革在操作中走形。

第二，要在打破利益格局的改革中寻找共识，为了改革共识而去寻找改革共识是做不到的。现在民众关心的，不是改革的口号，而是改革的行动，尤其是收入分配改革、公共品供给，到底是维护了哪些人的利益。

第三，改革不可能是全民共识，今天最重要的任务，是寻找符合绝大多数人利益前提下的最基本的共识。

对此，重大改革方案原则上由中央层面的改革协调机构统一决策，取代由部门和行业“自己改自己”的机制，以有效地避免部门利益、行业利益；由中央层面的改革协调机构加强中央对地方改革的统筹协调和指导，将重要的改革指标列入地方官员的政绩考核体系，建立对地方改革的评估问责机制，注重通过调整中央地方利益关系激励地方政府推进改革；实现重大改革立法先行，将重要改革目标上升为法律意志，加强改革程序性立法，更加注重通过法律手段推动改革。

提高共识价值执行目标模式

官民亲国则兴，官民疏国则败。作为为官者不要拥有了权力就把人民一脚踢开。在一个国家官与民是血肉之躯，永远不能分离的。只有永远同人民站在一起，国家才会永远立于不败之地。为政者在制定国家未来改革的目标模式，应有公开的讨论和论证的过程，找到改革的最大公约数和最小公倍数。

现在人们普遍认为，改革的裹足不前或不到位，缺乏改革的路线图，这就是缺乏改革共识的直接表现。

其实，改革就是利益的再分配，要想提高改革共识，就需要在利益的再分配问题上提高共识度，但前提是，基本的共识，基本的价值认识，基本的理性精神必须遵守，比如尊重法治，在法治的基础上有序推进改革。

因此，制定中国未来改革的目标模式，应有一个公开的讨论和论证的过程。由于各自代表的利益不同，其对改革认知的不同，大家对改革目标存在分歧，只有通过公开透明的讨论和交锋，才能消除分歧，求大同存小异，从而找到改革的最大公约数。

政府需要做的是创造增加改革共识的机制和环境，有三个前提，一是要公开举行听证会，二是要提高思维方式，形成共同的价值理念，三是渐进式改革的路径受到尊重。

当然，任何改革都不可能达成全民共识，只能是绝大多数人的共识。重塑共识，首先是决策层的共识，然后是整个社会精英的共识，最后是社会共识。共识的价值就在于执行，如果没有执行力，共识也就毫无意义。

不同的利益体，都有不同的想法，不同的诉求，想达成共识是很难的，即使是既得利益集团内部，达成共识也是很难的。纯粹的社会共识，古今中外还没有产生过。

作为执政者，是社会的领导者，要根据社会现实做出自己的判断。对改革者来说，尊重社会的声音是必须的，脱离社会当人民的“大老爷”是行不通的；盲从社会当人们的“小尾巴”是不可取的。

这些年中国社会也不是没有共识，而是共识很多时候停留在理念阶段，执行中流于口号。比如经济结构转型。可以说，经济结构调整就是共识，很多阶层都需要借此改善自己的生活质量和提高生活水平。没有产权改革，后面的问题就无从谈起。

要说改革的共识，第一个共识就是，改革要“动真格”的。第二个共识，那就是改革要循行渐进。第三个共识，改革最主要的目标，就是解决自由的问题、民主的问题、稳定的问题、平等的问题。自由、平等、民主、稳定，都非常重要，有意思的是学术界不爱讲“稳定”这个词。大家都非常喜欢罗尔斯，他讲了自由、平等、民主，但他也讲了稳定，但是，我们不爱说。不稳定，冒冒失失地做事，社会不稳对国民就是灾难。

这四个问题，要分个层次，焦点是自由，而解决自由问题的焦点是产权改革，后面的平等、民主、稳定，它主要是公共领域的事情，而自由是全局性的问题。没有自由，没有产权改革。有了这个共识，改革的操作者要下决心搞好产权改革，在此基础上考虑平等、稳定、民主的问题，后三个是公共领域的分权问题。水喝急了会呛住，走路步子快了会摔倒。改革在逻辑上要有先后主次之分。

要高度重视民族认同。作为执政者始终做到“运筹帷幄之中，决胜于千里之外”。掌控大局，有力有节，驾驭改革的风险就会大大降低。即使有风险，也会在可控的小范围内迎刃而解。

政府转型的共识也要达成。不该政府有的权，政府不能揽，该分给社会的分给社会，该分给下级政府的分给下级政府。

民富一定要优于国富，这同样应该是共识。民不富，国怎么富？还是要藏富于民。一定要让百姓衣食无忧，国家才可能创新。国在什么地方？“国力”表现在什么地方？在收税，在向民间采购。没有民富，你收什么税，你采购什么？

以法治为基础，构建法治社会的基本制度框架。进一步解放思想和改革开放，高度重视顶层设计，以法治为基础，厘清政府、市场、社会三者之间的边界、角色和功能定位，围绕“规范政府权力、壮大社会力量、回归市场本位”，逐步构建起政府、市场和社会三元结构既分化又良性互动的新格局。

以公平正义为导向，大力改善民生福祉，构建比较完善的公平社会保障体系，这既应该是理念，更应该是共识。比如，以保障和改善民生为重点，改革财政预决算制度建立保障性住房、公共医疗卫生服务、教育、养老、失业救助、抚恤等社会保障体系，完善社会保障制度。

还有一个共识是，坚持以人为本的出发点，以户籍制度改革为突破口，构建多元共有共治的社会体系。

在这里，第一个层面是，通过合理的制度安排，消除隔离性和排斥性的户籍制度产生的外来人员与当地居民冲突的群体性事件发生的诱因，构建合理共享公共服务和公共资源的制度体系。

第二个层面，是当政府推出某些具体的社会活动和具体公共事务空间之后，由作为社会个体的公民和社会组织进入社会空间，即政府向公民和社会分权。

第三个层面是培育公民社会。当政府逐步退出社会空间和具体公共事务后，政府必须引导、扶持和培育公民社会的成长，即培育公民意识、培育社会组织和培育公众参与。

还有就是加快政府职能转变，建立“小政府，大社会”，构建社会治理新格局。

在改革初期，来自民众的极大热情掀起了改革的浪潮；之后，政府主导了改革的进程，改革也因此成为国家行为。而今，改革在事实上出现了胶着状态，那么，改革的动力弱化了吗？新阶段改革的动力又在哪里？

当公众看到改革能带来利益的时候，改革自然就有了动力。如果改革仅仅停留于口号，没有具体的措施，就很难让公众看到希望；而看不到希望的改革，自然不会有动力。

所以，顶层设计的问题才会凸显出来。中共十七届五中全会明确提出“重视改革顶层设计和总体规划”。但是，应当看到，改革顶层设计和总体规划，需要中央层面强有力的改革协调机构来具体落实。

改革是充满风险的工程，但若与不改革相比，不改革的风险更大，两害相权取其轻。就像人民日报评论所说，“宁要不完美的改革，不要不改革的危机”。改革的动力成因很多，并不是很清晰。那么，动力来自哪里呢？

首先来自利益追求。这个利益不是为了一己之私利，而是公共利益，通过改革带来新的利益，一旦绝大多数人有利益，改革自然就有动力了。如果只是少数人受益，多数人的利益受损，改革自然难以进行下去。如果有的人利益受损，就要想办法弥补。

其次来自理想主义。比如执政者出于执政党的长期执政，国家的长治久安的考虑。从一个较长的时期看，理想主义带来的长期利益实际上大于短期利益之和。

因此，对利益格局的调整，是把短期利益和长期利益结合起来，现实中的改革往往是倒逼出来的。而倒逼出来的总是有副作用的。

最有利的做法是主动改革，由政府主动地、自上而下地、有计划有步骤地推进改革。基调就是将短期的改良策略和长效的体制改革策略结合起来，在治本的基础上治标，在治标的过程中推进治本。在矛盾没有激化之前事先改革消除隐患，在问题爆发之后，因势利导，顺势推动改革。

改革社会体制促进国家动力

社会是属于人民的一个大平台。社会体制改革介于经济体制改革和政治体制改革之间，承上启下，不推行社会改革，经济体制改革的成果无法保障，并且还会损伤到市场经济。

中国的改革动力还是很多的，从中央到地方，都有改革的动力。

改革就是两点，一个是往哪走，就是方向问题；一个是怎么走，就是行动问题。现在的方向是建立市场经济，那么，行动上就要服从这个方向。现实却是，有一些行为是违背这个方向的。比如说，市场经济的一个重要内容就是发展民营经济，要抓大放小；要调控这种经济格局，那么就要由银行体系的改革，来服务于民营经济。

方向确立之后，关键是怎么走，而这决定了改革的动力和阻力。以前是通过经济体制改革来引导社会动力，现在则需要通过社会体制改革来引导社会动力。

因为社会体制改革介于经济体制改革和政治体制改革之间，承上启下，不推行社会改革，经济体制改革的成果无法保障，并且还会损伤到市场经济，现在经济领域出现的一系列社会问题，如食品安全问题、药品安全问题，就是征兆。

动力就是启动。如今，真该认真想想如何进一步解放思想了。比如，对土地，现在，有的地方政府下一个通知就征用了。显然，这是很不合适的观念。另外要注意利益分配应遵循的原则，市场调节的基础性作用要保持，在市场调节的过程中，权力要做微调，凡是妨碍自由的，都要清理；凡是推动自由的，都要支持。

改革的另一个强大的动力，或者说是条条框框的突破，就是要进行产权改革。至于改革的顶层设计，那就是要通盘考虑，解决反垄断、放权、土地等问题。在此基础上，可以对政策再做微调。

在这个时候，公众、媒体的作用就会非常大，他们能做什么？那就是推动和政府之间的对话。在这方面，必须要解放思想。

至于对话的设计，比如设立咨询机构，深入民间。总之一句话，一定要交流。社会心理学上有一句话，没有交流，就会有陌生感；有了陌生感，慢慢就变成敌对。政府首先要放下身段，要深入民间，要交流，不能走马观花。

社会建设应着力构建国家、市场和社会三元结构既分化又良性互动的新格局。发现了存在的问题，才会有改革的动力。

改革开放30年，市场、社会开始从国家单元体系中逐步分化出来，但在以效率为中心的经济建设过程中，又把经济政策外推和应用到社会领域，结果是“只有经济政策而缺乏有效的社会政策”；　当务之急是践行构建公平社会。

以“社会”为例。社会主体需要更多元化地发展，需要改革社会组织管理体制；加快社会领域的立法；深化事业单位去行政化改革，目标导向是朝民间组织和非营利组织转型；培育和壮大民间社会组织、群众团体。

为此，政府要真正承担起社会建设最基本的职责：一是规则制定，作规则制定者，即社会建设法律、制度和管理体制的制定者；二是规则维护，做“裁判员”，即社会建设公平正义的维护者；三是政策引导，做“教练员”，即社会建设方向和价值的引导者，社会政策和公共服务的提供者，从而真正实现政府职能的根本转变，作小政府，从全能政府向有限政府转变；作决策型政府，从划桨向掌舵转变；作服务型政府，提供公共产品和公共服务；作法治政府，即自我限权的政府，真正实现“小政府，大社会”。

社会和国家的成熟发展完全是不断改革的结果。中国的改革向何处去？改革的下一个门槛必须迈过去。迈过去了就是光明的前途，如果迈不过去，将可能陷入人们所担心的“中等收入陷阱”，而且随着社会的激化，“低度民主陷阱”也很可能到来。显然，这是人们不愿意看到的社会现状。

那么，中国下一步改革突破口在哪里？其重点和难点是什么？突破的路径又该是什么？

面对改革发展新形势，收入分配改革方案的出台不宜再往后拖，越拖越被动。最应该、也最可能实现突破的，是收入分配体制改革，这有关社会公平，也是公众最关注的问题，各界都给予了较高的期待。

中央明确提出“调高、提低、扩中”的收入分配改革思路，但至今仍未有总体改革方案出台。面对改革发展新形势，收入分配改革方案的出台不宜再拖。改革实践表明，由于利益关系的固化，收入分配改革越拖越被动。

对此，应高度重视收入分配改革方案的制定和出台，进一步明确工作责任和时间表。同时，考虑到收入分配改革涉及财政税收、国有垄断行业、公共服务领域等多个部门，建议由国务院领导牵头，组建收入分配改革领导小组，有效地协调改革方案中的部门利益和相关事宜。

与此同时，尽快形成收入分配改革总体方案，提出改革的短期和中长期目标，具体确定改革重点任务和改革路径。政府要出台收入分配改革草案，广泛征求社会意见：这样就可以在最迟不超过本届政府任期内，出台正式的收入分配改革总体方案。

当然，收入分配改革牵一发而动全身。收入分配领域的问题，涉及多方面深层次和结构性的体制矛盾，并不是仅一个收入分配改革方案所能解决的。

比如，尽快出台财税体制改革方案；注重通过控制过高的财政收入增长速度，实行结构性减税调整收入分配格局；积极探索开征物业税、遗产税、赠与税等新税种，发挥财税体制在再分配中的杠杆作用。

没有目标就没有方向，没有方向就没有路线图，没有路线图就没有总体规划和可操作的改革方案。

中央提出“必须以更大决心和勇气全面推进各领域改革”，“更加重视改革顶层设计和总体规划”，对此，很多学者都做了诠释。借用顶层设计这个概念，表明改革再也不能仅仅“摸着石头过河”，以及改革需要战略和总体规划，也说明了“重启改革”的紧迫性。问题在于，顶层设计是什么内容，如何设计，谁来设计，为谁设计？

从理论层面上看，改革的突破口是任意的，但在实际中，要看约束条件，只要具备条件，就能找到突破口，所谓的突破口不用预先设计。现实实践中，改革突破口都是随着热点事件的出现而出现的。

劳动者生活有保障，工资也提高了，生活稳定，社会自然也稳定。最需要突破的是社会体制改革，一方面是公共品供给，比如社会保障、教育、医疗、公共住房等。这些既体现了社会发展的本质，也是为了经济机构调整服务。

长期以来，中国的经济是以出口为导向的，现在要转向内需型社会。这些基本的社会制度不建立的话，公众没法去放开消费。

就目前来看，老百姓买一套房，就成了“房奴”；生养一个孩子，就成了“孩奴”；得一场大病，就可能倾家荡产。在这样的状况下，人们怎么敢去消费呢？只有把所有的积蓄都放到银行里去。

另一方面是社会劳动收入的提高。为什么中国的科技进步慢？因为现在劳动力成本太低，资本的积累仅靠廉价的资源和劳动力就能实现，也就没有提高科技能力的压力了。提高科技的动力何在？就是要提高劳动者工资，资本迫于成本的压力，自然会去技术升级。

所以，社会改革是最重要，也最需要首先突破。在现行基本政治架构不变的情况下，还有没有改革的空间呢？一个国家把可利用的空间，基本利用够，有利于降低风险。

改革的突破点在哪里，那就是更深地推动中国的市场化；而其核心是主体的财产权，总之还是产权问题。从其他国家的经验看，一些发达国家的民主进程是从上而下的，但是，直到现在，发达社会的基层民主还远没有完成，而是一直在做。比如，英国 1999 年才恢复英格兰议会；意大利是国家民主制，基层帝国制，总理是人民一票一票选举产生的，但其他的官员是任命，后来也慢慢在不断地改革。

还有一些欧洲国家为适应时代变化也在改。可见，民主发展是个长期过程，欲速而不达。民主只是公共领域的游戏规则，不能完全覆盖全社会。必须要认识到，公民在私人领域的自由一定在逻辑上先于公共领域的民主。

现在，大家都在说改革进入了深水区，多深算深，多少算浅？所以，需要考虑的是在现行基本政治架构的情况下，还是有改革的空间的。总而言之，改革必须以人民和国家利益为最高原则。

因此，要说改革的智慧，那就是一定要有风险意识。把容易改的事情先改好改到位；把容易做的事情先做好做到位。在推进改革的过程中，应该总揽大局，步步为营，有序推进。

政府首要任务推行自由平等

任何改革都必须依靠人民，没有人民深度参与的改革是没有出路的。关于改革的突破，要把握好节奏，自由、平等、民主、稳定、发展，这五个关系要处理好。文武之道，一张一弛，要全面了解和掌握情况，保持勇气。

理想的状态是政府做三件事：一是制定规则，二是维护规则，三是政策引导，成为有限政府、决策型政府、服务型政府、法治政府。

在改革的突破上，要通过“一退、二进、三培育”，建立行政行为的秩序及落实司法的程序公平正义，这是社会进步和国家发展的路径选择。

“一退”，即政府向市场还权、向社会分权。就是政府退出对市场、社会和个人生活的过度干预，让公民、社会组织等真正成为社会建设的主体，实现社会的自我治理。

“二进”，即政府向公民和社会组织赋权，就是当政府退出具体的社会活动和具体的公共事务空间后，由公民和社会组织进入。让公民、社会组织等真正成为社会建设的主体，实现社会的自我治理。作为个体的公民，真正实现从“单位人”向“社会人”的转变；各种社会组织真正成为社会公共事务的倡导者、组织者和行动者。

“三培育”，即公民意识、社会组织和参与式决策的培育。当政府逐步退出社会空间和具体公共事务后，政府必须引导、扶持和培育公民的成长。真正保障公民的权利，培育公民的责任意识，即知情权、参与权、表达权、监督权等和公民责任；划清社会组织的权利、责任和活动边界，真正“民归民，政归政”；在公共决策，即问题认定、方案设计与评估等方面，确保参与的途径、方式等社会多元化；同时，以户籍制度改革为突破口，构建合理的共有共治的多元社会体系。

在中国经济度过了危机中最困难的年月后，外部环境的不确定性以及内部经济发展模式的不可持续性迫使中国开始在经济结构调整上“动真格”的。中国已经迈入经济体制改革的“深水区”，其成败直接关系到调结构的大计。从“保增长”到“调结构”，其中最大难点和突破点在于政府要“下决心冲破传统阻力，出台体制改革措施”。当然，中国经济发展也遇到前所未有的困难：收入差距过大、垄断行业扭曲资源配置、消费需求不足、权力缺乏监督、社会保障制度不健全。但是，困难也是改革和发展的挑战及机遇。从前都是先解决一些比较容易解决的问题，也不太容易伤及既得利益集团。改革再往前走下去，必然要对现有的利益格局进行较大的调整，难度要大得多。

几年的国企收入分红试点虽然是一次突破，但在分配面和比例上都是“毛毛雨”，国有资源收益并没有转移到老百姓手中，让全体人民受益。经济结构的调整绕不开垄断行业改革这道坎。政府过多干预市场资源配置必将导致效率低下，威胁公平竞争。金融危机时政府的救市措施固然非常重要，但是危机过后经济要恢复再平衡，市场自身的作用才是主导。要深化经济体制改革，不失时机地推进重要领域和关键环节改革。加快经济发展方式转变，既是一场攻坚战，也是一场持久战，必须坚定不移以深化改革来推动。

打破垄断的重要一环是资源要素的改革。资源要素的改革已经到了“不改不行的时候”。劳动力工资、能源价格、资金成本被人为压低，这还是一种粗放的发展方式。这个难题不解决，转变经济增长方式就是一句空话。如果现在不改革，随着经济的回升，改革的难度会更大。况且改革不一定就要提价，应当让市场发挥主导，建立有弹性的价格机制。

城乡二元制结构固化甚至加剧城乡差距，对人、财、物流动形成牵制。人们不能只从口头上关心弱势群体，而要真正让他们在教育、医疗、社会保险、住房等方面享受与城市居民相同的权利。这需要各级政府在财政体制上做出相应保障，需要国家负起责任，从机制上落实农村流动人口的基本就业权利。只局限于现在的进展，过分强调困难是为无能找借口。

其实，中国改革具有三大特点。第一，是渐进性改革，而非突变性改革，在保证社会稳定的前提下，循序渐进地推动改革。前苏联的改革是突变性改革，一夜之间私有化，苏联共产党下台，国家解体。中国这种渐进式改革有利也有弊。利是保证社会的稳定，没有动乱，改革平稳顺利；弊是改革的成本分期付出，成本太大，随着改革的深入，深层次矛盾积淀得越多，就越难以解决。第二，是执政党和政府主导型的改革，是在执政党和政府的设计、策划和推动下进行的。政府在改革的初期是改革的推动者，但改革到了“深水区”，由于触动了某些既得利益，改革就会放缓。当前倍受瞩目的政治体制改革相对滞后、久突不破就是政府主导型改革的必然结果。第三，是由浅到深、由点到面、由局部到整体的有层次的改革。

应该说，这种概括是比较符合实际的，中国改革 30 多年，进入“深水区”后方知：改到深处是结构，改到难处是体制。

2004 年开局，中央高度强调重视三农，三农问题再次被写进中央一号文件，5 年内取消农业税的消息对于中国九亿农民而言，无疑是激荡人心的春讯。农民种粮的积极性开始恢复，夏粮全面增收。农民的命运再次被关注，但是我们同时关注到，这并不意味着此前城乡二元体制造成的社会割裂正在获得修复。因为，攸关城乡二元体制变革的两个根本性障碍——城乡二元户籍制度和现行集体所有的农村土地制度——并未有任何变革的迹象。前者说到底是一种与现代文明格格不入的身份制残余，它使占全国人口绝大多数的农民迄今不能平等地、有尊严地、自由地在自己的国土上徜徉、迁徙和创业。而后者使九亿农民中的绝大部分只能被迫捆绑在那一块有限的土地上觅食。

2004 年国企产权改革大讨论，从传媒界到理论界再到决策层，其影响深远，被理论界认为不亚于当年关于真理标准问题的大讨论。显然，国有企业的命运直接影响到未来中国经济的命运，此次讨论之所以引起全社会关注，表明中国经济命运处在一个关键的转折点。其实，这样的讨论至少在十年前就开始了，只不过没有这样借助传媒的力量引发得民意汹汹而已。早在几年前就提出反对国企改革中“卖方缺位”的“看守者交易”与“界定式私有化”，强调产权改革公正与否比“激进”与否更为重要。当然，大多数的人并不反对，甚至还积极期望，使现在名义上属于全体国民所有的国有资产实实在在地明晰化，但这有个前提，就是使产权明晰的程序、方式和规则必须是公平、公正和公开的，而这正是横亘在中国国企改革之路上的一道难题。

银行改革的大手笔，便是中央痛下决心动用外汇储备为四大国有商业银行注资，同时四大国有商业银行股改提速，从建行股份挂牌到中行股份挂牌，中国的金融改革大刀阔斧，从央行九年来首次加息到人民币汇率面临升值压力，金融改革一直处在激流之中。中国改革中风险最大的领域正在破局，而中央一再强调，中国的银行改革不能失败，金融改革正在背水一战。银行改革主要指向两个方面：一方面是对国有存量金融资产明晰产权，对国有商业银行进行股份制改造，以转换其机制；另一方面是做大增量，推进民营银行的建立和发展。同时，在中国金融开放的同时，警惕金融危机的悄然来临。

不惧面对矛盾只怕推诿逃避

人类社会矛盾是在不断演绎变化的，社会矛盾可以转化为国家矛盾，国家矛盾也能转化为人类社会矛盾，一切矛盾的产生都不是孤立的。

社会基本矛盾是历史唯物主义的一个重要范畴，它对人们从总体上考察社会历史，全面地把握整个社会的基本面貌及其发展变化的基本线索，有着重要的指导意义。

生产力和生产关系的矛盾、经济基础和上层建筑的矛盾。这两对基本矛盾存在于一切社会形态之中，规定社会的性质和基本结构，贯穿于人类社会发展的始终，推动着人类社会由低级向高级发展。两对基本矛盾包含着几个要素，即生产力、生产关系、经济基础和上层建筑。它们之间相互联结、相互制约、相互作用着。生产力决定生产关系，生产关系反作用于生产力；经济基础决定上层建筑，上层建筑反作用于经济基础。这种层层决定和层层反作用的关系，构成了以生产力发展为最终动因的整个社会基本矛盾的辩证运动，体现了人类社会发展的最一般规律。

对生产力和生产关系、经济基础和上层建筑的矛盾运动的一般过程，其经典式的表述是，只有把社会关系归结于生产关系，把生产关系归结于生产力的高度，才有可靠的根据把社会形态的发展看作自然历史过程。时代虽然发生了巨变，但是，社会的基本矛盾仍然存在，尤其在社会中，基本的矛盾仍然是生产关系和生产力之间的矛盾、上层建筑和经济基础之间的矛盾。

改革开放前，发生的原因便在于对中国社会主要矛盾的错误定位。对主要矛盾的认识错误，由此制定出来的方针政策就不可能指导好工作，失败是肯定的。透过中国在把握社会主要矛盾过程中的得与失，可以得到这样一点启示，能否准确抓住主要矛盾事关事业的成败。在走过了一大段弯路后，1978 年十一届三中全会对中国社会的主要矛盾做了这样正确的论述，在社会主义初级阶段中国社会的主要矛盾是人民群众日益增长的物质文化需要同落后的社会生产力之间的矛盾。所以现阶段我们的中心任务就是要集中精力搞好经济建设，实行改革开放。这是在深刻认识了中国社会的主要矛盾之后所做出的伟大决策。

然而经济的高速发展，并没有完全化解原有的矛盾，新旧矛盾交织所暴发出的矛盾越来越突出。一夜间，中国社会似乎开始进入一个矛盾快速积累期，传媒日夜展示着各种社会矛盾与冲突。人们对这样的矛盾状况越来越困惑：持续的经济增长似乎使社会矛盾和冲突愈来愈多。由此，我们不得不反思原来的判断，不得不承认：中国社会的主要矛盾正在悄然发生的转变，必须把新的主要矛盾辨识出来。当前的主要矛盾是什么呢？应该是公众日益增长的公共品需求同公共品供给短缺低效之间的矛盾。

人们认识到物资短缺是由于政府垄断了生产和分配所造成的，因此有了放权让利，有了市场经济，有了自由竞争，有了对私有产权的包容，有了对外资的开放。而今天，经过30 多年市场化改革和经济的持续增长，缺衣少食、上无片瓦已不再是社会矛盾的主要起源，私人物品极度匮乏已不是社会主要矛盾的根本起因。虽然私人物品匮乏的现象仍然在一些区域或人群中存在，但是，可以说，私人物品极度匮乏成为社会主要矛盾的时代结束了。是市场经济、自由竞争和全球化解决了改革开放初期和中期的社会主要矛盾。

然而一个主要矛盾的结束，却催生了新的主要矛盾。30多年前所言的主要矛盾，在“端起碗吃肉”的情况下淡化了，而今天的主要矛盾，却在“放下筷子骂娘”的情况下凸显了。为什么吃饱了还要骂娘呢？也许是怨贪官太多；也许是怨司法腐败；也许是怨土地被征用；也许是怨找不到工作；也许是怨有冤无处诉；也许是怨医疗收费太高；也许是怨教育不公平；也许是怨社会不安全等，所有这些抱怨，无不是冲着公共品短缺而来。

什么是国家公共品？公共品就是花费纳税人的税款，由公共权力部门提供的、服务于社会公共利益的物品或服务。国家公园、国有道路、自然保护区等有形产品是公共品；公正的法律、政策和秩序等无形服务也是公共品。公共品供给的高效与公平，是保证社会公平发展的基础条件。只要梳理一下近年来引发舆论高度关注的种种社会矛盾，便会发现，当前主要矛盾不再是私人物品的普遍短缺，而是公共品的普遍短缺。社会上的各个阶层、各个群体，都普遍感到公共品的短缺，因此也都对公共品的主要提供者埋怨不已。

世上没有无缘无故的爱，也没有无缘无故的恨。司法不公和法律白条问题，就是合法法律权益得不到保障；买下管理权的国有资产分配问题，是公共资产没有公平地市场化；农民土地维权问题，是农民合法的土地权益得不到保障；村民委员会选举矛盾问题，是农民合法民主政治权利得不到保障；教育腐败问题，是受教育者不能公平分享到基本的公共教育资源；医疗腐败问题，是患者享受不到现代社会应有的医疗保障；住房压力问题，是社会低收入群体得不到基本住房财政资助；民营企业家抗议国资垄断权的问题，是企业家公平竞争的权利得不到保障；环保事件的出现，是民众合法的环境权益得不到保障；律师们的不满，是司法缺乏监督和判决被暗箱操纵。

将所有这些问题集中起来，可以看出今天中国的诸多矛盾，是由于法定的权利得不到保障而引发的，是公众认真要求兑现白纸黑字的法律条款得不到兑现而产生的。此外，社会普遍痛恨的官员腐败，是公共品供给问题；社会普遍批评的行政低效，是公共品问题；社会普遍关注的财政支出黑洞，是公共品问题；社会普遍质疑的官商勾结，是公共品问题；社会普遍要求推进的官员问责制，是公共品问题；社会普遍要求的有更多的民主参与权，是公共品问题。总之，可以断言：公众日益增长的公共品需求同公共品供给短缺低效之间的矛盾，已经成为当前中国社会的主要矛盾。公众需要一个高效廉洁、平等参与、公平透明的社会公共领域。

从世界范围看，立法权、司法权和行政权的分离，是一种“分工”，目的首先是为了提高各自的效率；政教分离和司法独立，也是“分工”，也是出于效率的压力；联邦制的出现和相当一部分立法权的地方化，也是为了效率，便于更迅速地回应地方的公共品需求；各种非政府组织的出现，使许多公共服务从传统的政府系统中分离了出来，这也是公共品供给领域进行“分工”的结果。从这样的角度看，我们可以有一个全新的视角：西方近代以来的社会变革，是工商业社会到来造成的公共品供求关系调整带来的变化，结果就是公共品供求领域横向纵向的“大分工”。

面对社会的复杂多变、专业性极强、数量庞大的公共品需求，传统的纵向一体化管制的供给体制完全不能适应人民正常合理的要求。权力集中起来，但却承担不了责任，以至于演化成现实中的“推责揽权”，使权力与责任严重不平衡，使公众急剧增加的公共品需求得不到满足，这便是中国当前的主要矛盾。正是这个主要矛盾，它的存在和发展规定或影响着其他矛盾的存在和发展。

这些矛盾不仅在中国有，而且其他发展中国家也有，如美国等发达国家也在所难免。这是个世界性的难题，需要人类社会共同面对并解决。

化深水为浅水化顶层为平面

改革是手段，发展才是目的。改革的根本问题是体制，不能让落后的体制成为社会进步和国家发展的“拦路虎”和“绊脚石”。2004 年的股市被人称为患了“全流通死结下的休克低迷症”。在此，约两年前，“国有股减持”风传一出，股市就暴跌至几乎崩盘，这其实是国有资产在国民心理上的“负数效应”的体现。

“深水区”是人们谈论地方政治经济文化体制改革的一个常用词。所谓“深水区”，用另一个角度而言就是“麻烦区”、“风险区”。不改革则已，一改则触动方方面面的神经，波及到一些人的利益，引起一些人的抵制干扰；对于官员而言，所谓“深水区”也往往是政治风险的代名词，一不小心，就会惹上官场是非，甚至可能会危及“乌纱帽”。因此，对“深水区”人们总是小心翼翼，左右犹豫，止步不前。诚然，与大自然大江大海有浅水区深水区一样，无论经济体制改革文化体制改革抑或是行政体制改革，都有浅层次与深层次之分。谓之浅层次，特征是，风险小一些，麻烦少一些，推进容易一些。浅层次改革之所以能顺利推进，恐怕原因也在此。不过无论以前的改革有什么成效，但有一个规律是不可逾越的，就是事物的表里易难必须有机统一，“由表及里，又由里及表；由浅而深，又由深及浅；由易及难，又由难及易；由低及高，又由高及低”。这样改革方能做到游刃有余。

但是，与深水区才能藏大鱼一样，只有推进深层次改革才能真正解决发展中的瓶颈与矛盾，促进生产力发展。那么，经济、文化、政治体制改革的“深水区”在哪里呢？从社会的满意度来说，到目前为止的改革是远远不够的。既得利益要不阻碍改革，要不改变改革的方向，要不挟持改革以图私利。因此，改革所取得的成效，远远弥补不了经济发展对这些社会领域的破坏程度。在住房领域，地方政府只有对扩张房地产市场的动力有兴趣，而对于改革的另一面，保障性住房制度，明显缺乏兴趣。但对于某些人们而言，却是大逆不道甚至视作洪水猛兽的。个中原因也不言而明：传统观念在作怪。从推动事业进步，提高工作效率而言，消除许多阻碍社会发展的层次关系的改革势在必行。

人们心目中的传统观念，就是长官意志，下级必须绝对服从上级。一旦改革了这个格局，就是大逆不道，就有可能遭遇被批评被穿小鞋，甚至被摘官帽的待遇。因此，扩权式的体制改革往往被人们视作畏途，视作“拦路虎”。

由此说到省管县。自从十七大提出试行省管县的部署以来，媒体为此曾热闹一阵子，但很快变成了静悄悄，有些地方甚至销声匿迹。分析个中原因，步入了“深水区”恐怕也是共同原因。上一级官员所持的心态是，担心权力下放，自己手中没权，显不了官场权威，更没有了往昔的权力风光。因此，对省管县之类的改革抱不合作态度，即使上头追下来，也是以所谓“深水区”需慢慢来的理由进行搪塞。可见，在“深水区”背后，折射的是对改革不热忱，对传统观念的恋恋不舍情结。没有改革，既得利益集团就会继续凭借其本能，继续以破坏社会公平的方式来求得经济的增长；没有改革，社会也会继续感到无力和无助，继续其各种具有破坏性的抗争或者暴力。

先别说中国人，人类也是习惯于“水塘泳池”游泳戏水，因为只有这样才能拿到“世界跳水冠军”、“奥运跳水冠军”，“世界游泳冠军”、“奥运游泳冠军”等金牌，因此，没有人愿意到海洋的深水区去争夺桂冠的。但是，“深水区”不能成为改革止步不前的理由，改革发展的形势迫着人们去趟“深水区”。当前，无论是加快结构调整，转变经济增长方式抑或是推进民主政治、依法治国，都迫切要求推进方方面面的改革。深化改革是国家发展强盛的必由之路。

不可改革性是国家致命弱点

改革是国家发展的生命线。改革能使一个国家长盛不衰。任何改革必须稳健、合理、有序，按规律进行。只有改革才能发展国家；只有改革才能增强国家。2010 年后，经济增速下滑让中国政府处境更加复杂。没有人确切知道减速状况会持续多久，而对经济能否重回 2009 年之前的“体面”的增长速度，政府显然也把握不足，以至于近年增长目标都下调至 7.5% 以下。多数经济学家对未来中国经济增长前途也开始表现出悲观情绪。一个有着 30 年超高速增长辉皇记录的经济体是否真的迎来低速增长时代？目前回答肯定者居多，很多经济学家常常把日本作为一个鲜明的参照。

在经历之前 20 多年超高速增长后，日本经济增长率在 1973 年出现了陡降，不仅从 9% 跌到了 4%，而且随后 40 年内，日本经济的平均增长率都没有超过 3%。当前，中国是否正在重演日本当年的一幕？不管是否认真对待，多数经济学家表现得依然很悲观。

在悲观的逐项理由当中，多数讨论其实并不具备很强的说服力。比如，日本在 1973 年经济出现“跳水”时已算是一个高收入国家，其人均收入按照购买力估计已经超过了美国的 60%。即使是东亚四小龙，在各自进入适度增长阶段时，他们的人均 GDP 按照购买力估计也已接近了美国的一半。把今天人均 GDP 只有美国 20%（同样是按照购买力估计）的中国与当年的日本相提并论，并不符合经济学的“收敛论”。也就是说，这样的判断大大低估中国经济追赶前沿国家的潜力。

即便如此，多数经济学家依然怀疑中国是否还能继续发挥其过去的优势，以实现快速追赶。他们认为不管目前增长模式是否持续，还是 20 年前体制改革创造的制度红利释放殆尽也好，当下“糟糕的模式”或“糟糕的体制”将把中国经济拖入“中等收入陷阱”。

其实，“糟糕的体制”不见得应成为另一个悲观理由。动辄拿体制说事或把所有问题归因于体制，这是一种典型的本土思维范式。即使不否认中国的经济体制演变得多么“糟糕”，但一个支撑经济高速增长30年的体制会比当年的日本和四小龙的体制更糟糕吗？经济学家应该不能回答这个，尤其是当人们对对方的体制一知半解、缺乏对他国体制切身感受时，对体制优劣的大胆评判不过感情用事而已。

对经济发展而言，重要的不是哪种体制是最佳的，而是其是否可能随着经济发展的阶段变化而变化。脱离了经济发展的阶段，谈论最佳的体制是没有意义的。从这个意义上说，改革是重要的。

从经济发展的世界经验来看，改变体制的某些方面以适应已经变化的发展阶段的改革，成功例子并不多。撇开大多数经济转型国家的失败教训不谈，那些在经济发展中没有能够在新阶段上维持增长动力的国家，大多数也是因为体制改革的不成功。而在为数不多的高增长经济体中，东亚经济之所以能够成功迈入发达经济的行列，重要之处也应归因于他们体制的可改革性。从经济发展的角度来说，有没有一个可改革的体制至关重要。

一个体制声称再优越，一旦不可改革，就不能为其长期的增长提供强有力的支持。印度、拉美如此，日本也是。可改革性比改革本身更重要，唯有体制的可改革性才能确保改革体制的成功。以印度为例，辛格政府过去这些年来充分认识到改革对印度经济增长的重要性，也出台了许多重要的改革思路与方案，包括试图建立经济特区以克服“最低工资法”的制约，但改革成效甚微，能改动的地方少之又少。印度的西方观察家们都知道，相对照东亚的体制，印度的体制有很多可圈可点的地方。可在印度的体制下，改革谈何容易。对经济持续的增长前景而言，印度体制的不可改革性是一个致命的弱点。

在东亚，尽管日本曾取得了超常的经济奇迹，但由于其体制缺乏可改革性，最终还是陷入40年的超低速增长，难以扳回失去的国际竞争力。相反，韩国之所以能从过去的成功发展成今天更大的成功，特别是在遭遇1998年亚洲金融危机重创后还能成功站到国际技术的前沿，国际学术界公认为是韩国能成功推进体制改革的结果。有意思的是，韩国在“汉江奇迹”后演变出来的体制常常被西方经济学家诟病不已，但这个体制却是可改革的，在一些关键的阶段上，可改革的体制表现出了巨大的韧性和灵活的优势。

改革因国而异不可复制和照搬，但成熟的经验是可以借鉴的。作为一位资深的保守党政治家，撒切尔夫人的政治哲学被通称为“撒切尔夫人主义”，这种政治哲学包含了有选择性的在部分领域减低公共开支、减低直接税、撤销对商业活动的管制、货币主义政策和私有化计划。另外，早在她担任首相以前，由于她高姿态地反对共产主义，而被苏联媒体戏称为“铁娘子”，这个别名至今仍常常被引用。

在对外事务上，她与美国维持了“特别关系”，并与美国总统里根结成了紧密的盟友。而在1982年的福克兰群岛战争，撒切尔夫人调遣英国皇家海军，从阿根廷手上夺回了福克兰群岛。

撒切尔夫人任首相期间，对英国的经济和文化面貌作出了既深且广的改变。她削减工会的力量，减低政府对商业活动的干预，又戏剧性地扩大自置物业，这一切的目的皆为希望建立一个企业化的社会文化。此外，她又有意为英国摆脱福利国家的色彩，而鼓励更具弹性的劳工市场，以希望能够提供更多职位和适应市场状况。但受到20世纪80年代初全球经济衰退的影响，撒切尔夫人的政策造成了很严重的失业问题，从而加速英国本土的逆工业化。故此，撒切尔夫人特别不受南韦尔斯、达拉谟郡和约克郡南部一带传统采矿地区的欢迎。在 1984 年 6 月 19 日的演讲词中，撒切尔夫人便指罢工的矿工是“内敌”，必须为自由和民主而将他们击败。

撒切尔夫人的经济政策，即是上面所提及过的“撒切尔主义”，除了是很富争议性的议题，更造成了很大的分歧。有评论员断言她使英国的经济重新恢复活力，但同时亦有人反驳她要为国内的高失业率和迅速恶化的贫富悬殊负责。不过，亦有人认为，英国虽然因撒切尔夫人的政策导致经济陷入一段艰难而混乱的时期，但这却是英国经济踏入现代化的必经阶段。可惜的是，她的保守党政府没有留意到，这些政策，却不经意地造就了英国工党在政府渐渐取得了优势。但事实上，在 1990 年撒切尔夫人下台后，不论是保守党政府还是工党政府，仍然绝大部分地沿袭她曾推行的经济改革。

在什么条件下一个体制是可改革的，而另一个体制则不可改革？在实证的政治经济学方面已有的研究暗示，利益集团的存在和游说势力的壮大，往往是政府不能出台正确经济政策和错失良机的根源。经济发展会导致社会中各种利益集团的兴起和利益的冲突，不管这个利益集团是国家巨头还是弱势群体，最可怕的是其游说势力过于强大，足以影响乃至改变政府的长期政策。几乎难以想象，墨西哥政府的有关改革政策可以免受世界首富、墨西哥电信巨头的影响，俄罗斯也是如此。

民粹主义政策之所以在拉美和欧洲流行，也多因政府囊中羞涩。一个可改革的体制需要政府的势力（或财富）大过任何一个利益集团，从而才有可能保持目标的长远和相对的中立。这是改革可以成功的条件。中国的经济转型和增长的成功在很大程度上是因为中国政府是“中性的”，不受任何一个利益集团的左右，不代表少数利益集团的利益，因此可以在关键时刻做出正确的政策选择。

中国经济正在步入新的发展阶段，改革体制中那些越来越不适应经济发展的部分，特别是涉及公共部门、收入分配、土地和户籍制度以及金融等领域十分迫切。当今的局面与之前是否大有不同？即使数量上不超过 2% 的国有资产占了全部国家资产的 40%，即使国有部门、特别是央企和金融部门的权势日益增长，中国看上去依然没有变得更像俄罗斯或墨西哥。相反，这些财富的增长极有可能增强中国政府掌控局面和推进改革的能力，这是中国经济转型和发展成功的秘籍。

当下和未来几十年，中国政府继续保持“中性”至关重要，在政治上要力图避免被利益集团绑架和俘获，换句话说，中国需要长期保持体制的可改革性，唯有如此，适应未来发展阶段升级的重大改革的成功方可期待。

一个国家要灭亡，必先亡道，亡道之后，人才就无法生存，人才无法生存，必然流失，人才流失的结果，必然是被人像猴子一样的耍，而后在疯狂中走向自我覆灭的道路，就像当年的楚国一样！

楚国有人才，但都跑到晋国去了，中国有人才，都跑到美国去了！谁说历史不再重复？事实上，历史一直在重复！只是我们都喜欢随波逐流去读洋鬼子的英语，却很少去看历史！不然怎么说历史使人明智呢？ 商鞅曾经说过：“以现观隐，以往察来！”意思是说，根据表面现象，可以透视隐藏着的目的，根据过去，可以知道将来！

第十四章 全面优化执行力 积极推进运营力

对权力主体而言，权利公平和义务均衡的缺失，意味着权力主体享有的权利大而多，履行的义务小而少，结果必然导致其权力滥用与权力腐败。对权力客体而言，权利和义务均衡的缺失，意味着权力客体享有的权利小且少，履行的义务大且多，结果必然导致其政治冷淡或政治反抗。实现社会权利与义务均衡，关键在于把权力运行置于有效的制约和监督之下，加强对权力运行的制约和监督，保证把人民赋予的权力用来为国民谋利益，而这归根结底在于改善政府的权力运行，增强执行力。

权力是各种力量关系大集合

权力是人民和国家安全的服务器。社会学认为，权力不只是一个职务，而且还可以产生某种特定事件的能力或潜力；许多心理学家视权力为人们行动和互相作用中的一个重要的基本的动机；还有人认为，权力就是一种与理解的预测行为特别有联系的动机。这些定义均没有揭示权力的真正本质。人为了更好地生存与发展，必须有效地建立各种社会关系，并充分地利用各种价值资源，这就需要人对自己的价值资源和他人的价值资源进行有效地影响和制约，这就是权力的根本目的。总之，权力的本质就是主体以威胁或惩罚的方式强制影响和制约自己或其他主体价值和资源的能力。

对于权力主体而言，“权威就是权力”，而对于权力客体而言，“权威就是服从”。政府权威的获得通常来自两个方面：一是法理权威；另一个是现实权威。所谓法理权威，通常就是指国家通过法律的明文规定并通过强制力的保障，将能把国家意志强加于权力客体的权力赋予政府。有的国家政府权力的分配采用选举制；有的国家政府权力分配则采取民主制，不管采用哪种权力分配方式，它的分配前提必须是：法律面前人人平等，社会公平，政府权力在运行过程中必须具有普遍的约束力，确保权力主体和权力客体之间权利与义务的均衡。所谓现实权威，就是指政府作为国家的权力主体，由于自身的人格魅力、品质以及能力而获得全体社会成员的认同与尊重。这种尊重通常不是建立在国家法律和暴力的基础上，而是源于权力客体对权力主体“自由自愿的尊敬”。这种权威一旦确立，对于政府职能的实现往往具有更大的现实意义。而这种权威获取的最基本要求在于政府权力具有公正性、公平性、平等性和合理性，在这里，权力主体不是作为同权力客体相异化的力量的代表，而应是权力客体的利益的忠实代表，能自觉接受权力客体的监督及建设性意见。

权位，势力，包括职责范围内的指挥或支配力量。马克斯·韦伯认为，“权力意味着在一定社会关系里哪怕是遇到反对也能贯彻自己意志的任何机会，不管这种机会是建立在什么基础之上。”帕森斯则认为，“权力是一种保证集体组织系统中各单位履行有约束力的义务的普遍化能力。”福柯认为，“权力是各种力量关系的集合。”

一般而言，权力有广义和狭义之分，广义的权力是指某种影响力和支配力，它分为社会权力和国家权力两大类。狭义的权力指国家权力，即主政阶层为了实现其利益和建立一定的统治秩序而具有的一种组织性支配力。

根据权力的本质，对权量和权力进行如下精确定义：制约权量，简称为权量：设事物的价值量为，主体对于该事物的制约权数，或决策权数，定义为主体对于该事物的制约权量。制约权力，简称为权力：设事物在单位时间所释放的价值量为 A，主体对于该事物的制约权数（或决策权数）为 BV，则把 BV×A 定义为主体对于该事物的制约权力，人类为了更好地生存与发展，必须有效地建立各种形式的社会关系，并进行各种各样的分工与合作，这些社会关系通常具体表现为相应的社会组织或社会团体（简称为集体）。人们一方面将不断地向这些集体投入一定的价值资源，另一方面将会从这些集体中获得一定的价值利益。

通常的情况下，在一般的集体中，人们所投入的价值资源并不是由所有人来共同进行支配，所产出的价值利益也不是由所有人来共同进行分配，而是由一个人（即领导者）或若干人（即领导集体）按照相应的法律、制度、规章或伦理道德，根据集体的基本意志或利益要求，对投入的价值资源或产出的价值利益进行支配。

为了充分利用集体的各种价值资源，使集体的公共价值资源能够充分代表集体的意志或集体的利益价值观，从而产生最大的价值增长率，就必须推选一些领导能力强、道德品德好、利益相关性强（股份数多）的人来支配这些公共价值资源，并赋予相应份额价值资源支配份额的资格，这种资格就是权力，由此给出权力的本质。

权力的本质就是集体赋予领导主体（领导者个人或领导团体）支配公共价值资源份额的一种资格。那些掌权者恐惧丧失权力及无权者恐惧权力的蹂躏都导致了腐败。贪婪的腐败，由欲望导致的腐败，也是由于受到诱惑或出于那些人们的喜好背离了正确的道路。褊狭的腐败是采取错误方式去敌视那些心怀恶意者。愚昧的腐败是由于无知所带来的失常。而这几种中最坏的也许是恐惧的腐败权力，展现的是力量与控制能力。而权利是有权享有相应的应该具备的利益。而权力是欲望的转化物，有着非常明显的主观意愿的表达。权力动机是产生其相应行为的主观因素，同时其也是在此过程之中能够体现出多样化的选择。如果在一个集体中，领导主体本身也投入了一部分价值资源，这就是意味着领导主体所支配的全部价值资源中有一部分属于自己的，另一部分属于集体其他成员的，这样权力可以细分为公权力与私权力。

公权力是集体赋予领导主体、领导者个人或领导团体，支配属于集体或其他成员价值资源份额的一种资格。私权力是集体赋予其成员支配属于自身价值资源份额的一种资格。

一般情况下，为了提高权力使用的效率性，许多集体成员的私权力被统一收缴，归相应的领导主体所使用。权力的客观目的在于影响和制约他人的价值来为自己的生存与发展服务，因此权力是一种客观的、间接的价值形式，它必然会反映到人的主观意识之中，这就形成了权威。当然，权威是权力的主观反映形式。

诚然，权力涉及到社会的各个领域，只要有社会存在也就有权力的存在。权力产生了，在社会和国家的配置上是否公平合理显得尤其重要。

权力配置的一般法则：集体中各成员的权力配置比例在原则上趋近于每个成员的价值投入比例。由于领导才能的不同，集体各成员对于权力的使用将会产生不同的客观失误率，集体将会赋予具有较高领导才能的人以更大的权力，以减少集体因权力使用的客观失误所产生的价值损失风险。

由于道德品质的不同，集体各成员对于权力的使用将会产生不同的主观失误率，集体将会赋予具有较高道德品质的人以更大的权力，以减少集体因权力使用的主观失误所产生的价值损失风险。

在生产力发展水平落后的社会里，大部分的价值都是低层次的，这些低层次价值通常具有较低的共享性和关联性，较高的矛盾性和独立性，这些价值资源的支配，就应该采取相对集权的方式来进行，才能具有较高的价值效率。

在社会处于较高动荡程度和较大变化情况的环境里，价值的变动性较大，各种利益矛盾比较尖锐化和复杂化，就应该采取相对集权的方式来进行支配，才能具有较高的价值效率。

集体明文规定所赋予的名誉权力与拥有的实际权力不同，领导主体由于能力、品质、资历、社会关系等的不同，其实际拥有的权力可能要大于或小于集体所赋予的名誉权力。

集体可以通过各种法律制度、管理流程、监督手段、奖惩方法和公众参与方式，逐渐稀释和弱化领导主体的实际权力，确保权力在使用过程中充分体现集体的意志或利益要求，使集体中各成员的实际权力配置比例在原则上逐渐趋近于每个成员的价值投入比例。

通过各种手段不断提高集体一般成员的基础权力，可以进一步稀释和弱化领导主体的实际权力。如提高一般集体成员的言论自由权、劳动与社会保障权、社会救助权、申诉权、生存权、人身自由权、公众表决权、监督权与公共事务参与权等。总之，这是人类社会的发展方向，也是世界前行的潮流，是任何国家无法规避而必须面对的。

维持运作人类社会才能发展

政府作为国家体系的核心，它的权力运行则又是影响社会权利公平与义务均衡的关键所在。政府权力运行是通过权力主体把政府权力作用于权力客体来实现的。这里的权力主体通常是占有或行使政府权力的官吏或公务员；权力客体是指接受政府权力作用的百姓或公民。

财富基尼系数。20世纪初意大利经济学家基尼，根据劳伦茨曲线所定义的判断收入分配公平程度的指标，提出了一个比例数值，用以定量测定收入分配差异程度。

模仿贫富差距的计算方式，可以确定权力差距的计算方式，即权力基尼系数。

权力基尼系数表示的是绿红线间面积与绿蓝线间面积之比。权力基尼系数越小，红线与绿线越接近，反应权力配置越平均；反之，权力基尼系数越大，红线与绿线越远离，反应权力向少数人集中。

权力基尼系数最大为“1”，最小等于“0”。前者表示集体成员之间的权力配置绝对不平均，即100%的权力被一个人全部占有了；而后者则表示集体成员之间的权力配置绝对平均，即人与人之间权力完全平等，没有任何差异。但这两种情况只是在理论上的绝对化形式，在实际生活中一般不会出现。对于一定社会条件下，社会的权力配置同样存在一个警戒线，即权力基尼系数同样存在一个警戒值，如果大于这一数值容易出现社会动荡。

显然，权力基尼系数越大，这个社会的集权程度就越高，民主程度就越低；权力基尼系数越小，这个社会的集权程度就越低，民主程度就越高。

权力从何而来？迄今为止主要有三种关于权力来源的学说，分别是权力神授学说体系、契约学说体系和利益集团博弈学说体系。

权力源于社会契约及其缺陷。文艺复兴前后兴起的人文主义精神、科学精神使权力来源解释的契约理论得以产生。契约学说的主要代表人物有霍布斯、洛克、孟德斯鸠、卢梭、狄德罗、马克斯·韦伯等，主要内容包括：“国家起源”、“天赋人权”、“主权在民”、“三权分立”、“程序合法”等。

“天赋人权”强调人天生就是平等的。洛克在《政府论》中指出，“极为明显，同种和同等的人们既毫无差别地生来就享有自然的一切同样的有利条件，能够运用相同的身心能力，就应该人人平等，不存在从属或受制关系。”亚当·斯密则强调：“每一个人，在他不违反正义的法律时，都应听其完全自由，让他采用自己的方法，求自己的利益，以其劳动及资本和其他任何人或其他阶层相竞争。按照自然自由的制度，君主只有三个应尽的义务：第一，保护社会，使不受其他独立社会的侵犯。第二，尽可能保护社会上各个人，使不受社会上任何其他人的侵害或压迫，这就是说，要设立严正的司法机关。第三，建设并维持某些公共事业及某些公共设施。”

主权在民的思想在启蒙思想家那里发展为系统化的理论体系，卢梭、狄德罗为典型代表。“主权在民”主要观点包括：国家权力属于人民，君主、政府官员等只是代表人民履行权力的机构。国家权力来源于平等的人按照一定程序制定的契约。政权尽管可以在家族中世代继承，由君主个人掌权，但它不是一种私人财产，而是一种公共的财产，因此决不能从人民手中剥夺。权力从根本上只属于人民，完全为人民所有。不是国家属于君主，而是君主属于国家。政府和公共权威是财产，全民集体是所有主，而君主是其用益者、代理人、受托人。契约的条件随国别而异，但是无论何处，全民有权力不顾一切反对或维持他们已订立的契约，任何力量都不能改变权力的属性。当契约已无必要时，人民恢复自然权利，享有完全自由，也可同他们所愿意的任何人以他们喜欢的方式重订新契约。

“三权分立”及“程序合法”原则是实现“主权在民”的基本原则。在资产阶级革命及后来的发展过程中，主权在民既可能导致滥用权力，也可能导致无政府主义的混乱。正是针对这两个问题，人们对主权在民契约的实施进行了深入的思考，提出了“三权分立”及“程序合法”原则。

孟德斯鸠是提出三权分立的杰出代表，他在《论法的精神》一书中明确指出，“一切有权力的人都容易滥用权力，它是万古不易的一条经验。有权力的人们使用权力一直到遇到界限的地方才休止。从事物的性质来说，要防止滥用权力，必须以权力约束权力。我们可以一种政制，不强迫任何人去作法律所不强制他做的事，也不禁止任何人去作法律所许可的事。”

在孟德斯鸠时代及其后，多数思想家认为，最好的制度是三权分立，立法权归于人民，因为在一个自由的国家里人民应自己统治自己，但由于实际操作的困难，可实行代议制，立法权归于议会和人民选出的代表，这些代表对选民负责，行政权则可归于国王或总统。司法权则应归于单独的机关。

国家是社会经济发展到一定历史阶段的产物。国家并不是生来俱有的，历史上曾经有不需要国家和不知国家为何物的时期，国家只是经济发展到一定阶段而使社会分裂为阶级时，才成为必要并因此而产生的。国家不是从外部强加给社会的某种神秘力量，既不是神意的体现，也不是权利的让渡。“国家是社会在一定发展阶段上的产物”，它表示经济利益互相冲突的阶级，不致在无谓的斗争中把自己和社会消灭，就需要有一种表面上驾于社会之上的力量，这种力量应当缓和冲突，把冲突保持在‘秩序’的范围以内；这种从社会中产生但又自居于社会之上并且日益同社会相异化的力量，就是国家。

物理力学中有两组基本概念，一是施力主体与受力客体；二是力的作用与反作用。对于原理性的东西，事例通常更具有说服力。假设某人被关在一间屋子里，一气之下，他决定用拳头解决问题。在此拳头成为直接的施力主体，门则成为直接的受力客体。用拳头砸门，通常会产生两种结果；一是力大无比，在拳头的直接作用下，门破了；另一是门结实无比，在门的反作用下，拳破血流。以上两种结果都是“拳力滥用”的结果。第一种情况表面上是施力主体——拳头征服了受力客体——门，但这只是“一次性”的胜利，随着受力客体的永久消失，拳头，作为施力主体，对于这扇门来说也失去存在的价值。就像孟德斯鸠在论述专制的意义时所说，“路易斯安纳的野蛮人为了吃到树上的果子，把树连根拔起，最终吃到果子。”二种情况表明：受力客体不是消极被动的，它会用特有的方式反作用于施力主体，压力越大，反抗力则越大，甚至使施力主体“拳破血流”。力学的基本原理在于：要使施力主体与受力客体和平共存，必须使两者保持力的平衡与平等。当然这只能是相对的平衡与平等，否则，受力客体是不会按照施力主体的意志运动的，从而必然影响施力主体利益的实现。政府权力作为一种特殊的力量，它的运行，唯有如此才能保持政府权力运行的持久性和有效性。

任何权力要保持长久，必须同时具有两方面的属性，一是权利，二是义务。否则，这种权力则只能是暂时性的。政府作为国家政权体系中的核心，是结构最严密、功能最复杂的公共权力机构，但是它的权力却是国家赋予的。国家的本质决定了政府必须‘以国家的暴力机器为护身符’，贯彻执行国家的各项法律、制度、政策以及命令，这时候，政府权力主要体现为一种行政能力，它也是国家赋予政府特有的一种权利。与此同时，政府权力还应体现义务的属性。“服务”不是义务，而只是政府实现自身权利的一种手段。服务大众、服务社会的意识不应该只是政府的良心发现，而应该是其获取权力的前提。政府的义务更多体现在以下两个方面：一方面是建立健全有效的监督体系，主动接受各方面尤其是来自权力客体的监督；另一方面是为人民提供切实可行的参政议政途径。当然以上两种义务是相辅相成的，健全有效的监督体系是人民参政、议政的重要保障；而切实可行的参政、议政又是监督体系得以贯彻执行的有力保障。

权力是一种广泛存在的社会现象，是政治学、国际关系与国际政治学的核心概念。在政治学与国际关系研究中，对“权力”得出了这样的定义：“权力”作为个人或国家的追求目标；“权力”作为影响力的度量尺度，即资源的内容与多寡；“权力”作为政治博弈的结果；“权力”作为一种宰制与被宰制关系的表述；权力在反对情况下仍能实现自己意志的能力。

关于上述定义，由于研究者研究领域各有侧重，因此不同的文献和学人，可能使用不同的定义。例如社会学、文化批判、论述研究等领域可能侧重“宰制关系”。政治哲学侧重个人、团体、国家等单位追逐的目标的探讨。国际政治学则侧重国际行为者影响力的度量。

由于权力天生的强制性和不平等性，人们常常将权力与恶相提并论。但是权力也是人类社会维持运作的必然手段。当权力作为力量的正当性失去后，往往会蜕变成赤裸裸的暴力。

阴阳学中的权利：社会是残酷的，如果没有权力、地位、财富就永远不能出人头地，永远受人欺负。因为世界没有公平只有强弱。有的人一出生就有豪车豪宅，而且是庞大家业的继承人，有的人一出生只是穷乡僻壤受寒冷受饿的孩子。自己的人生只有改变“权力、地位、财富”其中一项，才可以获得社会上的优势的生存机会。古代人相信请阴阳师按照生日在“紫冰银结印符”雕刻“瀛奤、濆塬”结印阵之后再结印册上添加“染付春秋、筌蹄胡禄、水差芥子”，这样可以助好运帮助自己获得权力、地位、财富。

权力与权利的区别；行使主体不同。权利的行使是一般主体，而权力主要是国家机关及其工作人员。处分方式不同。权利一般可以放弃和转让，而权力必须依法行使，不得放弃和转让。推定规则不同。权利的推定规则为“法无明文禁止及可为。”而权力只以明文规定为限，否则为越权。社会功能不同，权利一般体现私人利益，权力一般体现公共利益。

权力与权利的关系；相互依存。一方面，一个国家最高权力来源于其公民对自身部分权利的让渡；另一方面，权力在将自然权利确认为法定权利的过程中起决定性作用。相互作用，一方面，公民可以以权利控制权力；另一方面，法定权利的实现、救济也离不开权力。相互冲突也是权力和权利的一种现象，一方面，权力是保障权利必不可少的力量；另一方面，为了切实保护权利又必须限制权力。

社会意识约束力与权力机制

人无约束则癫狂，国无约束则毁灭。约束力是指物体受到一定场力限制的现象，不过仅由空间位置决定的力叫场力。限制物体的位置和运动条件称作物体所受的约束，实现这些约束条件的物体称为约束体，受到约束条件限制的物体叫做被约束体，约束对物体的作用力称为约束力。按着习惯，把约束体简称为约束，将被约束体简称为物体，把约束对物体的作用力称为约束力，约束力的特点：约束力的方向与物体被限制的运动方向相反，约束反力，约束对被约束物体运动的阻碍作用，也是一种力的作用，这种力叫做约束反力。注意其和约束力的不同点。

支承面的约束力：支持力与滑动摩擦力或最大静摩擦力的合力。约束力与支持力中间这个角色通常称为摩擦角。

运用这一概念处理平衡问题，即用主动力和约束力相平衡可带来很大方便。自我约束力是指自制力、自控力、自律力。自我约束力是传统文化的思想精髓，强调自我约束，立德修身，历来是古代先贤所推崇的高尚品质。主要是教育人们自觉进行自我修养，自我约束，自我监督，自我教育，自我完善，达到至善，至仁，至诚，至道，至德，至贤。

为什么强制性权力是处理人类事务中最终的约束力量，但不是最有效力量。因为真理往往掌握在少数人手中。因为人民大众在"有心人"的引导下，有时候会失去理智。所以有时候需要强制处理人类事务。如果人民大众的文化水平，及对社会的认知全面提升，大家都非常理智，那么全民公投是解决人类事务的最有效的力量。

米歇尔·福柯在《规训与惩罚》中构建了一种微观的权力运作机制并引入一个核心概念"规训性权力"。实质上，权力运作机制的运作是通过个人的意识约束力来完成的。意识约束力，是由"意识形态"技术产生的对自我行为意识进行理性化逆向规约的力量。个人被权力关系网络制约，受控于社会规范，同时个人也会受到被内化的自我知识的束缚，体现在产生的意识约束力对自我内心的监管规训，从而实现的权力基本运作。

20世纪法国后结构主义思想家和哲学家米歇尔·福柯主要的思想贡献之一就是构建了一种微观的权力观。他认为，权力是一种以网络的形式运作的力量关系，"权力以网络的形式运作在这个网上，个人不仅流动着，而且他们总是既处于服从的地位又同时运用权力。"个人作为权力关系网络中的支点，是权力运作机制的工具。在权力运作机制中，他构建了一个核心概念，即规训性权力。"规训'造就'个人。这是一种把个人既视为对象又视为操练工具的权力的特殊技术。"换言之，规训是权力完成网络流动的不可或缺的一种技术，它是通过层级监视、规范化裁决以及检查这些手段制造出"规范化"的肉体。规训的一系列程序通过精心的分类、解析、区分达到训练的功能，而在个体的意识领域中出现两种结果，一种是规范化的权力，它是规范化力量的执行效果；另一种是意识约束力，它是逆向规范力量，在意识形态中产生防范意识。意识约束力作为权力运作机制中的一个不可或缺的要素存在，某种权力结构的维系或再生产是个体"自我"的重构。

弗洛伊德的人格三重结构说把人的人格分为三个部分，即本我、自我和超我。弗洛伊德认为，"本我"与人体的各种构成性需要有关，是人的本能力量。而"超我"与米德的"客他"很相似，即对从社会中习得的"应该如何"和"必须如何"的内化。由此，可以认为这是对人格的审查以及对意识和社会的监控。"自我"起到了平衡"本我"和"超我"的作用，而这种平衡是通过意识形态中的权力机制完成的。在意识权力关系网络中，个人的意识约束力就是"自我"在"知识"的持续作用下，对"本我"意识进行"规范化"，从而产生的一种自我约束性力量。意识约束力产生于符号性知识对个人意识中的不断强化，并制约个人行为模式。

拉康认为，人最终从想象界进入符合界，主要是由符合界加之于个人，个人由想象界的"自我"变为符合界的"主体"是为了获得对自己的认同，实现"自我"的异化是不自知的过程。如同在权力关系中，权力对个人施加的一些作用力是不可确知的。福柯在《规训与惩罚》一书中提到的"圆形监狱"，被囚禁者在任何时候都无法确知自己是否正被建筑中心的"瞻望塔"中的观察者窥视。这种单向的匿名的观察体现了权力的自动化，"知识”产生于这个过程，并且铭刻在个人的自我意识之中。个人意识在不自知的监视中产生意识约束力，使“自我”具有监视控制功能，反过来约束自身的行为。“自我”异化来自符合界的建构，因而，主体行为被权力关系建构需通过个人的意识约束力来完成。

权力机制的运作过程中，人同时作为权力主体和权力对象，被权力牵制同时又牵制权力，在规训惩罚的监管下，使“本我”最终臣服于“自我”。作为权力技术的“惩罚”，它的矫正功能的发挥正是依赖于“超我”不断补充、完善、更正“自我”的认识和规约范围，从而能够更好地控制“本我”。而这个过程又是通过人的意识约束力发挥作用，最终通过外显性特征得以呈现。

意识形态概念的最初含义起源于哲学家特拉西，他提出创制一门以感觉为基础的关于精神的科学——观念学，其主要任务是探析产生观念的“成见”和“偏见”的根源，研究人的心灵、意识以及“认识的起源、界限和认识的可靠性的程度”。意识形态的一个典型特点是权力性，它的存在是为服务和维护某种权力结构。而意识形态内容和精神通常会以无意识的方式进入人们的头脑，规定了人们思考的形式与内容，实现了人们与现实对话的路径和方式。而权力在现实生活中并不是静止不变的，它是“来自于各种局部利益用符号构建了有利于他们的组织现实”。所谓意识形态权力就是指基于现实符号或刺激物的意识选择过程，以维护意识形态的某种权力结构。这个概念存在的基本假设是人的行为是由意识活动主宰的，换句话说，思想指挥肉体行动。“当你在你的公民头脑中建立起这种观念锁链时，你就能够自豪地指导他们，成为他们的主人，最坚固的帝国的不可动摇的基础就建立在大脑的软纤维组织上。”福柯所说的“观念锁链”正是引起意识形态权力运作的刺激物，决定意识形态的权力的扩张或萎缩。这种意识形态权力的作用使痛苦的记忆大于肉体痛苦本身，因而“惩罚符号”可以取代肉体刑罚，利用一种惩罚权力的符号技术，通过犯罪者的充分想象和旁观者的侧面效应内化为一种“观念的痛苦”。这时，个人意识就会为防止罪行的重演对自身行为产生一种约束力。因此，权力控制、规约的真正对象不是肉体，而是肉体之内核的灵魂。福柯认为，对肉体规训塑造将会产生一种关于个人的知识。实际上，对知识的真正接受者也不是肉体，而是支配肉体的意识。人通过知识规范的不断内化，而建构意识约束力的作用范围及强弱程度，对个人行为持续发挥着约束控制的功能。

权力效应的扩大，依赖于知识的产生与沉淀。知识伴随权力运作产生，在其内化为个人意识中的相对标准的过程，会导致两种结果。一是个人的意识“臣服”于“纪律”，产生出“顺从的臣民”。一方面人的思想被“纪律”控制，被既定的规约规范化，福柯认为“规范化”是通过制定技术与理性思考来实现的。实际上，还可以认为这种“规范化”是意识约束力产生出的限制性的前提，如同一个被制造出来的模具，从被生产出来的那刻起便具有了雕刻的尺度，并且决定了它雕刻的功能。纪律化的意识在任何非理性的意识前面封加一道不可逾越的屏障。另一方面，个人会不断补充、加强这种“纪律”，使规范更加“规范化”。知识的沉积与内化的另一个结果是，个人意识对“纪律”的叛逆。并非所有的人都会被“驯服——功利关系”产生的一些力量征服，最终叛逆的“肉体”会遭到惩罚，接受“惩罚符号”的改造，而成为“驯顺的肉体”。肉体即使被惩罚，尽管看起来“驯顺”甚至是一个没有行动自由的“失语者”，但仍可能有独立的思想，而正是由于这种独立思想的存在，才会有对权力或规范性实践给予“回应”或“抵抗”。这种叛逆意识试图摆脱规诫性权力的束缚，颠覆规范化的认同模式。在意识形态权力运作过程中，这种反抗图式成为权力关系的一部分存在下来，并对权力关系的形成发挥着不可或缺的作用。反抗图式根植于意识形态权力深处，在权力运作过程中以多元形态得以体现。因此，可以看到，意识约束力和意识形态权力是规训性权力作用结果的逆向归因，即当意识约束力这种限制性力量不能产生顺从时，反抗图式便滋生于意识形态权力的土壤之中。

“检查”是福柯规训技术的一个关键概念。福柯指出，规训权力的成功应该归功于权力运作中的特有程序即检查。但是，由于个体的差异，使个体间意识约束机能并非完全一致，因而，个人意识被“规范化”而产生的意识约束力的强度不均等，规约效果也会因此而不同。福柯同时认识到规范化力量应该是强求一律的，为了度量这种差异性，确保这种“规范化力量”的执行效果，“检查”在权力运作机制中应运而生。“检查处于使个人成为权力的后果与对象，知识的后果与对象的程序的中心位置。由于检查将层级监视与规范化裁决结合起来，就确保了重大的规训功能”。在权力运作机制中，检查程序以意识约束力为作用点，持续发挥着两方面的功能。一方面，“检查”本身具有“监视”的功能，也是权力自上而下的应用。“检查”也使人本能地产生防范意识，加固了权力的支配效应。防范意识在意识形态权力运作过程中起到了保护伞的作用，它试图扭转意识形态权力在微观运作的被动局面。另一方面，“检查”是对“合格性”、“规范性”的度量，是对个体的规范内化程度的检验，意味着与意识、行为标准量的参照对比。“检查”作为意识形态权力运作过程中的存在要素，对于意识约束力具有重要的作用。既已形成的意识约束力也具有一定的弹性，随环境、压制强度的不同显示不同的张力。“检查”从侧面加强了压制的力度，使意识约束力的弹性得到一定的控制。人作为权力关系网路中的支点，因其意识约束力在弹力范围内的伸缩变化而维持整体的网络平衡状态。因此，社会规范对个人的审查只作为个人对自我的意识约束力的考核标准的一个变量。

在权力运作机制中，个人是权力技术的操练工具同时又是它的操练对象，权力对个体行为的引导路径是个人的“意识形态权力”。主客体权力关系的互动构建了自我异化的过程。自我异化会产生一种压制性力量，即意识约束力，它对权力运作起到规约作用。换言之，意识约束力是由“意识形态”技术产生的对自我行为意识进行理性化逆向规约的力量。检查是权力运作过程的诊断机制，它将若干知识形成类型与权力行使方式联系起来。

在这个机制中，“检查”既是社会规范对个人的审查，也是个人意识对自我内心的反思，更是意识约束力对自我“本原”的一种监禁。如果说“监狱群岛”遍布整个社会机体的话，那么个人的意识约束力则形成最小的监狱单元。微观单元化的规约力量却引导现代社会的权力实践，它缔造现实，使生活规约化，同时生产知识并将权力技术运用于社会实体。正如福柯所言，“权力的行使创造了知识的对象，使它们显形，积累信息，并加以利用”，同时“知识也带来了权力”。因此，权力机制在社会中无处不在，意识约束力位于权力机制的根端发挥其功能，既生产知识又被知识制约着，在这里，社会伴随着权力无限延伸。习近平总书记在中纪委全会上强调，要加强对权力运行的制约和监督，把权力关进制度的笼子里，形成不敢腐的惩戒机制、不能腐的防范机制、不易腐败的保障机制。绝对的权力导致绝对的腐败，唯有用制度监督、规范、约束、制衡权力，才能保证权力不被滥用，保障权力发挥其应有的力量，保护权力的公平正义。对于广大领导干部而言，权力是人民赋予的，行使权力必须为人民服务、对人民负责并自觉接受人民监督，为政公允才能取信于民，秉公用权才能赢得民心，清正廉洁才能不愧于心。

“不敢腐的惩戒机制”能让官员“不敢腐”。执行纪律，案件查处要严，“老虎”、“苍蝇”一起打，既坚决查处公职人员违纪违法案件，又切实解决发生在群众身边的不正之风和腐败问题。“不能腐的防范机制”能让官员“不能腐”。“物必自腐，而后虫生”。加强反腐倡廉建设，必须首先从思想教育这个基础抓起，从加强党的纪律入手，要以三个“绝不允许”为标线，提前筑牢官员拒腐防变防线，才能保证领导为官做到位高不擅权、权重不谋私。

“不易腐的保障机制”能让官员“不易腐”。“无以规矩，不成方圆。”健全权力运行制约和监督体系，加强反腐败国家立法，加强反腐倡廉党内法规制度建设，深化腐败问题多发领域和环节的改革，确保国家机关按照法定权限和程序行使权力，在反腐倡廉建设中更具全局性、根本性和长远性。

只有坚持加强权力约束力，才能让反腐败工作更为持续深入，取得实效，确保实现为政者清廉，政府清正、政治清明。

国家运营战略定位科学布局

执行力是检验政府能力的试金石。执行力可以理解为：有效利用资源，保质保量达成目标的能力。执行力指的是贯彻战略意图，完成预定目标的操作能力。也是把国家战略、规划转化成为效益、成果的关键。执行力包含完成任务的意愿，完成任务的能力，完成任务的程度。对个人而言执行力就是办事能力；对团队而言执行力就是战斗力；对国家而言执行力就是运营能力。而衡量执行力的标准，对个人而言是按时按质按量完成自己的工作任务；对国家而言就是在预定的时间内完成国家的战略目标，其表象在于完成任务的及时性和质量，但其核心在于国家战略的定位与布局，更是国家运营的核心内容。

在管理领域，“执行”对应的英文是 “实行”，其意义主要有两种，前者与“规划”相对应，指的是对规划的实施，其前提是已经有了规划；后者指的是完成某种困难的事情或变革，它不以已有的规划为前提。学术界和实业界对“执行”的理解基本上也是如此，其差异在于侧重点和角度有所不同。

执行力就是在既定的战略和愿景的前提下，组织对内外部可利用的资源进行综合协调，制定出可行性的战略，并通过有效的执行措施从而最终实现组织目标、达成组织愿景的一种力量。

执行力是一个变量，也是一个动态，不同的执行者在执行同一件事情的时候也会得到不同的结果。执行力不但因人而异，而且还会因时而变。如果要想解决执行力的若干问题，就必须先剖析影响执行的根源，然后再找其方法，这样解决问题自然就会变得清楚些，更容易些。

影响执行力的八个根源，分别从文化、定位、规划、心态、流程、沟通、考核、协作这八个方面进行分析解读，让人们真正理解是什么影响了执行力的发展，让人们正确的理解为什么宁愿要三流的战略、一流的执行，也不要三流的执行、一流的战略。

执行力既反映了组织的整体素质，也反映出管理者的角色定位。为政者的角色不仅仅是制定策略和下达命令，更重要的是必须具备执行力。执行力的关键在于透过制度、体系、国家文化等规范引导国民的行为。管理者如何培养部属的执行力，是国家总体执行力提升的关键。如果国民每天能多花十分钟替国家想一想如何改善工作流程，如何将工作做得更好，管理者的策略自然能够彻底地执行。

执行力分为个人执行力，团队执行力和能动执行力。个人执行力是指每一单个的人把上级的命令和想法变成行动，把行动变成结果，从而保质保量完成任务的能力。个人执行力是指一个人获取结果的行动能力；领导者的个人执行力主要表现在战略决策能力；高层管理人员的个人执行力主要表现在组织管控能力；中层管理人员的个人执行力主要表现在工作指标的实现能力。

团队执行力是指一个团队把战略决策持续转化成结果的满意度、精确度、速度，它是一项系统工程，表现出来的就是整个团队的战斗力、竞争力和凝聚力。个人执行力取决于其本人是否有良好的工作方式与习惯，是否熟练掌握管人与管事的相关管理工具，是否有正确的工作思路与方法，是否具有执行力的管理风格与性格特质等。团队执行力就是将战略与决策转化为实施结果的能力。许多成功的国家也对此做出过自己的定义。通用公司前任总裁韦尔奇先生认为所谓团队执行力就是“国家奖惩制度的严格实施”。团队执行力就是“用合适的人，干合适的事”。综上所述，团队执行力就是当上级下达指令或要求后，迅速做出反应，将其贯彻或者执行下去的能力。

能动执行力是指主动积极、想方设法地实现组织目标的能力。这里面有两个关键词：一个是主动积极，另一个是想方设法。这两个词就是“能动”的具体表现。能动的主要含义就在于主动积极、自觉自愿，而非被动和强迫；想方设法，而非等待观望。能动执行力的基本构成就是：第一，源于内心的自觉自愿；第二，具有主动性和创造性；第三，高效率；第四，真正实现目标。这四个要素相互联系、相互作用、相互制约，从而形成了能动执行力的有机整体。自觉自愿是基础，实现目标是结果，主动性与创造性、高效率是途径。没有自觉自愿，就不可能主动地、创造性地、高效率地去完成任务，实现组织的目标；而仅凭自觉自愿也是无法保质保量完成任务，实现目标还必须要有主动性与创造性，要有高效率。

有了明确的目标，做事才会有方向，所以在谈执行力的时候，先要明确目标。目标可以放大，具体可将目标设定为基本目标、挑战目标和极限目标。有了方向和具体数量指标后，才能充分发挥执行者的作用。目标既是牵引力，也是驱动力。

战略不清晰执行会混乱。没有清晰的战略，是执行力大打折扣的重要原因。美国原零售业巨头凯玛特公司，起初从事低端产品销售，在遭遇零售业巨头沃尔玛的竞争打击后乱了阵脚，改为运营高端百货产品，在这一领域却又不敌国际第四大零售商塔吉特的竞争，结果凯玛特在战略上迷失了方向，从而走向失败。这一事例表明，战略不可以随便更改，不清楚自己的战略，将给国家造成巨大的损失。

指令不明确执行打折扣。高层没有清晰地将战略和目标传递给中下层，导致执行层面不了解所要执行的命令，执行起来必然会打折扣。

渠道不畅通执行有障碍。渠道不畅通包括两个方面，一是从上往下传递的渠道，问题通常出在中层管理者身上。这是由于，当高层制定的政策中涉及不利于中层的利益时，中层管理者出于本位主义考虑，而使信息传递不全或走样，结果执行在中层就遭遇障碍，打了折扣。另一种渠道是由下而上的信息反馈通道，即基层人员在执行中碰到的问题，没有及时向上反映或在中层遭遇障碍，存在的问题得不到及时处理和解决，结果不畅通的渠道影响了执行力。

人员不到位。没有合适的人做合适的事情，就会令项目无法开展。缺乏应有的人才，致使执行力打折。结构不合理。机构臃肿，组织结构不合理，分工不合作，互相扯皮推诿，导致工作效率低下。职责不清楚。每个部门、岗位的职责不清楚，领导有任务就分摊，国民没有清晰的职责范围，无从完成本职工作。

跟踪不到位。一些国家领导常说的一句话是："不管过程，只要结果。"其实这是一个错误的观点。在执行过程中遇到了问题，如果跟踪不到位，就得不到及时解决，从而导致执行力低下。

标准不统一。什么样的结果才是合格和满意的，往往缺乏相应的考核标准，使国民在执行过程中感到困惑。正确的做法应该是，将执行目标层层分解，并制定每个岗位的考核标准，使执行者有一个参照系和对照标准，不至于出现滥竽充数、蒙混过关的现象。

奖罚不分明。做多做少一个样，结果人人自求利益，工作没有积极性。

文化不务实是没有文化的表现。国家文化就是国家的个性，国家文化不能太玄虚，刻意追求华而不实的文化，不利于提高国民的执行力。

培训跟不上阻碍发展。美国有一项统计，国家每增加 1 美元的培训费投入，就会增加 3 美元的产出。所以，美国和欧洲等发达国家的国家，都十分重视国民的培训，一些国家不惜重金设立内部大学。相比之下，一些国家对国民培训不是那么重视，没有真正理解学习型组织的真谛。

国家执行力建设需要三大要素：组织管理机制、人力资源和领导力。在这其中，组织管理机制是基础，人力资源是提升，领导力是升华，需要国家根据自身发展阶段的特征予以优化完善。

重要行为是为政者的标志。要让国家具备执行力，为政者必须展现下列七大重要行为：了解国家及国民。为政者必须掌握国家营运的真实情况，主动投入，参与实际的执行面，探索关键的细节，亲临现场查看以彻底了解情况，提出关键的问题以获得深入的了解，并引导部属解决问题；而不是仅看下属呈上来的报告。提问时应采用"苏格拉底式问答"，以反复厘清，使对方领悟真理；而不应采取质问的形式。为政者也必须经常和各阶层国民互动，直接听取国民的声音。

实事求是。为政者要有务实的精神，并且确保国家内的所有对话都要展现出实事求是的精神。为政者要以务实的眼光审视国家，并和其他国家及外在现实情况作比较，以向外而非向内的角度来衡量自己的进展。

设定明确的目标及优先顺序。为政者要设法让大家把焦点集中在少数几项必须优先执行的重点上，并让每个人都能清楚掌握，以确保国家资源能够得到最有效的运用。为政者也需要化繁为简，让大家容易了解、评估并展开行动，有执行力的为政者通常都言简意赅，直陈己见，因此他们的话语常能得到国民的遵循。

后续追踪是对执行力的检验。为政者必须确保会议结束时，决定出有哪些事项需要进行、由谁执行、何时完成，并定期追踪执行进度。

论功行赏是执行力的激励机制。为政者必须根据绩效给予相对应的报酬，并有勇气对国民解释，为什么他拿到的奖励不如预期中的好。

传授经验以提升国民能力。传授经验是帮助他人提升能力最重要的一个环节，优秀的为政者会善用每一次见面的机会来传授经验。为政者应先观察国民的工作方式，再个别给予适切的指导，以此人的工作表现为实例，指出何者为优，何者需要改进、如何改进。为政者应对国民提出关键、核心、能让真相浮现的问题，促使国民思考、反省及发现，并提供协助以修正错误、提升绩效。

自知自明是执行力的一面镜子。为政者必须具备情绪韧性，才能够诚实面对自己、国家及组织的真相（及弱点），并包容国民有不同的意见，多元的观点、思想及成长背景。

沟通是前提。这里有一个概念，既原则。所谓原则，即是：目标必须是具体的；目标必须是可以衡量的；目标必须是可以达到的；目标必须和其他目标具有相关性；目标必须具有明确的截止期限。

如何才能形成能动执行力呢？我们从历史与实践中可以找到答案。毛泽东曾经说过："人是要有一点精神的"，这实际上是信仰问题。所谓信仰，是对某种主张、主义、宗教或某人极其相信和尊敬；是人对人生观、价值观和世界观等的选择和持有；是信仰者对未来美好理想的追求。信念，是指人按照自己所确信的观点、原则和理论去行动的个性倾向。信念极端的内在表现为世界观、人生观、历史观、学术观等方面的信仰，而信念极端的外在表现为坚定不移的行为志向上。也可以说，信念是对信仰的一种坚持。

事实与实验表明，人其实主要是生活在精神世界里的。一个人或一个组织有无信仰是不一样的。没有信仰的人，会失去把握自身命运的力量，其发展的可能性会小很多；没信仰的组织，会失去发展的动力，无法凝聚人心，也很难实现组织的目标。

为此，能动执行力形成的基础应是解决信仰问题。从国家来讲，就是要确立共同的愿景。有了广大国民都认可的愿景，就能够很好地激发国民为之奋斗的自觉性，从而能动地完成建设国家的各项工作任务。

坚强组织责任转机制善用人

军中有句俗语："兵熊熊一个，将熊熊一窝"。这充分说明，为官者对于提升组织执行力的作用是何等的重要。为什么国家中相类似的部门，在人员、设施等条件差不多的情况下，有的部门绩效好，而有的部门绩效就差呢？只要稍做分析就会发现：其主要原因是部门领导者的能力不同。这也充分证明了领导者的重要作用。

毛泽东指出，领导者的主要责任有两个，一是出主意，二是用为官。出主意就是想办法、做决策；用为官要从两个方面来分析：一是健全与优化组织，二是选对与用好人才。

作为领导者，决策的正确与否将直接关系到组织的生存与发展。正确的决策将带来积极的成果，错误的决策将造成严重的恶果。同时，没有正确的决策，组织的执行也将是盲目混乱的。

健全与优化组织，实际上就是人力资源的合理配置，同时也是发挥组织效率的基本措施。“支部建在连上”是人民军队早在“三湾改编”时建立起来的一项组织制度，这一制度有效地保证了部队的纯洁性与统一性，使部队的战斗力大大提升。

用人问题是任何领导者都不能不重视的问题。人用对了，事情也就做好了；人用错了，事与愿违甚至带来恶果。从组织上讲，提升执行力的要旨就在于强结构、重协调、善用人。

“工欲善其事，必先利其器”。要有效执行必须具备执行所需要的技能及机制，否则也只能是“心有余而力不足”。

国家执行力的提升同样要考虑到社会的实践、时代的需要与风险，只有让国民掌握了应对的本领，才能有效地完成各项生产任务或在市场中大显身手。

人们了解与熟悉军队，可以说是从“铁纪律”开始的。军队之所以能够成为威武之师、文明之师，与她有铁的纪律是分不开的，这也是这支部队能够保持高度集中统一，具备卓越执行力、战斗力而立于不败之地的重要原因。

“没有规矩不成方圆。”良好的纪律性是国家执行力提升的重要保证。国家要做到“有令则行，令行禁止”，关键也在于“从严治军”。

“从严治军”的主要方法，就是要抓好“三严”：一是要严在细节上，只有关注细节才能养成良好的遵章守纪习惯；二是要严在赏罚分明上，只有功是功、过是过，纪律面前人人平等，才能使纪律得到自觉的执行；三是要严在坚持上，今天紧明天松是不可能保证纪律的严肃性的。

崇尚荣誉使军队始终保持高昂的士气。高昂的士气是军队打胜仗的重要因素，所谓“夫战，勇气也”，就是这个意思。国家公民如果没有良好的精神状态，“士气低落”，这是不可能高效地完成任务的。激励是一种发挥国民积极性与创造性的有效手段，就是团队能够克服困难、勇往直前，创造佳绩的“催化剂”。

奖励是最有效的激励手段之一。解放军自成立以来就十分重视对官兵的奖励，不仅有明确规定，而且在实践中予以落实。历次修订的《中国人民解放军纪律条令》对奖励问题都做了明确规定，如“对获得三等功以上奖励的义务兵，可以提前晋衔；对获得二等功以上奖励或者 3 次三等功奖励的士官，可以增加军衔级别工资档次”等。

这些规定从制度上保证了对官兵的激励。解放军发展的事实证明，通过对官兵的奖励不仅能够激发官兵杀敌立功的荣誉感，而且能够有效地鼓舞官兵对敌斗争的士气。

当然，激励的手段多种多样，如目标激励、信任激励、鞭策激励等，只要用得好就能发挥积极的作用。国家对国民的激励不仅要在制度上做文章，更重要的是要在非物质激励的方法上下工夫，尤其是面对新国民。由于这些国民的经历与所受的教育、环境的影响不同，对他们进行激励的方法就要有所适应与创新。

国家应组织建立好正常的管理秩序和生产秩序，这是提高执行力的基础。一个国家必须首先建立好正常的管理秩序和生产秩序，把管理界面划分好，把工作职责确定好，把生产管理的流程理顺，把有利于安全生产的规章制度和长效机制建立好，把日常的管理行为和作业行为规范好。这样，国家的日常生产工作才能得以有条不紊地开展，工作效率和执行力才能得到提高。否则，整个国家的生产和管理就会显得混乱，别说工作效率低，可能连许多工作都做不好，就更谈不上执行力强的问题了。就像一团乱麻，首先要理好，接着才能加工成线，最后才能纺织成布。

国家要高度重视对国民综合素质的培养。国家要适应当今社会快速稳定发展的高要求，加强对国民心理、业务、文化等综合素质的培养，为提高全民执行力奠定素质基础。综合素质包括较强的业务技术和安全意识，工作效率的高低，工作任务完成的好坏，较强的责任心和良好的心态，较高的文化素质如工作中不可缺少的艺术语言、表达和沟通等。这些在人们的学习、工作和生活当中相互联系、相互影响，对国家执行力的影响绝对不容忽视。

为官者和国民要充分认知自己所扮演的角色和应担负的重任。每一位为官者和国民都要清楚自己到底要为国家做什么？到底要为国家负什么责？怎样才能按国家的要求去执行工作的每一个环节？每一位国民只有都明确了自己的责任和义务，下一步才能更好地制定目标，制定和落实好保证目标实现的措施，到位做实，扎实做好社会安全生产管理工作。

要树立“严、细、实”的工作作风。在国家中，有相当多的例子可以说明：平时对自己要求不严、做工粗放和工作不踏实的国民，对上级的要求、规程、规范和规章制度执行打折扣，往往出现这样或那样的差错，有时会酿成较大的事故，给国家和社会造成较大的损失。

要加强有效的沟通。沟通就是生产力，沟通是管理的灵魂，有效的沟通决定国家管理的效率。在社会的实际工作当中，加强沟通显得至关重要，如果沟通不好，则往往容易产生各种各样的不良后果，如：下级对上级的意图没有领会清，往往把事情做得不尽如人意；有时相互之间沟通不好或根本就不沟通，出点问题和差错，则往往造成相互指责、相互猜疑的后果；平时工作中，由于沟通不畅，协作不好，则往往造成工作效率低或完成工作任务较差。如果每天都是在工作中沟通，在沟通中工作，只有加强有效的沟通，才能提高全民的工作效率，也才能把各自的工作任务完成得更好。这样，也才能体现出较强的执行力。

为官者要身先士卒、率先垂范，要真正起到模范带头作用。杜邦公司的老总平时住在生产炸药的厂房顶上，把安全管理责任提到至关重要的位置，亲自抓安全，要求员工把安全措施做到位，一点都不能马虎，给员工树立了典范。

建立有效的监督和考核机制。一个国家的执行力强弱，需要有人去监督、评价和考核，通过评价考核来促进执行力的提高，形成一个良性循环。如果一个国家没有建立一套有效的监督和考核机制，没有形成闭环管理，脱节的管理就无法使执行力得到提高，光靠国民的自觉行为来提高执行力难达其效。

齐抓共管是协调发展之关键。提高国家的执行力是国家公民共同面临的问题，需要广大国民共同关心、共同思考甚至共同抓的事情，同时也需要有组织、有措施、有步骤去抓，单靠几个人或个别部门去抓难以达到全面提高的目的。“众人拾柴火焰高”，这就需要各方面齐抓共管，全面、全方位去抓去管，政府的执行力才有可能得到较大的提高。

营造团结协作、积极向上和凝聚力较强的国家文化氛围。只有自上而下，执行力都打了折扣，这也是很多国家存在的共性弊端。这就需要为官者和国民齐心协力去解决这个问题，需要在国家营造团结协作、积极向上和凝聚力较强的文化氛围，这样才能使执行力的问题得到足够重视，也才能把提高执行力当作经常化的工作来抓好抓实，国家的发展才充满希望。

通过国家文化的塑造与建立，逐步影响国民的责任感，进而提升政府的执行力。国家应依据工作目标，制定合理制度与方案，并常抓不懈，充分发挥检查、监督与激励的整体作用。

构建合理的社会工作流程，明确工作目标与分工，做到职责清晰，提供工作方式方法，建立具有适度压力的工作氛围，使得国民具有适度危机感，进而有助于提高政府的执行力。一个强有力的培训落地工具，也是有效提高国家执行力的方法。

结合国民的观念、心态和工作实际，建立行之有效的执行力培训体系，提升国民工作能力与意愿。积极深化和提升国家公民责任心，进而转化为内部工作动力，提升为政者的工作执行力。让国民积极参与提出合理化建议，积极参与基础作业标准的制定等，并了解国家愿景与战略，有助于提升为政者的执行力。政府执行力的强弱往往跟直接领导有着密切关系。国家管理人员要充分发挥执行力带头作用，建立雷厉风行的工作习惯，积极引导国民朝着正确的方向前进，确保按时、保质保量地完成各项工作目标。积极选用执行力强的人员，并通过树立标杆发挥其影响作用，促进提升国家和政府的执行力。

倡导职能化管理，让工作围绕项目来执行。通过职能化管理，将工作变成项目，将计划变成任务，将工作任务目标明确，实现任务要求落实到文字，量化成数字，分配到岗位，验收到责任人。实现项项工作有标准、人人肩上有责任，执行力才能得到真正的提升。职能化的组织方式，既减少了相关部门之间的冲突与矛盾，又优化了工作流程，并且有效降低了政府成本，提高政府的效率，达到为国家服务的效果。简化职能管理流程，减少对项目人的依赖。职能管理按“项目→任务→事件”的方式，“自上而下”地进行工作的部署，人员调动和资源分配。职能执行中所有涉及的信息将按照“事件→任务→项目”的方式，“自下而上”地进行汇总、数据化和图表展示。

借助移动端和互联网应用，搭建社交化的沟通平台，运用独创类微博的信息展现方式——活动流，实现以灵活的活动流来驱动工作执行和国家管理。让国民整合到一个沟通平台之内，有效增加国家内部国民的团队意识，形成国家的内部开放、平等、自由、敞亮的国家文化和沟通氛围。

诚然，讲执行力离不开权力。权力是执行力的保证。权力主体依靠或使用国家机器，将国家的法令及制度直接作用于权力客体。这种模式虽然也存在看似比较完善精细的监督体系，然而在实践中却只是权力主体内部的监督。这种监督在老百姓看来只是“左右手”之间的监督，实际上它也是乏力的。这种权力模式最为明显的是：权力客体是完全消极被动的，除了反抗的权利，他们没有任何其他权利可言，在他们心目中，国家的法律制度、政策、命令在更大程度上已不是他们该接受的义务，而是压在他们头上沉重的枷锁。这种权力运行模式最终也必须符合力学的基本原理，社会革命将成为权力客体反作用于权力主体的最终选择，从而实现社会权利、义务的大体平衡。专制体制下的政府也能获得“权威”，但只能是来自法理上的权威，而决非来自权力客体“自由自愿的尊敬”所形成的现实权威。

无论是权力主体、政府权力还是权力客体，它们都具有权利与义务两种属性，首先都能在自身内部维持权利公平与义务均衡；权力主体不再享有特权，在享有一定的行政权力，依靠或使用国家机器，将国家的法令、政策及制度直接作用于权力客体的同时，必须自觉接受各方面的监督；权力客体不再是消极被动的，除了自觉履行公民的义务外，同时还享有参政、议政以及监督权力主体的权利。通过实施这种权力运行模式，政府将在权力主体与权力客体之间实现有效的权利公平与义务均衡，不仅能将社会秩序控制在有效范围之内，而且势必极大地促进社会民主政治建设。这种权力运行模式中的政府将获取法理上和现实民众双重权威。

提高影响力暨提升为政实力

有时我们把解剖人类灵魂的著作称之为"伟大的书"，也就是说，在各个时空都有影响力的那些作品。

影响力是为政者的言语指令，如：命令、建议、劝告及非言语指令、榜样示范，引起被为政者作出预期反应的感召力量，它在本质上是为政者权力作用的人格表现，也即指挥和协调别人的活动中表现出的一种力量，这种人格力量对下属起到约束作用，是为政者将个人意志以各种方式施加到他人身上的能力，使下属能够按照为政者预期的方向去行动。影响力强的为政者能使国民团结起来，动员他们争取更大的成绩和获得更大的满足和幸福。

影响力对人们工作、事业、生活、家庭、婚姻等方面的重要意义和作用。

每个人都渴望拥有影响力，因为影响力是一种独特的魅力，时时刻刻影响着周围的人，并且给予对方一种神奇的力量。影响力还是一种让人乐于接受的控制力，它与权力不同，影响力不是强制性的，它发挥作用是一个微妙的过程，以一种潜意识的方式来改变他人的行为、信念和态度。影响力也是一种出色的个人能力和综合素质，是一个人在群体中价值的集中表现。你的成功取决于你对下属的影响力；如果你是教练，你只有依靠影响力才能建立一支常胜的队伍；如果你想要建立美满的家庭，你就必须要能够正面的影响你的孩子。在这一系列的过程中，你都是在用一种为别人所乐于接受的方式来改变他人的思想和行动。

在人际交往中，人与人之间不仅仅是沟通与交流，有的时候就是意志力与意志力的一种对抗，不是你影响别人，就是别人来影响你。拿破仑曾经说过："在别人的影响下生活着，就等于不属于自己，就等于被别人的意志给俘虏了，这样的人即使再优秀，也不会登上一把手的位置。"没有影响力的人只会生活在他人的阴影下，那么如何才能提高影响力呢？

影响力并不是空谈出来的，而是身体力行干出来的，同时在实际工作中可以逐步提高。人们一般首先接受的是自己所见所闻的影响力。对于大多数人而言，他们认为你值得信赖，拥有令人景仰的品格，那么，他们会认为你是他们生命中有影响力的人。他们对你的认识愈深，你的信用愈好，你的影响力也提高得愈快。有人将影响力定义为影响别人行动的能力，设计范围从一个公司，一个行业，一个国家的经济，甚至全球的经济和政治。由此可见，提高影响力更是提高自己的实力。

这种人格力量对下属起到约束作用，是为政者将个人意志以各种方式施加到他人身上的能力，使下属能够按照为政者预期的方向去行动。

影响力对组织的团结非常重要，它起着一种凝聚作用；为政者的影响力已经成为组织的力量，在某种程度上强化着政策的作用，影响到组织目标的完成；为政者为了强化自己的政策，就要强化自己的形象和影响力。从为政者自身的追求看，为政者满足于自己在群众中的影响力。为政者一旦受到群众的拥护和爱戴，就增强了他的信心，增强了他对自己作为的肯定，从而使他能够更好地投入自己的工作，就起到了激励的作用。对领导工作的大量研究表明，为政者的影响力形成受多重因素的综合制约，主要因素包括：职权的合法性、为政者的个性条件、被为政者的相关性。

一般来说，人们把为政者的影响力分为两大类，一类叫做职权影响力，另一类叫做非职权影响力。非职权影响力又分为两部分，一部分是由为政者的素质条件所形成的影响力，另一部分是由被为政者的素质条件所形成的影响力。

由为政者掌握合法职权并能合情合理地加以运用而产生的影响力，被称为职权影响力。每个为政者在一定的范围内，都掌握着由组织法规、群体规范和文化习俗所赋予的权力，这种权力归根结底是由为政者掌握的特定资源派生出来的，包括：强制性的奖惩权、物质和非物质的付酬权、资源的分配权等，它们关系着每个人的利益和工作，就会产生一定的威慑力。处于不同地位的为政者的权限大小不一，其职权影响力也就不同。

职权影响力具有单向、强制的特点，其产生和运用虽然简单、便利，但要求上级权威机构必须对为政者的合法权给予连续性的支持；为政者合情合理地运用权力，不能越过组织法规和团体规范滥用职权，并且方法要得当措施要得力，结果要积极。

这是指为政者具有优秀的品格、文化和心理修养。一般来说，它包括三个方面：领导人的政治和道德素质、专家素质和心理素质。为政者在这些方面的素养影响到了被为政者，被为政者就会效仿为政者，从而服从为政者的安排，形成为政者的影响力。

政治和道德素质：能正确地理解、执行国家的方针政策，并能实事求是地制定学校的有关政策；有事业心和成就感；尊重人，关心国民的实际利益，办事公正，以身作则。为政者的办事公正，以身作则是群众最为关注的素质。专家素质：在管理能力方面，除了应具备一般所提到的决策能力、组织指挥能力、沟通能力和创新能力以外，信息的获取和处理能力要作为一个特别的能力范畴加以关注，由这种能力所形成的影响力被称为“信息的权力”。心理素质：为政者应有较高的智力水平，思维敏捷，头脑清晰，应有主见，理智性强，意志坚定，性格开朗，豁达大度。

被为政者愿意模仿和服从为政者的意愿大小，取决于前者的价值观念、对权威、组织纪律等方面的认识、对为政者及其所倡导的组织目标的认同程度，以及由对工作环境的感受产生的满足感的大小。这些因素体现在被为政者个人身上可能是各不相同的，但也可能是相同的，如果是相同并且比较稳定的，那么实际就形成了一种组织文化，可能长期对为政者影响力发生积极的或消极的作用，在领导活动中，对与此有关的组织文化必须给予高度的关注，以便因势利导，并作为改进领导工作的一面镜子。

如果主要为政者过分突出个人影响力，忽视领导集体的影响力，就会在建立个人影响力的同时把集体的影响力削弱了，使整个领导班子的影响力没有凸显出来，甚至严重削弱了。不恰当地将领导影响力演化为人治的工具而取代制度的作用，削弱法治；或利用群众对为政者的尊重使之盲目服从，不愿意培养下属的独立判断能力和解决问题的能力。只相信单一因素对为政者影响力的作用，忽视其他因素的交叉作用。

为政者必须有控制全局的能力，不是所有的人都能接受为政者人性和能力的影响力，当有人因为不服从并做出破坏组织利益的事情时，为政者必须能够运用其权力给予指出和批评，否则就会破坏为政者的威望而使群众认为其影响力仅仅是对大多数人的影响力，并开始纷纷效仿这种不良行为，从而不利于组织的建设和发展。应将为政者的职权影响力，为政者素质所形成的人格影响力以及被为政者素质的培养三方面结合起来，才能培养起为政者的影响力，为政者在群众中的威望也才是全面而有高度的。

加强社会管理控制国家风险

控制国家风险是为政者的首要任务。风险是一个非常普遍的名词，时常见于人们生活之中，但人们对风险却未必有深刻的了解。英国著名工业安全专家，在英国科学发展学会150年会议上指出了人类对风险的无知，事实上，人们既不厌恶风险，也不热爱风险，而是对风险一无所知。我们不知道何种风险程度较高，何种较低。基于人类与生俱来的安全需求，基于风险所带来的巨大成本，人类自远古就开始了风险管理的历程。随着环境的不断变化，风险管理的内涵和外延都有了很大扩展，风险管理活动日益丰富，风险管理已成为许多国家管理活动的重点。

总会有些事情是不能控制的，风险总是存在的。作为为政者会采取各种措施减小风险事件发生的可能性，或者把可能的损失控制在一定的范围内，以避免在风险事件发生时带来的难以承担的损失。风险控制的几种基本方法是：风险回避、损失控制、风险转移和风险保留。

企业投资由业主负责，国家投资由政府负责。什么是风险控制？风险控制是指风险管理者采取各种措施和方法，消灭或减少风险事件发生的各种可能性，或者减少风险事件发生时造成的损失。

风险伴随着项目执行的整个过程，风险的出现会增加项目的费用，减缓项目的进度，并对项目的完成质量产生很大的影响，从而影响投资者的预期收益。因此，对项目风险进行分析，并探讨如何控制风险就变得非常必要。

风险控制内容包括：决策风险、项目可行性研究风险、决策体制风险、投资成本控制风险、投资体制风险、项目法人责任制风险、项目建设考核风险、项目建设后评估制度、投资前的风险控制措施、投资中的风险控制实施及风险发生后的补救措施、制定内部风险控制制度等方面。

使用已建立的各种项目数据库资料和信息资源，对项目风险进行全方位科学分析。运用定性和定量相结合的办法，真实、客观、公正、全面反映出项目所拥有的人力、技术、管理、市场、经营权等有形和无形资本优势和存在的风险程度，并制定风险管控措施和解决办法，将可能出现的风险控制在可以预防的范围，规避可能带来的经济损失。为项目业主和投资者提供出具有权威性、客观性、公正性、实用性的风险控制报告。

风险回避是投资主体有意识地放弃风险行为，完全避免特定的损失风险。简单的风险回避是一种最消极的风险处理办法，因为投资者在放弃风险行为的同时，往往也放弃了潜在的目标收益。所以一般只有在以下情况下才会采用这种方法：投资主体对风险极端厌恶。存在可实现同样目标的其他方案，其风险更低。投资主体无能力消除或转移风险。投资主体无能力承担该风险，或承担风险得不到足够的补偿。

损失控制不是放弃风险，而是制订计划和采取措施降低损失的可能性或者是减少实际损失。控制的阶段包括事前、事中和事后三个阶段。事前控制的目的主要是为了降低损失的概率，事中和事后的控制主要是为了减少实际发生的损失。

风险转移，是指通过契约，将让渡人的风险转移给受让人承担的行为。通过风险转移过程有时可大大降低经济主体的风险程度。风险转移的主要形式是合同和保险。合同转移。通过签订合同，可以将部分或全部风险转移给一个或多个其他参与者。保险转移。保险是使用最为广泛的风险转移方式。

风险保留，即风险承担。也就是说，如果损失发生，经济主体将以当时可利用的任何资金进行支付。风险保留包括无计划自留、有计划自我保险。

无计划自留，是风险损失发生后从收入中支付，即不是在损失前做出资金安排。当经济主体没有意识到风险并认为损失不会发生时，或将意识到的与风险有关的最大可能损失显著低估时，就会采用无计划保留方式承担风险。一般来说，无资金保留应当谨慎使用，因为如果实际总损失远远大于预计损失，将引起资金周转困难。

有计划自我保险，可能的损失发生前，通过做出各种资金安排以确保损失出现后能及时获得资金以补偿损失。有计划自我保险主要通过建立风险预留基金的方式来实现。

一场“赌博”在进行：如果猜对，游戏者可获 60 美元；如果猜错，什么都没有。“如果需要花费 20 美元，有谁愿意买这个机会？”伯克·罗宾逊发问。

这是在美国斯坦福大学里的一堂“风险管理与控制”课。讲台上的罗宾逊是斯坦福大学管理科学与工程顾问教授、世界级决策专家，曾是咨询界泰斗董事合伙人，在应用最尖端手段进行商业和投资决策方面拥有丰富经验。台下坐着的，是远渡重洋来到这里求学的 30 多国学员。现在，他们的大脑正进入决策的第十阶段——选择。此前，罗宾逊已用硬币说明可用“决策树”帮助实施“决策的结构化”。对硬币朝向的不确定性，大家都知道成功率为 50。而当硬币变成一枚落地时针头朝向可能存在倾向性的图钉时，谁还愿支付 20 美元买这个投资机会？赌，还是不赌？在这个瞬息万变的世界，就充满不确定性的未来作出抉择，是企业家常要面对的残酷“赌博”。罗宾逊说这不是赌博，而是一个能帮助决策者理解如何做卓越决策的游戏，“企业应奖励那些优秀决策而非优秀的结果”，即使输了游戏，教授仍号召大家给他掌声；原因是其在主观概率为 80% 情况下进入游戏，仍是一个好决策：结果产出前，要奖励好决策，只有这样才能鼓励做决策的人在合理范围内冒最大的风险。

在人类社会存在着个人风险、社会风险、国家风险等。国家风险是在国际经济活动中，由于国家的主权行为所引起的造成损失的可能性。国家风险是国家主权行为所引起的或与国家社会变动有关。在主权风险的范围内，国家作为交易的一方，通过其违约行为（例如停付外债本金或利息）直接构成风险，通过政策和法规的变动（例如调整汇率和税率等）间接构成风险，在转移风险范围内，国家不一定是交易的直接参与者，但国家的政策、法规却影响着该国内的企业或个人的交易行为。

从主要国际银行业务——国际贷款的角度看，国家风险可能以下述几种违约情况出现，给贷款银行造成损失：拒付债务；延期偿付；无力偿债，未能按期履行合同规定的义务，如向债权人送交报表以及暂时无法偿付本息等；重议利息，债务人因偿债困难要求调整原定的贷款利率；债务重组，债务人因偿债困难要求调整偿还期限；再融资，债务人要求债权人再度提供贷款；取消债务，债务人因无力偿还要求取消本息的偿付。

主权风险是主权政府或政府机构的行为给贷款方造成的风险，主权国家政府或政府机构可能出于其自身利益和考虑，拒绝履行偿付债务或拒绝承担担保的责任，从而给贷款银行造成损失。

转移风险是因东道国政府的政策或法规禁止或限制资金转移而对贷款方构成的风险，在开展国际银行业务时，由于东道国的外汇管制或资本流动管制，出现银行在东道国的存款、收入等可能无法汇出或贷款本金无法收回的情况，就是典型的转移风险。

国家风险还包括由于东道国政治因素而产生的社会变动所造成的风险，这些变动包括战争、政变、骚乱等，它们对外国的贷款人和投资人的经济利益有同样的威胁。

银行一般是通过分析一系列反映关键因素各方面的指标，并与经验数据对比，对国际业务所面临的国家风险做出估价。国家风险的指标包括三种：数量指标、比例指标、等级指标。

数量指标反映一国的经济情况，包括国民生产总值（或净值）、国民收入、财政赤字、通货膨胀率、国际收支（贸易收支、经营收支等）、国际储备、外债总额等，对不同的国家，数量指标的侧重可能不同，通常对一国的关键部门（例如石油或其他矿产）的指标也要进行分析和预测。

比例指标主要反映一国的对外清偿能力，这是分析国家风险的重要工具，包括以下几个方面比例。外债总额与国民生产总值之比。该比率反映一国长期的外债负担情况，一般的限度是 20 ～ 25%，高于这个限度说明外债负担过重。偿债比例。该比例是一国外债本息偿付额与该国当年出口收入之比，它衡量一国短期的外债偿还能力，这个指标的限度是 15 ～ 25%，超过这个限度，说明该国的偿还能力有问题。应付未付外债总额与当年出口收入之比。该指标衡量一国长期资金的流动性，一般的限度为 100%。高于这个限度说明该国的长期资金流动性差，因而风险也较高。国际储备与应付未付外债总额之比。这一指标衡量一国国际储备偿付债务的能力，一般限度为 20%，如果这项指标低于 20%，说明该国国际储备偿还外债的能力不足。国际收支逆差与国际储备之比。该指标反映以一国国际储备弥补其国际收支逆差的能力，一般限度是 150%，超过这一限度，说明风险较大。

等级指标是对一个国家政治、社会因素的综合分析。分析之后，对该国的政治与社会稳定程度作出估价，判断该国的风险等级。

数量指标、比例指标和等级指标是对国家风险的关键因素的不同方面进行衡量。要通过对三类指标进行分析和综合，通过对一个国家的历史、现状和未来的变化趋势进行分析，并通过进行国与国之间的横纵向对比，才可能客观地掌握该国的国家风险的等级和程度。

荣誉感是国家和民族的灵魂

一个没有荣誉感的国家是没有希望的国家，一个没有荣誉感的国民不会成为一名优秀的国民。荣誉和名誉是人类文明进步的重要标志。至今有许多人仍牢记着西点的《荣誉准则》：“每个学员决不说谎、欺骗或者偷窃，也决不容许其他人这样做。”西点军校赋予人的荣誉意识，让人在任何一个国家中都大受欢迎。正是荣誉感，让他们与那些没有做出什么成绩的人区别开来。在西点的教育中，荣誉教育始终处于优先的地位。西点军校将荣誉看得至高无上。在西点军校，要求每一位学员必须熟记所有的军阶、徽章、肩章、奖章的样式和区别，记住它们所代表的意义和奖励，同时还必须记住皮革等军用物资的定义、西点军校会议厅有多少盏灯，甚至校园蓄水池的蓄水量有多少升等诸如此类的内容。这样严格的训练和要求，会在无形中培养学员的荣誉感。这值得为政者所借鉴，因为一个优秀的国民是不能不对自己的工作、对自己所效力的部门有一个全面清楚的了解，甚至有一种献身精神的。

一定的社会或集团对人们履行社会义务的道德行为的肯定和褒奖，是特定人从特定组织获得的专门性和定性化的积极评价。个人因意识到这种肯定和褒奖所产生的道德情感，通称荣誉感。伦理方面使用荣辱概念：“仁则荣，不仁则辱。”荣誉是社会历史发展的范畴。不同的社会或不同的阶级对同一行为的褒贬不同甚至相反，如历史上，对体力劳动，贪图享乐者以劳动为耻，劳动者则以辛勤劳动为荣。荣誉的获得与履行道德义务密切相关，忠实履行对人民、社会、国家的义务是获得荣誉的前提。荣誉可分为个人荣誉、集体荣誉、社会荣誉，国家荣誉，国际荣誉，在社会高速发展时代，这几者从根本上来说是一致的：个人荣誉是集体荣誉的体现和组成部分，集体荣誉是社会荣誉升华，个人荣誉是国家荣誉的基础和归宿，国际荣誉是国家誉的升华。

当自己的价值关系、地位、成就与能力，隶属于更大的价值系统时，并得到这个价值系统的承认与重视时，就会产生一种荣誉感。一定社会或集团对人们履行社会义务的道德行为的肯定和褒奖，也是特定人从特定组织获得的专门性和定性化的积极评价。个人因意识到这种肯定和褒奖所产生的道德情感，通称荣誉感。

军人视荣誉为生命，任何有损军人荣誉的语言和行为都应该绝对禁止。同样，如果一个国民对自己的工作有足够的荣誉感，对自己的工作引以为荣，对自己的部门引以为荣，他必定会焕发出无比的工作热情。每一个单位都应该对自己的员工进行荣誉感的教育，每一个国民都应该唤起对自己的岗位和部门的荣誉感。可以说，荣誉感是国家的灵魂。

如果一个国民没有荣誉感，即使有千万种规章制度或要求，他也不可能会把自己的工作做到完美，他可能会对某些要求不理解，或认为是多余而觉得厌倦、麻烦。

一个团结协作、富有战斗力和进取心的国家，必定是一个有纪律有秩序的国家。同样，一个积极主动、忠诚敬业的国民，也必定是一个具有强烈纪律观念的国民。可以说，纪律，永远是忠诚、敬业、创造力和国家精神的基础。对集团而言，没有纪律，便没有了一切。

西点军校非常注重对学员进行纪律锻炼。为保障纪律锻炼的实施，西点有一整套详细的规章制度和惩罚措施。比如，如果学员违反军纪军容，校方通常惩罚他们身着军装，肩扛步枪，在校园内的一个院子内正步绕圈走，少则几个小时，多则几十个小时。关于这方面的轶事，随处可见。

据说，艾森豪威尔到西点不久，就因为他的自由散漫而赢得了“操场上的小鸡”的头衔。原因是艾森豪威尔经常不得不接受惩罚，像小鸡在田间来回走动一样在操场上来回走步，只是不如小鸡那样自由罢了。

这样的训练整整持续一年，纪律观念由此深深地根植于每个人的大脑和灵魂中。同时，随之而来的，却是每个人强烈的自尊心、自信心和责任感，这是一些让人受益终身的精神和品质。

西点军校关于纪律的严格训练，帮助人成为了一名合格的陆军指挥官。在后来为事业服务的职业生涯中，成功地把这种纪律观念灌输给每一个下属，它又帮助人获得了不凡的成功。纪律的作用和重要性，比人们通常所想象的还要重大。

当国民都具有强烈的纪律意识，在不允许妥协的地方绝不妥协，在不需要借口时绝不找任何借口时，比如质量问题，比如对工作的态度等，你会猛然发现，工作因此会有一个崭新的局面。

对国民而言，敬业、忠诚、服从、创造、协作等精神永远都比任何东西重要。这些品质不是国民与生俱来的，不会有谁是天生不找任何借口的好国民。所以，给他们进行培训和灌输显得尤为重要，就像西点不断要求着装和仪表一样，最后是要让所有的人都明白，“纪律只有一种，这就是完善而铁的纪律”。

巴顿可以说是美国历史上个性最强的四星上将，但他在纪律问题上，对上司的服从上，态度毫不含糊。他深知，军队的纪律是战斗胜利的保证，军人的服从是职业的客观要求。他认为：“纪律是保持部队战斗力的重要因素，也是士兵们发挥最大潜力的基本保障。所以，纪律应该是根深蒂固的，它甚至比战斗的激烈程度和死亡的可怕性质还要强烈。”“纪律只有一种，这就是完善的纪律。假如你不执行和维护纪律，你就是潜在的杀人犯。”巴顿如此认识纪律，如此执行纪律，并要求部属也必须如此，这是他成就事业的重要因素。

荣誉和名誉虽然相近，但荣誉与名誉相比，有自己独特的法律特征：

荣誉是社会组织给予的积极评价，而不是消极的评价；荣誉是社会组织给予的正式评价，而不是随意性的评价；荣誉是民事主体依据自己的模范行为而取得的社会组织的评价，而不是自然产生的。名誉作为一种社会评价，它的来源是公众。而荣誉不是公众的评价，它是由政府、社团、所属单位或其他组织对特定人给予的评价。名誉作为社会公众对特定人的品行、能力、才华、业绩等的综合评价，既包括对一个人的积极评价，也包括对一个人的消极评价。但是荣誉作为一种社会评价，肯定是积极的评价，即它是对一个人肯定性的、褒扬性的评价。名誉这种社会评价是社会公众进行的自由的、随意的评价，而荣誉则不同，它必须是社会组织对一个人基于其某方面突出表现或贡献而作出的正式评价。

国家的荣誉和社会的名誉对为政者和国民来说都十分重要，只有懂得珍惜它的人才能获取广泛的尊重。

第十五章 要坚定治国意志 须广纳治国智慧

要有坚定可行的治国意志，就必定会树立起长期的治国目标，有了目标，就需要执政者追求国家和人民利益的最大化，真正把国家权力关进制度的笼子里，建立政治认同机制，权力运行和制度安排都必须体现出国家的正义性，如此，这个国家才会真正兴旺发达。

坚定治国目标完善治国体系

社会发展和时代进步，这是人类世界前进的必然要求。治国方式不断补充完善的过程，实际上是一个循行改革的过程。1732 年 2 月，华盛顿生于弗吉尼亚的威特斯摩兰县的一个富有的庄园主家庭，他的祖先从英国渡海来到弗吉尼亚，创下了最初的基业。他在童年时没能去英国求学，而是在弗吉尼亚受一般的正规教育。

18 世纪，英、法两国为了争夺在北美大陆上的殖民地，进行了长达 7 年的战争。英国在战争中击败法国并取得对北美大陆的霸权以后，为填补国库空虚，加强了对北美殖民地人民的压迫和使用。华盛顿和他周围的人一样，对英国殖民地当局大失所望，开始认识到北美殖民地除了完全独立之外，别无选择。1774 年 9 月，华盛顿作为弗吉尼亚议会的代表，同北美其他 12 个殖民地议会的代表一起，在费城举行了第一届大陆会议，共同商讨反抗英国殖民统治的大计。在华盛顿等人坚决要求下，会议通过以武装抵抗作为最后手段的决议。1775 年 4 月 19 日，英军袭击莱克星顿，北美独立战争正式拉开序幕。

北美人民反英的浪潮，推动了第二届大陆会议的召开。会议决定创建一支大陆军，华盛顿被任命为大陆军总司令，他以自己的聪明才智领导了一场力量悬殊的正义战争。但是，华盛顿面对的敌人，是曾经击败过西班牙、荷兰等这些当时世界上第一流强国的大英帝国。虽有胜利，但仍没有从根本上改变美英双方力量的对比，美国弹缺粮少，供应困难，独立战争进行得十分艰苦。9 月，英军进攻大陆会议所在地费城，华盛顿率军队与敌人进行激战，但因兵力悬殊，不得不放弃费城，退守别处。当时正值冬季，士兵们吃不饱，穿不暖，常常是茅屋栖身，夜无毡毯，衣不蔽体，赤脚行军。在这样艰苦的环境下，华盛顿以惊人的自制力经受了重重挫折，同士兵们同甘共苦，从没有动摇过。在萨拉托加战役中，由于华盛顿领导的大陆军和民兵的配合作战，大败英军。萨拉托加大捷成为独立战争的转折点。法国宣布承认美国，并与美国联合起来向英作战。此后，美、法两国军队及民兵相互配合，又打败了约克镇的英军，至此，英军已无力再战，独立战争胜利结束。1783 年 9 月，英美签订《巴黎和约》，正式承认美国独立。

1787年，华盛顿主持宪法会议，制定了世界上第一部资产阶层宪法。1789年3月华盛顿当选美国历史上第一任总统，1792年，华盛顿再次当选美国总统，而且是以全票当选。连任两届总统后，华盛顿于1796年11月发表了著名的《告别书》，离开了政治舞台，回到了弗农山庄。

美国《独立宣言》由托马斯·杰弗逊起草，1776年7月4日经大陆会议专门委员会修改后通过，并由大陆会议主席约翰·汉考克签字生效。《独立宣言》开宗明义地阐明，一切人生而平等，具有追求幸福与自由的天赋权利；淋漓尽致地历数了英国殖民主义者在美洲大陆犯下的罪行；最后庄严宣告美利坚合众国脱离英国而独立。《独立宣言》是具有世界历史意义的伟大文献。通过《独立宣言》的这一天也成为美国人民永远纪念的节日，定为美国独立日。

美国首任总统华盛顿在上任之初，国家尚无一个完善的中央政府，国内财政形势恶化，债台高筑，政局动荡不稳。然而八年后他引退时，美国的政治、经济形势都已大为好转。美国人民称赞华盛顿“在和平建设的政绩上是独一无二的”。华盛顿成功的秘诀何在？这在很大程度上取决于他的治国之道。华盛顿有坚定的治国目标。鉴于美国刚刚建国百废待兴， 华盛顿希望在其任内为美国造就一个和平安定的环境，以加快资本主义经济的发展。因此，他对内力求达到全国“万众一心，团结在一个有效率的政府之下”；对外则采取有利于美国的中立政策。华盛顿满怀信心地认为：“有二十年的和平时间，随着我们预期的人口和资源的增长，再加上我们远离冲突国家的有利地理位置，到时我们完全能应付地球上任何强国的挑战。挑选政府官员的标准是任人唯贤。华盛顿在组织政府时明确表示：“我决不会把那种与政府信义背道而驰的人带入政府机构。这样做无疑是政治自杀。”当他宠爱的侄子布西罗特·华盛顿要求出任弗古尼亚州地方法官时，遭到他的拒绝。他说：“在任命工作中，必须格外小心谨慎，并以行动证明我的言行是一致的。”

在美国数十位历任总统中，华盛顿和林肯是受后人崇敬的两位最伟大的总统。然而，两人造就自己历史英名的行为模式，却不尽相同。林肯依靠“有所为”而成就英名。这个西部农民的儿子，通过自我奋斗，成为国家总统。在总统的职位上，以百折不挠的英雄气概，带领美国人民完成了维护国家统一，解放黑人奴隶的伟业。在他的葛底斯堡演说中对建立“民有、民治、民享”政府的呼唤深处，蕴含着一种“明知难以为之而为之”的宗教殉难者般的情感。在美国首都华盛顿特区的林肯纪念馆里，人们会看到一个瘦长直板的身躯，写照出林肯一生奋斗的艰辛，会看到一双穿透力极强的眼睛，显现出林肯超人的智慧和意志。华盛顿的历史英名造就，主要靠的却是他一贯的“有所不为”，不恋权，不恋栈。作为手握兵权的总司令，华盛顿在美国赢得独立战争后，率先解甲归田，不谋政事。作为共和国首届总统，而且是美国历史上第一个也是最后一个全票当选的总统，华盛顿在当权之前，踌躇再三。在当权之际，屡屡表示去意。最后以一席告别词，断然止绝任何劝留之声，树立了美国总统任期不超过两届的先例。

华盛顿深有感触地说过：“没有上帝和圣经，根本就不可能把国家治理好。”美国是当今世界上最发达的资本主义国家，也是世界强国之一。作为一个新兴的国家，美国虽然经历了坎坷曲折的历史发展，最终却赢得了一种十分民主和自由的政治体制。众所周知，美国早期是一个移民国家，又是在被英国统治的基础上独立的，因此可以说，美国艰难曲折的历史发展也影响了其在政治上的发展。

独立战争的成功让美国拥有了国家主权，也使美国建立了一种新的政治体制。1787年，美国人民在费城推举了华盛顿为总统。后来为了防止中央权力的过分集中，华盛顿采取了政治家孟德斯鸠的均权政治学说，设立了三种权力，即立法权、行政权和司法权，这三种权力相互协调又互相约束，依存共治而发展，还具有很强的严密性和严格性。今天，倘若奥巴马总统想要从国库里拿取一分钱装进自己腰包里也无从伸手。

1860年，由于美国在政治经济上一些弱点的显现和暴露，美国内战爆发。美国北方政府在1865年取得了胜利，实现了美国内部的统一，并且废除了奴隶制度，这标志着美国的又一大进步。紧接着美国开始了工业化发展。内战结束之后，美国进入了一个相对成熟的阶段，美国由农业化国家发展成为工业化国家，政治制度也逐步完善。因此可以说，美国内战其实也是美国政治成熟和完善的发展过程。

纵观历史，为什么美国能够将三权分立的政治体制和原则贯彻得如此民主和合理呢？其实这与美国的历史背景有着重大的关系：

首先，美国是一个移民国家，而且没有属于自己国家的历史传统，这决定了美国能够兼容和接受其他国家的优秀文化。博众家之长往往意味着没有传统观念，这样就不会被一些传统观念束缚，在宪法的制定过程中也不会受到传统势力的干涉，因此，美国宪法和三权分立的实行可以说是畅通无阻。

其次，美国也是一个非常注重法制的国家。美国很早就被英国实行殖民统治，因此也很早就意识到了英国法制的优点，意识到了司法机构在治国中的重要作用，因此也比较容易接受这种法治思想。

美国拥有一个英明的领袖华盛顿。作为美国独立战争期间的一个伟大领袖，华盛顿带领人民赢得了美国独立战争的胜利，开国开得好。并且，华盛顿在夺得了军权之后并没有利用这种权力干涉美国国会，而是解散了军队。试想，一旦华盛顿当时用手中的军权控制美国，也许美国现在的政治之道将会是另一番景象。因此三权分立看似简单，但是，华盛顿作为一个国家的开创者，做到了他人很难做到的一点，实行民主的政策，不惜牺牲个人权力和利益，还国于民，还政于民，还权于民。华盛顿的这种做法为后来的美国人民开创了一个良好的局面，为后期美国三权分立制度的不断完善提供了一个坚实的基础。从这一点可以看出华盛顿个人在美国政治发展史上的影响力与日俱增。

美国这种三权分立的民主政治虽然十分符合美国国情，也给美国带来了巨大的进步，但是也存在着资本主义固有的一些弊端和缺点。比如，这种三权分立制度坚决排斥道德在政治中起到的巨大作用，可以说这是资本主义较为“冷血”的表现之一；其次，分权是建立在个人对个人的战争之上的，没有切实地考虑到广大民众的利益；再次，这种资本主义的分权制度在财产权的问题上没有很好的突破。财产权是宪政的一个主要方面，同时也是其最大的弱点所在。

美国政治的发展时间其实并不漫长，只有短短200多年，但其三权分立的政治思想和体制却给美国人民带来了民主，使美国人民受益无穷。美国的政治不仅具有美国特色，也影响了其他一些国家。纵观历史，美国的这种政治体制是最符合美国资本主义发展要求的一个相对民主的政治体制，但是其中的弊端和缺点也在所难免。

把国家权力关进制度笼子里

经济兴国，教育强国。美国的经济体系兼有资本主义和混合经济的特征。在这个体系内，国家和私营机构做主要的微观经济决策，政府在国内经济生活中的角色较为次要；在发达国家中，美国的社会福利网相对较小，政府对商业的管制也低于其他发达国家。

美国最大的贸易伙伴是毗邻的加拿大，中国、墨西哥、日本紧随其后，每天大约有价值高达 11 亿美元的产品流经美加的国界。美国被认为是世界上最大也是最重要的经济体。美国经济高度发达，全球多个国家的货币与美元挂钩，而美国的证券市场和债券被认为是世界经济的晴雨表。

在美国，教育管理是州或地方政府的责任，而非联邦政府。不过，联邦政府教育部可以通过控制教育基金来施加一定程度的影响。学生有法定义务在学校接受从幼儿园到 12 年级的教育；即小学五年、初中三年，高中四年。学校分公立、私立两种，大部分是公立学校，实行免费义务教育制。

没有永久的皇帝，只有永久的国家。美国立法提案权的范围比较狭窄，只有国会两院的议员才有提出法律议案的权力，政府没有立法提案权。由于美国总统可以在“国情咨文”、“财政咨文”中向国会提出立法方面的建议，另外政府还可以通过执政党议员向国会提出法律草案，因此在美国，政府没有立法提案权的规定只不过是形式上的限制。

法律议案的讨论。议会对列入议事日程的法律议案进行审议，一般要经过三读。三读也起源于英国，一读是宣读法律议案的名称或内容提要，决定这一法案应否送交议会有关委员会进行审查；二读是宣读法律议案的全部内容，并在议员中开展辩论；三读通常是进行文字修改和付诸表决，对于政府提出的法律议案，议会如进行修改，一般要事先取得政府的同意。对于议员个人提出的法律议案，如果内容比较重要，开二读会时，通常要由政府的代表向议会表明政府对这一法案的态度。内容分别送交各专门委员会审查，由各专门委员会决定某项法案是否成立。经审查成立的法案，由委员会向所在议院提出审查结果的报告。所以美国实际上已经省去了召开一读会的程序。现在有的国家也仿效美国的做法，取消了宣读法案名称或内容提要这一程序。

议会财政监督权以外的监督政府的权力，主要有信任投票权。在实行议会内阁制的国家，内阁必须取得议会的信任才能继续行使权力。1958 年《法国宪法》规定：“国民议会得通过一项不信任案追究政府的责任”，“当国民议会通过不信任案，或者当它不同意政府的施政纲领或总政策声明时，总理必须向共和国总统提出政府辞职”。《日本国宪法》规定：“内阁在众议院通过不信任案或信任案遭到否决时，倘于 10 日以内不解散众议院，即须总辞职。”

美国参议院常设委员会最多时达 74 个，众议院最多时达 61 个。根据日本 1947 年《国会法》的规定，参众两院各计 16 个常设委员会。法国国民议会和参议院各设 6 个常设委员会。

美国国会的常设委员会有独立的经费和众多的工作人员，工作范围又极为广泛，因此这些常设委员会在国会工作中起着十分重要的作用。按照美国众议院议事规则的要求，一切法案，除少数由特定的委员会研究外，都必须先送交有关常设委员会审议，常设委员会有权决定是否将该法案提交众议院全院会议讨论。这一程序通常称为“委员会阶段”。美国众议院每年都要收到大量的法案，被常设委员会搁置或否决的约占 9/10，能提交众议院全院会议讨论的仅占 1/10 左右。实际上议院全体会议的活动仅限于批准或否决常设委员会提出的议案。因此，有人把美国国会常设委员会称为“小型立法机关”和“行动中的国会”。

1689 年英国《权利法案》正式确认了议员在议会内演说及辩论的自由，以及议员在议会内的投票，在议院外不受任何法院或其他机关之弹劾或质问。《美国宪法》也规定，参议员和众议员不得因在各自议院发表的演说或辩论而在任何其他地方受到质问。后来世界各国宪法或议会组织法，大多数都仿效英、美，作了类似的规定。如《日本国宪法》规定：“两议院之议员，在议院内所有演说、讨论或表决，院外不得追问其责任。”1958 年《法国宪法》也规定：“任何议员均不得因履行职务时发表的意见或所投的票而被追诉、搜查、逮捕、拘禁或者审判。”

在英国等级会议时期，议员只是某个等级的代表，他们的报酬和旅费，由领主、贵族或选区的选民负担，而不由国库支付。后来由于议员的职业化，于是就产生了由国库支付议员薪俸和旅费的要求。现在英国上院议员除大法官和法官贵族以外，都不给固定报酬；下院议员从 1911 年起开始实行年薪制度，除已兼政府有薪金职务的议员以外，一般议员每年都可领取一定数额的年薪。美国则从 1787 年起就实行议员领取报酬的制度，宪法规定，参议员与众议员得接受应由法律规定并由合众国国库中支付的服务的报酬。

在实行代议制的国家，议员一般都不必承担接受本选区选民监督的义务，因为从 1791 年法国制定第一部宪法起，就确立了“选区不得给予议员以任何委托”的原则，此项原则至今仍为许多国家所确认。《德意志联邦共和国基本法》明确规定，联邦议院的议员“是全体人民的代表，不受（选民）委托和指示的约束，只服从自己的良心。”1958 年《法国宪法》也规定：对议员的“任何强制委托概属无效”，“议会议员的投票是属于个人的”。

美国宪法的主要内容是建立联邦制的国家，各州拥有较大的自主权，包括立法权；实行三权分立的政治体制，立法、行政、司法三部门鼎立，并相互制约。宪法规定，行政权属于总统，国家元首和政府首脑职权集中于总统一人，总统兼任武装部队总司令，总统不对国会负责，而对国家和人民负责。总统的行政命令与法律有同等效力。

美国国会为最高立法机构，由美国参议院和美国众议院联合组成。国会的主要职权有：立法权、行政监督权、条约及官员任命的审批权（参议院）和宪法修改权。对总统、副总统的复选权等。两院议员由各州选民直接选举产生。参议员每州 2 名，共 100 名，任期 6 年，每两年改选 1/3。众议员按各州的人口比例分配名额选出，共 435 名，任期两年，期满全部改选。两院议员均可连任，任期不限。参众议员均系专职，不得兼任政府职务。

此外，国会可通过不需要总统签署的决议案，它们无法律作用。国会对总统、副总统及官员有弹劾权，提出弹劾之权属于众议院，审判弹劾之权属于参议院。美国设联邦最高法院、联邦法院、州法院及一些特别法院。联邦最高法院由首席大法官和 8 名大法官组成，终身任职。联邦最高法院有权宣布联邦和各州的任何法律无效。

遏制军事竞争武装冲突挑战

国防是美国强大及扩张的工具。国防是国家安全及强大的根本保证。维护国际利益首先从本国利益出发。根据五角大楼2005年3月公布的《国防战略》，美国军方认为美国目前面临四个方面的威胁：一是非正规威胁，即非国家或国家组织在对抗更为强大的国家机器时采用的非常规手段，包括恐怖主义、叛乱、内战等；二是灾难性威胁，即恐怖分子或所谓“流氓国家”秘密购买、拥有或使用大规模杀伤性武器或企图获得效果类似于大规模杀伤性武器的手段；三是传统性威胁，即合法拥有先进军事手段和强大军事力量的其他国家在长期军事竞争或冲突中给美国造成的挑战；四是破坏性威胁，即发展、拥有和使用尖端技术的竞争者在某些领域可能赶超美国。基于上述几方面的威胁，国防部长拉姆斯菲尔德提出了美国军事战略要解决的四个“核心问题”。

要帮助“垮台国家”战胜国际恐怖主义威胁，一是从美国的利益出发维护国际秩序，为此美国可能要有选择地进行武装干涉；二是要保卫本土安全，包括对恐怖组织实施先发制人的打击，为防止本土遭受袭击，美国要准备在全世界范围内打击恐怖分子；三是要影响世界主要大国的战略选择，并确定为达到这一目标所需要的兵力和军种；四是要防止大规模杀伤性武器的扩散，解决这一问题可能要发动战争，推翻别国政权。

美国一些军事学者指出，为解决这些问题，美国军队将朝三个方向转变：进一步发展一支高科技、带有试验性质的打击力量；建立一支人员密集型的警察部队；打造一支用于推翻别国政权的小型化高机动精锐部队。

强大的军事力量奠定了美国世界霸主地位的基石。美国的军事实力已达到了历史的顶峰，美国海军目前的兵力已经超过了世界其他国家海军兵力的总和，美国空军的先进飞机也被部署在世界各地。美军具备了战略投送能力，可将士兵迅速空运到世界任何热点地区展开作战，美军现役的近千架空中加油机维持着美国的战略空运能力，同时也扩大了美国空军及海军航空兵作战飞机的作战半径，使美军获得了全球作战能力。美军还通过指挥、通讯、侦察系统（简称C3I）等相关技术的不断进步，确保美军比以往任何时期都能更有效地进行全球快速部署，迅速投入作战。

美军已在战略和战役指挥层次实现了自动化指挥，美军的指挥中心可随意控制战场上任何一个士兵，以及战区上空的各种作战飞机。利用各种卫星的支持，可为战场上各个作战单元提供通信和导航，还能为指挥中心提供对战场的实时侦察。虽然目前美军的自动化指挥已具备相当高的水平，但是美军仍在继续建设一体化信息——侦察指挥系统，力求将包括每个士兵在内的所有作战单元全部整合在该系统内。这一构想被美军命名为“网络中心战”。通过将C3I系统逐步升级为C4I（指挥、控制、通信、计算机和情报，简称C4I），美军可在战斗中大量使用包括制导炮弹、导弹、航空炸弹等各型精确制导武器，这就需要卫星提供定位导航，大量使用预警机以发现地面和空中目标，以及进行无线电技术侦察和电子战。所有航空器将具备全天候使用精确制导武器的作战能力。无人机也将得到更广泛的运用，从连续飞行几天执行战略侦察任务的无人侦察机，到直接可以通过手控起飞的小型无人侦察机，都可为指挥人员提供各种层次的战场实时侦察信息。不久的将来，无人攻击机也会出现在战场上。然而，这一切靠的是天文数字般的巨额军费投入，目前美国每年的军费开支已达到世界其他国家军费开支的总和。而如今金融危机愈演愈烈，美国政府已是处处捉襟见肘，陷入了巧妇难为无米之炊的窘境。在缺钱的严峻形势下，天价军费打造的美军仍按以往的轨道运转。

战略转型的困局。美军积极谋求从 C3I 向 C4I 转型，力求通过信息技术优势实现兵力的最优化配置，使现有作战能力得到倍增，而达成这些目标的前提是美军的全球快速部署，但目前来看还面临一系列问题，其中美军战略机动与战术机动能力之间的矛盾和不匹配，以及作战单元缺乏稳定性，成为困扰美军将领的心头大患。被太平洋和大西洋环绕的独特地理环境，成了美国抵御敌国入侵的天然屏障，但也使美军的全球部署面临距离遥远的问题。目前与美国利益息息相关的全球热点地区大都分布在亚洲，而且相对这些热点地区美国本土恰好处在地球的背面。这样的地理布局使得美国在大规模军事力量投送以及兵力展开上需要花费大量的时间和财力。目前美国陆军一个重型师（坦克师或机械化师）一般编制员额 16000 人、250 辆“艾布拉姆斯”坦克、大量的“布雷德利”步兵战车、50 辆自行反坦克导弹车和自行防空导弹车、36 辆坦克架桥车、12 辆自行火箭炮车、54 门自行火炮、50 架武装直升飞机、100 台卡车、千余台各种辅助车辆。整个重装师每天需要近千吨燃料、弹药、粮食等各种补给品。目前美国载重能力最大的 C-5 型运输机一次只能运送两辆“艾布拉姆斯”坦克或 6 架直升飞机。而稍小的 C-17 型运输机一次只能运送一辆坦克或 4 架直升机。美军装备数量最多、最任劳任怨的 C-130 型运输机一次只能容纳 1 架直升机，大型的地面装备却无法运载。重装师的其他大型地面装备，如坦克架桥车、自行火炮、多管火箭炮系统根本无法进行空运，只能通过海运部署。即便如此，美军的空运能力还受到大型运输机的数量制约，目前美军 C-5 型运输机仅仅装备了 80 多架。有限的运力还要保障空降兵以及美军的其他日常需求，而且战时运输机编队飞入战区还有可能因敌方地面防空火力和空军的打击而遭受损失，进而使空运能力并未降低。

虽然重型地面装备可以通过海运来投送，而且费用要比空运便宜近一倍，但是海运耗时却比空运要长得多。世界近 100 年来虽然科技不断进步，但是海运船只的航速却始终没有超过 40 公里 / 小时。虽然海运的容量比飞机大很多，但是要将一个整装满员的重装师从美国本土运往亚洲需要一个多月的时间。这对于现代战争而言是不能容忍的，因此为解决这一快速部署的难题，美军近期着手组建了新型陆军建制——“斯特莱特”旅，编有 3600 名官兵、12 门牵引式火炮，以及这一新型编制的核心装备——308 辆“斯特莱特”轮式装甲车，普通运输机一次可运载 4 ～ 5 辆该型作战车辆。

新型“斯特莱特”旅凭借“斯特莱特”轮式装甲车，可使美军的战略机动能力和战术机动能力达成平衡，成为美军应对恐怖威胁的重要快速部署力量。“斯特莱特”轮式装甲车比履带式装甲车辆速度更快，行驶时安静的低噪音性能，成为美国打击恐怖主义武装分子的“沉默杀手”。虽然“斯特赖特”旅在应对反恐战争时比较得心应手，但是“斯特赖特”轮式装甲车脆弱的装甲防护以及薄弱的火力，难以对付国家正规军队装甲部队的冲击，甚至在伊拉克和阿富汗战场，“斯特赖特”旅在遭遇拥有反坦克武器的穆斯林武装分子时，也难以招架如雨如蝗的PRG火力打击。此外“斯特赖特”旅编制简单，只具备“象征性”的防空战力，使其在面对空中反坦克火力打击时会束手无策，这会大大降低“斯特赖特”旅的作战运用范围。只有在夺取战区制空权后，能为地面部队提供充足的空中火力支持时，且在强大的地面装甲力量的保护下，“斯特赖特”旅才能伺机出动，问题是重装兵力在4天之内却无法随同“斯特赖特”旅一起部署到战区。这样一来又回到了问题的起点，本是为提高战略机动性而组建的“斯特赖特”旅，由于缺乏可靠性，又使得美国为平衡战略和战术机动性的努力最终还在磨合之中。

难以摆脱自加危机意识局面

挑起战争是为了获取更多额外的利益。在这种情况下，如果美国在近东地区遭遇战争，而且交战国拥有较强的作战实力，如装备大量低科技含量装备的前伊拉克武装，那么在交战前，美国就得想方设法争取1个月的时间来集结兵力，但是大规模的兵力调动很难瞒过对手的侦察。在对手得知美国意图后会采取反制措施，如袭击美国兵力集结的港口和机场，攻击尚未完全到达并展开的美军部队，在战争初期美国会因为该地区空军力量薄弱而陷入完全被动之中。

除了上述问题外，一个老生常谈的问题还要再次被涉及，那就是随着武器技术越来越复杂，性能越来越先进，美军的武器采购价格也越来越高昂，导致武器采购数量越来越少。美军网络中心战的理论就是要将所有作战平台整合到一起，包括美军现役的老旧坦克、作战飞机、舰艇、直升机、步兵战车以及步兵，通过1+1不等于2的组合方式使所有作战平台的整体作战能力得到指数级的提升。但是，构成基本作战单元的各种技术装备的数量，却因采购价格的不断上涨而在逐渐减少，这又会危及美军的整体作战能力。

从20世纪90年代初到现在，美国军方已有近20年没有为陆军采购新型坦克了，而且这一时期美国陆军的装甲车辆数目为1万辆左右。同样的问题也困扰着美国空军，目前美国空军现役飞机的平均服役年限已经超过了20年，其中主要担负空战任务的F-15型战斗机已基本到达了服役寿命的极限，不断发生的空难令美国空军一度将其停飞。在美国空军高低搭配的战机编制中，处于低端的F-16战斗机虽然后期不断进行现代化改装，但由于最初设计时“先天性”空战能力不足，也无法充当空优型主力战斗机。五角大楼开始采购第五代战斗机F-22，但由于价格过于昂贵，仅仅采购了183架（目前已交付2/3），而最初五角大楼计划采购750架，目前的采购数量仅及原计划的1/4，根本难以达到启动F-22研制计划的初衷。一旦美国同拥有较强军事实力的国家爆发战争，不会是以往那样的非对称作战（如伊拉克战争），战斗机在激烈的战场上会成为消耗品。同样的，美军当初研制B-2战略轰炸机时计划采购132架，而目前仅装备了21架，只及计划采购数量的1/6。此类问题也令美国海军不胜其扰，原本建造29艘“海狼”核潜艇的计划最后被削减到了3艘；原本建造32艘的DD-21驱逐舰计划，如今也被砍到了2艘。二次世界大战的历史已表明，海军作战的主力——驱逐舰和战斗机一样，也是战争消耗品，很难想象未来区区 2 艘驱逐舰投入战争会是怎样的结果。美国海军目前正在实施的 CG(X) 计划，由于设计中的巡洋舰造价已高不可攀，也令美国军方对该计划变得犹豫不决。

导致上述结果的原因只有一个：五角大楼已无力采购更多这类“天价”武器了。而过于昂贵的武器经不住战争的消耗，复杂的工艺也难以迅速大量生产，这将使美国在战争中陷于被动地位。

国防部是美国武装部队的最高领导机关。军种部是各军种的最高行政领导机关，负责本军种的人事与行政管理、部队组建、战备训练、兵役动员、武器装备研制与采购以及后勤保障等。美国国防部当前体系由国防部长办公厅、参谋长联席会议、3 个军种部、10 个联合作战司令部、国防部所属 16 个局和 6 个专业机构组成。它的中心是五角大楼。国防部的领导是美国国防部部长。

根据美国宪法，总统兼任武装部队总司令，是全军的最高统帅。总统通过国防部的陆、海、空三个军种部对全军实施行政领导。美国 1947 年的《国家安全法》决定成立国家军事部，但因其地位等同于军种部，起不了统管全军的作用。1949 年的《国家安全法》修正案，以国防部取代国家军事部，并规定其为政府一级部，三个军种部降为其下属部门，才从而确立了国防部对全军的统管地位。

美国国防部现在的组织是按照美国国会 1986 年通过的戈德华特 - 尼科尔斯国防部重构法设立。按照这个法案，军事命令是从美国总统通过美国国防部长直接到美国地区将军。美国参谋长联席会议有责任管理美国武器和军人，也当总统的军事顾问，但是他们没有命令权。

1947 年 9 月，美国第 33 任总统杜鲁门建立的国防部开始在此办公。从此，五角大楼便成了美国国防部的代称。楼里除国防部机关外，还包括下属的参谋长联席会议和陆、海、空军三总部。

美国国防部部长是美国国防部的领导官员，处理有关军事方面的事务。国防部部长的角色是担任总统的主要国防政策顾问，并负责规划一般国防政策和与国防部相关的其他政策、执行获得认可的政策。国防部部长和总统共同组成国家指挥当局，具有发动战略性核子武器的专有权限。所有的核子武器都在“两人规则”的管理下。在核子武器发动前，必须同时获得国防部部长和总统的同意。

美国不断膨胀的军费开支存在深层次的社会原因。由于美国是高度民主化的社会，因此美国一旦依赖合同兵役制进行高强度的战争（这里指高伤亡的战争），只能存在两种结果。一种是像第二次世界大战那样，由于战争是正义的且符合美国利益，因而战争的必要性得到全国上下的广泛认同。而情况若是相反，则美国只能通过巨额的军费开支来维持战争（这时，即使是流氓也会为了高额佣金而从军服役）。美国如今居高不下的军费开支，其中相当一部分用于研发能降低战场伤亡的高科技武器，这种建军思路将美国军队引入了歧途。

目前国际金融海啸已经席卷全球，布什政府为奥巴马留下了巨额的财政赤字，债务包袱将会伴随着奥巴马的执政道路，大幅削减高额军费开支已是美国政府的当务之急。改变布什政府过去强硬的单边政策，制定切实有效的国家战略，也已摆在奥巴马面前。至少现任美国总统应该承认：世界上还有很多国家，美国不应过多加以排挤，正如 20 国领导人齐聚美国商讨全球金融海啸的对策那样，国际事务只有在多边协商的机制下才能有效应对。在高速全球化的今日世界，美国已无法再像过去那样凭借自身强大的影响力单独主宰国际事务了。

布什政府执政8年来为奥巴马留下了一盘快要输掉的死棋，棋局的不利已令奥巴马没有更多的选择。奥巴马执政期间会将绝大部分时间和精力用于拯救美国经济，稳定健康的经济才是维持美国军事实力的根基。

美国未来有可能会和俄罗斯继续合作，以削减双方的战略核武库。通过建立互信核查机制相互监督削减核武库的进程。美国也可能会和其他有核国家展开合作，共同削减核武器。如果奥巴马愿意对美国目前的核政策进行变革，那将具有革命性意义。

美国政府在欧洲积极推动的弹道导弹防御系统计划，不但在军事上毫无意义，而且也损害了欧洲与俄罗斯以及欧洲与美国的关系。未来的白宫及美国国会可能会终止这项计划，即使白宫不同意中止，美国国会也可能在财政拨款的审批上设置障碍。

美国依然在花费大量资金研制能够低战场伤亡的武器，但是可以断言：无论科技如何进步，美国在和任何国家和组织进行战争时，都无法避免伤亡。即使在某场战役中可以做到零伤亡，但是整个战争期间的伤亡却是无法预期的。为了这种不可能达到的目的而投入大量财力进行近似无用功的武器研发，显得得不偿失。这一现状及其引发的问题是未来美军建设必须逾越的障碍。

在打赢一场常规战争的同时，将更多的资源用于保卫美国领土和打击恐怖主义。主动应对任何可能威胁，“先发制人”。在美国看来，谁有威胁美国的能力，美国就要防范谁，并将其遏制在萌芽状态，不让他对美国构成威胁，甚至跨过边界“先发制人”地进行军事打击。

2013年10月2日美国宣布，陆军最终敲定了四款联合多功能武装直升机技术验证机(JMR-TD)的设计投标提案。JMR是美国国防部未来垂直起降飞行器(FVL)计划的前期项目，该计划旨在打造一款新型垂直起降飞机系统，其中包括轻型、中型、重型及超重型武装直升机，以淘汰老化的直升机机队。JMR-TD在第一阶段所面临的挑战是为FVL计划建立基线技术。这四家公司需在第一阶段是为JMR-TD后期阶段做准备，一旦入选，他们就要准备好完成建和且试飞，以达到新型垂直起降机的各项要求。

军队官员强调JMR-TD既不是建立FVL的原型，也不是为它选备胎。相反，重点是要将垂直起降机成熟化，这样军队才能更加明智地作出选择。

在发展空中武器的同时，还在精心打造一流的新型航母。特别是CVN78福特级，满载排水量100000吨。导弹：2座雷声公司的垂直发射系统（VLS），改进型“北约海麻雀”（NATO Sea Sparrow）舰空导弹；2座MK49“拉姆”舰空导弹发射装置。75架以上飞机：F-35C、F/A-18E/F、E/A-18G、E-2D、MH-60R/S、J-UCAS。CVN-78计划将在2007年时起造，并且在2014年时开始服役以取代届时舰龄将超过50岁的企业号（CVN-65）。

美国投入大量财力全面提升陆海空武器装备，充分显示美国军政一直生活在慌恐不安的危机之中，无法过着正常国家的正常日子。

国防是国家兴旺发达的保证

英国国防部为国防执行机构，既是政府行政部门，又是军事最高司令部。英国是北约集团的创始国和主要成员国，拥有独立的核力量。国防部申明它的主要目标是保卫英国及其利益，并加强国际和平和稳定。随着苏联的解体和冷战的结束，国防部不再把任何短期常规军事威胁，而把大规模杀伤性武器、国际恐怖主义和失败国家当作对英国利益的首要威胁。国防部也管理武装力量的日常运作、意外事件预案和国防采购。

在20世纪20年代到30年代期间，英国公务员和政治家，回顾英国在第一次世界大战期间的表现，推断在组成英国武装力量的三个军种——英国陆军、皇家海军和皇家空军之间有必要进行更大的协作。虽然组建一个联合的国防部在1921年被首相戴维·劳合·乔治联合政府拒绝，但出于军种间协作目的的参谋长委员会在1923年被组建。因为在20世纪30年代重整军备成为忧虑，斯坦利·鲍德温创设了国防协作大臣一职。查特菲尔德勋爵担任此职直到内维尔·张伯伦政府在1940年倒台；他的成功被他缺少对现有军队部门的控制和他的有限的政治影响所限制。

温斯顿·丘吉尔在1940年组建他的政府时创设了国防大臣办公室，以行使对参谋长委员会的控制并协调国防事务。此职由首相担任，直到克莱门特·艾德礼政府在1946年提出国防部法案。新的国防部由拥有内阁席位的国防大臣为首。三位现有的军种大臣——战争国务大臣、海军第一大臣和空军国务大臣——留存以督导各自军种的工作，但停止出席内阁。

从1947年到1964年五个国务部做着现在的国防部的工作：海军部、战争部、空军部、航空部和早期的国防部。这些部门在1964年合并；航空供应部的国防职能在1971年并入国防部。

1998年战略防务观察和变化世界中的传送安全白皮书简述了下列英国武装力量的状态：同时支持三场中小规模行动，包括至少一场作为长期维和任务的能力（例如科索沃）。这些部队须能展示英国在任何联合行动中作为领导国家。在进行一次协作的小规模行动的同时在一次大规模行动中部署部队的能力。

冷战结束以后，与其他国家的直接的常规军事对抗的威胁被恐怖主义代替。理查德·丹纳特爵士预计英国部队为可预见的未来，在他说的“持久冲突的时代”陷入与“掠夺性的非国家角色”的战斗中。他告诉享有很高声望的智库漆咸楼对抗基地组织和其他好战的伊斯兰原教旨主义组织的博弈“大概是我们这一代人的战斗”。理查德·丹纳特爵士批评一种残留的“冷战心理”以及基于保持对抗直接的常规战略威胁的能力的军事开支；他说目前编入2003年至2018年的国防部装备计划只有10%将被投入“陆地环境”——此时英国在阿富汗和伊拉克进行陆基战争。

国防委员会报告《国防装备2009》为一篇来自金融时报网站的文章做定位，表示国防装备主任凯文·欧多诺格爵士上将通过内部便笺指示国防装备和后勤局的职员重新区分批准程序的优先次序，以集中支持接下来三年的行动、与计划相关的障碍、体现契约性或国际性国防职责的事务，和被签署了生产合同的计划。报告也为对国防科学技术研究预算的潜在削减的顾虑、在国防预算程序中的膨胀里的不适当预算的意义、对装备计划提供资金不足，和对短期议题（现时行动）的恰当处理的普遍关心以及失败的长期后果做定位，以在未来的战斗中为未来英国国防能力输送进行投入。国防国务大臣国会议员鲍勃·恩兹沃斯加强了对现时行动议题重新区分优先次序，并且不排除对国防开支的“重大变动”。在同一文章中第一海军大臣兼海军职员队伍主任马克·斯坦霍普爵士，承认国防预算中没有足够的钱，而且正在为艰难决定和削减的潜在性做准备。

法国目前的国防体制是在戴高乐政府1959年《国防组织法》基础上建立起来的。总统是武装力量的最高统帅，在其领导下的国防决策机构包括内阁会议、国防委员会、小范围国防委员会和高级国防委员会，其中内阁会议是最高决策机构，负责制定国防政策、任免将级军官，有权宣布总动员、发布戒严令和紧急状态令等。

法奉行独立自主的防务政策，逐步推进军队职业化改革，以职业兵役制替代义务兵役制；由核潜艇和战略轰炸机构成海空二位一体的核打击力量；国防工业进一步实施以合并、推动高科技及真正走上市场为内容的改组。

武装力量由陆、海、空三军和宪兵组成。达喀尔军事基地是法国军队在非洲设立的第三个军事基地，其余两个分别设在加蓬的利伯维尔和吉布提共和国的吉布提市。2011年7月31日，法军撤离设立在塞内加尔的军事基地，标志着塞内加尔正式收回法国设立在其境内的军事基地。塞内加尔在收回塞境内的法国军事基地后将继续与法国进行军事合作，法国还会向塞派驻部队，但将以设立地区性军事合作机制的方式出现。法军将与西非经济共同体15个成员国的军队建立双边及地区性军事行动合作关系。

维国命是爱国主义集中体现

爱国无等级；爱国无高低；爱国无大小；爱国无先后；爱国无贵贱；爱国是国民的权利和义务。爱国者的责任就是维护国家的尊严和保护国家不受侵犯。对祖国来说，没有比一切都满意的爱国者更可怕的敌人了。谁若认为自己是圣人，也就埋没了的天才，谁若与国家脱离，谁的命运就要悲哀。无论什么时候国家都能提高你的价值，并且使你两脚站得稳而有尊严。爱国是指个人或集体对“祖国”的一种积极和支持的态度。这里的祖国可以是一个区域或者城市，但是爱国主义一般用于某个国家或者联邦。

爱国主义有消极的一面。由于“什么才是爱国”，每个人看法的不同，所以爱国一词显得颇为主观，因此人们对“爱国”行为的定义极具争议。其中最显著的例子，莫过于有政客把爱国主义当作是攻击对手的手段之一，指控对方是不爱国的人。也有人尝试把爱国标准化、表现单一化；其中安布罗斯·比尔斯称“爱国主义是一堆易燃的垃圾，任何想照亮自己名字的人只要朝它丢根火柴就可以了。”塞缪尔·约翰逊博士以下述说话把爱国主义视为“流氓无赖们最后的藏身之地”。这被另一些人认为是歪曲了爱国主义的本质，不止把爱国变成了一种盲目的信仰，这些行为更无助民主的发展，因为社会的精力都虚耗于爱国的争论之中。

人权才是一个国家最大的面子。人权也是衡量一个国家文明民主程度高低的凭证，一个政权如果关起门来都不能维护自己本国普通公民的权利，它有什么资格在国际舞台上维护这个国家的权利，它的合法性就会遭到质疑。

国家是武力造成的。而且，常常是被外来的武力逼成的；既然国家是野蛮强暴下的产物，那国家有什么神圣的呢？为何非爱国不可，非认同不可呢？所以，面对族群和国家这个课题，还是不要轻言爱。但是，随着人类社会的进步，国家已不再是野蛮强暴的产物，而是文明进步和民主发展的象征。

中国历代王朝对外关系的核心，是认为汉族聚居的区域为世界中央，而华夏之外的民族被称为“化外之民”或者“蛮夷”。中国的皇帝是天子，中国的皇朝是“天朝”或“上国”，而其他民族和中国的关系是贡国和属国的关系，其首领只能被称为王。在东亚历史中，很少有能挑战中国在东亚外交的统治地位的例子。中国占据统治地位的东亚外交系统在清朝末期逐渐衰落，至清末由于一系列对外战争的失败导致中国中心主义论点受到了极大的挑战，这一状况导致了1861年开始的洋务运动以及之后的戊戌变法。

中国自清末开始和西方国家差距越来越大，令中国人质疑中国文化的优越性，有学者主张全盘西化，中国民族主义也从强调中国的优越演变为五四运动时候的争取国家平等、尊严和权利。近代中国作为发展中国家，官方也不再强调中国中心主义，反而是承认中国的落后和“一穷二白”，争取积极与外国发展经济合作和平等的外交关系。

在一些东亚国家和民族个性的形成过程中，同中国的关系占据了重要地位。日本圣德太子在给隋炀帝的信中写道：“日出之处天子致日落之处天子无恙”，这也成为日本国名的由来。被中国统治千年的越南的名字，源自中文的“百越之南”，这是以和中国南部之间的地理位置来命名的。

在文化方面，中国中心主义表现为因为中华民族历史悠久，长期是文明中心，对邻近国家和民族的发展影响巨大，所以该观念持有者认为其他国家、民族的文化次于中国，极端者甚至拒绝承认其他文化的价值。

爱国主义包含了这样的态度：对祖国的成就和文化感到自豪；强烈希望保留祖国的特色和文化基础；对祖国其他同胞的认同感。“爱国主义”与“民族主义”有着紧密的联系，并通常被作为同义词使用。严格地说，民族主义是一种意识形态，它经常宣扬爱国主义是一种有需要并且合适的态度。民族主义的政治运动与爱国主义的表达都有可能会否定其他人的“祖国”，尽管这并不必要。爱国主义隐含了一层道德规范：就其本身而言，它暗示无论是何种定义，“祖国”是道德的标准或价值。“我的国家不一定总是正确的。”这句名言便是此种信仰的极端。这句名言可能来自于对美国海军军官斯蒂芬·迪凯特或内战将领卡尔·舒尔茨的误引。此外，爱国主义还暗示着个体应将国家利益置于个人和团体利益之上。在战争时期，这种牺牲会扩大至献出自己的生命。为祖国战死沙场便是一种爱国主义的体现。

历史地形成的忠诚和热爱自己祖国的思想和感情。集中表现为民族自尊心和民族自信心，为保卫祖国和争取祖国的独立富强而献身的奋斗精神，不仅体现在政治、经济、文化、法律、道德、宗教等各种意识形态和整个上层建筑之中，而且渗透到社会生活各个方面，成为影响民族和国家命运的重要因素。爱国主义是中华民族的光荣传统和崇高美德，也是中国各民族大团结的政治基础和道德基础。中华民族在几千年的历史中形成了以爱国主义为核心的团结统一、爱好和平、勤劳勇敢、自强不息的伟大民族精神。这是我们民族赖以存在、发展的情感纽带与精神支柱。

其实，正统的爱国主义（非现代的民族主义，而是19世纪国家的产物）必须基于某种形式的共同祖先或者精神图腾。爱国主义的程度随着时间不同而不同，并且取决于政治社会环境。典型的爱国主义程度会在国家受到外部威胁的时候升高。反过来，变质的爱国主义又会使国家变得好战。比如一战、二战前的德国与二战前的日本。个人爱国主义是一种感性、自愿的爱国主义。这种类型的爱国者有着某种确定的爱国观，如对国旗保持尊敬；不仅如此，他们经常坚持认为，所有的公民都应该具有与其本人相同的爱国观，而不允许有例外。这种爱国主义在结构上与其他的价值观理念——运动相似，其政治上的表现为，力图让其本人的价值观得到更好的法律支持。官方爱国主义是具有高度象征性的正式内容的爱国主义，不管在什么情况下，所有政府总会不断促进。它是国家自身的逻辑推论，其法理基础是“国家为政治社会的公共福利的表现”。国家纪念碑、退伍军人节、伟人、历史事件纪念节等，都是官方爱国主义的典型例子。政府可能会出于各种原因，发动一些爱国主义运动来提升公民对国家与国家标志物的认同。

符号爱国主义。爱国主义极度依赖于标志性的行为，如：升国旗、唱国歌、参加大型集会、在车驾上贴上爱国的标签等各种在公众场合宣告对国家的忠诚的行为。在战时，符号爱国主义常用于提升士气、增加战时的斗志。而在和平时期，爱国主义并不能像战时那样方便的衡量对国家的贡献，但并不为爱国者所抛弃。例如，在平日的政府场所向国旗敬礼的行为，被视为是与在战场上向国旗敬礼同等爱国程度的行为。

历史上的确有一些人为了他国而战斗，有时是为了他们的独立。比如马贵斯·拉法叶，杜什·科希丘什科和普拉斯基等参加了美国革命战争，西欧人菲荷里尼为了希腊独立而战斗，他就是著名的拜伦爵士。那么拉法叶是美国的爱国者，还是菲荷里尼是希腊的爱国者呢？阿拉斯戴尔会说他们两个都不是。这些人都是理想主义者而非爱国主义者。从这个角度看，拉法叶不过是投身于美国革命所蕴含的政治自由理念，而非对美国怀有特殊的爱国之情。阿拉斯戴尔认为爱国主义只能是本国人们的选择，而不是那些热爱这个国家的信念的他国人的选择。

爱国主义是道德规范中最重要的一条内容。爱国主义中的利他主义是有选择性的。在不同的国家，人们的看法和做法是却不同的。对爱国主义道德规范的批评大多集中在它的道德偏向上，保罗·刚伯格曾拿爱国主义和种族主义比较。但是有一种观点认为每个人对所有人类的道德责任都一样。这被称为世界大同主义。事实上，很多爱国主义者情愿把持这种观点的人称为通敌者。

爱国主义表达了对某一特殊公民或者政党的价值偏好。泛世者并不认同这种特殊的偏好。他们选择一种更加宽阔的价值体系作为替代。在欧盟，像荷伯马斯这样的思考者倡导一种以欧洲为整体的爱国主义。例如，在美国境内经常遭受这种怀疑的是天主教会和穆斯林教会。在美英两国，天主教会对教皇忠诚甚于对国家的忠诚。因此，作为教会得力助手的哥伦布骑士会把爱国主义当做其四项美德之一。

爱国主义的拥护者则把它所代表的道德规范当做一种美德。在哲学家阿拉斯戴尔的著作《爱国主义是美德吗？》中，他指出一个时代对道德概念的原则建立在对来源地等偶然特性的盲目崇拜上——指非理性，因此也就拒绝爱国主义可以选择这一观点。他认为应该建立一种可以替代的道德概念，这种概念可以和爱国主义同时并存。查尔斯在《从多元主义政治到爱国主义政治》中也阐述了类似的爱国主义观念。

要把爱国主义当作一种美德就得面对一个问题，那就是爱国主义者之间经常冲突。交战双方的士兵都觉得自己很爱国，于是就制造出一个道德两难的境地。如果爱国主义是种美德，那敌人也是好人。为什么要杀他们呢？在各个国家里，政客们会利用爱国情绪来攻击他们的政敌，对历史的黑臂章回顾，就是这种冲突的例子。

从对中国历史的回顾中发现，中国的历史是不断由狭隘的爱国主义走向广义上的爱国主义的。中国在各民族未大融合，各自为政时，总是以一小国的利益为驱使，相互开战吞并，经常弄得民不聊生。在国家战乱平息之后，爱国主义随着时代的发展而提升到新的高度，热爱中国文化，热爱国土河山，团结友爱，努力提升自身的综合素质，为中华民族的事业作贡献，已经成为中国新时代的爱国主义的核心。

爱国主义道德规范中最重要的一条就是相比其他国家的人，你对同胞的道德责任更大。爱国主义中的利他主义是有选择性的。对爱国主义道德规范的批评大多集中在它的道德偏向上，保罗·刚伯格曾拿爱国主义和种族主义比较。但是有一种观点认为每个人对所有人类的道德责任都一样。这被称为世界大同主义。爱国主义者情愿把持这种观点的人称为通敌者。

在欧盟，像荷伯马斯这样的思考者倡导一种以欧洲为整体的爱国主义，但是不幸的是欧洲的爱国主义大多局限在一国内，并常常带有怀疑整体欧洲的特点。

一些把宗教的位置放在母国之上的信教者经常招致爱国主义者的怀疑和敌意。例如，作为教会得力助手的哥伦布骑士会把爱国主义当作其四项美德之一。而穆斯林则把高于国家的忠诚献给伊斯兰教会。其他团体发现很难在宗教信仰和爱国行为之间找平衡点。耶和华见证人基督教的一派和门诺会则选择坚决抵制任何显示爱国主义象征的活动。

在某些国家里，政客们会利用爱国情绪来反驳他们的政敌，隐约或者明显地指责政敌背叛国家。小众可能会拒绝大众觉得理所当然的爱国主义忠诚。他们可能会觉得自己被排除在政党之外所以也没有理由为它自豪。澳大利亚关于“对历史的黑臂章回顾”就是这种冲突的例子。保守派首相约翰·豪沃德——他当然把自己当成百分百的澳大利亚爱国者——在1996年说：“对中国从1788年以来的历史回顾中发现我们的历史不过是一个令人羞耻的故事，其中包含了帝国主义，资源滥采，种族主义，性别主义和其他各种形式的歧视。”日本经济和民主发展，却忽视培养道德和纪律；他表示：“大家有危机感，觉得有必要重建教育，培养爱国、爱乡土的态度，尊重他国，以利国际社会的和平发展。”

世界主义是一种社会理想，认为全人类都属于同一精神共同体，这是与爱国主义和民族主义相对立的思想。世界主义不见得推崇某种形式的世界政府，仅仅是指国家之间和民族之间更具包容性的道德、经济和政治关系。世界主义者确信，所有的人都有责任去培育和改善，并且尽全力去丰富总体人性。这个理想与普天之下皆兄弟的思想息息相关，人类是一个整体，必须团结一致、彼此扶持。民族国家之间的关系应该是霍布斯所说的自然国家，为了避免冲突和不公，彼此之间应该建立社会国家契约。

经济全球化是当今时代发展的重要趋势。它的发展使世界各国在经济上的联系日益紧密，同时影响到世界各国的政治和文化，对爱国主义也提出了挑战。在经济全球化背景下，科学技术的发展和利用是跨国界的，商品在全世界销售，资本频繁跨国界流动，信息得以共享，各国经济交往中需要遵循共同规则，跨国公司本土化的程度不断提高，不仅利用当地的自然资源，而且还充分利用当地的人力资源。各国公民在世界范围内流动，一个国家的公民可能工作和生活在另一个国家，并对另一个国家产生感情。在这种情况下，有的人就认为爱国主义已经过时了。事实上，爱国主义并没有永远也不会过时的。在经济全球化的条件下，国家仍然是民族存在的最高组织形式，是国际社会活动中的独立主体。只要国家存在，爱国主义就有其坚实的基础和丰富的意义。

行与果是检验一个人是否真正爱国的试金石。爱国就是维国命。一个领国家薪水的公务员却把钱存到外国；一个挣本国钱的商人，却把存款账户立在外国等，这都是不爱国的行为。爱国不能只仅仅停留在口头上，关键在于行动和结果。行胜于言，果验证于行。整天叫喊爱国的人并不是爱国，爱国有个基本的原则及标准，背离国家、伤害和出卖国家利益、欺骗人民等，这都是与爱国和爱国主义的行为背道而驰的。

控制风险不断实现国家目标

政府的权力都是属人民的。在一个国家，齐家可以用另外一个词语来代替就是国家（政府）团队合作。 执政者统治国家服众主要有三种方式：一是以既有的权力规则服人，在古代皇帝是天生的，因为他符合当时的权力运作规则，在现代比如被执政者任命为部门主官，那么理所当然的对部门有管理权力，这都是现存的游戏规则所致；二是以力量服人，在战争年代，各路枭雄逐鹿，靠的是武力，现实中也不乏这样的例子，这样的人用俗语说就是喜欢遇事“讲狠”；三是靠魅力服人，包括执政者的品质、还有能力，这样的人在古代和现代绝不匮乏，凡在历史上留下丰功伟绩的无不都是其中之一，而且后来者都愿意步其后尘，原因很简单，这样的服众才是长久的，经得起历史和时间检验的。才能告诉我们如何构建一个具有战斗力的国家团队，如何为人民群众创造一个良好的社会氛围，让人民群众精神饱满，斗志昂，体面而有尊严、专心致意的学习、快乐的工作，幸福的生活。

还有理政治国。与农耕时代相比，现在社会的最大不同就是信息的随处可得，代表就是互联网技术的兴起，使得整个世界步入地球村，也才有托马斯·弗里德曼所说的“世界是平的”，任何消息在这个时代都会被迅速传播，而且更多是负面新闻，此乃“好事不出门，坏事传千里”。它告诉了我们当国家面临突发事件、面对媒体舆论时如何化危机为转机。此外，随着金融危机的全球蔓延，人们都认识了“风险管理”的重要性。认识到管理的重要性，或许社会和国家更需要良性化发展。

平天下。每个人的成长都会经历蹒跚学步，跌倒摔跤，慢慢成长。其中“国家成长的阶梯”告诉了我们国家的成长过程，它和人一样：它要有自己的理想，也要有自己的战略。只要有了自己理想和战略才能专注于核心而不偏离国家的正常发展道路。

关于国家成功，达到目的、实现目标就是成功。成功对个人而言，要想成功首先要学会“变态”——改变心态、状态、态度等，成功之道的思考力、行动力、表达力，缺一不可。许多不成功不是因为没有行动前的计划而是缺少计划前的行动。功是百世功利，是千秋利名，是万世名利。

成功就是达成所设定的国家目标。成功其实是一种感觉，可以说是一种积极的感觉，它是每个人达到自己理想之后一种自信的状态和一种满足的感觉！总之，我们每个人对于成功的定义是各不相同的！而到达成功的方法只有一个，那就是先得学会付出常人所不能付出的代价和努力！习惯一：积极主动的面对问题，习惯二：谋定而后动，习惯三：分清主次要务优先，习惯四：双赢思维，习惯五：有倾听才有沟通，习惯六：协同合作，习惯七：与时俱进，不断创新。

成功学的核心原理是复制成功。超级成功学认为，成功是一种客观现象，有规律可循，有方法可依。找到已经获得成功结果的实例，分析成功的过程、机制，总结出这一实例的方法，那么这个方法就有普遍意义，只要重复这个方法，就必然有特定的成功结果出现。这就是复制成功。

每个人在理想的追求中成功了，国家能不强大吗？成功一定有方法。我们生活在实在的世界里，周围所见闻的成功事例是实在的事例，我们的世界是客观的、可解释的，所以必然存在确实的过程，导致我们所看到的结果。

一般人觉得“成功”是一种神秘现象，把别人的成功归结于一种偶然，机遇，就是不去认真总结他成功的规律。甚至归于宿命，觉得成功的人就是成功，怎么成功的不知道。这样还能有什么所为？事实上成功者都是有方法的，只不过他的方法不一定被别人知道。成功并不神秘。

众所周知，学习有学习方法，工作有工作诀窍，做生意有生意经，治国有治国的谋略。许多人把成功看得那么神秘不可测，是因为成功过程涉及的因素实在太多，范围太广，好像“摸不到”规律。其实，它一样可以掌握。所以，成功是一种必然现象。如同火焰在易燃物、氧气、温度三者俱备时必然发生一样，当重现构成成功结果的每一必要因素时，成功就必然出现。成功者所以成功，是因为他当时当地具备了成功的必要因素。我们把这些要素提取出来，重放一遍，于是也得到成功。

人民的成功就是社会和国家的成功，国家的成功导致国家和人民的强大。复制成功，是快速成功的重要方式。成功最快的方法，就是复制已经证明有效的方法。要成功，快速成功，就一定要研究成功学，研究已经成功的实例。自己摸索，并不一定能成功，为什么？因为不一定能够碰到必需的成功因素。你可能摸索了几十年，因为某些经验、条件的局限而始终不能完成。复制他人的成功，复制他国的成功，远胜过自己艰难的摸索。复制的步骤是怎样呢？首先，确定你想要的结果。然后，找到已经有了这种结果的人分析他的策略，最后复制他的做法。怎样复制是关键，第一，复制他的信念。第二，复制他的策略。第三，复制他的肢体语言。　超级成功学的重要内容是顶尖成功人士的成功方法。将这些人的成功方法应用于我们的事业之中，可以快速实现成功。越是成功的人，他的经历越多，他的方法越具有普遍性，对我们越有帮助。所以，学就是跟强者学。超级成功学中的成功方法，融合了来自一百多位世界顶尖的成功人士方法，比如世界第一潜能开发大师安东尼·罗宾，世界第一人脉专家哈维·麦凯，世界首富彼尔·盖茨，世界第一个推销大师汤姆·霍普金斯，世界第一个行销大师阿尔·赖兹等。超级成功学讲究的是利用顶尖成功人物已经证明了的有效方法实现自身快速成功。

没有人民的成功就不可能有国家的强盛。什么是成功？这是个老话题了。然而每个人对成功的认识却也不同。成功是相对的，每个人都有自己的成功标准。有的人认为有权、有地位、有钱、有房、有车、有女人，就是成功。有的人则认为成功是你做了一件你想做的事并且做的心满意足。

还有人干脆否认成功的存在，认为这世界上没有成功，只有无止境的追求。字典中成功有两种解释：成就功业、政绩或事业；获得预期的结果，达到目的。我们从人的角度来分析一下成功这个词。首先成功必定要和事件有联系，没有事件便没有成功。那么事件是怎么开始的呢？这就不得不考虑到成功的主体是谁？换句话说就是谁成功了呢？

现在假定成功的主体是你。主体是你，自然对成功的感受也是以你为主的了。接下来我们就会想到与你有关的事件的开始、发展以及结束了。事件是怎么开始的呢？这事件是你做的，当然是因你而起！

那么你为什么要做这件事呢？是无意中做的，还是你有计划早就想做的，或者干脆是你不想做的？无意中做的事会使你有成功的感觉吗？即使这件事做成功了，至少也不是那种可以延续很长时间的好感觉。用中国人的一句俗语来形容这种无意中做成的事，那就是天上掉馅饼的感觉，有惊喜但没有长久的满足感，不好意思摆上台面来炫耀。

如果你不想去做某一件事，由于某种原因使你不得不做，这事做好之后，你会欣喜吗？你会有满足感吗？你会觉得你是成功的吗？

好了，就当作这件事是你想做的。撇开做这件事的过程不谈，做一件事必定有做好和没有做好两种结果。那么没做好自然就不算是成功了。但是做好了一件事，就算是成功吗？

如果这件事是一件你认为微不足道的小事，你想做也只是因为你可能需要它，但是它一点也不值得称道，你会有成功的感觉吗？你会兴奋得大声喊道我成功了吗？你不会。因此这件事，必定是你非常想做的事。你有强烈的欲望想要做成它。当它做成后，你会有强烈的满足感和兴奋感。

说千道万让我们来看看成功到底是什么？首先是成功的主体也就是你，接着是你非常想做的事，然后这件事你做成了，接着最重要的一点就是你获得了强烈的满足感。

我们可以看到，成功实际上是一种感觉。是谁的感觉？是成功的主体你的感觉。你感觉怎样？你既高兴又兴奋，而且还特有满足感，你愿意将你做的事向别人述说，让他人也能感受到你的喜悦之情。

国家为什么逐渐兴旺发达了？是因为每天都有人不断在生活和事业上取得成功。因此成功的新定义是：社会和国家的成功是因为人们做好了一件非常渴望做的事所获得的满足感与兴奋感。因此，我们做事情，不管大事小事，只要是你想做的事，并且通过你的努力做成了，你高兴了，那你就成功了。不要把成功看得太高远和神秘，也不要把成功看得太容易和简单，成功需要你的努力及奋斗。那些认为成功不存在的人，实际上是不断界定新的目标的人，他们也会从他们所做的事中获得快乐，他们也成功过。

成功意味着强大越来。成功学家卡尔博士认为，“成功意味着许多美好积极的事物。成功意味着个人的兴隆：享有好的住宅、假期、旅行、新奇的事物、经济保障，以及使你的小孩能享有最优厚的条件。成功意味能获得赞美，拥有领导权，并且在职业与社交圈中赢得别人的尊重。成功意味着自由：免于各种的烦恼、恐惧、挫折与失败的自由。成功意味着自重，能追求生命中更大的快乐和满足，也能为那些赖你维生的人做更多的事情。”其实，成功意味着更丰富的很多内容，并且根据每个人不同的理解，但是成功本质都是一致的。

政府期许人民期望并非无限

政府注重人的成功，就是重视国家的发展。人的成就感就是成功，人对社会和国家的贡献也是成功。成功其实包含两方面的含义。一是社会承认了个人的价值，并赋予个人相应的酬谢和荣誉，如金钱、地位、名誉、房屋、尊重等。二是自己承认自己的价值，从而充满自信、充实感和幸福感。但是人们往往忽略了成功的后一种含义，认为只有在社会承认我们、他人尊敬我们时，我们才算度过了成功的人生，只有在鲜花和掌声环绕着我们时，才算是到了成功的时刻；而仅仅自己认为自己成功不仅没有意义，而且还有狂妄自大的嫌疑。

实际上，一个人只有在对自己有较高评价并认为自己一定会成功时，他才可能真正成功。这中间的道理也很简单，那就是人不可能给别人他自己都没有的东西。如果一个人觉得自己的生命没有价值，那么又怎么可能给社会创造价值、为国家创造财富呢？并最终得到社会的承认呢？

从小就生活在一个教导我们要“自谦”、“自制”的环境中，许多人生箴言如“出头的椽子先烂”、“夹着尾巴做人有机遇”等，更无时不在提醒我们要压抑自己、小看自己，使自己生活在谦卑的圈子里。尽管这些观念在有的时候可能是一种对外的托词，可能是一种自我保护策略，一种隐身术，关键时充分助人成功。但是任由这些观念泛滥，就会形成一种洪流在社会上流淌，人刚开始就像一个个棱角犀利的岩石，在这种抹杀个性的观念洪流中，久而久之就被变成了没有棱角的鹅卵石，失去了自信，甚至失去了期望，不敢再有什么美好的憧憬，碌碌无为地度过了一生。

人们常说“期望什么，得到什么”，期望平庸，就得到平庸，期望伟大，就有可能真的伟大。公交战线的标兵上中学时的期望是当一名演员，但是在实际工作中却当了一名公共汽车售票员，按照常规的理解，她的希望是破灭了，她完全可以放弃原来的期望，带着失败的感受，作一个普通的售票员，但是她不是这样，即使在售票员的岗位上，她仍然用演员的标准要求自己，字正腔圆的报站名，兢兢业业地为顾客服务，在平凡的岗位上创造了不平凡的业绩。

人和国家一样就像一部汽车，而期望就像汽车的变速档，而心中的怀疑、自卑、愤恨、失败感等消极的想法就好像汽车发动机里的锈斑和污垢，只有在清除这些污垢并挂上高速档时，人生这部汽车才能快速地奔向成功，而一个对自己期望很低并且自卑的人则好像一辆只有低速挡的冒着黑烟的老爷车。正如一句唐诗中描绘的“沉舟侧畔千帆过，病树前头万木春”。现代社会更是一个人才济济、充满竞争的社会，只有自信并敢于行动的人才有成功的机会。在美国哈佛大学约翰·科特关于美国成功的企业家的一项调查中，研究了数百个成功的个案，他发现成功人士的一个共同特征就是有很高的自我评价，认为自己的行为代表正确的方向，同时他们都有很强的自信心和进取精神。

当然，在生活中也有另外一面，那就是任何人都会遇到不如意的事，每个人都难免产生烦恼、悲哀、内疚、失望等情绪。面临失败，有人会不断地提醒自己是个失败者从而在战战惊惊中等待下一次失败，而失败也常常如约再次降临到这些人身上，所以失败有时也是自找的，在真正的失败到来前，他们已经在心中对自己的能力发生了怀疑，放弃了努力，坐等失败的来临。成功人士也有失败的时候，但是面临失败他们也会维持他们的自信。他们会把失败当作特例，他们会对自己说：挫折不可怕，怕的是灰心。他们会从失败中找到积极的一面，如“留得青山在，不怕没柴烧”。他们会通过积极的行动来弥补过失，自我调整，尽快转移自己的消极情绪。通过这些行动，他们不仅再次具有了较高的自我评价，同时又为现实中的成功作好了准备。对于有志青而言，失败才是成功之母。

“人贵有自知之明。”其潜在含义常常是要人们多看看自己的缺点，不要自满等。其实这种专挑缺点的“自知”并没有什么积极意义，它只使人明白什么是要避免的，但不能告诉自己什么是要发展的。要知道“君子一日三省吾身”。现代人虽然可能达不到古代君子的内省标准，但在生活中也要不断地进行着自我评价。自我评价的方向和内容对人有很大的关系，只看自己的缺点好像千百遍地听人说“你这不行，你那不行，不准干这，不准干那”，但从来不知道自己哪儿行，不知道要干什么，这种情景是令人非常绝望的。然而如果自我评价的方向是正向的、自我肯定的，个体不仅会由此产生积极的情感体验，同时将更有可能发展出好的行为，产生良好的结果。

正像英国作家萨克雷的名言一样，“生活是一面镜子，你对它笑，它就对你笑；你对它哭，它也对你哭。”成功的到来也正如一副对联：说你行你就行，不行也行；说不行就不行，行也不行。这副对联应该有一个画龙点睛的横批，那就是我们今天的话题“自我评价”：你认为你行，你就能行，你认为你不行，那就真的不行。一个人的成功不是空喊来的，必须付出艰辛的努力，而且还要广泛的知识和丰富的人脉关系。

人是否善于与自己不喜欢的人交往，善于在一个自己不喜欢的环境中折腾，这是衡量一个人社交成熟度的标志。国与国的交往更是如此。作为从政者人脉是你终身受用的无形资产和潜在的财富。那么要如何建立自己的人脉呢？不妨先从以下这些方面做起。

学会“倾听”，理解他人的真正心声。待人“真诚”，赢得良好的信誉度。适当的寒暄是初次交往成功的关键。微笑是增进人际关系的润滑剂。幽雅得体的言谈举止有助于给人留下良好的影像。要记住对方的姓名有助于进一步的交往。学会主动交往。“守时”能展现个人的良好品德。交往要宽严得体，进退自如。恰如其分的赞美使人愉悦，但过度的奉承则有失诚意。

对朋友的要求不要有求必应，而应量力而为。学会借助第三者表达自己的情感。养成“推己及人”的心理习惯，善解他人“爱屋及乌”的心理特征。宽以待人，严于律己。善用“内方外圆”的处世哲学。虚怀若谷，敢于承担责任，更能接受别人犯错。与人为善，谦虚有礼。适时幽默有助于缓解紧张的气氛。平时多联系你的朋友。这里的“价值”，换个更贴切的说法就是“被利用价值”，在盘点人脉关系前，冷静问问自己：你对别人有用吗？你无法被人利用，就说明你不具有价值，比如说，职业规划无非是提升你的“被雇佣价值”，你越有用，你就越容易建立坚强的人脉关系。

人脉的积累是长期持续的过程，你需要经常盘点自己的人脉资源，计算你的资源和收益。只有不断地积累人脉资源，你才能在这个联系日益加强的社会关系网中游刃有余地驰骋。更好地处理好和利用好自己的人脉关系。个人的人脉关系与国家的外交关系一样，同样需要有利国家发展的良好的国际关系。

第十六章 得智者可得天下 失智者则失天下

公元前5世纪前，智者泛指聪明并具有某种知识技能的人。后来，随着人类社会的发展，自然科学家、诗人、音乐家乃至政治家，也被称为智者。由于智者能言善辩及晚期智者的末流堕于诡辩，柏拉图和亚里士多德把智者看成是歪曲真理、玩弄似是而非的智慧的人。因而智者在历史上又成为诡辩论者的同义语。

人类社会矛盾促进文化发展

文化无国界。文化是人类思想和智慧的结晶。文化是人类活动的模式以及给予这些模式重要性的符号化结构。不同的人对“文化”有不同的定义，通常文化包括文字、语言、地域、音乐、文学、绘画、雕塑、戏剧、电影等。具体可以从两方面定义：一是从广义上讲，指人类在社会历史实践中所创造的物质财富和精神财富的总和。二是从狭义上讲，指社会的意识形态以及与之相适应的制度和组织机构。在考古学上“文化”则指同一历史时期的遗迹、遗物的综合体。同样的工具、用具、制造技术等是同一种文化的特征。有时文化也指文明。

文化是一个群体，也可以说是国家，还可以是民族、企业、家庭、团体、集团等，在一定时期内形成的思想、理念、行为、民俗、习惯、代表人物，及由这个群体整体意识所辐射出来的一切活动。传统意义上所说的，一个人有或者没有文化，是指他所受到的教育程度。后者是狭义的解释，前者是广义的解释。是人类生产或创造的，而后传给其他人，特别是传给下一代人的每一件物品、习惯、观念、制度、思维模式和行为模式。文化促进人类社会的发展；文化促进人体生物进化。

文化又是人与自然相对应的概念，还是人类在社会历史发展过程中所创造的物质财富和精神财富的总和。文化仅指精神的或观念性文化，主要指的是与人类精神活动及其产品有关的方面，即人类以社会成员的风格和其他一切能力和习惯。

每一个人的观念都是一个文化信息，它会形成一个有规则的文化私端。人们往往不能正确说明文化的外延和内涵。精神是虚无的，没有个性，在肤浅无知的层面上自我构成，以绝妙的组合与大自然的节奏公平。感觉、思维是生理、心理能量的原始开端，从无到有的状态在影子和气息之间进行着灵魂的运动，这个抽象、混沌的体系不可能找到，这是构成文化的初级阶段。文化只有进程，没有核心，是虚无的精神谎言，但又分裂成大小不同的板块。文化进程里恩怨游戏的终结就是文明。文明的永恒、普适、唯一性就是科学。文化进程的创新战略结构就是国正论里的非绝对对立性。

《货币的威力》——模块世界里人与机构的湍轴对文化“私端”是这样描述的：“在文化进程中，一个文化信息就是一个文化“私端”。私端是一个文化基因，是瘾魂驱动的欲望，形成的一个文化单位。私端可以小到一个欲望，一个信息，也可以大到一个学派，一种哲学，一个宗教，一个国家的概念，或一个治国的纲领。私端是构成生物进化中大小不等的文化基因。在一个非物质私端基因结构里，有四个特征：左为文化，右为文明，在它们中间再分为上下，上为战略，下为战术。人们就是在这左右上下中间游动。任何个人又是一个私端，在文化进程中得到大私端上下和左右的限制。每一个人都像是生活在私端文化观念的中心位置，在这个意义上，关于“现在”的观念，随时都被监视之中。可以想象，私端像一个神经元的影像，每一个人的文化私端又被包含在大的私端里，随时都有触及边界的可能，从而犯下罪过。人生的行为运动就是不断地碰壁，用哲学的辩证观点看待它，这都是一次创新，一次进步。私端任何时候的游动，就像是道金斯描述的文化“青蛙”，即在文化池塘中游泳。当人感觉到一个信息时，文化私端就已经基本构成。

作为创世做人的动力、主体沟通的手段、个性魅力的展示，是人们对职能、伦理、道德和秩序的认定与遵循，也是人们操守生活的方式方法与准则，蕴涵着激烈的文化博弈。如果一个社会主流文化阵地被庸俗、低俗、媚俗、下流文化所占领，那必然会造成社会道德沦丧、价值虚无、信仰缺失，社会必然会趋于崩溃。

西方的“文化”一词来源于拉丁文“文明”，主要意思是指人类创造的东西。在古希腊古罗马时期，文化被理解为人们参加社会生活的品质和能力。欧洲中世纪时，文化也为“祭祀”一类的术语所代替。文艺复兴和启蒙运动之后，文化成为与“野蛮”、“不开化”对立的概念。作为文化研究领域里所指的文化则是广泛意义上的大文化。比较权威并系统归纳起来的定义源于《大英百科全书》引用的美国著名文化学专家克罗伯和克拉克洪的《文化：一个概念定义的考评》一书，这些定义分别由世界上著名的人类学家、社会学家、心理分析学家、哲学家、化学家、生物学家、经济学家、地理学家和政治学家所界定。

文化促进了人类社会的发展。文化的发展使人类能根据它的有利条件来改变环境，以及改变自己的行为方式来适应改变了的环境条件，在产生文化以前，人类只能通过生物进化来适应环境的变化，文化使人的适应过程加快了许多。例：当一种能源枯竭后，科学家便开始研究并开发另一种可以取代的能源。在资源逐渐枯竭的时刻，倒是可以看看我们的付出到底得到了什么。因此，文化是推动人类进步的产物。

文化促进了人体生物进化。例：人脑越来越发达，人手越来越灵活。文化本身成为人类环境中的一种力量，它无论是范围上，影响上都变得和环境一样重要，而且自己也处于人类社会发展的动态进化过程中。

文化发展是诸多因素合力作用的结果，其主要原因一般有以下三个方面：首先，从人与自然之间的关系来看，主客体之间的矛盾运动是文化生成和发展的重要原因。作为自然进化的结果，人类逐渐与自然界相分离，开始了人与自然之间的矛盾。人类为了维持自己的生存，必须通过劳动对自然加以改造，使自然打上人类的印记，“文化”为人类认识和改造的客体，文化作为人类改造自然的成果，就在这种主体与客体之间的矛盾运动中应运而生。

其次，从人与人之间的关系来看，人类社会系统内部的矛盾运动是文化发展的直接动力。人是社会的动物，人类的实践是社会的实践，人们是依靠社会的力量实现对自然的认识和改造，创造出人类特有的文化。人类社会最基本的职能是生产。社会生产的过程也就是人类文化生成和发展的过程。社会是人的有机集合体。人与人之间在社会生活中结成了各种各样的社会关系，各种各样的社会关系以及由此产生的各式各样的社会矛盾及其运动，就成为推动人类文化发展的动力。因此，在一定意义上说，文化是社会的产物。

再且，从文化自身来看，不同文化系统之间的交流，甚至矛盾冲突也是文化发展的重要因素之一。各种不同类型的文化系统形成之后，总要以起源地为中心呈放射性的向四面八方传播，形成空间上的文化圈（或文化区）。在文化传播的过程中，不同的文化系统必然相遇并互相交流。这种交流主要表现形式为文化的和平传播，推动文化的发展。但是，文化系统之间的交流，常常伴随着政治、经济、宗教、甚至种族冲突，解决矛盾的方式也就往往表现为领土扩张、武力征服等暴力形式。特别是在人类早期文化发展史上，战争经常成为文化扩张的强有力手段。

文化发展的方式多种多样，最基本的方式为文化系统的自我更新。文化发展的另一种方式是文化的变迁。文化变迁的表现形式多种多样。一种为文化发展的突然中断。文化变迁还包括文化的迁移，即某一文化因素在其发源地的影响已微乎其微，却在异国他乡得到广泛传播，甚至成为占主导地位的文化特征。

文化的停滞是文化发展的一种特殊的形式。文化产生之后，并不就自然而然地向前发展，如果不具备文化发展的条件，文化发展就会出现停滞、甚至倒退的状况。文化发展的停滞不等于文化的消亡，只是文化发展进程中的一种现象，或者说一个发展阶段。文化停滞的原因既可能是由于人与自然之间的关系处于一种简单的平衡状态，文化发展失去了驱动力；也可能是由于文化系统的自我封闭性，隔断了文化对话的渠道，使文化系统之间的交流无法实现；或者是由于文化系统之间的不平等对话，处于强势的外来文化利用政治和经济的优势压制土著文化的发展，使本土文化发展归于停滞。

文化是一种人性化的社会现象，还是人们长期创造形成的产物。同时又是一种历史现象，是社会历史的积淀物。文化是指一个国家或民族的历史、地理、风土人情、传统习俗、生活方式、文学艺术、行为规范、思维方式、价值观念等。

关于文化的分类 ，根据文化的结构和范畴把文化分为广义和狭义两种概念。广义的文化即大写的文化，狭义的文化即小写的文化。广义地说它包括物质文化、制度文化和心理文化三个方面。物质文化是指人类创造的种种物质文明，包括交通工具、服饰、日常用品等，是一种可见的显性文化；制度文化和心理文化分别指生活制度、家庭制度、社会制度、国家制度以及思维方式、宗教信仰、审美情趣，它们属于不可见的隐性文化。包括文学、哲学、政治、经济、军事、教育、科技等方面内容。狭义的文化是指人们普遍的社会习惯，如衣食住行、民俗习惯、生活方式、行为规范等。把文化分为信息文化、行为文化和成就文化。信息文化指一般受教育本族语者所掌握的关于社会、地理、历史、等知识；行为文化指人的生活方式、实际行为、态度、价值等，它是成功交际最重要的因素；成就文化是指艺术和文学成就，它是传统的文化概念。

文化的内部结构包括下列几个层次：物态文化、制度文化、行为文化、心态文化、说唱文化。有些人类学家将文化分为四个层次：第一，高级文化，包括哲学、文学、艺术、宗教等；第二，大众文化，指习俗、仪式以及包括衣食住行、人际关系各方面的生活方式；第三，深层文化，主要指价值观的美丑定义，时间取向、生活节奏、解决问题的方式以及与性别、阶层、职业、亲属关系相关的个人角色；第四，高层次文化，又称法制文化，指国家法律，政府规则、企事业单位制度等。

高级文化和大众文化均植根于深层文化，而深层文化的某一概念又以一种习俗或生活方式反映在大众文化中，以一种艺术形式或文学主题反映在高级文化中。

不同的学科对文化有着不同的理解。从哲学角度解释文化，认为文化从本质上讲是哲学思想的表现形式。由于哲学的时代和地域性从而决定了文化的不同风格。一般来说，哲学思想的变革引起社会制度的变化，与之伴随的是对旧文化的镇压和新文化的兴起。

制度文化是人类为了自身生存、社会发展的需要而主动创制出来的有组织的规范体系。主要包括国家的行政管理体制、人才培养选拔制度、法律制度和民间的礼仪俗规等内容。制度文化是人类文化的一个重要层面，它是物质文化和精神文化的中介。作为有组织的社会规范系统，它既是物质文化的反映形式，又是精神文化的物化形态，是人类在物质生产过程中所结成的各种身份关系的总和。社会的法律制度、政治制度、经济制度以及人与人之间的各种关系准则等，都是制度文化的反映。

文化是一种社会交流及社会传递，通过特定的途径，被社会成员共同获得。这种获得共同文化的特定途径，其实就是文化得以交流和传递的制度文化。文化的存在只有被认同和学习时才是有意义的。而被认同和学习的实现，必须依靠一套相关的制度规则。在此，制度文化就将文化与制度统一起来了。当制度体现为规则时，它必然反映了文化的价值，文化的精神，文化的理念。而当文化体现为规则时，它必然采取或民俗，或习惯，或制度的形式。从某种意义上可以说，没有文化价值的制度是不存在的，没有制度形式的文化也是不存在的。

马林诺夫斯基在对文化的基本定义中指出，文化作为有机整体包括了物质、人群和精神三方面。人群是指组织化群体。马林诺夫斯基进一步解释说这样的人类组织单位称为制度。这个概念意味着对一套传统价值的认同，人们为此而结成一体。它也意味着人们之间，以及人与自然或人与环境的特定物理部分之间，都有确定的关系。在自身目的或传统要求的宪纲之下，遵循着其团体的特定规范，使用着受其控制的物质装备，人类共同行动以满足他们的某些欲望，同时也对其环境产生影响。在这个文化整体的结构中，作为组织化的群体或者是制度化的群体，依照对共同价值观的文化认同，并遵循制度规范而共同行动。这种意义上的文化是由思想、价值、观念、习俗和制度，以及物质构成的。规范既有正式的，又有非正式的。正式规范通常以法律的形式固定下来，对违反者有特定的惩罚。非正式规范是不成文的，但往往能够被社会成员普遍理解。最重要的规范往往是社会中绝大多数人公认的规范。这就联系到了价值观，虽然价值观和规范这两个概念是密切相关的，但两者不可混为一谈。规范是特殊、具体的，它受到具体情况的限制，它们通常被视为是行动的指针，决定一个人在特定的情况下应该做什么，不应该做什么，包括社会习俗、伦理道德、法律等。

人类的行为受思想、观念、精神因素的支配，然而人类行为实际又是一种群体的、社会的共同行为。所以文化的精神因素必然会反映、萌生和形成习俗、规则、法律、制度等制度因素。当制度诸因素产生和形成之后，就会使人的精神因素通过制度因素转化成为物质成果，也就是人类行为或人类活动的收获。由此可见，制度文化作为文化整体的一个组成部分，既是精神文化的产物，又是物质文化的工具。

作为物质文化和精神文化的中介，制度文化在协调个人与群体、群体与社会的关系，以及保证社会的凝聚力方面起着不可或缺的显著作用，深刻地影响着人类的物质生活和精神生活。

满足人类社会实际生活需要

从存在主义的角度，文化是对一个人或一群人的存在方式的描述。人们存在于自然中，同时也存在于历史和时代中；时间是一个人或一群人存在于自然中的重要平台；社会、国家和民族（家族）是一个人或一群人存在于历史和时代中的另一个重要平台；文化是指人们在这种存在过程中的言语或表述方式、交往或行为方式、意识或认知方式。文化不仅用于描述一群人的外在行为，文化特别包括作为个体的人的自我的心灵意识和感知方式。一个人在回到自己内心世界时的一种自我的对话、观察的方式。

功能主义学派认为，文化包括物质和精神两个方面，不论是具体的物质现象，如手杖、工具、器皿等，还是抽象的社会现象，如民俗习惯、思想意识、社会制度等，都具有满足人类实际生活需要的作用。

文化的核心是其符号系统，如文字。各文字体系有相应的认知心理。首先文化是共有的，它是一系列共有的概念、价值观和行为准则，它是使个人行为能力为集体所接受的共同标准。文化与社会是密切相关的，没有社会就不会有文化，但是也存在没有文化的社会。在同一社会内部，文化也具有不一致性。例如，在任何社会中，男性的文化和女性的文化就有不同。此外，不同的年龄、职业、阶层等之间也存在着亚文化的差异。

文化是学习和实践的结果，并非是遗传而天生的产物。生理的满足方式是由文化决定的，每种文化决定这些需求如何得到满足。从这一角度看，非人的灵长目动物也有各种文化行为的能力，但是这些文化行为只是单向的文化表现，如吃白蚁的方式警戒的呼喊声等。这和人类社会中庞大复杂的文化象征体系相比较显得有些微不足道。

在中国文化中，龙有着重要的地位和影响。从新石器时代，先民们对原始龙的图腾崇拜，到今天人们仍然多以带有龙字的成语或典故来形容生活中的美好事物。上下数千年，龙已渗透了中国社会的各个方面，成为一种文化的凝聚和积淀。龙成了中国的象征、中华民族的象征、中国文化的象征。对每一个炎黄子孙来说，龙的形象是一种符号、一种意识、一种血肉相连的情感！“龙的子孙”、“龙的传人”这些称谓，常令我们激动、奋发、自豪。龙的文化除了在中华大地上传播承继外，还被远渡海外的华人带到了世界各地，在世界各国的华人居住区或中国城内，最多和最引人注目的饰物仍然是龙。因而，“龙的传人”、“龙的国度”也获得了世界普遍的认同。作为龙的传人，不能对中国的龙文化一无所知。不了解龙文化，就无法了解古老的中华文明。龙的原形是什么？龙的概念是怎样形成的？它的形象与文化含意又是如何发展变化的？龙在中国文化中有何影响？这些问题在远古时代就不断地以不同方式困扰人们，至今也未全部解决，还给人一种扑朔迷离的感觉。几千年来，一代又一代炎黄子孙在苦苦追寻龙的踪迹，进入远古的历史和龙的世界，去探索龙的奥秘。

中外学者都提出过很多文化研究方法，大体可以分为两类：一、定性方法。定性研究方法主要建立在对文化表达形式占有的基础上的分析与处理，这种方法是最古老研究方法，也是最常使用的方法。二、定量研究方法。在定性研究方法的基础上，将定性研究的进一步转化成数字，借助现代统计学和计算机技术的发展，进行分析处理，得出结论。这是自20世纪80年后，在文化界兴起的新的研究方法。但是，这种研究方法在东方一直难以得到理解和支持。

值得注意的是，以上方法均属于研究方法范畴。真正促进文化实践应用的方法发展的则更为缓慢，直到21世纪，随着“企业文化系统管理理论和技术”的发布，实用的企业文化实践方法才开始在中国出现露出头角，填补了理论和市场需求的双重空白。

文化是以各个配置规则的可持续协调发展为主要目的，实现对于各个生产要素配置规则的规则配置。文化以理论依据为导向，通过调整和控制各种生产要素配置规则在理论上的系统性、观念上的认同性、意念上的连续性、情感上的可原性、数理逻辑上的相容性、自然法则上的公平性和语义逻辑上的一致性，以规划社会目标、统一社会意志、协调社会行为、融合社会观念、集中社会智慧、团结社会力量，以达到财富的价值增值的目的。文化领域对于财富的间接作用所产生的增值量，通常是按照各种文化理论和宗教观念所要求的内容来进行分配的，如宗教信仰普遍提倡的富人和强者对于穷人和弱者所实施的救助，以及对于他人错误所实施的宽容等，它实际上实现了新增社会财富的第三次分配。

文化的客观作用实际上就是调整和控制所有经济规则与政治规则之规则，它包括各种规则的书面表达规则——文字，各种规则的口头表达规则——语言；各种规则的媒体传播符号表达规则——艺术；各种社会行为规则的约束规则——社会科学；各种自然行为规则的约束规则——自然科学；社会利益关系调整规则的约束法则——伦理道德和宗教信仰；主体行为的约束规则——法律等。

文化是整个民族或整个人类长期积累的产物，不同阶层、不同民族、不同社会集团的政治规则不断发展，碰撞、冲突、渗透、融合，逐渐抽象和升华出一系列新的规则，这些规则能够使各种政治规则之间具有较高的认同性、协调性、连续性、便利性。因此文化的价值内涵通常反映了整个民族或整个人类的利益要求，文化行为相对于政治行为具有最大的全局性、长期性和高价值层次性等特点。它是实施对各个生产要素的发展加速度的控制，即加速度控制。

同样，所有规则之规则的改变将会在更深的层次上影响不同社会阶层、不同行业、不同性别、不同民族、不同年龄、不同文化层次、不同地域的人们之间的利益分配比例，在更深的层次上决定和制约着社会各种矛盾的现实状态和发展方向，也会在更深的层次上影响整个社会的长远利益和眼前利益、局部利益和整体利益、低层次物质利益和高层次精神利益等方面的关系，它能够更深远地间接地改变社会财富的增长速度，因而也是一种广义的社会生产领域。

关于体育文化的产生和发展有很多说法，但比较集中的有以下几种，其中包括劳动和宗教起源论：从总体上说，人类的文化是通过人类自己的双手和大脑的思维创造出来的。早期人类在求生存中学会了奔跑、跳跃等技能，并在追捕猎物等活动中，发展了速度、耐力、力量、灵敏等各种身体素质。这个时候的体育鲜明的体现在以生存为直接目的，进行着各种能力的训练。军事起源论：这是由于个人之间为争夺狩猎得来的猎物而产生的冲突到后来发展到部落之间的武装冲突，各部落为了提高自己的力量进行了有组织的身体训练，其中还包括摔跤、飞镖、棍棒等技能。 游戏起源论：这是当原始人在获得丰富猎物后，特别是当丰收之后，聚集在一起以游戏欢舞的方式庆贺，也表明了体育是在跑、跳、投等劳动形态中演化出来，并以欢唱和舞蹈表达内心的喜悦。原始社会后期，由于生产力水平低下，又受到四季和环境的困扰，原始人为求助于自然恩施，祭祀天地而形成的原始宗教活动，并以体育形势进行求助祭拜。教育起源论：生产劳动的发展以及在军事、游戏中演变出来的运动技能、技巧，以劳动教育的方式传授给后代，既发展了上述各种技能和身体素质，又逐步脱离了动物野性，向人性方向进化，形成了具有文化内涵的体育生活。

综上所述，体育文化的产生是在人类从动物野性变为人性的过程中上述因素相互综合演化的结果。也就是说，体育文化是人类在改造自身的过程中，由动物本能改变成自觉行为人性时，是原始的野性、进攻性通过劳动和游戏、教育以及合理的竞争方式逐步的形成了人类社会特有的文化现象。

文化是人类生活的写照及其活动的结晶。任何一种文化，都是某个人类群体经过生存选择而形成的独特生存式样的体现。草原文化的地域性、民族性，决定了在其形成、发展的漫长历史过程中，在其与中华各文化乃至世界文化的交流中，在其与其他文化不断地碰撞、整合而实现的自身建构中，显示出它独有的特质和丰富的内涵。

草原文化产生于草原氏族、部落特有的群牧经济形态之上，这是草原文化有别于“大河文化”孕育的农业文明和渔猎文明的文化基础，也是它所形成的文明特质。任何一种文化和文明，必须根植于一定的经济形态和生产方式。草原文化作为人类社会文明形态的重要载体之一，它产生和存在的经济基础主要是“牧业文明”，特别是以群牧形态为主的生存方式。这种群牧形态，最早与草原民族的氏族部落同步协调发展，因而，这种生存方式有着不同于中原农耕文化以及其他文化模式的鲜明特点。

在几乎全天然的生态环境中，无论是狩猎还是放牧，要战胜各种天灾以获得更大效益，必须依靠群体的力量，采取群牧的自然方式，以实现畜群的繁衍和生产方式的持续。

从考古学角度看，草原文化形成的最重要的标志，是北方草原的“细石器文化”。草原文化的标志性文化载体“细石器文化”，细石器文化伴随草原文化从旧石器时代晚期一直延续到早期铁器时代以前。细石器文化是草原文化中最原生的早期文化。这种以压制、剥制、琢制和磨制相结合制作的细石器，反映了北方草原地区的生产发展水平，具有草原民族生产方式的典型特征。与草原细石器文化共存的又一考古学现象是骨角器的发达。据考古发现，与细石器共存的遗址往往有用兽骨与兽牙以及鱼骨、蚌类和兽角制作的工具和大量装饰品。这些细石器的发现，标志着草原原始人类开始告别野蛮走向文明，也标志着草原文化开始形成。

草原文明形成的另一个标志，是它依托的主要文化载体，在观念形态上具有以“自然为本”的人文精神。这种人文精神是由其生存模式和生产方式所决定的。历史上任何一种文化都必须依托自然资源，而草原文化在这一方面更有其独特性、原生性和协调性。

法理制度权利义务重大演变

政府文化是一种组织服务文化，它是指一个政府组织全体成员所共有的服务价值观和共同的行为模式的总和。一个时期以来，公共文化服务体系作为文化建设的新目标跃出水面，从人类而言，文化进入各国文化发展战略和规划，并且占有核心位置。政府文化部门在向服务型转身的过程中走出了最具标志性的一步，也预示着文化系统工作目的、性质、任务将会有新的定位。

在政府与社会的文化关系上，千百年来，政府历来对社会采取的是俯视姿态，即所谓“风动于上而波振于下”，讲的也只是教化，而不是服务。新中国成立后的政府文化管理，在本质上是为民服务，但是，明确地把向全社会提供文化服务作为政府文化职能，这就不仅是一种精神上、道德上的要求，而且是一种法理上、制度上的规定，一种权利与义务上的规则，这是政府与社会的文化关系的一次重大变化，一种乾坤易位、主客体倒转的变化，这种变化只会在强调法制建设、重视制度作用的今天才有可能发生，只会在政府改革和文化改革的今天才有可能发生。

建设服务型政府是当前政府职能转换的重要内容。完善政府社会管理和公共服务职能，为全面建设强大国家提供强有力的体制保障。文化职能作为政府基本职能，也必须顺应这一转型。但是，文化职能的转型又有自己的特殊意义，这决定了它的复杂程度和艰难程度。

已经走过30余年历程的文化市场管理，实际上早已悄然进行着面向服务型的转身，与国家经济管理的转型保持着同步。促进了文化市场管理中政府职能的转变，审批行为大大规范，行政审批范围明显缩小，从中央到地方，有关文化市场政策法规的制定和执行透明度大大增强，预告制度、公示制度、听证制度、信息公开制度，使文化市场管理成为阳光行为。在文化体制改革中，以提高政府服务市场效率为目的开展的综合执法，改变了文化市场管理中“多龙治水”的局面，由此推动了政府机构的重大改革，特别是在一些综合试点地区，文化、新闻、出版、广电等部门进行了新的整合。

通过公共图书馆、文化馆、博物馆等为社会提供公共文化设施和服务，一直是政府履行的责任。公共文化服务体系的提出，不仅是对这一职能的“唤醒”与“激活”，更是在理念上、机制上、功能上与以往不可同日而语，这是一次质变。它之所以在政府向服务转身中具有标志性意义，并且引起全社会对政府文化服务职能的关注，主要是基于以下几点：以往在强调公益性文化设施的服务性时，主要是针对这里的单位和员工的责任和态度而言，现在主要是针对政府的职能而言，政府站到了服务的前台；文化市场管理是通过服务市场来体现对社会大众的服务，是间接性服务，而公共文化服务则是面对面地为社会大众提供服务，是直接性服务；文化市场管理的服务型转变是在国家经济职能转变的总进程中进行的，而公共文化服务是由文化行业单独进行的，因而特征也更为明显；这也是最重要的一点，即公共文化服务体系是在满足群众文化需求方面出现“市场失灵”的情况下出现的，扩大了政府服务的公益性影响，消除了人们普遍存在的困惑——在市场经济条件下，是不是一切文化产品和文化服务都要商品化，在文化供给方面政府应该承担怎样的责任？

公共文化服务体系与文化市场体系分别对应于整个文化建设的两大分野——文化事业和文化产业，也分别成为政府文化服务体系的两大分支。政府在这两个分支中担任的角色不同，实现服务的方式也不同。正是这种不同，构成了二者互补互动的良性关系，也构成了社会市场经济条件下政府文化服务的全方位模式。

进入文化服务岗位，政府将不仅实现管理职能的转变，还将实现治理方式的转变。它要求文化主管部门必须更加自觉地贯彻服务型政府的标准，坚持以人为本，彻底改变“官本位”的思想和高高在上的“教师爷”做派，进一步强化为人民、为社会、为企业、为市场服务的理念，并且切实增强服务能力，在工作作风、工作方式和工作效率等方面有根本性的改进，避免“越位”、“错位”和“缺位”，提高群众的信任度与满意度，树立起崭新的政府文化形象。

随着政府进入文化服务岗位，将会引发连锁反应，一系列长期困扰文化发展的问题可以迎刃而解。它也将推动政府改革，包括推动政府财政体制由投资型财政向公共服务型财政转变，从而营造出一个更加有利于文化发展的新空间。

文化发展首先要重视国家文化安全，其实，国家文化安全根源于不同国家之间的文化差异文化，这是随着不同国家之间的文化冲突而出现的，不同国家之间的文化差异与冲突是国家文化安全形成的前提条件。但是在古代，由于世界不同文明板块之间缺乏频繁的交往，不同文化体系之间的冲突还不甚明显，文化安全特别是国家文化安全也就没有突出出来。这就是说，国家文化安全问题虽然在古代还没有明确地显现出来，更没有被人们明确地提出来，但却已经作为不甚突出的方面开始成为国家安全的派生要素之一。当一个国家被另一个国家在武力上征服，军事安全和政治安全都已经被彻底打破时，文化安全问题就更为明显了。无论是征服者还是被征服者，任何一个国家都知道，要彻底消灭一个国家，就要消灭其人民，而消灭其人民的办法无非两条，一条是肉体上的消灭，这在历史上曾经出现过，许多国家就是因此而彻底消亡而变成历史的；另一条是文化上同化，历史上也曾经出现过这样的情况，不少历史上曾经存在过的国家就是在文化同化（当然也有一种是融合）的过程中而不复存在的。

但是严格来说，国家文化安全问题的真正出现和突出表现，只有到了近代资本主义世界市场形成以后，特别是在西方列强对东方国家实行殖民侵略政策东西文明冲突日趋激烈的情况下才逐渐成为现实。近代以来，一些发达的资本主义国家凭借其先进的生产力和强大的经济基础、政治军事优势，不仅对相对落后的国家进行军事侵略和政治压迫，而且同时也进行文化侵略、文化渗透，搞文化霸权。国家文化安全问题因此而变得更为突出和明显。

总之，国家文化安全问题以不同国家之间文化差异的存在为前提，在近代东西方国家之间文化冲突日益突出和加剧的情况下而凸显。在文化的差异与冲突中如何保持和延续自身文化的问题，就是文化安全和国家文化安全的本质所在。因此可以说，文化安全就是文化特质的保持与延续，而国家文化安全就是一个国家现存文化特质的保持与延续。这正是国家文化安全的本质所在，因为离开了文化特质的保持与延续，也就没有了文化安全问题。

深入理解文化安全的这一本质问题，需要把握这样几点：文化特质是文化特殊性中具有本质性的方面，而不是指文化的所有特殊性或所有具有特殊性的文化。只有从本质上理解文化特质，才能真正把握文化安全的本质。同时，在任何文化体系包括任何一个国家的文化体系中，其文化特质都不是唯一的，而是多方面的。任何国家和民族现存的多方面文化特质，都是在其以往历史发展中逐渐形成和内化的，文化特质的保持和延续就是对历史文化的继承和推进，是保持国家和国民的根源，因而它不仅对满足国民之现实物质需要具有重要意义，而且对满足国民的情感寄托和精神需要具有更深刻的意义。文化特质的保持和延续保证了一个国家文化的连续性。这就像编网络程序一样，网络程序不是由一个程序编成的，而是由许多程序编成的，而且其中每一个程序，都不可能从头延续到尾，但网络程序却是连续的，而且浑然一体，绵延不断。国家文化安全客观要求的文化特质的保持与延续，一方面是指文化之深层本质方面的特殊性的保持与延续，而不是指文化表层之特殊性的保持和延续；另一方面是指现存文化中总会有某些特质得以保持和延续，而不是指所有文化特质都必然得以保持与延续。这也就是说，文化安全客观要求的是文化特质尽可能多的保持延续以不至完全丧失，而不是一切具有特殊性的文化都得以保持和延续。在历史发展必然存在的文化更新过程中，一个国家多方面文化特质中究竟何种文化特质得以保持和延续，何种文化特质被淘汰出局，这取决于历史客观必然性的客观选择，并且必然在整体上和长远过程中体现出人类历史进步和发展的要求。国家文化特质的保持是国家文化安全基本的内在前提和构成要素，国家文化特质的延续是国家文化安全的长久保障，保持与延续的统一才能构成国家文化安全在时间跨度上的全面要求。

国家文化安全包括了多方面的内容，其中主要有语言文字的安全、民俗习惯的安全、价值观念的安全和生活方式的安全等。因此，语言文字的安全问题非常重要。在文化安全中，人们很少说到语言文字的安全，但这却是文化安全最基本的内容。这是因为，自从人类有了语言，创造了文字之后，语言安全和文字安全对于一个民族和国家来说就有了十分重要的意义。

语言文字是在一个民族、一个国家历史演进过程中逐渐形成的符号系统工程，它既是一切文化和文明的载体，也是全部文化和文明中最基本、最稳定、最持久的构成部分。改变一个民族的语言文字，对一个民族和国家的人民来说是一个比掠夺他们一些土地和粮食更为痛苦的事情，必然触及其心灵深处。在整个文化中，相对于经济文化、政治文化、价值观念、意识形态等来说，语言文字是一个国家更为持久和稳定的标志和符号。在历史发展过程中，文化的许多方面都可能被不断更新和改变，甚至被完全抛弃和重新选择，但是语言文字却是难以完全更新和改变的，是难以完全抛弃和重新选择的。如果一个国家的语言文字被改变了，那么这个国家的文化也就被彻底改变了，这个国家可能也就名存实亡了。中华文明之所以能够延续五千年而没有中断和消亡，其中一个重要的原因和标志就是汉语从来没有中断和消亡。有些文明古国的文明后来之所以中断甚至消亡了，其重要原因和标志也是它们各自的语言文字中断和消亡了。中国人至今可以读懂古代汉语，而有些文明古国的后继者却无法读懂前人留下的文字，更不用说使用前人使用的语言了。

作为国家文化安全之基本内容的语言文字安全，最基本含义就是，一个国家使用自己固有语言与文字的权利不受外部因素特别是外部强权的威胁和侵害；其次是一个国家的语言文字本身不因他国语言文字的影响或侵入而失去在国家政治、经济、社会、科技等领域的主导地位；第三是语言文字在内外各种文化和非文化因素的影响下保持合理的纯洁性；第四是语言文字的改革与发展能够安全稳步进行，给国家和人民不仅带来尊严，而且带来全方位的正能量。

国家伴随语言文字兴衰存亡

强大国家必然有强大语言文字，强大语言文字铸造强大国家。语言虽不是国强大的工具，但却记录了国家的兴衰。从历史上看，一个国家兴衰存亡，常常伴随着其语言文字的兴衰存亡。由于中国在唐代的兴盛，中国的语言特别是文字便对许多国家和地区产生了广泛深刻的影响，也使得汉语言、汉文字、汉文学迅速兴旺发达起来。由于英国在近代的兴盛，由于美国在当代的强大，英语这一本来只在西方部分民族中使用的语言文字，现在几乎成了世界语言和文字，无情地迫使许多国家的知识分子甚至普通民众不得不花费很多时间和精力来学习第二语言，否则就可能被时代所淘汰。英语在当代世界的霸权地位既与美国在当代世界的政治军事霸权地位相适应，同时又在互相推动，形成了一种良性互动。相反，一个国家衰落和灭亡，也常常伴随着其语言文字的衰落和灭亡。

从历史上看，没有哪个国家灭亡了，其语言文字还能够继续兴盛，还能够长期存在下去。同时，一个国家对外侵略与扩张，常常包括了语言文字的侵略和扩张；一个国家被他国侵略和威胁，也常常包括了语言文字的被侵略和威胁。当年日本侵略中国时，就曾强行在中国推行日语教学和日本文化教育，企图从语言文字方面彻底征服中国人。在这种情况下，被强迫学习日语和使用日语的中国人，遭受着难以想象的内心痛苦和精神折磨。西方列强在近代对外侵略和扩张的过程中，也常常强行把他们的语言文字变成了遭受侵略的国家和地区的主导语言文字，其后遗症至今还在世界一些国家和地区存留着。在西方国家之间，这种语言文字的侵略和被侵略、安全与不安全，也有突出的表现。法国作家阿尔封斯•都德的《最后一课》，不仅反映了一个爱国主义的主题，而且从中可以明显地看到言语文字安全与国家安全的密切联系。法文老师在最后一课上对他的学生说："我的孩子们，这是最后一次我给你们上课了。柏林来了命令，在亚尔萨斯和洛林的学校里，只准教德文了。"

其实不仅战争期间存在着他种语言文字对本国语言文字安全的威胁和侵害问题，而且在和平时期和国际交往和交流中，也存在着语言文字的安全问题。当代世界，西方发达国家不仅在经济、军事、政治等方面凭借着其明显优势占据着世界霸主地位，有意无意间对发展中国家采取霸权立场和态度，而且文化领域甚至在语言文化领域也对发展中国家采取霸权立场和态度，从而形成了人们常说的文化霸权和文化帝国主义现象，以及包括生活话语霸权、学术话语霸权在内的话语霸权现象，直接或间接地侵蚀着欠发达国家的语言文字，影响甚至威胁和危害着发展中国家的语言文字安全。对此，必须引起高度重视。

除了语言文字安全之外，民俗习惯安全是国家文化安全的另一方面重要内容。所谓的民俗习惯，就是一个民族或一个国家在长期历史发展中所形成的独特而稳定的风尚、礼节、信仰、行为等，表现在衣食住行、婚丧嫁娶、宗教活动、巫术禁忌等内容广泛、形式多样的行为模式中。在这些方面，任何一个国家与其他国家相比，都有自己的特异之处，而这些特异之处不仅是历史形成的，为本国本地本民族人民的生产生活提供了物质便利和精神寄托，增加了亲和力和向心力，而且对维系一个国家、一个民族的团结和稳定发挥着独特的积极作用。

民俗习惯的相对稳定和继承发展，以及在稳定基础上的变易更新，这是一个国家和平时期安全稳定的重要社会基础，更是一个国家战败投降之后以期复国振兴的最后资本。当作为社会基础的民俗习惯受到外力的威胁和破坏时，特别是当他国他族作为入侵者和殖民者强迫一个国家和民族改变自己的民俗习惯时，必然要遭到本国家和本民族广大人民的强烈抵抗。一个国家的军队比较容易被打垮，政权也比较容易被颠覆，但其在长期历史发展中形成的民俗习惯则是难以改变的。无论是征服者，还是被征服者都十分清楚：彻底征服一个国家，不仅仅是要征服他的军队和政府，更重要的是要征服它的文化。正因如此，历史上许多征服者在打垮一个国家的军队，推翻一个国家的政权之后，总是千方百计地要改变其文化，包括改革其日常所用的语言文字和所执的民俗习惯；而一个被打败亡国的民族，也总千方百计地保持自己的语言文字和民俗习惯，以图东山再起。犹太民族就是这样一个被征服过但没有被消灭掉的民族，当今的以色列国就是由这样一个历尽千难万苦而不丢弃自身民俗习惯和宗教信仰的民族重新建立起来的。

在强调民俗习惯是国家文化安全的主要内容之一，强调民俗习惯的保持与延续对国家文化安全及整个国家安全的重要性的同时，必须注意的另一个问题是：民俗习惯并不都是优秀的、积极的、先进的，也并非永远不可更改。事实上，任何一个国家的民俗习惯都在随着历史发展和社会进步的要求而不断变革着。所谓的移风易俗，就是要改变那些不合时宜的民俗习惯。但是，这种变化和改革应该是符合时代发展的要求。

如果说民俗习惯表现出来的是各种各样的社会现象和人们的言行模式，是文化中较为外在也较为浅层的方面，那么价值观念则是这种言行模式背后发挥支撑作用的精神支柱，这是文化中更内在也更为深刻的本质方面。

在哲学理论层次上，价值观念亦即价值观，这是指不同的哲学家和思想家对价值的本质、价值的结构、价值的类型、价值的表现以及社会应有的价值取向等有关价值问题的认识和观点的总和。这一方面虽然也是一个国家价值观念安全必然涉及到的，但却它更趋理论性，而对社会实际生活不发生直接影响，因而并不是国家价值观念安全的最重要的内容。

国家价值观念安全的重要方面在于广大国民对传统和现存价值观念采取什么态度，他们在日常生活中奉行什么样的价值观念，有什么样的价值取向。因此，从社会生活的实际来看，价值观念则是广大国民对各种各样的社会现象甚至自然现象的是非判断和基本态度，以及他们对自己将欲采用的行为目标、方式、手段等方面该与不该的价值定向。国家价值观念的安全问题，也正是广大国民对一个国家传统的和现在的价值观念采取什么态度的问题。由于这种态度不仅与家庭、社会、国家对国民的教育相关，而且与其他国家各方面的文化影响、渗透，甚至文化侵略、意识形态煽动等相关，因而国家就不能不对国民价值观念的变化给予高度关注。国家价值观念的安全，也就是一个国家传统的和现存的价值观念在当代社会和广大国民中合理而有效地得以保持与延续，而不至中断与消失。

价值观念的安全是相对的，它并不是说一个国家传统的和现存的价值观念完全不变就是安全，更没有要求任何国家都必须保持传统的价值观念不变，而是强调保持一个国家基本价值观念的连续性，同时又不否认价值观念与时俱进地发展变化的必然性和必要性。

生活方式是文化的集中体现，这是个人内在之价值观念的社会性外化，也是社会外在之民俗习惯的个体性活化。一个国家与另一个国家在文化上的不同，集中表现出来的就是生活方式的不同。同样，不同国家间的文化差异也集中体现为生活方式的差异；不同国家间的文化冲突更集中体现为生活方式的冲突。

正因如此，在美国历届总统每年提交国会通过的《美国国家安全战略报告》中，生活方式的安全总是其关注的重点。乔治·凯南认为，美国国家安全的中心目标是保护美国的生活方式不受外国的干涉和威胁。1990 年《美国国家安全战略报告》明确指出，“在我们的整个历史中，我们国家的安全战略一向是寻求实现广泛的、一贯的目标。我们总是设法保护美国的安全，保护美国公民和美国的生活方式。”

文化决定生活方式。虽然许多学者对生活方式的定义差别很大，但这里所讲的与国家安全相联系的生活方式，并不是我们传统上所理解的与生产活动、经济活动、政治活动等相对的狭义的生活方式，而是指人们在一定社会条件和环境下形成的涉及物质和精神、经济与政治、个人与社会等领域的言行模式，它既包括物质生活在内，也包括精神生活在内；既包括经济生活在内，也包括政治生活在内；既包括私人范围内定的生活，也包括公共领域中的生活。因此，一个人对时间、金钱的消费态度和模式属于他的生活方式，一个人对于国家政治生活的态度和参与模式也是他的生活方式。在这个意义上，生活方式已经超越狭义的文化领域，而属于广义的文化范畴。

虽然一个国家内部的不同个体、不同群体、不同社会集团，在生活方式上必然存在差别，但在与另一个国家的比较中，这些人的生活方式又必然具有某些共同的同时又区别于他国的特征。这种具有国家特色的生活方式，为国民方方面面的生活提供了稳定的条件和便利，因而也就成为一个国家在世界范围内保持其文化特质和民族特质的重要内容。

但是，生活方式安全的出发点和根本目的，都是为了国民生活得更舒适、更方便、更自由、更有尊严，因而当传统的和现存的生活方式中存在影响这些目标实现的要素时，当有更好的生活方式要素可以选择时，那么无论它们是在本国生长出来的还是由他国传来的，国民都是可以考虑对原有生活方式进行或多或少的改变，以获得一种更好的生活方式。这是历史进步的要求，并不是对国家文化安全的破坏。当然，生活方式的变革应该是进步的、合理的、渐进的，一方面符合时代要求，另一方面不至于引起社会的过度动荡而危及国家安全。在中国，当前提倡确立一种文明、健康、科学的生活方式。

文化安全的本质决定了研究文化安全必须考虑文化特质的保持与延续，不考虑这一点，就根本谈不上文化安全的问题。但是进一步深入研究就会发现，如果仅仅考虑文化特质的保持与延续，那么虽然抓住了文化安全的本质，但却无法解决文化安全中的一系列根本问题。一方面，民族历史文化和现存文化的特质性存在并非都是合理的、积极的、先进的，相反，其中可能以至必然包含了一些甚至许多不合理的、消极的、落后的因素，这些因素已经丧失存在的合理性，因而必然受到新生文化的威胁并最后消失，而这是任何人都不可能阻挡的历史进步的必然结果，也是任何“维护”和“保障”的主观努力不可能实现的目标；另一方面，真正有意义的、进步的文化安全活动或文化安全工作，并不是去维护和保障已经丧失合理性的特质文化，而是去推进和保障正在生长并具有进步性的新文化。这就产生了国家文化安全中的一个重要矛盾：也就是文化的民族性与文化的先进性的关系。如果只看到文化安全是文化特质的保持与延续，就可能把文化安全只理解为维护历史文化和现存文化的存在，防止对民族文化的威胁，而这种做法不仅不能真正维护和保障文化安全，反而会使文化陷入更大的危机。这样的做法，必然是一种逆历史潮流的而动行为。

科学民主维护国家文化安全

在文化安全问题中，不仅存在着如何认识和处理文化的民族性与先进性的关系，而且还存在着如何认识和处理文化的民族性、先进性与文化的世界性、多样性的关系问题。不能正确地处理好这些关系，就可能在无意中妨碍国家文化安全，甚至是在维护和保障国家文化安全名义下干出危害国家文化安全的事情来。

因此，在充分认识到文化的民族性是文化安全的本质的同时，还必须认识到文化的多样性、世界性、先进性在文化安全中的不同地位与作用。

首先，文化的多样性是一个客观事实，不仅在世界范围内存在着不同的文化，而且在一国之内也会由于地域、民族、人群的不同而永远存在着不同的文化。对于这些多元性文化，应该具有一种宽容与包容的态度。只要其没有直接损害和威胁国家主体文化，就应该允许其存在，并把其作为主体文化的有益补充。当然，对于那些确实已经腐朽和落后的文化，不管是其他国家传进或者渗透的，还是本国历史上固有的，都是国家安全活动或工作需要摒弃的，更不能维护和保障。

文化的世界性是存在于文化的多样性之中的一个必然性事实。不同文化不仅各有其特质，而且还有其共性。在世界范围内的多样性文化中，始终存在着被整个人类认同的共性，而且在人类越来越被联系为一个整体的时候，这种共性就越来越明显和突出，也越来越多。随着全球化时代的到来，人类的共同语言和共同文化达到了历史上的最高水平。在这种情况下，国家文化安全绝不能成为拒绝人类共同文化的借口。如果借口维护国家文化安全而拒绝文化的世界性，拒绝接受世界性文化，那么必然会与世界隔绝，必然使本国在与世隔绝中走向衰落，最终不仅不能保障国家文化安全，而且还必然导致整个国家的危机。

在文化的民族性、多样性、世界性之中还始终存在着一个起主导作用的先进性。不仅本国的民族文化及多样性同他国文化具有落后与先进之分，而且文化的世界性或具有世界性的文化共性，也存在着落后与先进之别。任何一种作为整体存在的文化具有某种先进性，或者说任何一个文化共同体中的某些先进文化，对于文化共同体的文化存在及其安全来说，都具有关键性的作用。

这些事实说明，文化安全的本质是文化特质的保持与延续，但并非任何文化特质都会保持和延续下去，也不是任何文化特质在任何时候都有必要保持和延续下去。对于任何一个文化共同体来说，其文化特质既并非必然被保持和延续，也并非必须被保持和延续。在人类历史发展中，一个文化共同体所具有的文化特质，既可能由于不适应新的时代或新的环境而在客观上无法延续下去，也可能由于其对人们的生存弊多利少，甚至无益有害而使人们在主观上不愿延续此种文化特质。当某种文化和某种文化特质处于不利状态时，它的生存便出现危机，便不会安全。当然，某种文化及其特质出现危机，也可能由于外部原因造成，如外族入侵对本族文化的破坏等。但是从本质上看，当一种文化及其特质不能满足甚至有害于新时代、新环境、新人类时，它便失去了继续存在下去的合理性，也就是失去了安全的合理性，因而没有必要继续被保持和延续下去。这说明，文化安全是有条件的、相对的，并非是无条件和绝对的。

在不同文化的差异和冲突中，既包括难用先进性衡量的文化特质的差异，也包括能够用也应该用先进性衡量的发达程度的差异，而前一点恰恰就是国家文化安全的本质所在，后一点则是保障国家文化安全的关键所在。国家文化安全的本质就在于民族文化特质的保持与延续，但保障国家文化安全的关键则在于文化的先进性。文化的民族性是国家文化安全的本质，也是文化是否安全的根本标志，但文化的民族性既不能保障自身的安全，更不能保障文化共同体整个文化的安全。对于包括国家在内的任何一个文化共同体来说，能否保障其文化安全，关键不在于其文化是否具有民族性、多样性和世界性，而在于其文化是否具有先进性，特别是先进文化的多少、地位、作用以及由此决定的整体文化的先进性程度。文化的先进性是保障国家文化安全的关键所在。

对于东方国家、特别是中国来说，国家文化安全问题近代就是一个十分突出的问题。中国清朝末年“帝党”与“后党”之争，“洋务派”与“守旧派”的对立，以及五四前后发生的新文化运动中的各种观点的争论，各种人物和党派的政治活动，都不仅直接涉及当时中国的政治安全、军事安全、经济安全等，而且同时也涉及到了文化安全，人们已经开始从不同的角度回答着如何保障民族文化安全的问题。

在中国近代发生的文化争论中，有些人站在“国粹”的立场上，认为老祖宗留下的东西都是好的，不仅排斥以西方为代表的任何外来文化，而且不容许任何文化变革，不仅孔孟之道不能变，传统体制不能变，儒家伦理不能变，民俗礼节不能变，而且还把男人留长辫、女人缠小脚也当成不可变革的国粹。持这种思维方式和行为模式的人，有意无意都是认为，只有坚定地维护老祖宗留下的东西才能保障中国的文化安全。其实，这种既排斥外来先进文化，又不容许变革民族历史文化、不求创新的思想和行为，不仅不能保障国家的文化安全，而且必然把中国历史文化，甚至整个中华民族推向危险的境地，甚至可能由于自身的落后而国破家亡，中国传统的民族文化由此失去生存的可能性，变成后人考古挖掘的历史遗存或探索研究的素材和对象。事实上，这种守旧拒变的“国粹主义”，在近代中国反对外族文化侵略时，根本无力维护国家的文化安全。

与此不同，在中国不断遭受列强侵略欺凌的现实中，一些觉醒较早的先进分子开始思考中国落后挨打的原因所在，逐渐认识到变革中国现实及老祖宗留下的历史文化的重要性，认识到要战胜侵略欺凌自己的列强，就必须向列强学习，学习其先进的科学技术，学习其先进的社会制度，学习其先进的文化文明。也就是说，要想不受先进发达国家的欺负，就必须向先进发达的国家学习，学习其先进的科学文化、制度文化、思想文化、语言文化。向敌人学习是一件非常痛苦的事情，但不向敌人学习就只能走向灭亡。落后的民族和国家要想生存下去，要想摆脱侵略欺凌，必须向侵略欺凌自己的先进国家学习。在这个过程中，由于对中国的落后极端悲愤，出于一种恨铁不成钢的主观愿望，一些人走向了“全盘西化”的歧途。但无论如何，这种倾向的主流代表着向先进文化学习的方向，也只有在这种变革图强的探索中，才可能找到古老中国的现代出路，找到古老中华民族文化的安全出口和新的生长点。

人们常常把国家文化安全等同于历史文化的安全，或者等同于现存文化的不受侵害。从表层来看，国家文化安全确实与民族文化传统的继承、现存文化的不受侵害具有各种不同形式的必然联系，与“文化渗透”、“文化霸权”直接对立，包括抵抗“文化渗透”、“文化霸权”，保障现有文化，包括民族传统、价值观念、社会意等免受外来文化的冲击与破坏。但是，从本质上讲，民族传统、价值观念、社会意识等一切文化形式，在历史上都不是一成不变的，而是不断发展变化的，这种发展变化虽然脱离不了前人留下的文化遗产，但它更根植于本民族新生的社会经济基础之中，也受到其他国家和民族文化的深刻影响。从历史上看，产生于古印度的佛教曾深刻地影响了中国文化，而且现在早已成为中国历史文化重要的组成部分；中国文化也曾深刻地影响了日本文化，而且也已经成为当代日本文化的重要组成部分。

在中国告别封建帝制，迈向现代民主社会的过程中，虽然帝国主义和殖民主义者大搞“文化霸权”和“文化渗透”，但在主观上追求的是自身的利益，有时甚至通过非常野蛮的形式追求自身的特殊利益，表现出来的经常是一种对落后民族的歧视、掠夺、侵略、压迫，可是在客观上，这一过程确实又起到了传播“优秀文化”和“先进文化”的作用，使其文化中的某些先进内容“渗透”到了落后国家之中，成了落后国家改变自身落后状态的精神养料。这就是近代以来发达国家对落后国家进行“文化侵略”，搞“文化霸权”和“文化渗透”的双重性。这就如同近代以来帝国主义对中国的侵略在客观上具有双重作用一样。“帝国主义侵入中国的目的，决不是要把封建的中国变成资本主义的中国”，但是在客观上，“外国资本主义对于中国的社会经济起了很大的分解作用，一方面，破坏了中国自给自足的自然经济基础，破坏了城市的手工业和农民的家庭手工业；另一方面，则促进了中国城乡商品经济的发展。”对此，毛泽东还进一步概括指出：“帝国主义列强对中国的侵略，在一方面促使中国封建社会解体，促使中国发生了资本主义因素，把一个封建社会变成了一个半封建的社会；但是在另一方面，它们又残酷地统治了中国，把一个独立的中国变成了一个半殖民地和殖民地的中国。”

因此，在分析帝国主义和西方国家的文化侵略、文化霸权、文化渗透等问题时，也需要辩证地看，看其中的两面性，既看到其中“侵略”、“霸权”、“渗透”的残酷与阴险，也要看到其中所包含的文化特别是文化中优秀的和先进的方面，以及这些优秀的特别是先进的文化对于落后国家文化建设和文化安全的重要意义。正如毛泽东指出的，近代以来，列强在对中国进行军事的、政治的、经济的侵略的同时，也没有放松文化侵略，他们“传教，办医院，办学校，办报纸和吸引留学生等，就是这个侵略政策的实施。其目的，在于造就服从它们的知识为官和愚弄广大的中国人”。对此，我们在任何时候都要保持清醒的头脑。但是对于国家文化安全来说，更为重要的不是帝国主义国家、发达国家搞不搞“文化渗透”、“文化霸权”、“文化侵略”，而是我们如何科学地认识和理性地面对“文化渗透”、“文化霸权”、“文化侵略”。我们反对残酷野蛮的“侵略”，反对恃强凌弱的“霸权”，反对包藏祸心的“渗透”，但是，我们却不应反对“文化”，特别是不应因此拒绝在帝国主义国家产生的“优秀文化”和“先进文化”。这些优秀的特别是先进的文化，在现实中常常是与帝国主义的侵略行径、霸权态度混杂在一起，与某些人的“西方中心”文化观纠缠在一起，因而是非难辨、好坏不清。如果对此缺乏辩证唯物主义的分析精神，就可能顾此失彼，导致决策的失误。

事实上，近代帝国主义在侵略中国的过程中，不仅给中国带来了比封建生产方式更先进的资本主义生产方式，促进了中国商品经济和民族资本主义的发展，同时也给中国带来了比封建文化更先进和优越的资本主义文明和文化，带来了科学技术与民主自由的思想理念。这些在帝国主义列强侵略中国的过程中逐渐渗透到中国的先进文化，已经成为当代中国文化不可分割的有机组成部分。一种外来文化之所以能够在本民族开花结果，无论如何都说明它相对本民族的相应文化来说具有一定的优越性，具有不同程度的先进性。

因此，维护国家文化安全并不是维护历史文化和现存文化的纯洁性，也不是拒绝外来文化的影响和渗透，而是保障和促进传统和现存的民族文化沿着先进性的方向发展。拒绝接受外来文化，拒绝原有文化的更新改造，不仅在过去没有成为维护文化安全的有效手段，而且在今天更不可能真正维护国家文化安全。在全球化浪潮汹涌澎湃的当今世界，无论是要维护经济科技的安全，还是要维护政治军事的安全，抑或要维护文化安全，都不可能拒绝接受外来的东西，都不可能拒绝对现有的东西进行更新改造。我们加入世界贸易组织，不仅仅是发展经济的需要，而且也是历史文化的更新改造过程。无论我们承认与否，也无论我们愿意与否，“入世”使中国面临着更多更复杂的“文化渗透”，也必然使我们更多更快地接受世界上任何国家和民族的优秀的、先进的文化成果。当然，在这一过程中，也需要注意外部腐朽落后文化的负面影响。但是从整体上讲，一个国家只有在与其他民族，特别是发达国家的文化交流中，在不断吸收世界先进文化并改造民族文化以保持自身文化具有一定程度的先进性的基础上，才可能真正获得自身的文化安全。保持文化一定程度的先进性是保障国家文化安全的关键。文化的先进性程度越高，文化的安全度也就越高。

一个国家在发展过程中，能够有效地消除和化解潜在的文化风险，抗击外来文化冲击，以确保国家文化主权不被威胁的一种文化状态。

维护中国文化安全的教育对策十分重要。教育教学中要注意自觉地弘扬优秀的民族文化。教育是传播主流文化的主渠道，引导学生正视中国的文化传统、热爱历史文化，培养对历史文化的自豪感，是教育者不可推卸的责任和使命。教育教学中要注意培养学生对本土文化的认同感和对多元文化“和而不同”的态度。教育教学中要努力提高学生的国家文化保护意识及保护能力。

教育是人类文明的有序延伸

国弱教育弱，国强教育盛。有人类社会就有教育；教育是对人类文化和文明传播的重要路径；教育是在人类心灵点亮了一盏明灯。人类教育发源于动物界中各类动物的生存本能活动。主张生物起源的代表人物有利托尔诺、沛西能等。法国社会学家利托尔诺根据对各种动物生活的观察，认为在动物世界里存在着如母隼教幼隼，母鸭带雏鸭，燕雀、欧椋鸟等各种禽类的示范与学习；兽类中的母熊教幼熊、雌象教幼象以及老兔教小兔等。利托尔诺由这些观察坚定地得出结论："从观察得到的，互相有联系的许多事实已无可争辩地向我证实：兽类教育和人类教育在根本上有同样的基础；由人强加的人为的教育，可以动摇甚至改变动物的，被称为本能的倾向，并反复教它们具有一些新的倾向；为取得这一结果，通常只要让年幼动物反复地练习并恰当地利用奖励也就够了。由此不难看出，人类教育的进行与动物的教育差别不大，在低等人种中进行的教育，与许多动物对其孩子进行的教育相差无几。"

教育学通过科学分析人类祖先的产生及开始制造工具前后的历史，教育起源于劳动，起源于对文化的认知，具体来说，起源于劳动过程中社会生产需要和人的发展需要的辩证统一。

教育是培养新生一代准备从事社会生活的整个过程，也是人类社会生产经验得以继承发扬的关键环节，主要指学校对适龄儿童、少年、青年进行培养的过程。广义上讲，凡是增进人们的知识和技能、影响人们的思想品德的活动都是教育。狭义的教育，主要指学校教育，其涵义是教育者根据一定社会（或阶层）的要求，有目的、有计划、有组织地对受教育者的身心施加影响，把他们培养成为一定社会（或阶层）所需要的人的活动。如精英教育体系是立足于中国传统文化，结合现代教育科学发展优秀成果，以"精英精神"为思想核心，致力于帮助更多人成为具有责任感、荣誉感、使命感，对社会进步及国家发展具有推动能力和奉献精神的杰出人才的教育体系。

教育过程开始于一个人的出生并持续终身已被广泛接受。有些人甚至认为教育可以开始得更早，一些父母通过外部的言语和音乐来影响子宫里成长着的胎儿，进行胎教，希望给孩子以积极的健康的发展产生影响。

"教育"一词来源于拉丁语，意思是"引出"。社会根据受教育程度选拔人才。人通过受教育实现社会地位的变迁。教育伴随着人类社会的产生而产生，随着社会的发展而发展，与人类社会共存始终。对教育的定义，各国学者认识不同。如美国的杜威说："教育即生活。"英国的斯宾塞说："教育为未来生活之准备。"教育是强迫或引导被教育者接受特定的知识、规矩、信息、技能、技巧等。教育是培养人的社会实践活动。教育是人类社会特有的社会现象，随人类社会的产生、发展而产生、发展而壮大起来。

在教育学界，关于教育的定义多种多样，可谓仁者见仁、智者见智。一般来说，人们是从两个不同的角度给"教育"下定义，一个是社会的角度，另一个是个体的角度。苏联一般是从社会的角度给"教育"下定义的，而英美国家的教育学家一般是从个体的角度给教育下定义的。从社会的角度来定义教育，凡是增进人们的知识和技能，影响人们的思想品德的活动都是教育。狭义的，主要指学校教育，指教育者根据一定的社会或阶层的要求，有目的有计划有组织地对受教育者身心施加影响，把他们培养成一定社会或阶层所需要的人的活动。更狭义的，有时指思想教育活动。这种定义方式强调社会因素对个体发展的影响，把"教育"看成是整个社会系统中的一个子系统，分配着或承担着一定的社会功能。从个体的角度来定义"教育"，往往把"教育"等同于个体的学习或发展过程。教育最本质性的理解，就是社会对人们思想的知识灌输和行为指导；教育的对象是人；内容必须是良性的而且有积极意义。

教育活动的功效和职能。教育具有多方面功能：保证人类延续、促进人类发展的功能；促进社会发展的功能；选择功能。还包括个体发展功能与社会发展功能，即教育的经济功能、政治功能、社会功能、国家功能、文化功能。教育最首要功能是促进个体全面发展；教育最基础的功能是推动经济发展；教育最直接的功能是影响政治文明；教育最有效的功能是推进社会进步；教育最先进的功能是能使国家越来越强大；教育最深远的功能是使文化更为丰厚。

教育的逻辑起点自然是人类社会的产生。从猿到人的转变是由于生产劳动，猿在劳动中逐渐形成以大脑和手为核心的主体机制。大脑可以思维，手可以操作，这就使人区别于一般动物而变成高级动物。有了主体机制才有可能成为具有实践认知能力的主体人，人类才能把自己提升为认识和改造客观世界的主体，从而把客观世界变成人类改造和认识的客体。而要认识和改造客观世界是需要有主体能力才可以的。人类社会是人类在社会实践中创造出来的自身存在形式。科学的教育定义有助于人们客观认识教育，客观认识教育有助于人们树立正确的教育观，正确的教育观有助于人们制定正确的教育方针、规划、制度，从而促使人们进行合情、合理、合适、合规、合法的教育活动。

一般而言，教育的环境可以分为：家庭环境、学校环境、社会环境。教育的目标可以理解为，自谋求个人的生存技能开始到谋求国家利益、民族利益、人类命运持续科学化、幸福安全的高科技，用以造福人类没有止境！科学的教育是立体的，它分为四个层面：学校教育、家庭教育、社会教育和自我教育。四个层面相互交融、重叠和互补，形成了完整的教育体系。狭义的教材就是教科书。教科书是一个课程的核心教学材料。教育是指在一定的社会条件下，依据社会的需要，有组织，有目的，有计划地对受教育者进行系统的教育和训练，开发其体力和智力的活动。

上所施下所效，育养子使作善也。东汉许慎《说文解字》教的方法，就是上行下效。比如家长教孩子孝道，自己就要身体力行，孩子自然也会做到。推而广之，要教别人首先自己要先修身，先做到，然后再用身教言教去影响人，甚至达到不言而教的效果。老祖宗认为教书育人的首要目的，是使孩子做一个善人，而不仅仅是学习知识和专业技能。倘若搞教育的人心中都不知道标准，那教育一定不会是圆满的；倘若他知道善的标准，就能够把握住每一个教育的机会。

中国有句俗语：十年树木，百年树人。揭示了教育的根本价值，就是给国家提供具有崇高信仰、道德高尚、诚实守法、技艺精湛、博学多才、多专多能的人才，为国、为家、为社会创造科学知识和物质财富，推动经济增长，推动民族兴旺，推动世界和平和人类发展。

中国古代教育到了夏代，则有了正式以教为主的学校，称为“校”。到了商朝，称为“庠”，到周成为“序”。“序”又分“东序”、“西序”，前者为大学，在国都王宫之东，为贵族及其子弟入学之地；后者为小学，在国都西郊，为平民学习之所。商代生产力日益发展，文化日趋进步，科学日渐发达，因之学校又有增加，称为“学”与“瞽宗”。“学”又有“左学”、“右学”之别，前者专为“国老”而创，后者专为“庶老”而设。国庶之界在于贵族与平民。“学”以明人伦为主，“瞽宗”以习乐为宗。

西周是奴隶社会鼎盛时期，学校组织比较完善。当时分为国学与乡学两种。国学专为贵族子弟而设，按学生入学年龄与教育程度分为大学、小学两级。一般情况下，塾中优秀者，可升入乡学而学于庠、序、校；庠、序、校中的优秀者或升入国学而学于大学。国学为中央直属学校，乡学是地方学校。春秋战国时代，官学逐渐为私学替代，出现新兴阶层“士”，秦始皇统一六国文字，提倡“以吏为师，以法为学”。西汉私学重新恢复发展，汉武帝主张，“罢黜百家，独尊儒术”。魏晋南北朝，晋武帝在太学外另设国子学。 唐代书院，分官私两类。私人书院最初为私人读书的书房，唐贞观九年（635）设在遂宁县的张九宗书院，为较早的私人书院。官立书院初为官方修书、校书或偶尔为皇帝讲经的场所。唐玄宗开元六年（718）将乾元院改名为丽正修书院。十三年又改为集贤殿书院。真正具有聚徒讲学性质的书院于五代末期基本形成，主要培养学生参加科举考试。

北宋初年，私人讲学的书院大量产生。陆续出现白鹿洞、岳麓、睢阳（应天府）、嵩阳、石鼓、茅山、象山等书院。其中白鹿洞、岳麓、睢阳（应天府）、嵩阳书院并称为中国古代四大书院。到仁宗末年，北宋前期较有影响的书院全部消失。熙宁四年（1071）朝廷直接向州学派出教授，以削弱书院和县学。七年将有教授的州中书院并入州学。南宋初期，张栻、朱熹、吕祖谦、陆九渊等学者开始修复书院，并成为学派活动基地及讲学的场所。理宗即位后，将理学定为正统学说，书院教育成为朱熹等理学大师的遗产被官府继承。景定元年起，正式通过科举考试或从太学毕业的官员才能成为每个州的书院山长，朝廷借此控制书院。

元至元二十八年（1291）元世祖首次下令广设书院，民间有自愿出钱出粮赞助建学的，也立为书院。后多次颁布法令保护书院和庙学，并将书院等视为官学，书院山长也定为学官，是书院官学化的开始。元代将书院和理学推广到北方地区，缩短了南北文化的差距，并创建书院。但受官方控制甚严，无书院争鸣辩论的讲学特色。 明初时，宋元留存的书院，多被改建为地方学校和社学。成化、弘治以后书院逐渐兴复。嘉靖十六年（1537）明世宗以书院倡邪学下令毁天下私创书院。十七年以书院耗费财物、影响官学教育再次禁毁书院。到嘉靖末年，内阁首辅徐阶提倡书院讲学，书院得以恢复。万历七年（1579）张居正掌权，在统一思想的名义下下令禁毁全国书院。其去世后，书院又开始盛行。天启五年（1625）魏忠贤下令拆毁天下书院，造成了“东林书院事件”。崇祯帝即位后书院陆续恢复。出现了陈献章、王守仁等学派。明朝的书院分为两类：一种重授课、考试的考课式书院，同于官学；另一种是教学与研究相结合，各学派在此互相讲会、问难、论辩的讲会式书院。后者多为统治者所禁毁。

清初统治者抑制书院发展，使之官学化。顺治九年（1652）明令禁止私创书院。雍正十一年（1733）各省城设置书院，后各府、州、县相继创建书院。乾隆年间，官立书院剧增。绝大多数书院成为以考课为中心的科举预备学校。至光绪二十七年（1901）则令书院改为学堂，书院就此结束。清代书院分为三类：其一中式义理与经世之学；其二以考科举为主，主要学习八股文制艺；其三以扑学精神倡导学术研究。

大约在公元前3000年左右，苏美尔、巴比伦、古埃及、古印度和古希伯来等国家相继进入了奴隶社会，教育有了进一步的发展，这些国家和地区是人类文化的发祥地，人类文明的摇篮，他们对教育问题的探索皆对东西方教育的发展产生了重要的影响。

大约在公元前3500年，苏美尔人就从原始社会向奴隶社会过渡，在两河流域南部建立了一些奴隶制城邦国家。苏美尔人创造了自己的语言即苏美尔语。同时苏美尔人还发明了“泥板书”和文字。他们用削成三角形尖头的芒苇竿（或木棒、骨棒）做笔，把字刻在半干的泥板上，即“泥板书”，其上面的文字称为楔形文字。这就为两河流域教育的发展奠定了基础。到巴比伦时期，苏美尔人在几何、水利、建筑、机械等方面积累了比较丰富的知识，尤其是天文学、数学有了很大发展。如数学已采用了十进位和六十进位的计数法，会运用四则运算，知道怎样求平方根、立方根，怎样解三个未知数的方程式。在天文学方面已经能预测日蚀、月蚀，并区别五大行星和恒星。

随着文化的进一步发展，在苏美尔时期出现了最早的学校，当时的学校多设于寺庙和宫廷附近。学校以泥板书作教材，以泥板作为主要的学习工具，因而学校又称“泥板书舍”。学校对语言和书写能力的教学十分重视。教学管理非常严格，体罚盛行，老师用木棒责打学生是经常的事情。到巴比伦时期，学校有了进一步发展，出现了初等教育和高等教育。初等教育主要教授读写知识，高等学校则除了学习读写外，还要学习文法、苏美尔文学、祈祷文等。教学方法主要是师徒讲授式。巴比伦作为古代文明的中心，在公元3世纪以后逐渐衰落。后人主要通过考古工作者的发掘和研究才得以了解苏美尔和巴比伦的文化教育，并将其视为人类正式教育的起点。

印证人类社会变革的交响曲

教育是人类文明进步的阶梯。教育与治国息息相关，治国离不开教育，教育助国家兴旺发达。古代埃及位于非洲东北部尼罗河的下游，公元前3000年左右，建立了统一的王朝，形成奴隶主专政的国家。中间经过古王国、中王国和新王国三个时期，于525年为波斯国所灭。古代埃及的学校教育较为发达，形成了不同种类的学校，主要有宫廷学校、僧侣学校、职官学校和文士学校。

宫廷学校是设在法老的宫廷中教育皇子皇孙和朝臣子弟的学校，其教学内容已无可考证。僧侣学校（或寺庙学校）是设在寺庙内，专门培养僧侣的学校，其教学内容主要有天文、数学、建筑学、水利学、医学及科学等。职官学校是由政府机关设立用来培养官员的，其教学内容与机关业务紧密联系，主要包括普通文化课程和专门职业教育。文士教育是文士在家中招收学生，进行讲学的私立性质的学校，教学内容主要有数学、天文和地理等科目，此外还有书写、计算和有关律令的知识。在教学方法上，这些学校都惯用灌输和惩戒。教师教学时不重解释说明而是布置多量作业，叫学生反复进行机械性的练习。老师虽也利用问答方法，但并不注意引导学生思考。由于在教学过程中教学内容过于艰深，老师又忽视采用启发理解的教学方法，儿童厌学的心理很普遍，体罚遂成为常用的手段。古代埃及的学校主要是由统治阶层所享有的，一般平民和奴隶都没有受教育的权利。

公元前6世纪的印度教育，一般称为“婆罗门教育”。在婆罗门的学校中最有特色的是“古儒学校”。“古儒”即对婆罗门教经典有一定研究而又热心于教育的文人，他们在家中设立的经义学校即“古儒学校”。学生主要是婆罗门等高级种姓，儿童入学后即迁入古儒家与其共同生活起居，学习年限为12年。这种教育以婆罗门教的教条为指导思想，以用梵语写成的婆罗门教的经典《吠陀》经为主要内容，教学方法以背诵为主，同时也有一些讨论。

公元前5世纪左右的印度教育，一般称为“佛教教育”。佛教的创立者是释迦牟尼，释迦牟尼反对种姓制度，主张“四姓平等”。佛教教育的场所最重要的是寺院，与婆罗门以家庭和学校为场地不同。佛教寺院的儿童男女平等。年满8岁以上儿童准许入寺修行，在学满12年以后通过一个隆重的仪式进行考核，合格者方可成为正式僧侣，男的称为比丘，女的称为比丘尼。这种学校以佛教经典为主要的学习内容，僧侣讲授各种学科知识时不用繁难的梵文梵语而采用通用方言。教学时经常采用争辩和讨论方法，形式灵活而富有生气。

古代印度的教育操于宗教之手，成为神学附庸，而且享受教育成为特殊种姓的特权，它给奴隶主阶层和封建地主阶层提供了从精神上奴役广大人民的工具。婆罗门教育最为保守，佛教教育本质上也与之相同，只在若干措施上稍为变异罢了。两种教育都以出世思想欺骗人们走上消极厌世的道路，从心理上忽视现实斗争。这一方面反映了印度社会的进步迟滞，一方面又阻碍了印度社会的变革。

希伯来人原是在西亚和美索不达米亚一带的游牧民族，由以色列和犹太两个部落组成，公元前14世纪左右迁徙北非的埃及。后因不堪埃及人的虐待而在首领摩西的带领下迁往西亚的巴勒斯坦，并于公元前11世纪由奴隶主大卫建成统一的希伯来王国。希伯来王国在所罗门时期得到很大发展，但由于阶层矛盾深刻，更由于居于统治地位的犹太人和以色列人彼此内讧，国家不久分裂，北部由以色列人占领，犹太人则居于南部。公元前722年，亚述消灭了以色列，犹太也于公元前586年为巴比伦所灭，其国民沦为“巴比伦之囚”。直到公元前538年，波斯王居鲁士灭巴比伦，希伯来人才得以重返家园，并在波斯征服者的羽翼之下，建立了宗教公社，以犹太教为立国施政之本，以耶路撒冷为都城，继续存在若干年。希伯来的教育分为两个时期，第一个时期是从其离开埃及到沦为“巴比伦之囚”以前，以家庭教育为主；其后则为第二个时期，以学校教育为主。

在希伯来人的家庭中，父亲是一家之长，父训就是法律。父亲既是家庭的祭师又是子女的教师。除去在宫廷中聘请教师教育王子王孙外，一般即以家庭作为子女受教育的场所。希伯来人的信念是 不信上帝即属罪恶，而没有知识的愚人乃是不能真正信奉上帝的。因此，希伯来人家庭教育以《圣经·旧约》和一些简单的文化知识为主要内容，其目的就是培养子女的宗教信仰。另外，为了使子女能够生存，家庭也对大一些的孩子进行职业技能教育。

希伯来人特别重视利用节日对子女进行宗教教育。比如在为纪念希伯来先人逃出埃及的胜利而举行的四月逾越节中，为纪念先人制定“十诫”盛典而在六月举行的五旬斋节和为纪念归国途中的艰辛岁月而举行的九月结第节中，家庭都举行隆重的祭神仪式。激励儿童发问并给以详细答复，从而激发子女盛戴神灵的心情。这是希伯来家庭教育的一大特色。

过去，希伯来人以家庭为主要的教育场所，但在巴比伦他们看到了规模宏伟的图书馆和水平较高的学术成就，受其影响，在返回家园以后，他们将犹太会堂的形式移迁回国，并在原有家庭教育之外，另行设置学校作为主要教育场所。

希伯来的学校是由犹太会堂发展而来的，大约出现于公元前2世纪。到公元前1世纪，形成比较完备的教学制度。犹太会堂实施强迫教学，希伯来人强调只有人人受教育，才能使每个人都成为上帝的信仰者，才能保证民族不受衰亡的威胁。希伯来的教育是神学的附庸，各级学校的教学都充斥着神学意味，宗教教育胜于科学知识的传授。希伯来人既把教育当作神圣事业，因此对教育工作者十分尊重。

希伯来的教育以宗教教育为核心，对西方基督教和基督教教育的产生具有重要影响。由于基督教教育在世界教育史上占有重要地位，所以希伯来教育在历史上有重要意义。

古代希腊是西方教育的重要发祥地。古代希腊的教育可以分为相对独立的三个阶段：一是荷马时代的教育，二是希腊城邦制时代的教育，三是希腊化时代的教育。公元前10世纪至公元前8世纪，希腊氏族制度瓦解，出现了数目众多的小规模的城邦，进入希腊城邦制时代。斯巴达和雅典就是这一时代的产物，且是当时最强大而有代表性的两大城邦，其教育对后代乃至现代欧美教育产生了重要影响。

斯巴达重视教育，把教育作为治国的最主要的工具。斯巴达教育的唯一目的是通过军事体育训练将氏族贵族子弟培养成为体格强壮的武士。因此，儿童一出生就要接受严格的体格检查，凡身体孱弱畸形的即被舍弃。男童被送往国家教育机构，过半军营式生活。在这段期间，他们要接受单调的军事体育训练，强制的政治道德灌输和严酷的身心磨炼，以形成勇敢、坚韧、顺从和爱国的品格。斯巴达的军事体育训练非常严格，各个项目都必须达到一定要求才能终止。从18岁起，公民子弟要转到高一级的青年军事训练团，接受正规的军事训练。年满20岁的青年，要开往国家边境沿线驻扎，开始实战训练。这样直到年满30岁，通过一定仪式，才能获得完全的公民身份，成为一名正式的合格的军人，结束其全部教育历程。

由于斯巴达人数较少，男子外出征战时，防守城池的责任就落在妇女身上，而且他们也认为，只有身体强壮的妇女才能生育健壮的子女，所以斯巴达对女子教育也相当重视。

斯巴达只重军事体育训练，而轻视科学文化知识的学习，使其教育越来越脱离世界的文明，但作为一种古典的教育方式，斯巴达教育对以后西方教育中的某些方面却有明显影响。

雅典非常重视教育，其教育是其繁荣的文化、科学、艺术中的一个重要环节，也是雅典实施奴隶主民主政治的一个不可缺少的组成部分。雅典人认为理想的教育是心灵和身体的公平发展。因此，雅典的教育，不仅要把统治阶层的子弟训练成为身强力壮的军人，而且要把他们培养成为具有多种才能、能言善辩、善于通商交往的政治家和商人。

历史法就是要从事物发生和发展的过程中去进行考查，以弄清它的实质和发展规律。历史法的研究步骤，先是史料的搜集对史料的鉴别；对史料进行分类，运用历史法研究教育问题时要注意坚持全面分析的方法。对教育问题的研究应当与一定历史条件下的政治、经济、哲学、伦理思想等联系起来，全面地去进行考察与分析。要把历史分析和阶层分析结合起来。要正确处理批判与继承的关系。调查法的工作步骤：要确定好调查目的；选择适当的调查对象；拟定调查提纲；计划好调查的步骤和方法。调查的方法多种多样，经常采用的有：观察、谈话、问卷。实验法：一般是自然实验法即在教育活动的自然状态下进行的实验，不是在专门的实验室里进行的实验，可以叫教育实验法。它是研究者根据对改善教育问题的设想，创设某种环境，控制一定条件，所进行的一种教育实践活动。教育实验法一般分为以下三种：单组实验法、等组实验法、循环实验法。

西方教育大都是基于人文思想而展开的，从小开始培养人的实践和分析能力，鼓励思想的自由，并对自己的言行负责。教师起的作用，主要是指引者，往往好像朋友一般和学生一起去探讨问题，对于学生的疑问，经常一指图书馆，让学生自己去寻找资料，自己做出判断，尽可能的不去影响学生的自主思考。它最大程度地保护了人类创造力的根源——思想的自由和自主。人类之所以在这个世界处于统治地位，就是因为人类的创造力！人类创造工具并使用它，目前已知的生物中，只有人和黑猩猩有创造工具的行为。这也就是为什么近代和现代绝大多数发明和发现出现在西方的主要原因。同样，它也有缺点，有局限性。它注重分析，缺乏综合思考能力的培养。分析就好像一条射线一样，确定了方向，就一步一步地走下去，很少去反思出发点；它“喜新厌旧”，重视个体的创新，常忽略个体对已有知识的累积。美国教育部长也说：“我们国家的教育是彻底失败的，我们把人教成了肉机器。”这就是出于西方教育缺乏综合思考能力和横向思维能力的培养而说的，横向思维是人与电脑的根本区别，例：有十块钱和一块钱，拿哪个？答拿十块或拿一块的，即纵向思维；答都拿或都不拿的，即横向思维。

历来中华教育的主体是通过儒家思想表现出来的。因为儒家有“忠孝”的思想，所以当权者就把教育工作主要交给儒家来负责，以便有利于统治，而国家行政是否也以儒家思想为标准，是另一码事。这种教育注重综合，讲究内在，对已知的知识不断累积，故有“温故而知新”，又善于多方位的进行思考，“功夫在诗外”就是这个意思了。它的不足之处就是对思想的自由有一定的禁锢，使人缺乏创造力和，条理性、系统性不强，不够精确，学生往往好高骛远，眼高手低，认为已经了解了事物的总纲，其他的也就那么回事，不肯脚踏实地的研究分析事物的细节。这也是宋朝之后再没有什么大的发明、发现出现的一个原因。

近代中国的教育经受了西方教育方式的冲击，出现了对立并存的情况，或者说这是中西方思想的一次强烈碰撞，教育方式的不同只是其中差异的体现。故有“以夷制夷”，有“拿来主义”。坚持自我，也是一条教育之道，在台湾地区、在东南亚，都有使用中华传统教育而非常成功的例子，他们一贯坚持德育，同样培养出很多优秀人才。培养出大多优秀公民的教育才是成功的教育，而不是凤毛麟角的出几个名人或科学家，国家是否强大，取决于国民素质的高低，因此，教育是提高国民素质的关键。

创新能力决定国家国际地位

创新是国家发展进步的灵魂，国家不创新就会穷途末路。国家的创新首先在于教育。创新能力是运用知识和理论，在科学、艺术、技术和各种实践活动领域中不断提供具有政治价值、经济价值、文化价值、军事价值、社会价值、生态价值的新思想、新理论、新方法和新发明的能力。创新能力是民族进步的灵魂、经济竞争的核心，国力增强的主旨；当今人类社会的竞争，与其说是人才的竞争，不如说是人的创造力和创新能力的竞争。

人的创新能力就是国家的实力，按更习惯的说法，也称为创新力。创新能力按主体分，最常提及的有国家创新能力、区域创新能力、社会创新能力等，并且存在多个衡量创新能力的创新指数的排名。

中国上千年的教育发展史，闪烁着一些简单而朴素的创新能力培养的思想和方法。例如，两千多年前，老子就在《道德经》中提出“天下万物生于有，有生于无”的创造思想。“创新是一个民族进步的灵魂，是一个国家兴旺发达的不竭动力。创新的关键在人才，人才的成长靠教育。”以此为契机，中国将大学生创新能力的培养作为教育改革的重要目标，在教育界引发了一次对创新能力的内涵、创新能力培养的影响因素以及方式方法的大讨论。

如果这个世界没有创新能力，便不会有今日人类的文明，可能还同猩猩一起还过着钻木取火的原始生活。如果爱因斯坦，爱迪生等人没有创新能力，他们何以取得巨大的成就与收获，如果一个人不具备创新能力，可以说是庸才；如果一个民族没有了创新人才，那么它便是一个落后的民族。

教育强则青少强，青少强则国家强。青少年培养创新能力的越来越重要，随着现代科学技术的发展，现在和未来文明的真正财富，将越来越表现为人的创造性。知识激增，需要新一代学会学习；科技革命，需要新一代革新创造；兴邦强国，需要新一代开拓前进。培养青少年的创新能力，就是未来社会生产的特点所决定的。培养青少年的创新能力，对于中国的发展具有更重大的意义，中国要到2050年左右赶上或超过世界发达国家，成为具有高度物质文明和精神文明的现代化强国，这个宏伟的计划需要继承者，必须具有创新精神。智力潜能，需要教育者去系统地开发和推进。

在科学技术飞速发展的今天，创新意识和创新能力越来越成为一个国家国际竞争力和国际地位的最重要的决定因素。改革开放以来，中国创新能力有了很大提高，少数科学研究和技术创新在世界上也占有一席之地。但无可回避的现实是，中国创新能力和国际先进水平的差距较大。根据2010年的有关分析数据，中国在49个主要国家中，科技创新综合能力处于第28位，也就是中等偏下的水平。如果中国2020年要进入创新型国家行列，意味着要从当前的水平再前进10位，进入世界前20位。目前，中国的科技人力资源达到4000万人，名列世界第一；研发人员100多万人，名列世界第二。这是中国进入创新型国家行列的、任何国家无法比拟的最可宝贵的资源。有资料分析表明，中国学生应试能力强，但动手能力特别是创新能力较差，与美国等西方发达国家学生也存在明显的差距。

古训有“木秀于林，风必摧之”，民谚有“枪打出头鸟”之称。几千年代代相传，形成中华民族过于求稳趋同，不敢求异冒险的心理积淀。封建社会的思想虽经五四新文化运动和思想启蒙运动的有力冲击，但仍根深蒂固。后来“文化大革命”的爆发和“两个凡是”的出笼就是其极端的表现。中国的幼儿从小就被教育在家要听家长的话，在学校要听老师的话，在单位要听领导的话，于是，服从听话就成了他们做人的基本准则，缺乏一种创造的内在冲动，缺乏一种大胆质疑的批判思维。

没有创新的教育是失败的教育。现行应试教育模式存在严重缺陷。中国现行的应试教育模式，从某种意义上说，既是传统科举教育的“现代版”，又是原苏联教育模式的“中国版”。这种教育模式曾培养了一代又一代富有牺牲精神的人才，创造过无数的成功和辉煌，但也存在着严重缺陷：一是评价体系是静态的应试指标。对教学效果和学生能力的评价考核采取规范性评价方式，通过标准性、规范性的试卷来考核评价具有能动性和创造力的教师和学生，从而抹杀了教师和学生的创造性。二是教育方式采取灌输式。教师整堂课讲解，学生一字不落地速记，教师的职责就是“传道、授业、解惑”，学生不能随便提问表示异议。这种上课方式缺乏信息反馈和民主气氛，灌输有余，启迪不足。三是学习方式是以记忆为主。学生对教师讲解内容的消化方式是记忆，被强迫读死书，死读书，复制有余，创新不够。同时，青少年在参加工作前基本上是在校园内度过，没有涉足真实的社会，学习和实践从根本上脱节。四是学校“评先推优”，把是否是学生干部纳入升学指标，在学生幼小心灵蒙上“官本位”的阴影。这种教育模式，不仅导致了幼小心灵的等级伤害，而且还造成“千军万马过独木桥”的残酷竞争，使中国的学生既缺乏主动积极创造性的活力，又缺乏公平校园精神。

鼓励青少年创新的物质条件和社会机制尚不完善。在美国，青少年学生三分之一的课程设置在博物馆，天文馆和图书馆都是他们学习的乐园，还有网上教学。据报载，美国目前 12 岁以上的少儿都会操作电脑，上互联网络，被称为“网上一代”。而中国绝大部分地区尚处于普及九年义务教育阶段，学业主要是在教室里由老师传授。据专家估计，在基础教育手段和载体方面，中国已经落后美国至少 60 年。教育和知识基础设施建设的严重滞后无疑会大大影响青少年创新能力的培养。不论是政府、学校，还是社会和家庭，对青少年一代的培养都面临教育目标重新定位、教育方式重新选择，教育效果重新评估等问题。这些深层次的问题不解决，鼓励青少年创新的激励机制和社会环境就难以形成。

从社会系统和青少年生活的具体社会环境看，影响青少年创新能力的社会因素，大致可以分为社会政治上层建筑因素、社会经济基础因素、社会文化观念因素和社会环境交往因素。

上层建筑对青少年创新能力的影响。古今中外的历史早已揭示出了这样一条真理：民主、自由、公平、稳定的社会政治生活环境，既是知识分子、青少年人才健康成长、发挥积极作用的政治基础，也是社会创新意识、创新精神和创新能力发育、发展并转化为现实生产力的基本前提。如果一个社会没有“既有自由，又有纪律，既有民主，又有集中，既有统一意志，又有个人心情舒畅的生动活泼”的政治局面，那么它就会失去生机和活力，就要落后于不断发展的时代，甚至被日新月异的世界潮流所淘汰。只有政通人和，发展和保持民主公平稳定的社会政治生活环境，才能为青少年创新意识、创新精神和创新能力的培养，提供基本的社会政治前提。

社会经济基础对青少年创新能力的影响。人们从事的一切活动，都同他们的利益有关，这是普遍真理。就创新活动的条件而言，经济因素在根本层次上起着决定性的作用，因此，经济基础是青少年创新能力培养的必要社会条件和物质利益动因。

社会文化观念对青少年创新能力的影响。现代的文化观已经超越了仅仅把文化简单地看作是社会意识形态的阶段。社会文化作为人类社会持久性活动及其成果的灵魂和精髓，与社会、经济、政治三位一体，构成社会的有机系统和基本结构，以物质资源的高消耗为基础的粗放型经济增长方式的日益转变和以知识、科技、信息、教育为基础的知识经济的兴起，标志着人类社会真正的文化时代的来临。具有高度凝聚力和科学创新精神的民族的科学的大众文化，是青少年创新意识、创新精神和创新能力培养的社会文化基质和内在精神动力。

社会文化交往环境对青少年创新能力的影响。人是社会动物，人的一切活动都不能单纯地解释为个体的活动，而是与其所生活存在的社会经济、政治和文化空间时刻发生着千丝万缕的联系。单个人的活动也反映着社会的影响，具有社会活动的意义，受到内在和外在的社会规则、思维方式、价值观念的约束、激励和推动，受到其他社会成员的交互影响。人的活动是社会互动的表现形式，所以，青少年所置身其中的社会整体的科学文化素质、特别是创新素养的生长发育的现实状态，以及生活于其中的具体社会文化环境和交往情境，就成为青少年创新意识、创新精神和创新能力培养的重要社会条件或制约因素。

缺乏创新意识和创新欲望。许多学生进入大学后给自己将来的奋斗目标定位不够准确，往往仅满足于毕业后能找个好工作或是考取研究生，这在一定程度上影响了大学生创新意识和创新欲望的激发。正上学的青少年，他们几乎将所有可利用的时间都花在了学习课本知识上，完全成了“为了考试而学习”，忽略了自己在创新能力方面的培养。他们的创新意识相当淡薄，更谈不上创新欲望。

缺乏创新兴趣。当代青少年学生的兴趣往往随着时间、环境、心情而变化，对创新感兴趣的不多，更缺乏创新所需要的深度和广度，这对青少年创新能力的培养是十分不利的。

思维惯常定势。在长期的思维实践中，每个人都会形成自己所惯用的、格式化的思维模式，当面临外界事物或现实问题的时候，就会不假思索地把它们纳入特定的思维框架，并沿着特定的思维路径对它们进行思考和处理，这就是思维的惯常定势。它具有两个基本特点，一是它的形式化结构，二是它的强大惯性。青少年虽然尚处于人生的初始阶段，思维不受束缚，但随着知识的不断增加和阅历的日益丰富，存在于头脑中的认知框架将逐步模式化、固定化，进而弱化青少年的创新意识，影响青少年创新能力的发展。正如法国生物学家贝尔纳所说：“妨碍人们学习的最大障碍，并不是未知的东西，而是已知的东西。”

对科学的崇尚意识与参与行为之间存在较大反差。不可否认，部分青少年是具有创新动机的。他们对创新有一定的认识，也希望在学习和实践过程中产生新思想与新理论，但他们对科学的崇尚意识与参与行为之间却存在着很大反差。一方面他们在认识上追求创新，体现出了比较积极主动的精神状态；而另一方面，他们在行动上却迟迟不能落实，主动作用发挥不够，投身实践的勇气和能力欠缺。

培养青少年创新能力既是实现中华民族强盛的战略抉择，又是青少年自身成长成才的内在需要，涉及价值取向、教育改革、物质保障、社会机制以及人文环境等方方面面，只有对症下药，多管齐下，综合治理，才能取得实质性的进展。在具体的培养过程中，应遵循几条基本原则：

每个人都是一个特殊的不同于他人的现实存在。从某种意义上说，个性化就是创造性的代名词，没有个性，就没有创造。因此，培养青少年创新能力必须遵循个性化原则，因材施教，重在激发青少年的主动性和独创性，培养其自主的意识、独立的人格和批判的精神。确立教育的个性化原则，首先要走出思想认识上的误区。要从“将全面发展与个性发展对立起来”的误区中解放出来，从“将全面发展理解为平均发展”的误区中解放出来，正确全面推进发展的理论；要从“对教育平等”的错误理解中摆脱出来，承认差异，发展差异，鼓励竞争，鼓励冒尖，不求全才，允许偏才、奇才、怪才的生存与发展。其次要从小培养和强化青少年的自主意识和独立人格。家长和教师都要彻底改变“听话就是好孩子、好学生”的陈腐观念，以民主平等的态度对待孩子和学生，鼓励他们大胆质疑，逢事多问一个“为什么”、“怎么样”，自己拿主意，自己作决定，不依附，不盲从，引导和保护他们的好奇心、自信心、想象力和表达欲，使他们逐步养成自主、进取、勇敢和独立的人格。因材施教。所谓因材施教，就是针对人的能力、性格、志趣等具体情况施行不同的教育。教师要善于激发学生的求知欲和创造欲，鼓励学生大胆发言，勤思考，多讨论，在所有的环节中把批判能力、创新性思维和多样性教给学生，培养学生的创新精神，努力创造一种宽松、自由、民主的“教学相长”的良好氛围。

所谓系统是由相互联系、相互作用的若干要素，以一定结构组成的，具有一定整体功能的有机整体。根据一般系统论原理，一方面，培养青少年创新能力是一个包括培养创新意识、创新精神、创新思维、创新方法等诸要素的有机整体，绝不能割裂开来；另一方面，培养青少年创新能力，是一项庞大的社会系统工程，需要政府、学校、家庭、社会各方面的共同参与，封闭式的教育是没有出路的。系统科学理论为培养青少年创新能力提供了方法论的启示和指导。培养青少年创新能力作为一项系统工程，目前需要解决三个比较突出的问题：一是要进一步加大教育改革力度。教育在人的全面发展和社会进步中具有先导性作用，中国现行的应试教育模式已不适应市场经济和知识经济发展的要求，必须进一步深化教育改革，尽快实现从应试教育向以培养创新精神为核心的素质教育的转变。深化教育改革，最关键的是要把教育建立在市场机制的基础上，使教育面向社会，适应时代要求。要以社会对劳动者需求的变动，调整教育的方针、内容；用社会需求来配置教育资源，调整、集中、重组现有的教育资源，促进产学结合，大力发展民办教育，增加新的教育投入；改革教育行政管理模式，依靠需求机制调整教师与其他职业工资及教师内部工资的对比关系，提高教师队伍质量。二是要尽快在全社会建立激励青少年创新的价值导向机制。社会价值取向具有激励和约束两方面作用。个人能力的发展方向如果与社会的激励方向一致，则可以达到较高的速度，并受到援助和尊重。培养青少年创新能力，一定要建立鼓励探索、冒险、质疑和创新的激励机制，包括社会激励、市场激励和政府激励，形成新的价值导向。三是要加速以青少年活动中心、博物馆、天文馆、图书馆等为主体的知识基础设施建设和以多媒体电化教学为标志的教育技术现代化进程，为培养青少年创新能力提供有效载体和物质保障。

实践是人所特有的对象性活动，是人类的存在方式。实践改造自然，不仅仅是改变自然物的形态，更重要的是在自然物中贯注人的需要、目的和本质力量，使其从“自在之物”转化为“为我之物”，从而创造出按照自在世界本身的运动不可能产生的事物。实践分化世界的过程，实际上就是按照人的样子来组织世界和创造世界的过程。培养青少年创新能力，无论是培养的目的、途径，还是最终结果，都离不开实践。遵循实践性原则，就是坚持公平正义的教育观和人才观，坚持创新是一种创造性的实践，坚持以实践作为检验和评价青少年创新能力的唯一标准。

所谓协作是指由若干人或若干单位共同配合完成某一任务。青少年的创新能力不只是跟他们的智力因素有关，非智力因素也在很大程度上影响着他们创造潜能的发挥。个性品质中的协作特征就是这样一种因素。许多教育界人士曾经反复呼吁，目前中国独生子女的一个严重问题就是不善于合作与交往。世界国民教育的主旋律也已经从培养儿童“学会生存”转变成了培养儿童“学会关心”。有人对诺贝尔奖获得者的工作态度与方式进行了全面分析，发现在1901年到1972年期间286位获奖者中，近三分之一的人是因为与他人合作进行工作而获奖。相比之下，未获奖的科学家中，只有很少的人与别人进行积极的合作。这个结果显示，与别人一道工作可以增加创造性。有一个基本的事实就是现代科学的发展已经让任何一个人都无法在一生当中涉足科学技术的各个方面。要想在现有的科学技术的基础上有所创造，就必须学会与别人进行“信息共享”。由此看来，人的创造性既是一种个人化的品质，也是一种社会化的特征，还是一个国家强弱的标志。培养青少年的协作精神，首先要从小培养他们乐观、豁达、开朗的性格，学会与人相处、关心他人。其次是要多让他们参加各种各样的集体活动，学会在一个有竞争的集体中进行工作，学会在与人合作中进行创造和创新。

青少年创新能力的培养重点应该以大、中、小学生为主进行。青少年学生是具有创新潜能的，只要采取合适的方法，他们的创新能力是可以大幅度提高的。针对目前青少年学生创新意识不足、创新能力不强的特点，可以对青少年学生创新能力的培养加以大胆探索和尝试。只有青少年创造力和创新能力提高了，国家才会一天天强大起来。

第十七章 国家创新趋理性 科学智能论英雄

恒者行远，思者常新。《伽利略传》有两句著名的道白，一句是：一个没有英雄的国家是多么的不幸啊！另一句是伽利略的回答：不！一个需要英雄的国家才是不幸的呀！民强则国强，民弱则国弱。一个国家尊重知识人民才会用心学习，社会风气就会良性净化；一个国家尊重人才，这个国才能兴旺发达。国家的强盛关键在于人民素质的持续提升，创新能力的不断增强。总之，有什么样的人民就会有什么样的社会和国家。

尊重个性发展鼓励创造精神

教育以学为本，以学生为中心，注意人的个性发展。人的个性发展是创造精神的原动力。个性强国家强，个性弱国之懦。从学校到社会；再从社会到家庭，都不能把学生看作消极的被管理对象，也不能把学生当作灌输知识的容器，而要把每个学生看作具有创造潜能的主体、具有丰富个性的主体。学校要重视学生的个性差异，注重学生的个性发展。否则，若各个环节管理过于呆板，学生就会完全处于被动状态，个性得不到尊重和发展，就谈不上培养学生的创造精神和创新能力。为此，应该改革传统的教育教学管理体制，例如可以实行学习过程多元化的管理模式，允许大学未毕业的学生进行自主创业，为他们保留一定时间的学籍，激励那些敢于创新的学生脱颖而出等。

学校创新环境的建设是创新人才培养的必要条件，要把大、中学校创新环境的建设放在学校工作的重要地位。要走出去引进来，大学里应该充分利用第二课堂，定期举办各种学术讲座、学术沙龙和大学生科技报告会，出版大学生论文集，鼓励学生积极参加学术活动，对于不同领域的知识有一个大体的涉猎，进行不同学科之间的交流，从而学习他人如何创造性地解决问题的思维和方法，以强化创新意识。鼓励学生大胆创新，可以让他们参加教师的科研课题，也可以由学生自拟选题，并选派教师指导，并对学生的科研课题进行定期检查和鉴定，这样可以培养学生的创新毅力和责任心，拓展学生的视野，有效发挥他们的创造才能；建立激励竞争机制，举办各种形式的竞赛活动，对在创新方面成绩突出的学生进行表彰和奖励，对获得国家级或省部级创新成果的学生，应有相关规定给予多方照顾或优待。

创造能力来源于扎实的基础知识和良好的素质，仅仅掌握单一的专业知识是不够的。因此，加强学生基础教育的内涵更新和外延拓展及构建合理的课程体系就显得非常重要。大学教育中要注重文理交叉渗透，可以对文科学生开设部分自然科学课程，对理科学生适当加强人文学科课程的教育，使文理学科之间相互渗透；改变专业划分过细、学生知识面狭窄的现状，实行大学科、大专业教育，使课程之间互相渗透，打破明显的课程界限。中、小学校可适当安排一些创新课程，引导学生增强创新意识，培养创新兴趣。

大学要增加选修课的比重，允许学生跨系、跨专业选修课程，使学生依托一个专业，着眼于综合性较强的跨学科训练。这不仅可以优化学生的知识结构，为以后在某个专业深造做好准备，同时也有利于发展学生的特殊兴趣，使之能够学有所长，以便提高创新的积极性。要开设一系列专门的创新课程。这些课程都是从某一学科如思维科学或心理学、方法论的角度来探讨创造性思维的问题。在这方面，主要是有重点地教给学生们一些最基本的科研和创新方法，诸如如何选题，如何搜集、分析、整理资料，如何提炼论点和观点，如何谋篇布局、安排论文结构，如何论证阐述，如何修改文稿，了解论文的书写格式和规范等。同时有意识地给学生布置一些综合性大作业或小论文，对学生进行一些科研创新的基本训练，教师再加以必要的指导和辅导，使学生初步掌握科研创新的方法和途径。广大学生通过科研创新实践的磨炼，科研创新的能力和水平都会有显著的提高。

兴趣是最好的老师。学生如果对所学知识产生了研究创新的浓厚兴趣，他们就会产生强烈的求知欲，就会如饥似渴地去学习和钻研。因此，千方百计、想方设法地去调动和激发学生对科研创新的兴趣，是教师在课堂教学中首先要解决的问题，这也就需要教师不断改进和优化教学方法。

要把过去以“教师单方面讲授”为主的教学方式，转变为“启发学生对知识的主动追求”上来。积极实践启发式和讨论式教学，激发学生独立思考和创新的意识，培养他们在自主的基础上增强创新能力，切实提高教学质量。让学生感受、理解知识产生和发展的全过程，培养学生的科学精神和创新思维习惯。积极创造条件，让学生积极参与教学过程，以使学生从被动学习转变为主动学习。要充分调动学生学习的自觉性和积极性，使其思维活跃，善于动脑筋，能够解决各种问题。在教学方式上，根据“可接受原则”，选择真正适合大学生的教材，着重培养学生获取、运用、创造知识的意识和能力。教师应该努力挖掘每一个学生的潜力，培养学生的创新意识，激发学生的创造积极性。

传统的课堂教学重视的是对已有知识的传授，学生只有靠平时死记硬背式的知识积累才能顺利通过考试。这样的考试方式显然不利于学生创新能力的培养，这就要求改革传统的考试方式。新的考试模式不仅要考查学生对知识的掌握，更要考查学生创造性地分析问题、解决问题的能力，以此培养学生的创新意识和创新能力。

在考试方式上，可以进行适量的开卷考试。考试时允许学生带课本、笔记等资料，允许学生发表不同的见解，对那些有创造性见解的答卷要给予鼓励，力争把学生的精力引导到对问题的分析和解决上来。有些课程也可以用综合性大作业和专题小论文的方式取代传统的闭卷考试方式，放宽考试时间限制，以便于他们搜集资料，对有关问题做较为深入的探讨和研究。

在考试内容方面，要尽量减少试卷中有关基本知识和基本理论方面需要死记硬背的内容，尽可能地安排一些没有统一标准答案的探讨性问题，需要学生经过充分而深入地思考才能够做出解答；或是安排一些综合性较强的问题，需要学生运用所学理论知识经过反复、仔细地分析思考才能做出回答。这有利于培养学生的创造性思维和创造能力，并对他们起到一种重要的导向作用。

国家创新在于社会机制创新

创新就是对已知的而不合理的事物进行改良、改进、改变、改革。创新是没有止境的。提起国家创新，人们往往联想到体制创新和知识技术创新，其实国家创新的形态远不止这些。一般来说，国家创新主要有发展战略创新、经济国防创新、技术创新、组织与制度创新、管理创新、社会机制创新、文化创新、教育创新等。

国家发展战略创新。发展战略创新是对原有的发展战略进行变革，就是为了制定出更高水平的发展战略。实现国家发展战略创新，就要制定新的发展规划、新的竞争手段、新的人事框架、新的管理体制、新的运转策略等。

国家普遍面临发展战略创新的任务。例如，当前有些国家运转策略明显过时，有些国家运转范围明显过宽，有些国家运转战线明显过长，还有些国家本来就与自身特长严重脱节。诸如此类的国家如果不重新定位，重新设计，发展前景堪忧。再如，很多国家都需要重新解决靠什么运转的问题。靠垄断地位吗？还是靠行政保护呢？要不靠资金实力？再则靠现有技术？这些恐怕都逐渐成为明日黄花，为了从根本上改善国家运转状况，只能另谋更新更高的依靠。

对于国家来说，关键是品质创新；对于服务行业而言，主要是服务创新；对于企业而言，主要是产品技术创新。例如手机在短短的几年时间已从模拟机发展到数字机、可视数字机、可以上网和可以拍照的手机等。手机的更新换代，生动地告诉这个世界，产品的创新是多么迅速。

技术创新。技术创新是国家发展的源泉，竞争的根本。就一个国家而言，技术创新不仅指商业性地应用自主创新的技术，还可以是创新地应用合法取得的、他国开发的新技术或已进入公有领域的技术，从而创造国家优势。

组织与制度创新。组织与制度创新主要有三种：一是以组织结构为重点的变革和创新，如重新划分或合并部门、组织流程改造、改变岗位及岗位职责、调整管理幅度等。二是以人为重点的变革和创新，即改变公民的观念和态度，包括知识的更新、态度的变革，个人行为乃至整个群体行为的变革等。

管理创新。管理是动态。世上没有一成不变的，最好的管理方法往往因环境情况和被管理者的改变而改变，这种改变在一定程度上就是管理创新。例如管理创新就是因环境情况和被管理者的改变而改变：工作人员不只对上司负责，也对同事负责；打破障碍，培养为政者与公民的亲密关系等。

文化创新。文化创新是指国家文化的创新。国家文化的与时俱进和适时创新，能使国家文化一直处于一种动态的发展过程。这样不仅仅可以维系国家的发展，更可以给国家带来新的历史使命和时代意义。

国家文化是国家内部影响国家创新与变革的重要因素。国家文化是将国家凝聚起来的

"胶水"，这种凝聚效应全面体现于国家的各个方面，任何为了提高国家创新能力的举措必然应该有相应的国家文化转型计划。

最有助于创新的国家文化应该是这样：更加外向型而非封闭型的文化；更加灵活、适应变化的文化而非一味求稳的文化；扁平化而非等级化管理的文化。国家文化中还应强调持续学习和不断适应。在支持和鼓励创新中，国家文化如想起到关键作用，就必须着力将文化的作用和影响渗透至国家战略的各个层面，如公民、政策、国家行为、激励机制、国家的语言和系统架构等。

全球著名的管理咨询机构通过抽样调查，发现了全球领先的创新型国家具备10个特征，这10个特征分别是：愿景、气氛、有天赋的公民、训练有素的为政者、培养的环境、耐心、对失败的包容、对研发的国家投资以及利于创新的良好的组织结构、流程和系统。这些特征往往意味着在这些国家里，人们希望能够做到最好，目标和期望界定得很明确，人们被给予适当的授权，以及新的创意易于被接受。最能促进创新的国家文化往往强调团队协作、以人民为中心、公平对待公民、采取主动等理念。

一个国家的为官者在推动创新方面起着至关重要的作用，而其中为官者的风格又直接决定国家创新能力的高低。因为为官者风格往往塑造了国家的组织文化和气氛。那些卓有成效的为官者往往会提供创新的方向，建立有利于创新的组织文化和气氛，鼓励个人的高度主动性，推行有效的多功能团队的协作和融合，以确保最佳操作在社会中的推广和充分运用。

为政者风格可以分为6种类型，分别是强制型、权威型、亲和型、民主型、领跑型和辅导型。最具创新能力的国家的为政者风格通常为权威型、亲和型和辅导型这三种类型。这三种类型的为官者风格往往能够提供明晰的愿景与方向、培养团队的正能量以及关注个人的长期发展，因此更有利于国家的创新。

社会管理者很容易通过改变自己来实现结果的改变，但国家的高级官员则需要通过改变为政风格来改变团队的氛围，从而影响团队里的成员。人民的学习能力。不断学习和充电的个人构成了国家中创新能力的根基。国家必须要有一个持续进行的培训项目来鼓励个人，告诉他们拥有创新思维对整个国家的发展前途至关重要。在这个持续进行的培训项目中，还必须应用各种工具，这些工具必须既能够促进分化又能够促进正能量合理转化。这里的分化是指要让不同意见无所保留地表达出来，好的理念能够形成头脑风暴；而正能量是指团队应有效协作来执行创新理念。在已经形成的技能训练项目中应考虑加入更宽泛层次的内容，让这些技能能够使个人注重直觉、形象思维和彼此之间的默契。

创新的评价机制。在国家现有的绩效考核过程中，应该将创新纳入评价体系。如果将创新纳入个人和国家的绩效评估体系，就应该有相应的激励机制和奖励体系。而创新是否成功，往往要经过数年的考验才能被衡量。因此，短期和长期的评估体系应同时具备，同时到位。

公民的主动性与合作精神。迅速采取行动，富有主人翁精神，并且公民之间具有良好的团队合作精神和进行充分沟通。

提升创新能力的对策。推进国家为官者的创新观念。国家管理者要树立知识价值观念，确立"终身学习"理念，不断提高学习能力。为官者一方面要高度重视自身知识结构的更新，树立自身的知识价值观念；另一方面，要顺应国家的变化，不断改进思维方式和工作思路，重视国家的知识价值，并通过有效的激励促进国家所拥有的知识价值的增值。建立国家创新的激励机制。

首先，实行创新开发的项目负责制。其核心思路是：落实各类人员在项目开发中的责任和工作内容分工，同时体现责任大、贡献大、回报大的经济报酬原则。可以采取收入分层等方式调动个人参与创新的积极性。建立科技人才、科技成果的奖励和宣传制度，通过每年奖励和宣传几个重点项目和有突出贡献的人员来推动全民创新。

其次，推行岗位竞争末位淘汰制。鼓励和提倡在公平环境下的岗位竞争，技术人员和管理人员如果长期不努力，不能成为独当一面的人才，那么国家就要考虑调整岗位，否则新一代人才也成长不起来。

推行“人才合理流动制”是创新的一种机制。在保证工作安排相对稳定的基础上，研发人员可以带着产品（服务）开发、市场难题参加国家内外的科研开发项目，国外的科研人员也可以带着科研成果到国家做技术转化工作，建立人才双向流动机制，可以解决知识、技术、信息交流的障碍，有利于培养创新队伍的发展壮大。

建立国家知识产权保护制度势在必行。知识、技术和信息都是“无形物质”，与材料、设备等“有形物质”有重大差别，其创造、管理、使用和交易过程都极易泄露，保护知识产权已刻不容缓。

构建“鼓励冒险，宽容失败”的创新型国家文化体系。创新型国家文化表现为两方面：一方面，在国家内部营造崇尚创新的氛围，塑造创新的文化，让每一位公民都成为创新的源泉；另一方面，对于创新中遇到的挫折和失败，应采取大度和宽容的态度。培育一种创新的文化，是国家对公民不断提出科学的新设想、生产的新方案，创造出新知识、新成果，孕育出新观念、新思想的动力。必须抛弃传统呆板的管理方式，突破原有的思维方式，淡化一般民众与为官者的距离，采用以支持和协调为主的管理方式。对公民建立在科学基础上的新颖想法，为官者要积极支持，使公民在这种文化氛围中具有开阔的视野，丰富的想象力，锐意进取的雄心，使管理方式更为多元化、人性化、柔性化，以激励其主动献身与创新的精神。一个社会之所以人才流失率较低，他们的经验就是宽容失败，鼓励冒险。如果公民是生活在恐惧之中，那他就不会有创造力。国家营造了为每一个公民提供发挥创造力，将自己的想法转换为集体行动的环境。

提高国民素质。国民的创新能力并不是天生的，在很大程度上取决于后天的学习和训练。因此，国家应重视公民素质提升，加大公民学习培训经费投入，对公民加强创新方面的学习、训练，提升创新技能，从而提高国家的创新水平和持续发展能力。

创新社会管理顺应人民意志

为政有责，为官守责。加强和创新社会管理，既是顺应人民的期待，又是解决当前社会矛盾的必然要求，更是巩固党的执政地位、保证国家长治久安的必然选择。要把加强社会管理放在更加突出的位置。社会管理，说到底是对人的管理和服务，是做人民群众的工作。目前中国社会问题的核心是人民群众利益问题，社会矛盾主要是因为利益诉求引起的矛盾，绝大多数是可以采取经济、法律等手段，通过教育、协商等方法来解决的。社会有矛盾有问题并不可怕，可怕的是畏难躲事、被动应付，可怕的是简单粗暴、又捂又堵，可怕的是你推我躲、推卸责任，最可怕的是不拿人民群众的利益当回事。因此，必须认真研究和对待，不断创新社会管理方式方法，从而最大限度激发社会活力、最大限度增加公平因素、最大限度减少不公平因素，保证国家长治久安。

要广泛开展问计于民、问需于民、问政于民、问求于民活动，充分尊重和服从人民群众意愿。对那些有利于促进当地经济社会发展，在短期内能够见到成效的，能够给人民群众带来实惠，又不破坏生态环境的项目，要下大力气真抓实干，速战速决，速见成效。同时更要着眼于未来，要做好长远规划，走可持续发展之路。切不可搞沽名钓誉的决策、急功近利的决策、损害群众利益的决策，要从人民群众满意不满意、答应不答应、赞成不赞成的角度出发。要做到凡是群众不受益、得不到群众理解和支持的决策不出台，违反市场经济规律的强制性决策不出台，可能引发社会震动的决策不出台，政府与人民群众争利的决策不出台，避免因决策不当，造成社会管理难度加大，导致损害群众利益的行为发生。

要顺应人民群众的需求创新社会管理，把保障和改善民生作为为政工作的根本。要始终把保障和改善民生作为工作的出发点和落脚点，不断实现好、维护好、发展好最广大人民的根本利益。坚持以人为本、执政为民，以人民群众满意为标准，以保障民生为重点，妥善解决好各种实际的社会问题，对群众反映强烈的土地征用、房屋拆迁、安置就业、子女上学、医疗保险、农村低保、保障性住房、道路饮水等民生问题，要想方设法加以认真解决。要顺应新时代、新形势的需求，不断加强社会管理能力建设。

要不断探索社会工作的新思路、新方法，做细、做实、做好群众工作。俗话说：群众工作无小事。由此看来，做好群众工作不是一件容易的事情，需要认真加以对待。因此，在开展的一系列为民服务活动中，就应该选择熟悉群众的为官者参与，即对农村情况了解、对惠农政策熟悉、对人民群众有感情、愿意和人民群众交朋友的为官者去做群众工作。在工作中用人民群众听得懂的语言去做群众工作，即讲人民群众“愿意听”、“听得懂”、“能管用”的话。“愿意听”就是讲吃饭穿衣、上学就医、产业发展、增加收入等群众最关心、最现实、最直接的话题；“听得懂”就是用深入浅出的大白话和家常话讲群众能听明白的道理；“能管用”就是讲实话、出实招、办实事、求实效。在工作中用群众能理解、能接受的方式做群众工作，即以村为单位成立便民服务中心、推行代理业务、便民服务卡、志愿服务队等方式，组建人民群众的民情信息员、为民服务员、业务代办员、矛盾化解员，变“群众上访”为“为官下访”，变“求你办事”为“为你办事”，变“做人民的父母官”为“做人民群众的公仆”。不断创新社会管理方式，坚持深入群众、联系群众、依靠群众，切实维护人民利益，造福民众。

要不断完善相关制度，健全创新社会管理机制。好的社会管理方式方法，需要在工作中广泛应用，这必须有管理机制做保证。因此，我们需要建立和完善政府负责、社会协同、公众参与的社会管理工作新机制，健全社会管理保障体系，不断完善矛盾化解机制，畅通民意表达诉求渠道。让人民群众能见到想见的人，能说自己想说的话，能讲自己想讲的意见，能提自己想提的困难，能办自己想办的事情，真正实现政府和人民群众零距离，人民群众视为官为自己的贴心人，增强社会凝聚力，实现公平大发展。

社会管理是政府职能的重要组成部分，但是，广义上的社会管理又不限于政府的社会管理职能，它还包括其他主体以及社会自身的管理。作为政府职能之一的社会管理，是指国家通过制定一系列社会政策和法律规范，对社会组织和社会事务进行规范和引导；培育和健全社会结构；调整各类社会利益关系；回应社会诉求；化解社会矛盾；维护社会公正、社会秩序和社会稳定；维护和健全社会内外部环境；促进政治、经济、社会、文化和自然协调发展的一系列活动以及这些活动的过程。广义上的社会管理则是多元主体以多样化形式进行的上述活动以及这些活动的过程。

社会管理创新，就是在现有社会管理条件下，运用现有的资源和经验，依据政治、经济和社会的发展态势，尤其是依据社会自身运行规律乃至社会管理的相关理念和规范，研究并运用新的社会管理理念、知识、技术、方法和机制等，对传统管理模式及相应的管理方式和方法进行改造、改进和改革，建构新的社会管理机制和制度，以实现社会管理新目标的活动或者这些活动的过程。社会管理创新既是活动，也是活动的过程，是以社会管理存在为前提的，其目的在于使社会能够形成更为良好的秩序，产生更为理想的政治、经济和社会效益。

目前中国的社会问题明显增多，那么目前中国社会呈现出一些什么样的“阶段性特征”，这些“阶段性特征”将会引发什么样的社会管理问题呢？传统中国社会的社会阶层结构是相当单一的，就是“两个阶级一个阶层”，“工人阶级”、“农民阶级”和知识分子阶层。在计划经济的背景下，他们之间的利益是高度趋同的，不仅没有根本性的冲突，甚至直接的冲突都几乎没有。但这些年来中国社会新的社会阶层和利益群体纷纷出现，新的社会阶层与传统社会阶层之间，新的社会阶层内部由于利益获取模式的不同往往会发生各种冲突与纠纷，这些冲突与纠纷极易引发社会问题。

伴随着阶层分化，社会管理结构也发生了变化。过去社会中的每一个人基本上都要属于一个“单位”，目前中国有超过 4 亿的流动人口，在中国的东西部地区之间、城市与农村之间流动。这种流动对社会管理提出很大挑战。

人口流动好歹还能看得见，信息的传播与扩散是看不见摸不着的。信息开放与信息封闭状态下的社会管理方式是截然不同的，难度更是天壤之别。在信息不畅通的情况下，可以大事化小，小事化了，先捂住再慢慢应对。可是互联网让信息迅即甚至呈几何级数传播，往往“网下刚冒烟，网上已燃烧”。本来一个小事情根本就不是什么问题，信息一传播到网上，马上情绪激愤。加之，互联网还有强大的组织功能，它可以把全世界各地看似一点联系也没有的人在不知不觉间组织在一起形成集体行动。

在信息化环境中，人的社会交往已经不仅仅是实体的交往，不仅仅是面对面的交往，而变成了网络的交往与沟通。一个人足不出户并不意味着孤立无为，闭门也能造车，网上也可以开店。现在社会上的一些宅男宅女很可能是社会中交往关系最复杂、最广泛的群体之一，据说目前中国网民已经超过 5 亿人。虚拟社会不同于现实社会，但它又与现实社会有着千丝万缕的联系，虚拟社会的所作所为都有着强烈的现实指向。提高对虚拟社会的管理水平，既是社会管理创新的崭新要求，又是社会管理创新的紧迫任务。

维权意识更加强烈。这些年来，中国经济社会发展速度很快，跨越了温饱，逐步走向富裕。但是，在民众吃饱穿暖的同时，对政府的意见也不断增多，矛盾也越来越凸显出来了。社会诉求在提高，民众愿望在升级。让群众精神富有方面准备不足。尤其是随着社会公众权利意识不断增强，过去不是问题的问题今天成为了大问题，过去理所当然的事情今天越来越理不直气不壮了，过去坚不可摧的合法性基础越来越有些靠不住了，过去总认为发展慢了不行，现在看来，发展起来之后，发展快了问题更多、更棘手、更复杂。社会发展可以突变，社会价值观的培育却不能一蹴而就。中国社会用30余年走过了西方社会数百年的历程，既有价值观已经失去了共识，新的价值观又没有真正形成，而一个社会只有存在共同的价值观才可能产生一致的行动。当出现价值真空的时候，一切行为都将自以为是，都将无所顾忌，都将不可预期。为富不德者信奉“赢者通吃”，为政不仁者自鸣得意而视法如无法；弱势群体则绝望无助，看不到过上好生活的希望便铤而走险非理性杀人。就算那些自诩为只是“打打酱油”的群体，在其貌似超然的背后何尝不是一种无奈与愤懑，这使得他们往往是“无直接利益冲突”的肥沃土壤。当一切都不再相信、一切都不敢相信、一切都不能相信的时候，谣言就会主宰社会，恐慌就会降临社会、动荡就会席卷社会。

没有社会的稳定，就不可能有经济政治的繁荣发展。面对这些新的社会管理问题和管理要求，用惯了的、会用的、曾经很管用的、数十年来延续下来的一些社会管理模式与管理方法越来越不适应、越来越力不从心了。如何在新的发展背景下，有效地协调社会关系、规范社会行为、解决社会问题、化解社会矛盾、促进社会公正、应对社会风险、保持社会稳定，社会管理创新成为了必由之路与不二法门。

从全球范围来看，在市场经济发展的过程中，市场经济的发育程度与经济发展的阶段不同，政府社会管理的方式方法也不同。自由竞争的市场经济时期，政府的社会管理职能十分有限，主要是维护社会秩序的职能。这一阶段政府社会管理的基本特点与主要经验：社会管理以社会自我管理与社会自治为主，政府对社会基本上采取放任自由的态度，政府对社会自我管理采取自由放任的不干预政策。政府是社会管理的基础，是社会不断发展的前提条件。政府的社会管理职能主要是进行社会秩序管理，并不是把社会管理置于高压态势。维护社会秩序的主要目标是保护人民的权益和财产权，维持一种建立在人权及财产权基础上的社会秩序，其主要手段是运用财产权利保护的法律维护社会根本秩序的基础。政府承担起了济贫的职能，但济贫职能的履行尽量利用非政府组织进行。

20世纪初至70年代末的混合市场经济时期是福利国家建立与完善时期，政府社会管理的基本特点和主要经验是：建立完善的社会保障制度，建设福利国家或福利社会。福利国家是指承担维护和增进全体公民基本福利或社会福利的职责的国家；其主要目标是维持全体公民的最低生活水平与教育水平，实现充分就业，建立完善的社会保障制度。建立和完善基本社会关系管理制度。建立资本与劳动合作的社会制度；完善社会主要利益集团围绕国家政府与公共支出的多数表决制度；同时，发展社会自治和社会自我管理。始终注重提高消费需求，以促进充分就业、维护宏观经济稳定作为政府施政的重要目标。混合经济时期的经济发展模式是福利经济发展模式，它是一种追求资源配置的全社会效益最大化的经济制度和模式。

1978年以来，是全球化的市场经济时期，这一阶段政府社会管理的基本特点与主要经验是：第一，以教育、培训、基础科技领域为主要投资方向，以人力资本投资为核心，将“消极的福利国家”转变为“积极的福利国家”、“工作福利国家”或“社会投资型国家”。以充分就业政策为核心，将“福利”转变为“工作”，并适度限制福利支出的增长，达到平衡经济发展与社会保障发展、需求管理与供给管理相中和的社会管理与经济增长目标。

管理内容创新是社会管理创新的重点。创新社会管理模式，必须创新管理内容，理清管理领域，强化社会公共事务的管理，有效调处社会矛盾，维护各方各类群体的正当权益。

正确处理政府与社会组织以及各相关主体之间的关系，明确各方主体在社会管理中的定位。强调政府在社会建设中的主导位置，强调政府公共财政的更多投入，同时要健全和完善社会自治、自律和自我发展的新机制，充分发挥各种社会组织和公民个人在社会管理上的主体性及其对政府社会管理的监督制约作用。

管理不是逼人走极端，更不是把人管得进投无路。管理是一种人文关怀，创新社会管理不能漠视每个国民根本利益。2013 年 6 月 7 日那辆被陈水总烧毁的公交车，他的极端行为理应受到社会的公愤。但这背后很像一个意味深长的隐喻：大家都在同一辆车里，如果一个人绝望，那么所有的人都不安全。所以，永远不要对他人的苦难无动于衷，因为谁也无法保证下一个苦难不是你我。透过这场惊心动魄的事件，我们也应该有更深刻的反思和警醒，无论是什么体制，无论是贫穷富贵，无论是草民权贵，人人都是挤在同一辆车里，同一条船上，切莫用傲慢与不屑制造更多的苦难和绝望，改变一下僵化的管理模式，通过还政于民藏富于民，让每一个公民感受到国家的存在，也让国家体会到每一个公民的艰辛，唯有如此，阳光才会洒在每一个人的脸上，每一个人也才会陶醉在幸福的中国梦里。

建构和实施以权利为导向的社会政策体系，尊重和保障社会组织和个人的权利和自由，加强社会服务体制建设，提升社会管理和服务水平，消除社会排斥，推动社会融合。加强民生制度建设，确立以政府为主导、社会各方共同参与的民生社会管理发展新机制。改善和保障民生问题不仅是政府履行社会管理职能的必然要求，而且是政府行政必须优先实现的基本职能，也是需要社会和个人共同努力才能解决的问题。政府既要承担起直接提供各类服务的职责，又要善于借助其所掌握的权力、权威和信息、资源，调动社会各界的积极性，使其参与解决民生问题。

健全社会风险评估机制和应急管理体系建设，提高应对各种风险的能力，并形成维护社会长期稳定和有效处理社会公共危机事件的社会稳定机制。在群体性事件等危机处理中，要善于做到“情绪疏导”和“情绪管理”，以贴近的感情疏导民情，化解危机，尽量避免机械、简单地运用“物质满足”或者“物质诱导”的方式。增强全社会参与社会管理的活力，进一步完善社会管理的运行机制。要建立不同社会主体之间平等、民主的社会合作机制，倡导参与型行政理念，形成兼顾各方各类利益、维护全体人民的发展利益与环境生态利益相结合的可持续发展管理机制，努力实现生态系统良性循环。

推进社会组织管理服务创新，要致力于对社会组织的研究，承认社会组织在国家发展与建设中尤其是社会管理创新中的重要地位和积极作用，并按照社会组织发展规律施以有效监管，健全和完善相关法规范。推进社会管理创新，首要的是搞好制度建设，完善社会管理的一系列政策和法规范，建立与构建公平社会相适应的社会管理新格局。

推进社会管理创新，特别重要的是要完善参与型及自治型治理结构，重视对优秀的管理者、优秀的专业人员和优秀的社会组织的培养和培育，通过对社会管理领域进行过程引导和规范，实现政府对创新活动和创新行为的有意识引导、调控和激励，形成卓有成效的社会管理创新生态机制。

社会管理创新要确立公平方向和公正路径，要促进社会活力而不是要限制社会活力，要对利益调整进行结构性改革，强调要尊重不同的价值观念，倡导不同的行为模式，倾听不同的利益诉求，重视沟通与协调。社会管理创新要对利益调整进行结构性改革，同时要尽可能地兼顾各方各类利益。但是，强调兼顾各方各类利益绝不是不能损害任何利益，绝不意味着不能采取任何强制性手段。问题的关键在于改革中的利益调整要着眼于整个社会发展进步，要引入行政过程论，对各方各类利益进行综合的全面衡量，依法作出科学合理的裁量判断。社会管理创新是一种具有高度自主性的创造性活动，依赖于不同思想、意见和利益诉求的相互交流和撞击，依赖于开放性、自由交流、容忍不同观点的环境，更依赖于相关各方全方位参与管理、决策或者提出合理化建议。

探索创新规整智慧提升国力

众人行思之集合就是智慧，人民的智慧是国家强大的锐利武器。智慧是人所学知识及文化的高度提升。人的智慧就是社会的智慧，社会的智慧是时代进步和国家发展的结晶。人类智慧成果具有共享性、互动性，同时又具有民族性、社会性、地区性和国家性。

人的智慧是对事物迅速、灵活、正确地做出理解和处理的能力。依据智慧的内容以及所起作用的不同，可以把智慧分为三类：创新智慧、发现智慧和规整智慧。创新智慧，可以从无到有地创造或发明新的东西。智慧已是人们生活实际的基础。什么是智慧？观自心者觉，知自过者悟，觉悟者智慧。有了智慧就心胸开阔，气魄宏大。有了智慧就有明智的选择，选择就是决策。接下来就是行动，行动又叫实施。实施需要方法和技术，大多数的方法、技术都需要学习，但有时智慧也可以直接产生方法技术，没有方法技术就没有实效。虽然表明看起来智慧离实效较远，但智慧总归是根基。智慧是怎么来的？主要是两条，一条是生活的历练，一条是主动的修炼，一个人最好在三十岁之前就意识到这一点。智慧对个人来讲，它的好处是，使身心愉悦。

要了解“智慧”这一概念之前有必要分享一些智慧的成就，以便于追随人类全面掌握的智慧存在的意义。因为这不是一个普通的词汇，其背后密切关联的一切一直超乎世人的想象，拥有智慧将可以发现许多不为人知的人世背景以及世界最神秘的知识。《圣经》记载：创造之神在造成智慧成果后曾经一度禁止神造出来的人去神秘园分享这种成果，而一旦被魔鬼诱惑的人，违背了神的指示偷吃禁果后，获得神智的人瞬间就知道了以前从未感觉到的事情。没有智慧的时候，人类不知羞耻，不分善恶，不明是非；更不具备智慧型的系统知识。虽然得到智慧的人被神逐出伊甸园，降临人间遭受苦难的惩罚和各种试炼，但是智者已经明白天地之间的许多大事了。因此《圣经》曾明确指示人子当以智慧为是，而拥有智慧的人被提醒后心里自然会明白。

魔鬼不具备神智，而是被神放出来考验被神造就的灵活之人。神知道人不具备智慧时的所有活动内容，也知道获得智慧后的人会怎样活动。因为智慧成果中还包含着人神之间的重要知识，所以得智之人会知道人类所遭遇的种种劫难是有时限的，而且知道神秘是不曾透露的天机。神要造就智能人，成就神的事业，当然要将种种难题专门提供给神智清楚的人来解答。所以与神对立的魔鬼引诱人类去摘取智慧果而一同遭受处罚后，得智慧的人类反而将成就出神圣的事业来。这就是神的能力与智慧经由灵活的人类所显示的成果。这一点神早已经想清楚了。

对于一个中国人来说，崇尚古人才是智慧的起点。有一则寓言，说的是一个年轻人向一个年长的智者请教智慧的秘诀。年轻人问："智慧从哪里来？"智者说："正确的选择。"年轻人又问："正确的选择从哪里来？"智者说："经验。"年轻人进一步追问："经验从哪里来？"智者说："我们的祖先。"所以说，应该从古人那里汲取智慧的营养，与此同时，智慧也可从人的交流合作中汲取。

古人智慧是由无数的牺牲和失败凝聚而成的，其对于后人来说是宝贵的财富。中国数千年的文明史，涵盖了古人宝贵的智慧，倾注了智者真诚的教诲：既讲到了竞争制胜的学问、明哲保身的计策、为人处世的要义，也讲到了操控局面的权术、统驭天下的智谋。从而你可以获得智慧的启迪。

俗话说："得智者得天下"。我们不需要做高明的导师，但是，我们不能不了解人类的大智慧，不能不具备一颗智慧之心。向古人借智慧是你在社会上立身处世的智谋锦囊，只要你领略到了其中的要旨，学会其中的克敌制胜奇方及人生百态，你定能在这个"时间是生命，智慧是金钱"的现实社会中永立不败之地。

智慧是一个质点系统组织结构合理、运行程序优良以及产生的功耗比较大的描述。无智慧的质点组合搭构成某种空间结构，在外力场作用下按一定的时间顺序和方向运动，同样质点数的情况下，系统结构的合理性，内耗与功效的大小决定了系统智慧的高低。结构越合理，内耗越小，功效越大，系统的智慧越高，反之越低。智慧是一个相对概念，并不局限用于人类，任何物体组成的体系都有智慧，只是高低不同。要说沃尔玛的零售系统相对于和它数量一样的零散的杂货铺来说是一个较高的智慧的系统。因为沃尔马有一个各子系统密切互动的高效的组织结构和合理的产供销流程。人的智慧的高低，其本质也是取决于其脑神经细胞的组织结构合理与否、思维方式（精神场的波动属性）优良与否和由精神场引导的行为结果功耗比大小。人的智慧是内精神场与外精神场相互作用内精神场优良性波浪式上升的结果。在外精神场以及时空的共同作用下，人智慧的高低是完全可以通过历练而改变。

认识世界和认知自己的宝镜

当大夫并非能治国，为政者并非能治病。但是，治国如治病，执政如行医。中医含有中国古代圣人有超越当代的大智慧。中医大智慧是当代科学无法达到又不能认识的，中医这个重大的理论运用体系，几千年来一直不断拯救中国于疾病危难之中的伟大的理论实用体系，一个数千年来一直被中国人视为治病养生法宝的理论实用体系，一个在现代西医面前仍然独有的能医治西医无法医治的一系列五脏重病的理论实用体系。对于这么一个伟大的理论实用体系，现代科学还无法全面认识，这就有力地证明了：中国古代圣人的智慧，远远地超越了数千年后的当代。那些极力反对中医的人们，应当好好地反省自己的所作所为了。

中医是中国古代圣人大智慧体系的具体运用，中国古代圣人大智慧体系的原本，是中国的流传极深广的特有的八卦阴阳五行学说。八卦阴阳五行学说的创始人就是八千年前中国人文始祖伏羲，伏羲以最高的智慧，总结了劳动人民丰富的经验，以象形的阴爻和阳爻，创造了反映天地运行规律的八卦图。八卦图中蕴含五行，八卦图就用五行与方位的错综关系，反映了天地自然的运行的规律，指导人们按天地的变化来生产和生活。人的生活与自然变化相适应，这就是天人合一。中国能成为世界上人口最多的国家，主要原因就是几千年来，中国人在天人合一思想的指导下，按自然规律生产和生活。

伏羲阴阳八卦学说奠定后代思想发展的方向，中国远古时代的执政者，基本上都按伏羲阴阳八卦思想行事治国。

远古时代的古圣人的思维方法基本上继承伏羲的传统，春秋以前，阴阳学说的表述与传授以卦象的形式为主，春秋时期的老子，不用卦象而是直接用文字阐述阴阳之理，八卦表述的阴阳之理与文字表述的阴阳之理是完全一致的，都是说明存在事物看不见摸不着的阴的一面，这阴的一面对事物起到了决定的作用。八卦的每一卦存在阴阳两个数字，而只取阴性的数字表述卦的性质，阳性的数字没有采用；老子说：“天下万物生于有，有生于无。”“道生一，一生二，二生三，三生万物，万物抱阳。”“无”是主要组成部分，“无”是“有”的母亲。八卦用阴数表述事物的性质，老子用“无”表述事物的性质，同样都是表述天地自然之道，对人类的生产生活起到了非常大的指导作用，同时也影响着国家的发展。

在远古时代对道学作出巨大贡献的人很多，伏羲和老子是道学领域里的两位非常重要的人物，伏羲是道学的创始人，他创造的八卦图对道学的发展有着非常深远的影响；老子写了《道德经》，用文字阐述道学的深刻道理。对人类社会文明的发展有着非比寻常和重要作用。

现在人类世界上评论文明的发展以考古文物为主据，但考古只“考”有形的东西，不“考”无形的东西。“考古学” 西方人比东方人重视，因为西方人以形为依据，不知有“无（炁）”的存在，中国很多人也不知有“炁”的存在。“炁”不是有形的气，而是无形的“炁”，但这个字打不出来，被编码的人省掉了，不得不用有形的“气”来代替了。

在伏羲老子时期，看不见的阴的一面几乎占据了整个认识界。春秋战国时期的各派思想都离不开道家思想。古家是入世的道家，人们认为道家是远离世道的，古家偏用道家的阴阳平衡理论建立治理天下的理论；法家强调道学的法治的一面；阴阳家就强调道家的阴阳思想；兵家把道家思想用于对付敌人，《孙子兵法》说“不战而屈人之兵，战之善者也”，把老子思想运用得恰如其分。各思想派系的创始人都受到道家思想的熏陶或感染。

如果中国一直以来都是道家思想占统治地位，近代以来的很多屈辱事情就不会发生，中国就能一直保持繁荣昌盛。道家思想是人类认识世界认识自己的宝镜，可帮助我们认识世界的过去与未来，可照亮人生行走的道路。

说中国古代圣人有超越当代的大智慧，不是凭空说的，有老子的天文知识超越当代对宇宙的认识为依据，有中医能治愈当代西医无法治愈的五脏病为依据。有古往今来的无数用道家思想优化自我强化身心为依据。

现在有些人解释的“智慧”，其实是一种智能，并不是真正的智慧。智慧和智能都有一个“智”字。智，知字下一个日字，是每天所知的知识，又有太阳照见，是明明白白地知，是真知。上面说过，物体现分“形”和“无”两大部分，“智”只知物体的有形部分，故智不能代表智慧，只是有智能，智力之意。

智能就是智谋与能力，是先天聪明和后天学习实践的总和，智能可以用于利己利人，也可以用于利己害人。人的智能机器也可以做到。

中国古代圣人的智慧超越当代，是核心认识的超越。现代科学是一种知识技术，是一种智能，不是一种智慧。

智慧，解释智慧的派别很多意义也相差很远。这里只选择与老子《道德经》的意思相近的。智慧的重点在慧。

慧，上面一个彗字，下面一个心字。彗，上面的两个丰是竹枝，下面的彐是手，彗是手持竹枝扫把在扫。慧，是在清扫自己的心。此正与佛教北宗禅师神秀诗相合，禅师神秀诗曰：“身是菩提树，心如明镜台，时时勤拂拭，勿使有尘埃。”“慧”字是不能使自己的心有尘埃。佛家解释说：智慧是从自性中流出的。佛家的自性，与道家的虚静有同样的功效。佛家的智慧从自性中流出，道家的虚静能生成智慧。就是说，智慧不是思考出来的，智慧是在心静的状态下自然产生的。

智慧由心产生，智能由聪明知识技工具产生。智能没有智慧的导向，容易偏离正确而产生害人的智能。当今世界上害人的智能已经泛滥成灾了。

智慧由心产生，一个人学了丰富的知识之后，心要有善念，进入虚静的境，由心自然运转，才能产生智慧；技术与智能由思维与工具产生，一个人学了丰富的知识之后，联系工具，研究思考实践，就能出技术智能。只有善良人才能出智慧，心地不好的人也能出技术智能，但心地不好的人出不了智慧。

科学是人的感官的增强，而不是人是心能的增强。感官和心不一样，人的感官有眼、耳、鼻、舌、身。感官的作用是捕捉事物并了解事物，用脑对事物做初步的简单判断。现代科学只是对人的感官的加强，并不能对事物作深刻的认知。能对事物作深刻认知的，是人的一个极其重要的器官——心。心对事物的认知，各人不一样，有认知肤浅的，有认知深刻的，有认识超常的。这一点，被现代科学忽视了，现代科学只一味追求人的感官的无限伸延，使眼睛能看见最小的微粒。单凭用感官的伸延来改造世界。现代科学最致命的弱点是忽略了心对事物的认知。现代科学看到了肉眼看不到的很多很多事物，但这些事物缺乏心的加工，杂乱无章，只能出智能，不能出智慧。智能只顾眼前利益，缺乏远见深虑。对事物的利用，初时利害参半，继而害多利少，最后祸害无穷。

古代圣人极力开发心的智慧，当代科学家极力开发仪器而荒废了心的智慧，自以为比古代进步了。进步的是杀人的武器，进步的是个人获利的野心。机器的运转是大大地提高了生产力，但生产力提高的利润却被战争武器的竞争花费了。人们还要满负荷的工作量，有了高效率的机器，人们的工作量却不仅不能减少，反而会增加，人们的幸福感却不能明显提高。包括一切达官贵人在内，包括一切名门富豪在内，人们不时担心世界大战的发生，世界大战一旦发生，其恶果就有如巨大的天体撞击地球，导弹没有长眼，不知有谁还能幸免。

科学智能知趋利而不知避害

科学技术虽不能治百病，但是，科学智能可以提升国家竞争力，也可以增强国力。说当代人只有知识技术智能而缺少智慧，是说当代人只知趋利而不知避害。趋利的人有两种，一种是只顾自己利益而不顾别人利益的趋利，这种趋利是进攻性趋利；一种是维护自身利益不愿损害别人利益的趋利；这种趋利是维护性趋利。维护性趋利的国家，时刻都想提高人们的幸福感，但又要提防进攻性趋利的国家，不得不花大钱财研究生产别人有自己没有的武器。时刻防预进攻性趋利的国家。这样提心吊胆，幸福感还有多少？如果再加上生活物资的缺乏，还有什么幸福感可言。那个时候，人们的幸福感就转换了，转换成以保卫人们的利益为幸福。

科学智能的力量永远比不上人心的力量，电子计算机永远比不上人心的深度。论速度人比不上电子计算机，论深刻智慧电子计算机无法与人相比。就说下围棋吧，诺人有足够精力与耐心，电子计算机永远赢不了人的。机器显示出它的速度和力量，人能迸发出高度的智慧。

当代人有了机器，也还要开发智慧。只有用智慧使用机器才能带给人们真正的幸福。

人与动物的区别，在于人类会制造并使用工具。一般的动物也会非常低级的使用工具，动物基本上不会制造工具。人类不但很会使用工具，而且很会制造工具。人类制造工具使用工具的聪明智能就发展到了登峰造极的地步。

人类凭着聪明智能的发明使用工具几乎能使世界上的所有其他动物灭绝，如果没有动物保护政策，我们就很难看到一点较大的其他动物了。

人类也凭着聪明智能用自己发明的工具不断制造杀人的武器为争夺利益互相残杀，大批大批的人在争夺中倒下。人们以血缘结成部族，以居地组成国家。国家在某种意义上来说就是争斗的群体。有些国家群体为了获取最大的利益拼命地制造杀人的战争工具，被欺负的国家看到别人武器厉害，自己也要制造。于是，全世界就流行制造杀人武器的竞赛。要禁止吗？说服不了别人，只能用战争来压服。战争一爆发，就把全人类推向灭亡的深渊。人类一旦使用杀伤力超常的巨大的武器，就会同归于尽。失败的一方要灭亡，胜利的一方也要灭亡。胜利的一方灭亡的原因：一是战争的损失太大，歼敌一千，自损八百；二是武器只能战胜人的身体，不能战胜人的心灵，必然遭到世界有正义感的人们，特别是本国包括军人在内的人民的强烈反抗。自以为强大的国家，就算能抵抗别的国家的恐怖主义，却无法抵抗本国正义人们的各种方式的抗争与暴动，这是注定要灭亡的。战争惨烈，特别是现代级别的高级武器战争简直对人的生命是一种毁灭。

这是人们没有正确对待科学的恶果。科学的长处使人类获得更多财富，同时科学的害处却发挥得淋漓尽致。

这是人们认识上的缺陷，绝大多数人只认识物体的有形部分，而完全不知物体的无形部分。人们发现了分子原子就以为找到了一条认识物质的正确道路，并且沿着这条分子原子的道路一直追寻下去，徘徊在分子原子的小巷里看不到世界上广袤天地。分子原子的小巷狭窄了人的活动范围，蒙蔽了人的智慧，使人的智慧几乎退化至零。

科学是人类智能的体现，把科学当作唯一的真理就禁锢了人类的智慧。

在大的自然灾害来临之前，蚂蚁等小动物都知道及早避开，而比其他动物聪明的人类却毫无知觉，致使在自然灾害来临之时丧命。难道先进的人类的智慧比不上一般动物的智慧吗？不可能！这完全是人类在追求利益时把智慧挤掉了。

现在人类不能靠自身的智慧避开灾害，只能靠科学预报来逃避灾害。科学预报灾害又极不准，近期的水灾风灾等有点准，靠的是科学的千里眼和顺风耳，科学的千里眼和顺风耳都不能及的，那就完全不能预报了，任由一些人捕风捉影，随意猜测，任意散播，在全世界范围造成极大的思想混乱和经济损失。

道学是整体观，对事物的整体远期预测和整体性质分析比现代科学要准确得多。对流行病的预知，现代科学简直是在黑暗中摸索，只在有人发病时才进行有针对性的工作；在有人发病前是无法预测的，对疫病的发展趋势也极不准确。

数千年前的中医《黄帝内经》中的《运气学说》有一整套预测流行病的理论，根据时年阴阳五行的变化来推测当年的气候特点，根据当年气候特点来推测流行病的发生，不但能推测来年的流行病发生情况，以后很多年中某一年的流行病的发生也能推测得八九不离十。

数千年前从研究事物中的“无”（即炁）建立起来的中医，数千年后的现代科学无法明白其中道理，说明现代科学有致命的缺陷，说明了现代科学聪明有余，智慧奇缺。现代学者智慧奇缺的原因，就是只明白物质的“形”，而不知物质的“无（炁）”。

中药中的每一味药，西药要研究，就一味药中一个分子一个分子去分析它的有效成分。在中医来说，这样的分析是作用极小的，因为中医讲的是整体观。中药人参是中医里的一味贵重的药，用西医的方法分析，都是些极其普通的成分，没有什么医疗作用。

现代科学西医只能研究一个个分子，由很多分子组成的每一味中药，不会全面分析，只能把其中的各种成分拆开来，一个分子一个分子地分析，就算每一个分子都分析得很透，但不能明白一味中药内的所有分子的组合作用。一味中药内的各种元素的组合作用就被抹杀了。

一味中药就是一个神勇的兵团，把它拆开来，就成了一个个的散兵游勇，怎么能发挥兵团的作用？中药处方就是一个大兵团，处方的奇妙之处就在于它的组合上，处方的神奇组合，一能提高每一味中药的作用，二能生成处方中各味中药都没有的作用。在化学中，同样的元素，不同的组合，可以生成不同的物质。中药也是这个道理，只是道理的范围扩大罢了。差不多是同样的分子，不同的组合，生成了千百味中药。要说明的是，每一味草本中药都是大自然生成的，不是中医师合成的。中医师没有能力也没有必要去合成每一味中药，中医是道家思想的产物，中医师讲的是顺应自然和利用自然，不会去干违反自然的蠢事。

物质由两大部分组成，一部分是物质的形，一部分是物质看不见的“无”，“无”通常说是炁。形的部分是可见的部分，形的最小单位用科学仪器都能“看见”；炁的部分是看不见的，就算用最先进的现代仪器也不能“看见”，经过专门训练的人可以用肉眼就能看见。科学几百年前发现了物质最小的形的微小颗粒，并且尝到一些甜头，就认定这是攻破物质的正确道路，现在麻烦不断出现，有人开始怀疑道路的正确性，但找不到解决问题的办法。

事实在于科学只是找到一条短小的路，这条路走不了多远就被它本身产生的问题堵塞得难于前进了。科学要发展，必须开阔科学的视野，必须扫视万千年前发明创造，从世界万千年的发明创造吸收养分。

知识才华心能熏陶提升高度

尊重知识强国本，尊重人才兴国邦。中国道家是从事物的“炁”研究从数千年前就已经卓有成效了，科学对“无”（炁）的研究现在还一片空白。气的研究可以由炁到形研究物质的整体，形的研究而形不能及炁只能研究事物的表面。

炁的研究从炁到形很全面，但进度较慢，却能稳扎稳打，基本没有风险。形的研究从形到形，见效最快，但祸害也随之而来，要慎之又慎地使用。炁的研究可以研究事物的全部。以修炼为例，既修炼了人体质，又使人产生无穷无尽的智慧；形的研究只能研究事物表面，易使人产生名利思想，不能产生智慧。只能产生聪明才干，有道是“聪明反被聪明误”，对于这一点社会上的古今例子繁多。

聪明人一定想有智慧，有了智慧就不会被聪明和才华所误。聪明才华是智能是事业成功的机油，智慧是做人成功的保证。聪明是先天赐予，知识才华智能是先天赐予和后天实践学习的总和，智慧是知识才华在心能熏陶下的高度提升。但智慧可分一般的智慧和大智慧。

这里说的智慧，就是老子《道德经》中所说的智慧。当今社会上有些人说的智慧大智慧，多数与智慧无关，那些为发财致富出人头地而想出的各种方法手段和诀窍，是完全不能说是什么智慧的，反而妨碍智慧的产生和发展。

一般的人也可以产生智慧，这种智慧可以说是小智慧。产生智慧的条件是：有一定的知识功底，知识越丰富越好，知识少也有效，合理安排学习锻炼与娱乐的关系，不得过且过；有一较高的思想基础，为人无私，事业心强，不损人利己，不损公利己，不为名，不为利，一心只想做好对人民有益的事；让你的心能够真正静得下来，有时间和空间把你的学识经历无思考、无意识的让心自然加工成智慧并从心中流出。

研究问题要思考，甚至要冥思苦想。南宋诗人夏元鼎曰“踏破铁鞋无觅处，得来全不费工夫”。踏破铁鞋是艰苦的学习过程，全不费工夫是收获智慧的情景。智慧就是这样，认真刻苦学习，想得而得不到，在休闲的时候，没有想要得到，就不知不觉地冒出来了。

智慧是真知灼见在无意识中的自然流露。智慧的流露，古今中外有很多例子。很多科学家研究问题，反复研究，苦思冥想，没有结果，反而在睡梦中，在无意之中，有了惊人的发现。

智慧是心脑对已有各种材料深层加工的结果，这种深层加工，是“无”的部分即炁的部分的深层加工。我们说过，事物分两大部分，第一部分是形的部分，一切可见的东西都是形的部分，包括用仪器才能“看见”的分子原子，都是形的部分，现代科学研究的，全部都是形的部分；另一部分是炁的部分，炁的部分就是老子道德经说的“无”的部分。人类对有形事物的认识，就要用思考分析的办法；人类对事物的无形的炁的部分的认识，就要把思考分析关闭起来，让心脑对已有的知识材料进行深层的自然加工，生成认识的飞跃。这种加工是心脑全自然的加工，不能掺杂半点自己的意识，就是半点也不能思考。虚静，又不能入睡，是很难做到的。

要做到虚静，就要排除一切私心杂念，就要有大公无私的精神。要求不为名，不为利。不计较个人得失，一心献身于对人民有益的事业。又要放得下，合理安排工作、修身、休息的关系。在有条件情况下，向有道家文化功力的人学习。这样你就可能得到较多的智慧，亦有可能得到大智慧。

智慧跟思想认识与超常规认识的提高密切相关，要有超常的认识才能做到虚静，能做虚静就会有智慧的产生，智慧的产生又能促进思想的认识。一般来说，智慧高的都是好人，心术不正的人是得不到智慧的，只能得到智谋。

智慧的理论数千年前就已经产生了。说数千年，若从伏羲算起是八千年，若从老子算起是两千多年。伏羲的图形，老子的说理，都是从物质的“无”的部分入手研究物质的整体。从物质的整体看待事物，能正确使用事物而安全稳妥。中国清朝以前的发明创造，有哪一样是开头很好后来就显露巨大的副作用而停止作用？中国能数千年来一直走在世界的前列，靠的就是伏羲及老子的从“无”入手全面地看待问题。问题就是，因为伏羲及老子的思想深奥难懂，受朝代的限制难于普及，随着朝代的更替越来越少了。加上人们为争夺利益战争频繁，到了清朝末年国力衰弱，西方一些国家片面地利用物质的形的方面制造战争的武器进攻中国，中国战败了，人们就要学习西方。学习西方是好的，别人有长处我们就要学习，学习使人进步，学习使国家强大。问题往往就是拾了别人的黄铜，掉了自己的黄金。自己的黄金被历史蒙上了上了灰尘，有人就要把它当作烂铁扔掉。

现在，人们已发现了发展有形物质造成的不平衡，正在寻找使发展平衡的方法。现代科学研究的是物质的形的方面，是知识、技术、才能的产物。对人的欲望没有约制的作用，现代科学不含有智慧，科学家在科学研究中出现的智慧，是科学家自身注意抑制个人欲望的结果。

智慧的事中国数千年前就大见成果了，科学还只用知识才华，只在物质的表层乱碰乱撞。

所以说：中国古代圣人有超越数千年后的当代的伟大智慧，应该是国家发展的财富，社会进步的原动力。

人类进步依赖文明方可留存

进步和发展是人类永恒的话题。文明是人类审美观念和文化现象的传承、发展、糅合和分化过程中所产生的生活方式、思维方式的总称，也是人类开始群居并出现社会分工专业化，人类社会雏形基本形成后开始出现的一种现象。是较为丰富的物质基础上的产物，同时也是人类社会的一种基本属性。文明是人类在认识世界和改造世界的过程中所逐步形成的思想观念以及不断进化的人类本性的具体体现。

人类文明有三层意思。一是指有人居住，有一定的经济文化的地区；二是指同一个历史时期的不依分布地点为转移的遗迹、遗物的综合体；三是指人类在社会历史发展过程中所创造的物质财富和精神财富的总和（物质文明和精神文明），特指精神财富，如文学、艺术、教育、科学等。其中，第二和第三层意思与“文化”的意思相同。但在考古学和人类学中，“文明”和“文化”的含义是截然不同的。人们常听到的“讲文明”中的“文明”，实指一种礼仪，或要遵守的社会秩序、行为规范等。

文明经常与国家和城市有很密切的联系。文明一词本身就有“城市化”和“城市的形成”的含义。英文中的文明一词源于拉丁文，意思是城市的居民，其本质含义为人民和睦的生活于城市和社会集团中的能力。引申后意为一种先进的社会和文化发展状态，以及到达这一状态的过程，其涉及的领域广泛，包括民族意识、技术水准、礼仪规范、宗教思想、风俗习惯以及科学知识的发展等。

感觉、思维是生理、心理能量的原始开端，从无到有的状态在影子和气息之间进行着灵魂的运动，这个抽象、混沌的体系不可能找到，这是构成文化的初级阶段。文化只有进程，没有核心，是虚无的精神谎言，但又分裂成大小不同的两块。文化进程里恩怨游戏的终结就是文明，战争结束了，人类迎来了和平，和平是文明的成果。文明的永恒、普适、唯一性就是科学。文化进程的创新战略结构就是国正论里的非绝对对立性。

对于文明出现的判定标准，主要是国家和城市的出现，文字的产生，国家制度的建立。其中最重要的前提条件是城市的出现，可以说城市是文明的发源地。现在一般认为，最早的文明大概是在公元前3500年左右美索不达米亚的苏美尔人那里出现的。文化变迁对于文明的产生有很大的作用。农耕方法的改变，劳动的分化，统治阶层，也就是中央政府的出现以及社会阶层的出现都是文明产生的重要特征。

恻隐之心、羞恶之心、辞让之心、是非之心，人兼有之。 社会公平观有它的民族情感倾向性和时代特征。一个时代的文化创新及其生态背景，会形成群体的世界观和人生观，将文化引入感情，就产生了文明。不能简单地认为文明的达成是通过文化恩怨和行为的改造、通过肌肉的运动，创作了有长、宽、高、有形的物体才进入了文明。其实非物质的文化到文明中间，实存一个第三空地，只有“感情”作为中介，才可以连接文化和文明。有人给出感情的定义：“感情是依赖，是瘾魂驱动欲望过程中的殷勤创作。”瘾魂是一种非物质的像以太一样的存在，并且充斥在细胞微粒之间。在博弈中，当各种欲望来临时，它具体指参与人的那种无比沉重、坐立不安，身体膨胀得难以忍受的状态，而当欲望得到满足之后，它又会让人感到瘾魂退去时的轻松、虚空、愉快。

一切的文明都是由感情在第三空地里创造的，社会正能量发展观的文化创新思想，满足了所有人的精神需求。文化向文明过渡时，文化成为了一个"初择样本"，成为文明的草稿。初择样本：根据国正理论，发明家的做法是等待优先决策人优先决策，并且把其当成最初的决策样本进行分析，然后进行对抗。

人与自然之间表现在精神上的一切都是文化，也都是创新的文化，文化依赖于文明才能留存下来，历史记载也都是记载了生物文明行为的文化遗产公元前3500年到公元前1000年这段时期，就称作是古代文明时期。古代文明基本都以河流及流域为发源地。不同的时期往往由不同的文明占据，以地域环境大致分为：两河文明——发源于亚洲底格里斯河与幼发拉底河河流域，又称美索不达米亚文明。两河文明也是有史可考的最古老的文明，其文明形成期可以追溯到公元前4000年，正式形成于约公元前3500年。当时生活在两河流域的是苏美尔人，建立了苏美尔文明。之后陆续有闪米特人、赫梯人、亚述人、波斯人、马其顿人、罗马人、阿拉伯人和突厥人相继入侵。两河流域继苏美尔人之后最伟大的文明就是由闪米特人汉穆拉比建立的巴比伦。

尼罗河文明——发源于非洲尼罗河流域，又称古埃及文明，其历史也可追溯到公元前4000年。公元前3100年左右，上埃及国王美尼斯统一上下埃及，开始了史称的埃及王朝时期，也就代表了古埃及文明的正式开始。

印度河文明——发源于亚洲印度河与恒河流域。文明的开始可追溯到公元前3000年，最终形成于公元前2500年左右。

爱琴文明——发源于希腊爱琴海地区，形成于公元前2000年左右。米诺斯文明发源于欧洲地中海的克里特岛，又称克里特文明，后被麦锡尼文明所取代。

商文明——发源于亚洲黄河流域的中国的商文明形成于公元前1600年左右。更早（但缺乏考古证据）的夏文明据推测形成于公元前2000年左右。

奥尔梅克文明——发源于中美洲，形成于公元前1200年左右。

公元前1000年到公元500年这段时期，许多文明进入繁盛时期，通常也被称做古典时期。古希腊文明在大约公元前500年到公元前300年间达到鼎盛，创造了灿烂的古希腊文化。随着亚历山大的征服，古典希腊文化被传到整个地中海地区和中东地区。古罗马文明在公元前300年到公元200年间达到辉煌，建立了幅员辽阔的帝国。印度文明最繁盛的时期是公元前三世纪前后的孔雀王朝和公元四世纪前后的笈多王朝。玛雅文明的辉煌时期在大约公元前200年到公元900年间。

中华文明在大约公元前700年到公元前200年间（春秋战国时代）创造了辉煌的文化。在大约公元前200年到公元200年的汉王朝时期，达到了鼎盛。

科学界普遍认为这些只是传说中的文明，但依然有很多相信者。这对于哲学家和人类学家都是很吸引人的课题，因此也就有了很多的理论来阐述各自的观点。大部分的观点比较一致的看法是中央集权的出现是文明存在的起点。因而研究中央集权的出现成为了一个焦点。但是所有的理论都还不能解释所有文明的起源，它只能适用于部分的文明。

卡尔·威特福格尔是这一理论的最有力的支持者。这种理论认为新石器时代的农民认识到洪涝灾害虽然会毁坏庄稼，但是也能提供更加肥沃的土壤。因此开始修建水坝。然后用来灌溉农田。随着规模的不断扩大，便开始出现了专门负责管理灌溉系统的人。通过这种灌溉系统的集中管理，逐渐发展出最初的统治阶层，文明由此产生。但是反对意见认为，当时一些兴盛的城市，其灌溉规模很小；如果由国家管理灌溉，考古发掘的资料应该会更多，而实际情况相反。而且文献中记载，当时的灌溉系统是有神庙管理，而不是政府机构。也有观点说，灌溉工程是文明发展的结果，而不是起因。

文明是人类的“循环生命体”，也是人格及其生态的上升直接导致文明的出现，文明是血缘、种族融合与信仰探索的发展结果。人类文明更高的层次应当是在全人类在建设“人格及其生态修养的实践工程”中：将一个科学的人类学、一个哲学的人类学、一个神学的人类学来求出人存在的某一层面“个性和共性”关系的成果，即更高质量人格的人，更高质量的国家，在生物性层次、在历史性层次、在社会性层次、在自我性层次予以贯通后，产生人类共同体文化的结果。文明社会和文明存在是持续循环的，是循环的生命群体存在，并在人类共同体文化的基础上达到顶峰。文明社会一直在发展中走向人类社会的高级趋势，是自然与人类、物性与人性、神与人共通、共一、共荣、共生的发展；是人类幸福只能是人格社会的产物；是新人格，是新生态和平共进的结果。应当以文明学的研究及其应用来解决国家之间、民族之间、信仰之间、人类之间、人及其环境之间等发生的所有不幸，因此，必须从人自身及其生态的上升与公平入手，实现人类文化复兴与人类共同体是迈向人类更高文明的必由之路。

有种理论认为贸易在文明的发展中起着决定作用。在生态多样化的地区，要获得稀少的资源，就需要贸易机构来组织贸易，这样就需要某种中央集权的形式。但是这种理论对于某些文明是正确的，对于另外一些文明却是错误的。

罗伯特·卡内罗认为由于地理环境的影响，例如山脉、海洋对人类的阻隔，才产生了文明。由于人口增长而没有扩张的余地，从而开始争夺稀少的资源。这样就导致在内部出现了阶层，其中由执政者控制稀少的资源。对于外部就有了扩张的需要，这些都需要有一个中央集权的政府来严密组织。

宗教信仰对于文明的形成起着至关重要的作用。文明是怎样出现的呢？这对于哲学家和人类学家都是很吸引人的课题，因此也就有了很多的理论来阐述各自的观点。大部分的观点比较一致的看法是中央集权的出现是文明存在的起点。因而研究中央集权的出现成为了一个焦点。但是所有的理论都还不能解释所有文明的起源，它只能适用于部分的文明。

文明的发展促进了人类社会的进步，人类的进步对国家发展提出了更高的要求，但同时也带来了很多难题。比如从政人员素质，政府成本和效能，卫生问题，还有传染病的问题。此外不同文明间的冲突以及文明内部的博弈使战争成为了一个很普遍的问题。尤其在文明内部则还有一个阶层之间的思想和观念的冲突。

第十八章 经世济民家政术 经国济物治国政

经济就是国家财富。经济是人类和社会选择使用自然界所提供的稀缺资源；经济是利用稀缺的资源以生产有价值的商品并将它们分配给不同的个人；经济是人类生活事务；经济是把稀缺资源配置到各种不同的和相互竞争的需求上，并使它们得到最大满足；经济是个人、企业、政府以及其他组织在社会内进行选择，以及这些选择决定社会性稀缺性资源的使用。

起质变化能力才能高度发展

民有能力百业兴，创造强国不神奇；国有能人定会强，内盛外强不惧威。人的本领即能力，就是指顺利完成某一活动所必需的主观条件。能力是直接影响人的活动效率，使活动任务顺利完成的个性心理特征，同时也是国家和社会的强弱分界线。能力，就是指顺利完成某一活动所必需的主观条件。能力是直接影响活动效率，并使活动顺利完成的个性心理特征。能力总是和人完成一定的活动相联系在一起。离开了具体活动既不能表现人的能力，也不能发展人的能力。但是，我们不能认为凡是与活动有关的，并在活动中表现出来的所有心理特征都是能力。人的能力是社会和国家能力的重要元素，只有那些完成活动所必需的直接影响活动效率的，并能使活动能顺利进行的心理特征，才是能力。例如人的体力，知识，以及人是否暴躁，活泼等，虽然对活动有一定影响，但不是顺利完成某种活动最直接最基本的心理特征，因此，不能称之为能力。能力有一般能力和特殊能力。一般能力是指观察，记忆，思维，想象等能力，通常也叫智力。它是人们完成任何活动所不可缺少的，是能力中最主要和最一般的部分。特殊能力是指人们从事特殊职业或专业需要的能力。例如音乐中所需要的听觉表象能力。人们从事任何一项专业性活动既需要一般能力，也需要特殊能力。二者的发展也是相互促进的。

流体能力和晶体能力。流体能力是指在信息加工过程和问题解决过程中所体现出来的能力。它较少受学习和环境的影响，主要取决于个人的先天禀赋。晶体能力则是指获得数学、语文等知识的能力，取决于后天的学习。

模仿能力和创造能力。模仿能力指通过观察别人的行为、活动来学习各种知识，然后以相同的方式做出反应的能力。而创造力则是指产生新思想和新产品的能力。

能力与大脑的机能有关，它主要侧重于实践活动中的表现，即顺利地完成一定活动所具备的稳定的个性心理特征；能力是运用智力、知识、技能的过程中，经过反复训练而获得的。能力是人依靠自我的智力和知识、技能等去认识和改造世界所表现出来的心身能量。

各种能力的有机结合，起质的变化的能力称为才能。才能的高度发展，创造性地完成任务的能力称为天才。

能力又称为能块。能块包括思块——思维、行块——行为、语块——语言。思块分为：思块组合能力、组合速度、思维行为沟通能力、思维语言沟通能力、语言行为沟通能力、理解力、判断力、分析能力、综合能力、记忆力、观察力、想象力等。行块分为：模仿能力、灵敏度、力度、耐力、速度、听力、注意力、感知力等。语块分为：语言速度、语言运用、字词组合、场合运用、概括等。思块、行块、语块三者是相互关联的。思块在此起主导作用，但是其他两者又可以刺激思块的不断发展。

能块可以通过专门训练得到很大的提高。比如游泳、体操、绘画、武功等就是一种能力的专业训练，也是一种提高训练。同时，会绘画的模仿能力非常好，会音乐的听力非常好，会武功的灵敏度非常强，长期处于官场的语言概括能力很强，作主持人的语言速度可以得到很好的控制，练拳击的力度和耐力比常人要强很多。对能力的研究，可以大大地提高人类个体在现实社会中的各种表现方式，从而达到表现自己价值的目的。

能块也可以用“商”来表示，叫做“能商”，它可以说是人体几大“商”之一：智商、情商、能商和钟商（生物钟在人体的作用结果）。智商是社会知识在人类个体的累计，这种累计再还原于社会，使交往的人群都能体会到，就是能商。在别人体会个体的能商时，每个人所掺杂能商的一种偏向，就是情商，比如在美国总统选举的演讲会上的激情表演，不但是智力、能力的体现，同时也是情力的体现，没有高亢激昂外加各种行为的配合，你的演讲不但没人听，你的总统竞选也难以成功。在即兴演讲中，你的语言一直遵循一种方向（目的），在大脑中不断提取和产生与这个方向有关的“原料”，能够构成这种结果的原因就是生物钟在起作用。所以，四商构成了一个人除生命特征以外的一切，生命特征以外的一切称作人命。人命和生命组成人体。人命是智商、能商、情商和钟智商的结合，简称“智能”。

唐·段安节《乐府杂录·琵琶》：“段奏曰：‘且请崑崙弹一调。’及弹，师曰：‘本领何杂，兼带邪声。’”《朱子全书》卷十二：“问管仲小器。曰：只为他本领浅，只做得九合诸侯，一匡天下之功。”《红楼梦》第二回：“雨村最赞这冷子兴是个有作为大本领的人。”沙汀《在其香居茶馆里》：“他是主任的重要助手，虽然并无多少才干，唯一的本领就是毫无顾忌。”

《朱子语类》卷十二：“人之为学，千头万绪，岂可无本领。”明·王守仁《传习录》卷上：“若泥文逐句，不识本领，即支离决裂，工夫都无下落。”《京本通俗小说·错斩崔宁》：“功名二字，是俺本领前程，不索贤卿忧虑。”

本源即根本。宋·胡仔《苕溪渔隐丛话后集·楚汉魏六朝下》：“《雪浪斋日记》云：‘昔人有言：《文选》烂，秀才半。正为《文选》中事多，可作本领尔。’”《朱子全书》卷十二：“本领若是，事事发出来皆是；本领若不是，事事皆不是也。”元·刘壎《隐居通议·诗歌一》：“读书万卷，下笔有神，此作诗之本领也。”

为政治国必须注重人的能力，人民的能力大国家强。能力不等于知识技能；知识技能不等于能力。知识是指人们所掌握的人类改造自然和改造社会的历史经验，技能是指人们通过练习而获得的动作方式和动作系统。能力是指顺利完成活动的心理条件，包括顺利掌握知识、技能的心理条件，它预示着人在活动中可以能达到的成就水平；它们的发展特点不同。知识的增长是无限的，而能力的发展有一个顶峰期，到了一定年龄之后，随年龄增长而衰退。能力与知识、技能的联系：能力是掌握知识、技能的前提；能力表现在掌握知识、技能的过程中；能力是在知识、技能的基础上发展的。多种能力的有机结合称为才能。多方面才能的高度发展和完善结合称为天才，天才令人高山仰止，景行行止。

素质是有机体与生俱来的某些解剖生理特点，素质是人的能力发展的自然前提，没有这个良好的前提，就不能发展相应的能力。环境和教育。家庭和社会。包括早期经验和学校教育的作用，环境和教育在一定条件下决定一个人能力的发展。实践活动。人的各种能力是在社会实践活动中最终形成起来的。个体的主观能动性。在具备了基本素质和良好的外部条件后，要成才还需要个人的主观努力。

人的能力有大有小，水平有高有低。在人类之中，智力一般呈常态分布；两头小、中间大。即多数人的智力水平属于一般，智力较高和极低的只是极少数。超常儿童即智商在130以上，是智力高度发展的儿童；低常儿童是指智商在70以下，是智力发展显著落后的儿童。能力表现早晚的差异，一方面不同能力产生、发展和衰退的时间不同；另一方面，人有能力充分发挥有早有晚，有的人少年早慧，有的人大器晚成，大多数则是中年成才。能力类型的差异。这主要表现在知觉、表象、记忆、思维、想象等方面的差异。人类的能力是改造自然开发利用宇宙的强大武器。人的能力发展水平的差异并非由知识技能所决定，而是由思想观念和情商智商所决定。

经济是国家国本运行的命脉

经济是国家和人民的命脉。经济特指一定范围（国家、区域）内，组织一切生产、分配、流通和消费活动与关系的系统之总称。现代经济伴随着货币流通运行，当中被生产、流通、交换的物品被称为商品，其中既包括房产和服饰等物品，也包括法律咨询、邮政递送等的服务，还有证券等的权利，以及信息。这一词汇来源于希腊语，其意思为“管理一个家庭的人”。不同历史阶段对经济的定义也是不同的，远古时代经济是作为一种谋生的手段而存在的，现在的经济是作为影响人类世界观和价值观的一种发展形式。

公元4世纪初东晋时代已正式使用“经济”之词。“经济”在中华传统文化中的本来意思都是“经世济民”、“经国济物”，也就是治国平天下之意。

西方经济学19世纪晚期传入中国。最初，经济学被直接译为“富国策”、“生计”、“理财学”、“财富”等。首先用汉字“经济学”翻译的是日本人，后来中国人把这个西文日译的词“译”回了中国，成为了现代汉语中的“经济”的另一来源。

英文中经济源自古希腊语家政术。家政术为家庭的意思，家政术是方法或者习惯的意思。因此，其本来含义是指治理家庭财物的方法，近代扩大为治理国家的范围，为了区别于之前的用法也被称为“政治经济学”。这个名称后来被马歇尔改回经济学。历史发展到了现代，如果单称经济学的话，应是在政治经济学或者更广的层面来考虑经济，因此一般在指经济学的时候经济学与政治经济学是同义的，随着时代发展和社会进步，应该称为国家经济学或世界经济学。

“经济”最初在《周易》一书中出现。“经”解释为“径”，即指阡陌（纵横的田地）。“济”字从水旁，解释为“渡”，即指渡水。“经济”两字的连用，最早见于隋代王通的《中说》“礼乐”篇里的“经济之道”，原意是指经邦济世或经国济民，即治理国家的意思。古时有副对联：“文章西汉双司马，经济南阳一卧龙”。这是夸奖司马迁的文章写得好，赞赏诸葛亮具有治理天下的卓越才能。以此可见古人所讲的“经济”，意在治国平天下。这与我们现在所理解的财政经济完全是两码事。那么，古时人们对衣食住行、国家财国政等方面的内容，要用什么词来表达呢？最初是用“食货”来表示。《汉书·食货志》对食货作了解释：“食”指农业生产；“货”指农家副业布帛的生产以及货币。此外，还出现了理财、富民、货殖等。

19世纪下半叶开始，一些日本学者在译英语经济时，借用了古汉语“经济”一词，从而使它的含义发生根本变化，变成了专指社会物质生产活动的用词。辛亥革命后，在孙中山先生的建议下，逐渐统一沿用日本学者的译法，从而使“经济”以新词的面貌在中国流传至今。

《牛津高阶英汉双解词典》中对经济的解释的第一种意思是金钱、力气、时间、资源等的节省、节约；第二种意思是理解；第三种意思是国家的经济管理、经济制度。广义经济学者提出的概念，“经济”就是如何以最小的代价，取得最大的效果，就是如何在各种可能的选择中，即在各种主观与客观、自然与人际条件的制约下，选取代价最小而收效最大的那种选择。主要从生产力与生产关系的意义上运用“经济”概念，但是也不排斥其他的经济因素。经济或称经济状况，指的是整个社会的物质资料的生产和再生产；“经济活动”即社会物质的生产、分配、交换和消费活动的统称。

经济就是生产或生活上的节约、节俭，前者包括节约资金、物质资料和劳动等，归根结底是劳动时间的节约，即用尽可能少的劳动消耗生产出尽可能多的社会所需要的成果。后者指个人或家庭在生活消费上精打细算，用消耗较少的消费品来满足最大的需要。总之，经济就是用较少的人力、物力、财力、时间、空间获取较大的成果或收益；经济就是国家或企业、个人的收支状况，如国民生产总值、社会总产值、企业的产量与效益、个人的收入与支出等；经济就是经邦济世、经国济世或经世济民等词的综合和简化。如“识局经济”《晋书纪瞻》、“皆有经济之道而位不逢”。它的含义包括国家如何理财，如何管理各种经济活动，如何处理政治、法律、军事、教育等方面的问题，即治理国家、拯救庶民的意思；经济就是家庭管理；经济就是一种谋生术，是取得生活所必要的并且对家庭和国家有用的具有使用价值的物品。

经济是社会生产关系的总和。也是人们在物质资料生产过程中结成的，与一定的社会生产力相适应的生产关系的总和或社会经济制度，是政治、法律、哲学、宗教、文学、艺术等上层建筑赖依建立起来的基础；经济是社会物质资料的生产和再生产过程。包括物质资料的直接生产过程以及由它决定的交换、分配和消费过程。其内容包括生产力和生产关系两个方面，但主要是指生产力；经济是一个国家国民经济的总称。包括一国全部物质资料生产部门及其活动和部分非物质资料生产部门及其活动。我们通常讲不同国家的经济状况，就是从国民经济的角度上讲的循环定义，现在能被公认的是博弈圣经给出的定义。经济就是遵循一定的生产、加工、经营的原则，在任何情况下力求以最小的耗费取得最大的效益的一切活动；

经济学家就像赌场中一个个旁观输赢的看客，围绕着博弈实体经济学的理论，凭个人临时的感觉，谈输、谈赢、谈均衡。经济就是人类以外部自然界为对象，为了创造满足人们需要所必需的物质环境而不是追求享受所采取的行为的总和。

在西方经济学中，经济学家给经济学下了各种各样的定义，但对经济的定义却比较模糊。他们认为经济学的研究 对象自然是经济，经济这个最基本的概念是一个清晰自明的实体，对经济无须下定义，故至今为止在西方经济学中经济一词还没有一个明确的定义。由此导致他们对经济学的定义也处于混乱状态。我们只能从其对经济学的原理中推测出经济的定义。

经济是社会管理自己的稀缺资源；经济是我们社会中的个人、厂商、政府和其他组织进行选择，这些选择决定社会资源被利用；经济在社会活动中确定劳动、资本和土地的价格，以及运用这些价格配置资源；经济是金融市场行为，金融市场将资本配置到其他经济部门；经济是收入分配，以及不损害经济运行的前提下对人给予帮助；经济是政府支出、税收、预算、赤字对经济增长的影响；经济是经济周期中失业与生产的波动，并改善经济增长的政策；经济是各国贸易模式贸易壁垒的影响；经济是发展中国家的发展，资源有效利用的方式；经济是一定社会生产、交换分配和消费等经济活动，经济关系和经济规律；经济是有限资源在不同用途上的运用；经济是资源配置的全过程及决定影响资源配置的全部因素。经济学是输赢与均衡在公共空间里的概念。

其实，经济学的行为也不外乎这些内容，从这里我们可以理解科学发展观里的大道德就是博弈实体经济学。所以，我们用社会发展观的定义检验经济学里的行为，研究经济学里的现象。

亚当·斯密在 230 年前就熟悉牛顿的思想，他还撰文赞扬过牛顿，后来他用牛顿的物理学原理作为经济体系，造出了一本掷地有声的《国富论》，后来西方就出现大量的所谓经济学名著。因此，世界就像开设了一个经济文化大赌场。

不知输赢的经济学家，围绕着经济学理论凭个人感觉进行猜测，凭个人主观意愿盲目欣赏。但《国富论》里没有引入输赢与均衡的标准，没说怎样取胜，没有给出一个整体如何对大小的区分，没有开端，没有终结，也就是没有边界，全都是一些宏观抽象的概念。无论混沌和有序怎样互相转换，《国富论》中并没有给出任何博弈行为取胜的依据。全世界经过 230 多年的研究，没有发现什么有效可示范的依据。

纵观人类经济的演化历程，总结出这样一个哲理，无数人渴望从中挖掘有用的东西，最终发现了一句话“社会制衡机制”，它在《国富论》中却一次都没有出现过。众所周知，一篇巨著里其经济之词未出现一次，最多只能称其为一个文化信息，这不是经济学思想，更不是理论，亚当·斯密也就没有定性解释过经济的本质特性。人们对经济似懂非懂，几乎所有人的解释都是自圆其说，一传十，十传百，无限的放大，“社会制衡机制”应该取代“看不见的手”成为神话。

当今，人们用社会实体与性质的观点解释“社会制衡机制”，经济就是博弈实体法则的威力。社会实体法则的瘾魂是市场经济的灵魂，其内在逻辑是道德与博弈的法则，市场经济就是根据一套“博弈法则”使资源配置通过道德协同与博弈协同得到调整，“自发秩序”和“社会制衡机制”都是在观察博弈实体时得到的感觉。可以宣称市场经济要自由放任，一切追求最大化，为了维系两个假设，一是效率，二是穷人的生活。比较优势只有对那些追逐自我利益的人们才格外地积极，这会带来你死我活的竞争和掠夺。西方的经济学大师，今天的大政治家、博弈专家都明白，两人同性质的博弈对局不是博弈实体就不存在“社会制衡机制”，对个体疯狂的掠夺就无法干预。可以想象在几百年前人已经模模糊糊地感觉到了博弈实体的威力，可惜有的经济学家还没有认识到博弈实体的本质特性，只是偶尔感觉到，“人类行为的结果是非存心出现的”，好像参与者带来的利益不是上帝，也不是政府，都是吉祥慈善，是“社会制衡机制”给予的，这是一个赌徒对赌博结果的无奈，对博弈实体的无知才有这种莫名其妙的感觉。

从逻辑的哲学出发，研究社会发展观的博弈实体战略，发现它的文化结构复杂而宏大，人们难以理解，语言也很难表达，它比“社会制衡机制”复杂得多。“社会制衡机制”并非只有简单的几个逻辑步骤就可以告成，特别对哲学素养准备不足的经济学家他首先感觉到“社会制衡机制”语言流畅，朗朗上口，还有一个“手”以稳固的形象在场景中的表现，它还抽象而高度概括了市场运行机制恰是“社会制衡机制”，人们就深信不疑，学者也相信它，传播它，甚至把它神话。

“社会制衡机制”，“这种关系就像古代的命运之神一样逍遥于环球之上”。“社会制衡机制”所要表述政府特殊宏观调控对市场干预产生的社会效应，所要谈到政治人物和政府行为追逐国家利益的外交动机会产生巨大的经济价值，所要表述为官者的行为是代表国家实体战略的手，这似乎是比较科学可循的理论。“社会制衡机制”会演绎出正理均赢论，这应该是一个政治、经济、外交的通用名词，不谈正理均赢论，人们就会缺失道德，缺失人性，缺失对博弈实体社会的凝聚力。经济学的理论忽略博弈实体政治的社会特性，也只能称为个体经济学和穷人经济学。如果不谈正理均赢论，一切追求最大化，它会逐步地使经济资本不断的扩张、掠夺、侵略，一定会跨越良知和人性，社会制衡机制没有具体阐明博弈实体法则的重要性，这不是一个完整的经济学理论。

忽略博弈实体政治，单一的追求主体效率最大化，有权有钱的人不知道自己与博弈实体的关系，就会藐视博弈实体法则，使人的利益透支，权益透支，体能透支，肆无忌惮，变本加厉，形成巨贪罪恶，一切追求经济最大化的经济衍生物，像道德与诚信将会消失，一切浪费、污染、错误都包藏起来，表现虚拟的实体假象，最后造成经济危机，物价膨胀和市场经济大萧条。从两人对局的取胜原理，再看社会发展观的定义可知，社会公平的行为才是经济学的核心议题。经济博弈并不关注目的的本身，而关注达到目的的行为，达到目的的行为和效果才是经济研究的终极内容。

博弈实体经济行为输赢均衡

自然科学每一次理论与方法的重大变革都是经济学创新思维的源泉。博弈实体里的国正论会对经济学带来深远的影响，所谓宏观经济学、微观经济学，这个最简单的甲乙概念，就是赌客博弈行为失败的混合概念，至今经济学家还停留在儿童简单认识世界的层级，博弈取胜的世界还没有人触动过。理解经济学的文化结构绝不是简单的甲乙，不是黑白，也不是大小，更不是多少那么简单。专家的知识储备还没有上升到博弈实体的概念，所以，社会上流传了一句极为讽刺的说法，“所有的人都像经济学家”。

人们把宏观经济学定位为总体经济学，把微观经济学当中一小半说成是个体经济学，还有人说什么中观经济学，后来保罗·萨缪尔森又说是中间道路经济学，它们是什么结构呢？彼此是什么关系呢？怎样区分呢？至今综合所有人的回答，不过是一堆大杂烩。人们认识经济学，一定要借助博弈实体的概念，用博弈圣经里的博弈图形报告，看图理解过去、现在和未来，它的每一个时期都是一个实体结构，它启发人们从中发现了人的行为和输赢与均衡的关系。

赌徒博弈的单方占优理论有了取胜的进展，它能引起政治、军事、经济博弈专家们的极大关注。博弈实体的概念最终会成为世界的博弈实体经济学。按资源配置方式分为计划经济和市场经济。计划经济是用政府计划指令等方式配置资源的经济运行方式。市场经济是通过市场机制来实现资源优化配置的一种经济运行方式。按社会发展阶段，分为自然经济和商品经济。自然经济是一种自给自足的经济，交换不是生产的目的。商品经济是以交换为目的的，包含商品生产和商品交换的经济形式。经济根据所在不同部门的表现，可以分为农业经济、工业经济、交通经济、文化经济、科技经济等部门，从中可以更好地了解部门经济的各种特点和不同的运行机制。

农业经济是研究农业中生产关系和生产力运动规律的科学，又叫劳动经济，即经济发展主要取决于劳动力资源的占有和配置。由于科学技术不发达，人类开发自然资源的能力很低。对于大多数资源来说，短缺问题并不突出。例如，直至19世纪人们还认为森林是砍伐不尽的资源。因此，在这一时期，劳动力是主要的争夺对象。有了劳动力就能开发资源，发展经济，获得财富。古代许多战争的目的就是掠夺劳动力——人口，而西方贩卖奴隶的活动一直持续到19世纪末。从政治制度来看，集中的管理体制有利于农业经济的发展，中央集权的中国和法国曾分别是亚、欧大陆上劳动经济最为发达的国家。农业经济一直持续了几千年。在这一经济阶段中，人们采用的是原始技术，使用的是犁、锄、刀、斧等手工生产工具和马车、木船等交通运输工具，主要从事第一生产——农业，辅以手工业。在这几千年中，尽管科学技术有所发展 ，生产工具不断改进，但在工业革命之前，这种生产格局没有改变。这时的劳动生产率主要取决于劳动者的体力。因为从总体来看，人的智力方面的差别不太大。据统计，在低机械程度条件下，劳动者的体力支出和智力支出之比悬殊太大。同样，土地也是农业发展的重要基础，所以它也成为争夺的对象。从最初来看，水美田肥的地方就成为经济发达的地方，所以就有了经济发达之后的诸多文明之地，如印度河恒河流域、尼罗河流域、底格里斯河幼发拉底河的两河流域、黄河流域等。就整个世界而言，生产的分配主要是按劳动力资源的占有或通过土地占有的劳动力资源来进行。在农业经济阶段，广大人民的生活十分贫苦，缺衣少食比较普遍，不能抵御自然灾害造成的经济危机。教育很不普及，文盲占大多数，人才难以流动和发挥作用。

工业经济又叫资源经济，即经济发展主要取决于自然资源的占有和配置。由于科学技术的不断发展，知识的不断积累，人类开发自然的能力不断增强，使得大多数可认识资源都成为短缺资源。19 世纪以来的世界战争，其目的主要是掠夺或保卫自然资源。美国发动的伊拉克战争，针对的主要是海湾地区的石油资源。在国家独立自主的条件下，有了资源，就能发展经济。自 19 世纪以来，世界发达国家陆续完成了工业革命，科学技术取得了巨大发展，拖拉机、机床等代替了手工生产工具，汽车、货车、轮船、火车和飞机代替了落后的交通工具，生产效率有了很大的提高。但是在这一时期，知识对于经济的作用尚未起到决定性作用。铁矿石、煤、石油等发展机器生产的主要资源很快成为短缺资源，并开始制约经济发展，因此，这一阶段的经济发展主要取决于自然资源的占有。在工业经济阶段，生产的分配主要按自然资源的占有来进行。所以，虽然生产效率大大提高了，物质财富大大增加了，但广大人民的生活水平的提高与此不成正比。西方主要国家大约花了 100 年时间解决温饱问题，又用了约 50 年时间变成小康，以后才逐步开始富裕。在这期间，它们基本普及了中等教育，开始了人才的自由流动，比较成功地开发了智力资源。

一业兴百业旺。旅游经济是以旅游活动为前提，以商品经济为基础，依托现代科学技术，反映旅游活动过程中，游者和旅游经营者之间，按照各种利益而发生经济交往所表现出来的各种经济活动和经济关系的总和。发展旅游经济的优势是：增加国家外汇收入，平衡收支 随着国际政治、经济、文化交流发展，作为国家支付手段的外汇，其作用日益显著。作为外汇收入的旅游业在国家创汇，平衡国际收支方面起到了重要作用，这已经为各国实践所证明，越来越为人们所认识。

回笼货币，积累资金 。旅游收入的另一重要部分是国内旅游收入。国内旅游收入对于国家回笼货币，积累资金起着积极的作用。据统计，中国在群众手里的结余资金超过 2 万亿人民币，而且每年以 30% 左右幅度增长。如何引导消费，更有效地回笼货币，渠道很多，而旅游就是一个新的渠道。随着人们物质生活水平的提高，闲暇时间的增多，人们对精神的需求和消费日益迫切。

旅游业是一个综合性很强的产业，吃、住、行、游、购、娱是旅游的六大要素。要有吃、有住、进得来，出得去，有物可购，有处去乐。因此，旅游的发展，必然不断带动与这要素直接相关的饮食、建筑、交通、邮电通讯、园林、商业、轻纺、保险等行业的发展。游客住的地方数量多，档次全，再也不是原来的情景了。期间建筑业获得的发展可以想象。美国夏威夷的瓦胡岛，开发前是一片荒凉的海滩，20 世纪 50 年代为旅游区后，建成的旅店、商业街，密布小岛。目前，该岛已成为年接待世界旅游者约 400 万人次的世界著名旅游区。建筑业的发展，又带动与之相配套的水、电、煤气、暖气、通讯等行业，饭店内的装饰、家具、餐饮、卫生用品等，工业及所需的农产品的生产自然也相应地发展起来，其连锁效应是巨大的。 游客每到一地总要买些纪念品、土特产等带回去。即旅游要素中的“购”，旅游对商品的需求带动了工艺品、纪念品及有民族特色的产品的生产与开发。据测算一位旅客在异国旅行购物所花费用一般约全部旅费的一半。旅游业的发展对相关产业的带动作用。

增加就业机会。由于旅游业促进了许多行业的发展，使整个社会就业机会增多。旅游业是一种综合性的行业，它不但能直接向社会提供就业机会，而且能间接地为社会提供就业机会。

旅游经济的功能大。旅游经济变成永久性的财源。旅游业是短、平、快，永久性的开发项目。从国际国内旅游业的发展过程可以看出，旅游业发展的速度，远远快于各种产业发展的速度。旅游是第二次世界大战以后才成为一个产业的，在不到半个世纪的时间里，就迅速发展成世界第一大产业。这种发展速度，这是任何一个产业都难以比拟的。新加坡和泰国，经过不到20年的苦心经营，就发展成为亚洲的旅游强国，成为世界著名的旅游胜地。

资本在于维护国家正常运行

资本是一个宽泛善意的概念，而不是一个狭隘邪恶的命题和定义，资本既不属于所谓“资本家”的产物，也不属于“资本主义”的派生品，资本本身是“干净纯洁”的，而不是“肮脏”的。资本从来就没有什么“天敌”，与资本为敌就是与贫穷为伍，心怀“愿人穷，恨人富”是狭隘的“无资本”者，也属于人格缺失者，这类人群严重阻碍人类社会的发展。资本是国家运行的血液，资本是国家主权的象征。资本又属于劳动者所有，一切资本只有通过劳动才能获得，资本是人类由粗俗野蛮逐步走向文明规范的象征，也是经济活动中货币等值有序交换的标志。重新认识资本就会发现，资本对于每个人、任何群体、任何利益集团、任何组织、任何国家和政党都没有特殊的定义，因为，谁也离不开资本，资本是人类共同生存交流互动的需要，也是人类文明有序发展的正能量。无论是个人资本、企业资本、社会资本、国家资本等都是正能量的集合。人无资本则贫穷，国无资本则不立。资本属于社会进步和国家发展的正能量，在经济学意义上是用于生产的基本生产要素，即资金、厂房、设备、材料等物质资源，这是经济发展的正能量。在金融学和会计领域，资本通常用来代表金融财富，特别是用于经商、兴办企业的金融资产，这是资本的正能量。在国家层面上，资本也可作为人类创造物质和精神财富的各种社会经济资源的总称。资本也是国家生命运行的总和，资本如同人体循环的血液，是一个人、一个团体、一个社会、一个国家不可或缺的生命线。

资本是经济的灵魂，资本是“动态”的，而不是“静态”的。资本是国家、政府及其他所有者投入项目建设、生产经营，能产生收益的资金及利润。在经济学意义上是用于生产的基本生产要素等物质资源。在金融学和会计领域，资本通常用来代表金融财富，特别是用于经商、兴办企业商贸的金融资产。在文化传媒新闻出版发展方面都离不开资本运作，通过资本投入项目：例如：戏剧戏曲、电视电影、报纸杂志、网络等，不仅对所投的要进行资本回收，让资本经济效益的最大化，而且还提升国家的软实力，就连“声音”也是资本效应和效能。

物力资本，包括自然赋予的和人类创造的两种。通过使用雇佣劳动力而带来剩余价值的价值，体现业主使用雇佣劳动力的关系。资本在现象上表现为一定数量的货币和生产资料，但货币和生产资料本身并不是资本，只有在劳动力成为商品的前提条件下，货币和生产资料被资本家用来作为使用雇佣劳动力的手段时，才能转化为资本。奴隶社会和封建社会的商人资本和高利贷资本，虽然使用小生产者的剩余劳动，并从奴隶主和封建主那里瓜分一部分奴隶和农奴的剩余劳动，但由于奴隶社会和封建社会的商人资本和高利贷资本，不是在生产领域中通过使用雇佣劳动力获得剩余价值，因而还不是真正意义上的资本。因此，资本不是物，而是通过物体现出来的业主与雇佣劳动者之间的使用与被使用的生产关系，资本是一个历史的范畴。资本和剩余价值是周而复始循环流动变化、发展壮大，并非只属于某个业主、企业家等口袋里的“不动产”，也不属于“国库的不动产”。一个行业，一个企业，一个业主若没有剩余价值就等于没有正能量，剩余价值是国家正能量的集中体现。不过一切资本的剩余价值都属于社会和国家所有，人民群众通过政府的合理调控调配也可以分享到剩余价值的成果。因此，剩余价值是循环流动的正能量。

资本不是固定价值，也不是某个阶层铁板一块的固有价值，而是属于国家运转中的价值。资本的运动表现为依次经过购买、生产和售卖等几个阶段，依次采取货币资本、生产资本和商品资本几种职能形式。其中，货币资本的职能是为国家资本生产作准备，生产资本的职能是生产剩余价值，而商品资本的职能则是实现剩余价值。资本只有顺利地从一种职能形式转变为另一种职能形式，顺利地通过购买、生产、售卖等几个阶段，才能生产并实现剩余价值。资本一旦停止运动，实现价值增值的目的就会丧失，资本的生命就会停止，国家和社会的运转就会发生“短路”。

资本具有不同的形式。主要表现在：按资本在剩余价值生产中所起的作用不同，可分为不变资本和可变资本。不变资本是用于购买生产资料的那部分资本，这部分资本的价值在生产过程中只是改变其物质形态，而不发生量的变化；可变资本是用于购买劳动力的那部分资本，这部分资本在生产过程中的使用，不仅再生产出劳动力的价值，而且还生产出超过劳动力价值的剩余价值，其价值发生了量的变化。按资本的价值周转方式不同，可分为固定资本和流动资本。固定资本是以厂房、机器、设备等形式存在的那部分资本，其价值按照它在生产过程中的磨损程度一部分一部分地转移到新产品中去，随着产品的出售以货币形式分期收回，用折旧的办法暂时积累起来。流动资本包括以原料、燃料、辅助材料等形式存在的那部分不变资本和用于购买劳动力的那部分可变资本。流动资本中的不变资本部分的价值全部转移到新产品中去，并在产品出售后以货币形式全部回到企业手中；流动资本中的可变资本部分是在生产过程中由劳动者再生产出来的，并且还创造出了剩余价值。按资本所处的领域不同，可分为产业资本、商业资本、借贷资本和银行资本等。产业资本是资本家投入物质生产部门的资本，亦即投在工业、矿业、农业、交通运输业和建筑业等的资本；商业资本是在流通领域中独立发挥作用的职能资本，是从产业资本中分离出来的独立的资本形式，是专门从事商品买卖，以攫取商业利润为目的的资本；借贷资本是为了获取利息而暂时贷给职能资本家（产业主和商业主）使用的货币资本；银行资本是业主为经营银行业务而拥有的资本，主要由现金和各种有价证券构成。资本的不同形式，掌握成本的不同集团，并非只是它们同产业主一起瓜分剩余价值，其实国家和政府始终都参与其中，甚至在主导剩余价值的分配及再分配。在国家资本生产的总过程中，资本采取不同的具体形式，剩余价值也转化为利润、利息、地租等多种具体形式。

在西方经济学理论中，资本是投入（生产资料）的一部分，投入包括：劳务、土地、资本。资本是指：生产出来的生产要素，是耐用品。

从企业会计学理论来讲，资本是所有者投入生产经营，能产生效益的资金。按照传统政治经济学的观点，资本是一种可以带来剩余价值的价值，它在资本生产关系中是一个特定的政治经济范畴，它体现了业主对劳动力的使用关系，因此，资本并不完全是一个存量的概念。然而随着社会的演绎、时代的变化，由此研究宏观经济存量核算时，资本泛指一切投入再生产过程的有形资本、无形资本、金融资本和人力资本。从投资活动的角度看，资本与流量核算相联系，而作为投资活动的沉淀或者累计结果，资本又与存量核算相联系。

价值规律告诉人们，资本总是流向高利润行业。商业银行的资本通常指会计资本，也就是账面资本，等于金融机构合并资产负债表中资产减去负债后的所有者权益，包括实收资本或普通股、优先股等。资本为商业银行提供融资；吸收和消化损失；限制商业银行过度业务扩张和风险承担；维持市场信心；为商业银行管理，尤其是风险管理提供最根本的驱动力。资本运营又称资本运作、资本经营，是指利用市场法则，通过资本本身的技巧性运作或资本的科学运动，实现价值增值、效益增长的一种经营方式。

例如，发行股票、发行债券（包括可转换公司债券）、配股、增发新股、转让股权、派送红股、转增股本、股权回购（减少注册资本），企业的合并、托管、收购、兼并、分立以及风险投资等，都是资本的运作形式。

资产重组是为了整合经营业务、优化资产结构、改善财务状况，对企业的资产进行剥离、置换、出售、转让，或对企业进行合并、托管、收购、兼并、分立的行为，以实现资本结构或债务结构的改善，为实现资本运营的根本目标奠定基础。

在现实生活中，资本总是表现为一定的物，但资本的本质不是物，而是体现在物上的生产关系。

资本的主要特征有：资本是能够带来剩余价值的价值，资本是一种运动，资本是一个历史范畴，它体现国家与国民的关系，这是国家资本生产方式的本质范畴。

资本是一种支配权，对物的支配权。在国家资本逐渐使生产资料与生产者分离后，也就是在资本原始积累的过程中，造成了大量有产者之后，这种对物的支配权就使资本获得了对劳动力的支配。要获得这种支配权，首先要求资本是一种居于统治地位的社会力量。资本是一种在古希腊奴隶制条件下就已经高度发达的经济范畴，但只是在近代的生产力基础上，才允许其获得这种统治地位。

当支配权被集体使用、不能被分割的生产资料之所以能被独占、分割，这是因为它是资本。在国家资本下，生产资料的实物形态失去了意义，仅仅被当成一个价值额。当生产资料转化为一个价值额，它既能被独占，也能被无限分割，可见资本是现代私有制存在的最后理由。

无论是国家，还是私募资本都存在剩余价值，在单纯的商品交换中，一方取得的不会比另一方多，双方遵循着等价交换的原则，取多予少只有在不发达或垄断的市场中才会存在。如果企业家不能在交换中取得更多，生产的规模又如何过大呢？这当然可以通过技术进步所引起的资本贬值来达到。可是，资本的贬值尽管可以使原有资本获得更大的购买力，使生产扩大，但它却不能产生利润。

利润意味着企业家获得的比付出少，并且获得可观的差额率，这个差额无需付出任何代价。这个差额是不能在商品交换中产生的，但它也不是在真空中出现的。这个差额来自于使用，意味着劳动力的获得与付出是不等量的，这完全是劳动力为企业家创造了这个利润。当利润被投入到生产中，再次开始这个过程，实现了自身的增值，这个价值就转化为资本。

当资本展开运动，不断地创造出剩余价值，在给人民、社会、国家带来福利的同时，也创造出各种社会危机。它在群体、民族、国家之间引起了使用、压迫、仇恨，制造了贫困、愚昧、暴力。它不断地扰乱社会生产的顺利进行，制造出各种危机，每一次危机都如一次巨大的瘟疫，使社会一次又一次陷入到恐怖与饥荒之中。而随着世界市场的发展，这些危机就像传染病一样在世界范围内蔓延开来，危机也就具有了世界性的特点。

尽管传统的“资本”不断地通过自我调整变化，从而存活并成熟起来，然而随着新兴资本利益日益发展成熟，它继续调整的空间也就越来越有限。其实人类的日新月异变化说明，当然，当危机日益表现出世界性的特征，并引发全球性的生态危机、文化危机、战争危机，就必将导致政治危机。当危机无法在国家资本的范围内得到根本性解决，对抗性矛盾发展到最高顶点，革命也就不可避免。

货币在国家经济居重要角色

货币通国民，贬涨无定数。政府在主导，市场自调控。通货膨胀是一种货币现象，同是也指货币发行量超过流通中实际所需要的货币量而引起的货币贬值现象。通货膨胀与物价上涨是不同的经济范畴，但两者又有一定的联系，通货膨胀最为直接的结果就是物价上涨。

通货膨胀最初指因纸币发行量超过商品流通中的实际需要量而引起的货币贬值现象。纸币流通规律表明，纸币发行量不能超过它象征的金银货币量，一旦超过了这个量，纸币就要贬值，物价就要上涨，从而出现通货膨胀。通货膨胀只有在纸币流通的条件下才会出现，在金银货币流通的条件下不会出现此种现象。因为金银货币本身具有价值，作为贮藏手段的职能，可以自发地调节流通中的货币量，使它同商品流通所需要的货币量相适应。而在纸币流通的条件下，因为纸币本身不具有任何价值，它只是代表金银货币的符号，不能作为贮藏手段，因此，纸币的发行量如果超过了商品流通所需要的数量，就会贬值。例如，商品流通中所需要的金银货币量不变，而纸币发行量超过了金银货币量的一倍，单位纸币就只能代表单位金银货币价值量的一半，在这种情况下，如果用纸币来计量物价，物价就上涨了一倍，这就是通常所说的货币贬值。此时，流通中的纸币量比流通中所需要的金银货币量增加了一倍，这就是通货膨胀。在宏观经济学中，通货膨胀主要是指价格和工资的普遍上涨。

通货膨胀不仅是一个经济问题，而且是一个政治问题，若失控会导致社会动乱。

纸币实际就是虚拟货币，虚拟货币是导致通货膨胀的罪魁祸首。通货膨胀在现代经济学中意指整体物价水平上升。一般性通货膨胀为货币之市值或购买力下降，而货币贬值为两经济体间之币值相对性降低。前者用于形容全国性的币值，而后者用于形容国际市场上的附加价值。两者之相关性为经济学上的争议之一。

通货膨胀之反义为通货紧缩。无通货膨胀或极低度通货膨胀称之为稳定性物价。在若干场合中，通货膨胀意为提高货币供给，此举有时会造成物价上涨。若干学者（奥地利学派）依旧使用通货膨胀一词来形容此种情况，而非物价上涨本身。因之，若干观察家将美国 1920 年代的情况称之为“通货膨胀”，即使当时的物价完全没有上涨。因此，除非特别指明，否则“通货膨胀”意指一般性的物价上涨。

通货膨胀之反义可为“通货再膨胀”，即在通货紧缩的情况下物价上涨，或紧缩的程度降低。也就是说，一般物价水平虽然下降，但幅度缩小。相内容为“通货膨胀率减缓”，即通货膨胀上升速率减缓，但不足以造成通货紧缩。

通货膨胀率是货币超发部分与实际需要的货币量之比，用以反映通货膨胀、货币贬值的程度；而价格指数则是反映价格变动趋势和程度的相对数。

在实际工作中，一般不直接，也不可能计算通货膨胀，　而是通过价格指数的增长率来间接表示。由于消费者价格是反映商品经过流通各环节形成的最终价格，　它最全面地反映了商品流通对货币的需要量，　因此，　消费者价格指数是最能充分、全面反映通货膨胀率的价格指数。目前，世界各国基本上均用消费者价格指数，也即消费者物价指数来反映通货膨胀的程度。

通货膨胀之测量由观察一经济体中之大量的劳务所得或物品价格之改变而得，通常是基于由政府所收集的资料，而工会与商业杂志也做过这样的调查。物价与劳务所得两者共同组成物价指数，为整组物品的平均物价水准之测量基准。通货膨胀率为该项指数的上升幅度。物价水准量测整体物价，而通货膨胀是指整体物价的上扬幅度。

对通货膨胀没有单独性的确实量测法，因通货膨胀值取决于物价指数中各特定物品之价格比重，以及受测经济区域的范围。通用的量测法包括：

生活指数为个人生活所需费用的理论增幅，以消费者物价指数概估之。经济学家对特定的值应估计为高于或低于值有不同的看法。这是因为消费物价指数值公认具“偏向性”可用“购买力平价”来调整以反应区域性商品与世界物价的广泛差距。

消费者物价指数测量由“典型消费者”所购物品之价格。在许多工业国家中，该指数的年度性变化百分比为最通用的通货膨胀曲线报告。该项测量值通常用于薪资报酬谈判中，因为雇员希望薪资（名目）能相等或高于消费物价指数。有时劳资合约中会包含按生活指数调整条款，表示名目薪资会随消费物价指数的升高自动调整，其调整之时机通常于通货膨胀发生之后，幅度较实际通货膨胀率为低。

生产者物价指数测量生产者收购物料的价格，与于物价津贴、盈利、与税负上有所不同，导致生产者之所得与消费者之付出产生差距。反应于升高而上升，具有典型的延迟。虽说其具多样化的组合，一般相信这种延迟的特性使得根据今日的通货膨胀粗估明日的消费物价指数通货膨胀成为可能；各种的论述与内容有极重要的不同。

批发物价指数测量选择性货品之批发价格变化，特别是销售税，与消费物价指数极为类似。商品价格指数测量选择性商品售价之变化。若使用金本位制，则其所选择的商品为黄金。美国使用复本位制，其指数包含黄金与白银两者。

平减指数为基于国内生产总值的计算：名目与经通货膨胀修正后的即不变价格或实质两者间所使用的金钱之比例，参见实质与名目经济。这是对价格水准最宏观测量。本指数也用来计算的组成部分，如个人消费开支。美国联邦储备改用核心个人消费平减指数及其他平减指数作为制订“反通胀政策”的参考。

个人消费支出价格指数。2000 年 2 月 17 日，美国在半年一度的国会金融政策报告中，联邦公开市场委员会声称将主要的通货膨胀测量法自消费物价指数改为连锁式个人消费开支价格指数。

因为每一种测量法都基于他种测量法，并以固定模式结合在一起，经济学家经常争议在各测量法及通货膨胀模式中是否有“偏差”存在。

现存的争论为应否计入关于生活指数的调整部分，包含人们会在高物价的地区不可企及时搬迁到较便宜的地区。也有人认为指数中的购屋部分极度低估了日常生活费用对房价的冲击，亦极度低估了医疗费用在退休者的日常费用中的重要性。

稳定的小幅度通货膨胀的其中一个影响是难以重新谈判降价，特别是对薪资与合约而言更是如此。所以物价若缓步上涨，则相关的价格便较易于调整。有多种物价会“滞留降价”，但悄悄上涨。所以零通货膨胀或物价维持平准的效应会以降低价格、盈利、与雇员数的方式影响到其他方面。所以，若干公司的执行部门视温和的通货膨胀为“润滑商业巨轮”。追求完完全全的价格稳定会带来极具毁灭性的通货紧缩或物价持续降低，将导致破产与经济衰退，甚至经济萧条。

金融体系视通货膨胀之“潜在风险”为高于储蓄累积财富的基本投资诱因。换句话说，通货膨胀就是市场对金钱的时间价值之措辞。也就是说，因为今天的一元较明年的一元更具价值，所以未来的资本价值在经济学上有所扣减。此种观点视通货膨胀为对未来资本价值的不确定性。

对低收入者而言，通货膨胀通常会提高由经济活动之前的贴现所产生的负面影响。通货膨胀通常导因于政府提高货币供给政策。政府对通货膨胀的所能进行的影响是对停滞的资金课税。通货膨胀升高时，政府提高对停滞的资金的税负以刺激消费与借支，于提高了资金的流动速度，又增强了通货膨胀，形成恶性循环。在极端的情形下会形成恶性通货膨胀，增强不确定性可能会打击投资与储蓄。重新分配，领取抚恤金之类固定收入者，其收入可能重新分配至非固定收入者，而大部分的薪资所得则用来应付通货膨胀。同样的，固定金额的放款者，其资产可能会重新分配给贷方，若放款方对通货膨胀猝不及防或无法调整金额。例如，政府通常是贷方，降低政府负债会将资金重新分配回政府手中。这种情况有时被视为通货膨胀税。

若国内通货膨胀率较低，遭削减的贸易余额会破坏固定汇率。因为现金的价值在通货膨胀时会萎缩，在通货膨胀时期人们因此会倾向持有较少的现金。这表示真实的成本会更经常流向银行。轮胎成本一词是句玩笑话，意指因走到银行而磨损轮胎所产生的成本。菜单成本：商号须更勤于改变产品价格。此词表示餐厅用于改印菜单所需的成本。恶性通货膨胀：若通货膨胀升高的程度失去控制，会干扰到正常的经济活动，损害供给能力，造成社会危机。

在一经济体中，通货膨胀指数，在影响幅度小时，这属于一种政策性的选择，不对储蓄而对变现优先权与手头资金课税。若影响超出一定幅度时，则其效应歪曲，成为个人“对通货膨胀的投资”，也就是鼓励对通货膨胀的预期心理。因为以上打击通货膨胀的理由都高于打击其预期行为与打击持有大量资金所需的小幅影响，大部分的中央银行顾及物价稳定性，都以可见但极低的通货膨胀为目标。

经济领域的痛苦指数。令人不快的经济状况，等于通货膨胀与失业率之总合。实际上，经济学家中有许多认为公众对温和通货膨胀的成见是来自其相互影响：群众只记得在高通货膨胀时期相关的经济困难状况。

许多经济学家，特别是在日本，曾鼓吹以较高的通货膨胀作为经济衰退的一个解决方案。所有对通货膨胀的调查都显示出新古典经济学派学者与一般大众对温和通货膨胀所造成的损害有歧见：公众仍然认为其损害剧烈，而财政型经济学者视其损害为微不足道，许多学者甚至说一点伤害也没有。因通货膨胀具重分配之性质，反对承受通货膨胀重负的意见落居下风。因为资本利得税为名目数额，所以通货膨胀被主张为与“富人税”一样重要，而低度通货膨胀的社会会倾向于财富凝结。

纸币因发行过多而急剧贬值。在流通中所需的金属货币量已定的情况下，纸币发行越多，单位纸币所能代表的金属货币量就越少，纸币的贬值程度就越大。例如　，一个国家某个时期流通中所需要的金属货币量是100亿元，实际发行的纸币是200亿元，纸币贬值率。物价因纸币贬值而全面上涨。

不同学派对通货膨胀的起因有不同的学说。纸币是一种纯粹的国家货币符号，没有实际价值，只是代替金属货币执行流通手段的职能；纸币的发行量应以流通中需要的金属货币量为限度，如果纸币的发行量超过了流通中需要的金属货币量，纸币就会贬值，物价就要上涨。因此，纸币发行量过多引起的货币贬值、物价上涨，是造成通货膨胀的直接原因。

需求拉动的通货膨胀。需求拉动的通货膨胀是指总需求过度增长所引起的通货膨胀，即“太多的货币追逐大小的货物”。按照凯恩斯的解释，如果总需求上升到大于总供给的地步，此时，由于劳动和设备已经充分利用，因而要使产量再增加已经不可能，过渡的需求能引起物价水平的普遍上升。所以，任何总需求增加的因素都可以是造成需求拉动的通货膨胀的具体原因成本推进的通货膨胀。成本或供给方面的原因形成的通货膨胀，即成本推进的通货膨胀又称为供给型通货膨胀，是由厂商生产成本增加而引起的一般价格总水平的上涨，造成成本向上移动的原因大致有：工资过渡上涨；利润过渡增加；进口商品价格上涨。工资推进的通货膨胀　。工资推动通货膨胀，是工资过渡上涨所造成的成本增加而推动价格总水平上涨，工资是生产成本的主要部分。工资上涨使得生产成本增长，在既定的价格水平下，厂商愿意并且能够供给的数量减少，从而使得总供给曲线向左上方移动。

在完全竞争的劳动市场上，工资率完全由劳动的供求均衡所决定，但是在现实经济中，劳动市场往往是不完善的，强大的工会组织的存在往往可以使得工资过渡增加，如果工资增加超过了劳动生产率的提高，则提高工资就会导致成本增加，从而导致一般价格总水平上涨，而且这种通胀一旦开始，还会引起“工资物价螺旋式上升”，工资物价互相推动，形成严重的通货膨胀。

工资的上升往往从个别部门开始，最后引起其他部分攀比。利润推进的通货膨胀。利润推进的通货膨胀是指厂商为谋求更大的利润导致的一般价格总水平的上涨，与工资推进的通货膨胀一样，具有市场支配力的垄断和寡头厂商也可以通过提高产品的价格而获得更高的利润，与完全竞争市场相比，不完全竞争市场上的厂商可以减少生产数量而提高价格，以便获得更多的利润，为此，厂商都试图成为垄断者。结果导致价格总水平上涨。一般认为，利润推进的通货膨胀比工资推进的通货膨胀要弱。原因在于，厂商由于面临着市场需求的制约，提高价格会受到自身要求最大利润的限制，而工会推进货币工资上涨则是越多越好。

进口成本推进的通货膨胀。造成成本推进的通货膨胀的另一个重要原因是进口商品的价格上升，如果一个国家生产所需要的原材料主要依赖于进口，那么，进口商品的价格上升就会造成成本推进的通货膨胀，其形成的过程与工资推进的通货膨胀是一样的，如 20 世纪 70 年代的石油危机期间，石油价格急剧上涨，而以进口石油为原料的西方国家的生产成本也大幅度上升，从而引起通货膨胀。

需求和成本混合推进的通货膨胀。在实际中，造成通货膨胀的原因并不是单一的，因各种原因同时推进的价格水平上涨，就是供求混合推进的通货膨胀。假设通货膨胀是由需求拉动开始的，即过渡的需求增加导致价格总水平上涨，价格总水平的上涨又成为工资上涨的理由，工资上涨又形成成本推进的通货膨胀。

帝国经济危机成为全球祸根

美国政府停摆和提高债务上限的问题悬而未决，美债违约可能性日益提高以及它最终可能引发的动荡令市场感到担忧。这成了国际货币基金组织和世界银行上周末会议的焦点，与会各国财政部长及央行行长纷纷呼吁美国触及借贷上限之前提高债务上限避开违约。

随着 2013 年 10 月 17 日的举债上线，共和党控制的国会同民主党掌权的白宫，在国内外舆论的批评及不满的巨大压力下，仍然互不退让。共和党主导的众议院强行让联邦政府关闭，逼迫奥巴马总统于《患者保护与平价医疗法案》退让不果后加码，进一步把批准联邦政府举债上限与“奥巴马医改”捆绑，再度试图逼迫白宫让步。医改是奥巴马连任总统的政治承诺及历史功绩，惠及 4800 万负担不起医疗保险的美国民众，这意味着他势必坚持到底，政治僵局拖延到举债期限的最后一刻才得以草率解决。

美国政府出现债务违约，对全球经济的危害，将远超过 2008 年的华尔街金融危机，这已经是全世界的普遍共识。美国最大的两个债权人中国及日本，相继对华盛顿发出警告。国际货币基金组织、世界银行也同时表达担忧，并呼吁美国政界尽快消除这场人为的危机。美国国内也出现同样的呼声，由华尔街金融巨头组成的美国金融服务论坛就联署公开信，反对以举债上限作为政治谈判的工具。美国民意也对政治僵局感到不满，自政府被迫关闭后，多个民意调查均显示，过半美国民众都归咎共和党人。按照常理，重视选票的民主制度候选人，在如此清晰的民意面前，早就改弦易辙，避免在下一轮选举中被淘汰。但是，共和党籍众议院议长博纳还是立场强硬，反指白宫及民主党国会同僚拒绝妥协。共和党内极端的茶党派系，才是美国民主协商政治停摆的罪魁祸首。茶党的崛起，固然有多重原因，可是，导致茶党能够以少数裹挟主流政治的祸根，却是美国政治制度里的怪胎“杰利蝾螈”。

“杰利蝾螈”的典故，出自 1812 年美国马萨诸塞州州长杰利的姓氏，以及单词蝾螈的后半段组合而成，形容政党为了一党私利，采取不公平的选区划分手法，把支持者集中划入形同蝾螈般奇形怪状的选区内，保障本党立于不败之地。由于美国宪法保障各州的选举权利，各州的联邦国会选区，都被两党政客合谋划出各自的“包赢”的安全选区。在这些安全区内，候选人担心的不是正式选举时他党的竞争者，而是党内初选时同党的挑战者。因此，安全选区的议员立场极端，又能够对全国民意视若无睹。

由美国一手主导的经济全球化，让美国资本在全世界如鱼得水，但是对于美国的中下层劳动者却是弊大于利。他们必须在工资和技术上，同新兴经济体的工人竞争。资本常年外移逐渐形成了结构性失业，来自墨西哥的西班牙裔新移民，又对中下层白人所从事的低技术工作造成新竞争。在美国国内也出现了移民潮，有能力者集中到机会丰富的沿海城市，留在内陆的多是教育程度不高的白人。这进一步加重了“杰利蝾螈”的效应，强化了选区内选民政治信仰的同质性，进而鼓励立场越来越极端的候选人，竞相采取不妥协的强硬姿态，以争取选区民众的支持。

统计显示，本届 199 名民主党众议员当中，有 51% 来自安全选区（候选人赢得 67% 或更多的选票），而 234 名共和党众议员中，则只有 29%（67 人）来自安全选区，但是民主党内并没有类似茶党的极端意识形态派系，威胁党内主流的温和立场。美国已经有舆论指出，选区的划分不能再由政客把持，必须在制度上寻找更公平合理的做法，否则少数绑架多数的政治僵局将继续上演。世界经济的安危，竟系于选举制度的瑕疵，这恐怕是美国立国元勋当年在设计宪法时始料不及。在没有战争因素的预期下，美国政府关门事件应当视为 2013 年美元最大的利空，尽管美元指数开始反弹，也就仅仅只是反弹而已，还不到反转的时候。备受关注的美国政府关门事件也是 2013 年度美元最大的利空。利空出尽，后市美元将会节节攀升，对黄金的打击是致命的。

美元的利空必将在伯南克离任之前全部出完，以迎接美联储 100 周年，实现美元的王者归来。而与之相对应的必然是危机的一步一步加重和新经济体国家泡沫陆续破灭。这种趋势不会改变。这是资金流向的完全不同。前者是长期投资，后者是短期炒作。殊途同归的是，无论是长期投资还是短期炒作的资金，都将于 2014 年和 2015 年之间回归到美国本土。美元如此布局有两个目的：一个是美国次贷危机打压最大的美国本土的房地产业，很多资金找不到出路，只有流向全球新兴经济体去寻找赚钱的机会，那当然是泡沫越大赚钱越多，所以，这时候美联储出台 QE 政策，向中国、印度等国家释放这些美元炒高房价，谋取最大的利益，一旦新兴国家房价泡沫破灭后，必然会有大量的楼市炒作资金大量抛盘和美元一起流向美国本土，共同催生美国本土的房地产业复苏和繁荣。这是一箭双雕，既破了新兴国家房价泡沫，又吸引海量楼市资金参与美元大回流的战略之中。值得世界各国警惕，尤其是新兴经济体国家更应采取防止风险及应对措施。

降低成本供应遏制通货膨胀

货币是国民的中枢神经。货币稳国则安，货币浮国则乱。热胀冷缩，物理学术语，是物体的一种基本性质，物体在一般状态下，受热以后会膨胀，在受冷的状态下会缩小。所有物体都具有这种性质，货币的性质似乎与此同理。物体都有热胀冷缩的现象，日常生活中我们可以利用这种现象解决一些困难。预期和通货膨胀惯性。在实际中，一旦形成通货膨胀，便会持续一般时期，这种现象被称之为通货膨胀惯性，对通货膨胀惯性的一种解释是人们会对通货膨胀作出的相应预期。预期是人们对未来经济变量作出一种估计，预期往往会根据过去的通货膨胀的经验和对未来经济形势的判断，作出对未来通货膨胀走势的判断和估计，从而形成对通胀的预期。

预期对人们经济行为有重要的影响，人们对通货膨胀的预期会导致通货膨胀具有惯性，

对于通货膨胀最广为人知也最直接的理论是：通货膨胀导因于货币供给率高于经济规模增长。

货币数量理论，简单地说，就是经济体所耗货币总量取决于现存货币总量。在消费品总供应量对消费品总需求量相对下降，或消费品总需求量对消费品总供应量相对上升时，一般消费品物价会随之提高。基于总开销主要基于现存货币总量的观点，经济学者们以货币总量计算消费品总需求量。于是乎，他们断定总开销与消费品总需求量随着货币总量提高。于是相信货币数量理论的学者们同样也相信物价上涨的唯一原因就是经济成长，表示消费品总供给量正提高，以及央行因之以货币政策提高现存货币总量。以此观点来说，通货膨胀的最根本原因是货币供给量多于需求量，于是“通货膨胀是一定会到处发生的货币现象”，弗里德曼如是说。意指通货膨胀的控制有赖于货币上与财政上的限制。政府不可令借支过于容易，其自身亦不可超额贷款。此观点着重于中央政府预算赤字与利率，以及经济生产力，也就是由生产成本总供应所推动的通货膨胀。

依新凯恩斯主义之意，通货膨胀有三种主要的形式，为所说的“三角模型”之一部分：需求拉动通胀——通货膨胀发生于因所产生的高需求与低失业，又称菲利普斯曲线型通货膨胀。成本推动通胀——今称“供给震荡型通货膨胀”，发生于油价突然提高时。固有型通货膨胀，因合理预期所引起，通常与物价薪资螺旋有关。工人希望持续提高薪资，其费用传递至产品成本与价格，形成恶性循环。固有型通货膨胀反应已发生的事件，被视为残留型通货膨胀，又称“惯性通货膨胀”，甚至是“结构性通货膨胀”。

这三型的通货膨胀可随时合并解释现行的通货膨胀率。然而，大多时前两种形态的通货膨胀及其实际的通货膨胀率会影响固有型通货膨胀的大小：持续性的高或低通货膨胀带动提高或降低固有型通货膨胀。

三角模型中有两项基本元素：沿着菲利普斯曲线移动，如低失业率刺激升高通货膨胀；以及转移其曲线，如通货膨胀升高或降低对失业率的影响。

菲利普斯曲线或称需求面通货膨胀说。需求带动理论主要集中于货币供给：通货膨胀可由流通中的货币数量与经济供应力其潜在输出相关。这点在政府可能于对外战争或内战期间印行超额的货币引起金融危机时特别鲜明，有时会导致恶性通货膨胀使得物价飞涨或达每月上涨一倍的程度。

货币供给在程度温和的通货膨胀中也扮演主要角色，但其重要性有争议。货币主义经济学家相信其具强力联结；相反地，凯恩斯主义经济学者强调总体需求在其中的角色，而货币供给仅只是总体需求的决定性因素。

凯恩斯主义解释法的基本观念为通货膨胀与失业率之间的关系，称之为菲利普斯曲线模型。此模型在物价稳定度与失业率之间权衡；认为将失业率降至最低，可允许一定程度的通货膨胀。菲利普斯曲线模型极佳地描述出美国在 1960 年代的经历，但不足以诠释其于 1970 年代所遭遇到的通货膨胀升高与经济停滞结合。现今菲利普斯曲线用以关联薪资总额增长与一般性通货膨胀的关系而非失业率与通货膨胀率。

因为供给震荡与通货膨胀已成为经济活动的固定因素，当代整体经济使用“位移”过的菲利普斯曲线以及物价稳定度与失业率之间的取舍平衡来描述通货膨胀。供给震荡意指 1970 年代的油价震荡，而固有型的通货膨胀意指物价 / 薪资循环与通货膨胀预期，表示在正常经济情况下容忍通货膨胀。因此，菲利普斯曲线仅代表三角模式中的需求拉动通胀。

另一个凯恩斯主义的观点为潜在产出，有时称为国内生产总值——也就是达到最高生产力的状况下经济体之水准——为习惯性且固有的限制。此种输出标准对应于固有失业率、自然失业率或全职性的失业率。在如此架构下，固有型通货膨胀率为内因性地取决于经济体内的劳动量：超出其潜在水准，且失业率低于时。该理论指出，在其他条件相等时，通货膨胀随着供应者提高价格而加剧，且固有型通货膨胀会更恶化。进一步将导致菲利普斯曲线朝着高通胀与高失业摆向滞胀。

低于其潜在水准，且失业率高，而其他条件相等时，通货膨胀随供应者企图降价，让市场消化超额数量，并低估固有型通货膨胀而减低；即阻止通货膨胀，将导致菲利普斯曲线朝着低通胀与低失业摆向期望的方向。

国内生产总值相等于其潜在水准，且失业率也等于非加速性失业增长率时，只要没有供给震荡，通货膨胀率不变。长期以来，大多数的新凯恩斯总体经济学者视菲利普斯曲线为垂直。也就是说，若通货膨胀率高到可以压过失业率的情况下，失业率为其前提，且等相于非加速性失业增长率。然而，以该理论作为政策制定的标的存在缺陷。潜在产出的数量通常为未知，且会随时间改变。另外，通货膨胀率的发生并不对称，上升的速度较下降为快；更糟的是还趋向随政策而变。

例如，在撒切尔首相主政时期，失业者发觉自己处于结构性失业，也就是无法在不列颠经济体内找到适才适所的就业机会，当时英国的高失业率可能提高了非加速性失业增长率，且潜力降低。在一经济体避免跨越高通货膨胀的门槛时，结构性失业率的提高暗示只有小量的人力可在非加速性失业增长率中找到就业机会。若假定非加速性失业增长率与潜在产出两者皆具独特性且迅速达成，则绝大多数的非凯恩斯主义的通货膨胀理论可理解为包含于新凯恩斯主义的观点中。当“供给面”固定时，通货膨胀取决于总体需求。固定供给面也暗示着公私机构的开销定然相互冲突。故政府的赤字开支会对私营机构产生排挤效果，而对就业水准并无影响。也就是说，资金供给与金融政策为唯一可影响通货膨胀者。

供给面经济学说假定通货膨胀一定由资金供给过剩与资金需求不足所引起。对这两个因素而言，资金数量纯粹只是标的物。于是，欧洲于中世纪的黑死病流行期间所发生的通货膨胀，可视为因资金需求降低所引起；而1970年代的通货膨胀可归因于美国脱离布雷顿森林体系所订定的金本位后所产生的资金供给过剩。供给学派假定，资金供给与需求同时提高时，不会导致通货膨胀。

供给面经济学说所阐述的一个要素，称美国1980年代由低税负所引领的经济扩张为结束高通货膨胀的手段。其论点在经济扩张提高对基本资金的需求，且此种作法抵销通货膨胀的影响。经济扩张可视为经常性的带来对资金的高需求，且其他条件等同于提高资金数量。在国际货币市场中，此种政策无可置疑。供给面经济学说主张，经济扩张不仅提高国内对资金的评价，也会提高国际上的评价。

国家中央银行，如美联储，可经由设定利率及其他货币政策来有力地影响通货膨胀率。高利率及资金需求成长迟缓为央行反通胀的典型手法，以降低就业及生产来抑制物价上涨。

然而，不同国家的央行对控制通货膨胀有不同的观点。例如，有些央行密切注意对称性通货膨胀目标，而有些仅在通货膨胀率过高时加以控制。欧洲中央银行因在面对高失业率时采行后者而受指责。

货币主义者着重经由金融政策以降低资金供给来提高利率。凯恩斯主义者则着重于经由增税或降低政府开支等财政手段来普遍性的降低需求。其对金融政策的解释部分来自罗伯特·索罗对日用品价格上涨所作的研究成果。供给学派所主张的抵抗通货膨胀方法为：固定货币与黄金等固定参考物的兑换率，或降低浮动货币结构中的边际税率以鼓励形成资本。所有这些政策可透过公开市场操作达成。

另一种方法为直接控制薪资与物价。美国在1970年代早期，尼克松主政下，曾试验过这种方法。其中一个主要的问题是，这些政策与刺激需求面同时实施。故供给面的限制、控制手段、潜在产出与需求增长产生冲突。经济学家一般视物价控制为不良作法，因其助长短缺、降低生产品质，从而扭曲经济运行。然而，若能避免因经济严重衰退导致成本升高，或在抵抗战时通货膨胀的情形下，这样的代价或许值得。

实际上，物价控制可能因抵抗通货膨胀而使经济衰退更具影响力，因降低需求而提高失业率，而经济衰退可在需求高涨时防止物价因控制产生歪曲。

如果通货膨胀是在预料之内的，比如每个人都知道，各行业的工资每年将上涨5%，那么他们就不会跳槽，老板也不会多请工人干活，每个人都只会待在原来最合适自己的地方。收入增加5%，谁也不会高兴，因为人人都知道别的一切开支都将增加5%。

意外的通货膨胀就不同了！如果通货膨胀在意料之外，那么人们就会无所适从。企业业主的收入忽然增加了，到底是自己的烧饼越来越受欢迎，打败了对面的肯德基呢，还是出现了普遍的通货膨胀，所有行业的收入都会同步增加，而自己只不过碰巧走在前头罢了呢？不知道，没有办法知道！

业主通常会静观其变，但一段时间以后，他们就得采取行动。如果认为是自己本事增加了，那么他们就会扩张业务，增加聘用工人，从而带动一片繁荣。所以，每当出现“意外”的通货膨胀时，就业率就往往会增加。而相反，每当出现“意外”的通货紧缩时，失业率则往往会大幅度上升，社会不稳定性程度就会增高。

均衡论在国家发展中占主流

权力平衡社会公正，国愈强盛利越均衡。民从国盛分杯羹，千杯万盏均融海。均衡论也叫平衡论。势力均衡论，又称均势论。研究国际现实中势力均衡规律的理论，势力均衡主要指在相互竞争的国家间，没有一个国家或集团在力量对比上占有优势地位的暂时均衡状态。实际上，在寻求这种暂时均衡状态中，每个国家和集团都要力争有利于自己的优势，因此势力均衡本身就是强权政治的主要原则。

首先阐述均势理论的是16世纪的马基雅维利的《君主论》。该书认为在法国入侵前“意大利境内的各个不同权力正在某种程度内保持了平衡”。16世纪，欧洲开始普遍运用该理论处理国家关系。1713年签订的打破法国独霸欧洲局面、确立近代欧洲格局的《乌得勒支条约》中，第一次出现了“势力均衡”这个词，18～19世纪是均势论的全盛时期。第二次世界大战后，它在西方国际关系理论中又逐渐流行。

国际现实中的势力均衡有多种情况：甲乙两国竞争出现的均势。两国都想取得力量上的优势，从而使均势只在两种力量交替上升的动态中存在着。当丙国看到其中一国被削弱而使本国面临强国的威胁时，即与弱国联合，与强国形成平衡关系，这是简单的均衡关系。在有三个以上的大国或集团，其间又没有固定的联盟关系时，就可能产生一种多向平衡关系，即旋转木马式的平衡关系。这在18世纪的欧洲曾频繁出现：在欧洲和海外存在着英国、法国、西班牙之间的平衡关系；在欧洲东北部存在着奥地利、俄罗斯、普鲁士以及土耳其的平衡关系；法国和意大利还存在着从属的平衡关系。这多种平衡关系彼此之间相互作用。当大国由于国际局势的变化而造成利益的转换时，其伙伴国也随之变换。1718年英、法、奥联盟反对西班牙；1725年西、奥联盟反对英、法；1733年西、法联盟反对奥；1740年英、奥联盟反对法国和普鲁士；1756年英国和普鲁士联盟反对法、奥。直到拿破仑战争时期才结束了这种多向平衡关系。1815年反法战争后瓜分欧洲疆域的维也纳会议，在欧洲重新建立并加强了均衡体制，一直维持了近一个世纪之久。19世纪末德皇威廉二世改变了宰相俾斯麦一贯奉行的均势政策，英、法成为主要竞争者，多向平衡又转向简单平衡，如法俄联盟（1892）反对德、奥匈、意的三国联盟；1936年柏林、罗马轴心反对国际联盟。

第二次世界大战后美苏对抗，由于它们具有核力量的相互超杀能力，西方称这种危险均势为“恐怖的平衡”。

均势的实践虽可求得一时的稳定，但只能反映国际关系中的表象，忽视了各国之间发展不平衡的客观规律，忽视了它本身固有的不稳定性和不确定性。竞争各方为预防失利都力争优势或有利的均势，从而激起更高水平的战略要求，其结果只能带来不断的冲突、战乱。在实施均势过程中，大国会要求“保护”某一或某些小国，也可能侵犯别国的利益。实际上均势论已成为强权政治的“美丽理论”。

一般均衡论，一般均衡论是资产阶层庸俗经济学的一种经济理论和分析方法。与部分均衡论相对。瓦尔拉斯一般均衡论体系。一般均衡论的体系是由法国经济学家里昂·瓦尔拉斯建立的。他在洛桑大学教授职位的继承人帕累托并未对该体系作出重大的修改，而仅仅提出一些与该体系有关的新概念。1874 年，里昂·瓦尔拉斯就建立了一套被后人称为瓦尔拉斯一般均衡的理论。

社会均衡论是一种西方社会学理论学说。其含义是指社会生活在功能上保持一种整合的趋向，社会体系中某一部分的变迁都会给别的部分带来相应的变迁，其结果是社会趋于平衡。

19 世纪后半期，英国经济学家马歇尔和社会学家斯宾塞的著作中都使用了社会均衡概念，其含义是指社会生活在功能上保持一种整合的趋向，社会体系中某一部分的变迁都会给别的部分带来相应的变迁，其结果是社会趋于平衡。这一概念反映了当时社会科学家的两种愿望：试图建构社会现象之间相互关系的模型，试图描绘最理想、最公平的社会状态。社会学后来的发展中，一些社会学家沿用这一概念，并把重心放在对社会系统平衡问题的探讨上，从而逐渐形成了社会均衡论的观点。主要的代表人物有意大利社会学家帕雷托和美国社会学家·帕森斯等。

社会系统的各种主要特征是相互依赖、相互作用的，如果其中某一特征发生变化，其他特征会作出相对的反应。这类反应可能有两种结果，或者消除变化恢复到原有的平衡状态，或者也做出相应的变化，达到一种新的均衡。帕森斯对社会系统所做的全部社会学分析中，中心问题就是社会系统的均衡问题。他认为，任何社会系统都有其组成的子系统，这些子系统在结构和功能上必须相互配合，以便使社会系统能够存在。社会系统的总趋向是系统内部的均衡问题，这种均衡既是社会变迁也是社会系统从一种均衡状态向另一种均衡状态的转变。

社会均衡论的基本观点是：平衡是社会的常态，而变迁则是暂时的，变迁最终也是为了达到新的平衡。社会均衡有稳定的均衡和不稳定的均衡两种基本类型。稳定的均衡可进一步划分为静态均衡和动态均衡两类。静态均衡表明社会系统的结构是固定的、无变化的。动态均衡表明在均衡状态中含有活动和变化，但这类活动和变化并不意味着改变社会系统内部各部分之间的基本关系，因而变化和活动将很快被均衡的趋势所矫正。不稳定均衡是指在社会系统中，一种轻微的失调将会引起没有任何调整性干预的进一步的失调，它将会逐步使社会系统本身或是毁灭，或是建立一种新的平衡结构。

社会均衡论曾是社会学发展中占主流的观点。20 世纪 60 年代以后，这种观点受到西方不稳定的社会现实的严重挑战。

米尔达尔是瑞典学派的主要代表之一，1974 年诺贝尔经济学奖获得者。《货币均衡论》是他的一部主要著作。他在书中着重论述了与反危机有关的货币政策问题，并对瑞典学派创始人魏克赛尔的理论作了一些补充和修正。

均衡趋同论是现代西方社会社会理论趋同论中的一种流派，认为趋同过程是连续、均衡发生的，两种制度在趋同的内容上是对应的，它们之间趋同的程度也大致相同。均衡趋同论是现代西方社会社会理论趋同论中的一种流派，认为趋同过程是连续、均衡发生的，两种制度在趋同的内容上是对应的，它们之间趋同的程度也大致相同。它们一旦趋同就不会再偏离，这是一种理想化的趋同假设。

中国有学者认为，均衡趋同论强调的是两种制度趋同。局部均衡利率论。局部均衡利率论是采用局部均衡的分析法得出的利率理论。局部均衡分析法是假定其他因素不变，仅考虑商品市场或货币市场的供求均衡。

一般均衡利率论采用一般均衡分析法来研究利率的决定。一般均衡分析法指社会中某商品价格不仅决定于该商品的需求与供给，而且还取决于其他所有商品及生产要素的供求状况与价格。

均衡价格论是一个经济学概念，是马歇尔以英国古典经济学中生产费用论为基础，吸收边际分析和心理概念，论述价格的供给一方；又以边际效用学派中的边际效用递减规律为基础，对其进行修改，论述价格的需求一方，认为商品的市场价格决定于供需双方的力量均衡，犹如剪刀之两刃，是同时起作用的，从而建立起均衡价格论。

英国经济学家马歇尔关于在局部市场上均衡价格决定的理论。马歇尔是英国剑桥学派的创始人，1865 年毕业于剑桥大学圣约翰学院，从 1867 年开始，花了近 60 年的时间从事经济理论的研究。1890 年出版其主要著作《经济学原理》，建立起支配西方经济学界 40 年之久的“新古典经济学”理论体系，局部均衡价格论是其经济理论的核心内容。均衡价格是指需求价格和供给价格相一致时的价格。需求价格是消费者对一定数量的商品

马歇尔分析了均衡价格的 3 种形式：暂时的、短期的和长期的均衡价格；研究了生产成本的 3 种情况：递增成本、递减成本、不变成本，提出了“弹性”理论、生产者剩余和消费者剩余概念，并建立了供给曲线、需求曲线及其公式。马歇尔还用均衡价格分析方法论述了工资、利息、利润、地租，它们分别是劳动、资本、企业家能力和土地的均衡价格。马歇尔的均衡价格论是静态局部均衡分析的典型。《经济学原理》集 19 世纪 70 年代以后西方经济学发展之大成，并为西方经济学中的微观经济学理论体系的建立奠定了基础。

均衡价格论认为在其他条件不变的情况下，商品价值是由商品的供求状况决定的，商品的均衡价格衡量的观点，是马歇尔庸俗经济学说的核心和基础。

均衡价格是商品的需求价格和供给价格相一致时的价格，也就是这种商品的市场需求曲线与市场供给曲线相交时的价格。均衡价格被认为是经过市场供求的自发调节而形成的。需求价格是买者对一定数量的商品所愿付的价格，是由该商品的边际效用决定的；供给价格是卖者为提供一定数量商品所愿接受的价格，是由生产商品的边际成本决定的。庸俗经济学用商品的均衡价格来代替商品的价格，均衡价格论就是价值论。所以，均衡价格论是庸俗经济学中的边际效用价值论、生产费用论和供求论的大杂烩。均衡价格论的错误在于用价格偷换价值，用市场价格的决定来代替价值的决定。供求关系只能说明市场价格如何围绕价值波动，而不能说明价值本质及其决定问题。

第十九章 治国谋略匡天下 国政宝予之为取

独当一面指挥全局的统帅是国家的主心骨。凡主掌国家的政事者，必须正人正国先正己。《左传·襄公二十九年》：“罕氏常掌国政。”《汉书·匡衡传》：“衡位三公，辅国政。”《旧唐书·牛徽传》：“及茂贞平贼，自恃寖骄，多挠国政。”《三国演义》：“今日饮宴之处，不可谈国政。”《左传·闵公二年》：“夫帅师，专行谋，誓军旅，君与国政之所图也。”

一切现象存在变化都是本质

现象是本质的外衣，本质是人的内核。人有本质国有形，创新运动国大同。事物存在的根据，事物中常在的不变的形体，事物的根本性质是哲学名词。某类事物区别于其他事物的基本特质，指的就是事物本身所固有的根本的属性。同义词为实质，反义词为现象。本质可使人们脱离具体的形象进行创新活动。本质是事物的根本性质，是构成事物的各必要要素之间相对稳定的内在联系，是事物外部表现形态的根据。事物本身所包含的特殊矛盾构成该事物的特殊本质。本质与规律性、必然性是同等程度的范畴，它是事物内部所包含的一系列规律性和必然性的综合，认清事物的本质就可以把握事物发展的规律性和必然性。

从物质运动的形态看，吸收和排斥的矛盾构成力学运动的本质；化合和分解的矛盾构成化学运动的本质；同化和异化的矛盾构成生命运动的本质；生产力和生产关系、经济基础和上层建筑的矛盾构成社会运动的本质；主观和客观、认识和实践的矛盾构成认识运动的本质。组成事物的要素以及要素之间的关系结构是事物本质存在的客观基础，一事物和他事物的本质区别是由事物的各个特殊的组成要素及其关系结构决定的。现象是事物的外部联系和表面特征，是事物本质的外在表现。由于事物本质中的矛盾，本质有时以假象的形式表现出来，假象是事物本质的反面现象。

本质和现象相互区别，二者存在着明显的差别和矛盾。本质是事物的根本特征，是同类现象中一般的或共同的东西；现象是事物本质的外部表现，是局部的、个别的。因此，本质比现象深刻、单纯，现象则比本质丰富、生动。不同的现象可以具有共同的本质，同一本质可以表现为千差万别的现象。地球上已发现的生物有数百万种，各有其特殊的生命形态，表现为无限复杂多样的生命现象，但它们都有着共同的本质，都是核酸和蛋白质的存在方式。

事物的本质是相对稳定的，事物的现象是易于变化的。客观事物在其发展过程结束之前本质是相对不变的，但它表现出来的现象则随着过程的展开不断地改变着具体形态。从人的认识方面看，事物的现象可以为人的感官直接感知；隐藏在事物内部的本质，由于它的间接性和抽象性，只有借助于理性思维才能把握。

本质和现象互为事物的里表，它们是互相依存的。本质决定现象，是现象的根据，总要表现为一定的现象；现象是由本质产生的，总是从不同的侧面这样或那样地体现着事物的本质，它的存在和变化归根结底是从属于本质的。任何现象都是本质的现象，任何本质都是现象的本质。世界上既没有离开现象单独存在的本质，也没有脱离本质的纯粹的现象。

把现象和本质割裂开来，否认人类认识事物本质的可能性。现代西方哲学的一些流派，如实用主义、新实在论和存在主义等，都以不同的方式否认事物本质的客观存在，割裂本质和现象的联系。实用主义把世界上的一切都归结为经验，否认反映事物本质的客观真理的存在，把真理仅仅看作是某种作业假设，用观念的价值性代替观念的真理性。新实在论把本质和共相看作同个别事物一样是独立存在的东西。他们把世界的本质主观化，认为宇宙的基本要素是最简单的逻辑项。存在主义者萨特把存在分为两类，认为自然界的存在是一个巨大的虚无，只有人的主观意识才是真实的。

现象和本质的对立统一是事物的客观辩证法，透过现象把握本质是认识的主观辩证法。认识是由现象到本质的深化过程。一方面，事物的本质存在于现象之中，离开事物的现象就无法认识事物的本质，事物现象和本质的统一提供了科学认识的可能性；另一方面，现象又不等于本质，把握了事物的现象，并不等于认识了事物的本质，现象和本质的矛盾，决定了认识过程的曲折性和复杂性。客观事物的发生、发展和灭亡有一个过程，它的本质的暴露也有一个过程，因此，人们对事物本质的认识必然要经历由片面到全面逐步深入的过程。客观事物不仅包括现象和本质两个方面，而且本质自身具有层次性，人们对事物的认识总是由现象到本质、由不甚深刻的本质到较深刻的本质的无限深化的过程。人们的认识过程从个别到一般，又从一般到个别。当人们认识了许多不同事物的特殊本质以后，通过抽象和概括可以由某些事物的特殊本质进而认识各种事物的共同本质。对客观事物普遍本质的把握，又会促进对事物特殊本质的再认识。由现象到本质、由特殊本质到共同本质、由初级本质到更深刻的本质、由感性到理性的飞跃，这是人类认识由浅及深、不断深化的辩证过程。

基于对现象与本质的理解，揭示了运动的内在规律，揭示了运动隐藏在深层的内在的本质，经过多层次的外化，科学地说明运动的外部现象与内在本质的对立统一关系。

首先，本质蕴藏于事物的内部，不能被人的感官直接感知，只有对现象进行抽象思维才能把握；而现象则显露于事物的外部，可以被人的感官直接感知或借助科学仪器观测。

其次，本质是相对稳定、不易变化的；而现象则是多变的和易逝的。

本质是同类现象中一般的或共同的东西，是事物的根本特征；而现象则是本质的个别的、具体的表现，是事物本质的表面特征。就事物的总体来说，本质比现象深刻、稳定；现象比本质丰富、生动，它是本质的、多侧面的表现。

本质与现象又是统一的，它们的统一表现为：二者相互联系、相互依存，是客观事物本身所具有的不可分割的两个方面。任何事物的本质都要通过一定的现象表现出来，不表现为一定现象的纯粹本质是不存在的；反过来说，任何现象又都是本质的某一方面的表现，不反映本质的纯粹现象也是不存在的。由于本质与现象的统一，才使科学研究成为可能。在本质与现象的对立统一关系中，本质决定现象，现象的存在和发展归根到底取决于本质。唯物辩证法关于本质和现象对立统一关系的原理，为人们提供了透过现象把握本质的科学的认识方法。唯心主义否认本质和现象的客观性，而形而上学否认本质和现象的辩证统一，都阻碍人们科学地认识事物的本质，因而都是不可取的。

本质表现在不同的层次上。以“旅游”为例，从作为内核的审美与愉悦的规定，到它所展示的一般属性，直到其外部可见的特征，甚至由这些综合因素所决定的旅游行为特点，都在不同的层面上诠释着旅游的本质。旅游在根本上是一种主要以获得心理快感为目的的审美过程和自娱过程，是人类社会发展到一定阶段时人类最基本的活动之一。

国家的本质，就是解放生产力，发展生产力，消灭使用特权达到私己目的，消除两极分化，最终达到共同平等富裕。这是对社会公平基本特征认识的进一步深化和发展。

其一，突出强调了发展生产力是国家的本质要求。

其二，全面揭示了社会公平生产方式的本质，体现了生产力和生产关系的统一。社会公平本质是，既讲“解放生产力，发展生产力”，又讲“消灭使用特权达到私己目的，消除两极分化”，从生产方式角度揭示了社会公平与其他社会形态的区别，对社会公平本质的认识更加全面、深刻。

其三，突出了社会公平的目的。“消灭使用特权达到私己目的，消除两极分化，最终达到共同平等富裕”不仅把社会公平和资本主义区别开来，而且把社会公平与以往一切社会形态区别开来。

其四，强调了国家的本质是一个逐步实现的动态过程。社会公平本质不是一个死板的定义，而是一个“解放”、“改革”、“发展”、“消灭”、“消除”、“达到”的动态的过程，社会公平的发展过程就是社会公平本质逐步体现的过程，社会公平发展的不同阶段都要充分体现国家的本质。

治国谋略君须开明臣要贤能

一个国家，无论是古代的国家，还是现代的国家，无论是民主制的国家，还是君主制的国家，古今中外一切国家，都具有一个最高的执政者和相应辅佐的官员，在古代有君主和宰相，当代有主席、总统和总理、国务卿。国家的最高执政者对于国家的生存与发展的重要性与必要性是不言而喻的，他掌控着国家，一般都具有实际上最高的行政权和人事权，在古代更是具有生杀予夺的至高无上权力和地位。然而，不能够将国家看作是最高执政者个人的掌中宝，国家毕竟是整个统治阶层及人民共同管理的工具。在古代辅佐最高执政者进行压迫被统治阶层、管理国家和社会事务的官员，起着举足轻重的作用，有时候甚至是关键和根本的作用，辅佐的官员与最高执政者相辅相成，才能将国家治理好，才能使社会更加文明进步。明君辅以贤臣，可以使国富民强、社会进步，中国古代的齐桓公和管仲就是这么一对明君和贤臣。

管仲又称管敬仲，周王同族姬姓之后。春秋时杰出的政治家、著名的军事家、军事改革家与经济思想家。公元前685至前645年，相齐达四十年，以其卓越的谋略辅佐齐桓公成为春秋五霸之首。管仲早年经商，公元前685年为齐卿，辅佐齐桓公以“尊王攘夷”为号召，“九合诸侯，一匡天下”（《论语·宪问》），“作内政而寄军令”，通货积财，富国强兵，改革行政，编练军队，齐国因之富强。另相传有《管子》一书传世。后人查证，《管子》是托名管仲的论文集。以人名书，古之常例。

管仲家贫，自幼刻苦自学，通《诗》、《书》，懂礼仪，知识丰富，武艺高强。早年与鲍叔牙游，合伙经商，因母老家贫，常受鲍叔牙资助，成为挚交。齐襄公乱政时，他和鲍叔牙分别做公子纠和公子小白的师傅。齐襄公十二年（前686年），齐国动乱，公孙无知杀死齐襄王，自立为君。一年后，公孙无知又被杀，齐国一时无君。小白在鲍叔牙的协助下登上君位。他就是历史上有名的齐桓公。

齐桓公春秋时期齐国国君，姜姓，名小白，齐襄公之弟。齐国原是周王朝分封下的一个东方诸侯大国，都临淄（今山东淄博市）。疆土“东至于海，西至于河，南至于穆陵（山东临朐），北至于无棣（山东无棣）”。地处黄河下游，土质肥沃，靠山临海，有渔盐之利，是东方最大的诸侯国。齐国国君的始祖叫姜尚，因其祖先曾封于吕，故又叫吕尚。姜尚即人们常说的姜太公，曾为周王朝立下很大功劳，被封于齐。

从姜尚下传至第十四个国君是齐襄公，即小白的哥哥。襄公当政（公元前697年—686年）时，荒淫无道，政治腐败。他因与其妹私通而杀了鲁桓公；耗费大量民脂民膏兴修宫殿，供其享受；整天狩猎游玩，不理国政，下级官吏和广大士兵都难免冻饿，人民的生活则更加困苦。他又赏罚不明，随意诛杀臣下，搞得人人自危。连他的亲兄弟也因害怕被杀，而逃往国外。公子纠由管仲、召忽辅佐，逃到鲁国；小白这时则由鲍叔牙辅佐逃到了莒（今山东莒县）。

齐襄公十一年（公元前687年）秋，襄公令大夫连称和管至父率兵戍守葵丘（今山东淄博西）。临行前约好，今年瓜熟时去，明年瓜熟时替回。可是一年过去了，齐襄公却不发兵替换。连称、管至父几次请求代换，都遭拒绝。于是连，管二人便利用戍卒的不满情绪，联合襄公的叔伯兄弟公孙无知，发动兵变，打回临淄，杀了齐襄公，公孙无知立为齐君。次年，公孙无知又在雍林被人杀死。

齐国丧君，大臣们紧张地开始策划拥立新君。齐国正卿高傒西，自幼与小白非常要好，便暗中派人去莒召小白回国即位。同时，也有人要接年长一些的公子纠回国为君，而鲁国也正准备护送公子纠回齐，并派管仲带兵在途中拦截回国的小白。双方相遇，小白被管仲一箭射中身上铜制的衣带钩，险些丧命。为了迷惑对方，小白佯装中箭而死，乘一辆轻便小车，昼夜兼程向齐都驶去。公子纠及鲁军以为小白已死，稳操胜券，便放慢了回齐的速度，六天后才赶到。这时小白早已被拥立为齐君，并发兵乾时（今山引缶淄西），大败鲁军。小白登上了齐国国君的宝座，他就是历史上赫赫有名的齐桓公。

齐桓公做了国君，心记一箭之仇，常想杀死管仲。当发兵攻鲁之时，鲍叔牙对桓公说；“您要想管理好齐国，有高侯和我就够了。您如想称霸，则非有管仲不可！”桓公胸怀大度，放弃前嫌，当即接受了鲍叔牙的意见，并派他亲自前往迎接管仲，厚礼相待，委以重任。

由于桓公求贤若渴，在他周围聚集了许多像管仲、鲍叔牙、高侯、隰朋一类的杰出人物。特别是得到管仲之后，桓公如鱼得水，如虎添翼，找到了帮他振兴齐国的贤能。管仲在桓公的大力支持下，大刀阔斧地进行了改革。在政治方面，实行了“参其国而伍其鄙”的制度。“国”，即都邑。“鄙”，就是乡村。“参其国”就是把都邑划为二十一乡，分工乡、商乡和士乡三个部分居住，其中工乡三个，商乡三个，士乡十五个。“伍其鄙”，就是按照轨，邑，乡、县、属的组织把乡村居民编制起来，设置官吏，加强控制。目的是使人民各安其居，各守其业，不任意迁徙流亡，以发展社会生产，巩固统治。

在军事方面，推行了“作内政寄军令”的措施。即在内政改革的基础上，实现寓兵于农，兵民合一，把军事组织和行政组织统一起来。居民既是民众，又是兵士，既要从事各自的职业，又要于春秋二季进行军事训练。官吏们既是行政长官，又是军事统领；既管行政，又管军事。这样就扩大了兵源，提高了战斗力。

在经济方面，实行了增加国家赋税收入的措施。桓公和管仲针对春秋以来井田制破坏，私田兴起，国家赋税收入日益减少的情况，改革旧的赋税制度，实行“相地而衰，征”的办法。即在广大农村对土地进行普查，根据土地的肥瘠和数量，规定应交纳贡赋的多少。同时，还提倡即山铸钱、煮海为盐，鼓励发展盐铁业。此外，又设“轻重九府”之制，根据年岁的丰歉和人民的需要，来集散货物，以调剂物价的贵贱，达到通货积财，增加国家收入的目的。为齐国称霸诸侯，奠定了物质基础。

由于桓公和管仲的改革，使齐国很快国富兵强，实力雄厚，在诸侯林立的春秋初年的政治舞台上担任了主要角色。

春秋以来，中国北方少数民族山戎和狄族的势力强大起来，并经常骚扰燕、邢、卫等国。管仲又向齐桓公提出了实现在中原称霸的谋略，即“尊王攘夷”。所谓“尊王”，就是拥护周王室。那时，西周王室衰微，造成列国互相争战。首先举起尊王的旗帜，就能借周天子之命，名正言顺地得到盟主的地位。所谓“攘夷”，是指当时中国北方的狄人和戎人借中原各国争战之机内侵，对各国造成严重威胁，领头伐夷就能得到各国的拥戴。齐桓公在 “尊王攘夷”的口号下，联合燕国打败山戎，又联合宋、曹等国制止了狄人的扰害，为邢国和卫国筑起了新的城邑，使“邢迁如旧，卫国忘亡”，在诸侯中树立了很高的威信。

齐桓公争得中原地区的霸主地位后，进而向南发展势力，要使南方的楚国也承认齐国的霸权。公元前656年，齐桓公率领齐、鲁、宋、陈、卫，郑，许、曹等八个诸侯国联军，首先讨伐依附楚的蔡国，蔡人望风溃逃。于是乘胜向楚国进军。楚成王见齐军来势甚猛，一面亲率大军迎战，一面派大夫屈原与齐讲和。齐桓公见楚方无隙可乘，便在召陵（今河南郾城东）与楚订立盟约，使楚承认了他的霸主地位。

齐桓公三十四年（前652年），周惠王去世。齐桓公会同各诸侯国拥立太子郑为天子，这就是周襄王。周襄王即位后，派人送祭肉给桓公以示嘉奖。桓公在葵丘（今河南考城附近）召集各诸侯国会盟，举行受赐典礼，并依据管仲的建议，订立了盟约。至此，齐桓公在管仲辅佐下，先后主持了三次武装会盟、六次和平会盟，还辅助王室一次，史称“九会诸侯，一匡天下”，成为公认的霸主。

公元前645年，管仲、隰朋相继死去。桓公任用易牙、开方、竖刁三个阿谀谄媚之臣执政，政治渐渐腐败。公元前643年，威武一世的齐桓公病死。

齐桓公一生显赫，是一位有治国才干和雄图大略的执政者，他在自己的国内实施了一些整顿和改革，收到了富国强兵的效果，在春秋列国中成为第一个霸主。虽然争霸战争对社会经济有很大破坏，劳动人民对此付出了很大的代价，但对中国的统一和各民族的融合，对中国古代历史的发展都起到了积极作用。而管仲为齐国创立霸业立下了不朽的功勋，被桓公尊为仲父。

为其民者尽其民力富国强兵

超凡脱俗为民忧，志存高远报效国。头枕社稷谋四海，胸怀天下纳百川。青年时期的管仲，一方面受其曾显赫辉煌一时的家族史的影响，具有干一番轰轰烈烈大事业的意识；另一方面家境的贫困，谋生的坎坷，使管仲具有了坚忍不拔的进取精神；乱世的纷争，时局的动荡，锻炼、铸就了管仲明察世态、洞悉时局的能力。他为了实现功名显于天下的志向，学先贤、习武艺、交友共勉、调查实践，多方吸纳齐家、治国、平天下之道，为其后来能成为治齐贤相、称霸诸侯、建立伟功奠定了坚实的基础。

管仲早期的个人奋斗非常不顺：经商赔本、做官被逐、打仗败北、辅佐公子纠沦为阶下囚。但是这些磨难正丰富了他的阅历，磨炼了他的意志，积累了他的为人处世经验，提高了他的政治素质，于是才有了他后来的抓住机遇，一举功成。

管仲从阶下死囚一跃而为齐相的直接原因是其知心好友鲍叔牙的推荐。

鲍叔牙临淄人，春秋时齐国大夫，以知人善交著称。管仲、鲍叔牙多年友善，交往至亲，叔牙深知管仲有非凡的治世才能，始终如一地礼让、尊重、信任。历史上流传下来的成语“鲍子遗风”、“管鲍之交”，便是源于他们二人的友谊故事。管仲曾叹说：“生我者父母，知我者鲍子也！”

当齐桓公欲委相位于鲍叔牙时，鲍叔牙以国家社稷为重，力荐管仲：“治理国家的大事，不是我能胜任的，只有管夷吾才行。我有五个方面不如管夷吾：宽厚惠民，我不如他；治国不失权柄，我不如他；忠信以交诸侯，我不如他；制定礼仪示范于四方，我不如他；披甲击鼓，立于军门，使士气倍增，我不如他。管夷吾犹如人民的父母，治理儿子，不能不用他们的父母。”然而到后来管仲与齐桓公临终论相的时候却没有推荐鲍叔牙，而是推荐了隰朋，这同样是体现了以国家社稷为重。可见，被世人称颂的管鲍之交是建立在以国家社稷为重的共同志向基础上的友谊。

年轻的时候，鲍叔牙就很了解管仲的贤能。当时管仲不得志，他与管仲合伙经商，总是多让财利给管仲，因为鲍叔牙知道管仲贫困，需要钱用。管仲曾经替鲍叔牙出主意，结果鲍叔牙因此亏了大本钱，鲍叔牙不认为这是管仲太愚蠢，而是知道那时因为社会大环境不利。管仲曾经数次当官又数次被国君驱逐，鲍叔牙不认为管仲无德无才，而是知道管仲是没遇到好的君主。后来俩人投军打仗，鲍叔牙总是冲在前面，退在后面，而管仲每遇战斗失利，便掉头逃跑，鲍叔牙不认为管仲胆小，而是知道他家有老母需要他供养。公子纠败了，管仲却忍受囚禁的屈辱不自杀，鲍叔牙不认为他没有羞耻之心，而是了解管仲不拘小节，在意的是能否平定天下，胸怀治理国家之志。管仲后来说：生我的人是父母，真正了解我的人是鲍叔牙啊！

鲍叔牙不愧是管仲的知音，他的确太了解管仲了，他相信管仲不是池中之物，一旦风云际会，管仲将如蛟龙一般上青云。

鲍叔牙推荐了管仲之后，把自己官职放置在管仲之下来辅助他。后来鲍叔牙的子孙世代都在齐国做官，有封地的就达十几代，而且有很多都是著名的政治家。

齐桓公弃一箭之私仇，任用管仲为相，管仲为报知遇之恩，辅佐齐桓公图霸，真乃贤相遇明君，明君逢贤相，君臣知遇，相得益彰！管仲凭借自己非凡的政治才能赢得了齐桓公的重用，先拜为相，又拜为“仲父”，几近言听计从，使管仲的经天纬地之才得到淋漓尽致的发挥：他知人善任，举荐了大批的贤能之士；他改革内政，稳定了齐国的社会秩序；他发展经济的富民政策，使齐国国力大增，民富国强；他修治甲兵，壮大了军事力量；他“尊王攘夷”，扩大了齐国的政治影响；他礼法并用，确立齐国的霸主地位。

管仲辅佐齐桓公近40年，把一个原来“地舄卤、人民寡”的齐国治理得国富兵强，成为春秋时期的第一霸主，功高当世，影响深远。公元前645年，管仲逝世，他的死引起了齐国朝野上下的悲痛，人们把他安葬在齐国都城临淄城南的牛山上，为他树立了高大的石碑，永远纪念他对后世的功德。

管仲辅佐齐桓公称霸一个世纪后，人们评价管仲的功绩说：管仲辅佐齐桓公，称霸诸侯，挽救周室，使百姓受惠直到现在。若是没有管仲，我们大概要披散头发，左开衣襟，成为蛮夷统治下的老百姓了。这反映出管仲相齐的功绩在华夏文化发展过程中的特殊作用。近代的维新派领袖、著名历史学家梁启超评价管仲是“国史上第一流人物”，“中国最大之政治家，而亦学术思想界一巨子也”。由此足见管仲的思想和业绩所产生的深远影响。

管仲学派有两个基本的哲学范畴——天道与人情。《管子》在谈到王天下时指出，如果具备地大国富，人众兵强这些称王称霸的条件时，若不掌握自然发展和人心变化的规律，国家也就接近于危亡的边缘。因此只有根据“天道之数，人心之变”办事，才能防止事物向反面转化。遵循天道并得人心，战争一旦爆发，“战可以必胜，而守可以必固”，“此正天下之道也”。天道与人情是《管子》哲学思想的两个基本范畴，也是管仲学派政治思想的基本哲学原则，他由此提出了一系列具有朴素唯物主义和辩证法的哲学思想。

《管子》的这种哲学思想，还体现在“予之为取”的策略思想。《牧民》篇说：“故知予之为取者，政之宝也。”这种“予之为取”的思想贯穿于管仲学派的政治、经济和军事思想中，它包含着对立面相互依存和转化的辩证法思想。

《形势》篇中就谈到必须按天道办事的道理，它指出，只要掌握了天道，事情就会自然而然地功。管仲学派还十分重视研究处理矛盾的方法，掌握时机是第一要素，在实践中必须避免主观主义，努力使已把握的条件向有利的方面转化等。

《管子》的社会经济政治思想，突出在它的“作内政而寄军令”的社会编制思想上，这一思想是管仲辅助齐桓公创立霸业时首先提出来的。其基本精神就是寓兵于农，把百姓的乡里组织和军队的编制结合起来。

《管子》提出了重农辟地、富国强兵的民本思想。在大国兼并战争趋于激烈的形势下，认为要富国强兵，必须爱护人民，重用民力，“欲为天下者，必重用其国；欲为其国者，必重用其民；欲为其民者，必重尽其民力”。在经济上主张以农业为本，提倡开垦荒地，发展农业生产。指出："凡有地牧民者务在四时，守在仓廪，国多财则远者来，地辟举则民留处。"在政治上主张顺民心、重民力，认为这样就能得到人民的支持，推行富国强兵政策，增强国家的经济和军事实力，在兼并战争中处于优势地位。

在经济思想方面，还体现出宏观经济管理理论的轻重论。轻重论是管仲首创的，后来的管商学派又丰富和发展了这一宏观经济管理理论。他们主张国家积极干预社会经济，把握左右经济形势的主动权。主张实行重征商、官山海和禁榷制度等，使封建国家直接掌握大量资财，以散敛方式控制物价和调节经济，并实行利出一辙，使每个人都根据其为国家所作贡献大小而得到利益。西汉武帝时桑弘羊等人所推行的各项经济政策基本上是轻重理论的具体体现。此后历史上许多著名的理财家如刘晏、王安石等人所提出和推行的经济政策也都受了轻重理论的影响。因此，轻重论学派是中国宏观经济管理理论方面最重要的思想学派。

政治及经济思想，体现在它的争取民心和注重耕战的主张上。齐国的兴起，原是靠收买民心起家的。这样，齐国的执政者和靠宗室贵族势力起家的鲁国与靠君权势力起家的秦国不同，因而比较深刻地认识到民心的向背对于维护统治的重要意义。争取民心和注重耕战的思想，就是适应于齐国统治的这一需要发展起来的。在管仲学派看来，只有争取民心才能得到民众的拥护，这种辩证关系，就是提到的"予之为取"，就是说，给予就是取得，执政者推行的政策越是能符合人民的心愿，就越是能从人民那里取得所需要的东西。应当指出，这是具有民主性精华的政治思想，是民本思想的最大体现和发挥。

从争取民心出发，管仲学派很注重耕战的功利主义思想。他们认为"治国"、"富民"的根本途径在于实行重农抑商政策，发展农业，粮食生产多了，才能国富兵强。同时，他们认为战争对人力和物力的消耗太大，因而主张不轻易发动战争。这种思想在中国历史上产生了深远的影响。

《管子》提出了法治与礼治相结合的统治方略。管仲学派极力强调法的作用。在《法禁》、《重令》、《任法》等篇中，都强调法的重要性。它指出，立法的是君上，执法的是臣下，遵守法令的是老百姓。法令具有统一性和权威性，任何人都必须依法行事，指出"生法者，君也；守法者，臣也；法于法者，民也。君臣、上下、贵贱皆从法，此谓为大治"。为了达到天下大治，必须"君臣上下贵贱皆发焉"。意思是，君臣上下不分贵贱都要遵从法令。《管子》强调，为了实现富国强兵，必须坚持以法治国。认为法律政令是存亡治乱的根本，是圣明君主为全国臣民制定的须臾不可离的行为准则。

与此同时，《管子》认为，治国安民不能只靠强制推行的法律、政令，还要重视礼义的教化作用，使软硬两手相结合。书中反映了政治伦理学说，主张"礼法并用的统治术"。在《牧民》篇中把礼义廉耻看成是"国之四维"，把维护国家统治的"四维"看成是四条绳索，其中一根绳索断了，国家就要倾斜："守国之度在饰四维"，"四维张则君令行"，"四维不张，国乃灭亡"。教育臣民知礼义廉耻，要从小处做起。即"修小礼，行小义，饰小廉，谨小耻，禁微邪，此厉民之道也"。这样的"禁微邪"，乃是"治之本"。

在《管子》中，用人思想占着突出的位置。其中察能授官、论功行赏的用人思想就很值得我们借鉴。强调任人唯贤，根据人们的品德才能授予官职，依据功劳的大小来颁赐爵禄。指出："论贤人，用有能，而民可使治"，又说："察能授官，班禄赐予，使民之机也”。违背这一用人原则，人民就会离心离德，对执政者产生不满。《管子》说：“功多为上，禄赏为下，则积劳之臣不务尽力；治行为上，爵列为下，则豪杰材臣不务竭能。便辟左右，不论功能而有爵禄，则百姓疾怨非上”。

管仲的思想和影响是深远的，当今社会公平观，可以说是与其人情与天道相互结合的哲学思想一脉相承的，而其以民为本、以法治国而结合礼治的思想，及其用人的思想，都是治理国家不可或缺的宝贵精神财富。同时，我们也可以看到，管仲的雄才大略之所以能够得以发挥，从而造福国家与社稷，也正因为具有齐桓公这样的明君。

国家的治理、社稷的进步，必须处理好君王与臣相两者之间的关系，处理好治国与谋略的逻辑关系。当然，在此，君王是指一国之最高执政者，而臣相则并非只指宰相，而是指辅佐最高执政者，与之相辅相成的贤臣。君王具有最高的权力，对此权力，要使用得当，就是“明君”，就能够发掘身边能够辅佐自己从而使自己如虎添翼的贤臣爱将，同时也让其施展雄才大略，与君王一起，造福国家社稷。但如果君王使用权力不当，自身具有狭隘的眼光和心胸，没有远大的抱负，那么，再有才华的大臣，其作用也是极受限制的。这就涉及治国哲学。

治理国家，固然需要君王自己具有雄才大略，但一般而言，一方面，君王就算具有非凡智慧，他一个人的作用也是有限的，而且，往往受其权力至高无上的牵引和迷惑，总会产生或多或少的私心己欲，从而使国家和社稷的发展具有浓烈的个人意志。另一方面，就君王自身而言，他的作用实际上并非仅仅在于用自己的非凡智慧和经验治理国家诸多事务，君王对于国家社稷的根本作用其实应该是类似于哲学对于具体自然科学之引导的作用，这需要君王具有哲学的眼光和智慧，具有战略的视野和胆识，将一些具有非凡才华的贤臣聚集起来，权力、谋略与才华、技能相辅相成，这样才能将国家治理好。

而对于具有非凡才华的大臣，则需要一定的权力，需要一定的公众平台去加以施展，从而为国家社稷造福。毕竟，知识、才华，与政治、权力不是同一种产物，而且，本质上其实是很不相同。正所谓，明君与贤臣，权力与智慧，相辅相成，相得益彰，在一定程度和意义上相互牵制和促进，在这种良性的互动关系中，才能将国家治理的井然有序，推动社会的持续进步和时代发展、国家强盛，这恰恰是君王明智的治国谋略。

秦始皇创立中央集权制帝国

人无忧，国有患。君无觉，国之弱。这虽不是国家历史的画卷，但起码是对一个君王的描述。秦始皇帝名政，于秦昭王四十八年（前 259 年）正月生于邯郸，中国历史上第一个大一统王朝——秦王朝的开国皇帝。

公元前 247 年，秦王政 13 岁时即王位。前 238 年，秦始皇 22 岁时，在故都雍城举行了国君成人加冕仪式，开始“亲理朝政”。自公元前 230 年至前 221 年，先后灭韩、赵、魏、楚、燕、齐六国，39 岁时完成了统一中国大业，建立起一个以汉族为主体的统一的中央集权的强大国家——秦朝。定都咸阳。前 210 年，秦始皇东巡途中驾崩于沙丘（今河北省邢台市）。秦始皇认为自己的功劳胜过之前的三皇五帝，与大臣议定的尊号为“皇帝”。秦始皇是中国历史上第一个使用“皇帝”称号的君主，自称“始皇帝”，但却二世而亡。秦始皇对中国和世界的历史均产生了深远而重大的影响，被明代思想家李贽誉为“千古一帝”。秦始皇并不是像司马迁所写的《史记》记载的是个暴君。可以说秦始皇是中国历史上一位叱咤风云富有传奇色彩的划时代人物，也是中国历史上第一个多民族中央集权制帝国的创立者。

为了有效地管理国家，也为了替子孙万代奠定基业，秦始皇吸取了战国时期设置官职的具体经验，建立了一套相当完整的中央集权制度和政权机构。

秦王政亲政后，听取李斯进献的灭六国的建议，着手规划统一六国的大业。其总的战略方针，是由近及远，集中力量，各个击破：先北取赵，中去魏，南取韩，然后再进取燕、楚、齐。秦王政首先选择的攻击目标为赵国。公元前231年，韩国南阳郡“假守”（即代理郡守）腾，向秦献出他所管辖的属地。腾被秦王政任命为内史，后又派他率军进攻韩国。腾对韩国了如指掌，所以进展顺利，于公元前230年（秦王政十七年）俘获韩王安。韩国灭亡。韩国是六国中最为弱小的国家，而且和秦国相连，它的灭亡，为秦国势力东出函谷关扫清了障碍。公元前229年，秦利用赵国发生大地震和大灾荒的机会，又派王翦领兵攻赵。赵国派李牧、司马尚率兵抵御，双方相持了一年。在紧要关头，秦国使出离间计。王翦用重金收买了赵王的宠臣郭开，要他散布李牧、司马尚企图谋反的流言。赵王轻信谣言，派人替代李牧。李牧在大敌当前的形势下拒不让出兵权，赵王竟暗地派人逮捕李牧并处死了他，同时还杀掉了司马尚。杀死李牧，无疑为秦军亡赵扫清了道路。此后，秦军如入无人之境，攻城略地，痛击赵军。　公元前228年（秦王政十九年），秦军攻破邯郸。不久，出逃的赵王迁被迫献出赵国的地图降秦。赵国实际上灭亡了。但是公子嘉却带着一伙人逃到代郡（今河北蔚县），自立为王。后秦军在公元前222年灭燕国之后将其俘虏。至此，秦统一了中国北方。 公元前231年，魏景湣王迫于秦国的强大威力，主动向秦进献出丽邑，以求缓兵。此时，秦王政正调集兵力准备向赵国发起总攻，不想分散兵力攻魏，就接受了献地。这使得魏国又维持了数年残局。公元前225年（秦王政二十二年），就在秦军主力南下攻楚的当口，秦王政派出年轻将领王贲，率军围攻魏都大梁（今河南开封）。魏军紧闭城门，坚守不出。由于大梁城防经过多年修建，异常坚固，秦军强攻不下。王贲想出了水攻的办法。秦军大批士卒被安排去挖掘渠道，将黄河、鸿沟的水引来，灌注到大梁。3个月后，大梁的城墙壁垒全被浸坍，魏王假只得投降，魏国灭亡了。

公元前228年，楚幽王作古，楚国统治集团发生内讧。幽王的同母弟犹，即位为哀王，但仅两个多月，就被异母兄负刍的门徒杀掉了。负刍成为楚王。楚王室更加分崩离析。就在楚国发生内乱的时候，公元前226年，秦王政不失时机地从北方伐燕前线抽调秦军，南下攻楚，连续夺得楚国10余个城池。公元前224年，秦国与楚国的决战就要开始了。秦王政先派年轻将领李信率20万秦军攻楚，被楚军击败。后又派大将王翦率60万秦军攻楚。王翦入楚境后，并未马上发动攻势。他总结了李信轻敌冒进的教训，采取屯兵练武，坚壁不出，麻痹敌人，以逸待劳的战略。这样，度过了一年多的时间，秦军对楚地的情况基本适应，士气高昂，体力充沛。同时，被调来抗击秦军的楚国部队，斗志渐渐松懈，加上粮草不足，准备东归。楚军一撤，王翦就抓住时机下令全军出击。秦军一举打垮了楚军的主力，并长驱直入，挺入内地，杀死楚军统帅项燕。

公元前226年，秦军攻下燕都蓟（今北京市），燕王喜与太子丹逃亡辽东郡。秦将李信率领秦军数千人，穷追太子丹至衍水。太子丹因潜伏于水中幸免于难。后来，燕王喜经过权衡利害关系，派人将太子丹杀掉，将其首级献给秦国，想以此求得休战，保住燕国不亡。燕王喜逃到辽东以后，秦军主力就调往南线进攻楚国。 公元前222年（秦王政二十五年），王贲奉命攻伐燕国在辽东的残余势力，俘获燕王喜，燕国彻底灭亡。 前222年，刚在南方灭楚的大军，又乘胜降服了越君，设置会稽郡。至此，长江流域全部并入秦国版图。公元前221年（秦王政二十六年），秦王政命令王贲攻打齐国。从春秋到战国中期，齐是山东诸国中比较强大的一个。 公元前249年（齐王建十六年），后胜任宰相。秦国迅速展开收买内应的活动，向后胜馈赠大量的黄金、玉器。后胜得了秦国的好处，就派出大批宾客相继赴秦。秦国又对他们大肆贿赂，送给金钱、珍宝，让他们回齐国充当内应。这批人从秦国回来后，就积极地制造亲秦的舆论。他们说齐王建应西去朝秦，以表归顺，又说秦齐是姻亲，根本不用备战抗秦，也不要帮助三晋、燕、楚攻秦。正是在这种情况下，王贲南下伐齐，几乎就没有遇到过什么抵抗。王贲率军长驱直入，来到临淄，齐王建与后胜马上向秦不战而降，齐国灭亡。

秦始皇统一六国后，采纳李斯的建议，废除分封制，改行郡县制。地方行政机构分郡、县两级。郡县主要官吏由中央任免。殷商以来，文字逐渐普及。作为官方文字的金文，形制比较一致。但是春秋战国时期的兵器、陶文、帛书、简书等民间文字，则存在着区域性的差异。这种状况妨碍了各地经济、文化的交流，也影响了中央政府政策法令的有效推行。于是，秦统一中原后，秦始皇下令李斯等人进行文字的整理、统一工作。秦始皇下令统一和简化文字，是对中国古代文字发展、演变做了一次总结，也是一次大的文字改革，他对中国文化的发展起了重大作用。

战国时期，各国的度量衡制度和货币制度很不一致。秦统一后，规定货币分金和铜两种。

战国时期，各国车辆形制不一。秦始皇统一全国后，定车宽以六尺为制，一车可通行全国。“行同伦”就是端正风俗，建立起统一的伦理道德和行为规范。在这方面，秦王朝也给予相当的重视。比如秦始皇二十八年（公元前219年），秦始皇来到泰山下。这里原是齐国故地，号称“礼仪之邦”。始皇就令人在泰山刻石记下“男女礼顺，慎遵职事，昭隔内外，靡不清净，施于后嗣”，予以表彰。

秦朝建立后，于公元前213年至公元前212年，先后发生了“焚书”、“坑儒”事件。始皇三十四年（前213年），秦始皇听从丞相李斯的建议，推行“焚书令”，规定“史官非秦记皆烧之”。

秦灭六国之后，即开始北筑长城，每年征发民夫40余万。绵延万里的长城并不只是一道单独的城墙，而是由城墙、敌楼、关城、墩堡、营城、卫所、镇城烽火台等多种防御工事所组成的一个完整的防御工程体系。这一防御工程体系，由各级军事指挥系统层层指挥、节节控制。以明长城为例，在万里长城防线上分设了辽东、蓟、宣府、大同、山西、榆林、宁夏、固原、甘肃等九个军事管辖区来分段防守和修缮东起鸭绿江，西止嘉峪关，全长7000多千米的长城，称作“九边重镇”，每镇设总兵官作为这一段长城的军事长官，受兵部的指挥，负责所辖军区内的防务 或奉命支援相邻军区的防务。明代长城沿线约有

100 万人的兵力防守。总兵官平时驻守在镇城内，其余各级官员分驻于卫所、营城、关城和城墙上的敌楼和墩堡之内。

长城的防御工程建筑，在两千多年的修筑过程中积累了丰富的经验。首先是在布局上，秦始皇修筑万里长城时就总结出了“因地形，用险制塞”的经验。两千多年一直遵循这一原则，成为军事布防上的重要依据。

功绩不可泯灭暴政罪责难逃

自古以来，对秦始皇的评价就褒贬不一。但纵观秦始皇的一生，对中国历史的发展起了巨大推动作用，实为中国历史上一位有作为的皇帝，功绩不可泯灭。

秦始皇是很有作为的政治家，军事家、统帅。秦始皇在位之时，吞并六国，并发兵南征北讨，史载“百越之地，尽皆俯首”，“北扩千里”，按战国地图看，领土几乎比战国七雄控制范围扩大了一倍。而且秦始皇“设置郡县”，对征服后的土地注重统治和制度建设，不似其他同时代的征服者如马其顿的亚力山大或罗马只重征服，不重制度建设；因此使统一的土地统治稳固，这才为中国现在的版图奠定了基础。后人认为，“功莫大过秦皇汉武”，意指秦始皇在武功方面，排在汉武帝之前，历史上无出其右。至今，英语中对中国的称呼，也是从罗马语“秦”演变过来的，这在一个侧面上表现了大秦帝国的影响力。

秦始皇首创驿站制度，并修驿道。郡县制是一种平民制度，其军政首脑都由皇帝任命，依政绩军功可上可下，可平职调动，这就导致了职业官僚和职业军人的出现。职业官僚和职业军人都可以来自平民，郡县官僚制有效地保证了平民（布衣）参政议政的权利（如李斯、蒙敖等都是布衣，依军功政绩才出将入相），相比分封制这种贵族政治，无疑是一大历史进步。现代国家的文官制度和军队制度就是起源于此。

秦始皇常作为负面典型出现在各种散文、史籍中。如贾宜的《过秦论》等。《史记·秦始皇本纪》：秦王怀贪鄙之心，行自奋之智，不信功臣，不亲士民，废民主，立私权，禁文书而酷法，先诈力而后仁义，以暴虐为天下始。贾宜《过秦论》：一夫作难而七庙堕，身死人手，为天下笑者，何也？仁心不施，而攻守之势异也。秦始皇被很多史学家看作是一个暴君，为了权力可以不择手段。

万里长城贯古今，五湖四海秦驰道。大江南北河灵渠，金碧辉煌阿房宫。千古绝唱始皇陵，茶余饭后几笑谈。这些工程规模均极为庞大，举国的人口兴修，不少文献均斥责在工程进行时造成不少人命死伤，但另一方面却使各地的交通进一步发展，有助日后交通、经贸，以及各民族之融合。

中国是一个历史悠久的多民族的泱泱大国。在她形成的历史进程中，在现在疆域的版图内，曾经多次出现过国中有国的历史现象。这就是历史上常说的“分久必合，合久必分”。“国中有国，族中有族，这是历史上常见的。”既然是一国之内的民族战争，大多不好提正义与否。因为民族之间的融合，就包括粗鲁野蛮的杀伐。这里有以强凌弱，以大压小，以众暴寡，以硬欺软。不讲道理，不讲信义。有理的一方，也可能因为无力，而被消灭。

开始是十恶不赦的侵略者，随着全国的统一，这十恶不赦的侵略者又可能变成功莫大焉的统一者。因为他成了新王朝的奠基者。所以，要用历史的眼光看待当时的战争，评价历史人物亦然。

不管以后如何，当时当地历史人物的表现，应该成为评价历史人物的标准。“风潇潇兮易水寒，壮士一去兮不回还”。受命燕太子丹刺杀秦王的荆轲，就应该一如既往地予以肯定。因为他是为了反抗秦国的侵略的。不能因为秦始皇后来统一全国，成了历史伟人，就把过去凡是反对他的人都说成是反动的。岳飞爱国，秦桧卖国，这都是历史的铁案。洪承畴只能入《贰臣传》，清朝人撰写《清史列传》也是这样看的。因为他们背叛了明朝。当然，他对清朝统一全国立了功。吴三桂反叛则又是另一回事了，他入了《逆臣传》。对这样复杂的历史人物的评价就要多费些口舌。

依据当时的表现，各评各的，也就是双赢原则。例如，清摄政王多尔衮在南下统一全国时，在攻打扬州之前，曾给明朝兵部尚书史可法去了一封劝降信。劝其交出扬州，就地投降。史可法在威吓利诱面前，毫不动摇，坚决抵抗。待到清军包围扬州后，又五次发信劝降。史可法将信一一烧掉。后终因寡不敌众，城破被俘。劝降三日，许以高官后禄，史可法说：“我，头可断，身不可屈。”而英勇就义。像这样的抗清将领就应该予以肯定。

评价历史人物要有原则。这是一个不可或缺而又经常被乱用的原则。历史原则，就是要用彼时彼地的眼光去看待和评价历史人物。历史人物的所作所为，不能超越他所处的那个时代。我们不能对他们提出过高的要求。这里有两种倾向，一种是把历史人物现代化，赋予他们很多现代色彩。农民起义领袖，则被美化为“高、大、全”式的无甚瑕疵的英雄。现在，银幕上的帝王，则被过度美化了。另一种是把历史人物妖魔化，“文革”中间把帝王将相、才子佳人一律视为历史垃圾，统统加以摈弃。这两种倾向都是极端错误的。

评定历史人物要有大节原则。金无足赤，人无完人。历史上的伟人不可能十全十美。伟人往往不是圣人。伟人也有凡人的一面，也有七情六欲，也有喜怒哀乐。因此，伟人也必然有失误，也必然有错误。这些，有的是有意为之，有的是不得已而为之。总之，历史学者看待历史人物，应该看他们的大节，看他们对历史的贡献。如秦始皇，主要是看他对统一中国所做出的贡献。他的所作所为促进了历史的发展。但是，他的焚书坑儒，无论如何是不能肯定的。既不能因为他大搞焚书坑儒，而否定他的历史贡献；也不能因为他的历史贡献，而美化焚书坑儒。

以孝治理天下引向世界主义

外犯千日固，内讧一日崩。中国历朝历代的皇帝是民族一个又一个悲剧的缩影。汉高祖刘邦（公元前256年～公元前195年），字季（一说原名季），沛郡丰邑中阳里（今江苏丰县）人，汉族。出身平民阶层，秦朝时曾担任泗水亭长，起兵于沛（今江苏沛县），称沛公。秦亡后被封为汉王。后于楚汉战争中打败西楚霸王项羽，成为汉朝（西汉）开国皇帝，庙号为高祖，汉景帝时改为太祖，自汉武帝时期司马迁开始，多以最初的庙号“高祖”称之，谥号为高皇帝，所以史称汉高祖、太祖高皇帝或汉高帝。他对汉民族的统一、中国的统一强大，汉文化的保护发扬有决定性的贡献。

作为汉朝开国皇帝，刘邦的最后确定的庙号为“太祖”，谥号为“高皇帝”（谥法无“高”，为功最高而为汉之太祖，故特起名焉），而那时，“皇帝”，并不是个十分好的称号，秦始皇，始皇帝，也就传了两代，人们就认为皇帝是个不好的称号，所以刘邦称自己为皇帝，是要很大的勇气的。最初，惠帝即位尊刘邦为高祖，景帝因为以其父文帝为太宗，故改高祖之号以为太祖。自汉武帝时代的史学家司马迁开始，习惯性的使用初庙来称呼刘邦，后世多沿用之，因此史称“太祖高皇帝”、“汉高帝”或“汉高祖”。

刘邦是中国历史上第一位由平民登上帝位的皇帝，是中国历史上第一位御驾亲征而统一天下的皇帝，是中国历史上第一位发明“招降纳叛”和“统一战线”军事战略战术的皇帝，是中国历史上第一位以“休养生息”为国策从而在全国大力发展经济的皇帝，是中国历史上第一位“释放奴婢”从而一定程度上打击奴隶制度、解放生产力的皇帝，是中国历史上第一位在全国范围内实行“轻徭薄赋”政策、实行“十五税一”低税率的皇帝，是中国历史上第一位推行“量吏禄，度官用，以赋于民”的财政支出紧缩政策而提倡节俭的皇帝，是中国历史上第一位制定礼仪从而巩固皇权的皇帝，是中国历史上第一位下“求贤诏”在全天下广招贤士人才的皇帝，是中国历史上第一位写诗，其诗作——大风歌被誉为“千古人主第一词”的皇帝，是中国历史上第一位以孝治理天下的皇帝。

英国著名历史学家约瑟·汤恩比评论说：“人类历史上最有远见、对后世影响最大的两位政治人物，一位是开创罗马帝国的恺撒，另一位便是创建大汉文明的汉太祖刘邦。恺撒未能目睹罗马帝国的建立以及文明的兴起，便不幸遇刺身亡，而刘邦却亲手缔造了一个昌盛的时期，并以其极富远见的领导才能，为人类历史开创了新纪元！”

汤恩比与日本学者池田大作探讨历史时说：“从两千年来保持统一的历史经验来看，中国人有资格成为实现统一世界的新主轴。这一说法，在考虑今后世界问题时，为重要的启示。汉高祖刘邦对中国的重新统一，作为历史功绩，是应该给以高度评价的。”他说：“如果我推测没有错误，估计世界的统一将在和平中实现。这正是原子时代唯一可行的道路。但是，虽说是中华民族，也不是在任何时代都是和平的。战国时代和古希腊及近代欧洲一样，也有过分裂和抗争。然而到汉朝以后，就放弃了战国时代的好战精神。汉朝开国皇帝刘邦重新完成中国的统一是远在公元前 202 年。在这以前，秦始皇的政治统一是靠武力完成的。因此在他死后出现了地方的国家主义复辟这样的运动。汉朝刘邦把中国人的民族感情的平衡，从地方的分权主义持久地引向了世界主义。和秦始皇带有蛊惑和专制的言行相反，他巧妙地运用了处世才能完成了这项事业。”

将来统一世界的人，就要像中国这位第二个取得更大的成功的执政者一样，要具有世界主义思想。同时也要有达到最终目的所需的才干。世界统一是避免人类集体自杀之路。在这点上，现在具有最充分准备的，是两千年来培育了独特思维方法的中华民族。不是在半个世界，而是在人们能够居住或交往的整个地球。必定要实现统一的未来政治家的原始楷模是汉朝的刘邦。

刘邦是中国历史上最会用人的皇帝，但疑心挺重，威严不大，他开创了中国历史上最长的统一王朝，所创立的汉朝统一长达 400 余年，刘邦作为汉唐盛世之一的大汉盛世的肇基者，其伟大历史功绩为后世所称颂与敬仰。刘邦是汉族族名的开创者，经过他的开创以及其后世子孙皇帝的进一步开拓发展，汉族成为中华民族主体的族名，汉人成为中国人的代称，汉语成为中国语言的代称，汉字成为中国文字的代称、汉学也成为研究中国文化的代称。刘邦是汉文化的开拓者之一和汉文化的保护者。作为楚国人，刘邦将楚文化和中原文化结合，将南方文化和北方文化大融合，从而形成了兼容并包的汉文化，也拓展了多元的中华文明。刘邦消除分裂纷争状态、结束横征暴敛的历史，由统一到马下治理而达到天下大治，开创了雍容大度的政治局面，从而保护了汉文化的发展，使得中华文明得以传承。他结束了从夏朝到战国近千年中国奴隶分封制的状态，从而开创了真正的统一时代。他结束了从周朝东迁到秦朝 570 多年天下纷乱不止和执政者横征暴敛的历史局面，从而开创了一个休养生息、发展经济的低税率时代。他结束了秦朝摧残文化打压言论的暴政，开创了雍容大度的政治局面和多元的兼容并包的文化格局。他一统中华，从而开创了具有 400 多年中国历史上最长的统一王朝，汉也成为整个民族的代称，汉朝成为当时世界上最强大最发达的国家之一，汉唐盛世也成为中华民族发展史上最骄傲的时代。他由平民登上帝位，开创了中国历史上“布衣将相”的局面，结束了“血统贵贱论”，实现了“王侯将相宁有种乎”的神话，成为激励着平凡的人特别是下层人积极奋斗从而不断走向成功的光辉典范。刘邦是中国历史上第一位休养生息、发展经济的皇帝，他统一中国，通过消灭异姓王、迁徙六国强族到都城周边加以控制，彻底结束了从夏朝到战国近千年中国奴隶分封制的状态。

公元前 209 年，秦末农民起义爆发，陈胜、吴广率领起义军攻占了陈（现在河南淮阳）以后，陈胜建立了“张楚”政权，和秦朝公开对立。这时，沛县的县令也想响应来继续掌握沛县的政权，萧何和曹参当时都是县令手下的主要官吏，他们劝县令将本县流亡在外的人招集回来，一来可以增加力量，二来也可以杜绝后患。县令觉得有理，便让刘邦的妹夫樊哙去把刘邦找回来，刘邦便带人往回赶。这边的县令却又后悔了，害怕刘邦回来不好控制，弄不好还会被刘邦所杀，如同是引狼入室。所以，他命令将城门关闭，还准备捉拿萧何和曹参。萧何和曹参闻讯赶忙逃到了城外，刘邦将信射进城中，鼓动城中的百姓起来杀掉出尔反尔的县令，大家一起保卫家乡。百姓对平时就不太体恤他们的县令很不满，杀了县令后开城门迎进刘邦，又推举他为沛公，领导大家起事。刘邦便顺从民意，设祭坛，自称赤帝的儿子，领导民众举起了反秦大旗。开始时，刘邦也不太顺利，但经过几次战役，刘邦步步西进，最后终于到达了咸阳东边不远处的灞上（现在西安东），秦王子婴见大势已去，只得献城投降，将玉玺亲手交给了刘邦，秦王朝至此灭亡。

在公元前202年的十月，刘邦追上了项羽，但到了固陵（现在河南太康西）时，韩信和彭越的军队还没有到达。项羽向汉军猛烈反击，将汉军击溃。刘邦只得坚守不出，并马上派人许诺韩信和彭越，在击败项羽后立即封他们为齐王和梁王，于是韩信和彭越立即进兵。同时，楚的大司马周殷也被刘邦派人劝降，淮南王英布领兵也赶来会师。汉军会合各路援军共三十万，和项羽决战垓下。夜里，围困项羽的汉军唱起了楚国苍凉的歌，使项羽以为汉军已占有全部楚地。走投无路的项羽在大帐中和心爱的虞姬饮酒，乘着酒力慷慨而歌："力拔山兮气盖世，时不利兮骓不逝。骓不逝兮可奈何，虞兮虞兮奈若何！" 虞姬当着项羽的面含泪自刎，项羽擦去眼泪，跃马率领八百骑兵趁夜突围，在渡过淮河后，身边只剩下了一百人，向东撤退，在东城（现在安徽定远东南）被灌婴的骑兵追上，项羽随从只有二十八人了，和汉军激战三次，杀伤几百汉军后，项羽最后横剑自刎。

公元前202年二月初三，刘邦在山东定陶汜水之阳举行登极大典，定国号为汉。为了皇权的巩固，刘邦费尽心机。本来他年龄就大，在平定英布叛乱时又中了箭伤，到了长安病情加重。刘邦死于公元前195年，即高祖十二年的四月二十五日。去世时六十二岁，葬于长陵，谥号为高皇帝，庙号是高祖。一般都称为汉高祖刘邦。他开创的汉朝奠定了中国封建社会的主要文化，即法家思想影响下的文化制度。在南北朝时期，印度佛教的传入，对法家文化又产生了影响，了解汉朝的政治和文化制度，有助于我们理解中国古代的文化。

刘邦等认为秦朝采用法家思想是招致其灭亡的根本原因，因而采用"道家无为"思想，轻徭薄赋，休养生息。刘邦还认为秦没有采取分封而实行集权也是其灭亡的原因，故恢复分封制。导致后来的七国之乱。虽然传统专制是由秦代创立的，最终确立者乃是汉武帝，中间还经过高祖到景帝的反复，这是重新解读中国历史的一个大关节。刘邦建汉以后，吸收秦朝独靠郡县制的弊端，恢复分封制，到武帝削藩，再一次确立了郡县制的垄断地位，从此以郡县制为基础的君主专制在中国成为牢不可破的统治形式。为什么会这样？难道仅仅因为秦皇汉武喜欢独裁吗？其实不然！最主要的原因乃是面临北方匈奴的严重威胁，不集权随时都有覆国的危险。武帝削藩时提出的"尊王攘夷"论不是明确透露了此中秘密吗？很明白，削藩、集权、专制，主要目的就是为了对付来自北方的外患。而且，由于北方民族的战争能力过于强大，使得汉民族政府即使集权，穷全国之力也不足以长期应付，最终造成国困民疲而王朝倾覆。秦是如此，汉是如此，唐宋明皆如此．所以外患导致专制以及专制王朝的恶性循环是传统中国历史的真相。

第二十章 武治方能平天下 文理定可治国家

历代王朝都号称为“普天之下，莫非王土”。这是因为他们的心怀没有受地理和空间的限制，也是地域民族对世界的特有概念。中国的天下概念，指被中国皇朝的皇帝主宰，虽然在一定普遍的秩序原则所支配的空间，但他是封建之魂，仅可参考，不能复制。

以巧妙投入获取最强大武力

国强军坚，军强民安。国家武装力量的产生和发展，与国家的形成和演变，与社会生产力和生产关系的变革，与战争实践和军事理论的发展等紧密相关。

在中国，原始社会末期，氏族成年人必要时都自动参加战斗，这实际上就是居民的自动的武装组织。随着奴隶制国家的建立，夏朝已有军队。商朝除王室有较强大的军队外，各宗族和各方国也都掌握了相当数量的军队。西周和春秋时期，武装力量分为国王的王室军队、诸侯的公室军队和卿大夫的世族军队。春秋以前，公室军队和世族军队一般要听从国王的调遣，协助王室军队作战。战国，特别是秦统一中国以后，历代王朝在封建专制主义中央集权制度的基础上建立武装力量。在一般情况下，皇帝拥有军事统帅权，朝廷设有掌管军事行政的官员和机构，战时临时命将领兵出征，常备军逐渐成为武装力量的主体，通常按戍卫京师、驻防要地、戍守边疆等任务编组部队。宋朝以后，一些由地主阶层掌握的民众武装组织，如民兵、义兵、民壮、乡兵、士兵等，也纳入国家武装力量。

中华人民共和国成立后，为适应新的历史条件，在继承和发扬革命战争年代传统的基础上，不断改革，逐步形成了人民解放军、人民武装警察部队和民兵相结合的人民武装力量。中国人民解放军是武装力量的骨干，主要担负巩固国防、保卫祖国的任务。中国人民武装警察部队主要担负国内安全保卫任务。民兵是由不脱产的人民群众组成的武装组织，是预备役的基本组织形式，是人民解放军强大的辅助和后备力量。1982年《中华人民共和国宪法》规定：“中华人民共和国中央军事委员会领导全国武装力量”，“中华人民共和国的武装力量属于人民。它的任务是巩固国防，抵抗侵略，保卫祖国，保卫人民的和平劳动，参加国家建设事业，努力为人民服务”。

国防是国家竞争杀手锏，也是国家强大的锐利武器。世界各国普遍重视武装力量的建设，不断改革和完善武装力量体制，其目的就是为了建立强大国家。在现代，正规的和非正规的武装组织，除军队外，还有宪兵、警察、国民警卫队、后备役部队、民防部队、民兵等。由于各国条件不同，武装力量的构成也不同。有的由单一的军队或警察或民兵构成，有些由军队和另一种正规的或非正规的武装组织“两结合”构成，有些由军队和另一种正规的武装组织及一种非正规的武装组织“三结合”构成，还有些由军队和其他三种以上正规的、非正规的武装组织“多结合”构成。大多数国家的武装力量，实行以军队为主体，多种武装组织结合的体制。平时保持一支精干的常备军，并建立健全预备役制度，加强后备力量建设。军队和其他武装组织平时各成体系，战时实施高度集中统一的领导和指挥。许多国家为了扩大势力范围还结成军事联盟，将武装力量纳入国际军事集团。

当今世界上谈战争必先谈美国，谈军事也必先谈美国。作为当今世界上第一经济和军事强国，美国的军事力量及其发展状况的确和整个世界的和平与发展息息相关。从建军到现在，美国军事力量走过两百多年的发展道路。尤其是两次世界大战给美国军队迅速发展带来了巨大的机遇。

两次世界大战都没有波及美国本土，加上战争期间大量的军火贸易，美国的经济和军事实力因战争的刺激而急剧膨胀、军队规模跃居世界首位。

二战结束以后，由于美国的经济和军事实力得到了空前的提高，它放弃了坚持了一个多世纪的孤立主义政策，一方面带头发动了以“遏制”共产主义为目标的“冷战”，与苏联进行对抗；另一方面又扮演“世界警察”的角色，破坏和镇压世界各地的民族独立和解放运动。在此期间，美国一直保持着一支规模庞大的军队。为了维持如此庞大的部队兵员，美国曾一度施行“选征兵役制”，但由于在越战期间美国人民的强烈反对，被迫改为“全志愿兵役制”。

然而，面对和平与发展这一不可逆转的世界潮流，美国将何去何从呢？美国今天究竟有多少军队？美国军队是如何部署的？美国军队的装备如何？美国养这么强大的军队的目的是什么？美国人想打什么样的仗？美国人一定能打赢下一场战争？这一系列问题就摆在我们面前。

美国的军事战略走向二战后的冷战格局以苏联的解体而告终，美国几十年来一直遵循的以苏联为对手的军事战略随之失去了其生命力，以军备竞赛为主要内容的强大的军事力量因对手的消失而显得过于庞大，美国向何处去，美国的军队向何处发展，成为关系国际和平与安全的焦点问题。表面上看，美国成为冷战的胜利者，但美国在与苏联进行的全球范围内的霸权争夺过程中，已经是伤痕累累。美国在冷战期间几度陷入战争泥潭，军备竞赛中军费开支巨大，这些已经严重影响了美国经济的发展，美国国内财政赤字居高不下，使美国在国际社会中的地位相对下降。同时，日本和西欧在冷战中经济得到了迅猛发展，与美国争夺地区性主导权的反控制斗争日趋严重。针对这一国内和国际环境，美国确定了自己在冷战后时代的新战略。

地区防务战略的提出。冷战结束后，美国面临的军事威胁主要来自一些影响美国经济、政治利益的局部战争和地区性冲突。1992 年 2 月，美国国防部长切尼向美国国会提交的《1993 财政年度国防报告》提出了“地区防务战略”，该战略要求确保美苏冷战结束后美国享有的安全环境。全球范围弹道导弹的扩散及投掷核武器能力的发展要求美国必须在遏制核冲突的时机和规模上作出各种选择，能在最低水平上恢复威慑态势。同时，布什政府主张放弃里根政府所追求的全面而完善的战略防御体系，主张加固导弹发射井和地下指挥中心等硬目标，提供点状防御，重点对付“意外发生”和“不负责任的国家”对美国及其盟国进行的导弹袭击。

同时，美国认为保持其前沿存在是保证美国有一个可靠的安全环境的重要环节。因此，保持在世界各地与美国的切身利益息息相关地区的军事存在成为美国地区防务战略的重要内容。所以，冷战结束后，尽管美国从世界形势和国内发展的需要出发，从海外撤回了大量的军队，但其仍然采取了有选择的海外军事存在的策略，意在为实现其称霸全球的梦想奠定基础。另外，布什政府认为，地区防务的侧重点是通过前沿抵近部署和快速增援能力，迅速进入冲突区域，并控制冲突升级。在今后一段时期内，美国在海外只保持小规模的驻军，主要靠美国本土部队的快速反应能力来解决危急美国利益的一些地区冲突。

灵活与选择参与战略的提出。冷战结束以后，美国认为自己的安全环境发生了以下几个变化：国际安全形势由可以预测变成难以捉摸。美国面临的安全威胁由单元向多元转化。影响美国利益的主要威胁由苏联的“共产主义扩张威胁”转变为“民主制度和市场经济改革失败”的威胁。美国尽管在西方盟国中仍然是军事最强国，但其综合国力的绝对优势已经不复存在。美国与盟国关系由固定的同盟关系转变为适应新形势而不断变化的同盟关系。核武器可能被某些恐怖分子使用。发生世界大战的可能性越来越小，局部战争将成为世界未来很长时期内战争的主要形式。对美国构成的现实威胁由原苏联的军事力量转变为一些与美国意识形态不相同的地区性强国。影响美国安全的地区由以欧洲为中心转变为地区的多样性。

正是出于上述考虑，1993 年克林顿入主白宫后，提出了“参与和扩展”国家安全战略，1994 年 5 月，克林顿正式向白宫提交了《国家参与与扩展安全战略》，从而奠定了美国冷战后国家安全战略的基石。这一战略的实质是保持美国的繁荣及其在世界格局中的地位，维护其在世界事务中的霸主地位，扩大美国在世界的势力范围，维护美国军事强国和唯一超级大国的地位。

力图建立以美国为主导的世界“新秩序”。这一战略一出台就遭到了世界上大多数国家和美国国会的强烈反对。《美国国家军事战略报告》，发展了克林顿的预防为主，积极参与的防务思想。强调利用多方面的措施来塑造有利于美国的国际安全环境，主张不仅要对付近期的现实威胁，还需要做好对付较远的不确定的重大威胁的准备，并突出以“打赢两场几乎同时发生的大规模地区战争”为重点，并兼顾其他的危机和冲突。这就是美国的塑造、反应和准备战略。

该战略强调采用多种手段按照有利于美国的方式，创造一种有利于美国的国际安全的环境。这些塑造手段包括：以军控增进他国军事的透明度，限制别国的军备水平；制止大规模毁伤性武器的扩散和使用，制止其部件和投射系统的转让；在海外重点地区驻扎和部署美国部队，与盟友国家进行防务合作和联合演习，以彰显美国的海外军事存在，促进地区稳定；在和平地区进行威胁，打消敌手的敌对企图，包括重审对盟友的安全承诺。

所谓反应，就是针对直接影响美国利益的各种突发事件或地区性战争作出反应，包括采取威慑行动或运用实战手段。为此，美军必须做到三点：一是能在两个战区连续而迅速地挫败敌人的首次进攻。二是能挫败使用或威胁使用核、生物、化学武器或其他不对称手段对己方进行进攻之敌。三是能够由全球参与态势转入战区大规模战争作战态势。所谓准备，就是主张美国不仅要看到现实的威胁，而且要关注未来长远的安全。要准备对付看来不可能，却会对美国安全造成极为不利破坏后果的威胁。

美国在全球的兵力部署。美国兵力部署的基本原则是“少兵在前，多兵机动”。冷战时代，美国的海外驻军数量相当可观，目的就是准备和苏联打一场全球范围内的大战，与之争夺势力范围。冷战后时代，美国改“前沿部署”为“前沿存在”，尽管其在海外驻军数量有较大的减少，但美国是不可能彻底从海外撤军的。根本原因有两个，一是美国没有放弃称霸世界的野心；二是美国对“边界”的理解不是传统地理意义上的边界，而是以利益范围划分的边界。由于美国是全球性的经济大国，其利益可以说是无处不在，因此扩大自己在海外的军事影响的目的就是要维护美国在全球范围内的经济利益。下面我们用图表的形式描述一下美国有海外驻军的情况。

21 世纪美国作战部队构想。美国国内曾经对 21 世纪美国武装力量的建设问题进行了热烈的讨论，主要分歧是冷战结束后美军的作用和任务。基本上有两种观点：第一种观点认为，美国的冷战政策和战略赖以存在的相对清晰的基础消失了，取而代之的是混乱和争论以及对现实的否认。有人甚至呼吁美军全部撤回到美国本土上，集中解决国内问题，全面削减外交和军费预算，将之用于国内项目并减少征税。基于这种观点作出的判断是：美国的安全没任何现实的威胁，与其他国家相比，美国的军事力量和军费支出都是庞大的，世界总的和平与安全没有任何现实的危险。同时，持这种观点的人也指出，即使将来发生了武装冲突，也可以通过地区大国或联合国解决。美国应站到一边，避免单方面干预。

美国没有足够的力量广泛参与多边事务，近几年美国参加的以人道主义建立并维持和平为目的的国外派兵有“使命悄然升级”的极大危险，即军事升级，陷入类似越南战争那样的可怕的困境。为避免这类错误，持这种观点的人坚持美国或盟国受到直接攻击才允许使用美国的武装力量。

同时，一部分从现实的角度考虑，他们认为，由于其经济发展的缓慢和在世界范围力量的相对下降，将来的国防预算，至多也只能维持现在的水平。众所周知，这种军费水平并不足以打赢美国所谓的两场大规模的地区战争。同时打赢两场局部战争的方针未免有些过于呆板。因此，美国军方普遍认为，不管是美国目前的经济状况，还是过度狭隘的视野，都需要美国调整其部队结构。美国参议员凯恩在美国《战略评论》1996 年秋季号上撰文，对美国军队的未来结构及作用作了较为科学的分析，他认为：未来冲突的性质要求陆、海、空各军种结构都具有足够的灵活性，以便能够很快适应形势的需要。美国战斗部队必须能够迅速有效地对任何潜在的挑战做出反应，并且应该能够与盟军互为补充、联合行动。这样，就能够在将来以最小的花费建设最强大的军事力量。

这要求美国必须优先发展军队的灵活反应能力，并不总是要依靠人员部署来保持适当的危机反应，可以通过利用各种侦察设备、搜集目标数据、有选择地与盟国共享情报或帮助盟国制定军事计划等手段，达成有效危机反应的目的。同时强调美国应该恰当、正确地运用各种独特能力，不动用军队，就能够有效地对付冲突。这就决定了美国未来军队建设的基本框架。

全球参与战略也是极其重要

凯思认为，保持前沿存在及与盟军共同承担使命的做法，正潜移默化地影响着美国军队结构建设的方方面面，在规划未来军队建设时对此应予以充分考虑。美国的盟国将继续在军事上依赖美国，因为它们在不断地削减自己的国防预算。美国应重新考虑当前的海外部署承诺。但首要条件是要弄清两个问题：第一，威胁是什么？第二，为了慑止威胁，采取何种类型的前沿存在？

狼永远改不掉吃羊。狼可变身本性却难移，在冷战期间，美国随时都有可能同华约组织的大量常规部队大动干戈。但今天，潜在的对手只拥有规模小得多的常规部队。许多情况下，在冲突初期，应该依赖盟友提供大量的地面部队。而美国只需要出动一些战术或战略内容的空军、海军及指挥、控制、通信、计算机和情报等方面的支援力量。为了采取这种责任分担的行动方式，美国必须发展和部署那些与盟军相适应的各种系统，并着重提高军队的战术通用性，以保障彼此有效地合作和顺利完成作战任务。这样便能够最有效地运用美国的军事力量，并且使美国能够着重做好远征部队、海军、空军、情报部队的以及其他各军兵种的战备工作。

发展先进技术。技术的迅速进步促使美军不断地对其部队进行现代化建设。防务费用降低带来的一个最严重的问题是部队现代化建设资金不足。技术革新为建设规模、战斗力和部署能力更强的部队提供了潜在的基础。部队的部署能力增强，对于要远离本土作战的美军来讲，具有特别的意义，因为明天的战争有可能在世界的任何地方发生。任何军事部署都要具有不同程度的冒险性。然而，要让大量美国人冒着生命危险，向冲突地区实施军事部署，很难得到美国人民的支持。为了进一步减少可能的伤亡，凯恩认为美国军队应该研制、发展和部署那些能减少美国军人在战场上暴露的武器系统。例如无人驾驶飞行器、遥控武器平台和高度自动化的武器系统等。

关于军事革命已有颇多议论。所谓军事革命，意味着由于军事技术和军事理论的进步，未来的胜利将掌握在那些将技术进步最有效地应用于改革战术和优化组织体制的国家手中。当然，并不是每一种技术方面的新飞跃都能够转化为有效的或可供利用的军事能力。在当前的财政条件下，美国只能投资研制那些最具发展前途的技术，即那些能够最大限度提高部队质量的技术和武器系统，以弥补规模较小军队在数量上的不足。

技术进步不是解决所有问题的唯一手段，美国不能因只满足于技术的研制、发展、测试和鉴定工作而忽视武器的生产和军队的训练。必须将先进的精良军事技术同部队相结合，然后再在实战训练中进行检验。

正是出于上述考虑，凯思对美国未来军队的结构及每一部分的功能做了说明：海军部队海军是前沿存在、危机反应及力量投送能力的核心力量。

他们是被派遣随行危机反应行动的首选部队，也是在任何地区性冲突的初始阶段投入使用的首选部队，大部分兵力的投送能力将由舰基空中力量提供，同时越来越依重于巡航导弹及其他远程攻击武器系统的支援。

在未来的任何一种部队结构中，海军陆战队远征部队都将起重要作用。这支部队具有很强的灵活反应能力，并且使用起来也比较灵活，因而适合被派遣到任何热点地区执行任务。

潜艇部队将继续发挥重要作用。但是，必须重新审查现有计划中攻击潜艇部队的数量和混合编组问题，以确保该部队符合冷战后时代战争的需要。由于当前威胁性质的改变，使得改变原来的潜艇部队建设计划有了可能，这样就能用一支装备有全新级别的、隐形高技术潜艇的部队来取代目前使用攻击潜艇的部队。

空军是未来任何一种军队结构都不可缺少的重要部队，空军不仅能够快速部署，而且能够给敌人以毁灭性的打击。战术飞机必须具备向敌方目标投掷精确武器的能力。鉴于飞机的造价看涨，将来的战术飞机还必须是多功能的武器平台，并能最大限度地提供火力。各种远距离精确制导武器，如巡航导弹等将日益成为可供选择的武器。因为它们既能攻击敌方目标，又能避免毁伤飞行员和价值昂贵的武器平台。

美国正在积极发展遥控和无人驾驶飞行器。两者均属廉价高效装备，不仅可用于搜集情报，还可用于投射弹药。无人驾驶系统能够在飞行过程中灵活地改变、取消并重新设定目标及其先后顺序，比有人驾驶飞机的花费和人员伤亡都要少。

必须立即采取行动，解决战略轰炸机和战术轰炸机的问题，这也是美国空军建设的重中之重。如何在现有的经费条件下，保持有效的攻击能力成为美国空军评估战略和战术轰炸机和常规作战效能时的重要参数，目前美国空军正在谨慎地权衡资金投入与能力产出之间的关系问题。

地面部队伴随着海外基地在不断削减，美军正在重新考虑对地面部队需要问题，以便将来更多地依靠盟国的力量去执行地面战斗任务。保留下来的地面部队也必须随时能够向海外部署，这对美国实现全球参与战略也是极其重要的。因此，调整重型部队和轻型部队之间的比例成为美国地面部队建设的重要内容。

特种作战部队。美军认为必须继续保持各种特种军事行动的能力。特种作战部队使决策者们能够在未踏入战争之门之前解决危机，从而拓宽了决策者们的选择余地。在大规模冲突中，特种作战部队还能够用战斗力的倍增器来支援常规部队。

这些部队必须能够通过隐蔽、迅速、准确的作战手段对各类冲突中的特殊突发事件作出反应。其特殊使命包括各种侦察，直接在敌国或敌占区领土上采取行动，为配合情报搜集行动而进行的各种非常规作战及其秘密行动等。另外还有反恐怖主义行动、心理战和战区搜索与救援行动等。

战略运输力量。近年来，美国军队建设中的一个重点是致力于不断提高向海外运送人员和装备的能力，以弥补由于冲突升级而产生的前沿部署部队的能力不足，在美军可能会被要求向全球任何地区部署的今日世界上，战略运输能力变得越来越重要。国民警卫队和预备队是美国未来武装力量的重要组成部分，美军认为，其预备队和国民警卫队应做到经过短期训练即可部署，并为快速力量投送行动提供支持。国民警卫队预备队中的战斗部队若不能在短期进行动员，就无法在解决冲突的行动中起到决定性作用。如果采取严格的措施，使其警卫队和预备队事先只需进行很少训练就能迅速掌握相应的技术和战术，那么就可以把对现役部队的依赖减少到最低程度。因为即使现役部队也有危机时刻未作好快速反应准备的时候。

派出计算机和信息专家等。这方面的技能通过周末训练就能掌握。其他部队的作战能力除了上述几种部队以外，美军也强调了另外一些重要部队的能力，包括耗资巨大的战区和国土的导弹防御系统、高效的反渗透探测能力、安全可靠的核威慑部队、以及技术卓越的空基系统等。要具备所有这些重要能力，就需要投入大量资金进行现代化建设。对付未来各种威胁的能力并不依赖于隐形潜艇或更多的远程轰炸机。相反，应该着重提高那些能够最有效对付未来可能发生冲突的各种能力，如建设足够的海运和空运能力；加强两栖作战能力；发展新一代作战飞机；建设易于部署的轻型地面部队；改进型指挥控制与通信系统。在高技术领域进行有选择的投资。

人类长期经历天谴换来伦理

治国首先要治人治世，人世有序有节国昌盛。人无伦理则乱，国无法理则亡。伦理是一种自然法则，也是有关人类关系的自然法则。尤其以姻亲关系为重心的伦理更为突出。伦理的概念也是道德与法律的绝对分界线。道德是人类对于人类关系和行为的柔性规定，这种柔性规定是以伦理为大致范本，但又不同于伦理这种自然法则，甚至经常与伦理相悖。法律则是人类对于人类关系和行为的刚性规定，这种刚性规定是以法理为基础原则的，法理与伦理的关系则比道德与伦理的关系更远，也因此人们对于法理的争议更大，长期以来自然法则与短期自然法则的冲突在法理上冲突最甚。

伦理确实没有什么深刻而完整的阐述，好像“伦理”二字与“道德”二字一起出现的次数比较多。关于道德，老子说：“道可道，非常道。”那意思无非是说，“道”并非指的是一条具体的道路，而是一个抽象出来的概念，譬如几何学上的“点，线，面”的概念，物理学上的“质点”的概念。那么“道德”，就是指走路的德行，类似于约定俗成的交通秩序，引申为人在社会上为人处世的规则。伦理与道德在内涵上是有一些共通之处的。伦理似乎便是指长幼尊卑的道理，比如中国有“天地君亲师”的古训。伦理与道德都在一定程度上起到了调节社会成员之间相互关系的规则的作用。规则是为现实的存在不被破坏服务的，它本身并不倡导创新，甚至在一定程度上束缚了创新，而规则与创新的矛盾无不是以创新的成功和规则的被打破之后形成新的规则而结束，可以说形成了一种社会的“微扰”机制。

但是事情并非如此简单。仅拿其所起的作用来定义一个词是不充分的。况且伦理与道德似乎也是有着许多不同。

除了道德所针对的客体远较，伦理所针对的客体宽泛之外，二者还有许多其他不同。比如道德是随着社会所处的阶段乃至文化环境的不同而有着不同规范的。举三个例子：其一，在古代氏族部落里，财产是共有的，保留私有财产是不道德的，而拿走其他部落成员刚刚用过的工具也没有什么不道德。而在法律认可私有财产的现代社会，保留私有财产不再是不道德的，而拿走他人的工具则要征求他人的意见。其二，在中国，问别人的年龄和薪水是很正常的，似乎还隐隐有点人文主义关怀的味道；而在西方某些国家，打听年龄和薪水是不太道德的。其三：同性恋一般被认为是不道德的，而现在某些国家已通过法律承认其合法存在，似乎同性恋也在逐步摆脱其不道德的地位。

伦理则似乎是有些不随时间和空间漂移物的意思在里面。比如传说中伏羲和女娲是兄妹通婚，虽说太古洪荒年代，兄妹通婚没有太多道德非议，但终究是违背伦理，在这里伦理似乎涉及到近亲结婚导致后代基因缺陷几率增大的问题。另外一对有意思的个案是疯牛病和印尼一个岛上某些部族成员患的一种奇怪的病，病人的脑组织会发生类似于疯牛病的粥样病变，尽管原因不详，但这是因为这些居民中保留了一种陋习——吃人肉。将两种病联系起来看，就会发现诸如此类的问题。疯牛病的起因也未能确证，但是动物性饲料，即一些牛的皮、肉、内脏和血液加工成的饲料在疯牛病的爆发过程中至少起了推波助澜的作用，或许就是弊端的元凶。

人们是否可以做一个大胆的设想：一些物种以同类为食，其蛋白质或核酸的某些缺陷（或潜缺陷）通过累积机制或自诱导机制或二者的综合导致了该缺陷的最终的显性表达。从人类所谓的伦理观点来看，人吃人完全是违背伦理的，那么牛吃牛肉也是违背牛的伦理的。令人警醒的在于，人吃人是人自己做出的决定，而牛吃牛是在人类的商品利润机制下产生的非自愿的怪现象。

如果大自然在冥冥之中规定了不准同类相食的禁条，并通过让违反此禁令者脑部发病来表示惩罚，也许在漫长的无文字记录的人类演变道路上，人类经历了无数次的此种天谴才慢慢形成了伦理的观念。这句话反过来说就是伦理曲折地反映了生物体的分子层面上的一些规则。鉴于大多数这些分子层面的问题相对于目前的科技水平来说仍是晦暗不明的，仅仅由模糊的恐惧感或者无确定依据的直觉出发的伦理概念只能是一个非科学的概念，充满了大量的在将来可被证实或证伪的先验论的甚至神秘主义的命题。

显然，以这样一个不完善的概念是无法说服并阻止人类进行诸如克隆人体和干细胞研究这样的科学实验的。这些实验，甚至可以广泛地说，一切科学研究都像潘多拉的盒子，人们所认识的世界的边缘就是由这些盒子组成的。在打开之前，是无法预言一个盒子比另一个盒子更危险的。盒子被打开了，飞出的是什么永远既无法预料，也无法收回。况且，面对着科学工作者这一好奇心最强的群体，不被打开简直比不让儿童打开糖果盒更为艰难。

对于克隆人的指斥来自社会的许多方面，说法也是多种多样。各种反对意见大致可归于两类：一类是坚持尊重生命，保持人的尊严论点的，简称之为社会学派；另一类是对克隆生命体的生理缺陷可能危及人类生存有怀疑的，简称之为生理学派。应当说，两类论点各有其合理的成分，是不能被全盘否定的，只是两派论点都采取的不是切合实际的态度。

生命必须得到尊重。人的尊严也应该保持，但是，这种理想化的状态在过去、现在和将来是永远不可能对于每个社会成员都得以实现。对生命的不尊重司空见惯。存在的就是合理的，这仅仅只是平庸者无能为力的借口。相反，尊重生命，维护和捍卫人的尊严始终应该是人类共同努力的方向。但是，能实践的程度是受各方面条件制约。不管你要怎么做，寻求智慧，谨慎生活，选择尊重生命和赐予我们的这个星球。那些声称深切关心动物福利且尊重生命的聪明人怎么能对这种做法视而不见呢？对财产的界定，对生命与自由尊重的界定，就是限制政府的因素。

另外一个敏感的问题是安乐死和自杀。尊重生命和保持尊严在某些极端情况下会构成悖论，观众们很容易为电影人物在忍辱偷生和杀身取义之间做出选择，但是现实中的安乐死和自杀却沉重和苦涩得多。很多问题是法律所顾及不到的，并且由于法律条文的刚性而或多或少造成局部细微的不合理，任何国家的法律都是一样的，所以制订和修改法律是永远不能停止的舞蹈。所以，仅从理性上说，我们应该在亵渎生命的事件中辨明无过错方和过错方从而采取相应的措施，而不应该仅在结局处片面地下结论。比如年迈失去自理能力的老人，为了自己的尊严，不堪忍受子女的冷漠而自杀，是不应该再背上不尊重生命的罪状的。而社会却应从中警醒，采取一系列措施，比如追究相关者责任，完善养老制度等来杜绝类似事件的再次发生。

尊重生命也不应僵化到极端。绝对尊重生命就不应该给病人用药，绝对维持尊严就不应该给病人动手术。因为第一次给病人用一种药肯定冒了巨大风险，距离谋财害命也没有多远；第一次动手术之前如果没有解剖经验绝对谈不上严肃，而解剖经验不是来自于尸体就是来自于尊严不能自保者（战俘，奴隶等）或是对于患者的蓄意的信息不披露。但是，正因不尊重的第一次，才给后人留下了宝贵的财富。

另外，人的尊严宝贵，其他生命体的尊严就可任意践踏，恐怕谁也给不出令人信服的答案。因为生物界环环相扣，相互依存，厚此薄彼似乎是没有依据。关于生理学派的反对意见，其杞人忧天的态度亦不足取。无疑，现阶段克隆动物存在一些问题，表现为成活率低，寿命短。但是自然生育的个体也并非完美无缺，有些甚至有严重疾患，结局会怎样？许多有问题的个体夭折了，存活的也并没有给生物界带来毁灭性灾难。因为自然界有一种自我完善的机制。

恐惧是多余的。克隆研究和干细胞研究肯定会带来一些问题，但是也会带来一些相应的技术解决方案，社会也会做出应激性反应，从而实现由乱到治，并带动文明发展到一个新的水平。有了汽车后世界上才有了高速公路；有了电才有了其后的电气时代和信息时代；有了网络才有了互联网零交流时代；引入佛教也没有导致中华文明的消灭；有了器官移植也没听说谁没事了随便换肝换肾。说起违反伦理的典型产物是骡子，人们觉得也没什么恐怖感。

以文治理天下巩固强化皇权

君重国权掌国政，臣疏安危祸忠孝。刘邦虽然做了皇帝，但他也没有敢对自己的皇位掉以轻心。他在设盛宴招待英布等大臣时，曾经对在场的父亲夸耀说：“原先您老经常说我是个不干活不读书的无赖，没有二哥能理家治业。如今我做了皇帝，您看现在是二哥的财富多，还是我的财富多呢？”不过在享受的同时他也采取措施对皇权进行了巩固。第一个让他不放心的就是在各地的异姓王。他们都有兵将，有的还三心二意。第二个问题就是其他将领，为功劳大小和赏赐的多少争斗不止，如果安抚不当，就会投奔那些异姓王作乱。还有原先六国的后代也让他悬心吊胆。在中央，丞相的权力对他这个皇帝也构成了威胁。刘邦从做了皇帝，到最后病死，中间有八年时间，基本上都用在了解决这些让他不放心的问题上。他先收拾的是韩信。公元前 201 年，即高祖六年，有人告发韩信谋反。刘邦问怎么办，大家说发兵讨伐。但陈平却反对，他说楚国兵精粮足，韩信又善于用兵，发兵很难取胜。他建议刘邦以巡游云梦为借口，让各诸侯王都到陈县（现在河南淮阳），到那时韩信一定会来，然后再抓他问罪。刘邦依计行事，果然将韩信抓住了。

韩信听到对他的指控，大声喊冤："古人说的果然不错：'狡兔死，走狗烹；飞鸟尽，良弓藏；敌国破，谋臣亡。'现在天下已经平定，我这样的人也早就该烹杀了。"刘邦将韩信押到了洛阳，但又没有明确的证据，便释放了他，但降成了淮阴侯。这使韩信怀恨在心。第二年，韩信谋划让陈豨在外地反叛，使刘邦亲自前去平叛，然后自己在都城袭击太子和吕后。但事情败露。吕后采用了萧何的主意，将韩信诱骗入宫抓捕，最后在长乐宫斩首，留下一个"成也萧何，败也萧何"的古典悲剧。

除了韩信，其他诸侯王如彭越等人也被消灭，只剩下了长沙王吴芮。对于其他将领，刘邦也颇费心机。开始，刘邦先是分封了萧何等二十余人官职，但众将领因为互不服气，争功不止，刘邦就没有封官。一次，在洛阳南宫，刘邦看见众将坐在沙地上不知在说什么，问身边的张良怎么回事，张良说他们在谋反。刘邦问为什么，张良说怕他以后不会封他们高官。刘邦又问怎么办，张良就问他最恨的人是谁，刘邦说是雍齿，因为他虽然功劳多，但太张狂，自己曾经想将他杀掉。张良听了就让他封雍齿为侯，这样，大家就觉得被刘邦记恨的雍齿都能受封，他们就更不用着急了。于是，刘邦大摆庆功宴，封雍齿为什方侯，还当场命丞相和御史抓紧时间草拟论功行赏分封的名单。张良的计策果然奏效，众将的心都安定了。对于六国的后裔，刘邦则将他们和地方的名门望族共十几万人全部迁到关中居住，置于中央控制之下，消除了后顾之忧。

关于丞相的权力过大，刘邦通过把萧何下狱来打击削弱相权。在刘邦平定了黥布叛乱回到长安后，萧何提议把上林苑开放，让百姓去耕种，因为上林苑基本上已经荒芜，并不是养兽供皇帝狩猎的地方。刘邦一听就恼火了，硬说萧何拿了商人的贿赂，所以才替他们说话，借百姓之名为商人牟利。刘邦将萧何关进了监狱，几天后，有大臣问丞相犯了什么罪，刘邦却为自己狡辩说："原先李斯做秦国的丞相，凡是功劳都归始皇，不好的事都由自己承担。但现在丞相萧何却接受了商人的贿赂，替他们求我开放上林苑，收买人心。因此要治他的罪。"通过打击元老功臣萧何，刘邦在削弱相权的同时加强皇权。

在巩固强化皇权方面，刘邦也是想尽了办法，一是尊父亲太公为太上皇，二是对季布和丁公的处理。这两件事最终达到了他扩权的目的。在经历了春秋和战国长期的混乱之后，又经历了短期的秦朝统治，再加上秦末战争，这使得人们心中没有忠君的观念，还保持着战国以来就形成的"士无常君，国无定臣"的思想，这不利于皇权的巩固。刘邦通过尊重父亲来教育大臣和百姓遵循礼法，尊重长辈，效忠君主。

刘邦和父亲太公在一起住，为了向大家表示他孝顺，每五天就去拜见一次。太公觉得没什么，也习惯了。但太公的属官却觉得不合适，就劝他说："俗话说，天无二日，地无二主，当今皇帝是您的儿子，但他也是人主。您虽是他的父亲，但也是他的大臣。让他这个主人拜见您这个大臣，不合礼仪。况且这样也显不出皇帝的威严。”刘邦再拜见父亲时，太公就提前拿着扫帚出门相迎，然后倒退着进屋，不给刘邦行礼的机会。刘邦很吃惊，跳下车去搀扶父亲，太公赶忙说：“皇帝贵为人主，不能因为我一个人破坏了国家的礼法。”刘邦便下诏书，尊太公为太上皇，这样一举两得，不但明示了皇帝的尊严，他也可以顺理成章地拜见父亲了。

第二件事是对季布和丁公的处理。在刘邦和项羽争天下时，他们俩都是项羽手下的大将。季布领兵几次将刘邦打败，丁公也领兵追击过刘邦，但最后放过了他。刘邦做皇帝后，记恨季布打败过自己，就把他抓了起来。但想到自己也需要他这样的忠臣来辅佐，就不再记仇，不但放了他，还封为郎中。丁公听说了，就觉得连季布这样给过刘邦难堪的人都能释放做官，他这个曾对刘邦有恩的人就更不用说了。没想到，却被刘邦抓起来。刘邦对众人说：“丁公做项羽的将领时不忠，就是他这种人使项王丧失了天下。”刘邦下令处死了丁公，还在军中示众，警示大家要做忠臣，不要学丁公。

统一中国建立汉朝之后，刘邦以文治理天下，征用儒生，诏令天下，广泛求贤。在政治上，刘邦接承秦朝的中央集权制和郡县制，同时废除了秦朝的苛刻法律刑法。刘邦攻入咸阳之时，便立即废除秦朝的苛法。与民约法三章，封存府库，对百姓秋毫无犯，深得民心。在平定天下后，刘邦命萧何参照秦朝法律“取其宜于时者，作律九章”，即“汉律九章”。这是在战国时期李悝所制订的盗法、贼法、网法、捕法、杂法、具法，基础上补充了户律、户口管理、婚姻制度和赋税征收。一般所说的汉律就是指《九章律》。刘邦重用叔孙通整理朝纲，叔孙通制定了一套适合当时形势需要的政治礼仪制度，撰写了《汉仪十二篇》、《汉礼度》、《律令傍章十八篇》等礼仪法令方面的专著，为汉朝的建立和巩固起了重要作用，也为后人留下了一笔宝贵的文化遗产。

在法律思想上，取消秦朝严刑峻法的做法，废除连坐法及夷三族，提出了“德主刑辅”。即以教化为主，刑罚为辅，达到宽柔相济，严松相当的统治效果。

在经济上，刘邦废除秦朝苛法，豁免其徭役减轻人民的负担，如减轻田租，什五税一，与民休息，释放奴婢，凡民以饥饿自卖为奴婢者，皆免为庶人，解放生产力，“兵皆罢归家”“以功劳行田宅”让士兵复员归家，给予他们土地及住宅，使他们从事生产劳作，迅速恢复提高国民经济。同时鼓励生育，扩大劳动力。大力发展农业，抑制打击唯利是图的商人及残余的奴隶主阶层。刘邦还接受娄敬的强干弱枝的建议，把关东六国的强宗大族和豪杰名家10余万口迁徙到关中定居。刘邦使百姓得以生息，民心得以凝聚，国家得以巩固。

在发展文化事业方面，刘邦建立规模宏大的“国家图书馆”天禄阁、石渠阁等。“天下既定，命萧何次律令，韩信申军法，张苍定章程，叔孙通制礼仪，陆贾造《新语》。又与功臣剖符作誓，丹书铁契，金匮石室，藏之宗庙。虽日不暇给，规摹弘远矣。”

刘邦采取的宽松无为的政策，不仅安抚了人民、凝聚了华夏，也促成了汉代雍容大度的文化基础。可以说刘邦使四分五裂的中国真正地统一起来，而且还逐渐把分崩离析的民心凝集起来。他对汉民族的形成、中国的统一强大、汉文化的保护发扬有决定性的贡献。到高祖刘邦末年时，经济已经明显好转，天下粗定，人民小安，未可复兴兵。刘邦是中国历史上少有的杰出政治家，是真正统一中国的人，可以说他是汉始皇，创造汉民族的人。他在汉初制订的英明国政，不仅使饱受战乱的中国得以休养生息，还开创了以后“文景之治”的富裕与奠定了汉武帝反击匈奴的坚实基础。刘邦高瞻远瞩、深谋远虑，他的政治制度和对后世的安排使大汉成为延续了长达400余年的中国历史上最长的统一王朝。他的一套政治体制和经济制度为后世执政者所沿用。刘邦开创的大汉帝国可以说是中国历史上最强盛的朝代之一，令后世国人景仰与怀念，他本身也另后世众多的人所怀念歌颂。

为了皇权的巩固，刘邦费尽心机。本来他年龄就大，在平定英布叛乱时又中了箭伤，到了长安病情加重。吕后找来名医，刘邦问他病情，医生说能治，刘邦一听口气，就知道不会好了，气得大骂医生："以布衣提三尺剑取天下，此非天命乎？命乃在天，虽扁鹊何益！"说完赏赐给医生五十金打发他走了。吕后看着弥留中的刘邦，问他死后人事的安排："萧相国死后，由谁来接替呢？"刘邦说曹参。吕后问曹参之后是谁，刘邦说："王陵可以在曹参之后接任，但王陵智谋不足，可以由陈平辅佐。陈平虽然有智谋，但不能决断大事。周勃虽然不擅言谈，但为人忠厚，日后安定刘氏江山肯定是他，用他做太尉吧。"吕后又追问以后怎么办，刘邦有气无力地说："以后的事你不会知道了。"刘邦死于公元前195年，即高祖十二年的四月二十五日。死时六十二岁（虚岁），葬于长陵，谥号为高皇帝，庙号是高祖。一般都称为汉高祖。他开创的汉朝奠定了中国封建社会的主要文化，即法家思想影响下的文化制度。在南北朝时期，印度佛教的传入，对法家文化又产生了影响，了解汉朝的政治和文化制度，有助于理解中国古代的文化。

刘邦是出身下层阶层，不免沾染了很多流氓习气。《史记》对此并不讳言，说他对轻视下人，好酒好色，没有钱，常向别人赊酒喝，酒喝多了，就高卧不起。然而就是这样一个人，竟然成就了一国霸业。

自司马迁之后，汉高祖刘邦的人格品质，被人看好的不多，即使在刘邦事功得到极高推崇时，也只是说他拯民于水火，而不对其整个人品加以推崇。对刘邦的非难，或始于阮籍登广武战场"世无英雄，使竖子成名"之叹，到了《厚黑学》风行之后，刘邦二字简直成了人品不好的代名词，至今未有改观。这些否定刘邦人品的看法，也是来源于《史记》，应该说至少部分真实。结论时，其着眼点往往在刘胜项败。其实这正表明了刘邦以天下之智为智、以天下之心为心的特质，所以才能放弃一己之私欲私见，从善如流。

刘邦不无忧虑地死去，活着的戚夫人和她的儿子刘如意却遭受了极其残酷的迫害，双双被狠毒的吕后迫害致死。得宠的戚夫人的家门全让吕后给收拾了，如意被毒死，戚夫人被砍了手脚，挖眼熏耳，扔到茅房里。看到戚夫人被吕后变成"人彘"的惨相，连吕后的亲生儿子刘盈都愤怒地大骂："此非人所为！"

这就是"皇权"违背人性的残酷及残暴性。

官宦世家权倾天下抑制豪强

龙游浅水遭虾戏，虎落平阳被犬欺，得志猫儿雄过虎，落毛凤凰不如鸡。刘裕先祖是彭城人（今江苏徐州市），后来迁居到京口（江苏镇江市），南北朝时期宋朝的建立者，史称宋武帝。中国历史上杰出的政治家、卓越的军事家、统帅。

刘裕以汉高祖刘邦的弟弟楚王刘交的子孙自居。刘裕出身帝王之后，官宦世家，但因他的父亲刘翘早逝，家境贫苦，幼年竟沦落到靠卖草鞋为生。不过，刘裕少有大志，一心想做一番惊天动地的大业。带着如此雄心壮志，刘裕年轻时从军，成为东晋北府军的下级军官。

元熙二年，刘裕迫司马德文禅让，即皇帝位，国号宋，改元永初。东晋灭亡，中国开始进入南北朝时期。刘宋初期，因刘裕在晋朝末期收复北方的青、兖、司三州，大致拥有黄河以南的广大地区，成为东晋南朝时期疆域最大的一个王朝。

刘裕当政位时期，吸取了前朝士族豪强挟主专横的教训，抑制豪强兼并，并采取了很多措施，巩固帝位，这也显示了这位创业之君的治国才能。在吏治上，刘裕于永初二年（421年）三月，规定“荆州府置将不得过二千人，吏不得过一万人；州置将不得过五百人，吏不得过五千人。兵士不在此限”。这是由于东晋末年，置官滥乱，给人民带来沉重负担，刘裕及时对此进行了制止。在法制上，刘裕对东晋以来苛刻的刑法也进行了改革，永初三年正月，下诏“刑罚无轻重，悉皆原降”。

刘裕十分关心百姓生活，曾多次下令减免税役，如在同年八月“蠲租布二年”。在平定刘毅时，也曾下令减免税役。对于那些原来因战争需要被征发的奴隶也一律放还。

刘裕虽是行伍出行，识字不多，但非常重视教育。永初三年正月，下诏：“古之建国，教学为先，弘风训世，莫尚于此；发蒙启滞，咸必由之。故爰自盛王，迄于近代，莫不敦崇学艺，修建庠序。自昔多故，戎马在郊，旌旗卷舒，日不暇给。遂令学校荒废，讲诵蔑闻，军旅日陈，俎豆藏器，训诱之风，将坠于地。后生大惧于墙面，故老窃叹于子衿。此《国风》所以永思，《小雅》所以怀古。今王略远届，华域载清，仰风之士，日月以冀。便宜博延胄子，陶奖童蒙，选备儒官，弘振国学。主者考详旧典，以时施行。”从而巩固宋国的统治，同时也改善了社会风气。

刘裕作为中国历史上杰出的政治家、卓越的军事家、统帅。在其军事生涯中，善于以勇猛的精神，以少胜多，取得战斗胜利，也在中国军事史上写下了传奇。

隆安四年孙恩从浃口（今浙江镇海东南甬江河口）登陆，东晋卫将军谢琰被部下张猛杀死。后刘牢之屯上虞，派刘裕守句章城。隆安五年三月，孙恩攻海盐（今属浙江）。刘裕追而拒之，在海盐旧治筑城。城内兵力甚弱，刘裕乃选敢死之士数百人，脱甲胄，执短兵，击鼓而出。义军弃甲而逃，义军将领姚盛被斩。后又率军奋战，义军大败。孙恩知城不可破，乃向沪渎进军。刘裕遂弃城而追。刘裕于娄县破义军。六月，乘胜沿长江而上，袭取丹徒，拥众10余万，楼船千余艘，军容极盛。

八月，刘裕为建武将军、下邳太守，率水军追孙恩至郁洲，二军激战，孙恩又失利，损伤惨重，被迫沿海南撤。后被临海太守辛景率军击溃，死亡惨重，孙恩恐被俘，投海自尽。

元兴二年卢循遣司马徐道覆率部再攻东阳。二月，刘裕（时为建武将军）又将其击破，斩其将张士道。六月，刘裕被任为彭城内史，日益受到朝廷的重视。八月，卢循率义军南下攻永嘉（今浙江温州），刘裕尾随而至，双方展开激战，义军兵败。

义熙元年正月，刘毅等到达江津，破桓谦、桓振，收复了江陵。三月，晋安帝司马德宗也到达江陵，并下诏书历数桓玄罪状，竭力称赞刘裕平定桓玄之乱中所立下的功绩，并封刘裕侍中、车骑将军，都督中外诸军事，使持节、徐青二州刺史如故。这样一来，刘裕的权力大增强。四月，刘裕镇守京口，改授都督荆、司等十六州诸军事，加领兖州刺史。义熙二年十月，刘裕被封为豫章郡公。刘裕上书请伐南燕，一是为抗击南燕，二是外扬声威。刘裕自建康（今南京）率舟师溯淮水入泗水。五月，进抵下邳（今江苏睢宁西北），留船舰、辎重，改由陆路进至琅琊（今山东临沂北），后南燕灭亡。

义熙六年四月，刘裕至建康，京城戒严。六月，晋廷以刘裕为太尉、中书监、加黄钺，刘裕受黄钺，其余固辞。八月，刘裕还东府，大治水军，并建“皆舰重楼，高者十余丈”。遣建威将军会稽孙处、振武将军沈田子率3000人自海上袭番禺。十二月，刘裕进军大雷（今安徽望江），以步骑屯于西岸，投火焚船，大败义军。义熙七年（411年）正月，刘裕回到京城。改授大将军、扬州牧，给班剑二十人，本官悉如故，刘裕固辞。

义熙八年四月，晋廷以刘裕为豫州刺史，以后将军豫州刺史刘毅为卫将军、都督荆、宁、秦、雍四州诸军事，荆州刺史。此时，刘裕权倾朝野，只有刘毅对刘裕有很大威胁，刘毅与刘裕共同起兵兴复晋室，屡立战功，威名仅次于刘裕。刘毅性刚愎，不甘屈居太尉刘裕之下，但自从桑落洲败于义军后，一蹶不振，便暗中积蓄实力，图谋朝权。十二月，刘裕力排众议，任用资历尚轻的西阳太守朱龄石为益州刺史，率宁朔将军臧熹、河间太守蒯恩、下邳太守刘钟等2万人，自江陵（今属湖北）征讨蜀地割据势力谯纵。是月，刘裕被加为太傅、扬州牧。

义熙十三年（417年）正月，刘裕留子彭城公刘义隆镇守彭城，亲率水军自彭城西进。刘裕原令前锋诸军到达洛阳后，等待后续大军会合再前进;但王镇恶见后秦内乱，潼关空虚，便机断而行，于二月乘胜进击渑池（今河南洛宁西），遣毛德祖攻蠡吾城（今河南洛宁西北）、引兵疾趋潼关。檀道济、沈林子则从陕县（今属河南）以北渡黄河，攻拔襄邑堡（今山西平陵境），再攻秦并州刺史尹昭于蒲阪，不克，转攻匈奴堡（今山西临汾一带），为姚成都所败。蒲阪城坚兵多，一时难下。檀道济等挥师南下，与王镇恶会师并力攻潼关。

义熙十四年（418年）六月，刘裕受封为相国、宋公、九锡之命。这一次，十二月，刘裕缢死晋安帝司马德宗，改立司马德宗的弟弟司马德文为帝。

元熙元年（419年）七月，刘裕受进爵之命，十二月，又加殊礼。永初元年（420年）六月，刘裕迫使司马德文禅位给自己，正式称帝，国号为宋，改元永初，定都建康，史称宋武帝。中国历史也进入了一个崭新的时期——南北朝时期。

刘裕是两晋南北朝时期两个最卓越的军事统帅之一（另一个是北魏太武帝拓跋焘）。他消灭南燕、西蜀、后秦等割据王国更是他最辉煌的一页，此举彻底改变了南方政权面对北方少数民族一直处于被动的局面。

北魏谋臣崔浩在评价刘裕时说：“刘裕奋起寒微，不阶尺土，讨灭桓玄，兴复晋室，北禽慕容超，南枭卢循，所向无前，非其才之过人，安能如是乎！”何去非在《备论》中也说：“宋武帝以英特之姿，攘袂而起，平灵宝于旧楚，定刘毅于荆豫，灭南燕于二齐，克谯纵于庸蜀，殄卢循于交广，西执姚泓而灭后秦，盖举无遗策而天下惮服矣。北方之寇，独关东之拓跋，陇北之赫连耳。方其入关，魏人虽强，不敢南指西顾以议其后。”

刘裕的军事生涯，指挥了无数次作战，最大的特点是以少胜多，而且作战中常身先士卒，所以能够赢得广大将士的尊敬。刘裕的北伐，也是中国战争史上最成功的北伐之一，就成就上而言，仅次于朱元璋北伐，所以辛弃疾用“金戈铁马，气吞万里如虎”的诗句来形容刘裕北伐时的气势。此外，刘裕还长于水战，水军在多次作战中都起了决定性的作用。

然而，刘裕的缺点是野心太大。为了独掌大权，他铲除了与他一起起兵的刘毅和诸葛长民。另外，在北伐的过程中，刚刚收复长安就急于回国篡位，长安重地竟只派小儿子刘义真驻守。最终导致关中之地得而复失，尽入夏帝郝连勃勃之手，从此之后南朝再无攻入长安之举。刘裕在称帝之后，为了斩草除根，还残忍的杀掉了末代东晋皇帝司马德文。

刘裕身为皇帝，生活极为简朴。史书称他“清简寡欲，严整有法度，未尝视珠玉舆马之饰，后庭无纨绮丝竹之音。”“财帛皆在外府，内无私藏。”义熙十二年（416年）八月，刘裕北伐后秦时，宁州人献琥珀枕，光色甚丽。刘裕知琥珀能治伤，便将琥珀枕捣碎分给将士。刘裕灭后秦后，得姚兴从女，刘裕对她非常宠爱，几乎误了政事。后来谢晦谏说此事，刘裕马上将其赶走。宋台建好后，有人上奏要把东西堂施局脚床，钉银涂钉，刘裕听了认为浪费，只同意用直脚床，钉铁钉。

刘裕衣着简朴，常常拖着连齿木屐，在神虎门散步，左右从者不过十余人。他的儿子早晨向他请安，也不拘于礼，常穿着平常衣服。他睡的床，床头挂的是土布做成的帐子，墙壁上挂着布做的灯笼，麻绳做的拂灰扫把。为告诫后人，他命人将年轻时耕田用过的耨耙之类的农具藏入宫中，以使后人知稼穑之艰难。大明年间（457～464年），孝武帝刘骏见此情景，与自己所追求的浮华豪奢有天壤之别，感到刘裕寒酸之极。说：“田舍公得此，以为过矣”。

坚壁挫锐消灭各地割据势力

自古皇权家天下，世袭血缘定乾坤。唐太宗，即李世民，是唐朝第二位皇帝，他名字的意思是“济世安民”。平窦建德、王世充之后，始大量接触文学与书法，有墨宝传世。即位为帝后，积极听取群臣的意见，努力学习文治天下，成功转型为中国史上最出名的政治家与明君之一。唐太宗开创了历史上的“贞观之治”，经过主动消灭各地割据势力，虚心纳谏，在国内厉行节约，使百姓休养生息，终于使得社会出现了国泰民安的局面。此举为后来的开元盛世奠定了重要的基础，将中国传统农业社会推向鼎盛时期。

宫殿权力暗汹涌，唯有先下手为强。公元626年7月2日，李世民发动政变，杀死皇太子李建成和四弟李元吉，史称玄武门之变。630年，击败东突厥，被突厥各部尊为“天可汗”。641年嫁文成公主给吐蕃的松赞干布。649年，命太子李治到金掖门代理国事。

唐太宗于隋皇十八年（598年）出生于武功别馆，是唐高祖李渊与窦皇后的次子。公元614年娶妻长孙氏，武德九年八月二十一日立为皇后，即长孙皇后。

隋大业十一年（615年），隋炀帝被突厥十万骑围困于雁门（今山西代县），李世民受募从屯卫将军云定兴之命前往救援，提出虚张军容，昼引旌旗数十里，夜以钲鼓相应的疑兵计。时值东都及诸郡援兵亦至忻口（今忻县北），迫使突厥始毕可汗解围而去。十三年六月，与其兄李建成率兵攻西河（今汾阳），首战获胜，促使李渊决意西向关中。任右领军大都督，统右三军，封敦煌郡公。七月随李渊自太原（今太原西南）南下。途中李渊一度动摇，欲还师更图后举。世民坚决主张继续进军，提出先入咸阳，号令天下的方略。八月，进攻霍邑（今霍州），先率轻骑至城下，诱隋守将宋老生出战，继而率骑猛冲其侧背，配合李渊、建成正面攻击，斩宋老生，克其城。九月，军至河东（今永济西南），力主急速进军长安（今西安），遂奉命率前军西渡黄河，顺利占领渭河以北地区，各大族豪强纷至军门投效，数支农民起义军亦来归附，兵力迅速发展至13万人。十一月，会诸军攻克长安。李渊立代王杨侑为帝，即隋恭帝，改大业十三年为义宁元年。以光禄大夫、大将军、太尉唐公为假黄钺、使持节、大都督内外诸军事、尚书令、大丞相，进封唐王，李世民为京兆尹，改封秦公，义宁二年三月，为右元帅，徙封赵国公。

同年五月，隋恭帝禅位于唐，唐王即皇帝位，国号大唐，改元武德。武德元年，以赵公世民为尚书令、右翊卫大将军，进封秦王。唐朝建立以后，为统一全国，先后进行了六次大的战役。这六个战役李世民就指挥了四个，全部取得了胜利，为唐朝立下了赫赫战功。

第一次是对陇右薛举父子集团的战役，唐武德元年，薛举率军进攻关中，双方在现陕西长武县发生激战，在这里，李世民打了他一生中唯一的一次大败仗，退回长安。但不久，他便在浅水原之战彻底打败薛军，消灭了陇东集团。

第二次，刘武周依附突厥，南下进攻唐朝，攻占了晋阳，李世民不畏艰险，终于击溃了敌人主力，并乘胜追击，两天不吃饭，三天不解甲，彻底消灭了敌军，收复了丢失的土地。

第三次是对王世充和窦建德的战役。这次战役规模为唐统一战争中最大的。在这次战役中，李世民先将王世充击败，围困在洛阳，令其无粮草供应，待其自毙。就在洛阳将下未下之时，河北的窦建德军十余万众号称三十万为救援王世充，突然出现在唐军背后，李世民力排众议，在虎牢之战中大败窦建德军，生擒窦建德。洛阳的王世充也只得投降，这次李世民一举两克，取得了决定性的胜利。

第四次是平定刘黑闼的战役，刘黑闼是窦建德的部下，他打着为窦建德复仇的旗号，在河北起兵反唐。李世民指挥了平定其第一次起兵的战役，仅仅两个月就取得了胜利。

李世民自此威望日隆，尤其是在虎牢之战后进入长安时，受到部分军民以皇帝的礼仪招待。武德四年冬十月，封为天策上将、领司徒、陕东道大行台尚书令，食邑增至二万户。高祖又下诏特许天策府自置官属，俨然形成一个小政府机构。

李世民在战斗中注重战前侦察，虽屡次遇险，但每次战斗都能做到知己知彼，善于制造战机，当敌强我弱时，他经常用“坚壁挫锐”的战法拖垮敌人，战斗中身先士卒，亲自率领骑兵突击敌阵，胜利后勇追穷寇，不给敌人喘息之机，因此获得了每次战役的胜利。在统一边疆的战争中，他运筹帷幄，决胜千里，明于知将，选拔良才，取得了战争的胜利。李世民用他卓越的军事才能，为唐朝的建立和发展做出了巨大的贡献。

玄武门之变发生于唐高祖武德九年（626年）。618年，李渊建立唐朝，并立世子李建成为太子。据说太原起兵是李世民的谋略，李渊曾答应他事成之后立他为太子。但天下平定后，李世民功名日盛，李渊却犹豫不决。李建成随即联合四弟齐王李元吉，排挤李世民。李渊的优柔寡断，也使朝中政令相互冲突，加速了诸子的兵戎相见。是年，李建成向李渊建议由李元吉做统帅出征突厥，借此要把握住秦王的兵马，以防止李世民篡夺皇太子之位。李世民在危急时刻决定背水一战，先发制人。抢先一步杀死大哥李建成和四弟李元吉，这就是历史上有名的玄武门之变。玄武门事变之后仅仅三天李世民便被立为皇太子，从他父亲手里接过政府的实际控制权。八月初九，唐高祖被逼退位，李世民便做了唐朝的第二位皇帝。

贞观之治是指唐朝初期出现的太平盛世。由于唐太宗能任人唯贤，知人善用；开言路，虚心纳谏，重用魏征等；并采取了一些以农为本，减轻徭赋，休养生息，厉行节约，完善科举制等政策，使得社会出现了安宁的局面。与后来李隆基的“开元盛世”并肩而立。

唐太宗李世民在位 23 年，使唐朝经济发展，社会安定，政治清明，人民富裕安康，出现了空前的繁荣。由于他在位时年号为贞观，所以人们把他统治的这一段时期称为“贞观之治”。“贞观之治”是中国历史上最为璀璨夺目的时期。

隋朝政治制度和经济繁荣为唐朝加强中央集权和发展经济创造了条件；隋炀帝大业年间围绕封爵勋官制度而推行的政治改革引起世家大族的不满，激化贵族之间的矛盾，导致军阀叛变和农民起义。唐初执政者亲眼看到了农民战争瓦解隋朝的过程，认识到了世家大族和广大农民对封建统治稳定的重要性，吸取隋亡教训，调整统治政策，以缓和阶层矛盾，稳定社会秩序，恢复经济。

唐太宗确定了“安百姓”、“重人才”、“强政治”的治国思想，并通过一系列的制度政策、措施和不懈的实践去实现。首先，唐太宗认识到了执政者与人民是“舟与水”的关系，通过土地赋税制度的调整以“安百姓”。二是认识到了重用人才，虚怀纳谏的意义，得人善任，从谏如流，营造出政治清明的良好氛围，保证了较为开明正确的政治、经济、民族、外交、文化上的政策得以制定和实施。三是加强政治，完善三省六部制和科举制，以巩固中央集权，提高行政效率，扩大统治基础。

贞观之治用人纳谏国泰民安

为政清廉民之福，为官贪腐民之苦。史书记载：贞观年间“官吏多自清谨。制驭王公、妃主之家，大姓豪猾之伍，皆畏威屏迹，无敢侵欺细人。商旅野次，无复盗贼，囹圄常空，马牛布野，外户不闭。又频致丰稔，米斗三四钱，行旅自京至于岭表，自山东至于沧海，皆不粮，取给于路。入山东村落，行客经过者，必厚加供待，或发时有赠遗。此皆古昔未有也”。

由于东罗马帝国（395 ～ 1453 年）的衰落，西方变得支离破碎。到了隋朝时中国几欲是世界上最强大的国家了，而唐帝国尤其是贞观时期的唐朝更是当时世界唯一的文明最为强盛的大一统帝国，首都长安是世界性的大都会，各地民商来往不断，就像如今的美国纽约一样。那时的唐帝国是世界各国仁人志士心目中的“阳光地带”，各国的杰才俊士冒着生命危险也要往唐帝国跑。来自世界各国的外交使节纷纷赞叹唐朝的盛世。唐朝高度发展的文化，使来到唐朝的各国人，大多数以成为大唐人为荣。不仅首都长安，全国各地都有来自国外的“侨民”在当地定居，尤其是新兴的商业城市，仅广州一城的西洋侨民就有二十万人以上。贞观时期的唐王朝是中国历史上少有的完全开放的王朝，比汉朝的仅限于贸易和传教还要开放，以至于各国各地的普通老百姓都可以来到唐朝一睹唐帝国的风采，唐朝政府还设立流所（同现在的使馆差不多），开放边境和关口，极力吸收外来文化和物质文明。

唐帝国除了接受大批的外国移民外，还接收一批又一批的外国留学生来中国学习先进文化，仅日本的官派的公费留学生就接收了七批，每批都有几百人。民间自费留学生则远远超过此数。这些日本留学生学成归国后，在日本进行了第一次现代化运动——“大化改新”，也就是中国化运动，上至典章制度，下至服饰风俗，全部仿效当时的贞观王朝，使处于原始部落状态的日本民族凭空跃进逾千年。

日本民族并不高明，它只是善于学习而已。这个步子比别人慢半拍的民族有一个最大的优点——落后但不固执。当外来文明入侵时，它总是虚怀若谷地主动接受比本民族先进的文化，用最快最便捷的方式接受人类文明的先进成果，使自己快速跃进到先进民族的行列。一个民族落后并不可怕，固执才是最可怕的！

贞观时期是中国历史上基本没有贪污的时期，这也许是李世民最值得称导的政绩。这里所说的基本上消灭了贪污并不是说完全杜绝了贪污现象，而是指贪污行为在整个官场中属极个别的现象，且贪污的数额不大，持续的时间也不会很长，都会很快败露且受到毫不留情的严惩。在李世民统治下的中国，皇帝率先垂范，官员一心为公，吏佐各安本分，滥用职权和贪污渎职的现象降到了历史上的最低点。尤为可贵的是：李世民并没有用残酷的刑罚来警告贪污，主要是以身示范和制定一套尽可能科学的政治制度来预防贪污。在一个精明自律的执政者面前，官吏贪污的动机很小，贪官污吏也不容易找到藏身之地。防范贪污主要取决于一套科学修明的政治制度，光靠事后的打击只能取效于一时，不能从根子上铲除贪污赖以滋生的社会土壤。

中国封建体制的主要特征是权力高度集中，地方服从中央，中央又唯皇帝马首是瞻。这种中央集权的政治体制极大地限制了国民的创造性、主动性和灵活性，且极易酿成暴政。

中国封建社会的中央政府组织实行“三省六部制”，但贞观王朝的三省职权划分则初步体现了现代化政治特征——分权原则。中书省发布命令，门下省审查命令，尚书省执行命令。一个政令的形成，先由诸宰相在设于中书省的政事堂举行会议，形成决议后报皇帝批准，再由中书省以皇帝名义发布诏书。诏书发布之前，必须送门下省审查，门下省认为不合适的，可以拒绝“副署”。诏书缺少副署，依法即不能颁布。只有门下省“副署”后的诏书才成为国家正式法令，交由尚书省执行。这种政治运作方式很有点类似现代民主国家的“三权分立”制，西方在十七世纪兴起的分权学说，李世民早在一千多年前就已运用于中国的政治体制，进一步说明了贞观王朝的文明程度是何等之高。最为难能可贵的是，李世民规定自己的诏书也必须由门下省“副署”后才能生效，从而有效地防止了他在心血来潮和心情不好时做出有损他清誉的不慎重决定。

中国封建王朝历来的经济特征是“重农抑商”，商业在国民经济中所占的比重相当低，商人的地位也因之比种田人要低好几个等次。这也是中国的封建经济一直得不到实质性发展的主要原因。

贞观王朝是中国历史上少有的不歧视商业的封建王朝，不但不歧视，还给商业发展提供了许多便利条件，这进一步地体现了李世民的眼光。在李世民政府的倡导下，贞观王朝的商业经济有了迅速和长足的进展，新兴的商业城市像雨后春笋般地兴起。当时世界出名的商业城市，有一半以上集中在中国。除了沿海的交州、广州、明州、福州外，还有内陆的洪州（江西南昌）、扬州、益州（成都）和西北的沙州、凉州。首都长安和陪都洛阳则是世界性的大都会。 自汉开辟的“丝绸之路” 一直是联系东西方物质文明的纽带，唐朝疆域辽阔，在西域设立了安西四镇，西部边界直达中亚的石国（今属哈萨克斯坦），为东西方来往的商旅提供了安定的社会秩序和有效的安全保障，结果丝绸之路上的商旅不绝于途，品种繁多的大宗货物在东西方世界往来传递，使丝绸之路成了整个世界的黄金走廊。

626 年八月，唐朝发生玄武门之变，政局不稳，东突厥伺机入侵，攻至距首都长安仅 40 里的泾阳（今陕西咸阳泾阳县）。刚刚即位的李世民被迫赠予颉利可汗金帛财物，并与之结盟，突厥兵于是退去。此后不久，东突厥内部出现分裂。唐太宗于 629 年八月任命李靖、李世勣、柴绍、李道宗等为行军总管，出兵征讨东突厥。630 年三月颉利兵败被俘，东突厥亡。唐朝在东突厥突利可汗故地设置顺、祐、化、长四州都督府，颉利可汗故地置定襄都督府、云中都督府。

贞观四年，西域各国君主在长安请求唐太宗为“天可汗”，意为天下总皇帝或天下共主。“天可汗”除了是一种对唐朝皇帝的荣衔，还是一种有实质意义的国际组织体系，以维持当时各同盟国的集体安全。

吐谷浑可汗伏允听信大臣天柱王的建议，屡次侵犯唐朝的西部边境，634 年，扣留唐朝使者赵德楷，六月，唐太宗以段志玄为行军总管，讨伐伏允，十二月，又以李靖、侯君集、李道宗等为行军总管，大举讨吐谷浑。635 年，伏允败走，被部下所杀。伏允之子慕容顺杀死天柱王，自立为可汗，投降唐朝，唐太宗册封慕容顺为吐谷浑可汗。慕容顺死后，636 年，唐太宗册封慕容顺之子诺曷钵为吐谷浑可汗。

吐蕃赞普松赞干布于 634 年遣使与唐朝修好，唐朝也派臣入蕃。636 年，松赞干布派专使去长安请婚，唐朝不允，638 年，松赞干布遂借口唐朝属国吐谷浑从中作梗，出兵入侵吐谷浑，虽然唐军击退了吐蕃军，但是唐朝也见识到了吐蕃的力量。640 年，松赞干布又派大臣禄东赞使唐求婚，唐太宗便以宗室之女文成公主许嫁于吐蕃赞普松赞干布，并派礼部尚书江夏王李道宗持节护送。641 年文成公主入藏，《新唐书》记载松赞干布亲迎于柏海，文成公主进藏时把各种汉地的生产技术转入吐蕃。

高昌王曲文泰与西突厥欲谷设联合，阻碍西域商路，进攻唐朝的伊州。639 年冬，唐太宗以侯君集为交河道行军大总管，率兵出击高昌王曲文泰。640 年，唐军至碛口，曲文泰惊惧而病死。其子曲智盛即位后不久，侯君集围城，曲智盛降唐军。高昌国三州、五县、二十二城，八千户、三万人归属唐朝，高昌国灭亡。唐朝在高昌设置西州。

646 年，唐朝联合回纥等铁勒部落，击灭薛延陀。唐太宗于铁勒故地设六府七州。640 年，唐朝在交河城设安西都护府，用以针对西突厥和管理西域。644 年，安西都护郭孝恪为西州道行军总管，讨伐依附西突厥的焉耆，平之。 648 年，唐太宗派遣阿史那社尔、郭孝恪率军讨伐依附西突厥的龟兹，平之。将安西都护府迁至龟兹，抚宁西域，统龟兹、焉耆、于阗、疏勒四国，史称安西四镇。贞观二十三年（公元 649 年）五月己巳日（7 月 10 日），太宗驾崩于翠微宫含风殿，享年 52 岁。庙号太宗，谥号文武大圣大广孝皇帝，葬于昭陵。

唐朝是中国历史上一个最意气风发的时代，这个“大有胡气”的朝代中，边疆战争之频繁和战胜次数之多，在中国古代史上非常罕见。所以只有唐朝才能诞生专门的边塞诗派，诞生像“年年战骨埋荒外”这样的诗句。而至于“汉家旌帜满阴山，不遣胡儿匹马还，愿得此生长报国，何须生入玉门关？”“大漠风尘日色昏，红旗半卷出辕门。前军夜战洮河北，已报生擒吐谷浑。”“青海长云暗雪山，孤城遥望玉门关。黄沙百战穿金甲，不破楼兰终不还。”“葡萄美酒夜光杯，欲饮琵琶马上催。醉卧沙场君莫笑，古来征战几人回？”这种豪言壮语，则由于后世朝代偃武修文的风气，甚至成为了古代史上中国人尚武精神的绝响。尤其是贞观年间，大唐帝国四面出击，金戈铁马，气吞万里如虎。

全面扩张四面出击灵活应对

国强不惧外侵犯，平定内乱歼宿敌。贞观年间是唐朝拓边最猛烈的时期，也是获胜最大的时期。贞观年间，唐朝依次取得了对东突厥、吐蕃、吐谷浑、高昌、焉耆、西突厥、薛延陀、高句丽、龟兹甚至可能还包括印度用兵的胜利。这些胜利奠定了唐朝三百年的基业。颉利可汗恐怕是有史以来第一个被中原军队活捉的草原帝国最高执政者。唐军出击定襄，痛歼突厥，活捉颉利可汗，也是唐朝历史上拓边战争中最辉煌的胜利。颉利可汗被抓到长安。突厥是唐朝最大的边患，作为同时存在的两个超级大国之一遭到毁灭，建立单极世界就变得容易多了。唐朝的另一个著名将领侯君集奉命带兵出征骄横的吐蕃。侯君集通过夜袭击败了吐蕃军，斩首千余。吐蕃军退兵后，松赞干布做了颉利可汗也做过的事：派使者谢罪求和。但是他没有放弃和亲的请求。可能是被他的执著感动，七年后他的要求终于得到了满足。贞观十五年，文成公主入藏。贞观八年（634），吐谷浑犯唐，唐军再次远征，途中缺水，就刺马饮血，终于袭破可汗伏允的牙帐，伏允丢下老婆孩子溜之大吉，不久在沙漠中被部下所杀。吐谷浑从此被纳入唐朝的势力范围。贞观十三年，高昌国失臣礼。高昌王麴文泰看到唐兵来得那么快，吓得大病起来，感到忽冷忽热，几天后竟然一命呜呼，由此作为第一个被唐军活活吓死的人而载入史册。

唐太宗在贞观初期不顾大臣魏征和李大亮的劝阻，对归顺的北方游牧民族部落要土地给土地要物资给物资，结果这些部落享受够唐朝的恩惠后胃口反而越来越大，索性就叛乱了。高句丽虽然向新成立的唐朝朝贡，但实际上却对唐朝持有敌视态度。到后来唐朝第二代皇帝唐太宗李世民的时候，为援助处于高句丽和百济围困中的新罗，唐太宗征讨高句丽，放话给薛延陀：我们父子都要去打高句丽，长安空虚，你要是想犯贱只管放马过来！这么生猛的话，薛延陀当时就吓得气短了一截。

贞观十九年，唐军向辽东进军。唐太宗在路上对手下人说，四方基本安定了，就剩下这一块地方了，趁着我还没死，良将们还有精力，一定要解决掉。

夏季，徐世绩暗度陈仓，突然出现在辽东城下，高句丽士兵大骇。营州都督张俭和优秀将领李道宗也率兵进入辽东，击败高句丽兵，斩首数千。四月，唐军攻破高句丽盖牟城，俘虏两万多人，缴获粮食十多万石。五月，另一路唐军从山东渡海攻破高句丽卑沙城，俘虏八千人。上百年来中国军队第一次得以在鸭绿江边阅兵。

不久，李绩和李道宗所部进逼辽东城下。高句丽军数万来援。有人建议说高句丽军多唐军少，应该坚守。可是李道宗说高句丽人仗着人多以为我们不敢拿他们怎么样，我们就是要攻击他们，杀杀他们的锐气。李绩说我们被派来就是负责替皇上扫马路的。现在马路不干净，我们怎么能躲呢。于是唐军处于劣势却猛烈出击，高句丽兵始料不及，被冲乱阵形大败而归。唐太宗大军兵到后，把辽东围得水泄不通，日夜攻打。乘着刮南风的机会，唐太宗指挥士兵点燃城池西南楼，顺风放火。高句丽军抵挡不住了，辽东陷落。唐军杀高句丽兵一万多人，俘虏一万多人，此外还有百姓四万多人。

攻克辽东后，唐军继续向白岩城进发。乌骨城派兵一万支援，被唐军击退。六月，白岩城不战而降。唐军继续向安市进发。高句丽将领高延寿等人率领靺鞨、高句丽兵十五万来救援，被击败。高延寿向唐军乞降，来到唐军军营，一进门就下跪。《资治通鉴》上说“延寿、惠真帅其众三万六千八百人请降，入军门，膝行而前，拜伏请命。”唐太宗对他们说：“东夷少年，跳梁海曲……自今复敢与天子战乎？”高延寿等人“皆伏地不能对”。唐太宗将降军中的高句丽军官、酋长三千余人虏往中原，其余高句丽人悉数释放。

安市城小而坚，在城主杨万春的抵抗下，唐军围攻数月不克。长孙无忌以为：“天子亲征，异于诸将，不可乘危徼幸。今建安、新城之虏，众犹十万，若向乌骨，皆蹑吾后，不如先破安市，取建安，然后长驱而进，此万全之策也。”而这种方式过去一直是唐军克敌制胜的法宝。最终唐太宗决定暂时停止这次出征。

此战虽重创高句丽，但是战事旷日持久，耗费巨大，最终却未能灭亡高句丽。因此，唐太宗认为这战属于战败了，痛心地说：如果魏征还活着，肯定不会让我进行这次远征。但这战的意义还是比较重大的。这是自三国时期毋丘俭攻破高句丽屠王城以来中国军队第一次真正战胜高句丽人，收复了今天辽宁一带很多南北朝时期被高句丽夺取的土地，为今后唐朝彻底征服朝鲜打下了基础。

贞观二十二年，倒是有个印度的小插曲。王玄策作为唐朝的使者去印度。中天竺大臣那伏帝阿罗那顺篡位，劫持唐使。王玄策只身逃到吐蕃，借来吐蕃军和尼泊尔军向印度进发。连战三天，印度军大败。唐军斩首三千余级，水中淹死印度兵约万人。阿罗那顺弃城逃跑，副使蒋师仁追上并俘虏之。此外虏男女一万二千人，牛马三万余匹。

唐太宗地缘战略思想，是唐太宗关于地缘战略问题的理性认识，是唐太宗利用唐王朝与周边少数民族政权之间的地缘关系及其作用法则谋取和维护唐王朝利益的战略思想。唐太宗地缘战略思想是中国古代地缘战略思想的重要组成部分，有既不同于西方也不同于现代的独具特色的思想内容。

唐太宗在位期间国土广大，边界线绵延曲折，地缘形势复杂，并随时间推移而发展变化。综观这一时期唐与周边所发生的诸多地缘关系，既有与唐军事利益攸关的，也有与唐政治、外交利益攸关的，还有与唐经济利益攸关的，更多的则是几种利益兼而有之，错综复杂。唐太宗比较成功地处理了与突厥、吐蕃、高昌及西域诸国、高丽、新罗、百济等国之间的关系。唐太宗的地缘战略思想正是在处理与周边地缘关系的实践过程中逐步产生、发展并走向成熟的。

唐太宗地缘战略思想既具有鲜明的时代特色，又具有他个人的独有特色，两者巧妙地融合在一起，贯穿于他的地缘战略思想的始终。这是唐太宗地缘战略思想的最显著的特色，也是其思想中最成功、最可取的地方。唐太宗的豪迈是历代许多帝王所不可比拟的，这也是他取得成功不可或缺的因素。唐太宗在重大变故面前不惊慌失措，他能够依据客观形势和对象的变化而变化，从而较大程度地保证了决策的正确性。唐太宗鉴于隋亡教训，努力克服以往帝王急功近利、穷兵黩武的缺陷，注意结合现实需要，量力而行，在冷静分析的基础上推行务实政策。无论是北击突厥，还是西平高昌，尤其是经略西域，都是先急后缓、由近及远，有条理、有次序地进行，从中亦可见唐太宗地缘战略决策之成熟。

唐太宗地缘战略思想是其军事思想的重要组成部分，不仅在理论上取得了突破，达到了一个新高度，更重要的是在实践中获得巨大成功，业绩斐然。唐太宗的突出成就正在于他以超越前人的英武豪迈之气魄，重新开拓了中华民族的疆土，为后来中国版图的确定作出了重大的贡献。而这一辉煌业绩的获得，是与唐太宗的地缘战略思想密切不可分的。即使今天看来，唐太宗的地缘战略思想里面也不乏可取之处。 其中居重驭轻的关中本位思想，乃是唐太宗成就帝业的“根本”，也是其地缘战略思想的出发点。 太宗“深根固本，治安中国”之思想，既有传统政策沿袭之因素，又有出于当时初唐政治、经济背景考虑之因素，特别是对地缘因素的考虑，为巩固政权、密切中外关系、发展经济进而增强国力而不得不为之。主要体现在以“怀辑”政策绥纳归附民族，并将其内徙安置在唐周边地区的一系列行为上，从而达到令其“世作藩屏”的目的。唐太宗的地缘藩屏思想主要有如下两个内容：置内属少数民族政权于周边，以作藩屏。 在唐周边地区扶植亲唐政权，以作藩屏。远交近攻，各个击破，如联薛延陀制突厥。扶弱抑强，保持地区势力均衡，如联新罗攻高丽、百济以及联合铁勒诸部遏制薛延陀。联近抗远，服近慑远，稳定近邻以攻击或威慑远方政权，如联合吐谷浑以对付吐蕃。另外，唐太宗还有针对某一特定政权内部制定的制衡思想，旨在分化瓦解其势力，造成内部争权夺利，削弱统治实力，这尤其体现在对薛延陀的问题上。

吴兢在《贞观政要·序》中说：“太宗时政化，良足可观，振古而来，未之有也。”《贞观政要》集论的撰者元朝的戈直说：“夫太宗之于正心修身之道，齐家明伦之方，诚有愧于二帝三王之事矣。然其屈己而纳谏，任贤而使能，恭俭而节用，宽厚而爱民，亦三代而下，绝无而仅有者也。后之人君，择其善者而从之，其不善者而改之，岂不交有所益乎！”这里所说，太宗在正心修身，齐家明伦方面，有愧于二帝三王之事，主要是指太宗与其兄李建成的皇位之争。 明宪宗在命儒臣订正重刊《贞观政要》时写道：“太宗在唐为一代英明之君，其济世康民，伟有成烈，卓乎不可及已。所可惜者，正心修身，有愧于二帝三王之道，而治未纯也。”

他不拘一格地用人，对人才的使用及领导达到了极高的境遇；他独具慧眼，看到了个人力量的不足，充分认识到君王如石、良臣如匠，方有美玉问世，对大臣的各项进谏之言豁达地予以采纳；不独断专行、初步确立了三权分立、互相监督的政治管理制度，规定法令甚至包括自己（影响国家政策的那部分）旨意需门下省审查副署后方可生效发布，保证了政策的可行性，及时发现并纠正错误。杜绝了不良政策对国家及人民的危害与影响；制定到人命至重、不可妄杀的法政政策。

太宗朝武功之盛，除对高句丽战争上没有取得战略胜利外都取得了辉煌的胜利（东突厥、吐谷浑、高昌、安西四镇、漠北薛延陀等），这与当时的国力、军队战斗力、整体战略、用人选将与配合默契、过程协调一致等重要因素是分不开的，因此在中华历史上的名将名相中，贞观朝占有相当的比例。在中华军事史上，贞观朝的战例也多被引用，李世民多次以少胜多，经典之役如在渭水单骑吓退突厥10万精骑，就对比宋真宗在寇准一再坚持和请求下才勉强在大军护卫下到达澶州南城，而又要战战兢兢地马上要回去是何等的天壤之别啊！

胸怀大局、四海一统的民族和外交政策，太宗朝的民族和外交政策取得了辉煌的胜利，四海之内只要知道中国的均努力内附，以唐为荣，乐不思蜀，他们不但同唐人一样可以自由自在地生存，还可以做官，著名的少数民族将领阿史那思摩、执思失力、契苾何力、黑齿常之，乃至后世的高仙芝、李光弼等都为唐朝做出了杰出贡献，在他们身上正好反映出李世民民族政策的光辉。现在的唐人、唐人街也正时那时繁荣富强、威加四海、文礼之邦的生动写照。完善科举制度，大力兴办学校，重视教育活动，普及官吏选聘。当时的国子学、太学之盛，地方也有不少学校，如此才不难想起当时的教化呢，同时当时的科举也规范化，考选公平，以进士科最为杰出，如此才有太宗见新科进士鱼贯而出，喜言"天下英雄、入朕彀夷"，唐朝的教育及科举为政治上提供优秀人才同文化精髓——唐诗及经济发展做出杰出贡献。工书法、富文词，太宗皇帝个人修养及天赋极高，在书法文词上也颇有名气，在他大力弘扬和鼓励支持下，才有唐代书法、文学、艺术之盛。倡导廉政、节俭、朴素、重视农田水利。太宗朝在廉政建设方面是相当成功的，他并没有像朱元璋一样严惩贪官污吏，而是建立一个廉洁奉公、遵纪守法的中央领导班子；重视地方长官选举，当时朝廷中不少卿相家境贫困，如温彦博、戴胄、于志宁、魏征、张玄素等，再加上良好风气的宣传和行政监督，及时预防了官员犯错，因此当时的官员相当奉公守法、廉洁自律。太宗皇帝也比较注意节俭，不滥用民力、注意与民休息，当时社会形成了一种朴素求实的作风。太宗皇帝也相当重视农业，京官外巡回京太宗先问及此事，因太子冠礼与农时违背而更改。由于社会安定，商业经济得到发展，全国新兴了许多商业城市，城市也有相当的发展，广州、杭州、扬州、成都、江陵、凉州等城市经济发展相当迅猛，长安同洛阳作为世界经济大都会就不言而喻了，这为封建经济登顶奠定了坚实的基础。对玄奘佛学的支持同西游的肯定，打通并维护河西走廊一丝绸之路及东联新罗、日本，促进了中西文化交流与经济发展，文成公主下嫁吐蕃，使吐蕃从奴隶制社会迈入封建社会，开发并促进了西藏的发展；

面对自己空前的文治武功，太宗到晚年也出现一些过失。首先纳谏不如贞观早期积极，比如贞观十年，魏征发现他"渐恶直言"。其次奢侈之风日重。不过晚年他还是能反省自己过度奢靡的错误。李世民年轻时曾经嘲笑秦始皇、汉武帝等迷信方术的行为。但中年起，经历二子争嫡、伐高句丽未果，并有家族遗传的"气疾"之病，致健康大不如前，开始迷信方士的长生药。最后因为长期服用方药，暴病而亡，终年50岁。

司马光说唐太宗"好尚功名，不及礼乐，父子兄弟之间，惭德多矣。"李世民曾多次向史官要求阅读《起居注》和《实录》。初时褚遂良不许，后来他再要求房玄龄，房应允并给予《起居注》和《实录》的手稿，此举打破历代皇帝不可阅读的先例。史书记载李世民要求对"玄武门之变"要"削去浮，直书其事"，但史家对此有不同看法。一些学者认为李世民此举使自己亲杀兄弟的事实在史书中保留了下来，王夫之从道德的角度批判李世民，认为直书其事是不知羞耻，"至于自敕直书，而太宗不可复列于人类矣"；而另一些学者认为李世民"直书其事"其实就是多番修改两书，疑是向后世强调他于玄武门之变中的正义性。

第二十一章　把大国建成强国　捍卫国民的权利

无论大国还是小国都有自己的国家整体发展战略，经济发展战略是让国富民强，文化发展战略是为了壮大“软实力”，科教发展战略是为了提升国家竞争力，国防发展战略是为了捍卫国家主权、领土完整和国民尊严。总而言之，战略和策略是国家的生命线。

泱泱大国必须要成为富强国

治大国如海航行，击风破浪达彼岸。大国小国各有利弊，大国发展起步慢似乎是个很容易理解的事儿，船大掉头难嘛，历史的经验也经常验证了这一事实。如果大家有兴趣把世界各国的人口数量和人均收入做个相关性统计，也能看出大国更穷是个普遍现象。但是为什么如此呢？大国起步慢主要原因是后进国家在受到先进国家经济优势的冲击时，大国因为国家总体实力强，往往容易过高估计本国实力，而不能正确看到其实人均生活水平已经很落后。小国就没有这个问题，而且小国因为国家小，情况比较简单，更容易制定一个政策符合大部分地区的情况。这就是近代东亚被西方打开国门后，日本改革的步伐远远快于中国的主要原因。满族执政者更在意维护本族统治，而不是全国发展可能也是原因之一，但相对来说影响要小得多。

大国当始学习发达国家经验时，全力发展经济以后，往往更容易长期保持稳定快速的增长，最后能发展到的最高水平也会比较高。

首先是大国内部会形成更广泛的自由贸易区。自由贸易会促进经济增长，这个是从亚当·斯密以来不断被证实的经济学规律。欧洲现在搞一体化就是为了更好地促进自由贸易。而对于大国来说，也不需要面对国际贸易。大家还都要考虑保护民族产业的问题，本国内部就是个现成的零关税区。基本上不会有哪个省的人觉得其他省造的东西就是别人的外来货，而要支持本国产业什么的，这种大家都是自己人的认知，对促进自由贸易大有裨益。其次大国内部人才的自由流动性和专业化分工程度也往往会更高，这也带来了很大的效率。虽然在中国其实人才跨地区流动并不完全自由，但是相比移民到国外，还要容易得多，而且其实如果不在意户口，纯工作基本是没限制的。但即便在一体化程度很高的欧洲，目前人才流动还受到方方面面的限制，虽然政策上的限制未必比中国的上海北京高，但是还因为各国语言文化的隔膜影响了劳动力的自由流动。

此外，小国在参与国际分工的时候，往往会专注于一两个产业，而大国因为市场巨大，而且各地区比较优势不同，往往容易发展出比较全面的产业门类。所以不同性格、兴趣、能力的人，在大国更容易找到最适合自己的工作，而这种更有效率的劳动力资源分配也就决定了经济最后能够发展到的程度。

再次是很多产业存在规模效应。为什么好莱坞能够称霸全球？其实最主要的原因并不是美国文化自由多元，而是美国的影视市场居全球之首，几乎是第二名日本的五倍，其他西方主要发达国家的十倍。巨大的市场带来的巨大回报导致美国电影产业集中了最优秀的电影人才，也能够进行最大的投资，电影相比其他文化创意产业，牵扯到的纯技术人才最多，投资对产品质量的影响也最大，所以很自然地能够拍出最好看的电影。

再则是国家政策上的优势；一方面，大国因为人口众多，有能力集中更优秀的人才在各个方面出谋划策，或者通过集思广益，讨论出更优秀的方案，而使全国所有人受益。另一方面，大国因为经济实力文化实力军事实力更强，更容易影响其他国家的政策使得对自己更有利。虽然很多国家不喜欢美国，但美国的盟国是最多的，美国也最能主导国际形势为自己服务就是这个道理。

最后是整体民族知识积累上的优势。在国际上中国依然是个比较落后的国家，但是在中国能够看到的书籍种类，能够接触到的信息丰富程度，在各个专业领域顶尖人物积累的专业知识，都超过许多发达小国。举例来说，中国人普遍外语水平并不高甚至可以说很低，对国外文化的了解也很有限，但是基本上任何一本还算不错的外国著作，都能找到中文译本。这种知识的积累也会反映到语言上。

大国的语言在国际上比较强势，有更多的外国人学习，对于本国国民来说，出外旅游、学习、进行贸易都会容易很多，同时可以把省下来的时间学习其他知识。然而，大国在得了很多实惠的时候，在幸福感上却也有很大的损失。

首先是大国内部的地区差异和社会高度专业化分工带来的各种亚文化群体间的差异，会导致大国国民更容易因为不能理解和认同彼此价值观的不同而相互反感，在美国，南方人，纽约人，新英格兰人，犹他人，中西部人，湾区人，南加州人都经常无法接受彼此的价值观，医生、银行家、艺术家、商人和工程师也往往相互瞧不起。自己的社会里有太多人的观点让自己感到不满，就很难觉得幸福。

其次，大国因为人口众多，在每个领域都有更多出色的人才，导致竞争更激烈，人们因好胜心而产生的竞争压力也就越大。很多通过高考走出家乡进入中国顶尖高校的学生，在他们自己所在的地市已经很出类拔萃，但是跟全国最优秀的人放在一起，顿时就黯淡了许多，很多人也因为这种相对优秀程度的转变而受到了很大的打击。但试想如果每个地市是一个独立的国家，这些人就不太会直接地把自己跟其他地市的人相比，而更可能知足于自己与自己社会中其他人相比的出色，就像在世界一流大学的那些来自发展中小国的学生一样，虽然能力可能不如其他同学，但并不会因此觉得太气馁，因为他们认为彼此毕竟不属于一个社会和国家，就不太可能拿来相比。

再次，大国普遍在国际上更容易被其他国家反感，而这种反感也很容易同样被施加到大国的国民身上。几年前曾有一个国际调查评估了全球人民对各个国家的好恶程度，其结果很有趣，美国是全球最不受待见的几个国家之一，但与美国近在咫尺，文化非常相似的加拿大，却在全球形象最好。同样，中国在国际上基本是毁誉参半，但却很少有人指责政治经济体制和历史文化都很相像的越南。其实很多时候，人们不喜欢美国和中国，都是因为这两个国家太大，而对自己国家的生活方式和民族自尊心客观上形成了挤压。而美国和中国的国民到国外，本来也希望能像他们欢迎外国人一样受到欢迎，也希望外国人也能喜欢自己的国家，但却常常事与愿违，落得灰心丧气。

最后，大国社会中的阴暗面会被主要通过报道能够吸引眼球的负面新闻的现代媒体所放大，而导致大国国民会很容易在大众传媒的影响下而觉得自己的社会充满了各种问题。一个北京人如果看到微博上河北某地又出现强拆、铁路事故或者地沟油泛滥的新闻，会觉得自己的社会和国家怎么这么糟糕，但一个新加坡人看到媒体上报道马来西亚又出了什么负面新闻，就很可能反而会庆幸自己的社会没有出现这样的麻烦。对于小国国民来说，世界上大部分糟糕事都是别的国家的，所以会庆幸自己是没有生活在水深火热中的少数，而对于大国国民来说，世界上大部分的糟糕事都是自己国家的，会感慨自己怎么如此不幸运。而这只不过是出于大家对于谁属于自己社会的认知而已。不管是大国还是小国的大部分人民每日所过的生活，都无非是上班买菜看电视这样安稳平淡的日子。

说到最后，到底大国好，还是小国好，客观发展和主观幸福到底哪个更重要？从人类有文明到今天，从来也辩不出个所以然。不过具体到中国，可能但凡说汉语的民众，哪怕是说粤语的广东人，都不太有想要独立成国的意愿。因为共同的语文结合成共同的国家；也因为生活在同一个国家所以表达的是同样的话语。

虽然联合国宪章中规定，国家无论大小一律平等，但是大国和小国毕竟体量、能力不同，在处理对外关系时有必要结合自己的实际情况，采取不同的策略，以为自己赢得一个良好的外部环境。

古人常说大国以仁，能以大事小，小国以智，能以小事大，是颇有一番道理的。大国虽身强力壮，但不能恃强凌弱，以大欺小，而要以诚信有礼的态度对待小国，否则只会触犯众怒，给自己引来不必要的麻烦。美国这些年的经历就是很好的教训。长期以来，美在中东强行推行美式价值观，在以巴冲突中一味偏袒以方，结果招致“9·11”恐怖袭击，把自己拖入没完没了的反恐战争。因此反恐使美劳民伤财，不仅使美错失战略机遇，更严重拖累美经济发展，成为金融危机爆发的重要动因。

小国势单力薄，与大国相处时多处于被动受制地位，因此小国就要开动脑筋，灵活处理与大国的关系，如果自不量力，躁动妄为，则会招致惨重损失。北欧小国芬兰的经验值得借鉴。20 世纪 30 年代末，芬兰以强硬态度拒绝了苏联颇有些“强买强卖”的换地要求，进而引发苏芬战争。虽然芬兰重创苏军，令其丧师数十万，但依然没有逃脱亡人失地的结局。战后的芬兰汲取教训，悟出与强邻相处之道，不仅令其安然度过漫长的冷战寒冬，而且自身经济也得到了较快的发展。

相形之下，近来菲律宾和越南等国在南海问题上的一系列挑衅作为就显得颇有些不明智了。不明智之一：错待善意。在南沙问题上，中国一贯主张相关方采取克制、冷静和建设性的态度，通过双边友好协商解决与有关国家之间的分歧。面对一些国家的不当做法，中国也一直在苦口婆心地劝说。连美国军方的一位主要将领都承认，这种情况如果发生在美国身上，航空母舰早就开过去了。不明智之二：找错靠山。军队的作战能力和其距离本土距离的平方成反比。20 世纪 50 年代的朝鲜，在美国最强盛的时候，面对一支其眼中“高级形式的游击队”尚不能取胜。而今深陷危机，内忧外患，连服役期刚刚过半的“华盛顿”

核动力航母都打算退役的美国，能有多大能力和胆量实质性介入南海争端。更何况美国对自己的盟友也绝非像其口中所说的那么厚道。西亚北非之乱，美国轻易抛弃老朋友的行为，让其盟友都不由得哀叹："做美国的敌人危险，做美国的朋友更危险"。不明智之三：打错算盘。小国搞大国平衡在某种程度上是可以理解的，但是如果甘当别人枪使，拉大旗作虎皮，频频制造事端，妄图借机谋利，只会激化矛盾，失去回旋空间，进而触发冲突，最终受损最大的只能是自己。而且冤家易结不易解。

天下没有解不开的结，更没有化解不了的矛盾。邻里间闹些矛盾是寻常事，坐下来平心静气地商量解决是最好的办法。如果实在一时解不开，不如像围棋棋经中所说的那样，下不好的棋不要摆，姑且放一放再说。肆意挑衅激化矛盾得少失多，将问题国际化、扩大化只能是作茧自缚，作法自毙。

中国是一个大国，作为生活在大国中的国民，自然有一种大国心态。我们会关心世界上的大事，那都会和中国人有关。如果我们生活在一个小国家里，心态就会完全不同。小国百姓日常生活中所用的大部分商品都要靠进口，所以良好的周边国家关系至关重要。他们不会想去制造大型喷气客机，更不会拿有限的国家预算去造航空母舰。小国家的百姓都是讲和平的，绝没有任何干涉国际事务的野心，也不会有非分之想要在国际上出头露面。安分守己的发展经济是对自己最有利的策略。

小国的百姓并不会寝食不安，天天担心被邻国侵略。如果外国真要派兵入侵，自己只好束手待毙。好在这样的事几百年里没有发生过。世界上有一百多个国家。像中国这样的大国屈指可数，其他一百多个国家全都是小国。小国家里的新闻很少会进入我们的视野，偶然有，多半是内部争权夺利。外国干涉多半是内部纠纷引起的。比如联合国派出维和部队，减少或防止内部侵犯人权的事。当然，入侵的事并非绝对没有。十几年前伊拉克入侵科威特就是一例，引起全世界的抵制。最后导致美国派兵推翻了萨达姆政权。二战中日本确实是想并吞中国，把中国百姓变成亡国奴。但是现在的世界已经变了，想灭掉一个国家把对方百姓变成亡国奴的大国，在当今世界上实际上是没有的。二战后美国作为战胜国，占领了日本和德国。但是并没有把他们变成亡国奴。相反，还帮助他们从战后的废墟上重新站起来，现在都变成了世界上富裕的强国。

要紧紧把握住国家生命底线

不与强国为敌，不惧强国之威；勿与邻国为仇，结交大国兴邦。战略和策略是国家的生命。诚然，从某种意义讲，所谓国家战略，即综合一国之力而行之方略。军事正规用语。国家战略运用的基本原则，就是综合力量的运用，不再是军事为政治经济的最后手段，这是严重错误的认识。应避免出现毕其功于一役的窘境，即不能以政治论政治，不能以军事而论军事，不能以经济论经济，不能以心理而论心理，而是综合国家所有的尖锐力量，御敌于外，最好是把战线伸入到敌人的内部。所以，美国人就把国家战略列为军事术语，从国家安全和利益出发确实把握住了国家战略的实质。

国家战略体系中最高层次的战略。国家战略的使用最早出自美国，并将其正式列为军事用语。其定义是：在平时和战时，在组织和使用一国武装力量的同时，组织使用该国政治、经济、心理上的力量，以实现国家目标的艺术和科学。日本给国家战略下的定义是：为了达成国家目标，特别是保证国家安全，平时和战时，综合发展并有效运用国家政治、经济、文化、军事、心理等方面力量的方略和策略。

中国学术界对国家战略尚无统一认定，但在国家战略是建设和运用国家各方面的实力和力量，以实现国家总目标而采用的方略这一点上却是一致的。国家战略就是为实现国家的总目标而制定的。中国的战略体系不使用“国家战略”的称谓。 国家战略是指导国家各个领域的总方略。其任务是依据国际国内情况，综合运用政治、军事、经济、科技、文化等国家力量，筹划指导国家建设与发展，维护国家安全，达成国家目标。国家战略概念来源于大战略。第二次世界大战中，英国的大战略概念传入美国，到战后逐渐演变成为国家战略，并将其正式列为美国军事术语。

许多国家对国家战略的研究正在开展之中，学术界对它还存在着不同的认识。原苏联及东欧国家不使用国家战略的概念。有的把它等同于大战略；有的认为两者是有区别的，其区别就在于大战略是运用国家力量，达成军事目标，而国家战略则是运用国家力量，达成国家总体目标。20世纪80年代以后，中国学术界也开始了对国家战略的探讨，主要是从区别于大战略的意义上来认识和使用国家战略概念的。有一种意见认为，虽然中国未在正式文件中使用国家战略这一概念，但它主要体现在国家的总路线、总方针、总政策之中。

由于中国长期奉行“韬光养晦、有所作为”战略，有实干而不说空话的政治风格，所以极少有国家战略或大战略之举动。也许是因为我们确实缺乏国家战略的构建宏略，长期局限于陆地地缘战略的框框，所谓自己的事都忙不过来，何苦空谈世界战略格局。或许我们一句不争霸世界的政治宣言，使我们不能口头多谈国家战略相关话题。总之，有关国家战略的内容和议题很少，很隐晦。但是，不管出于什么原因，以美国为首的势力集团已经把中国形容为“中国威胁论”，并且已经用经济和军事战略逼迫到了国门，有点“山雨欲来风满楼”的景色。所以，就必须谈国家战略。

所有的战略都应有一个前提，就是主动积极策划而行之，而不是被动应付及应对。若是后者的情况，即说明国家战略已经处于劣势，首先输了战略。这是被动挨打的局面。因此，为政者必须避免之。如果说国家层面既有战略且又被执行，则又有及时调整适应时局之必要，所谓不变应付万变之策，其本身就意味着已经被包围了，被迫要变的就是突围或者坐等待毙，这就是被动的局面。所以，调整一定要讲究主动性和能动性，要以不变应万变，以静变应动变，以己变调动他变，搅乱对方的战略从而赢得战略的主动权。

其实，国家战略本身就是狼性世界的真实反映。目前，关于中国国家战略总目标似乎存在几种争议。第一种是美国人以己之心臆测中国，以为中国成为世界强国就必然会取其而代之，况且这是过去的世界历史一再证明了的，所以美国及其势力集团最关心且提防中国的强大。第二种是相反的论点，认为崛起后的中国不会给美国带来实质性伤害，相反，中美平等友好还能更好地维护世界秩序，只要美国愿意给予中国平等合作的位置，中国就不会直接挑战美国。第三种观点，是认为中国的强大会是内向型的，也就是地区强国目标，而不是世界强国，只是因为美国长期执行均势战略，不喜欢地区中出现强国，所以造成了摩擦，因而误解了中国的迅捷发展。这些观点的深处有一个共同点，就是看美国如何做，他要和平就是和平；他要战争就是战争；他要恐怖就是恐怖；他要安全就是安全；他要发展就是发展；他要强大就是强大；他要毁灭就是毁灭。

国家策略是国家在竞争的环境中，考量本身的优劣，据以形成优势和创造生存与发展空间所采取的反应。

这是中国摆在美国面前的战略难题，美国根据自身利益可以作出选择。相信美国会选择和平发展平等互利。国家策略不能一成不变，必须随内部条件、外部环境的变动而调整。管理也必须根据国家体质、不同的阶段，有不同的管理模式。在世界大环境瞬息万变的时代，以静变应动变，随时调整战略，保证国家安全是管理的真谛。由此可见，在国家的管理中，为了实现某一战略目标，在一定的国际环境条件下，所有可能实现战略目标采取的行动及其行动方针，方案和竞争方式，均可称为国家策略。它规定了在一种可能遇见和可能发生的情况下，应该采取的行动。由于国家策略活动是一项艰巨的用脑活动和理性思考的创造性活动，正确运用国家策略要满足三个条件：一是要按顺序采取行动，那种以后不能修改或遵循的，以不变应万变的行动，不能称为国家策略。二是未来将会出现的情况是不确定的，如果可能发生的情况是确定的，就不必制定国家策略。三是发生情况的不确定性随着信息的获取而减少，要及时对得到原不确定事物的信息做出反应。实践中，由于这三个条件的经常出现，使制定国家战略及策略的工作相当复杂。

当然，说到战略古人有之，三国魏·刘劭《人物志·接识》：“术谋之人以思谟为度，故能成策署之奇，而不识遵法之良。”唐·杜甫 《送灵州李判官》诗：“将军专策署，幕府盛才良。”明·陈汝元 《金莲记·射策》：“诸生有何策署，就此披宣。”清·孙枝蔚 《赠安肃梁明府木天》诗：“怀古诗篇进，忧时策署新。”

过去的“老皇历”只能作为参考。历史虽然是静态的，但人却是动态的，社会和国家始终是动态运行着。动态的就是发展变化的。一个发展中的国家，根据形势发展而制定行动方针和博弈方法。社会经济调查，是为了得到正确的阶层估量，接着定出正确的博弈策略。在作出当前决策时将未来的决策考虑在内；在定义中抽取关键而急于想要针对“策略”做完整的更加易于理解的表述，那么首先对其多条定义进行关键抽取，再加以整理，引申出国家想要的长久战略。对策略的定义之中，首先进行关键元素抽取；然后整合关键元素形成新的定义，对抽取出的原定义，结合我们的理解，策略是在一个大的“过程”中进行的一系列行动、思考、选择，而以上解释，是在不同的侧重下，针对同一过程进行了不同的表述。

国家战略和策略就是为了实现某一个目标，预先根据可能出现的问题制定的若干对应的方案，并且，在实现目标的过程中，根据形势的发展和变化来制定出新的方案，或者根据形势的发展和变化来选择相应的方案，最终实现目标。

治国要有国策，战争不仅要有战前战略战术，还要有策略等，国际上的一切游戏同样需要策略。一个国家只有灵活运用了策略，才会始终立于不败之地。无论是经济集团，还是国家利益在类型上所采取的策略以及策略性战斗都是胜而不败。治大国如烹小鲜。从小处讲策略游戏提供给谋略家一个可以多动脑筋思考问题，处理较复杂事情的环境，允许谋略家自由控制、管理和使用社会中的人或事物，通过这种自由的手段以开动脑筋想出的对抗敌人的办法来达到国家所要求的目标。要充分利用自己的智慧去努力实现国家中的一个又一个战略目标及策略的最大化。在这个世界上，最完美的战略是把自己置身于人类社会平等幸福的生活之中。诚然，要达人类社会高级文明的生活境界，首先必须净化人类的心灵。

净化人类心灵促进社会文明

人类历经几百年，乃至几千年含辛茹苦创造的巨大财富和文明成果，有可能在一夜间，因战争而化为灰烬。

纵观历史，人类到底或缺什么呢？缺乏共同的人生观，共同的社会观，共同的思想，共同的理想，共同的追求，共同的价值观，共同的信仰等。所谓信仰，就是人生最高境界的奋斗目标和道德修养。人类没有奋斗目标和道德修养，就没有信仰。人类没有信仰，就没有灵魂。

人类因为失去为之奋斗的目标和必须完成的修养，所以人类的灵魂进入利己主义状态，只顾自己利益而不顾别人利益和集体利益。利己主义是指把利己看作人的天性，把个人利益看作高于一切的生活态度和行为准则。其特征是：从极端自私的个人目的出发，不择手段地追逐名利、地位和享受。追逐个人名利，历来是一切利己主义者的人生目的。同时利己主义也是战争的动因。

从宗教战争到民族战争；从此起彼伏的局部战争到国与国武装冲突；再从核战争到温室效应，人类若不采取行动遏制战争和控制环境污染，很快就要走向自我毁灭的边缘。因此，拯救和医治人类的灵魂显得越来越重要。

人类社会有文字记载的历史是5000多年，包括非文字记载的历史大约一万年。这一万年，在宇宙动不动就是百亿年和千亿年的历史长河中，不过是眨眼一瞬间。因此，人类在这一瞬间内并没有找到所谓的“外星人”，那是十分正常的事情，但这并不说明天外无天人外无人。

在这弹指一瞬间，人类社会曾经经历了无数次你死我活的残酷战争。其时间间隔很少有超过500年的，甚至连超过100年没有战争的历史时期都少得可怜。尤其从近当代以来，战争越来越频繁，几乎两三年就有一场战争。综合起来看，人类到目前为止所经历的战争，基本上可以分为五大类：

第一类是宗教战争。即人们因为宗教信仰的不同和因此形成的生活方式和生活习惯不同，导致不同信仰的宗教徒之间发生战争，最为著名的宗教战争就是欧洲中世纪进行的“十字军东征”，最后以战争的胜负决定宗教的成败，决定“神”的归宿。

第二类是民族战争。即人们因为血缘继承和部落生活关系不同，导致不同民族之间进行的民族战争，在世界各个角落进行的次数最多、规模最大和历史最久远的战争，都是民族战争。

第三类是阶级利益战争。即人们以社会阶层或阶级成分的不同进行的残酷战争。这不仅包括资产阶级革命，同时也包括无产阶层革命。

第四类是因军事政变而导致的战争。一般为执政党与反对党的权力之争，再且内部军政要员的突然哗变，导致流血冲突，战乱不断，殃及邻国。

第五类是国家之间相互进行的残酷战争。最主要的战争历史就是第一次世界大战和第二次世界大战。

这些战争，不论是宗教战争，还是民族战争；无论是阶级战争，还是国家之间进行的战争，都是人类文明和社会财富的毁灭者。并非如战争的发起人或胜利者所标榜的是社会进步的力量。

自从第一次世界大战结束以来，我们这个时代在相当大的程度上又回到极端享乐主义的理论和实践上去了。而20世纪的资本主义社会，人们的生活则陷入了一种矛盾之中，一方面接受那种强制性的劳动道德，一方面又希望在一天的业余时间和假期之中无所事事。一面是传送带和官僚机构的繁文缛节，一面是电视机、小汽车和性刺激，两方面矛盾地结合在一起。强制性工作和什么都不做都会使人精神崩溃。前者使人拼命工作，使人变成了工作狂，后者使人尽可能地去消费产品和服务，使人成为消费狂，使消费主义在社会生活中蔓延。事实表明，极端享乐主义不符合人的本性，正如弗洛姆所说的那样，享乐主义使我们这个社会里的人都是不幸的人：孤独、恐惧、抑郁、具有依附性和破坏性。现实生活启示人们：只有那些能够将其不断节省下来的时间成功地“消磨”掉的人才是快活的。

人类需要拯救其灵魂的天使和工程师，“9.11”庆幸的是没有袭击自由女神，但是，女神的幸免说明，这个世界需要更多的人类灵魂工程师，引领人类走出误区。

人类社会之所以会进行宗教、民族、阶级、权利和国家之间的残酷战争，是因为人类社会缺乏奉献和友爱，缺乏相互的了解和宽恕，是因为人类社会充满恨、充满自私和贪婪。以宗教战争为例，就是因为人类没有信奉同一个宗教和“神”，同时又不能宽容“多神”的存在造成的。以民族战争为例，在一个民族消灭另外一个民族之前，就是因为不同的民族之间不能融洽地生活在一起，并且没有形成能够融合两个民族的新民族。

这些历史进程都是必然要经历的过程。原因是人类社会还没有进化到“世界公民”、“世界公民大会”和“世界联合政府”的全新文明阶段，更加没有进化到“地球人”的阶段。其中最根本的原因就是时至今日，人类还没有认识到人类将来必须进化到更高的文明阶段。

这个文明所要追求的政治目标是要为人类谋求5000和平发展的时间和空间，从而有可能让人类文明能够完成向“地球人”文明进化和向月球移民的基本任务。人类只有完成向月球移民的伟大任务，才能称之为完成了向“地球人”文明进化的历史进程。但是，此时的“地球人”还没有完成五维航天技术的革命。

人类只有完成生命体基因工程革命和五维航天技术革命这两个基本任务，人类才能进入太空文明时代，才能展开五维太空旅行。在现阶段，人类因为沉湎在宗教战争、民族战争、阶级利益和国家之间的战争之中，沉湎在恨和贪婪之中不能自拔，迷失了前进的方向，丧失了前进的目标，找不到前进的动力。总而言之，今天的人类缺少仁爱，缺少智慧，缺少勇气面对新的更大的生存挑战。不仅如此，地球生命圈因为人类的极度贪婪和过度开发，已经接近崩溃的边缘。未来80年，如果我们不能彻底扭转这个局面，地球生命圈必然会提前一亿年毁灭在人类手中，到那时将会成为所谓的“无人类世界”。

因此，人类的灵魂进入“利益高于生存”的病笃状态，急需要进行拯救和医治。

净化人类心灵的一剂良药。我们不能否认，以人性美作为时代主题，对我们反思人性的丑陋，净化人们的心灵，具有十分重要的价值和意义，从伦理道德角度看，它加速着人类文明的进程。赞颂和讴歌了人性美。关于人的本质、本性，自古以来就是一个争论不休的话题，几千年以前就有性善、性恶之说。古今中外虽然有许多圣贤对性善、性恶这一哲学问题直接提出过不少议论，但是，从他的观念来看，人性总是美的、善的，人类社会的各种丑行和恶都是人性美丧失所致。

发达的社会，都必须适应自然规律，人与自然融洽相处。相信慈悲和爱一定会感化和改变人们周围的冷漠。也唯有慈悲，才会利己利人，阻止道德下滑沦丧；唯有慈悲，我们的心中才会呈现天堂；唯有慈悲，才能让外界冰冷的石头如同绽开的花朵向你微笑；唯有慈悲，我们的孩子才能真正像祖国的小花朵茁壮成长；唯有慈悲，我们才会无分别地把一切孩子当我们的孩子，一切众生当我们的朋友。到那时，孩子不用担心没人救，狗也不用担心被送到屠刀下，食物不用担心是否有毒。

只要每个人心里还有一点点慈悲，冷暖自如。一个人可以不救助生命但不要阻碍别人去救助生命，即使不去行善随喜，赞叹别人行善的功德，你的功德也一样大，因为你一个善念未来就会产生善果。世界上生命是最宝贵的，随缘救助，遇到什么就救助什么。一个人只要有一颗慈悲心，利他心，也就有了良心，那是拯救我们自私麻木贪婪的灵魂最好的良药。

随着人类社会“利益高于生存”和“物质高于精神”的发展，重经济、重利益、重财富；轻良心、轻道德、轻信仰等，就会愈演愈烈，积重难返。在如今的商品经济年代一切都变成了等价交换，人与人之的关系，感情爱情也不例外，也被贴上价格的标签。即使亲情也被金钱所污染。崇尚权力，崇尚金钱，崇尚利益几乎成为时代潮流；拜金主义，名利主义，享乐主义正侵袭人类的灵魂。在不同的时代中，极端享乐主义是富人干的事。比如说罗马帝国、复兴时期的意大利城邦、18 和 19 世纪的英法两国的精英们，那些拥有无限财富的人都把尽情享乐看作是生活的意义。

拜金主义危害严重。从人的发展来看，拜金主义与人的全面发展相背离，剥夺了人的本质的丰富性，把人降低为金钱的奴隶；从社会来看，拜金主义盛行的社会必然是一个物欲横流、人情冷漠、尔虞我诈、人人自危的社会，是一个道德沦丧、信仰缺失的社会。

经济领域如果任拜金主义泛滥，就会使经济秩序陷入混乱，诚信丧失，就会使诚实劳动得不到回报，使坑蒙拐骗、敲诈勒索者大行其道。政治领域如果盛行拜金主义，执政党和政府就会失去广大人民群众的信任和支持，执政党的政权就有得而复失的危险。文化领域如果一切唯金钱至上，以丑为美以恶为善，整个社会就没有了精神支柱，没有了凝聚力，社会发展就失去意义和价值。如今人人都自我封起层层壁垒，缺乏信任和诚信。无数事实证明，人类良性而可持续发展，急需要用传统道德伦理来取代拜金主义，并且消除政治腐败来促进社会正义和公平。

人类需要生存的安全感，人类社会需要稳定的生活环境。只有远离战争、远离杀戮、远离暴力、远离残杀、远离恐怖、远离伤害、远离欺诈、远离污染，人类才会过上健康快乐和幸福的美好生活。

军事策略遏制反制排除战争

重视强国，结交大国，联盟小国，扶持弱国，团结邻国，建成强国。弱国无外交。其实，中国的战略总目标，可以界定为不仅是世界大国，而且要做世界强国。建成强大国家，是全体国民共同的愿望和意志。当然，要建成强国，更主要地表现在国民素质、经济、国防和文化上面，具体的目标即21世纪中叶前国家人均实现中等水平，经济总量可能达到世界第一。而军事是国家综合实力主要支撑，强军才能强国。强军而不是军事化的世界强国。按照政府一贯的说法，是和平崛起不争霸。一个国家，尤其是大国，既不要挑起战争，又不要惧怕战争，这样会挫伤国的士气和锐气。当然，强大虽然是资本，同时也是软肋，一个国家若一意孤行肆意挑起战争，在国际上横行霸道，四处挑战最终会亡国亡家。

战争是没有理由的行动，有理由再去战争就不是战争，那不仅仅只是屠杀。但是，累积的仇恨和利益才是战争最充分的理由。一个金苹果导致十年战争的教训值得吸取。战争原委是这样的：大力神赫拉克勒斯在人间所完成的十二件功绩的第十一件，便是取得赫斯珀里得斯和巨龙看守下的金苹果。赫拉克勒斯在山林水泽女神的指引下，制服了年老的河神涅柔斯，向他问清了在哪里可以找到金苹果。在取得金苹果的路上，赫拉克勒斯还从高加索山上释放了普罗米修斯。普罗米修斯指点他来到另一位提坦神阿特拉斯背负青天的地方。赫拉克勒斯要求阿特拉斯替他去取金苹果，在这段时间里由自己替他背负青天。阿特拉斯同意了，他杀死巨龙，骗过看守的仙女们，取回金苹果之后，却不愿意再背负扛天的重任。赫拉克勒斯假称要先垫上一块垫子才能继续背负青天，让阿特拉斯暂时替他一会儿。阿特拉斯接过担子的同时，赫拉克勒斯已经拿起金苹果逃之夭夭了。

金苹果最重要的一次出现，是在人类英雄帕琉斯和海洋女神忒提斯的婚礼上。众神均受邀参加婚礼，唯有不和女神厄里斯没有受到邀请。厄里斯怀恨在心，在婚礼上将一个金苹果呈现给宾客，上面写着“送给最美的女神”。为了这个金苹果争执不下，其他神祇害怕得罪女神都不敢言语，天神宙斯让山上牧羊的漂亮小伙子帕里斯来做评判。

三位女神为了获得金苹果，分别开出诱人的条件：赫拉他给他无上的权力，并保佑他做一个高高在上的统治者；雅典娜愿意赐给他智慧和力量，鼓励他有勇气去冒险，闯出一条英雄般辉煌的道路；阿芙罗狄忒答应让世界上最漂亮的女子爱上他，并做他的妻子。帕里斯左思右想，觉得权力和统治等他以后继承他父亲的王位顺理成章就可得到，英雄的道路他自己拥有一身的好本领便可大胆去闯，但爱情却不是每天都可以遇到的。于是就将金苹果给了阿芙罗狄忒。后来，帕里斯在阿芙罗狄忒的帮助下拐走了斯巴达的王后——美女海伦，从而成为了特洛伊战争的导火索。

特洛伊战争是以争夺世上最漂亮的女人海伦为起因，挑起以阿伽门农及阿喀琉斯为首的希腊军进攻以帕里斯及赫克托尔为首的特洛伊城的十年攻城战。

国家在警惕外侵时，还要防内乱。一个总的原则，要保证国家战略总目标的实现，并不排除以战争换取和平的军事策略。

崛起策略可以保证总目标的实现吗？首先应该清楚，什么才是真正的和平崛起战略。和平与战争是对立统一的概念。这意味着和平崛起并非是绝对没有战争的崛起。相反，在恰当的时候战争手段反而能促进更大的和平崛起，这才是和平与战争的真理。所以，目前的国家军事战略在继续对强敌保持韬光养晦的同时，要大幅度增强有所作为的能力。对国家局部利益，领土的权益、重要资源的占有、普世观念的播种。不要把所谓局部利益牺牲在理想中的全局观之下。当时看来是局部利益，时间一久就会体现出全局战略价值，因为全局观只是我们的一厢情愿，而局部利益才是最真实的；正是许许多多的局部利益，才构成了真实的全局观。所以，坚决不能用理想中的全局观去构成现实的局部利益。这才是正确的战略与策略的重要关系。

至于如何考量国家大战略目标的实现，以下几点很重要：国家硬实力要占据世界格局的优势地位：一是国家经济金融与世界经济金融处于一荣俱荣、一损俱损的特殊（或主导）地位；二是国家以及盟友的军事实力、位置占据相对（或绝对）优势，敌对势力集团不能直接挑战或轻易转换。

国家软实力要占据世界普遍价值取向的主导地位：一是国家和民族坚定的价值理念，成为世界主流价值之一；二是中国成功的经验，能让世界为之改变。

根据目前已经表现出来的战略摩擦以及国家既定的战略方针，中国经济金融层面或多或少出现的问题是：外向型经济存在的贸易保护与摩擦将会增大，必须做好经贸金融“结盟”；国内经济转型重要方向之一是资源（尤其是战略资源）的扩张、占有和保护，高端制造能力的迅速提升，而这有必要调整现有的经济产业（包括地区经济区域建设）布局；创新国内经济稳定发展的保障机制，应对外部矛盾的同时，维护国内经济金融的良性发展。必须尽快解决经济金融方面的总问题：国家之间软硬实力的比拼，与经济建设为中心战略能并行不悖，或者恰当增加国家硬实力尤其是军事实力可以保证国家的长期繁荣。国家之间的经贸可以用其他方式结算，并且由此可以创造一个新的世界性或者区域性的经贸模式，即国家集团内部经贸区。出口型经济真的需要全球市场（可能的结果是经济帝国），或者国家集团之间的区域经济圈内的经贸就可以保持国内经济平稳发展的同时，集团的其他国家也能实现经济增长。

必须强化上合组织，跨国际合作。在诸多方面，中国涉及潜在的博弈国家主要是：美国及其日本、韩国、越南、印度、菲律宾等，但是真正的对手只有一个美国，次一级的对手是日本。越南、菲律宾、印度都存在着变数，美国在东亚的核心层盟友只有日本与韩国

中国需要广泛团结的国家和组织主要有欧盟、欧洲“三剑客”、东盟部分国家、中亚的土耳其、拉美及亚太的古巴、委内瑞拉、巴西、新西兰、加拿大、澳大利亚等国、非洲部分国家等。其中，“丝绸之路”所涉及的国家和地区是我们在西面经贸以及军事上要加强合作的对象。

中国有句谚语“行要好伴，住要好邻”。需要继续稳固的国家有俄罗斯及上合组织成员国，朝鲜、缅甸、柬埔寨、巴基斯坦、伊朗、泰国等。

随着国家利益关系的变化以及战略层面出现的新态势，造成中国军事方面的总问题是：长期执行的“韬光养晦、有所作为”战略，将来可以转化逐步积累起来的各种挑战，或者

说，所有的战略都有阶段性，现在的新态势是过去制订“韬光养晦、有所作为”战略时所没有预计到，这种本意立足和平发展的战略，已经受到其他国家提前的挑战，那么我们应该及时调整自己的战略，要纠正战略以适应新的态势和变化，也要有所保留以保持国家战略的连续性，这是明智的，而这就要求准备战争来争取更大的和平。

现在，不结盟的负面影响是上阵前才发现没有盟友为你助阵，而临阵抱佛脚容易被别人忽悠；局部利益容易被大局观所忽视，表现出“含糊”、“软弱”的一面。长此以往，就为今后的问题解决留下了极大隐患，政府要明确自己的利益范围，对此不能再含糊、再软弱。中国的世界战略应制订哪些原则，难道还是用英美惯用的均势战略吗？均势战略是主动结盟弱国以遏制强国逞强，以此达到地区平衡。而现在的实际情况是对手在使用均势战略，我们一则是不能再用均势战略，而是反制均势战略，可谓之解体战略，解体战略的核心就是瓦解敌对阵线，瓦解的方式是综合性的，而以制其要害为上策；二则是必须结盟以扩大自己的联盟阵线，没有同盟就没有外围安全；三则是建立世界新格局，真正体现中国的国家力量。

作为一个大国的政治家，必须始终坚持建立“多极世界”，这话对发展中国家来说如悦耳的音乐。多极理念是向美国所主导的单极世界发出的挑战，其战略目标是维护世界的公平正义。奥朗德拿到了中国购买60驾空客的大订单，同中国重启核能合作，两国还将在货币互换上进行深入探讨。法国认为，这是“奥朗德的现实主义外交”。在现实主义的利益面前，奥朗德抛却了法兰西浪漫的意识形态说教，中法两国容易地找到了互利合作的契合点。以前任萨科奇为例，一旦碰触中国核心利益的“痛”点（如会见达赖），中法关系就面临僵局，法国就不得不耗费更多的外交成本对华公关。依然未从主权债务危机中脱身的欧盟诸国，对华外交都面临着和法国一样的抉择。如果说作为欧洲“三剑客”之一的法国，给中欧外交提供了现实主义的范本，那么英国和德国在达赖问题上主动向中国示弱则是明智地为这一版本写上最新注脚。

外交本来就是一门博弈的艺术。当你冷静时，对方就狂躁，使性子放狠话，任意妄为。而一旦发现你被激怒，也狂躁起来，对方反倒乱了方寸，开始呼吁降火消气，别作出格的举动。外交上的“软”和“硬”都是相对的，关键看何时出招，这是大智慧。中美关系也好，俄美关系也罢，双边交往中本无免费的午餐。美国对与中国、俄罗斯合做的看重并不比中俄弱。美国从来不是无私的国际慈善家，有损自身利益的事，美国决不会做。

总而言之，中国国家战略的根本问题是：中国必须制定世界强国的国家战略总目标。中国的强大，必然造成现有世界格局的改变，将来一定会形成国家预期结局，中国盟友的阵线要强大，而且必须强大到足以在未来世界抢占制高点，并且可以直接左右世界的未来。显然，这要求中国人做好自己最擅长的陆地战略的同时，还要做好海洋战略、天空战略的准备，真正建立起全球“五层立体”战略网络体系，并且要建立并形成强大的反制能力及综合战略体系。

根据变化调整战略应对挑战

发挥自身优势，挖掘自身潜力，提升国家地位，扩大国际影响。领土、领海、领空是国家主权的三大元素。如今，海洋成为世界各国主权利益争夺的领域。人们常说："三山六水一分地"，这是有依据的。地球表面被陆地分隔为彼此相通的广大水域称为海洋，其总面积约为3.6亿平方公里，约占地球表面积的71%。因为海洋面积远远大于陆地面积，故有人将地球称为"水球"。海和洋不是一回事，海洋的中间部分称为洋，约占海洋总面积的89%，它的深度大，一般在两三千米以上，海水的温度、盐度、颜色等不受大陆影响，有独立的潮汐和洋流系统。全球分四个大洋，即太平洋、大西洋、印度洋和北冰洋。海洋的边缘部分称为海，深度较浅，一般在两三千米之内，约占海洋总面积的11%。海没有独立的潮汐和海流系统，水温因受大陆影响而有显著的季节变化，盐度受附近大陆河流和气候的影响也较明显，水色以黄绿色较多，透明度小。海按其所处位置的不同，可分边缘海和地中海两种类型。大洋靠近大陆的部分，被岛屿和半岛分隔开，水流交换畅通的称为边缘海，如东海、南海、日本海等；介于大陆之间的海称地中海，如地中海、加勒比海等。如果地中海伸进一个大陆内部，仅有狭窄水道与海洋相通的，又称为内海，如渤海、波罗的海等。

大约在50亿年前，从太阳星云中分离出一些大大小小的星云团块。它们一边绕太阳旋转，一边自转。在运动过程中，互相碰撞，有些团块彼此结合，由小变大，逐渐成为原始的地球。星云团块碰撞过程中，在引力作用下急剧收缩，加之内部放射性元素蜕变，使原始地球不断受到加热增温；当内部温度达到足够高时，地内的物质包括铁、镍等开始熔解。在重力作用下，重的下沉并趋向地心集中，形成地核；轻者上浮，形成地壳和地幔。在高温下，内部的水分汽化与气体一起冲出来，飞升入空中。但是由于地心的引力，它们不会跑掉，只在地球周围，成为气水合一的圈层。

位于地表的一层地壳，在冷却凝结过程中，不断地受到地球内部剧烈运动的冲击和挤压，因而变得褶皱不平，有时还会被挤破，形成地震与火山爆发，喷出岩浆与热气。开始，这种情况发生频繁，后来渐渐变少，慢慢稳定下来。这种轻重物质分化，产生大动荡、大改组的过程，大概是在四十五亿年前完成了。

地壳经过冷却定型之后，地球就像个久放而风干了的苹果，表面皱纹密布，凹凸不平。高山、平原、河床、海盆，各种地形一应俱全了。

在很长的一个时期内，天空中水气与大气共存于一体；浓云密布。天昏地暗，随着地壳逐渐冷却，大气的温度也慢慢地降低，水气以尘埃与火山灰为凝结核，变成水滴，越积越多。由于冷却不均，空气对流剧烈，形成雷电狂风，暴雨浊流，雨越下越大，一直下了很久很久。滔滔的洪水，通过千川万壑，汇集成巨大的水体，这就是原始的海洋。

中国国家战略的重点将在泛海洋化方面力争话语权和主导权。中国国家大战略，总体上讲应坚持经济、文化、外交、科技遍布全球，金融、军事区域化的方针。其中，经济资源要有侧重点，文化侧重于创新发展，外交要有同盟，科技要有制高点，金融要有防火墙，军事不仅要有抑制力量而且还要有反制力。由于已经拥有强大的陆军并能保证本土安全，拥有强大的海军才能维护领海的安全，所以中国未来的国家战略将是以海洋为重点，拓展军事战略空间，并且通过海洋战略实现强国的总战略目标。海洋战略对中国而言相对陌生，海洋战略能力要有实质提升并达到海洋强国水平，将有一个较长的学习实践提升的过程。

要以利益挑战为出发点，以区域挑战为落脚点，制定强国固盟的国家战略。中国海洋战略的重点是要把战略目光放在赤道线附近的广大疆域。所谓的海洋战略，实质上是泛海洋战略，是包括陆地在内的广大海洋区域为国家之交通，而军事力量是交通安全的主要保障。海洋战略在军事上要以点（战略据点）带面（战略纵深空间），避免对他国带来领土侵占的嫌疑，又能形成有效的共同攻防体系。

海洋战略第一阶段，构建近海地区战略平台，以此作为世界强国的起跳板。其主要内容是：打通并建立分别包括日本、台湾地区、菲律宾、马来西亚、新加坡、泰国、缅甸、孟加拉国、斯里兰卡、（印度）、巴基斯坦、伊朗等一线的海洋出口通道，构建呈新月形状的战略平台。故谓之“新月战略”。其要点是：第一重点，始终把解决台湾问题放在第一位，同时巩固黄海防御，加强南沙群岛的实际控制，包括与巴基斯坦、缅甸、泰国、斯里兰卡、伊朗、孟加拉国等国加强陆海多种深度合作关系。第二重点，清除日本的领土野心，打掉日本的扩张趋势。第三重点，与印度保持合作与竞争的关系。对付美国在中国近海四处点火的阴谋，主要策略就是在宣布自己的核心利益和领土主权后，只要有国家挑战中国的核心利益和主权，必痛击之而明誓，以此遏制它国群哄。如果中国政府和军队没有“惜土如命”的坚强决心，美国及其势力集团的阴谋就会得逞，中国的战略空间就会进一步被挤压，以后再想要突破所谓第一岛链，代价就不是一场小的局部战争，极可能演变为全面战争了，到那时中国就会被动落入成为第三次世界大战罪魁祸首的圈套。相反，只要表露出领土权益（交通）的绝对信念，首先就在战略上抢占了先机。

“新月战略”涉及的敏感国家有日本、韩国、印度、菲律宾、越南。在此战略阶段，中国要避免多线对抗的局面，集中力量在同一时间只针对一个关键国家。用中医的说法这种战略效果就叫通则不痛。而一旦成功构建战略第一阶段，那么中国的强国之路就已经打通，危险也将随之远离而去。

在《美利坚合众帝国衰落的方式和时间》一文中，依据帝国的历史定数，预测最早在2030年前就有新的世界级强国出现。中国海洋战略的第一阶段所需要的时间，大体上与此预测吻合。即中国海洋第一阶段战略构建成功的时间，应在2030年左右。

海洋战略第二阶段，构建洲际战略机动圈，谓之“十字战略”，作为影响、左右世界格局的基础。即以非洲到南美洲的赤道为横线，亚洲、印度洋、太平洋为竖线，中间交结点在东南亚（即第一阶段战略平台的中心区域）。具体是南海延伸至阿拉伯海的印度洋，在阿曼、吉布提、也门、索科特拉岛等打入几个战略楔子；黄海跨过太平洋至大西洋，与澳大利亚等国家建立合作关系，与古巴、厄瓜多尔、巴西等美洲国家建立利益共同体。

当务之急的战略涉及的敏感国家主要是要面对美国。据说，美国直接与中国对抗的战略空间，就在中国的第二阶段里，因为这意味着美国在亚洲的“领导地位”实质弱化，太平洋及印度洋受到势力分割，而这是美国所不愿意的（也因此美国要把防务伸至第一岛链，目的也是为保护第二岛链的战略纵深空间，到那时候就要与中国“直接见面”了）。

目前，与美国的双边关系，应以合作与竞争为主，所谓不卑不亢态度，而美国拟退出的势力范围我们应该介入，美国欲保持优势的力量，我们要力争上游，所谓有而优之策略。

战略构建完成时间，可能要在2061年左右，而这与《美利坚合众帝国衰落的方式和时间》预计相吻合。

以上战略的构筑，由于采用综合手段，并且阶段内容有重叠，所以战略构建内容的时间是不分先后的，可以同时进行不同内容的建构，这样更符合实际需要。

人世间的事情，不是想不到，就怕做不到；没有想不到的只有做不到的，而且只要想到了就能够做到。中国海洋战略开始突破并构建第一阶段战略，是异常困难的，我们的军事攻击行动只宜择重集中于关键点一处使用。在我们真正成为世界强国者以前，都不能两线同时作战！这是历史教训。

中国与其他国家、跨国组织的战略关系。国家既立，其战略之首要，是要预防被强国分而化之、围而食之。比中国强大（或者某些方面强大）的国家，是我们首先要预防的。这些国家目前有美国（全面强大）、俄罗斯（部分强大）、欧盟（部分强大）以及日本（部分强大）。次一级的还有印度以及巴西。古曰：害人之心不可有，防人之心不可无。况且国际交往只讲利益为实质，不讲道义为虚名，这是我们必须要牢记的教训。

不怕别国强大，就怕自已故步自封。所以，与其他国家打交道，先防后博、博而合之，长期坚持有益无害的方针。针对强敌的分而化之，还应以统而击之的策略；针对围而食之应还以各个击破的策略。故中国战略之设计，可谓之远交即政治、外交相呼应；近攻有经济、军事的重点打击对象、稳打稳扎。解决矛盾要从关键处入手；打入楔子即建立洲际战略基地、构建圈子，拓展全球战略机动空间及策略空间。

固有的强大是暂时的，只有发展创新才是真正的强大。攻守策略必须具体落实在中国与其他国家、跨国组织的战略关系上。中俄战略合作与战略联盟十分重要。中俄联盟是平衡国际势力的重要力量。中俄是近邻，曾经是盟友，历史上又曾有过许多的恩怨。根据目前的国际态势，中国对俄罗斯没有领土纷争。况且俄罗斯的影响主要在赤道以北，重点在欧洲。中国的影响主要方向将在赤道附近，与俄罗斯没有重大的利益冲突。所以，两国联盟是未来相当长时间的理性选择。中俄联盟的方式不仅只是政治和文化，合作的方式而且还是经济与军事的紧密合作。

变被动为主动变防守为进攻

国无外交则弱，国无贸易不强。中美战略博弈，其实是竞争与合作。美国在未来一段时间内，综合实力仍然会是世界头号强国。但是，美国对世界的控制终究会走下坡路，而中国要在美国衰落的区域及时寻找突破口，就有必要准备两手策略：一手是主动突破，用竞争的方式强力推进，包括经济金融科技等主要方面；一手是被动突破，用合作的方式替代美国的作用，即美国退出或减弱的地方，中国就想方设法代之。因此，中国与美国的战略就是竞争与合作，策略就是他退我进，他进我抗。中美之间的直接对抗尤其在军事方面要尽可能避免。中美竞争的方式主要在战略方面，合作的方式主要在经贸方面。

中国应该理直气壮告诉世界，几个“强国”不能因一国之私而破击人类之利。中日战略博弈、压制与对抗战略。日本对中国有领土野心，这是中国领导人始终要高度保持警惕的。中国企盼亚洲共同繁荣，为日本作出过许多让步，结果数十年的所谓中日友好，竟然经不起钓鱼岛一名船长的考验，可见国家之间的交往只是利益而已。可以预计，美国在退出东亚后，必然要留下一个强大的日本，以期与中国对抗而他人渔利。中国为此要做好充分的准备。

中国压制日本的方式主要在经济资源控制方面，而对抗的方式则在军事打击力量的准备上。

中印战略博弈、合作与竞争战略。中国处于印度与俄罗斯这两个地理大国之间的特殊位置上，若是战略推行得当，完全可以纵横捭阖，为我所利用。印度要单独挑战中国简直打错了战略算盘。中国与印度要维护合作关系，这既是两大国最好的战略选择，亦是东南亚稳定发展的重要保证。其次，即使是在一些代理人中间有了利益冲突，亦要有进有退，防止过激。与印度的领土矛盾要放到后面，寻机解决。中国与印度合作的方式，主要是经贸与文化，而竞争主要体现在科技和军事层面。

在地区组织上，上合组织是我们必须发展和巩固的重点，应提高中国的领导地位。对东盟既要有压力又要合作，即使不是全部也应部分为我所掌握。其他国际组织不再细谈。

中欧合作与远交战略。中国与欧盟主要的合作在经贸上，且以不损害自己的战略和资源利益为原则。中国不必要介入欧洲事务，与其中最友好的成员国合作也不企望过高，能遥相呼应已经很不错了。

中非战略合作与远交战略。主要是经贸与军事合作，并要与几个国家建立战略关系。

中南（美洲）战略合作。主要是经贸合作，并与一两个国家建立战略合作关系。

中澳战略合作与远交战略。主要是经贸合作，能再上升到战略合作关系为佳。

对其余国家，中国应当谋求引导其政治外交方向。国际交际的手段主要是政治和经贸，压制的方式是寻机择其一而果断出击之，不必要经常威慑敲打。所有的战略都是国家基本力量的综合体现。

军事上的战略机动力量则是战略的保证。传统的军事战略机动力量是核武器库，这一般被认为是战略威慑力量。可以经常使用的战略机动力量，关键时刻动用强大无比的可移动的或固定的军事力量，如激光武器、战略轰炸机群、洲际导弹饱和攻击、航空母舰战斗群、核潜艇攻击群和海外军事基地以及维护这些军事力量的卫星、网络系统。

一度被看好的经济金融战争，则是一项复杂的战略布局，其结果往往难以预料。因此，经济金融战争所谓没有硝烟的战争，往往没有军事战略直接有效。但是，金融确实属于国家的战略力量。另外，对敌国的政治颠覆活动或政治扶持，亦是军事战略后的结果，是强化战略基点力量的重要措施。

原则上讲，只要拥有前面列举的军事机动力量，就可视为军事强国。对比之下，中国的军事力量还不完全具备战略机动力量，尤其是缺乏航空母舰战斗群以及战略轰炸机群的规模和突防能力不强，一定程度上限制了的战略机动空间。这是军事战略力量的短处。

在世界现代化的五百年间，中国历朝奉行的国家战略，基本上就是陆地战略，海外几无建树，这种局面必须要尽快改变。中国在加强陆地战略构筑层层设防、占据陆地战略要点的同时，要快速构建海洋战略，打入战略楔子，改变世界力量格局。

战略楔子有两大类，一类是分化楔子，一类是分割楔子。对敌对联盟、敌国国内进行分化活动，可以收不战而胜之效。占据战略要点而分割潜在的敌对势力，可以遏制敌对势力的膨胀。目前，在世界战略要点被瓜分后，还有一些潜在的分割型的战略楔子可以为我所用。要掌控战略楔子，需要综合运用各种手段，达到政治联盟、外交友好、经贸交往、军事配合的目的。

国家战略以其综合国力为基础，综合国力则以国民状况为基础，而国民状况以人之精神和气节为基础。人无精神和气节，百事无为，国似散沙，无力一致对外，因此就谈不到什么国家战略。

真正能谈到大战略的国家，其内部必须具体几个条件；人民心底要有尚武精神，体制和高压是激发不了人民的尚武精神的，需要文化精髓与民族性的共同作用，人民才能在政府的召唤下勇于作出牺牲。光靠职业军人或雇佣军队是无法成为强国的，简而言之，人民普遍要有国家的使命感和责任感，还要有体面的学习工作及尊严的地位，这样的国民才有斗志，才能有所作为。

国家制度先进，国力发展机制健全，国家和社会目标明确，民众权利有保证，全民同心同德，万拳合力一致对外，这样综合国力才能发挥出巨大的作用。简而言之，国家上层建筑要有世界历史使命感，才会结成强国方略。当今世界竞争的核心是人才的竞争。随着全球化的深入，国际人才竞争日益成为决定各国命运的重要因素。改革开放三十多年以来，高端人才紧缺的中国却成了世界上数量最大的人才流失国之一，未来随着改革开放进程的继续，以及面临建设创新型国家、公平型社会、经济产业结构升级等核心战略目标，中国对各类高层次人才的需求将达到空前迫切的阶段。因此，出台与改革相关计划、政策、制度，推动人才回流，展开国际人才竞争，必将成为国家未来发展的重要问题之一。

国家机器的高效率和强大的国力持续性是国家大战略的根本保障，国家地理位置要有一定的机动空间，小国是无法长期压制住大国的，在世界的舞台上，只有大国的风采。具备上述几个条件，这样的国家在世界舞台上发挥出她的重要作用是理所当然的。

由此可见，国家的经济、文化、科技、军事力量其实都是派生出来的，是人类需要才产生出来的。而一旦产生出这些力量，又会促进人们对此的不懈追求。于是，人类这个物种的力量就始终处于膨胀之中。国力增长也是同样的道理，国家制订了什么样的战略，其国力就会朝什么方向增长。所以，强国之策就是自身的强大，而不是一戳即破的大气球。

对照这几个条件，当今中国确实需要改进、发展、谋划的地方还很多：人民心底缺少真正的国家使命感和责任感。原因是多方面的，主要在经济和文化两个方面，而其中最重要的是大多数劳动人民没有相应享受到国家财富的增长。大多数人民没有公民荣誉感，因此不会自发产生国家使命感。这需要社会保障机制和国家宣传教育双重跟进，才能进一步激发大多数人的国家热情。

中国的总战略是振兴国民，做世界强国。这个战略目标能给本国人民带来什么好处，别国又是如何看待中国崛起的，中国阵线的盟友是如何想的，这些我们的心底可能还不很清楚，否则就不会因为美国在东南亚一煽风点火，似乎一下子四周都“不稳定”起来了。应该给我们的盟友和潜在的对手，准确传递我们的信息，使盟友的信心更为坚定，使对手举棋不定。

中国国土本来是很大的，但是在现代科技迅速发展之下，传统的地理位置优势早已弱化，目前甚至严重到国家处于被强国包围的态势了。

一个发展中的大国，只能埋头搞建设，搞人才建设，搞制度建设，搞经济建设，搞科技建设，搞军事建设，搞文化建设，搞社会建设，所有的国家综合力量都大幅度上升，所谓硬实力和软实力全都得到提高，这样才会变成强国。只有别人不允许中国搞综合国力了，不允许中国发展了，中国才需要对抗，才需要突破重围。否则，中国都首要任务是搞建设，为人民谋福利。因为要变成世界强国，首先应从内部做强做大，排除外来干扰求发展、求创新，而不是在外面作秀。

作为大国既不要当强国的“小羊”，又不要当小国弱国的“奶娘”。但是，现在的中国不能只埋头搞建设了，因为别国已经不愿意了，不想让中国强大，同时也害怕中国强大，总是要制造各种麻烦遏制、阻挠中国的建设和发展。如今，国际环境和国际关系都发生了深刻而巨大变化，这就需要举国形成合力突出重围，据理奋争，抢占国际发展壮大的桥头堡。

决不屈服敢于征服入侵之敌

强军必先强将，强将方能强兵，强兵才能强军，强军要强素质。当然，在这几个强强系统工程中，普及军事教育尤为重要。军事教育有助于官兵培养自己高贵的品质，锤炼自己坚强不屈的意志、坚忍不拔的毅力、不畏艰难险阻的勇气和百折不挠的精神。对于官兵非智力因素的培育，军事教育具有无可替代的重要作用。国际上有的国家的战火即将点燃的时刻，在不同压力下达成共识，这就所谓的“不战而屈人之兵”。当然，在没有即将开战的背景下，“不战而屈人之兵”就如同纸上谈兵！

不战而屈人之兵。出自《孙子兵法·谋攻篇》：“凡用兵之法，全国为上，破国次之；全军为上，破军次之；全旅为上，破旅次之；全卒为上，破卒次之；全伍为上，破伍次之。是故百战百胜，非善之善者也；不战而屈人之兵，善之善者也。”孙子说：衡量战争取胜的一般原则是，以能使敌国完整无损地降服于我为上策，而攻破敌国使其残缺受损便略逊一筹；能使敌人一军将士完整无缺全员降服为上策，而动武力击溃敌人一个军，便略逊一筹；能使敌人一旅将士完整无缺全员降服为上策，而用武力击溃敌人一个旅便略逊一筹；能使敌人一卒官兵全员降服为上策，击溃一卒兵众就差一等了；能使敌人一伍士卒全员降服为上策，击溃一伍士卒就差一等了。所以百战百胜，虽然高明，但不是最高明的；在攻城之前，先让敌人的军事能力（包括指挥能力和作战能力）严重短缺，根本无力抵抗，才是高明之中的最高明的。

大战改变格局，格局铸就强国。当第二次世界大战结束后不久，第三次世界大战其实就已经在我们不知不觉中悄然展开了，只不过这次世界大战是以冷战的方式开始和结束，并以美国“一国独大”的先发制人战略而延续至今的。世界怀着担心的心理“期待”的第三次世界大战似乎并没有如约而至，而美国却在看不见太多硝烟的战场上风卷残云般地“收拾”了一个又一个与其抗衡的所谓“邪恶、危险”的“流氓”国家。单是小布什就在上任两年多的时间里轻而易举地“推翻”了两个国家政权——阿富汗和伊拉克。

美国的国家战略似乎并没有因为党派的轮替和总统的更换而踟蹰不前，相反，这个战略却随着美国的日渐强大而得以贯彻始终，并取得了令人咋舌和叹为观止的成功。只要人们冷静地分析一下，就可以发现这么一个常常被人忽略了的事实，即真正被美国以武力“征服”或推翻的国家其实并不多，而更多的倒是被美国以“不战而屈人之兵”战略“颠覆”的国家。这些国家几乎遍布各大洲，最典型的例子就是以苏联为首的华沙缔约国的土崩瓦解。在常人的眼里，似乎只看到了拿破仑和希特勒以武力和铁血为手段的东征西讨，却很少有人意识到当今的美国（包括其西方盟友）在不动声色中其实已经顺理成章地“征服”了大半个世界。征服未必一定是派军占领，有时候征服泛指被“征服”国甘于“臣服”的心态，即对美国的某种向心力。

那么，究竟是什么使得美国取得了如此“骄人”的成功呢，它的国家战略又是什么呢？有人认为，美国的国家战略主要表现在以下几个方面：

从经济战略上来看，美国推行的是全球经济一体化，并以此渗透到“被征服国”的各个领域。全球经济一体化可谓美国国家战略的基石，这个战略充分抓住了各国希望全面发展经济并以此促进综合国力全面提升的心理。对于这个战略的运用，美国其实无须动用太多的国家力量，而只需其跨国公司完全按照市场经济法则去做就行了。以美国强大的经济实力和娴熟的市场技巧，任何与之打交道的国家都不能不被其牵着鼻子走，从而最终会对其产生极强的依赖性。这对于许多相对保守的发展中国家来说的确是个令它们头疼的问题，你若不设法融入全球经济，就不能发展本国经济，就有可能被淘汰。你若融入这个经济“怪圈”，就有可能被美国这个强大的经济对手给拉下水去，从而失去“自我”。美国对具有不同政治体制的国家所采取的经济策略几乎都是相同的，这其中就包括阿拉伯国家和非洲国家，也包括中国和俄罗斯。

从文化战略上来看，美国政府采取的是好莱坞式的文化渗透策略，借以张扬美国式的生活方式和价值观念，其中也不乏颓废、没落以及消抵过度宗教狂热和意识形态理念的消极文化。这种策略的运用尤其对于年轻一代来说是极具诱惑力。

从政治战略上来看，美国采取的是高举“民主、自由和人权”大旗的策略，并以此推行其西方式的民主政治理念。在此过程中，美国的政治宣传策略是尽可能淡化国家“主权”意识，强化“人权无国界”的全球意识。二战之后，以美国为代表的西方世界在推行民主、自由价值理念方面，应该说是取得了相当成功的。而当美国等西方国家在极力推行其民主自由理念的时候，当时的社会主义国家却在向外大力输送“革命”，结果却是“革命”的理念最终“输”给了“民主自由”理念。美国在处理国际事务时，始终以“民主自由”做为推行其政治战略的响亮口号，并会永远高举“人权”这面大旗。

从军事战略上来看，美国采取的是“打楔子”策略，即在关键国家和关键地区之间打进一个又一个“楔子”，并以此来牵制、震慑、分化、瓦解乃至征服“楔子”周围的国家和地区。所谓的打“楔子”其实是挖伙伴国的墙角，比如在波黑打进的楔子为的是巴尔干半岛乃至整个欧洲；在伊拉克打进的楔子为的是中东乃至整个阿拉伯世界；在日本打进的楔子为的是亚洲和太平洋地区；曾经想在朝鲜和越南打进楔子为的是牵制苏联和包围中国，进而控制远东和整个东南亚。事实上，像这样的“楔子”，美国在世界各地都打了进去，其遍布全球各个角落的军事基地都可视为这样的楔子。所有这些“楔子”都可以在未来的某个时期发挥其独特的作用。可以毫不夸张地说，美国在事实上已经“征服”了世界，尤其在精神和心理上，然而这却不是我们通常理解的武力征服。

当今世界，可以说美国无所不在，这的确是个十分奇特的现象，这个现象难道不值得我们去探讨、去深思吗？值得庆幸的是，像美国这样“武装到牙齿”的国家，不是一个类似于“第三帝国”式的国家，也非以神权基础和极端教义以及极端意识形态为特征的恐怖、流氓国家。无论你愿意不愿意，无论你承认不承认，美国都是一个令人向往的民主自由国家。对付美国这样的国家，只能诱发他经济中的不稳定因素，美国人是过不了苦日子的，多少一点经济上的不如意，就会让他的国民不满意，就会对执政的不满。不像中国人习惯了苦日子过来的，承受力较强。这算不上是优势，但也是真正能打击美国的一个有效途径。

从历史记载日本人的第一阶段起，日本史就是一部恩将仇报，乃至以叛卖和凌辱恩人为乐趣的历史。这在人类历史上是一个罕见的范例。

这看起来很违背人类常理的国民性，却如此真实地摆在了人们的面前，这也确实是对人类良知的一种折磨。但我们不妨从了解日本人的本源开始。要了解日本人，就得从了解日本独特的地理和历史开始。

可以说，日本人是世界上最不幸的民族之一，其所处的地理条件和资源环境使它最有可能成为地球上一个被遗忘的角落。

日本资源极端匮乏，其陆地上除了盛产木材以外，基本上没有什么可用的能源。日本本岛 65% 以上是山地，不利于农耕。在狭窄的日本岛上，只有 20% 的田地适合于耕作，而且每块耕地平均面积不超过 2.5 英亩。日本还是世界上自然灾害最频繁最严重的地方之一，台风、地震、海啸、火山爆发以及洪水暴雪，一样也没少。在日本列岛周围，每天 3 级以上的地震就有 4 次，日本国内共有活火山 83 座，占世界活火山总数的 1/10，而且日本 1/4 的国土被火山喷出物覆盖着。日本国内没有大江大河，不具备产生原始文明的条件。更可怕的是，日本自古以来就属于人口密度最高的地区，贫瘠又狭窄的岛屿上，又必须承载着这么多的人口。如果让日本人驻守孤岛，没有外援，那么，这个地方迟早就会变成一个死岛。

当你打开世界地图，人们很容易发现，日本位于亚洲的最东面，太平洋的西北角。在大约一万五千年前，日本列岛仍旧与亚洲大陆相连，此后，日本各地发生海进，出现了日本海，先后形成了朝鲜海峡、津轻海峡、宗谷海峡等。从此，日本逐渐脱离大陆。到距今一万年前，成为今天的日本列岛。

从日本往东，是浩瀚无垠的太平洋。从日本往北，是荒凉的西伯利亚。从日本往南，是太平洋最深的马里亚纳海沟。以上三面，都决定了日本人被上帝安排在了一个与世隔绝的绝望境地。

可是，仁慈的造物主在它的西面，安排了一个最慷慨最仁慈的邻居，那就是世界上最古老繁荣的文明古国——中国。而且更有意思的是，日本离中国之间的海运直线距离为450英里，通过朝鲜半岛陆路来华也不过500公里。这样的一个地理环境的安排使日本处于一个绝佳的自卫地位。首先，中国人要跨海袭击日本，450英里的海运距离是一个大陆民族难以轻松逾越的。而从陆路进攻日本列岛，不但要越过崎岖的朝鲜山脉，还要准备越过日本海峡的海军，这也是冷兵器时代很难实现的。而这样的地理位置对日本人则极为有利，当需要袭击中国大陆时，浅浅的日本海峡对于人人熟悉海潮的日本人来说，如同儿戏。而一旦战争失利，撤回本土就意味着安全，因为中国人从来就是大陆民族。当然，造物主的安排更加偏向于日本人的是，日本人一苏醒就赶上了中国历史上最光辉灿烂的汉唐时代。在文明繁盛期的中国来说，关照日本人不仅不在话下，而且还被认为是一种国际义务。

中华文明自有文字记载的历史就已经有了5000多年，从中华文明进入成熟期的汉朝开始，日本文明才在世界文明史上第一次露出了身影。世界上最早用文字记载日本人历史的不是日本人自己，而是中国人。

中国的东汉时期的史书中，已经有关于倭人的记录，大约是说，在朝鲜附近的大海上，有倭人居住，那里的人身材矮小，所以称为倭人。倭，就是矮小的意思。当时的日本，还处于刀耕火种的蛮荒时代。

从中国的三国时期开始，中国人就开始接受日本人的朝贡，最爱面子的中国人在被朝贡之后，当然回馈的是丰厚的赠礼。日本吃的粮食——水稻，日本人穿的衣服——麻布，日本人祭祀用的祭器——铜器，包括日本人后来用来砍中国人头颅使用的军刀——倭刀，都是中国人慷慨捐赠的。当时处于母系社会的日本一开始就能与当时世界上最先进的文明国家打交道，不能不说是一种幸运。

从东汉到魏晋南北朝直至隋朝的6个世纪中，来自中国的慷慨赠礼哺育出了日本历史上第一个像样的王国——大和国，这就是今天日本国的前身。此时的日本人，依然没有自己的文字，公元285年，朝鲜人王仁从朝鲜半岛来到日本，向日本传递中国文字诗词，这是有历史记载的日本人从中国人这里学习文字的最早的记录。此后，日本皇室开始正式学习汉字。

学会了文字的日本人给中国师傅反馈的第一篇文书却并不是感谢信，而是挑战书。公元607年，日本的摄政王——圣德太子派遣特使小野妹子出使隋朝，这封国书的题头词是这样写的：日出处之国之天皇致日落处之国之天子之书。中国的历史书上写的是：日出处天子致书，日没处天子无恙。按照这个版本，日本的国王觉得与中国的皇帝是平起平坐的，都是天子嘛，但日本国比中国高出一格，毕竟日本国处于日出之处，代表着上升的势头，而中国则是日落之处，代表着没落的态势。而按照日本史书的记载，日本的国王此时已经由大王改称天皇，乃是天底下最高的称谓了，而中国的皇帝则不过是个天子而已。天皇和天子，在辈分上高出好几个等级呢。这次文字的挑衅的详情不必细说了，总之，弄得隋朝皇帝很不高兴，隋炀帝发了脾气，但对日本人慷慨惯了的中国人依旧做出了高姿态——照样派遣使者回访日本，而且还派送了大量礼品和文化珍品。

在世界上任何一种正常的宗教和文明当中，知恩图报都是一种起码的准则。中国文化是日本文化的源头，在明治维新以前，日本人是吮吸着中国文化的奶头长大的，但这位被中国先人哺育的“养子”，却在一直处心积虑地琢磨如何反噬自己的“奶娘”，这起码有失人道。

在历史中反省变静态为动态

莫怨日寇太嚣张，只恨国人忘教训。历史只能前进，不容倒退，一味铭记仇恨是无能的表现。在第一封国书里吃了大亏的隋朝人并没有提高警惕，在圣德太子书写的第二封国书中，日本人毫不客气地把中国皇帝降了格，这封国书劈头写道：东天皇敬白西皇帝。此时的日本国王已经毫不谦逊地以天皇自居了，但被降了格的隋朝皇帝照样宽宏大量地接受了国书，还欣然答应培养日本来的八位留学生，这些留学生在后来的大化改新中发挥了核心作用。

大化改新的直接目的当然是为了维护天皇的权威，但利用大化改新的机会加紧准备，以便挑战朝鲜乃至中国也是另一层实际的考虑。大化改新的指导思想就是学习中国唐朝的政治和社会制度，加强中央集权，提升日本的国力。

公元 645 年，日本正式开始了效仿中国隋唐体制的大化改新。但是，在大化改新刚刚取得效的公元 663 年，日本人就迫不及待地向自己的恩人朝鲜和恩师中国举起了倭刀。

公元 663 年，中国唐高宗龙朔三年，日本天智天皇起倾国之兵攻打新罗，意欲趁朝鲜半岛混战的机会攻入朝鲜，威胁唐朝的藩属国新罗。同年 8 月，日本军在朝鲜的白村江与唐朝和新罗的联军交战，日本人惨败。

白村江之战是中国军队第一次大规模的抗日博弈，奠定了此后接近一千年的东亚政治格局，对中日双方都具有深远的历史影响和借鉴意义。这场战争是日本人对自己的恩人恩将仇报的一次大表演。

公元 594 年，朝鲜半岛的高句丽、百济、新罗开始向隋朝朝贡。日本也于 608 年向隋朝派遣使节。622 年，唐朝与高句丽、百济、新罗建立册封关系。7 世纪中叶，朝鲜半岛纷争升级。655 年，高句丽与百济联合进攻新罗，新罗向唐朝求援。660 年，唐高宗派大将率水陆联军 13 万前往救援，大败百济，俘获其国王。同年九十月间，百济遗臣两次遣使日本朝廷，请求援助，并要求送还在日本作人质的丰璋王子。大化改新后的日本，开始由农奴制向封建制转化。为了转移国内守旧势力的锋芒和人民群众的不满，也为了扩大在朝鲜半岛的影响，日本人遂借机出兵朝鲜半岛。于是，朝鲜半岛的纠纷扩大为东亚地区的国际争端。663 年 8 月 17 日，唐将刘仁愿、孙仁师与新罗王率陆军团团围住周留城。唐将刘仁轨、杜爽与百济降将扶余隆则带领战船 170 艘列阵白村江口。8 月 27 日，日本援军万余人，分乘战船千艘，与唐朝水军不期而遇。《三国史记》中描述道："此时倭国船兵，来助百济。倭船千艘，停在白沙。百济精骑，岸上守船。新罗骁骑，为汉前锋，先破岸阵。"翌日，日军诸将与百济王商讨对策。他们依仗兵力优势，妄言"我等争先，彼应自退"，遂未加整顿部署，便"率乱伍中军之卒，进打大唐坚阵之军"。结果，唐军"左右夹船绕战"，巧施包抄合击之术，致使日军"赴水溺死者众，舻舳不得回旋"。《旧唐书·刘仁轨传》史载："仁轨遇倭兵于白江之口，四战捷，焚其舟四百艘。烟焰涨天，海水皆赤。”战后，百济丰璋王逃亡高句丽，残军尽皆投降，百济复国化为泡影。

白村江战役，基本上决定了当时东亚地区的政治格局。百济灭亡后，667年，唐朝和新罗联军乘机进攻，翌年攻陷平壤，存在705年之久的高句丽灭亡。

白村江之战的惨败，也迫使日本退守本土。

白村江交战，是日本与唐朝的第一次直接较量，它确立了唐朝在东亚地区的中心地位。面对强盛的大唐帝国，战争的惨痛教训，迫使天智天皇不得不重新审视自己的对外政策。于是，日本及时修正对外政策，恢复了与唐朝的国交，开始积极选派遣唐使，全方位地学习唐朝的政治、经济和文化。

白村江之战是接受了唐朝先进文化哺育的日本人第一次对自己恩主的大规模反扑，反映了这位大唐门生的真实意图。由此可见，反噬恩主并不是现代日本军国主义的创造，而是其文化基因的固有成分。

唐朝的外交政策再一次体现了中国人的宽宏大量。此后，大唐帝国不仅没有惩罚日本人，反而以更加慷慨的姿态资助日本的发展。在白村江战役之前，日本已经派遣过四次遣唐使。但史实证明，白村江战役后，日本派出遣唐使的频率、使团规模和影响力都远远超过战争之前。遣唐使作为日本朝廷派遣的国使，政治上发展与唐朝的睦邻关系，经济上交换宫廷贵族需求的珍贵物产，文化上积极吸取唐代的典章制度，他们推动日本社会进入了一个新的发展阶段。

大化改新奠定了日本封建文化的基础，由大化改新后确定的国家制度，在此之后，直到明治维新才发生根本性改变。由大化改新引起的白村江之战，一方面教训了日本人，弱小的日本要与中国拼高下，无异于以卵击石，只有实力才是争取国际利益的标准。另一方面又刺激了日本人，唐朝对侵朝的日本的既往不咎，使日本人意识到有机可乘，恩将仇报之矛早晚能洞穿以德报怨之盾。日本人把击破恩人的机会锁定到了下一次。

唐朝的中国人是日本人的祖师爷，而且长期在世界上处于最强者的位置。要证明自己的强者地位，就必须打败中国人。在日本人看来，只有击败中国唐朝，才能证明自己学成出师，也只有征服中国人，日本人的神国地位才能得到确认。在以后很长的时间里，日本人都是把唐朝视为挑战的对象，中国被称为唐域，中国人被称为唐人。

自唐朝衰亡后，中国出现了五代十国的混乱局面，国势趋于衰弱，日本就很少再派遣遣唐使过来朝贡了，日本人的强者意识使他们只认可强者的国度，对于弱势国家，他们基本没有兴趣。

但日本人学习强者的目的当然是向强者挑战，甚至试图取而代之。在白村江之战被打败后的日本人在此之后对唐朝更加恭顺，好像什么不愉快的事情都没有发生过一样。

日本人一直在等待向中国挑战的机会，这个机会直到明朝万历年间终于来临了。当时的日本统治者丰臣秀吉在国内扫荡诸侯、一统群雄后，就立即决定取道朝鲜，征伐中国。丰臣秀吉在军前宣誓；“要在有生之年，誓将唐之领土纳入我之版图。”此时的明王朝尽管朝政腐败，但余威尚存。在第一次侵朝战争中，丰臣秀吉的部队被明朝和朝鲜的联军使用的新式火器打了个晕头转向，损失过半。五年过后，仍不甘心的日军再次入朝，又被中朝的联合水军击溃，再加上国内反对势力作乱，丰臣秀吉在气急败坏中病死，日本的这轮挑战无功而返。满族入关后，清朝国力鼎盛，日本人在200年间未敢轻举妄动。但清朝道光之后，国力急转直下，终于在1840年的鸦片战争中被英国人打败，中国进入了半殖民地半封建社会。中国在两次鸦片战争中的失败，既让日本人看到了欧洲列强侵略的恐怖性，又让他们看到了新一轮挑战中国人的机会终于来了。明治维新后（1868年）的第3年，日本国力刚刚有所上升，国内的武士阶层就迫不及待地提出要征服朝鲜（三韩）。明治六年，日军开始侵略台湾，明治八年，日本人强迫中国的藩属国琉球与清朝解除册封关系，明治十二年，日本公然吞并琉球，改名冲绳县。至1895年，日本人在中日甲午战争中彻底击败清朝，彻底改变了近2000年来的力量对比。

甲午海战前夕，日本人面对着中国这个近一千年来的强劲对手，做了最全面的动员和最坏的准备。1893年，日本明治天皇宣布在六年内，皇室每年向海军捐助30万元，文武百官各自捐献10%的薪水。日本皇太后向海军捐出了自己的首饰以充军费。天皇决定，每天只吃一顿饭，以节省开支资助海军。在日本国内，掀起了全民支持海军打清朝的狂潮，连小学生做游戏也不忘"一定要击败定远舰"（定远舰是清朝海军最大的军舰）。开战之时，日本天皇将都城临时迁往广岛，亲自指挥决战，并下令建造滩头阵地，以防止日军失利后清军的反扑。而相比之下，腐败昏庸的清朝政府正在忙着集举国之力给慈禧太后庆祝60岁生日，原来用于海军购买舰艇的经费竟然被挪用给了慈禧太后修建养老的颐和园。至此，挑战者与被挑战者的胜负结果已经没有悬念。

在甲午战争中挑战成功的日本人立即换上了强者的面孔，对弱者中国人极尽蔑视侮辱之能事。对中国的称呼也由"中华"改成了极富侮辱性的"支那"，称呼中国人为"支那人"还算是客气的，后来干脆诬蔑中国人为"支那猪"。

甲午战争的胜利和《马关条约》的签订，使日本人的强者意识空前膨胀，此后吞并中国和朝鲜，侵占亚洲，很快成为日本称霸世界的目标。

第二十二章 制度是国家根基 国家根本在自强

一个国家要强大，首先人民要自强。没有强大的民族精神就不可能建成强大的国家。诚然，建设强国除了人的因素还得靠可行的制度。制度是国家自强的保证；如果人民足够坚强，那么国家也会强大；不害怕痛苦的人是坚强的，不害怕死亡的人更坚强；伟大人物最明显的标志，就是始终保持坚强的意志；自信与自立是坚强的柱石。坚强者能在命运之风暴中博弈；顽强者能引导人们走向幸福；强烈的信仰会赢取坚强的人心，然后又使他们变得更加坚强。

自信价值机理决定成败兴衰

人民自信，国家自强。一个国家只有提高了人民的自信心，国家才能真正强大。当然，人产生自信心能不断地超越自己，而这种超越又来源于内心深处的最强大力量的过程。这种强大的力量一旦产生，人就会产生一种很明显的毫无畏惧的感觉、一种"战无不胜"的感觉。

从人民到社会；再从社会到国家，产生自信心后，无论面前的困难有多大、面对的竞争有多强，总感到轻松平静。再者，自信心是日常生活中常常谈起的一个概念，而在心理学中，与自信心最接近的是在社会学理论中提出的自我效能感的概念。自我效能感指个体对自身成功应付特定情境的能力的估价。自我效能感关心的不是某人具有什么技能，而是个体用其拥有的技能能够为国家的发展做些什么。

在某一情境下，决定自我效能感的四个主要因素：行为成就，效能期望主要取决于过去发生了什么；以前的成功导致高的效能期望，而以前的失败导致低的效能期望。替代经验，观察他人（别国）的成败，可以对自我效能感产生与自己的成败相似的影响，但作用小一些。言语劝说，当你尊敬的人强烈认为你有能力成功的应付某一情境时，自我效能感可以提高。情感唤起，高水平的唤起可导致人们经历焦虑与紧张，并降低自我效能感。

人的自信又来源于自己相信自己，有自信心，信心十足，永久自信，自信是个人（社会组织、国家）对自己所做各种准备的感性评估。自信是对自己一次成功或胜利的预言。《墨子·亲士》："虽杂庸民，终无怨心，彼有自信者也。"晋·陆机 《君子行》："近情苦自信，君子防未然。" 宋·曾巩《战国策》目录序："其说既美矣，卒以谓此书，战国之谋士度时君之所能行，不得不然。则可谓惑于流俗，而不笃于自信者也。"清·龚自珍 《己亥杂诗》："勇于自信故英绝，胜彼优孟俯仰为。" 三国魏·曹操 《举贤勿拘品行令》：" 吴起贪将，杀妻自信，散金求官，母死不归。"

自信是成功的必要条件，是成功的源泉。相信自己是最棒的，是一种信念，自信是人对自身力量的一种确信，深信自己一定能做成某件事，实现所追求的目标。自信不能只停留在想象上和口头上。要成为自信者，就要像自信者一样去行动。人民在生活中自信地讲了豪言壮语，自信地做了事，人民的自信就能真正确立起来。面对社会环境，人民每一个自信的表情、自信的手势、自信的言语都能真正在心理上培养起人民的自信。

自信本身就是一种积极性，自信就是在自我评价上的积极态度。自信是与积极密切相关的事情。没有自信的积极，是软弱的、不彻底的、低能的、低效的积极。自信是发自内心的自我肯定与相信。自信无论在人际交往上、事业上还是在工作上都非常重要。只要自己相信和肯定自己，他人就会相信你。发现自己的长处，是自信的基础。但在不同的环境里，优点显露的机会并不均等。例如，有些学校注重文化课，成绩好的优点就显露，而体育好的未必被人看重；换成体校，情况可能就恰好相反。因此，在评价自己的时候，可以采用场景变换的方法，寻找“立体的自我”，这样可能会意外地发现，自己原来拥有很多优点与长处。

相信自己是最棒的，才能大胆尝试，敢于接受挑战。为此，要在回忆过去成功的经历中体验信心，同时，更要多做，力争把事情做成，从中受到更多的鼓舞。在尝试中，会遇到一些失败和错误。如果相信爱迪生所说的“没有失败，只有离成功更进一点儿”，那么，对于前进过程中的问题、困难乃至失败，就能看的淡泊，从容应对，把注意力集中到完成任务上，不断增强实力，无论对人还是对社会和国家实力才是撑起信心的最重要的支柱。

有一种现象值得注意，无论在教学或教室的各种聚会中，后排的座位是怎么先被坐满的？大部分占据后排座的人，都希望自己不会“太显眼”。这是懦夫的思维方式，一个人害怕受别人注目的原因就是缺乏自我信心。

无论在什么环境里，坐在前面者能建立信心。把它当作一个规则试试看，从现在开始就尽量往前坐。当然，坐前面会比较显眼，但要记住，有关成功的一切都是闪光耀眼的。

国家要强大，首先要培养人民的自信心。一个人要增强自信心，在社会实际生活中要练习正视别人。一个人的眼神可以透露出许多有关他的信息。某人不正视你的时候，你会直觉地问自己：“你想要隐藏什么呢？他怕什么呢？他会对我不利吗？” 不正视别人通常意味着：在你旁边我感到很自卑；我感到不如你；我怕你。躲避别人的眼神意味着：我有罪恶感；我做了或想到什么我不希望你知道的事；我怕一接触你的眼神，你就会看穿我。这都是一些不自信的信息。

正视别人等于告诉别人：我很诚实，我也很阳光，而且光明正大；我相信我告诉你的话是真的，毫不心虚。当大卫·史华兹还是少年时，到镇中心去是很大的乐趣。在办完所有的差事坐进汽车后，母亲常常会说：“大卫，你坐一会儿，看看过路行人。” 母亲是位绝妙的观察行家。她会说：“看那个家伙，你认为他正受到什么困扰呢？”或者“你认为那边的女士要去做什么呢？”或者“看看那个人，他似乎有点迷惘。”观察人们走路实在是一种乐趣。这比看电影简单而便宜得多，也更有启发性。许多心理学家将懒散的姿势、缓慢的步伐跟对自己、对工作以及对别人的不愉快的感受联系在一起。但是心理学家也告诉人们，借着改变姿势与速度，可以改变心理状态。你若仔细观察就会发现，身体的动作是心灵活动的结果。那些遭受打击、被排斥的人，走路都拖拖拉拉，完全没有自信心。普通人有“普通人”走路的模样，做出“我并不怎么以自己为荣”的表白，所以，当每个人走路的姿势都自信时社会和国家的自信度就会大增。

另一种人则表现出超凡的信心，走起路来比一般人快，像跑。他们的步伐告诉整个世界：我要到一个重要的地方，去做很重要的事情，更重要的是，我会在 20 分钟内成功。”使用这种走快的技术，抬头挺胸走快一点，你就会感到自信心在滋长。练习当众发言。拿破仑・希尔指出，有很多思路敏锐、天资高的人，却无法发挥他们的长处参与讨论，并不是他们不想参与，而只是因为他们缺少信心。

在会议中沉默寡言的人都认为：“我的意见可能没有价值，如果说出来，别人可能会觉得很愚蠢，我最好什么也不说。而且，其他人可能都比我懂得多，我并不想让你们知道我是这么无知。”这些人常常会对自己许下渺茫的诺言：“等下一次再发言。”可是他们很清楚自己是无法实现这个诺言的。每次这些沉默寡言的人不发言时，他就又中了一次缺少信心的毒素了，他会愈来愈丧失自信。从积极的角度来看，如果尽量发言，就会增加信心，下次也更容易发言。所以，要多发言，这是信心的“维他命”。

不论是参加什么性质的会议及活动，每次都要主动发言，也许是评论，也许是建议或提问题，都要积极主动表达自己的观点和思想。只有勇当破冰船者，才是打破沉默的智者。

在实际的生活和工作中，人们都知道笑能给自己很实际的推动力，它是医治信心不足的良药。但是仍有许多人不相信这一套，因为在他们恐惧时，从不试着笑一下。真正的笑不但能治愈自己的不良情绪，还能马上化解别人的敌对情绪。如果你真诚地向一个人展颜微笑，他实在无法再对你生气。拿破仑・希尔讲了一个自己的亲身经历：“有一天，我的车停在十字路口的红灯前，突然‘砰’的一声，原来是后面那辆车的驾驶员的脚滑开刹车器，他的车撞了我车后的保险杠。我从后视镜看到他下来，也跟着下车，准备痛骂他一顿。但是很幸运，我还来不及发作，他就走过来对我笑，并以最诚挚的语调对我说：‘朋友，我实在不是有意的。’他的笑容和真诚的说明把我融化了。我只有低声说：‘没关系，这种事经常发生。转眼间，我的敌意变成了友善。’

当你怯场时，不妨道出真情，即能平静下来。内观法是研究心理学的主要方法之一，这是实验心理学之祖威廉・华特所提出的观点。此法就是很冷静地观察自己内心的情况，而后毫无隐瞒地抖出观察结果。如能模仿这种方法，把时时刻刻都在变化的心理秘密，毫不隐瞒地用言语表达出来，那么就没有产生烦恼的余力了。例如，初次到某一个陌生的地方，内心难免会疑惧万分，这时候，不妨将此不安的情绪，清楚地用语言表达出来：“我几乎愣住了，我的心忐忑地跳个不停，甚至两眼也发黑，舌尖凝固，喉咙干渴得不能说话。”这样一来，不但可将内心的紧张驱除殆尽，而且也能使心情得到意外的平静。不妨再举一个很实在的例子。有一个位居美国第 5 名的推销员，当他还不熟悉这行工作时，有一次，他竟独自会见美国的汽车大王。结果，他真是胆怯得很。在情不自禁之下，他只好老实地说出来了：“很惭愧，我刚看见你时，我害怕得连话也说不出来。”结果，这样反而驱除了恐惧感，这要归功于坦白的效果。

如用肯定的语气则可以消除自卑感。有些女人面对着镜子，当她看到自己的形像或肤色时，忍不住产生某种幸福的感受。相反地，有些女人却被自卑感所困扰。虽然彼此的肤色都很黑黝，但自信的女人会以为：“我的皮肤呈小麦色，几乎可跟黑发相媲美。”她内心一定暗喜不已。可是，一个缺乏自信的女人却因此痛苦不堪地呻吟起来：“怎么搞的，我的肤色这么黑。”两种人的心情完全不同。有的女人看见镜子就丧失信心，甚至在一气之下，把镜子摔破。由此可见，价值判断的标准是非常主观而又含糊的。只要认为漂亮，看起来就觉得赏心悦目，如果认为讨厌，看来看去都觉得不顺眼。关于自卑感的情况，也常常会受到语言的影响，所以说否定意味的语言，对于一个人的心理健康有百害而无一利。古罗马大诗人卢克莱修，奉劝天下人要多多称赞肤色黑黝的女人说：“你的肤色如同胡桃那样迷人。”只要不断如此赞赏对方，那么，这位女人即使再三对镜梳妆，或明知自己的皮肤黑黝，也会毫不在乎。这样一来，她就能专心于化妆，而且总觉得自己不失为迷人的女性。接着，卢克莱修奉劝人们不妨将“骨瘦如柴”改说为“可爱的羚羊”，把“喋喋不休”改说为“雄辩的才华”。不同的语言可将相同的事实完全改观，而且也给人以不同的心理感受。

总之，运用肯定或否定的措词，可将同一件事实，形容成有如天壤之别的结果。可见措词这件事，是任何天才都无法比拟的魔术师。在任何情况之下，只要常用有价值的措词或叙述法，则可以将同一个事实完全改观，驱除自卑感，而令人享受愉快的生活。

用自信培养自信。如果缺乏自信时，一直做些没有自信的举动，就会愈来愈没有自信。缺乏自信时更应该做些充满自信的举动。缺乏自信时，与其对自己说没有自信，不如告诉自己是很有自信的。为了克服消极、否定的态度，应该试着采取积极、肯定的态度。如果自认为不行，身边的事也抛下不管，情况就会渐渐变得如自己所想的一样。有某一学生团体，提倡大学生每年选出一位最现代且美丽的大学生，并且举办比赛。他（她）们到各大学、到大街上，看到美丽的人，就把小册子拿给他（她）们看，请他（她）们参加这个比赛。从地方到中央，举办一次又一次各种的比赛。然而，大家变得愈来愈美，简直让人看不出来。那里的工作人员说：“大概愈来愈有自信了吧！”这话完全正确。因为“我要参加这个比赛”的这种积极态度，使这些人显得好美。“我要参加这个比赛”，这种肯定生活的态度产生自信，使这些人显得更美。

丹麦有句格言：“好运临门，即使傻瓜也懂得把它请进门。”如果抱着消极、否定的态度，即使好运来敲自己的门，也不会把它请入内。机会来临时，更应该抛开自己消极、否定的态度。运气不仅来自于外，也发自于内心。“今天一整天都不说刻薄话”。这些事看起来容易，其实不简单，但是，只要下定决心去做，就能做到。如果能在声音中表现得有笑容，那么人生就会一天天变得亮丽起来。因为，如果声音带着亲切的笑意，人们就愿意与你交谈。例如，电话交谈时，如果用有笑容的声音说话，对方听了心情舒畅，自己也充满快意。若板着一张苦脸或者冷言冷语，不仅会让对方反感，自己也不会愉悦。用言语冲撞对方时，就是用言语在中伤自己，自己对别人的态度同时决定着对自己的态度。应该像砌砖块一样一块一块砌起来，堆砌人民对人生积极、肯定的态度。即使不能喜欢所有的人，也应该努力多喜欢一个人。喜欢一个人，相对也会喜欢自己，然后，也会克服对他人不必要的恐惧。因为，一个人用自信会培养起自信。一次小成就会为人带来自信。如果你只想做惊天动地的事业，那么会导致愈来愈没有自信，因为，好高骛远是埋葬自信心的坟墓。

没有自信就不会有自强。自信就是量力而行。做自己能做的事，做自己办得到的事时，人的自信就会不断显现出来。在社会实际生活中找出现在可以做的事，对于构建人的自信心十分重要。知道应该做的事，然后加以实行，就可以从自我的形象中获得解放。总之，要试着记下马上可以做的事，然后加以实践，没有必要非是伟大、创造人间奇迹的行动，只要是自己能力所及的事就足够了。

没有成功前的自信就是自负！而当你抛弃了“自信”，它却找到了你！自信的价值机理，是当自己的价值在将来会增加时，人就会产生自信感。人的自信最重要的就是“决心”和“恒心”！而“信念”却是“决心”和“恒心”的正能量。或者说您认为做哪些事情是“有意义”的，并有着这种信念，那么就不要一直停留在“可不可能”、“难不难”这些焦点上，而是要有“一定要做到”的决心和恒心，投入到积极追求生活和事业中去，看清做好这件事情的所有影响因素，并不断地探索和研究，最终必定能挖出最难得到的旷世宝藏！

自强是国家走向强大的标志

民强则国强，民弱则国弱。自强是一种崇高的精神，也是一种美好的品德，还是一个人活出尊严、活出人生价值的必备品质，更是一个人健康成长、努力学习、成就事业的强大动力。自强是在自爱、自信的基础上充分认识自己的有利因素，积极进取，努力向上，不甘落后，勇于克服各种困难战胜各种艰难险阻用最大的自信心做生活的强者。树立自强的目标有助于克服意志消沉、性格软弱，从而振奋精神，担负起时代赋予的重任。自强也可指国家自立图强。自强不息是中华民族几千年来铸成的民族精神。正是这种伟大精神，使中华民族历尽沧桑而不衰，备经磨难而更强，豪迈地自立于世界民族之林。自强道德规范要求做到自主、自信、自勉、自责。自强表现在方方面面，在困难面前不低头，不丧气；自尊自爱，不卑不亢；勇于开拓，积极进取；志存高远，执著追求等。培养自强品质的途径与方法，一是树立崇高理想，二是战胜自我，三是扬长避短。

自强是个人或者国家自己努力图强。《周易》：“天行健，君子以自强不息。”《宋史·董槐传》“外有敌国，则其计先自强，自强者，人畏我，我不畏人。”

早在春秋时期，著名的思想家屈原就在他的《楚辞·九章·怀沙》中，最早提出了自强思想。他在当时所处的极端困难的情形下，仍然说“惩违改忿兮，抑心而自强”，意思是在自己遭受屈辱的情形下，仍要改变自己的愤怒和怨恨的情绪，压抑自己的感情而自我坚强，保持自己的美好品德而坚定不移；尽管自己遭受了严重的打击，仍要坚守自己的意志，保持自己的奋发图强的节操。屈原所提出的自强思想，是中国传统道德和传统文化中的精华。古代的《易经》提出了“天行健，君子以自强不息”，认为一个有道德的人应当如大自然日月运行不息那样，自我努力，奋发图强。汉代典籍《礼记》中也讲道：“知困，然后能自强也。”华夏的祖先历来强调，凡是有志气、有道德、有本领的人，必定是自强不息的人。几千年来，中华民族以自强不息的精神历经磨难、艰苦奋斗，创造了伟大的东方文明，屹立于世界民族之林。在无数优秀炎黄子孙的人生轨迹中，都鲜明地印刻着矢志不渝、刻苦勤奋、拼搏向上、自立自强的精神品质。

新中国成立后，中国人民继承了自强不息的传统美德，在毛泽东“独立自主，自力更生”号召的鼓励下，取得了国家建设的伟大胜利。在发展市场经济的今天，我们也必须发扬自强美德，去适应日趋激烈的竞争。

自强道德规范也就是要反复强调的“求诸己”。所谓的“自强不息”，所谓的“求诸己”，主要强调以下内容：自强首先要求自主，确立靠自己不靠别人的观念，与一味依附别人的奴化心理彻底决裂，与依赖别人恩赐的侥幸心理划开界限，把争取个人利益和幸福，放在自己努力的基础上。自己的利益自己争取，不求别人代办，不求别人恩赐。这是因为，由别人争取来的利益不是真正意义上的个人利益，由包打天下情结形成的依赖关系，最终将转化为依附关系，而形成新的奴役关系。所以，自强规范不但要求自己，也要求别人不越俎代庖。自强要求的自主，是自己对自己负责，自己承担对自己的责任，把命运掌握在自己手里。当然，我们说的自主绝不是自我封闭，而是强调矛盾的主要方面在自身，主要责任在自身。在争取自身利益上，友谊和援助是次要的，是辅助性的。同时，也只有做到自立自强，才能赢得国际友谊和支持。

自强的规范要求自信，自己对自己有信心，充分认识自己，相信自己的力量。自信的人才能自主，才不对别人抱有幻想。依附于别人的人，往往是缺乏自信的人。信心就是力量，力量来源于信心。人因为失去信心而自我萎缩，人也因怀有信心而自立自强。自信并不是自高自大的狂妄，也不是孤芳自赏的高傲，自信是建立在对自己全面认识的基础上的。自信不是认为自己无所不能，而是对自己克服困难的勇气、信心和毅力的信任，是对自己会做得尽可能好的信任。自信的本质是一种自我宣誓式的决心。自信不是对别人不信任。相反，充分信任同仁，充分信任环境的人，才会有真正的自信。对周围条件和环境的充分认识和了解，对友谊和支援的尊重，是建立自信的条件。怀有自信心的人，才会坚持自主意识，坚持对自身潜力的开发。自强规范依赖自信心的支持，自信心是自强规范的必备要素。

自强规范必然要求自勉，自己勉励自己，自己鼓舞自己，自己激励自己。也就是自己激发自己的积极性，自己作为自己的动力源，自己开动自己，自我发动、自我开拓、自我创造、自我完善。无论是自主还是自信，必然要落脚到行动上，落脚到积极奋发向上的人生态度上，落脚到充满希望、斗志昂扬的人生开拓中。有为的人生哲学，乐观的人生态度，积极的开拓行动，昂扬奋发向上的精神，才是“自强不息”的真正含义。不悲观，不颓废，不自弃，不自欺调动自己整个生命中蕴含活动的正能量，以最大热忱进行人生的创造。

自强规范要求自责。自责就是自我责备，自我反思勇于承担责任。在社会生活中，有成与败，有得与失，有荣与辱，有幸与不幸。自强规范要求把成败、得失、荣辱、幸或不幸归因于己，不怨天，不尤人，从自身方面找原因。外因是变化的条件，内因是变化的根据，外因通过内因而起作用。这样的道理虽然人人皆懂，已成常识，但是在具体到个人际遇的问题上，特别是遇到不称心、不如意的境况时，有的人就会怨领导，怨同事，怨客观条件，把个人的挫折归因于客观环境，或者由怨而恨，移怒于人，疑人偷斧，徒生猜忌；或者由怨恨转为消沉，自暴自弃，破罐子破摔，自甘堕落，从而自毁前程。在困难和挫折面前怨天尤人，是对困难的畏惧和怯懦，是对自己能力的怀疑和不信任，是长他人志气，灭自己威风。这样的认识归因，会使自己产生挫败心理，自我萎缩。自强的人，必定是勇于自责的人；勇于自责的人，才能做到自强。

自强规范不只是个人修养的规范，它通常在三个层次上使用。第一，一个国家、一个民族要有自强不息的精神。第二，自强的规范在团体的层次上使用。每一个单位要做到自强不息，才能立于不败之地。第三，自强规范在个人品德中使用，在人生征途中应做到自强不息。自强表现在方方面面，在挫折和失败面前能忍辱负重，在困难面前不低头，不丧气；自尊自爱，不卑不亢；勇于开拓，积极进取；志存高远，执著追求。

自强是历史上仁人志士的共同特点。唐人李咸用诗："眼前多少难甘事，自古男儿当自强。"正是自强，才有了君子平治天下，舍我其谁的豪迈；才有了司马迁含垢忍辱，"发奋著书"的坚忍；才有了曹操"老骥伏枥，志在千里"的雄心；才有了岳飞"从头收拾旧山河"的爱国激情，在追求真理的漫漫长途之上，在人生的曲折坎坷之中，在保卫国家免遭外敌入侵的危难时刻，仁人志士用自己的行为实践着自强不息的誓言，书写着伟大的人格。古人如此，今人亦然。古今中外的事例是很多的，他们的奋斗，无不是自强不息的精神的激励。自强不息，照亮了社会人生的前途。

理想是自强的航标。要成就一番事业，就会遇到困难和挫折。有了理想，就有了方向，有了进取的不竭动力。理想是自强的力量之源。人的活动如果没有理想的引导和鼓舞，就会变得空虚、迷茫、软弱、混乱而渺小。长征的胜利，是自强者的胜利，也是崇高理想的胜利，没有理想的支撑和激励，长征的胜利是不可想象的。要自强首先要树立坚定的理想。为人生的理想执著追求，是所有自强者的共同特点。真正的强者确定了目标后，就会不屈不挠地坚持，矢志不移地努力奋斗，直至成功。

扬长避短为自强的捷径。要想自强和成功，就一定要认识自己的长处、天赋和兴趣，根据自己的爱好和兴趣确定自己努力的方向，发扬自己的长处，避开自己的短处，我们的主动性就会得到充分发挥。还要学会取长补短。事实上，善于取得他人的帮助，汲取他人的经验，以强化和完善自我，正是一个自强者应当具备的素质。战胜自我是自强的关键，每个人都有自己的弱点，自强的人不是没有弱点的人，而是勇于并善于战胜自己弱点的人。人最大的敌人不是别人，而是自己本身。能战胜自己的人，必定能战胜一切艰难困苦。"胜人者有力，自胜者强"。一个意志薄弱，不能克制自己，放任自我的人，必定碌碌无为；一个战胜自我的人，才会不断有进步，才能日异自强。自责之外无胜人之术，自强之外无上人之术。醴泉无源芝草无根人贵自勉，流水不腐户枢不蠹民生在勤。自强为天下之雄健，志刚为大国伟人之道。

厉行规程准则规范行为体系

制度是权力紧箍咒，国家制度没有超越者，更没有特权者。制度是国家运行的根本，但是作为社会制度、国家制度，必须具有公平性，公正公道性，社会约束性和人民约束力，合理性和适用性。一个国家的制度若丧失公平性和违背了人民的意志，那么这个制度就是失败的。制度并不是权力者制约国民的工具，而是用来制约包括执政者自己的紧箍咒，这就是国家制度的神圣及尊严所在。但是，制度的首要责任和义务是要维护国家的安全和捍卫国民的尊严。

在人类社会的大棋盘上，每个个体都有其自身的行动规律，这同立法者试图施加的规则不是一回事。如果规律和规则能够相互一致，按同一方向发挥作用，人类社会的博弈就会如行云流水，结局圆满。但如果两者相互抵牾，那博弈的结果将苦不堪言，社会在任何时候都会陷入高度的混乱之中。

国家制度最一般的含义是要求大家共同遵守的办事规程或行动准则，是实现某种功能和特定目标的社会组织乃至整个社会的一系列规范体系。制度的第一含义便是指要求成员共同遵守的、按一定程序办事的规程。中文中“制”有节制、限制的意思，“度”有尺度、标准的意思。这两个字结合起来，表明制度是节制人们行为的尺度。制度包括可辨别的正式制度和难以辨识的非正式制度。

在传统上，经济学家一直致力于分析市场机制的运行及其影响，可以被认为是人类所创造的最引人注目的制度之一。认识到“制度是重要的”这一点已变得日益重要。举例说来，苏联的崩溃以及随后的经济转轨；硅谷现象及电子商务的出现；欧元统一和市场一体化；日本和东南亚金融危机；非洲持续的种族隔离和长期的经济停滞；金融市场的全球一体化与不断出现的货币危机；对由成员国组成的国际组织作用的重新审视；以及全球非政府组织影响的加深等。这些例子当中的一些就其表面而言可看作是纯粹的市场现象。但如果我们试图更深入地理解这些事件和现象的深层原因及后果，不得不将它们的制度方面纳入考察的范围。

什么是制度，不能把制度等同于法律条文、非正式规范、组织、合同、人们的意识或所有这些因素的部分或全部的组合。若给诸如“制度”之类的任何概念下一个合适的定义将取决于分析的目的。作为一个具体例子，不妨考虑下面的问题，既然制度对经济绩效如此重要。那为什么其他国家不能学习和采用经济绩效较好的国家当中最佳的制度呢？这是诺斯在一本开创性的论制度的书中提出的主要问题。为了分析这一问题，诺斯把制度定义为“博弈规则”。他把博弈规则分为两类：正式规则，即宪法，产权制度和合同和非正式规则——规范和习俗，即使能从国外借鉴良好的正式规则，如果本土的非正式规则，因为惰性而一时难以变化，新借鉴来的正式规则和旧有的非正式规则势必产生冲突，其结果，借鉴来的制度可能既无法实施又难以奏效。

国家制度不是缚束人手脚的“铁链”，而让国民释放出更多更积极的正能量。国家制度并不是限制经济的发展，而是提升经济发展的质量规范发展的程序。制度就是在人类社会当中人们行为的准则。人们依靠制度来衡量自己的行为。制度包括约定俗成的道德观念，法律，法规等。

为政者是否能将同样的思路运用到作为多样制度复合体的当代经济呢？这种复合体仅仅是各种相对自主的制度的混合呢，还是内在一致的整体，如某种均衡结果那样显然，把制度及其复合体视为均衡现象并不意味着制度是一成不变的，它们会发生变化，中欧和东欧国家社会主义经济的崩溃和随后计划经济的转型就是一个显而易见的例子。问题在于我们如何在理论上解释制度的起源或变迁。在理论上，博弈模型可能存在多重解及均衡，或者说模型解高度依赖于对模型本身的设定，给定博弈的结构，可以将制度的突现或变迁解释为均衡的弹性原理。

从许多可能性的均衡中选择其中一种的过程，或者从一种均衡到另一种均衡的转型，如果是这样的话，均衡选择或转型过程是否由技术或市场诱导并因为技术性规模经济而最终被锁定？也就是说，制度是由“文化基因”编程的结果。制度能否被政治家设计或被创新性经济家引发产生不可预料的政治事件，会不会对制度选择发生随机性影响？尤其是，新制度诞生通常具备新奇性。

理解制度的多样性和当代经济的复杂性需要研究在经济、政治、文化、组织和社会诸域制度之间的相互依存性以及联结这些域的制度的性质。在这项研究中，不仅要在正统经济学的框架下思考问题，而且还要借鉴邻近学科如社会学、政治学和认知科学对制度发展的重要贡献，这是非常必要的。但不同于传统制度经济学的地方在于，试图在一个统一的博弈论框架下分析制度多样性的源泉和影响，而不只是简单停留在积累丰富的制度类型，然后对它们进行任意和随机的分类，发展统一的理论分析框架，同时结合其他学科的重要贡献进行研究，这对深刻理解经济制度的运行大有裨益。与此同时，也必须意识到，博弈论分析作为系统研究制度的理论工具本身尚不完备．从该框架出发考察制度的相互依存性可能会得出制度安排的多重性，次优性不可比，也就是说，即使面对相同的技术知识和被相同的市场所联结，制度安排也会因国家而异。因此，为了理解特定的制度安排在某特定国家演化生成的原因，单单囿于博弈论框架本身是不够的，还必须依赖比较和历史的知识，也就是说，制度分析在本质上是比较性的，因而被称为比较制度分析。

考察制度演化的历史性过程时，我们将偏离传统的博弈论，对其作出重大的修正。如果放弃如下假定，即认为博弈参与人对博弈过程的客观结构具有完备的知识；相反，另设假定，博弈参与人对于博弈结构只拥有个人的不完备观点——我们称之为主观博弈模型，当参与人基于主观博弈模型选择的行动决策在各个时期相互一致（即均衡化）时，那么，他们的主观博弈模型将可以被他们行动共同决定的可观察的事实证实，并作为未来行动决策的指南而不断再生产出来。所以，当我们把制度定义为参与人主观博弈模型中显明和共同的因素——即关于博弈实际进行方式的共有信念，当这些主观博弈模型所导致的行动决策未能产生预期的结果，一种普遍的认知危机便会随之出现，并引发人们寻找新的主观模型，直到新均衡实现为止。理解制度变迁过程就等价于理解参与人协同修正其信念的方式。从这种观点出发，我们能够分析技术和环境变化、政治因素、法律条文、创新试验和文化遗产等方面在制度变迁过程中的作用，当然这一切必须在我们分析了共时性问题之后才真正有可能进行。

博弈论视野下的三种制度观如上所述，经济学家目前似乎都同意“制度是重要的”，但除非我们对于制度是何物以及它们如何形成有一种共识，否则，认识到制度重要并不能说明什么，撇开旧制度学派不论，直到最近，经济学家基本上满足于对制度只下一个模糊定义，现代社会学的先驱杜克海姆曾经定义社会学为“关于制度的科学”，定义经济学为“关于市场的科学”。经济学家一直忙于有关市场的分析研究，杜克海姆的学科划分似乎从未让经济学家感到不安。然而，经济学家对理解制度的性质、起源和影响可以做出自己独特的贡献。事实上，越来越多的经济学家近年来开始从事制度研究的任务。经济学家赋予“制度”一词至少三种不同但相互联系的含义。这里所关心的当然不是对制度一词进行语义上的澄清，而是寻求一种有助于更好地理解经济制度运行的理论概括。

为了区分经济学家提出的三种制度含义或定义，将经济过程比喻成博弈可能是合适的，当然，博弈论是比较制度分析不可分割的一部分，从进化博弈论和重复博弈论借鉴来的研究共识性问题的博弈分析工具是相对较近才发展起来的，但是，从博弈角度理解经济过程的思想至少可以追溯到亚当·斯密，在亚当·斯密看来，博弈是个体参与人从各自的动机出发相互作用的一种状态，这正对应着现代博弈论所研究的情形，通过将经济过程类比于博弈过程，不同的经济学家分别将制度看作是博弈的参与人， 博弈规则和博弈过程中参与人的均衡策略。人们在日常交谈中所涉及的制度，通常是指重要的组织机构，一些经济学家沿袭这种习惯，将制度明确等同于博弈的特定参与人，诸如“行业协会，技术协会，大学，法庭，政府机构，司法等”。诺斯支持第二种观点，即制度应该被视为博弈规则，以区别于它的参与人。总之，国家制度并不是一把陈旧而生锈的锁，国家的改革和发展决定着制度的变迁及开创性中的开宗明义。

社会公约是官民行为的载体

人无约束则毁，国无制度则亡。制度最一般的含义是要求大家共同遵守的办事规程或行动准则，也是实现某种功能和特定目标的社会组织乃至整个社会的一系列规范体系。国家制度是人和社会的博弈规则，或更严格地说，是人类设计的制约人们相互行为的约束条件，用经济学的术语来说，制度定义和限制了个人的决策集合。

这些约束条件可以是非正式的（如社会规范，惯例，道德律），也可以是有意识设计或规定的正式约束，正式规则包括政治规则即宪法、政府管制、经济规则和合同。经济规则用来界定产权，即使用和处置经济资源并从中获取效用或收益的权利束。合同是一种关于物品使用和交易的及可执行的协议，它受产权规则的制约。经济博弈的正式规则不可能被正在博弈之中的参与人自己制定（变更），它们的确立必须先于博弈过程，由于我们关注制度的起源，所以必须面对的一个问题是：谁来制定经济规则 ，正是在这里诺斯对博弈规则和博弈参与人包括组织及其政治企业家也作了明确的区分，后者是推动制度变迁的主体，即规则制定者。根据诺斯的观点，现存的博弈规则决定了参与人如何交易及创新的激励，因而在根本上导致了伴随相对价格变动而产生的对新规则的有效需求，这些新规则将在“政治市场”上经各方协商而确定，政治市场则由政治规则决定，诺斯声称“正是政治过程本身界定和实施产权”。

作为一个例子，不妨考虑一种价格限制机制，即由政府规定销售商所能索价的最高限制。在这种情况下，销售商所面临的决策集的限制可以表示为特定的参数值，即限制价格。然而，根据赫尔维茨的观点，关于制度更为合适的定义应该对它施加进一步的限定。他认为规则必须是可实施的，或者用他的术语说，是“可执行的”，唯有对人类行动的一组人为的和可实施的限定才构成一项制度，他运用纳什均衡概念使可实施性这个概念形式化。

如果在别人将遵从所设定的策略的前提下，没有任何一个参与人有偏离其选择策略的动机，此时参与人的策略组合便被称为是纳什均衡。为了使博弈形式中一组人为设计的限定成为可实施的，而参与人又允许从所有技术上可行的决策集中自由选择其行动，该博弈必须存在一个纳什均衡。

赫尔维茨主要关注的问题是探究“设计”一项实现既定社会目标的制度的可能性，其中制度在一系列环境（技术，偏好和资源禀赋）下与参与人的激励是兼容的。社会目标（如效率，公平，清洁的空气和水源）可以表示为在每一种经济环境下预期实现的一组结果。

假定由立法者负责设计实现既定社会目标的机制，则无法事先保证机制是不是可实施，例如，立法者也许希望价格限制有助于实现价格稳定和分配公平的社会目标，但是，总是有销售商会发现将产品以高于限定价卖给黑市更有利可图，价格限制无法自我实施，因而是无法执行的。

如果一种机制为了达到某种社会目标被设计出来却无法自我实施，那就需要附加一种额外的实施机制，添加具备特定行动集合的实施者必然改变博弈形式，后果函数也将相应地加以变更，然而，这种情况恰恰给机制设计者制造了一种困境，为了使实施机制行之有效，一方面，实施者必须被给予适当的激励，使其忠于职守，另一方面，实施机制的运行消耗社会资源，从而相应减少直接为社会目标作贡献所需的资源。其结果，最初的社会目标的实现程度将不得不大打折扣。

当赫尔维茨在考虑实施者的激励问题时，他对制度的认识实际上已经接近第三种观点，即关于制度的博弈均衡观。第三种观点最早的倡导者之一是肖特，近年来在博弈均衡制度观方面有两项主要进展，其中每一项进展都基于不同的博弈均衡概念——进化博弈论和重复博弈论。进化博弈论认为，参与人的行为习惯可以自我形成，不需要第三方实施或人为设计。当惯例演化时，参与人在进化选择的压力下，倾向于发展某些适应性更强的特征，如环境认知，偏好，技能等，这样惯例和参与人的特征共同演化，惯例也许最终会以法律条文的形式固定下来，从而节约了因变异和错误带来的失衡成本，另外，用文字清晰表述人们行为中已经习惯化的准则也有助于给出具体环境下具体的行动指南。但是，萨格登继承休谟的传统，认为将法律理解为源于政府限制公民的行动是误入歧途的蠢事，相反“法律反映了大多数人自愿施加的行为准则”。

第二种博弈均衡制度观得益于格雷夫，米尔格罗姆、温加斯特和卡沃特的工作，他们运用了一些较为复杂的均衡概念，如重复性囚犯困境博弈下的子博弈精炼均衡。子博弈精炼均衡为每个博弈参与人界定了一种行为策略，该策略是在所有可能的博弈状态下行动决策的完备计划，简单地说就是一部“脚本”。完备行动计划的任何一部分，即每种特定可能性下所规定的行动决策，必须在该可能性化为现实之时也是纳什均衡，因而能够自我实施。运用子博弈精炼均衡策略的一个后果是，某些状态在博弈实际进行的过程中永远不会被观察到，出现这种情况不是因为导致这种状态的博弈路径被某些外部约束条件排除在外，而是因为一旦均衡的“脚本”被采用，参与人的策略性计算使得他们相互避免选择这条博弈路径。由于均衡策略中有一部分规定了在非实际路径上应该采取的策略在实际中不能被观察到，这部分策略可以解释为代表了其他参与人所持的理性预期或信念，它们是关于相关参与人在非实际路径上将采取的行动的预期或信念。

这一点可以从格雷夫、米尔格罗姆和温加斯特提出的商人行会的模型中得到清楚的说明，该博弈是在中世纪背景下关于交易——商人和城市或交易中心的执政者之间的重复博弈，交易中心为了扩展商业机会，必须确保来访商人的人身和财产的安全。城市执政者也许会发誓为来访商人提供各种安全保证，但是在交易关系建立之后，执政者可能又会说话不算数，现在假定商人们自己组成行会，并采取如下策略：他们在既定时期内在该城市做交易，当且仅当他们当中没有任何一个商人以前被执政者欺骗过；否则，他们将组织罢市，除非行会宣布罢市，否则执政者不会欺骗任何商人；但一旦宣布罢市，执政者将欺骗任何一个来访的商人。这三位作者证明了这样的策略组合构成一个（精炼）均衡。在实际的博弈路径上，欺骗和罢市均不会在正常情况下被观察到；但这不是因为它们事先就被博弈规则排除在外，而是因为执政者意识到，一旦他不信守诺言，行会一定会举行罢市，因此欺骗对他不利，这样一来，行会的形成就成为一种迫使执政者信守诺言从而鼓励交易扩张的机制，在这个例子中，行会（商人的组织）和它在欺骗发生时（均衡策略中非实际路径的部分）组织罢市的预期作用被认为提供了一种可信的执行合同的机制。

基于上述模型和其他理论结果，格雷夫从博弈均衡角度给制度下了一个简明定义："在博弈论框架中，两个相互联系的制度要素是预期和组织。组织是非技术因素决定的约束，它们通过引入新的参与人，改变参与人所得的信息，或者改变某些行动的报酬来影响行为"。

这里的"组织"指的是如商人行会之类的社会单元，它们构成博弈参与人集合的一部分，受到博弈均衡所衍生的约束制约，在这种特定的意义上，格雷夫的定义结合了第一种观点，即博弈参与人的制度观。

关于制度的起源，持博弈规则论的经济学家倾向于设计的观点，即规则制定是立法者，政治家或从事机制设计的经济学家明确设计的结果。在持博弈均衡论的经济学家当中，关于制度起源问题，在一开始似乎并未达成一致的意见，那些相信进化博弈论的经济学家明显赞成制度是"自发的秩序或自组织系统"。与此相对照，子博弈精炼均衡概念假定，个体参与人在认识自己决策和别人决策之间的反馈机制方面具备完备的演绎推理能力。然而，个体参与人如何能够联合选择相互一致的策略，促成制度的建立，尤其是在有多重均衡的情况下，子博弈精炼均衡理论根本无法解释某种制度出现在此地而非别的地方的原因。

在支持博弈均衡制度观之前，还有一个理论悖论需要解决，如果制度的作用在于以一定方式制约参与人的决策，那么，这种约束是如何被参与人意识到并被认为是相关的呢？是不是在均衡出现之后，如果是的话，那么，个体参与人在知道均衡之前因而尚不受它的制约的时候，又是如何发现和选择适当的均衡策略的呢？换言之，参与人关于未来情形的信念与参与人基于这些信念做出选择所导致的实际后果之间的一致性究竟是怎样建立的呢？这个问题看起来好像是一个常规的均衡稳定性问题，但其实这个问题比均衡稳定性问题更具根本性，不能简单对待，这就是为什么要对传统博弈论做出重大修正，提出一种新的制度观的原因所在。

国家制度是内部构成。制度是个社会的游戏规则，更规范地讲，它们是为人们的相互关系而人为设定的一些制约。其实制度分为三种类型即正式规则、非正式规则和这些规则的执行机制。正式规则又称正式制度，是指政府、国家或执政者等按照一定的目的和程序有意识创造的一系列的政治、经济规则及契约等法律法规，以及由这些规则构成的社会的等级结构，包括从宪法到成文法与普通法，再到明细的规则和个别契约等，它们共同构成人们行为的激励和约束；非正式规则是人们在长期实践中无意识形成的，具有持久的生命力，并构成世代相传的文化的一部分，包括价值信念、伦理规范、道德观念、风俗习惯及意识形态等因素；实施机制是为了确保上述规则得以执行的相关制度安排，它是制度安排中的关键一环。这三部分构成完整的制度内涵是一个不可分割的有机整体。

完善国家管理推进社会进步

管理是指在特定的环境条件下，以人为中心，对组织所拥有的资源进行有效的计划、组织、领导、控制，以便达到既定组织目标的过程。管理是人为的制约，是对国家安全的强化。国家管理其实是对人和社会的全面管理。任何组织和个人都必须在国家法规范围之内活动，包括为政者及管理法规的制定者、决策者、执行者也不例外。法律只有制定者和执行者，没有领导者，更没有超越者。当然，国家管理本应与社会管理，企业管理，公共行政管理等一样，属管理领域经常使用的一个术语。但由于国家的管理一直沿用传统思维，一直由各种传统的思想、主义所主导，所以，这种在组织管理中使用的习惯用语，在国家管理领域一直没有被正式采用。

国家在政治、经济、社会、文化、教育等方方面面的法律、法规、政策、制度以及为使之得以贯彻落实而制定的各种章程、办法、条例等，即国家在管理上的直接体现。

当今世界，在人类社会的群体中，国家是最大而且拥有至高权力的、正式的组织群体，其庞大与复杂程度要远高于其他各类组织。牵一发而动全身。正如清·龚自珍《自春徂秋偶有所感触》诗：“一发不可牵，牵之动全身”。仅内政就涉及政治、经济、社会、科技、思想、教育、文化、资源、环保等很多方面，涉及中央、地方和普通百姓，管理过程要考虑当前和未来，而这方方面面又是相互关联，相互作用和影响。

从科学角度进行理解：国家管理应是站在人民和社会全局的角度，运用各种相关科学思想、理念、方法、技术和手段，以系统思维的方式把国家视为一个有机的整体，对国家的建设与发展，不间断地进行系统的分析、运筹、谋划和预测；从重要性、紧迫性、各问题相互间的关联情况，解决问题的难易程度，目前的工作能量等各方面，统筹考虑、安排和制定对策；通过对方案的实施、检查、反馈和修正，使国家建设中的方方面面，始终处在一种高速有效、有条不紊的运转状态，并使各方面永无止境的不断地协调、改进、完善和发展。这是从管理科学的角度给国家管理所下的定义。从以上罗列的内容和要求看，要想管理好一个国家是非常不易的。从广义上讲，国家管理的最终落实须通过行政部门依法行政、法院依法判案，议会根据法律对行政和执法部门的依法检查、监督等，也属于国家管理范畴。但这种管理一般属于执行层——公共行政的内容，相对而言属于一种常规管理。

这里所谈的管理，主要是指常规管理以外的，即法律、法规、政策、制度、方案、措施的制定与修正。如当今应出台一项什么政策，为什么要出台这项政策；哪些是当务之急，哪些须立即调整等。这种非常规管理工作相对于常规管理工作而言，属于一种更高一层级的管理与决策的内容。

如果将国家的管理分为“做什么”和“怎样干”二大步骤的话，整个国家基本国策的确定，以及各种法律、法规、政策、制度在制定与修正之前，哪些东西为当务之急，哪些东西须立即调整，根据何种思想、理念，用什么具体办法做出最后决定，属确定“做什么”的过程；而在确定“做什么”的过程以后，怎么去制定法律、法规、方案、对策等，虽然都属高层决策，但却是相对较为具体的工作。国家管理的重点在于前者。

以上所谈虽然都是国家最高决策层的工作，但实际上有很多往往也是老百姓经常关心和议论的话题。在国民成熟度较高，较为民主；或民众对某些问题普遍不满，面临抉择；或社会进行改革处在转型过渡期的国家尤其是如此。

国家管理并不是仅指国家的最高层对国家所进行的管理，其中也包括国家所属的地方领导层对地方的管理。尤其是联邦制国家中的州、联邦内共和国，以及一些国家中的自治省、区、县等，它们比一般地方有更多的非常规的管理工作，其责任更为重大。

管理科学要求所有参与管理的人都必须懂得管理。国家管理首先是国家元首和政府首脑的事。包括政府的部长，国会议员，政党和社会利益集团的领袖，以及政府和社会各界所有参与和辅助国家管理决策的人都必须要了解和懂得国家的管理。国家的管理也是一个国家全体国民的一件重大的事情。

社会管理是人们为使整个社会机体和它的各个部分向着一定目标运动而进行的计划、组织、控制和引导等活动。社会管理的主体是由从事管理工作的社会成员构成的组织系统。社会管理的对象是包括人和物在内的复杂的系统。主体对于对象的管理，要凭借一定的工具和方法，并表现为一定的社会运动过程。

管理是人类社会发展不可缺少的一种社会实践。有人类社会，就有社会管理；有国家，就有国家管理。在不同社会条件下，管理的状况有所不同。社会生产力和社会经济制度的状况决定着社会管理的状况。在生产力低下、社会关系不发达的原始社会里，社会管理局限于部落首领和议事会一类的组织机构对氏族、部落公共事务的处理。随着生产力的发展和阶级的产生，社会管理日益复杂化，并主要通过国家机器来实现。在以私有制为基础的社会中，社会管理的共同特征是少数使用者对于广大劳动群众的经济使用和政治压迫。在社会主义国家中，劳动人民第一次在整个国家和社会中掌握管理权，使社会管理的性质和方向发生了根本的变化，社会管理不再是以实现使用阶层的利益为目的，而是服务于广大人民的根本利益。

社会管理水平，包括管理的计划水平、技术水平和效率等，随着社会的发展而逐步提高。在资本的大生产出现后，加强管理成为迫切的需要，有力地推动了管理水平的提高，并且积累了丰富的管理经验。特别是20世纪中叶以来，管理科学和管理的现代化技术设施有了很大发展。一个国家，社会管理如果是对劳动人民的统治，它的发展必然要受到极大的限制，这种管理存在很大的缺陷。其实国家管理的本质是管人管事、既限民又制官；既是官管民，又是民管官。社会公平为科学社会管理的发展提供了广阔的前景。随着国家的进化和公平主义时代的到来，对人的管理将由对物的管理和对生产过程的领导所代替。社会管理将在社会成员普遍自觉的基础上提升到更高的科学水平。

社会管理的过程就是不断解决矛盾的过程，管理理念的变化决定着矛盾化解的质量。在我国，一些社会管理领域，目前正经历着从“被动式管理”向“主动式服务”、从“单向约束”向“互动管理”的转变。尽管离人民群众的期待还有距离，但转变和改进的趋势不可逆转、日益明确。社会矛盾日益复杂。利益主体日益多元，科学协调体现能力。服务意识关系宗旨，关键在于尊重人民群众。大家事情大家来办，国家的事情人民办，形成合力事关全局。

忠诚履职治国兴邦为民造福

国家没有至高无上的权力，只有至高无上的人民利益及国家利益。服从人民，服务国家。这是为政者的宗旨所在，也是为政者的职责所系，还是人民群众的期盼所归。在倡导思想大解放、促进社会公平正义的时代，为官为政者必须牢记宗旨，忠诚履职，进一步强化民本意识，准确把握为民的境界，只有这样的国家才会繁荣昌盛。

为官要敬畏民。“民为邦本，本固邦宁”；“水能载舟，亦可覆舟”。历史的经验一再告诉我们，人民的力量是巨大的，群众的潜能是无限的。那些敬畏百姓、体恤民情的为政者大多能够得到人民的拥护与爱戴；反之那些胡作非为、欺压百姓的统治者必将被人民唾弃或推翻。作为新时期的为政者，不论官阶有多高，权力有多大，都必须把畏民作为最基本的履政理念、最起码的执政要求。当然，讲畏民，并不是对老百姓敬而远之、退避三舍，而是要畏民之力，知道人民群众是真正的英雄，只有人民才是创造历史的动力，理解“得众者得天下，失众者失天下”的执政常识；要畏民之怨，把人民群众满意不满意、高兴不高兴、答应不答应作为执政处事的基本原则，善于从民怨中觉察执政之疏，乐于从民愤中找决策之误。人民群众是为政者工作优劣得失的试金石。如果为政者视黎民如犬马，待百姓为草芥，对他们的意见充耳无闻，置之不理，对他们的疾苦不问不管不顾，则只会让人民心灰意冷，使自己难以安政。人民既不是一片沙漠，也不是洪水猛兽；人民是执政党和国家的生命源泉，是一片绿洲，是一片蓝天。因此，对为政者而言，畏民是为民的前提，是为官的要义。为政者只有对人民群众存敬畏之意，克服“老子天下第一”的思想，去掉非分私利之想，才能够言有所规、行有所止、政有所忌，就不会侵民权、损民利、伤民心，方可谨遵法纪、恪尽职守、涵养情操兴国利民。

权力是把双刃剑。从前有个国王名叫狄奥尼西奥斯，他统治着西西里最富庶的城市，他住在一座美丽的宫殿里，里面有无数美丽绝伦、价值连城的宝贝，一大群侍从日夜恭候两旁，随时等候吩咐。国王有个朋友名叫达摩克利斯，他常对国王说：“你多幸运啊，你拥有人们想要的一切，你一定是世界上最幸福的人。”有一天，国王听腻了这样的话，便对达摩克利斯说：“你真的认为我比别人幸福吗？那么我愿意跟你换换位置。”于是达摩克利斯穿上了王袍，戴上金制的王冠，坐在宴会厅的桌边，桌上摆满了美味佳肴、鲜花、美酒、稀有的香水，动人的乐曲，应有尽有，他觉得自己是世界上最幸福的人。当他举起酒杯，突然发现天花板上倒悬着一把锋利的宝剑，尖端差点触到了自己的头，达摩克利斯身体僵住了，随之笑容也消失了，脸色煞白，双手颤抖，不想吃也不想喝了，只想尽快逃出王宫，越远越好。国王说：“怎么了朋友？你怕那把随时可能掉下来的剑吗？我天天看见，它一直悬在我的头上，说不定什么时候什么人或物就会斩断那根细线。或许哪个大臣垂涎我的权力想杀死我；或许有人散布谣言让百姓反对我；或许邻国的国王会派兵夺取我的王位；或许我的决策失误使我不得不退位。如果你想做统治者，你就必须冒各种风险，风险永远是与权力同在的。”达摩克利斯说：“是的，我终于知道了，除了财富和荣誉之外，你还有很多忧虑。请您回到您的宝座上去吧，我回我的家。”从此，达摩克利斯非常珍惜自己的生活。

达摩克利斯之剑是个非常有名的故事，源自古希腊传说。迪奥尼修斯国王请他的大臣达摩克利斯赴宴，命其坐在用一根马鬃悬挂的一把寒光闪闪的利剑下，由此而产生的这个外国成语，意指令人处于一种危机状态，“临绝地而不衰”，或者随时有危机意识，心中敲起警钟等。这个故事至少说明几个道理：一个人拥有多大的权力，那么他就要承担多大的责任。当一个人获取荣誉和地位时，他都要付出同样多的代价。我们不用羡慕别人拥有多大权力，而要想到别人为此付出了多少。当我们想要得到多少，那我们就必须准备付出多少。故事本身意味着随时可能带来的严重后果。当想好要得到多少时，那就意味你已经失去了多少了。在和平安宁之后存在着危险与不安。

流水不腐，活水养鱼。流动的水永远是清洁的，活动的水更适合鱼的生长。同样的道理，公务员队伍如果死水一潭，也就失去生机活力，不利于人才的成长更不利于国家的发展壮大。因此，必须在保持公务员队伍相对稳定的情况下，适当进行一下岗位的交流。为什么呢？一是有利于不断激发国民的积极性和创造性，使人的正能量达到最大化。一个人在一个岗位时间长了，随着兴趣的减弱，逐渐产生惰性，正能量就会流失。据有关专家研究，一个人在一个岗位上工作最好是五年左右，超过这个时间人们就容易产生惰性，感情疲劳，对工作就失去了兴趣，工作也就没有了积极性和创造性，正能量每况愈下；二是一个人特别是为官者在一个岗位时间长了，人事关系就会变得复杂化，不利于工作的开展；三是有些人的岗位开始安排的并不一定科学，不一定适合这个人的特点，不利于这个人发挥长处。通过交流可以让他到更适合的工作岗位上去工作，更有利于他积极性和创造性的发挥。

为政要知民。墨子有语云：“上之为政，得下情则治，不得下情则乱”。作为新时期的为政者，要想使人民群众充分信任组织，紧密依靠组织，甘心追随组织，就必须进一步深入群众，读懂群众，感受群众，提高自己的“知民度”。这就要求为官者挣脱文山会海的束缚，减少迎送往来的应酬，工作业绩要上来，人要下去，到条件最艰苦、矛盾最突出的地方体味百姓疾苦，了解群众心声；要多听百家之语，喜闻逆耳之言，别把民怨只当耳旁风，要冲破谀词颂歌的包围圈，触摸社情民意的真面貌。如果为政者不知群众冷暖、不晓百姓甘苦、不听人民心声，则不管其畏民之心有多重，爱民之情有多深，也很难做到情为民所系，权为民所用，利为民所谋；即使想有所作为，也可能是脱离实际的瞎指挥、不受欢迎的乱作为。所以，相对畏民而言，知民需付出一定的努力，采取切实的行动，夯实为民的基础。为政者心里要时刻想到自己手中的权力是民之所托，只能为国民所用。只有俯下身子，沉入基层，真正了解群众的所思所想、所急所难、所需所盼，才能政顺民意、策应民需、力解民难。

民心民意民情民需民期，决定为政者之成败。薛宣是西汉末年著名的丞相。还是在他担任左冯翊时，所辖的频阳县因为地处上郡、西河等几个郡县交界之处，盗贼猖獗，社会治安十分混乱。而县令薛恭是因为孝道出名而被提拔为县令的，缺乏行政管理的经验和魄力，办事很不得力。同时，薛宣所管辖的县中有一个栗邑县较小，地处偏僻山区，民风淳朴，容易管理，县令伊赏担任过楼烦长，有较丰富的治理县政的经验。薛宣认为，人各有所长，不能求全责备，关键是用其所长，因材而异。因此，经过权衡，认为两人对调更有利于发挥他们的特长，于是将他们两人进行了对调。经过对调以后，频阳和粟邑两个县都被二人治理的有条不紊。

明神宗时期，宰相张居正为了加强官吏队伍建设，解决官场中的腐败问题，建立了官吏交流制度。规定知府、知县职位和中央科、道、部、曹等职位六年一交流；各省政使、按察使职位三年一交流。这样，从中央到地方各级官员，既改变了有些官吏因调动较快出现的短期行为，又纠正了一些官吏因任期较长出现的弊端。

不管是因为能力问题还是其他问题，一个人在一个地方可能不适应，但在另一个地方可能是一把好手。聪明的领导者要善于识别一个人的长处和短处，采用扬长避短的方式安排适当的工作岗位。因此，定期进行一下交流，让每个为官者都能找到适合自己的位置，这是使人尽其才的一个好办法。

人无爱，国之败。为官为政要爱民。爱是一切力量的源泉。爱民如同爱父母。所以说，爱民是知民的升华，也是为民的关键。倘若为政者知民而不爱民，近民但不亲民，甚至还扰民欺民坑民，那么即使民情摸得再准，民心把得再透，也没有实际的意义，甚至还以此作为欺压百姓的手段和工具。因此，为政者对群众是不是有感情，是不是有真爱，直接影响其为民服务的效果，还影响到国家的运转效率和质量。只有为政者真正把人民群众看作亲人，视如兄弟，待为朋友，才会有“吾斋卧听萧萧竹，疑是民间疾苦声”的深切关怀，才会有“先天下之忧而忧，后天下之乐而乐”的无私奉献，才会有“鞠躬尽瘁，死而后已”的实干精神。

人无德则亡，官不廉则败。如何以史为鉴，从中吸取教训，如何从我做起，从自身管起，经受住考验，是一个非常现实也是一个必须认真对待的重要课题。一定要把握好以下几个方面：只有勤于学习，才能筑牢拒腐防变的思想道德防线。思想是行为的先导，思想放松，必然导致行为偏差，方向偏轨。只有坚持学习，才能牢固树立全心全意为人民服务的思想，做到眼明心亮，清醒做人，才能抵得住各种诱惑，保得住平安。只有坚持学习，才能发现自身不足，明确自己努力的方向。只有坚持学习，才能提高为政的服务水平，提升工作能力，用科学文明的正义观不断充实自己，牢固树立正确的世界观、人生观、价值观，牢牢筑起拒腐防变的防线，从根本上提高拒腐防变的免疫力。只有这样，才能洁身自好，抵得住各种诱惑，耐得住寂寞，守得住清贫。只有加强自律，才能抵制不良思想的侵蚀，廉洁自律，重在自觉，贵在坚持。为此，要慎独、慎始、慎微，树立清正、廉洁的良好形象。要廉政，有节操，不苟取。执政为民要公正，是职责所在，义不容辞；日常生活要廉，是心态之廉，不为物欲所累，则精神倍感轻松。心灵要净洁，时刻保持精神的清洁，经常洗刷，可以洁净身体，而学习如水，思考如皂，勤学习，勤思考，常给头脑洗个澡，则可以时时保持头脑清醒，精神清洁。要大度，大处着眼，大处着想，大处布局。心里要装着个“大”字，顾大局，识大体，明大义，常有大智慧，大思路，大快乐，才会走得越来越稳健。要诚恳，保持一颗诚心，光明做人、磊落做事、为国执法、为民执政都要以诚贯之，以诚而立。有诚才有恒，要有胆识，才有勇气，勇者无畏，勇于思考，勇于干事，勇于抵制不良风气和各种诱惑，勇于面对困难，担当大任，勇于直面复杂问题而不逃避，更勇于卓然独立。

只有牢记建立社会公正公平的宗旨，才能正确对待手中的权力。权力是一把“双刃剑”，使用得好，可以治国兴邦，为民造福，用之不慎，也可以身败名裂、祸国殃民。现实中正反两方面事例都很多。手中的权力是人民赋予的，只能用来为民服务，决不能用来为个人谋私利，否则，权力就会变性，人就会变质。为此，为官者要正确对待这种权力，而不能把“权”当作交易工具，要乐于接受监督，把监督看成是对自己真心的爱护，对自己善意的提醒，把权力放到人民群众和制度的监督下运行。

为官者的个性或者个人主义，必须是与人类或人类福祉的概念紧密相连，就像在为美好生活的奋斗之中获得胜利般。无论是为政之道，还是为国之道都要做到惠民。国以民为天，政以民为命。古语道：“德莫高于爱民，行莫高于利民”。对于为政者而言，惠民首先要知民，知民是爱民的体现，爱民是为民的根本。但是，如果为政者为官一任不能造福四方，则不管其爱民之心有多强烈，为民之志有多远大，事实却只能证明其爱心与志向的苍白无力，至少也是充满遗憾，老百姓也是不会认可。所以，为政者不仅要有敬畏民之念、深知民之心、深爱民之情，最根本及最关键的还要有惠民之能。这就要求为政者必须高瞻远瞩，民主决策，科学决策，以超逸德才秉社会发展之势，以周全策略建国家非常功业；要勤勉敬业，真抓实干，为人民群众谋求实在的利益，带来实在的福祉，解决实在的难题。只有这样才能赢得人民群众的认可、信服与支持，方能全心全意履行职责，服务人民，服务国家，真正体现权力的价值、体现政府的公信力，也更是为人之道、为事之道、为官之道、为政之道，为国之道价值的最大体现。